JN447709

제 2 판

해외특허분쟁 가이드북

정 승 복 저

세창출판사

국립중앙도서관 출판시도서목록(CIP)

해외특허분쟁 가이드북 / 정승복 저. -- 2판. -- 서울 : 세창출판사, 2010
p. ; cm

색인수록
권말부록: 미국 법원별 특허소송 제소 건수 등
ISBN 978-89-8411-321-3 93360 : ₩38000

365.92-KDC5
346.0486-DDC21 CIP2010003870

제2판 발간에 즈음하여

본서를 처음 발행한 지도 2년이 지났다. 부족한 내용에도 불구하고, 생각보다 독자들의 반응이 좋아서 과분한 평가를 받은 것 같다. 이번 제2판은 제1판 이후 그동안 새로 내려진 판례, 그리고 내용 보강을 시도하였다.

특허분쟁을 가장 효율적으로 대응하는 것은 초기에 상대 특허의 무효 여부, 침해 여부를 정확히 가리고 상대에게 이를 정확히 소통하는 데 있다고 본다. 그래서 이번 개정판에서는 특허 유/무효 이론, 기재요건, 침해에 대해 내용을 상당분 보강하였다. 또한 미국 소송편에서도 현대 소송에서 필수적인 사항이 되어버린 전자 디스커버리(electronic discovery)와 특권(privilege)에 대해 집중적으로 보강하였으며, 미국 소송에서 자주 쓰이는 문서들도 부록으로 추가하였다. 그 외에도 본서 전반에 걸쳐 새로운 판례를 감안한 내용의 수정 및 보완을 기하려고 하였다.

제1판에 비해 양적으로는 약 30% 정도 증가하였지만, 아직도 부족하다 싶어 발간을 주저하는 마음이 많았다. 모쪼록 여전히 부족한 내용이나마 독자들에게 조금 더 참고가 되었으면 좋겠다는 바람이고, 틀린 부분이나 모자라는 부분에 대해서는 가감 없이 지적하여 주시면 다음 판 준비에 큰 도움이 될 것 같아 독자들에게 감히 부탁드린다.

2010년 11월

著　者

머 리 말

본서는 해외 기업과의 특허분쟁에 대한 실무 지침서로서의 역할을 염두에 두고 쓰여졌다. 따라서, 본서는 분쟁의 시작단계라고 볼 수 있는 경고장 수수 단계에서부터 협상, 라이선스 계약, 소송까지 분쟁의 모든 분야를 망라하고 있다.

또한 지침서로서의 역할을 다하기 위해, 제1장은 실무자들이 무엇을 해야 하는지를 분쟁의 단계별로 한눈에 안내하는 Do List를 제공한다. 제2장은 제1장을 실무적으로 해설하고 있다. 따라서 제1장을 읽으면서 이해가 되지 않는 부분에 대해서는 제2장의 대응부분을 읽으면 도움이 될 것이다. 제3장 이하에서는 침해/무효 분석 및 소송과 손해배상 등 특허분쟁 대응에 필요한 법률이론을 설명하고 있다.

본서는 현실적으로 가장 중요도가 큰 미국 특허에 대응하는 방법을 주로 다루고 있으나, 지적재산권의 기본 원칙과 전략적인 고려사항에 대해서는 다른 국가의 특허에 대해서도 적용할 수 있을 것이다.

이 책을 쓰는 데는 많은 분들의 격려와 도움을 받았다. 특히 성균관대학교의 정차호 교수, 삼성전자의 박준성 책임 변호사, 정보통신연구진흥원의 장승태 팀장, Baker & McKenzie의 파트너 박동관(James Pak) 변호사님들은 고맙게도 원고를 모두 읽고 하나하나 손봐 주셨다. 독자들이 이 책에서 도움을 얻는다면, 이는 모두 이분들의 수고 덕분이다. 우리 사무소의 여러 변리사님들은 독후감을 전해주고 필자의 고질적인 맞춤법 오류를 고쳐 주셨다. 집필에 집중할 수 있도록 물심양면으로 격려와 지원을 아끼지 않은 파트너 김국현 변호사, 김동진 변리사에게 한없이 고마운 마음을 전하고 싶다.

해외 특허권에 대한 정확한 대응이 나날이 중요해지는 반면, 많은 기업들이 언어와 법률의 차이로 인해 겪는 어려움을 지켜보던 중 이를 조금이나마 덜어보려는 마음에서 오랜 망설임 끝에 손을 댔으나, 막상 출간에 임해서는 두려움과 부끄러움이 가득하다. 오류나 부족한 부분에 대해서는 독자 여러분의 가차없는 질책과 고견을 구하고 싶다.

2005년 7월

著 者

차 례

제1장 해외특허분쟁 대응 매뉴얼

제2장 해외특허분쟁 대응 매뉴얼 해설

제3장 청구범위 해석 및 침해 분석

제4장 무효, 권리 불행사 및 기타 방어

제5장 특허 라이선스 계약

제6장 미국 특허 소송

제7장 ITC Practice

제8장 손해배상 및 금지 처분

부 록

해외특허분쟁 가이드북

제1장 해외 특허분쟁 대응 매뉴얼

Ⅰ. 침해자 입장에서의 경고장 처리

(1) 경고장 접수시

행 동 사 항	
경고내용의 타당성 1차 확인	• 경고요건 만족 여부를 검토 (침해제품, 모델번호, 특허번호 존재여부) • (한국 실용신안 등록) 기술 평가 완료 여부 • 클레임 제기된 특허에 대한 권리관계 확인 (정당 권리자 여부, 연차료 납부상태 등) • 클레임 받은 제품에 대한 기초 조사 (판매 지역, 매출, 특허침해 면책 가능여부 등) • 출원 포대 발주/입수 • 특허 침해여부 1차 분석 (간단히 일차적으로 살필 것. 추후 정밀 검토)
상대사 정보파악	• 상대사 사업분야 • 침해자와 관계(비즈니스 등) • 매출규모 • 특허현황 • 제기된 특허 등록국가에서의 침해사 영업현황 파악, 상대사의 의도 분석 • 계약 조건, Licensee 현황

	• 관련 특허의 소송 이력 • 권리자 성격(호전적? Patent troll? 자금력이 있는가? 등등)
경고장 의도 분석	• 사업중지를 희망하는가? • 라이선스 의사가 있는가? • 법률사무소에서 발송했다면, 담당 변호사 및 사무소가 라이선스 중심 사무소인가? 소송전문 사무소인가?
타사 동향 조사	• 업계의 다른 회사도 경고장을 받았는지 • 어떻게 대응하는지 • 공동으로 대응할 방법이 있는지
변호사 선임	• 이해 충돌(conflict of interest) 체크 • 위임계약서 작성(수시 자문이 가능하도록 함)
경고장에 대한 최초 답신	• 원칙적으로 답신한다. • 상대가 patent troll이나 patent pool일 경우 답신을 피할 수 있다면 일단 피해 볼 것 • 침해 인정 금물 • 최대한 간략히 • 감정을 배제 • 침해 입증을 요구 • 검토 후 회신하겠다 정도로 회신 • 상대방이 요구하는 답변 기일에 너무 얽매이지 말 것 • 후일 부담이 되는 약속(답변기한 등)은 하지 말 것 • 누가(회사 혹은 변호사) 보낼지 결정
이후 답신	• 케이스 별로 대처 • 침해 인정은 금물
고객/언론 대응	• 나쁜 뉴스인 경우에는 원칙적으로 먼저 알리지 않음 • 문의가 있는 경우에 대응 • 모든 것을 알릴 필요는 없으나, 허위 사실을 알려서는 안 됨 • 전문가의 자문의견을 인용하는 형태가 바람직 • 상황이 나쁜 경우에는 중립적으로 전달하되, 반드시 대책을 동시에 알려줄 것 • 일단 문의가 있은 경우에는 이후 중요한 상황 전개시 그때마다 알려주는 것이 바람직함 • 상대가 먼저 언론에 발표한 경우에는 침착하게 대응하고, 근거 없는 부정이나 비방은 피할 것. 전문가의 의견을 인용하는 형태가 신뢰감을 주고, 상대 발표의 신빙성을 저하시킬 수 있음 • 맞대응 사항이 있으면 발표할 것 • 가급적 발표/통보 문안을 특허팀에서 작성하거나, 적어도 검토를 할 것. 필요시 전문가에게 문안 작성을 의뢰함

	• 제공되는 정보에 대해 원칙적으로 공동대응합의서(Joint Defense Agreement) 아니면 비밀유지 동의서(NDA: Non-disclosure Agreement)를 구해둘 것 • 고객사에 대한 납품, 거래 중단 가능성 검토, 대응방안 강구
고객사로 특허 경고가 들어온 경우	• 전문적인 처리 능력을 보여서 고객의 신뢰를 확보 • 상대 주장의 문제점과, 이에 대한 대처방안을 객관적으로 보여줄 것 • 고객의 피해를 없게 하는 한편, 타결 권한을 넘겨받을 것. 단, 보상범위는 고객의 직접피해에 국한되고, 고객과의 거래에서 얻은 이익을 넘지 않도록 잘 협상하여야 함 • 수시로 커뮤니케이션을 취하여, 대처방안과 진행상황을 알려주고, 고객을 우군으로 확보하여야 함. 제조사가 적극적인 자세를 취하는 것이 좋음
특허권자의 고객 접촉 상황 대응	• 최대한 사실관계 파악, 가능한 물증 입수(6하원칙 + 서신, 이메일, 제시자료 등) • 근거 없는 비방 혹은 침해를 단정적으로 고객에게 주장하는 경우, 특허권자에게 영업방해를 경고하는 서신 발송(전문가와 사전 상담요)

(2) 경고내용 대응

행 동 사 항	
심사포대 입수	• 침해주장 특허의 각국 대응 특허 조사 • Web site에서 입수가 안 되는 과거 특허는 각국 특허사무소에 의뢰하거나 해당국가의 전문 조사회사 의뢰 • 어느 특정국가의 특허만 침해주장을 받더라도 각국 심사포대 입수가 필요함
심사포대 분석	• 청구범위의 변동을 추적하고 이유 파악 • 청구범위 변동 차트 작성 • 보정내용의 추적 및 이유 파악 • 심사관의 거절사항 파악 • 심사관이 제시한 선행기술 파악 • 출원인의 대응 사항 및 이유 파악 • 각국 심사포대에 나타난 거절이유, 선행기술, 출원인의 답변, 보정을 통합적으로 검토 • 특히 자진보정서 및 이유, 거절이유통지서, 보정서 및 답변서, 그리고 선행기술은 매우 정밀하게 검토할 것

IDS 체크	• 미국특허가 문제될 경우만 실시 • 미국특허의 출원일, 공보 발행일("심사기간") 파악 • 해외 대응출원에서 제시된 선행기술이 상기 미국 심사기간에 걸리는지를 확인 • 걸릴 경우, materiality를 판단 • 기타, 특허청에 부정직한 행위 증거를 찾을 것(발명자 선언, 수수료 등등)
침해분석	• 가급적 연구원 및 특허전문가와 공동 진행 • 불리한 사항은 이메일이나 기록을 남기지 말고 전화를 하거나 만나서 협의할 것 • 각국 등록특허 중 가장 좁은 청구범위를 가진 특허를 선정 • 선정된 특허에서 가장 넓은 청구범위와 침해품을 대비 • 직접침해인가 간접침해인가 판단 • 문언침해 판단 • 균등론에 의한 침해 판단 • 외부에서 구입한 부품의 경우에는 제조사에게 문의할 것 • 사내 분석 내용은 민감한 내용으로서, 혹시 소송단계에서 불리하게 작용할 수 있으므로, 가능하면 사내 아니면 사외 변호사와 같이 대응할 것(Attorney-Client Privilege 아니면 attorney work product로 보호하여 디스커버리에서 상대방에게 제출하지 않을 수 있음)
비침해 논리 점검	• 전문가, 연구원, 특허담당자간의 브레인스토밍이 필요 • 청구범위 구성요소 중 하나라도 빠지면 비침해로 판정 • 가장 넓은 청구범위에 저촉되지 않으면 특허 전체에 대해 비침해로 판정 • 침해품과 동일/유사한 선행기술이 존재할 경우, 비침해로 판정 • 심사포대의 내용을 참작하여 구성요소를 좁게 해석할 수 있는 논리 개발
규격/표준 특허 비침해 대응	• 특허 내용이 규격에 해당되는지 여부를 면밀히 대비하여, 틀린 점을 주장 • 만일 규격이라면 그 규격에 등록되어 있는지를 살필 것. 규격에 비등록시 특허권 행사 가능성을 규격집을 참조하여 판단 • 또한 규격에 해당되는 특허는 로열티를 받더라도 실시자를 막론하고 비차별적으로 동일한 수준의 로열티를 받도록 규정하는 경우가 대부분이므로, 이를 살펴볼 것
무효자료 검색	• 자체조사 혹은 조사회사에 의뢰 • 조사 DB: 각국 특허청 web site • 각종 학회, 산업계 정보DB, 국회도서관 • 신규성/진보성 부인 선행기술 검색

	• 침해품과 동일/유사한 선행기술 검색
무효분석 (선행기술 대비)	• 각국 심사자료를 재검토하여 신규성/진보성 판단 • 각국 심사자료, 선행기술을 재조합하여 진보성 판단
무효분석 (기재불비)	• 실시가능한가?(enablement requirement) • 최초 명세서에 지지되는가?(description requirement) • 최적실시예인가?(best mode requirement) • 청구범위 구성요건이 적절한가? • 해외로부터의 출원인 경우, 번역오류, 번역 누락 체크
무효 또는 권리 불행사 사유 분석	• 제3자와의 계약상 불행사 여부 • 태만(laches) • 금반언(estoppel) 등
무효 논리 점검	• 전문가, 연구원, 특허담당자간의 브레인스토밍이 필요 • 가급적 신규성 부정이 가능한 단일선행기술 검색 • 가급적 신규성 부인이 가능한 논리 개발 • 진보성 부인시, 각 선행기술을 결합할 수 있는 TSM을 파악, 해당 선행자료에 표시. KSR 판례 참조 • 기재불비 사항 적시 • IDS 위반 사항 적시할 것(미국만)
전문가 감정 의견 확보	• 이해충돌 체크 • 비침해 의견 아니면 무효 의견 확보 • 바람직하기로는 둘 다 확보 • 미국의 경우는 고의침해를 피하기 위해 가급적 의견서 확보 • 소송을 담당할 것으로 예상되는 사무소에 의뢰하지 말 것 • 해당 기술분야에 대한 이해도가 있는 의견서 담당변호사를 구할 것 • 반드시 해당 특허가 등록된 국가의 특허 전문가로부터 의견서를 구할 것
회피 설계 방안 강구	• 최소한 청구범위 구성요소의 하나가 누락되거나, 다르도록 변경함 • 변경물에 대해 균등론에 의한 비침해 여부를 검토 • 그 외 다양한 기술적 대안 강구 • 최악의 경우 본 발명을 이용하되 개선안 도출 • 전문가와 같이 실시하거나, 그 결과에 대해 전문가의 확인이 필요
회피 설계안 특허 출원	• 침해 주장하는 발명을 종래기술로 언급할 것 • 침해주장 발명보다 최대한 상업적으로 우수하게 기술 • 청구범위를 최대한으로 확보

침해품 정보 차단	• 상대방의 침해입증 노력을 저지하는 것이 긴요함 • 홈페이지 체크하여 기술관련사항 및 매출 정보 삭제 • 영업/카탈로그, 홍보물 체크하여 기술관련사항 삭제, 회수 • 사내 기밀정보 관리 체제 구축 • 임직원으로부터 보안 서약서 받아둘 것 • 퇴사시에도 보안 서약서 받아둘 것 • 사외 정보 제공시 비밀유지계약(NDA) 사전체결 • 향후 대외 발표, 제공자료 사전 필터링
면책 가능여부 확인	• 거래선과의 면책계약 존재 확인 • 계약서 이행요구(클레임 Notice는 신속히 할 것. 대부분의 계약서는 신속한 notice timing 조항이 있음) • 계약서가 없더라도 거래 영향력을 활용하여 문제 해결에 대한 협조 요청 • 향후 거래에 대해서도 면책계약 체결을 추진
사업관련성 확인	• 상대사의 제품을 구매할 경우, 영향력을 행사 • 기타 영향력 행사방안을 모색
역 경고 검토	• 상대사 제품 분석 • 자사 특허 선정 • 침해분석 • 경고장 발송
대응 특허 매입	• 상대에게 행사 가능한 특허를 제3자로부터 매입 또는 전용실시권 확보
종합 전략수립	• 타사 동향 파악 • 계약 체결의 필요성 검토 • 소송 비화 가능성에 대한 검토 • 거래선에 대한 대응방향 결정 • 향후 연구개발/마케팅 전략 검토 • 사내 의사결정은 신중하게, 그러나 분명하게 결정지어야 함
상대사에 회의 제안	• 가급적이면 자사에서 최초 회의실시 • 기술내용이 보호되는 회의장이 아니라면 외부 장소를 정할 것 • 생산 시설, show room, 복도에 걸린 정보 등 노출은 금물

(3) 기술협상 준비단계

행 동 사 항	
협상팀 구성	• 특허팀 기술협상 담당자, 라이선스 담당자(1~2명), 연구원, 특허전문가로 구성 • 각자 역할 분담(운영, 기술협상, 기록) • 특히 기술협상 담당자, 연구원, 특허전문가는 명세서, 선행기술의 내용에 대해 숙지하고 있을 것
비침해 입증자료 준비	• 청구범위 중 침해품이 실시하지 않는 구성요소만 열거(청구요소별 전체 대비는 피할 것) • 왜 다르다는 식의 설명은 가급적 지양함(필요시 구두로 할 것) • 가급적 침해품의 구조를 언급하지 말 것(필요시 구두로 할 것) • 가급적 파워포인트 등 시각적 도구 사용
무효 입증자료 준비	• 무효 대상이 되는 청구범위와 선행기술의 1:1 대응 무효차트를 작성함. 상대에게 제공할 가능성에 대비, 원칙적으로 부가적 설명은 피할 것 • 종속항에도 침해된다면, 그 종속항에 대해서도 위와 같은 요령으로 무효 차트 작성 • 진보성 부정시는 TSM이나, 선행기술간 결합을 가능하게 하는 근거를 선행기술로부터 발췌하여 두거나, 선행기술의 해당부분에 표시하여 둘 것 • 상대방에게 제공하기 위한 무효 입증용 선행기술 리스트 준비(회의 참석자 각1부씩) • 상대방에게 제공하기 위한 무효 입증용 선행기술 카피 준비(양이 많으면 1부 정도만 준비) • 모든 자료에는 "SETTLEMENT PURPOSES ONLY" 그리고, 사전 합의가 있는 경우에는 "PURSUANT TO NDA"라고 큼직하고 굵은 글씨로 매 페이지마다 표시할 것(파워포인트 기준 26폰트 이상) • 가급적 파워포인트 등 시각적인 도구 사용 • 레이저 포인터(2~3개) • 노트북 • 외부 메모리(무효입증자료 저장용) • 백업용 외부 메모리
기술협상 리허설	• 내부적으로 역할을 분담하여 모의 기술협상을 진행. 전문가가 상대역을 맡아 가장 약점이 되는 부분을 집중적으로 토론할 것 • 부족 논리 보충 • 필요시 유도질문 시나리오 준비 • 부족 자료 보충 검색

(4) 기술협상 단계

행 동 사 항	
기본 진행규칙 (Ground Rule) 설정	• 협상 횟수, 기간, 협상 장소 결정 • 프레젠테이션 순서 결정(보통은 권리자가 먼저 발표) • 상대방에서 1건씩 발표 후 반박할 것인가, 전부 발표 후 반박할 것인가 결정 • 위의 원칙을 가급적 따르되, 당일 경우에 따라 적절히 결정할 것
회의석상에서	• 협상리더를 중심으로 좌우 착석 • 상대와 거리가 가깝다면 중요 자료는 시건 장치가 있는 가방 안에 두거나, 테이블 위에서는 엎어둘 것 • 귓속말 혹은 메모지로 통신할 것 • 리더가 원칙적으로 모든 발언을 하되, 리더의 지시 아래 담당자가 사전에 준비된 발표를 진행 • 리더가 모르는 돌출 발언은 하지 말 것 • 수시로 협상팀끼리 시선을 교환하며 발언 • 상대에게 배포할 모든 자료는 해당 자료에 대한 설명이 끝난 다음에 배포할 것 • 협상업무를 떠나서는, 상대방에게 매너 좋은 모습을 취할 것. 유머 감각을 살릴 것 • 공통의 이해관계가 있는 제3자 정보를 정보교류차원에서 교환하는 것도 바람직함
권리자 발표 청취	• 권리해석에 도움이 되거나, 상대를 불리하게 만들 수 있는 사항에 대해 질문 • 검토가 되지 않았거나, 처음 듣는 사항은 가급적 반박을 삼갈 것. 다만 질문은 얼마든지 가능 • 가급적 질문 의도를 눈치채지 않게 할 것
침해자 발표	• 가장 강력한 건부터 발표 • 차분하게, 설득력 있게 설명 • 배포물은 발표가 끝난 후 배포
상대 반박 및 자기 옹호	• 최초 토의건에 대해서는 기 싸움에 유의할 것 • 설명(주장)보다는 질문을 자주 활용하여 상대를 모순된 입장으로 유도할 것 • 반박은 근거 및 자료에 입각하여 할 것 • 상대의 주장에 대해서는, 법리를 제시하고 이를 만족시키는 근거 제시를 요구할 것 • 상대의 논리가 강할 경우, 재검토 혹은 확인해보겠다는 식으로 피할 것

	• 경우에 따라서는 침해회피가 불가능한 경우 매출이 미미하다든지, 설계 변경했다든지를 시사할 수도 있음 • 때로는 역정보를 흘릴 수도 있음 • 보통 상세한 기술내용을 잘 모르는 상대방 라이선싱 담당자(비즈니스 협상 담당자)에게 강한 인상을 남기도록 진행할 것 • 순발력이 필요한 부분임. 따라서 행동사항을 감안하여, 임기응변으로 최적의 대응이 필요함
중간 휴식 결정	• 내부적인 의견조정 혹은 상황파악시 • 상대방의 호흡을 끊을 때 • 냉각기가 필요할 때 • 자료 보안을 위해 한 명은 남아 있을 것
회의 마무리	• 토의 사건 확인. 누락건 확인 • 상대방과 자사 향후 숙제 확인 • 차기 일정 수립(안 되면 추후 연락) • 회의록 혹은 MOU는 우리 쪽에서 원하지 않는 한 작성하지 말 것 • 내부평가 실시(비침해 포지션, 무효 포지션은 O, X, △ 정도로)
중식/저녁식사	• 보통 점심은 회의를 개최한 쪽에서 준비함(별도 식당, 사내 식당, 도시락 등) • 같이 식사할 의무는 없으나, 이따금 같이 식사하는 것도 나쁘지 않음 • 과도한 향응은 피할 것 • 과음을 피할 것 • 유머 감각을 살릴 것
회의 정리 및 사내 커뮤니케이션	• 향후 미팅을 대비하여 특허별, 제품별로 상대주장과 당사 주장을 정리. 향후 소송에서 공격 및 방어 단서가 됨 • 가치중립적인 입장에서 경영층에 회의 결과 보고 • 상대방 담당자 인물정보 정리
차기 회의 대비	• 연구원 및 관련부서로 회의시 논란이 된 사실관계 확인 • 증거 보강 조사 실시 • X, △ 건에 대해서는 상대방 주장을 감안한 반박논리 재수립

(5) 비즈니스 협상 준비단계

행 동 사 항	
협상팀 구성	• 특허팀 기술협상 담당자(1~2명), 비즈니스 협상 담당자, 특허 전문가로 구성 • 각자 역할 분담(운영, 비즈니스 협상, 기록)

현황 파악	• 줄 것인가 받을 것인가 결정(비침해, 무효, 역경고 포지션의 강도) • 기술적 회피 가능성 • 소송 비화시의 승산 검토 • 타사와의 라이선스 조건의 형평성 검토 • 동업 타사 동향 입수 • 해당 제품분야의 성장 전망 • 당사의 매출 추이 및 향후 전망 • 상대사의 라이선싱 스타일
사내 의사결정 및 커뮤니케이션	• 위 정보를 종합한 협상 전략 수립, 의사결정(해당 제품, 로열티 수준, lump sum or running 등) • 경영층에 협상진행 현황을 수시 보고 • 사내 협상 반대측에 대해 충분한 정보제공을 통해 설득
협상 자료 준비	• 개조식, 즉 아우트라인 형식의 Term sheet 형태로 라이선싱 조건을 준비하는 것이 바람직함. 상대에게 줄 수도 있고 안 줄 수도 있음 • 파워포인트로 발표, 또는 유인물 제공 혹은 구두로 얘기할 수도 있음(상황에 따라 결정) • 기타 업계 전망 등 주장을 뒷받침하는 자료 준비(신뢰성을 높이기 위해 출처 명기) • 모든 자료에는 "SETTLEMENT PURPOSES ONLY" 그리고, 사전 합의가 있는 경우에는 "PURSUANT TO NDA"라고 큼직하고 굵은 글씨로 매 페이지마다 표시할 것(파워포인트 기준 26 폰트 정도) • 레이저 포인터(2~3개) • 노트북 • 외부 메모리(협상자료 저장용) • 백업용 외부 메모리

(6) 비즈니스 협상 단계

행 동 사 항	
진행규칙 (Ground Rule) 설정	• 검토 대상 특허 건수, 협상 횟수, 기간, 협상 장소 결정(기술협상편 참조) • 프레젠테이션 순서 결정. 보통은 권리자가 먼저 발표 • 위의 원칙을 가급적 따르되, 당일 경우에 따라 적절히 결정할 것
회의 진행	• 협상리더를 중심으로 좌우 착석

	• 상대와 거리가 가깝다면 중요 자료는 시건장치가 있는 가방 안에 두거나, 테이블 위에서는 엎어 둘 것 • 귓속말 혹은 메모지로 통신할 것 • 리더가 모든 발언을 하되, 리더의 지시 아래 담당자가 사전에 준비된 발표를 진행 • 리더가 모르는 돌출 발언은 하지 말 것 • 수시로 협상팀끼리 시선을 교환하며 발언 • 협상업무를 떠나서는, 상대방에게 매너 좋은 모습을 취할 것. 유머감각을 살릴 것 • 공통의 이해관계가 있는 제3자 정보를 정보교류 차원에서 교환하는 것도 바람직함
상대 조건 청취/반박	• 궁금한 사항은 질문을 통해 확인. 가급적 질문 의도를 눈치채지 않게 할 것 • 때로는 상대사의 주장을 요약한 다음, 맞느냐고 확인. 상대방의 의도 파악 및 재설명 유도 • 즉각적이고 단정적인 반대보다는 우회적으로 접수 불가함을 표시 • 상대 요구 조건에 대한 논리적인 반박(회사 사정, 업계 사정, 타사 형평성, 향후 기술적/사업적 전망, 과거 계약 대비 등)
회의 마무리	• 차기 일정 수립(안 되면 추후 연락) • 회의록 혹은 MOU는 우리 쪽에서 원하지 않는 한, 작성하지 말 것
중식/저녁식사	• 보통 점심은 회의를 개최한 쪽에서 준비함(별도 식당, 사내 식당, 도시락 등) • 같이 식사할 의무는 없으나, 이따금 같이 식사하는 것도 나쁘지 않음 • 과도한 향응은 피할 것 • 과음을 피할 것 • 유머를 살릴 것
회의 정리 및 사내 커뮤니케이션	• 가치중립적인 입장에서 경영층에 회의 결과 보고 • 상대방 담당자 인물정보 정리
차기 회의 대비	• 내부 회의 • 위험요소 재분석 • 협상 논리 재수립
핵심 타결 사항	• 대상특허(보통 양사가 보유한 특허 전부) • 대상제품 • 기간 • 지역 • 로열티 지급 방식

	• 과거분 및 향후분 로열티 • 적용 화폐 • 계약의 양도 가능성(분사, M&A 가능성 대비)
소송 대비	• 협상결렬에 대비하여 선제 소송 가능성 검토 • 승산 • 소송 담당 변호사/사무소 • 소송지역 • 소송 시점 • 대상 특허 • 상대사 제품 분석 • 역소송 특허 발굴 • 침해자료 재검토

(7) 계약서 작성 단계

행 동 사 항	
계약서 초안 작성	• 보통 특허권자측에서 준비함 • 그렇지 않은 경우에는 가급적 우리측에서 준비하는 것이 바람직함
계약서 초안 검토	• 계약 목적 파악 • 계약 제품의 업계현황, 향후 전망 숙지 • 계약서 내용 숙지(거의 외울 정도로) • 독소조항 파악 및 배제 • 국가핵심기술 또는 전략물자로 지정된 기술에 해당되는지 여부
초안에 대한 코멘트 작성	• 독소조항은 삭제 요청 • 아니면 수정문구 제시. 수정문구를 제시할 경우에는 스스로 만들기 전에 기존 타 계약서에서 적절한 문장이 있으면 그것을 따다 쓸 것 • 상대방이 우월적 지위를 이용하여 부당한 조건 요구시에는 상식과 업계 관행에 입각하여 반박할 것 • 권리, 의무가 가급적 대칭적(Mirror Image)으로 작성되었는가?
계약서 서명	• 대표이사가 원칙이나, 대기업의 경우 관련 사업 담당 임원의 서명도 무방 • 매 페이지마다 하단 구석에 이니셜을 쓸 것 • 날인의 경우에는 간인을 찍을 것 • 2부를 작성하고 한 부씩 보관함

(8) 사후관리 단계

행 동 사 항	
관련부서 통보	• 연구부서, 영업부서, 경리부서, 홍보부서 등
언론 발표	• 발표하는 것이 유리하다면, 사전에 상대방과 언론 발표 여부, 발표 수위, 공동 발표 여부를 합의할 것 • 자세한 타결 조건은 공개하지 않음 • 계약서를 사내 관련 부서에 배포하지 않도록 함 • 특히 영업부서에서 계약서를 영업에 활용할 경우, 반드시 사전 필터링을 거칠 것
고객 통지	• 협상 타결사항을 고객 사업에 관련 있는 범위 내에서 알려줌 • 자세한 타결 조건은 공개하지 않음
증시 공시	• 로열티 부담, 혹은 수입이 자본금의 10%를 넘는 경우에 실시 • 너무 자세한 타결 조건은 공개하지 않음
로열티 지급	• 계약서 내용에 따라 실시함 • 로열티 리포트 • 소득세 원천징수 및 납부 증명서 확보 • 로열티 송금
회계감사 대응	• 동의할 만한 회계사인가를 검토 • 사전에 사내 관련부서와 충분히 검토하고, 발표사항을 사전 체크할 것 • 감사시 현장 배석할 것 • 자료 유출에 유의할 것 • 특허권자측에 보고할 내용 사전 검토(불필요 사항 필터링)
재계약 준비	• 제품의 단종여부 체크 • 이익현황 체크 • 상대 핵심특허의 존속 여부, 무효 여부 체크 • 당사 신규 유효특허 발굴 • 경쟁사 제품 침해 분석 • 당사 제품 저촉 분석 • 회피설계 실시 • 후속적인 보완 특허 출원 유도

Ⅱ. Patent Troll 대응

행 동 사 항	
경고장 답신	• 타사도 접수하였는지 파악 • 가급적 답신 회피 가능성 검토
Troll 관련 정보 조사	• Troll의 목표 • 비즈니스 모델 • 본 특허로 라이선싱 프로그램을 진행해온 기간 • 특허의 약점
기타 대응 방안 검토	• Troll이 아직 모르고 있으나 troll에게 불리한 정보 • 설계 변경 혹은 단종 • 재심사 청구 • 신규 등록 특허 모니터링 • 개발 착수 전 문제특허 조사 • 고의침해 방지를 위한 변호사 감정확보 • 특허 유효성 인정조건으로 낮은 로열티로 타결 • 자신이 보유한 특허권에 대해 troll이 권리 행사할 권한 부여

Ⅲ. 특허권자 입장에서의 경고장 발송

경고장 발송 단계

행 동 사 항	
침해 정보 입수	• 경쟁사 제품 정보 입수(인터넷 홈페이지, 기사, 연례 보고서, 카탈로그, 서비스 매뉴얼, 데이터 북, 광고 선전, 신문 보도, 전시회, 거래선 등) • 제품 구입시에는 영수증 보관(등록국가에서 판매되는 제품일 것) • 미국 등 국가에 따라서는 전문적으로 침해제품 정보 제공기관이 있음. 이 회사에 의뢰하는 것도 가능함 • 대상 제품의 판매지역, 매출 규모 파악
침해정보 분석	• 연구원과 같이 실시함 • 침해품은 최소한 2 이상으로 구입할 것 • 언제나 실제 작동, 시연 가능한 상태로 1개 이상 남겨둘 것

	• 외관(정면도 혹은 사시도, 명판 등), 분해 상태 등을 사진으로 찍어 둠 • 반도체와 같은 경우, 전문적인 침해분석회사에 의뢰함
권리행사 특허의 유효성 조사	• 심사포대 검토하여 기재불비 요소, 금반언 요소 점검 • 가능하면 선행 기술 존재 여부 조사(무효 대비)
상대사 현황파악	• 본사 주소, 대표이사 성명
경고 방법 결정	• 경고장을 보낼 것인가, 소송을 제기할 것인가? • 경고장을 보낸다면 제조사에 보낼 것인가, 대리점 등 고객사에 보낼 것인가, 혹은 모두 다 보낼 것인가를 결정
경고장의 내용	• 권리자 간략 소개 • 특허권 간략 소개 및 현재 유효한 권리이고 권리자 소유임을 적시. 경우에 따라서는 특허 등록 원부를 복사 첨부 • 침해제품(모델명) 적시 • 침해사항 적시 • 요구사항(생산, 판매, 사용, 수입 등) 적시 • 필요시 라이선스 의향 전달(미국특허로 경고시에는 일단 기재하지 말 것) • 회답요구일자(보통 1달) 명기 • 단호한 권리행사 의지 표현 • 대리인 사무소를 통해 전달하는 것도 권리자 측의 단호한 의지와 심각성을 표현하는 한 가지 방법임
해외 경고장 송달	• 팩스(혹은 e-mail) 송부 후, 우편으로 전달
국내 경고장 송달	• 내용증명 발송이 권리자측의 심각한 입장을 표현하는 데 효과적임 • 내용증명시 동일 서신 3부 준비 • 각 서신에는 수신자/수신처 주소, 발송자/발송처 주소가 맨 앞 페이지에 있어야 함

Ⅳ. 미국 연방법원 소송 대응

(1) 연방법원 소장(Complaint) 접수 단계

행 동 사 항	
피소 사실 인지	• 일단 소장 접수사실부터 보고 • 소장 복사본 입수(미국 특허사무소에 의뢰)
소송정보 파악	• 소송지 • 제소 특허 • 관련 제품 • 제소원인(cause of action) • 관련 제품 미국 내 매출 • 미국 내 판매 지역 • 주요 거래선 및 소재지
상대사 정보파악	• 사업분야 • 매출규모 • 특허현황 • 제기된 특허 등록국가에서의 영업현황 파악, 상대사의 의도 분석
타사 동향 입수	• 피소사, 제소 대상 특허, 제품 • 타사의 대응 방향 • 공동 대응(joint defense) 가능성 모색
법률사무소 선임	• 아는 사무소 • 아니면 주변의 추천을 받음 • 파악사항 • 이해충돌 여부 • 소송경험(특히 관련분야 소송 경험) • 담당변호사의 경력, 전문 분야, 소송경험, 승률, 한국기업 이해도 • 사무소 소재지가 소송지에 있는가?(필수 조건은 아님. 비용상의 문제임)
책임져야 할 피해 혹은 보상받아야 할 피해 확인	• 특허 소송피해배상 보험 여부 및 그 내용 확인 • 제품/기술공급선으로부터 피해배상 확약서(indemnification agreement) 받았는지 및 그 내용 확인 • 우리 회사가 타사에게 피해배상 확약서(indemnification agreement)를 제공했는지 및 그 내용 확인
답변 전 타결	• 답변서에 기재되어 세상에 공지될 경우 원고가 곤란해지는 사안

가능성 검토	발굴 예를 들어 강력한 무효자료, inequitable conduct, Antitrust, RICO claim 등(타결 가능성이 매우 높아짐)
사내 전담팀 구성	• 특허, 연구개발, 경리, 영업, 구매, 생산 부서로 구성 • 상근(보통 특허 및 연구개발) 및 비상근(나머지 부서)으로 분리 구성 • 사무기기(컴퓨터, 팩스, 복사기 및 통신시설 비치), 집에서도 e-mail 연락 가능하게 조처할 것
답변 전 검토사항	• Motion to Dismiss for Lack of Subject Matter Jurisdiction • Motion to Dismiss for Lack of Personal Jurisdiction • Motion to Dismiss for Lack of Proper Venue • Motion to Dismiss for Insufficiency of Service of Process • Motion to Dismiss for Failure to State a Claim upon which Relief can be granted • Motion to Dismiss for Failure to join a Party under Rule 19 • Motion for Judgment on the Pleadings • Motion for More Definite Statement • Motion for Strike • 만일 이긴다 하더라도 원고가 소장을 수정하면 해소될 사항의 경우, 모션을 제기하지 않고 상대방과 사전 접촉으로 수정을 유도하여 비용절감을 기할 것
답변서 작성	• 소장 답변 연기요구 • 소장의 모든 항목에 대해 답변 • 답변 방향은 인정(admitted), 부정(denied), 부지(no knowledge)의 3가지임 • 답변서에 포함되어야 할 적극적 항변(affirmative defense) 검토 • Fraud, License, Laches, Limitation of Actions, Estoppel, Prosecution History Estoppel, Misuse, Res Judicata, Collateral Estoppel 등 • Counter Claim 제기 검토 • 제소 특허에 대한 무효 주장 • 제소 특허에 대한 비침해 • Antitrust법 위반 • RICO(Racketeering Influenced and Corrupt Organizations)법 위반 • 피고 특허에 대한 원고 침해 주장(반소로 할지 혹은 별도 소송제기를 할지 여부를 전략적으로 검토)
Protective order	• 소송일정, 기간을 사전에 변호사와 협의 • 비밀 정보에 대해 사내 변호사 접근을 허용할 것인가를 결정함
가처분 가능성 검토	• 상대가 가처분을 요구하고 있는 경우에 검토 • 가처분 요건을 검토하여 승산 판단 및 대응책 강구 • 불리할 경우, 사업측면의 대응책 • 설계 변경

	• 판매선 변경 • 기타 가처분 결정전 완료 사항 강구(늦어도 1년 이내 조처 완료 사항)
변호사 의견 확보	• 만일 특허권자가 고의침해를 주장하고 있다면 의견서 확보를 검토 • 의견서 작성은 소송을 담당하는 사무소 이외의 사무소에 의뢰할 것

(2) 증거조사(Discovery) 단계

행 동 사 항	
사전 준비	• 디스커버리 담당자 지정 • 디스커버리 예상분야(연구개발, 생산, 판매, 사내 전산팀 등) 부서에 관련 자료 보존 요청 • 디스커버리 대상부서 창구 지정 및 연락처 확보 • 변호사와 전자 디스커버리(Electronic Discovery) 준비 협의
문서제출 요구 대응	• 문서제출 요구서를 꼼꼼히 분석할 것 • 관련 부서 파악 및 제공 의뢰(필요시 관련부서 방문하여 현장에서 필요서류 선별) • 소송과 무관한 서류는 이의제기 • Confidentiality 체크 및 표기 • Privilege 서류 체크 및 표기 • 소송과 관련이 없는 영업비밀 부분에 대해서는 매직펜 등으로 지우기(redact) 할 것 • 우리측 제출서 초안 검토 후 발송 • 방대한 문서, 혹은 현재 업무상 사용 중인 문서에 대해서는 상대방의 현장 검증(request for inspection)을 변호사와 협의하여 제안 • 우리측에서 문서제출을 요구할 경우에는 초기에 가급적 방대한 분량의 정보를 요구할 것
질문서 대응	• 질문서를 꼼꼼히 분석할 것 • 문서제출로 대치되는 경우에는 그렇게 할 것 • 소송과 무관한 질문은 이의제기 • 애매한 질문은 전제조건을 달고 답변 • 우리측 제출서 초안 검토 후 발송
증인 심문 대응	• 증인 선정 • Rule 30(b)(6) 증인의 경우에는 복수의 증인 pool 확보 • 증인 사전 교육 • 증인 심문 장소 수배(국내) • 증인 출장준비(항공표, 호텔 등)

	• 증인 심문 참석 • 심문 속기록 검토 • 증인 서명 확보
인정요구 대응	• 인정요구서를 꼼꼼히 분석 • 우리측 답변서를 꼼꼼히 분석
전문가 선임	• 대리인에게 알고 있는 전문가 추천(주로 연구팀에서 추천 정보를 가지고 있음) • 대리인이 가지고 있는 전문가 풀 활용 • 전문가로부터 추천 • 전문가 경력/능력 확인(특허권자와 관련 여부, 침해제품과 동일 또는 이에 준하는 분야 담당 여부, 학위, 종사 기간, 연구/개발 실적, 타 소송에서 전문가 활동경력, 승률, 경력상 하자 여부, 발언태도, 논리력, 설득력) • 미심쩍으면 직접 면담 후 결정 • 대리인과 협의하여 소송 대응팀에 근무할 전문가와 공판에 나설 전문가로 구분 편성 • 기술분야가 첨단이며, 초기단계인 경우, 전문가 수가 많지 않고, 경우에 따라서는 특허권자측의 발명자와 학연이나 기타 연관이 있는 경우도 있음. 따라서 상대가 전문가를 전부 독점하는 경우도 있으므로 채용을 서둘러야 함

(3) 약식판결(Summary Judgment) 단계

행 동 사 항	
대상 선정	• Discovery 과정에서 입수한 양측 증거자료, 양측 expert opinion, 마크맨 히어링 결과를 바탕으로 승산 판단 • 무효측면 검토 • 비침해 측면 검토
모션 초안/상대 답변 검토	• 제기요건을 만족하고, 설득력이 있는가를 검토
히어링 참석	• 양측 주장을 객관적으로 관찰 • 상대 반응, 판사의 반응을 관찰, 승산, 협상 타이밍 포착
Interlocutory appeal 검토	• 비침해나 무효, inequitable conduct같이 실질적으로 소송을 중간에 끝내는 결정은 CAFC에 항고 여부를 검토
후속 디스커버리	• 모션이 기각될 경우, 기각사유를 중심으로 후속 디스커버리를 실시

(4) 가처분(Preliminary Injunction) 단계

행 동 사 항	
승산 검토	• 디스커버리 자료를 바탕으로 최종 공판에서의 승산 판단 • 가처분 없이 최종공판까지 갈 경우의 irreparable harm 분석 • 제기시점 타이밍 체크. 제기시점이 너무 늦거나 최종 공판이 가까울 경우, 재판부는 시급성이 없다는 이유로 거부할 가능성이 있음 • 재판부가 받아줄 것인가 판단 • 상대에 대한 전략적 압박효과 판단 • 비용 대비 전략적 효율성 판단

(5) 디스커버리(Discovery) 완료 단계

행 동 사 항	
소송 중간 평가	• Discovery 과정에서 입수한 양측 증거자료, 양측 expert opinion을 바탕으로 승산 판단 • 협상 여부를 판단
약식판결 신청 검토	• 디스커버리 과정에서 수시로 수집증거를 분석하여 제기 여부 및 성공 가능성 판단 • 무효 검토 • 비침해 검토

(6) 마크맨 히어링(Markman Hearing) 단계

행 동 사 항	
타이밍 잡기	• 승산이 있을 경우, 가급적 초기단계에서 마크맨 히어링 유도 • 그렇지 않으면 디스커버리 후반부 혹은 종료 직후
이슈 선정	• 대리인과 협의
후속 조치	• 결과를 토대로, 비침해/무효 약식 판결 제기 검토 • 협상에 의한 타결 방안 검토

(7) 공판준비(Pretrial Conference) 단계

	행 동 사 항
소송 중간 평가	• 타결 가능성에 대해 재판부에 제출할 의사결정
타결 가능성 검토	• Discovery 과정에서 입수한 양측 증거자료, 양측 expert opinion을 바탕으로 승산 판단
모의 공판 실시	• 모의공판 결과에 따른 공판전략 수정

(8) 공판(Trial) 단계

	행 동 사 항
배심 선정	
공판 참관	• 배심 반응, 판사 반응, 반대측 반응, 우리측 진행을 종합판단, 승산 혹은 협상 타이밍 포착
평결/판결 대응	• 언론 대응 • 결과가 불리할 경우 JNOV 검토
항고 검토	• 타결 가능성 검토 • 항고시 승산 검토 • 공탁금(Bond) 수준, 수출, 판매 영향 검토 및 대응

Ⅴ. ITC 소송 대응

(1) 특허권자의 제소검토(Due Diligence) 단계

	행 동 사 항
특허 침해 확인	• (협상단계와 동일 요령)
상대방의 미국 수입사실 확인	• 제품명, 물량, 수입 경로

대리인 선임	• 이해충돌 여부 확인 • 처음부터 대리인을 선임하고 진행하면 더욱 좋으나, 그럴 경우 비용부담이 커지므로, 어느 정도 사실확인이 된 단계에서 진행하는 것도 무방
국내 산업 존재 입증	• 특허 실시권자의 미국 내 비즈니스 활동(단순한 영업 및 판매는 제외) • 상당한 공장 및 설비투자 • 상당한 자본 투여 및 고용 • 지적 재산권, 연구개발, 라이선싱을 위한 실질적인 투자
소장 초안 작성	• 일응 침해(prima facie infringement)를 입증하는지 체크 • 기타 논리 점검
디스커버리 사항 사전 준비	• 우리측 관련 자료수집 • 상대측 디스커버리 사항 리스트 사전 준비
소 제기	

(2) 침해자의 소장접수 단계(Answer Stage)

행 동 사 항	
피소 사실 확인	• 상대방이 통지하여 알거나 • 관보(Federal Register) 확인 • ITC 인터넷 사이트(www.usitc.org)에서 확인 • 민사소송법에 규정된 송달절차를 따르지 않는 점에 주의. 따라서, 소장 송달을 받지 못한 상태에서 소송이 진행될 수 있음
경영층의 빠른 의사 결정 유도	• 제소사 및 침해사의 침해관련 미국 사업현황, 전망 파악 • 소송개요 보고(특징, 기간, 비용, 승산 등) • 응소여부 결정 • 응소하지 않는다 해도, 대리인을 선임하여 당사자간 합의에 의한 철회를 유도하는 것이 향후 사업관계상 바람직하다.
거래선/언론 대응	• 경고장 접수단계 참조
대리인 선임	• 이해충돌 여부 확인 • ITC 소송 경력 체크(담당 사건 숫자, 승률, ITC 근무 경력 등) • 담당 기술분야 체크 • 시일이 촉박하므로 현지 출장 업무를 고려

대리인과 대응방안 협의	• 비침해 • 특허 무효 • 국내산업 존재 확인 • 동일사건이 연방지법에 계류시 지법사건 진행정지 신청여부 검토
소장 초안 작성	• 대리인이 작성한 초안을 면밀히 검토
디스커버리 사항 사전 준비	• 상대의 디스커버리 요구가 오기 전이라도 가능한 관련 자료 수집 • 상대측 디스커버리 사항 리스트 준비
전문가 선임	• 연방지법 소송 디스커버리 단계 참조

(3) 증거조사(Discovery) 단계

행 동 사 항	
	• 연방지법 디스커버리 단계 참조
침해 회피품 노출 (가능하면)	• 불리한 결정이 내려질 경우에 대비하여, 수입배제명령의 문구를 빠져나갈 수 있는 수준의 침해 회피품 내용을 상대측 및 ALJ에게 전달, 가결정문에 반영하여야 함 • 구체적으로는, 필요시 침해 회피품에 대한 디스커버리를 상대측에 요구 • 상대측에서 디스커버리를 회피할 경우, ALJ에게 motion 청구

(4) 공판준비 및 공판(Prehearing Conference & Hearing) 단계

행 동 사 항	
소송 중간 평가	• 타결 가능성에 대해 재판부에 제출할 의사결정
타결 가능성 검토	• Discovery 과정에서 입수한 양측 증거자료, 양측 expert opinion을 바탕으로 승산 판단
공판 참관	• 판사 반응, staff attorney 반응, 상대측 반응, 우리측 진행을 종합 판단, 필요시 협상 타이밍 포착

(5) 불리한 가결정/최종결정(Initial Determination/Final Determination) 단계

행 동 사 항	
결정문 정독	• 판결의 이유, 논리 • 수입배제 명령의 성격, 내용 • 배제 대상의 범위 • 공탁금 수준
담당 변호사 조언 입수	• 사건정리 및 전망, 대책, 비즈니스 대응방안 조언 • 항고 여부 및 승산
타결 가능성 검토	• 타당성
사내 관련부서 협의	• 수출규모, 수출경로, 유통경로, 대리점 현황, 재고 현황, 현지 생산 여부 • 공탁금 감당 여부 • 침해 회피 제품 출시 가능성 파악 • 고객/언론 대응
고객/언론 대응	• 결정 내용 통지, 대책 전달, 침해 회피제품 승인획득, 기타 구매계약 사항 대응

제2장

해외특허분쟁 대응 매뉴얼 해설

일러두기

⇨ 본장에서는 발생빈도와 중요성이 가장 큰 미국 특허 분쟁의 경우를 중심으로 설명하고 있다. 하지만, 본 해외분쟁 대응 매뉴얼은 국내사건에서도 마찬가지로 적용할 수 있다. 또한 본장에서는 침해자로 지목된 측(이하 "침해자")이 단계별로 취해야 할 행동을 설명하고 있으며, 내용의 장황함을 피하기 위해 법률 용어에 대한 설명은 최소한에 그쳤다. 따라서 특허제도나 법률용어에 익숙하지 않은 독자들은 본장 이후의 각 장에서 이론적 설명을 구하기 바란다. 마지막으로, 국내기업이 특허분쟁에 있어서 대부분의 경우 침해자로 몰리는 입장인 점을 감안하여, 침해자 입장에서의 방어적 대응에 대부분의 설명을 할애하였다. 그러나 권리자로서의 권리주장시 고려하여야 할 사항을 경고장 발생단계에서 간략히 정리하였으므로 이를 참조하면 도움이 될 것이다.

Ⅰ. 침해자 입장에서의 경고장 처리

특허 분쟁에 있어서 명심하여야 할 사항

- 서두르지 않고, 끈기 있게 지구력을 가지고 대처한다. 특허분쟁은 협상을 하든 소송을 하든 1~2년이 소요되는 일은 아주 흔하다. 따라서 억울한 침해자 입장에서야 빨리 해결하여 비즈니스 활동에 악영향을 최소화하고 싶겠지만, 서두른 나머지 상대방에게 자기 기술을 스스로 공개하는 등 꼬투리를 잡힐 가능성도 있다. 또한 불리한 침해자 입장에서야 서둘러 해결한들 특허 침해 대가를 일찍 지불하는 일밖에 안 될 것이다.

- 절대로 포기하지 않는다. 상대방의 기술력이 월등하고 보유특허가 압도적으로 많다고 해서 지레 협상에 응한다면 이미 지고 들어가는 것이다. 모든 분쟁 해결은 문제특허에 대한 침해 여부와 무효 여부 분석에서 출발한다. 특허분쟁은 상대 특허가 무효면 해결되는 것이고, 상대 특허에 비침해이면 해결되는 것이다. 오직 제시된 특허에 대해서 문제를 풀려고 하여야 한다. 상대가 공격하는 방법은 특허를 통한 방법밖에 없다는 것을 명심하라. 만일 상대가 추가로 특허를 제시한다면, 앞에서와 마찬가지로 대응하면 된다. 설령 라이선스를 받을 때 받더라도, 상대 특허의 문제점을 많이 찾아내면 낼수록 우리의 협상 포지션이 강화된다는 것을 명심하자.
- 그러나 완전한 승리를 목표로 하지 않는다. 누가 봐도 완전한 무효나 비침해가 아닌 이상, 확률이 아무리 낮다 하더라도 침해로 판정날 가능성은 존재한다. 끝까지 진행하더라도 낮으면 낮은 대로의 위험부담을 안고 가는 것이다. 설령 소송을 통해 이긴다 하더라도 소송비용은 받지 못하는 경우가 대부분이다. 따라서 억울하지만(?) 때로는 타협이 실리적인 경우가 생긴다.
- 무엇보다도 정확한 최초 대응이 중요하다. 권리자 입장에서 보면 완전한 물증 없이 개연성만을 가진 단계에서 경고장을 발송하고, 상대의 반응을 보아 가며 대응하는 경우도 종종 있다. 이때 우왕좌왕하거나 당황한 기색, 어설픈 논리전개 등의 허점을 보인다면 상대는 이를 놓치지 않는다. 결국 호미로 막을 것을 가래로 막는 격이 되어버리는 일이 흔하게 생긴다.

1. 경고장 접수 단계

(1) 경고내용의 타당성 1차 확인

경고장은 미국의 경우, 통지시점부터의 매출에 대해 손해배상이 발생하는 기산점이 된다. 그러나 경고의 내용을 담고 있다고 해서 다 그런 것은 아니고, 적법하게 상대에게 침해 경고를 하여야 한다. 적법한 침해 경고란 경고장에서 침해제품과 침해 받고 있는 특허를 명기하여 침해주장을 하여야 한다는 것이다. 따라서 구체적인 모델명을 적시하지 않고 막연히 "귀사 제품이 우리 특허를 침해하였다"하는 수준의 내용은 경고장으로서 고지기능이 결여된 것이고 법적 효과 측면에서는 무시하여도 무방하다. 그렇다고 해서, 경고장에 대해서 충분한 전략적인 검토 없이 무시하는 것은 매우 위험하다. 상대방이 소송을 제기할 수도 있고, 그럴 경우 처리비용이 증가하고 리스크가 생기기 때문이다(본서 제8장 Ⅰ, 7. 참조).

그 다음으로 해야 할 것은 특허출원에 관련된 심사포대를 발주하거나, 혹은 입수하는 것이다. 요즘은 인터넷을 통해 각국 특허청의 홈페이지에서 출원 포대를 다운로드 받는 것이 가능하다. 다만, 아주 오래된 것은 각국 특허청에 별도로 발주를 해야 한다. 구체적 입수 방법은 경고 내용 대응란을 참조하기 바란다.

특허 침해여부와 무효 여부를 분석한다. 단, 여기에서는 심사포대 입수 없이도 특허 명세서의 기재사항을 중심으로 간단히 일차적으로 살펴보는 것으로 충분하다. 정밀검토는 추후에 하면 된다. 이 단계에서 필요한 일차확인은 경고 내용의 개연성이 어느 정도 있는가 하는 정도, 사태의 심각성을 파악을 하기 위한 정도 등이다.

(2) 상대사 정보파악

상대사의 정보파악 분야로서, 사업분야가 어떤 것이 있는지 알아보고, 침해자와의 관계, 비즈니스 관계 등에 대해서도 조사한다. 또, 특허권자의 매출 규모를 알아보고, 특허권자의 특허현황도 파악하도록 한다. 그리고 제기된 특허가 등록된 국가에서 갖는 영업현황을 파악한다. 이러한 과정들을 거치면, 상대사의 의도가 분석되는 경우가 많다. 또한, 회사의 영업팀과 연락을 해보는 것도 좋은 방법이 된다. 제품이나 용역 입찰에서 경합하는 경우, 상대방이 그런 입찰의도를 저지시키려는 경우가 많이 있기 때문에 영업팀과 연락해보면 상대사의 의도분석이 비교적 용이할 때가 많다.

또한 권리자의 성격이 호전적인가, NPE[1)]인가, 소송을 겁내지 않을 정도로 자금력이 있는 회사인가도 감안하여야 한다.

(3) 경고장 의도 분석

한편으로는, 경고장 자체에서도 경고의 의도를 분석할 수 있다. 경고장에

---

1) Non Practicing Entity의 약자로, 우리말로 하면 비제조 회사 정도로 할 수 있을 것이다. 상품을 제조, 판매하는 사업을 영위하지 아니하며, 오직 특허만을 가지고 소송이나 협상을 통해 특허권의 대가를 주수입원으로 삼고 있는데, 이들은 과거에 Patent Troll (특허괴물)로 불리었다. 상세사항은 본장 II절을 참조.

서 상대방이 사업중지를 희망하는지, 아니면 라이선스 수입을 얻기 위해 라이선스 의사를 표명하는지, 혹은 그런 것을 판단하기 힘들다고 할 때에는 누가 보냈는지를 분석한다. 회사에서 직접 보냈는지, 아니면 법률사무소에서 보냈는지를 알아보고, 법률사무소가 발송했다면, 담당변호사와 사무소가 라이선스 중심의 사무소인가, 아니면 소송 전문의 사무소인가를 알아보는 것도 앞으로의 방향에 대하여 힌트를 얻는 데 도움이 될 수 있다. 예를 들어 NPE을 대리하기로 악명 높은 변호사가 보냈다면, 계산된 소송이나, 매우 끈질긴 협상을 각오해야 할 것이다.

(4) 타사 동향 조사

타사 동향을 살피는 것은 매우 중요하다. 국내 혹은 해외의 다른 회사도 경고장을 받았는지, 받았다면 어떻게 대응하는지 등의 정보를 입수하고, 가능하면 서로 협의를 한다. 해외 지점이 있는 회사면 지점 정보망도 활용해 본다. 인터넷을 통해 검색해보는 것도 한 방법이다. 대화시 상대회사도 미주알 고주알 얘기는 안 할 것이므로, 행간을 읽도록 해야 한다. 이해관계가 공통된다면, 공동으로 대응할 방법이 있는지, 아니면 단순 정보 교환의 가능성이 있는지도 살펴본다.

(5) 변호사 선임

먼저, 변호사 선임의 필요성부터 고려할 필요가 있다. 법적으로 권리를 따지고 주장하는 특허분쟁에서 변호사의 도움을 받으면 좋다는 것은 말할 필요도 없다. 문제는 비용이다. 그렇다고 해서 비용 때문에 필요한 조력을 받지 못하면 그 또한 바람직하지 못하다. 적어도 특허분쟁을 한 번도 경험해보지 못한 회사라면 변호사 선임을 반드시 권하고 싶다.

변호사를 선임할 때에는 이해충돌 관계가 있는지, 다시 말하면, 상대방 회사와 이미 어떤 관계로든 거래가 진행되고 있는지를 확인하여야 한다. 만약, 선임하려는 변호사가 상대방 회사와 어떤 거래관계를 갖고 있다면 그 변호사는 선임 대상에서 제외되어야 한다. 따라서 변호사에게 수임의사를 타진할 때에는 상대방의 회사명을 알려줄 필요가 있다. 변호사의 선임을 결정하였으면, 위임계약서를 작성하도록 한다. 위임계약서에서 중요한 것은 수시로 자문이 가능하도록 하여, 궁금한 사항이 있을 때는 항상 커뮤니케이션을 할 수 있도록 하여야 한다는 것이다. 이미 거래 중인 변호사라면 가장 무난한데, 이 업무의 성격상 수시로 의견을 나누어야 하며, 고객의 스타일을 잘 이해하고 있어야 하기 때문이다. 물론 특허협상 업무 경험이 없는 변호사는 당연히 곤란하다. 이 업무는 극히 대립적인 상황에서 진전과 반전을 거듭하기 때문에, 상대의 의중을 잘 읽고 적절히 대처하려면 경험이 많아야 한다.

경고장 샘플

April 1, 2010
By Facsimile
Confirmation by Air Mail

Mr. Kildong Hong
President & CEO
ABC Co.
142 Nonhyundong, Kangnamku,
Seoul, Korea

Re: XYZ Co Patents Pertaining to Sound System

Dear Mr. Hong:

XYZ Corporation is the owner of many patents and patent applications around the world pertaining to acoustic sound system. These patents include United States Patent Nos. 1,234,567 and 7,654,321.

The technological innovations of XYZ Corporation such as these patents are important assets of our company. Accordingly, XYZ vigorously enforces its world-wide patent rights to protect its technological innovations.

It has recently come to our attention that ABC is manufacturing, offering for sale, and/or selling speaker systems. At least one of these speaker systems is marketed under the name “FineSonic 600.” Based upon our investigation of the activities of ABC and our analysis of the FineSonic 600, we have concluded that the FineSonic 600 products infringe United States Patent Nos. 1,234,567 and 7,654,321.

XYZ respects the patent rights of others, and trust that ABC is likewise respectful of the patent rights of others. In this regard, we expect that ABC will take our concern of patent infringement very seriously.

As it appears that the FineSonic 600 products infringe our patents, we must insist that ABC immediately cease all infringing activities and provide us assurances that ABC will respect our patent rights. If, however, ABC believes that our investigation is somehow in error, we would appreciate your comments regarding how ABC's activities do not infringe our patent rights.

In view of the importance of this matter, we request that ABC provide us with a response to the concerns outlined in this letter within the next 14 days.

Regards,

Jeremy Wilson

(6) 경고장에 대한 최초 답신

원칙적으로 답신하도록 한다. 답신하지 않을 경우 상대방은 대화로 문제를 해결할 의지가 있는지 혹은 무조건 회피하려는지 등 여러 가지로 추측을 하게 된다. 경우에 따라서는 상대가 소송을 제기해 올 가능성도 존재하며, 자칫 호미로 막을 것을 가래로 막아야 하는 부담이 생길 수도 있다.

그러나 상대방이 NPE나 patent pool이라면, 답신 여부 자체를 신중히 고려하여야 하며, 피할 수 있다면 일단 피해보는 것도 한 가지 방책이 될 수 있다. 보통 NPE나 patent pool은 여러 회사로 동시다발적으로 경고장을 보내는 경우가 많다. 따라서 꼭 특정회사를 지목하여 보내지 않는 경우도 많다는 것이다. 이런 경우 만일 답신을 보낸다면, 그때부터 상대의 표적이 되어 집요한 협상요구에 시달릴 수 있다. NPE나 patent pool은 보통 다른 여러 회사와 협상이나 소송중인 경우가 많기 때문에 운(?)이 좋으면 한참 동안 잠잠해질 수 있다. 따라서 이러한 성격의 케이스에 해당될 것인가의 판단은 다른 회사에 경고장 접수 여부를 알아보면 짐작될 수 있다.

최초 답신에서 일단 중요한 것은, 앞서 얘기한 경고 내용 타당성이 일차 확인된 상태에서, 다시 말하면, 이 사건이 잠재적으로 문제가 있을 것인가, 아니면 이 사건이 문제가 없을 것인가 하는 것에 대하여 어느 정도의 예상을 한 상태에서, 경고장에 대하여 답신내용을 작성하는 것이 바람직하다는 것이다.

물론, 어느 경우에 있어서든 침해인정은 금물이다. 그리고 답신의 내용은 최대한 간략히 작성하여 상대방에게 꼬투리를 제공하지 않도록 한다. 그리고 감정을 배제할 것이 필요하다. 경고를 한 것에 대하여 상대방에 대한 원망이라든지 격앙된 감정이라든지 그런 것을 표시하는 것은 문제를 해결하는데 큰 도움이 안 된다.

그리고 중요한 것은 침해자의 입장에서 침해입증을 요구하는 것이다. 특허권자는 특허침해의 입증을 할 의무가 있다. 그래서 침해입증을 요구하는 것은 무엇보다 중요하다. 그리고 침해입증을 요구했을 때, 상대방이 나오는 태도를 보면, 상대방이 얼마나 이 사건에 대하여 진지하게 임하고 있는지, 또 이 사건에 대하여 얼마나 사전준비를 하고 있는지를 알아볼 수 있다. 많은 경우에 있어서, 침해입증을 요구했을 때, 상대방이 묵묵부답인 경우가 많다. 묵묵부답이라는 얘기는 그 정도로 하여 사건이 종료될 가능성이 높다는 것을 의미한다.

보통 경고장에는 상대방이 답변 기일을 요구하는데, 그 답변 기일 자체는 상대방이 임의로 정한 것이기 때문에 너무 얽매이지 않아도 좋다. 물론 답변할 내용이 간단하다면, 답변 기일에 답변해주는 것도 무방하다. 그러나 회답을 안 하기로 했으면 몰라도, 답변을 하기로 했다면 너무 끌 경우, 상대방이 협상의지를 의심한 나머지 소송을 결심하는 경우도 있다는 것을 유념해야 한다.

또, 경고장에 대한 답신에 있어서 명심해야 할 것은, 나중에 부담이 되는 약속은 피하는 것이 좋다는 점이다. 예를 들면, 답변 기한을 언제까지로 하겠다든지, 혹은 그때까지는 침해행위의 가부에 관하여 연락을 해주겠다든지, 샘플을 제공하겠다든지, 비침해 이유를 알려주겠다든지, 아니면 그때까지는 침해사항에 대한 회사의 조처 내용을 알려주겠다든지, 하여튼 언제까지 뭔가 해주겠다는 식의 부담이 되는 약속은 가급적 해서는 안 된다.

누구 명의로 답신을 할 것인가도 고려사항이 된다. 즉, 회사 명의로 할 것인지, 법률사무소 명의로 할 것인지인데, 법률사무소를 경유하면 상대에게 우리가 법률적으로 빈틈없이 대응하고 있다는 메시지를 전할 수 있다. 따라서 법률적 처리능력이 의심스러운 중소기업의 경우에는 법률사무소 명의로 답신하면 보기보다 만만하지 않다는 인상을 상대에게 줄 수 있다. 그러나 너무 소송에 강한 평판을 가진 사무소를 통할 경우, 역으로 소송의 가능성을 의식한 상대방이 전략적으로 선제소송(declaratory action)을 제기할 수도 있기 때문에 답신시 신중한 판단이 요구된다.

최초 회신 샘플

April 14, 2010

By Facsimile
Confirmed by Air Mail

Mr. Jeremy Wilson
General Counsel/Intellectual Property
XYZ Co.,
1 White Street
Chicago, Ill.

Re: Your Patents Relating to Sound System e

Dear Mr. Jeremy Wilson:

We have reviewed your letter of April 1, 2010. We would appreciate your identifying more particularly which claims of the aforementioned patents you believe are relevant to the ABC's FineSonic 600 and the basis therefore.

When we have received this information we will further evaluate the patents together with the file history thereof. As we finish our review, we will provide you with a further response.

Sincerely yours

Kildong Hong
President & CEO
ABC Co.

(7) 이후 답신

그 이후에도 경고장에 대한 상대방의 답신도 오고, 또 우리측도 답신해야 하는데, 그것은 케이스 별로 대처할 사항이다. 무엇보다 명심해야 할 것은 시종일관 침해인정을 해서는 안 된다는 것이다. 만일 침해를 부인하기 어렵고, 화해를 모색한다면 "침해한다고 생각하지 않지만, 귀사와의 불필요한 분쟁을 피하기 위해 라이선스와 같은 양사간에 합리적인 조치를 서로 토의할 생각이 있다" 정도로 응신하는 것도 방법이 될 수 있다.

침해 인정 광고

다음은 <전자신문>에 게재되었던 사과문이다.

저희 XXX 주식회사(이하 "폐사")는 △△△에 본점을 두고, ### 관련 제품을 제조하여 국내외에 판매하는 회사입니다.
폐사는 일본 ABC주식회사로부터, 폐사가 제조 · 판매하는 ### 관련 일부 제품이 ABC사가 대한민국 특허청에 적법하게 등록하여 두고 있는 특허권(특허등록번호: 제000000호)을 침해하고 있음을 이유로, 그러한 ### 관련 일부 제품의 제조 및 판매를 중지할 것을 요구하는 특허권침해금지청구의 소를 제기당한 바 있습니다.
폐사는 폐사가 보유한 능력의 한계 내에서 최선의 노력을 기울여 ABC사의 소송상 주장을 독자적으로 검토한 결과, 폐사의 ### 관련 일부 제품이 ABC사의 특허권을 침해한 것으로 판단되어, 본 지면을 빌어 ABC사에게 진심으로 사과를 드립니다.
폐사는 향후에도 ABC사는 물론 타인의 지적재산권을 존중하며 사업을 운영하도록 노력하겠습니다. 이와 아울러, 폐사가 현재 제조 · 판매하고 있는 ### 관련 제품은 앞에서 말씀드린 ABC사의 특허권(특허등록번호: 제000000호)을 침해하지 않는 제품임을 밝혀드립니다.

설명 이런 사과문은 참 난감하다. 이것은 신문에다가 자기 스스로가 침해라고 대대적으로 얘기하고 있는 것이다. 이런 방식은 상표침해 사건에서는 종종 사용되고 있는 방식이다. 왜냐하면, 상표는 침해자가 유명상표인 경우, 모조상표가 여기저기에서 나올 수 있기 때문에 일벌백계의 필요성이 생길 수 있고, 또 하나는 상표 자체가 그 기업의 이미지이므로, 소비자에게 오인 · 혼동되어 있는 그 이미지를 회복시킬 필요가 있기 때문이다. 그래서 상표침해 사건에서는 사과 광고를 통해서 소비자에게 재교육시킨다는 의미를 가지고 있기 때문에, 물론 사과하기는 싫지만 그래도 해야 된다면 해야 되는데, 반면, 특허의 경우에는 거의 할 필요가 없다. 이렇게 되고 나면, 전형적인 경우가, "자! 그럼 이 문제를 이제는 덮겠다. 덮는데 그냥 덮을 수는 없고, 계약서를 하나 쓰자", 해서 "을은 특허침해임을 인정하고, 따라서 이렇게 하기로 했다"라고 계약서를 작성한다. 그런데, 나중에 무엇인가 잘못되어서 그 계약서의 해석을 둘러싸고 논란이 생기고 다시 양사간에 법정 소송이 붙었을 때는, 이 사과문 하나 카피해가면 과실 인정이 성립되고, 손해배상을 결정하는 일만 남게 될 수도 있다. 이쯤 되면, 기업 체면 손상이 말이 아니다. 참고로, 신문사에서는 사과문에 대하여 일반광고료의 몇 배를 받는다. 왜냐하면, 특허권자는 특정한 매체에 기간, 횟수, 규격 등을 지정하여 게재할 것을 요구하고, 신문사에서는 그러한 상황을 알기 때문에 광고료를 비싸게 받는다.

(8) 고객/언론 대응

경고장이 단순한 특허문제로 그치지 않고, 그것이 고객이라든지 혹은 언론에 보도됨으로써, 회사의 전체이미지에 영향을 주는 경우가 종종 있다. 그래서 고객과 언론에 대한 대응이 상당히 중요한 문제로 대두된다.

원칙적으로는 나쁜 뉴스인 경우에는 먼저 알리지 않는 것이 좋다. 그러나 문의가 있다면 거기에 대하여 대응을 해야 한다. 대응하지 않는다면, 상대방은 불안감을 느끼게 될 것이고, 언론은 억측을 하게 될 것이다. 대응을 하되, 모든 것을 알릴 필요는 없다. 하지만 허위사실을 알려서는 안 된다. 전문가의 자문의견을 인용하는 형태가 가장 바람직하다.

상황이 만일 나쁜 경우가 있다고 했을 때에는 중립적으로 전달해야 한다. 상황이 좋다고 호도할 필요도 없고, 나쁘다고 비관적으로 얘기할 필요도 없다. 하지만, 중립적으로 얘기하면서도 대책을 동시에 알려주어서 고객이라든지 언론에 신뢰를 심어주는 것이 중요하다. 또, 일단 문의가 있는 경우에는, 그 고객은 경고장으로 일어난 특허침해사건에 대하여 관심을 계속 가지고 있다. 따라서 문의가 있는 경우에는 이후에 중요한 상황의 발생시마다 알려주는 것이 바람직하다. 대기업의 경우에는 사건의 중요도에 따라 별도의 홍보대행사를 활용하기도 한다.

상대가 먼저 언론에 발표한 경우도 있다. 그럴 경우에는 침착하게 대응을 하고, 근거 없는 부정이라든지 혹은 비방 등은 피해야 된다. 쉽게 얘기하면 어른스럽게 대응을 해야 된다는 것이다.

한 가지 방법으로, 전문가의 의견을 인용하는 형식을 사용하면, 신뢰감을 줄 뿐만 아니라, 상대발표의 신빙성을 저하시킬 수 있다.

맞대응할 사안(무효, 역경고 등)이 있으면 입장을 중화시킬 수 있다.

고객에게 통보하거나 언론에 발표할 때에는 가급적이면 그 문안을 특허팀에서 작성하거나, 혹은 최소한 검토는 해야 한다. 가장 무난하게는 전문가에게 문안작성을 의뢰하는 것이다. 전문가는 적절한 용어, 뉘앙스가 있는 용어의 뉘앙스를 감안하여 표현하기 때문에, 전문가에게 문안작성을 의뢰하는 것이 가장 바람직할 수 있다. 하지만 특허팀에서 작성을 하여도 무방한데, 그때는 전문가에게 문안검토를 사전에 의뢰하는 것이 바람직하다.

경우에 따라서는 대응 전략을 포함하여 상당히 상세한 수준의 정보를 제공하여야 하는 경우가 생긴다. 이런 때는 제공되는 정보에 대해 원칙적으로 공동대응합의서(Joint Defense Agreement) 아니면 비밀유지 동의(NDA: Non-disclosure Agreement)를 구해둔다.

초기 단계이기는 하나, 고객사에 대한 납품, 거래 중단 가능성 염두에 두고 대응방안을 강구할 필요가 있다.

(9) 고객사로 특허 경고가 들어온 경우

때로는 고객사로 특허 경고가 들어오는 수가 있다. 전형적인 경우로는 판매선에 완제품을 납품할 때를 들 수 있다. 이때의 고객은 특허 경고에 대해 어떤 대처자세를 보이느냐에 따라 소극적인 고객과 적극적인 고객으로 나누어 생각해볼 수 있다.

먼저 소극적인 고객은 당황하게 되고, 관련 기술이나 특허내용을 모르는 관계로 제조사에게 클레임 대응을 넘기는 경우가 대부분이다. 이때, 고객의 이해관계와 제조사의 이해관계는 반드시 동일하지 않다. 상당수의 고객은 문제해결의 책임을 제조사에게 넘기고, 여하튼 제조사가 자신에게 피해가 없도록 문제를 알아서 해결하라, 아니면 다른 거래선을 구하겠다라는 식의 방관자적인 자세를 취하는 경우가 많다. 반면, 특허권자는 제조사와 원만한 해결을 보지 못할 경우, 판매사, 즉 고객사에게 특허 침해의 책임을 묻겠다고 압박하는 경우가 대부분이다. 따라서 고객사로 특허 경고가 들어온 경우는 직접 경고장을 받은 경우보다 한층 문제 해결이 어려워진다. 이러한 샌드위치 상태를 해결하기 위해서는 고객과의 유대를 긴밀히 하는 것이 무엇보다 중요하다. 유대강화방안의 예로는 아래와 같은 행동을 들 수 있다.

소극적 고객사로부터 넘겨받은 특허 경고 처리방안
• 전문적인 처리 능력을 보여서 고객의 신뢰를 확보한다. • 상대 주장의 문제점과, 이에 대한 대처방안을 객관적으로 보여준다. • 고객의 피해를 없게 하는 전제로, 타결 권한을 넘겨받는다. 단, 보상범위는 고객의 직접피해에 국한되고, 고객과의 거래 해온 이익범위를 넘지 않도록 잘 협상하여야 한다. • 수시로 커뮤니케이션을 취하여, 대처방안과 진행상황을 알려주고, 고객을 우군으로 확보하여야 한다. 제조사가 적극적인 자세를 취하는 것이 좋다.

다음으로 문제해결에 적극적인 고객도 있다. 해당 국가의 언어나 제도가 낯설고, 더더구나 특허제도를 잘 모르는 한국기업이라면 매우 반가운 일로 받

아들일 것이다. 비유가 좀 뭐하지만 손 안 대고 코 푸는 기분도 들 것이다. 보통 이 경우는 고객이 특허경고의 대상이 된 비즈니스에 이해관계가 크거나, 혹은 한국 기업의 대처능력이 미덥지 않는 경우, 혹은 이 관계에서 경제적 이익을 확보하기 위한 동기가 작용되는 수가 많다. 자신이 처리하겠다는데, 무조건 말릴 수는 없지만, 필자의 경험으로는 좀 꺼려지고, 가급적이면 우리가 맡아서 처리하라고 권하고 싶다. 제일 먼저 떠 올려야 할 사항은 양자간의 이해관계가 동일하지 않다는 것이다. 그래서 우리가 원하는 방향으로의 해결이 되지 않을 수도 있다. 두 번째로는 대리점의 재정 능력이 취약할 경우, 특허권자는 결국 제조업체로 화살을 겨누게 된다는 것이다. 마지막으로, 우리의 운명을 남에게 맡기고 결과만 기다리게 된다면, 너무나 큰 사업 불안 요소가 될 것이다.

적극적 고객사와 특허 경고 처리방안
• 가급적이면 우리가 맡는다. • 흔치 않는 일이긴 하나 책임을 지고 처리하겠다면, 상대의 역할, 책임, 그리고 우리의 역할, 책임 한계를 명확히 한 다음 맡겨라. 계약서를 작성할 수도 있고, 혹은 이메일 등을 통해 명확히 근거를 남겨야 한다. 필자는 반드시 반드시 라고 첨언하고 싶다. • 상대방이 전문적인 처리 능력이 있다고 보이면, 상대의 활동을 인정할 수 있다. 그러나 전문적인 타결 능력을 가진 대리점은 거의 없다. 단지 상대가 그렇게 스스로를 포장하는 경우가 많다. 아무튼 맡긴다 하더라도 한국기업의 동의가 없는 일방적인 타결은 금지시켜야 한다. • 그 대가로 변호사 선임 등 진행비용을 요구하는 경우, 합리적인 선에서는 인정할 수 있다. 그 대가로 공급가 인하를 요구하는 경우는 신중히 고려해야 한다. 결국 인하된 가격은 로열티와 진배없을 수 있기 때문이다. 그나마 분명하게 해두지 않으면, 나중에 진행비용을 별도로 또 청구하는 수도 있다.

(10) 특허권자의 고객 접촉 상황 대응

특허권자는 고객에게 접근해서 고객에게 특허침해사건에 대하여 알리고, 고객에게 여러 가지 영향을 미치려고 하는, 그런 행동을 하는 경우가 있다. 그럴 경우에는 최대한 사실관계를 파악하고, 가능한 한 물증을 입수하는 것이 중요하다. 그래서 사실관계의 파악에 있어서는 육하원칙에 따라서 하고, 물증의 입수에 있어서는 서신이라든지, e메일, 혹은 제시 자료 등을 입수하는 것이 좋다.

또, 침해자가 근거 없는 비방, 혹은 침해라고 단정적으로 고객에게 주장하는 경우가 있다. 침해라는 것은 법률적인 결론이고, 궁극적으로는 법원에 의해서 판단이 내려져야 하는 사항이지, 본인이 침해라고 단정적으로 주장하는 것은 있을 수 없다. 따라서 그럴 경우에는 법률자문을 구한 후, 특허권자에게 허위사실 유포라든지 영업방해를 경고하는 서신을 발송하는 것도 고려할 수 있다.

2. 경고내용 대응

(1) 심사포대 입수

일단, 경고장에 대해서 답신을 처리한 이후에, 그 다음에는 경고내용에 대해서 본격적으로 대응할 필요가 있다. 먼저, 심사포대 입수가 중요하다. 심사포대 입수는 침해주장 특허에 대하여 각국의 대응특허가 어떻게 심사를 받았는지 알아보는 데에 필요하다. 여기에서 주의할 점은 어느 특정 국가의 특허만 침해주장을 받더라도, 예를 들어, 일본특허에 의한 침해주장을 받거나, 혹은 미국특허에 의한 침해주장을 받는다 하더라도 그 특허가 외국에 출원된, 예를 들어, 유럽이라든지 혹은 일본, 미국, 한국에 출원된 특허의 심사경과를 알아보는, 그 심사경과서류를 모두 입수하여야 한다는 것이다.

포대입수를 함에 있어서 최소한 한국, 미국, 유럽, 일본, 이 4개국의 포대는 입수하는 것이 바람직하다. 웹사이트에서 입수되지 않는 과거 특허, 오래된 특허는 각국 특허사무소에 의뢰하거나 혹은 해당국가의 전문 조사 회사에 의뢰하는 것이 좋다.

인터넷을 통한 심사포대 입수 방법
• 최소한 아래 4개국 심사포대는 입수 한국특허: 한국특허청 web site: www.kipo.or.kr 미국특허: 미국특허청 web site: www.uspto.gov 유럽특허: 유럽특허청 web site: www.ep.espacenet.com 일본특허: 일본특허청 web site: www.jpo.go.jp

(2) 심사포대 분석

심사포대가 입수되면, 심사포대 분석을 진행하게 된다. 심사포대 분석에서의 핵심은 청구범위의 변동을 추적하고, 그 이유를 파악하는 것이다. 따라서 분석 과정에서 청구범위의 변동차트를 작성하고, 또 청구범위가 어떻게 보정되었는지 그 보정내용을 추적하고 이유를 파악할 필요가 있다.

또한, 심사관의 거절사항을 파악하고, 심사관이 제시한 선행기술을 파악한 다음, 심사관이 거절한 사항과 선행기술에 대하여 특허출원인이 어떻게 대응을 했는지, 그 대응한 이유는 무엇인지 등을 파악하는 것이 중요하다.

그 다음, 각국별로 심사포대의 분석이 완료되면, 각국의 심사포대에 나타난 거절이유와 선행기술과 출원인의 답변, 보정을 통합하여 전체적으로 검토하는 것이 바람직하다. 거의 대부분의 사건에 있어서, 각국 심사관 별로 거절이유가 상이할 수 있고, 각국 심사관 별로 제시하는 선행기술이 상이한 경우가 많다. 그래서 그런 거절이유와 선행기술을 전부 합쳐서 검토하면, 특허침해자의 입장을 무력화시키거나 최소한 약화시키는 훌륭한 비침해 논리 혹은 무효 논리를 개발할 수 있다.

심사포대는 보통 4~5cm 정도의 두께를 가지고 있는 굉장히 두꺼운 서류뭉치이다. 따라서 그것을 모두 검토하는 것은 상당한 시간이 소요되고 부담이 되는 일이다. 모두 검토할 필요는 없지만, 적어도 자진보정서와 그 이유, 거절이유통지서, 보정서, 답변서, 심사관 면담 기록서, 그리고 선행기술은 매우 정밀하게 검토할 필요가 있다. 특히 출원인이 행한 보정서와 그 이유, 거절 답변은 자구 하나하나를 따져야 한다.

(3) IDS 체크

IDS는 정보개시서(Information Disclosure Statement)라고 하는데, 미국에서만 활용되는 제도이고, 따라서 미국특허에 대하여 특허침해주장이 제기된 경우에 대응방안으로서 검토해 보아야 하는 사항이 된다.

이 IDS는 미국특허청에서 요구하는 정직의 의무를 충족하는가를 판단하는 단서가 된다. 미국특허청에서 요구하는 정직의 의무는 특허출원인과 발명자,

및 그 관련자(당연히 본 사건을 대리한 특허사무소의 대리인도 포함됨)가 특허심사기간 중에 특허성에 영향을 줄 만한 선행기술을 발견했을 경우, 혹은 알고 있었을 경우, 그 선행기술을 미국특허청에 제시하여 미국특허청 심사관의 심사를 보좌하는, 도와주는 의무를 말한다. 그래서 그 의무를 게을리 할 경우, 혹은 그 의무를 의도적으로 회피할 경우에는 해당 특허출원의 기술내용이 아무리 훌륭하고 가치가 있다고 하더라도 그 의무를 회피했다는 이유 하나만으로 특허는 행사불능으로 간주되고, 따라서 그 특허는 실질적으로 무효처분이 내려지는 그런 결과를 빚게 된다(제4장 III. 6. 참조).

먼저, 미국특허의 출원일과 공보발행일을 파악하도록 한다. 출원일과 공보발행일 사이를 심사기간이라고 편의상 얘기하기로 하면, 그 심사기간 중에 해외 대응 특허출원에서 제시된 선행기술이 그 심사기간에 해당되는지를 확인하고, 해당된다면 제출여부를 확인하도록 한다. 만일 제출하지 않았다고 한다면, 그때는 해외대응특허출원에서 제시된 선행기술이 얼마나 중요한가 하는 중요도(materiality)를 판단하도록 한다. 다음으로 정보개시의무를 회피할 의도(intent)를 입증하여야 하는데, 의도는 사람이 가지고 있는 심적인 상태이기 때문에 주관적인 사항으로서 입증이 매우 곤란하다. 따라서 판례는 중요도가 높으면 높을수록 이를 회피할 의도 역시 비례적으로 강한 것으로 판단한다. 이렇게 설명은 하였지만, 만일 미국특허청에 제시되지 않은 자료가 있다면, 나중에 협상에서 무조건 문제점으로서 제기하도록 한다. 상대가 오히려 중요도와 의도면에서 제출할 필요가 없었다고 변명할지 모르나, 매우 주관적인 판단이 개입되는 사안이므로, 그렇게 말하는 상대 역시 내심 찜찜할 것이다. 우리가 협상장에서 일단 기선을 장악하는 매우 큰 효과가 있다.

그 외, 미국특허청에 대해서 특허출원인이 행한 부정직한 행위증거를 찾는 것도 유용하다. 예를 들면, 발명자 선언 내에 허위가 있다든지, 혹은 수수료를 상습적으로 적게 감면한다든지, 그런 경우가 누적될 경우에도 역시 미국특허청에 대한 불공정 행위로 판단된다.[2)]

---

2) 참조, *Ole K. Nilssen and GEO Foundation, Ltd. v Osram Sylvania, Inc. and Osram Sylvania Products, Inc.*, 504 F.3d 1223 (Fed. Cir. 2007). 상세사항은 본서 제4장 참조.

(4) 침해분석

침해분석은 가급적이면 연구원이나 전문가와 공동진행을 하는 것이 바람직하다. 연구원과 진행할 경우 조심해야 할 사항은, 연구원에게 사실을 물어야지 의견을 들어서는 안 된다. 즉, 청구항에 있는 구성요소 A가 침해품에 있는가 하는 식으로 물어야지, 우리 제품이 이 특허를 침해하는가 하는 식으로 의견을 듣는 것은 매우 위험하다. 왜냐면, 연구원은 특허전문가가 아니기 때문이다. 불리한 의견은 이메일로 주고받아서는 안 된다. 특권이 포기되는 경우, 소송에서 디스커버리 대상이 될 수 있다. 전화나 혹은 만나서 협의하여야 한다.

또, 각국에 등록된 특허 중에서 가장 좁은 청구범위를 가진 특허를 선정하여 대응하는 것도 하나의 방법이 될 수 있다. 예를 들면, 일본특허로 특허권자가 침해주장을 해왔지만, 이 일본특허에 대응되는 미국특허의 청구범위가 더 좁을 경우, 미국특허의 청구범위를 선정하여 거기에 대해 침해분석을 할 수가 있다. 물론, 특허권자는 당연히 "문제가 되는 것은 일본특허이지 미국특허가 아닌데 왜 미국특허의 청구범위를 가지고 얘기를 하느냐?"라고 반론할 수 있다. 그렇지만 우리측에서의 반론은 "어차피 미국특허 심사단계에서 제시된 선행기술, 혹은 미국 심사관이 제시한 거절이유를 일본특허 심사단계에서 일본 심사관이 알았더라면, 미국처럼 좁은 청구범위가 나올 수밖에 없었을 것이다. 그래서 결국 일본특허청구범위는 미국 선행기술을 가지고 무효심판을 제기할 경우 그렇게 좁게 될 것이므로, 미국특허청구범위로 좁혀진 상태에서 침해분석을 해야 한다"라고 주장을 할 수 있다.[3)]

그렇게 선정된 특허에는 많은 특허 청구항이 포함되어 있다. 적게는 5~6개에서부터 많게는 40~50개까지 많은 특허 청구항을 가지고 있는데, 그 중에서 가장 넓은 청구범위와 침해품을 대비하도록 한다. 왜냐하면 권리범위가 가

---

3) 물론, 실제로 심판에 들어가면 반드시 그렇게 된다는 것은 아니다. 어디까지나 침해자측의 주장이다. 그러나 논리상으로는 타당하다는 얘기이다. 상대는 한 걸음 나아가, 양국간에는 특허제도가 상이하므로, 결과가 달리 나올 수도 있다고 반박할 수 있다. 침해자측의 재반박 논리로는, 본 건의 경우는 특허성, 무효성에 관한 본질적인 질문이므로, 전세계적으로 공통된 결과가 나올 수밖에 없다고 주장할 수 있을 것이다. 나아가, 필요하면 심판 청구할 수도 있다는 의사를 넌지시 흘릴 수도 있다. 결국은 가장 유리한 포지션을 차지하려고 하는 것이지만, 논리는 명분으로 무장되어야 한다는 것이다.

장 넓은 청구항에도 침해되지 않는다면, 그보다 좁은 다른 청구항에 침해될 수가 없기 때문이다.

침해를 판단하는 데 있어서는 직접침해인지, 즉, 청구범위에 있는 모든 구성요소를 전부 침해품이 실시하고 있는지를 알아보거나, 아니면 청구항의 일부만을 침해품이 실시하고 있는지를 판단하여 간접침해 여부도 가려야 한다(제3장 II. 2. 참조).

또, 직접침해인 경우에는 청구범위 그 자체를 표현 그대로 실시하고 있느냐 하는 문언침해 판단을 해야 하고, 그렇게 판단이 될 경우에는 침해로서 잠정 결론을 내릴 수 있지만, 만일 청구범위에 쓰여진 표현 그대로 실시하고 있지 않다고 하더라도, 즉, 문언침해 판단이 내려지지 않는다고 하더라도 그로써 비침해라는 결론을 내릴 수 있는 것은 아니며, 그 다음으로는 균등론에 의한 침해판단을 하여야 한다(제3장 II. 4. 참조).

균등론은 특허명세서의 작성자가 인간인 이상, 완벽한 용어를 구사하여 완벽한 청구범의를 만들 수 없다는 가정하에서 발명자의 의도를 살리는 쪽으로 특허청구범위를 다소간 확장해주는 이론이다. 그래서 균등론에 의한 침해판단을 함에 있어서, 가장 중요하고 먼저 적용되는 판단기준은 실질적으로 동일한 기능(function)과 실질적으로 동일한 방법(way)으로, 실질적으로 동일한 효과(results)를 얻는가의 여부이다. 이러한 기준에 따라서 균등론에 의한 침해판단을 할 필요가 있다. 침해품의 성격에 따라서는 위의 소위 function/way/result 테스트가 적절하지 않을 수도 있으므로 특허와 침해품 간에 전체적으로 볼 때 차이가 미미한가 여부를 따지는 미차(insubstantiality) 테스트를 병행하도록 한다(제3장 II. 5. 참조).

한편, 침해품 중에는 외부에서 다른 회사로부터 구입한 부품이 있고, 그 부품의 내용이 문제가 되는 경우도 있다. 반도체의 경우에는 구입자가 적용에 필요한 규격 정보만을 제공할 때도 있는데, 이럴 때는 그 반도체의 내부를 알 수가 없으므로 제조사에 문의하여야 한다. 때로는, 반도체 메이커에서 다른 기능과 결합하여 사용하는 적용례를 권장하는 경우도 있는데, 이럴 때는 적절한 책임 문의를 할 수도 있다. 일단 제조사에게 차이점을 묻고, 방어논리를 제공하도록 요청한다. 본인들이 직접 나서서 방어 혹은 해결하겠다면 더욱 바람직하다. 또한, 권리자에게도 부품메이커에 가서 알아보라는 주장도 가능하다.

사내 분석 내용은 민감한 내용으로서, 혹시 소송단계에서 불리하게 작용할 수 있으므로, 가능하면 사내 아니면 사외 변호사와 같이 대응하여, Attorney-Client Privilege 아니면 Attorney Work Product로 보호할 것이 요망된다[제6장 II. 3. (8) 참조].

(5) 비침해 논리 점검

비침해 판단의 원칙은 청구범위 중 구성요소 하나라도 빠지면 비침해가 된다는 것이다. 또, 가장 넓은 청구범위에 저촉되지 않으면, 특허 전체에 대하여 비침해 판정을 내려도 무방하다.

또, 역으로, 침해품과 동일 유사한 선행기술이 존재할 때에도 비침해 주장이 가능하다. 특허와 동일 유사한 선행기술이 존재할 경우에는 무효가 되지만, 침해품과 동일 유사한 선행기술이 존재할 경우에는 비침해가 된다는 것이다. 이것은 특허청구범위를 해석함에 있어서, 선행기술을 커버하도록 확장해서 해석할 수 없다는 원칙에 따른 것이다. 따라서 특허청구범위를 확대해석해서 침해품이 커버되도록 한다면, 그와 동시에 그 침해품과 동일 유사한 선행기술도 마찬가지로 커버하는 결과를 빚어내기 때문에, 그럴 경우에는 무효가 되어야 하고, 원칙적으로 그 정도로까지 특허청구범위를 확대해서 해석을 해서는 안 되므로, 따라서 해석을 좁게 한다면 침해품은 권리범위 밖에 존재한다는 그런 논리가 될 수 있다.

그리고 심사포대로부터 앞서 얘기한 심사포대 파악내용을 근거로 해서 구성요소를 좁게 해석할 수 있는 그런 논리를 개발할 필요가 있다. 전문가와 연구원, 특허담당자 간의 브레인스토밍(brain storming)이 필요하다.

(6) 규격/표준 특허 비침해 대응

규격과 표준은 말 그대로 산업계에서 그렇게 쓰기로 약속한 것이다. 규격을 벗어난 제품은 타 제품과 호환이 되지 않고, 규격제품과 연결하여 사용할 수 없으므로, 일단 규격이나 표준이 정해지면 싫든 좋든 거기에 맞추어 제품이나 서비스를 제공하여야 한다. 즉, 그 특허를 안 쓰면 안 되는 것이다. 따라서 만일 어느 특허가 규격 그 자체를 정의하고 있다면, 현실적으로 기술내용 측면에서 비침해를 주장할 수 있는 가능성은 거의 없다. 침해자로서는 가장 유력한 방어를 상실하게 되는 것이다.

권리자로서도 침해제품별로 일일이 침해를 입증하는 것이 아니라, 그 특허가 규격이라는 점만 보여주면, 상업적으로 판매되는 모든 제품은 침해품이라는 결론을 쉽게 주장할 수 있다. 이러한 규격 특허의 침해 대응은 아래의 방법에 따라 진행하는 것이 바람직하다.

먼저, 특허 내용이 규격에 해당되는지 여부를 면밀히 대비하여, 틀린 점을 주장한다.

만일 규격이라면 그 규격이 등록되어 있는지를 살핀다. 규격을 관장하는 대부분의 단체는, 특허권자의 사전 공표/등록의무를 규정하고, 이를 위반할 경우에는 특허권 행사를 금지하는 규정을 두고 있다. 또한 규격에 해당되는 특허는 로열티를 받더라도 실시자를 막론하고 비차별적으로 동일한 수준의 로열티를 받도록 규정(Reasonable And Non-Discriminatory)하는 경우가 대부분이므로, 이를 살펴본다(제4장 III. 11. 참조).

(7) 무효자료 검색

다음으로, 무효 자료에 대한 검색이다. 문제 특허의 출원일 이전(우선권 주장 출원의 경우 제1국 최초 출원일)에 공지된 자료면 무엇이든지 무효를 입증하는 증거로 사용될 수 있다. 자체적으로 조사할 수도 있고, 혹은 조사회사에 의뢰할 수도 있다. 사건이 매우 중요한 경우에는 자체조사와 조사회사 의뢰를 병행하여 조사의 신뢰도를 더욱 높이는 방법이 바람직하다. 더욱 바람직하기로는 몇 군데 조사회사를 동시에 의뢰하는 것도 좋다. 요컨대, 다다익선이라고 할 수 있는데, 그 이유는 무효조사가 그만큼 중요하기 때문이다. 또한, 특허자료뿐만 아니라 각종 학회, 산업계 정보원을 아울러 조사하여야 한다.

자료를 찾는 것은 신규성이나 진보성을 부인할 수 있는 선행기술을 검색하는 것이 일차적이지만, 그게 안 될 경우에는 침해품(실시품)과 동일 유사한 선행기술을 검색하는 것도 한 가지 방법이다. 침해품(실시품)과 동일 유사한 선행기술이 존재할 경우, 이를 바탕으로 하여 상대의 태도에 따라 비침해 혹은 무효를 주장할 수 있다.

여기서 명심해야 할 것이 두 가지가 있다. 첫째, 어디에선가 나올 것이라는 믿음이 중요하다. 지금처럼 연구개발 경쟁이 분초를 다투는 세상에 있어서는 누군가가 문제점을 포착하고 기술적 해결책을 제시하고 있을 개연성이 높다. 무효 자료를 찾으려고 하면, 보통 똑같은 자료를 찾으려 노력하게 마련인데, 이렇게 하면 실패할 확률이 상당히 있다. 이 경우, 다른 선행기술과 결합하여 적어도 진보성 부재를 주장할 근거자료를 찾는다면 많이 찾아낼 수 있다. 따라서 문제 특허를 낱낱이 파악하여 염두에 두고, 신규성, 진보성의 법적 요건을 충분히 이해한 다음 조사에 나서야 성공률을 매우 높일 수 있다. 두 번째로는, 확실한 신규성 부인 자료를 찾아낼 때까지는 분쟁기간 중 자료조사의 노력을 게을리해서는 안 된다는 것이다. 우리가 제시한 선행기술에 상대방이 설득되지 않는다면 소송으로 갈 가능성이 아주 높으므로, 소송에 대비하여서라도 지속적으로 찾아야 하고, 그것이 리스크 있는 소송을 줄이는 길이다.

무효자료의 수준에는 두 가지가 있다. 하나는 소송용 무효자료이고, 또 하나는 협상용 무효자료이다. 여기서 소송용 무효 자료라고 함은 소송에 간다면 무효 증거로서 제출할 정도로 객관적으로 충분히 강력한 자료를 의미한다. 협상용 무효자료라고 함은 소송에 갔을 때 반드시 승산을 보장하지는 못하나, 양 당사자간의 협상자리에서는 명분상 무효를 주장할 만한 자료를 의미한다. 만일 소송에 가도 이길 만한 무효자료를 협상테이블에서 제시한다면 합리적인 상대라면 그 특허권 행사를 포기할 것이다. 그러나 소송에 가서 이긴다는 보장은 없어도, 조금이나마 이길 가능성이 있다면, 즉 상대가 질 가능성을 인식한다면 상대는 리스크를 짊어지게 되는 것이다. 이쯤 되면 우리측의 협상 포지션은 한 레벨 상승하게 된다. 따라서 상대방의 침해주장에 단순히 비침해 주장만으로 버티는 것은 바람직하지 않으며, 이 점에서 협상용 무효자료 조사의 중요성이 빛을 발하는 것이다. 협상용 무효자료 검색은 소송용 무효자료 검색에 비해 상대적으로 용이하다. 양 당사자간의 협상이라는 특성상, 유사기술(analogus art) 분야의 폭이 넓어지고, 금지된 사후관찰(hindsight) 원칙도 무시할 수 있고, 선행기술을 서로 용이하게 결합할 수 있는 기술적 링크(TSM: Teaching, Suggestion, Motivation)를 명시적이지 않다면 KSR 판례[4]가 설시하는 유연하고도 상식적인 접근(common sense approach) 논리를 적극 활용할 필요가 있다.[5] 협상용 무효자료 검색은 별도의 조사과정은 아니고, 소송용 무효자료 검색 과정에서 아쉽게도 조금 정확도가 떨어지는 자료를 그냥 버리지 말고 모아두었다가 활용하면 된다.

(8) 무효분석(선행기술 대비)

각국의 심사자료를 재검토하여 신규성과 진보성을 판단하고, 또 각국의 심사자료, 선행기술을 재조합하여 진보성을 판단하는 것이 중요하다. 물론, 필요하다면 자체적으로 선행기술조사를 별도로 실시하는 것이 가장 바람직하다. 자체적으로 조사한 자료와 심사관이 조사한 자료를 재조합할 경우, 진보성 등과 같은 특허무효에 영향을 줄 수 있는 훌륭한 논리가 성립되는 경우가 많다(제4장 I, II 참조).

(9) 무효분석(기재 요건)

한편, 무효는 반드시 선행기술에 의한 신규성, 진보성 부인만으로 성립되는 것은 아니며, 특허명세서에 기재 불비의 사항이 있을 경우에도 무효가 될 수 있다. 그래서 명세서를 읽을 때에는, 그 내용파악도 중요하지만, 법에서 정한 명세서 기재요건에 맞는지도 항상 염두에 두고 볼 필요가 있다. 기재 요건이 맞지 않는다면 제 아무리 훌륭한 발명이라도 무효될 수밖에 없다. 따라서 시간과 비용이 드는 무효조사를 하지 않고서도 상대의 문제 특허를 무효시킬 수 있다는 장점이 있다.

이 외에도, 기재 요건을 검토하는 것은 협상 전략상 매우 효용이 있다. 여기서도 무효 자료와 마찬가지로 기재 불비의 정도에 따라 소송용 기재 불비가 있고 협상용 기재 불비가 있다. 소송용 기재 불비 수준의 증거를 확보하는 것이야 말할 필요가 없고, 안 되면 "꼬투리"를 잡아서라도 협상용 기재 불비

---

4) *KSR v. Teleflex*, **550 U.S.** 398, 127 S. Ct. 1727 (2007). 이 판례는 꼭 숙지하고 있을 필요가 있다.

5) 이 부분에 대해서는 독자가 혼동하면 안 된다. 이 부분은 법적으로 정확한 얘기가 아니다. 협상에서의 목적은 최대한 우리 입장을 상승시키는 데 있고, 그런 차원에서 얘기한 것이다.

증거를 찾아내는 것이 좋다. 이런 기재 불비의 증거를 상대에게 제시할 경우, 상대는 매우 꺼림칙한 입장에 서게 된다. 왜냐하면 무효 가능성이 한 가지 증가했기 때문이다. 그리고 기재 불비가 있다 함은 프로라고 자부하는 자기들이 일을 잘못했다는 얘기가 되므로 체면도 많이 상하게 된다. 원래, 기재 불비를 판단하기 위해서는 명세서 전체를 읽고, 심사포대를 읽고 최종 결론을 내야 하기 때문에 그 자리에서 쉽게 답할 사항이 못 된다. 따라서 상대는 당장 확인은 못하고, 협상 내내 찜찜한 입장에 서게 된다. 특히 한글을 읽을 수 없는 외국 기업과의 협상이라면, 상대는 기재 불비 지적에 대해 그 자리에서 읽지도 못하고 가슴에 불안감만 가득하게 될 것이다.

기재 불비를 지적하는 또 하나의 큰 장점은, 필자가 많이 경험한 것이지만, 나중에 협상이 결렬되어 소송으로 갈 때, 기재 불비가 지적된 특허는, 소송 대상 특허리스트에서 제외될 가능성이 매우 높아진다는 것이다. 왜냐면 상대의 입장에서 보면 제대로 싸움도 하기 전에 특허 자체의 문제점으로 말미암아 맥없이 나가떨어지고, 그로 인해 소송 분위기를 불리하게 가져감은 물론, 다른 특허에 대해서도 재판부의 의혹이 높아지는 것을 바라지 않기 때문이다. 따라서 비록 협상용 수준의 기재불비라고 하더라도 정교한 논리로 포장해 놓을 경우, 상대로서는 반신반의하더라도 만의 하나, 소위 "불의의 일격"을 피하기 위해 소송시에는 제외할 공산이 높아진다.

이 발명이 실시 가능한가(enablement requirement) 하는 점을 염두에 두고 검토하여야 한다. 물론, 발명이 과학적 원리를 벗어난 내용이기 때문에 도저히 과학적으로 성립할 수 없는, 예를 들면, '영구운동기관'이라든지 그런 경우에는 당연히 실시가 불가능한 발명이겠지만, 기술적으로 실시가 가능하다 하더라도 다른 사람이, 당업자가 실시 가능할 수 있을 정도로 기재가 되어 있느냐 없느냐 하는 것을 살펴야 하고, 당업자가 명세서의 내용을 토대로 해서 용이하게 실시를 할 수 없을 정도로 기재사항이 부실하거나 누락되었거나 혹은 논리가 비약한다면 그때는 그 발명이 실시 가능하지 않다고 판단할 수 있다. 특허 비전문가 입장에서 실시 가능성을 판단하는 유력한 방법은 상대 특허명세서의 설명을 평균적 수준의 연구원/엔지니어가 따라 해보면 과연 그 발명을 재현할 수 있을까 여부이다(제4장 III. 4. 참조).

다음으로, 청구범위가 최초에 특허청에 출원할 당시의 명세서에 의해서

지지를 받고 있는지(description requirement)를 살피도록 한다. 청구범위의 지지 여부는 특히 보정 등에 의하여 청구범위가 변경되었을 경우에 종종 문제된다. 즉, 보정에 의해 변경된 청구범위가 출원할 당시의 명세서에 의해 지지를 받고 있지 않는 경우에는 발명자의 발명의 범위를 뛰어넘는 새로운 기술로 판단하여 무효사유가 된다. 이 경우, 검토의 주안점은 보정된 청구범위에서 추가된 한정사항(용어 혹은 문구)을 찾고, 최초 명세서 기재에서 그 한정사항이 있는가 하는 점이다(제4장 III. 3. 참조).

다음으로, 명세서에 기재된 실시예가 최적의 실시예인가(best mode requirement)를 판단한다. 단, 이 최적 실시예 요건은 미국특허의 경우에만 적용된다. 최적의 실시예는 발명자가 생각했을 때의 최적의 실시예, 즉 주관적인 요소가 필요하다. 그래서 발명자보다 기술적으로 더 지식이 있는 사람이라면 더 좋은 실시예를 제시할 수도 있지만, 그것이 중요한 것은 아니고, 발명자가 자신의 발명을 실시하는 최선의 방법을 알고 있었고, 그 알고 있는 방법을 전부 명세서에 기재를 하였는지 여부를 검토하는 것이 중요하다. 이러한 관점에서 최적 실시예의 기재는 일종의 도덕적 의무로 이해될 수 있다. 한편, 발명자가 알고 있었느냐 없었느냐 하는 것은 굉장히 주관적인 사항이라서 입증하기가 쉽지 않다. 한 가지 방법으로, 발명자가 출원 당시의 시점에서 논문을 발표했다든지, 혹은 달리 그 기술내용에 대하여 언론이라든지 여러 가지 경로로 발표한 내용이 있다면, 그 내용과 발명의 내용을 상호 비교를 해보고, 만일 더 훌륭한 실시예가 명세서에서 빠져있다는 결론이 나올 경우에는 최적의 실시예의 위반으로 해서 무효를 주장할 수도 있다(제4장 III. 5. 참조).

마지막으로, 청구범위가 작성원칙에 맞추어서 작성되었는지를 검토해보도록 한다. 그리고 해외로부터 출원이 있는 경우, 번역의 오류, 혹은 번역의 누락부분이 있는지를 체크해 보도록 한다. 종종 번역 오류나 번역 누락 사고가 발생한다.

(10) 무효 또는 권리불행사 사유 분석

제3자와의 계약상 불행사 여부, 태만, 또는 금반언 원칙 등에 위반되는지를 검토하게 되는데, 이 부분은 사실 초기단계에서는 검토하기가 쉽지 않은 측면이 있다. 물론, 그런 정보를 알 수 있다면, 그것도 훌륭한 무효주장의 사유가 될 수 있다(제4장 III. 7. 8. 9. 10. 11. 참조).

(11) 무효논리 점검

전문가와 연구원과 특허담당자 간의 브레인스토밍(brain storming)이 필요하다. 가장 바람직한 것은 진보성보다는 신규성이 부정될 수 있는 단일의 선행기술을 검색하는 것이다. 즉, 선행기술 하나에 특허청구범위의 모든 요소가 개시되어 있는 것을 검색하는 것이 바람직하다.

마찬가지로, 가급적이면 무효 논리를 개발함에 있어서도 신규성 부인논리를 개발하도록 한다. 만일, 진보성이 없다는 것을 주장해야 된다면 각 선행기술을 상호 결합할 수 있는 연관관계(TSM: Teaching, Suggestion, Motivation)를 파악하고, 그 파악된 근거를 해당 선행자료에 표시해두도록 한다. KSR 판례의 영향으로, TSM을 절대적으로 고집할 필요는 없어졌지만, 그렇다고 TSM을 전혀 발견할 수 없는 경우에는 상대방을 납득시키기 어려울 것이다.

여기에서, 상대방에게 신규성을 부정하여 특허무효를 주장할 경우와 진보성을 부정하여 특허무효를 주장할 경우에는 상당한 차이가 있다는 것을 명심해야 한다. 결론적으로 얘기하면, 신규성 부정으로 근거를 제시할 경우에는 상대방이 수긍할 가능성이 높은 반면에, 진보성 부재를 주장할 경우에는 상대방이 쉽게 수긍하지 않을 것이다. 왜냐하면, 각 선행기술을 결합할 수 있는 기술적인 링크를 제시해야 되는데, 그것은 상당히 주관적인 판단이 따르는 과정이기 때문이다. 그래서 가급적이면 신규성 부인의 논리를 개발하는 것이 중요하다는 것을 얘기하고 싶다.

또, 기재불비 사항은 있는 대로 크든 작든 오타를 포함하여 모두 체크해두고 나중에 전문가의 검토를 받도록 한다.

IDS 위반 사항에 대해서도 앞서 조사한 방식으로 해서 적시해둘 것이 필요하다. 물론, 이것은 미국특허에 대한 침해주장을 받는 경우에만 필요하다.

(12) 전문가 감정의견 확보

먼저, 해당 전문가를 선정해야 하는데, 일단 본 건에 대하여 상대방 회사와 이해관계를 가지고 있는지 하는 이해충돌 체크를 할 필요가 있다. 그 다음으로, 비침해 의견의 검토를 의뢰하고, 만일 비침해 의견이 나오지 않는다면, 즉, 침해의 가능성이 높다면 그때는 무효의견을 확보하도록 한다. 무효가 될 경우, 당연한 얘기지만 침해는 존재하지 않게 된다. 둘 다 확보하는 것이 가장 바람직함은 물론이다.

또, 미국의 경우에는 고의침해를 피하기 위해서 의견서를 확보하는 것이 과거와는 달리 필수적이라고 할 수는 없게 되었지만, 현실적으로는 의견서가 가장 설득력 있는 대응책이 되기 때문에 역시 매우 중요하다.

소송을 담당할 것으로 예상되는 사무소에는 의견서 작성을 의뢰하지 않는 것이 좋다. 왜냐하면, 의견서는 경우에 따라서는 소송과정을 통해서 상대방에게 그 내용이 공개될 수도 있기 때문이다. 예를 들어, 그 의견서를 작성한 담당변호사는 나중에 상대방으로부터 증인심문을 받을 수 있는데, 증인심문을 받게 되면 증인은 본 건과 관련해서 알고 있는 모든 사항에 대해서 증언을 해야 할 가능성이 생기게 된다. 이때, 만일 의견서를 담당한 변호사가 소송까지 담당하고 있다면, 소송에서 나온 기밀사항까지도 경우에 따라서는 증언해야 하는 일이 발생할 수 있다. 따라서 소송을 담당할 것으로 예상되는 사무소에는 의견서 작성을 의뢰하면 안 된다.

의견서 담당변호사는 해당분야에 대한 기술적인 이해도가 있거나, 혹은 해당분야에 대해서 오랜 기간 경험을 해온 변호사일 것이 요구된다. 또, 반드시 해당특허가 등록된 국가의 특허전문가가 의견서를 작성하여야 한다. 예를 들어, 일본특허의 침해, 비침해 여부에 대해서 한국변리사가 의견서를 작성한다면, 그것은 일본법원으로부터 신뢰도를 인정받을 수 없을 것이다[제8장 10. (4) 참조].

(13) 회피설계방안 강구

비침해 판단과 회피설계방안은 판단 원칙이 사실 동일하다. 최소한 특허청구범위의 구성요소 중 하나가 누락되거나, 혹은 다르게 변경되면 결국은 특허청구범위를 실시하지 않는 것이 되므로, 그렇게 만들어진 장치나 방법은 회피설계가 되었다고 본다.

그러나 변경을 할 경우에는 균등론에 의한 비침해 여부를 반드시 검토하여야 한다. 일례로 '직각으로 구부러진 장치'라는 청구범위가 있는데, 거기에 대해서 89°로 변경했다든지, 혹은 91°로 변경했다고 했을 때, 문언적으로는 그것이 직각이 아니니까 청구범위가 다르다고 강변할 수 있으나, 균등론에 의한 침해범위에는 포함되는 것으로 판단될 수 있다. 균등론에 의한 침해에 해당된다면 결국 완전한 회피설계가 이루어지지 않은 셈이 된다. 따라서 설계를 변경하고 나면 그 변경의 정도에 대해서 균등론에 의한 비침해여부를 반드시 검토해야 한다.

그 밖에 다양한 대안이 강구될 필요가 있다. 회피설계방안을 강구함에 있어서, 브레인스토밍(brain storming)이 굉장히 유용한 수단으로 활용될 수 있다.

특허청구범위가 워낙 광범위하고, 그 특허기술이 워낙 우수해서 도저히 그 특허청구범위를 벗어날 수 없다는 판단이 선다면, 그때는 그 발명을 이용해서 그 발명보다 더 나은 개선안을 도출하는 것도 한 가지 방법이다. 이 경우, 그 도출된 개선안은 별도로 특허출원을 하면 등록을 받을 수 있다. 하지만, 그 개선안을 실시함에 있어서는 이용저촉의 관계가 있기 때문에 원특허권자의 허락을 받아야 한다. 하지만, 만일 그 개선안이 굉장히 상업적으로 우수하고, 매력이 있다면 원특허권자도 흥미를 보일 것이다. 결국 그렇게 된다면, 원특허권자와 개선안을 도출한 특허권자 사이에서는 모종의 타협이 진행될 수 있다. 그래서 개선안이 없는 경우에 비교했을 때 월등히 우수한 협상결과를 도출할 수 있다. 유사한 방법으로 일본회사들이 미국의 기본특허권자와 상대하여 대응한 많은 사례가 존재한다.

마지막으로, 회피설계방안을 강구했다면, 최종적으로는 전문가에게 확인을 받는 것이 필요하다. 구체적으로는 브레인스토밍(brain storming) 과정에서 전문가와 같이 회피설계에 대한 대안 강구를 하거나, 혹은 그렇게 되지 않는다 하더라도 나중에 그 결과에 대해서는 전문가에게 확인을 하는 것이 좋다.

(14) 회피설계안 특허출원

침해주장을 하는 발명을 종래기술로 언급하고, 그 다음에는 그 종래기술에 대해서 차이점을 알려주는 것이 중요하다. 또, 회피설계안은 침해주장을 한 발명보다 최대한 상업적으로 우수하게 기술할 필요가 있다. 또, 가급적이면 침해주장 발명의 청구범위를 바로 벗어나는 정도까지 최대한 넓은 특허청구범위를 확보하는 것이 바람직하다.

(15) 침해품 관련 정보차단

앞서 얘기했지만, 특허권자는 침해에 대한 입증책임이 있다. 다시 말하면, 침해정보를 입수해서 침해자에게 제시한 다음에야 특허권자로서의 권리행사를 할 수 있다. 따라서 상대방이 침해정보를 입수할 수 없다면, 특허침해를 주장하고 싶어도 주장할 수 없게 된다. 따라서 침해품 정보 차단을 하는 것은 침해주장을 규제하는 유용한 수단이 된다.

요즘 같은 인터넷 시대에는 홈페이지에 기술관련 사항이 제시되는 경우가 많이 있다. 따라서 홈페이지를 체크해서 기술 관련 사항, 매출 관련 사항을 전부 삭제하는 것이 좋다. 또, 영업이나 카탈로그, 홍보물을 체크해서 기술관련 사항, 영업 관련 사항을 삭제하거나 회수하는 것이 좋다.

사내의 기밀정보에 대한 관리를 강화해야 한다. 보관 방법, 접근 체계, 접근자 기록을 남겨야 하며, 임직원으로부터 개별적으로 보안 서약서를 받아두어야 한다. 또한 퇴사시에도 보안 서약서를 받아두도록 한다.

또, 사외에 정보를 제공할 경우에는 비밀유지 계약서를 사전에 체결한 후 제공하도록 한다. 정보를 제공할 때에는, 매 페이지마다 특정 거래선에 대해 사전 비밀 유지 계약하에 제공하는 것이라는 문구를 기재하고, 배포처 별로 일련번호를 붙여서, 정보가 누출될 경우 그 출처를 추적할 수 있도록 한다. 그리고 향후에 대외에 발표하거나 제공하는 자료에 대하여는 특허부서에서 사전에 필터링을 할 필요가 있다.

(16) 면책 가능여부 확인

거래선과의 면책계약이 존재하는지를 확인한다. 만일 면책계약이 존재한다면 원칙적으로 거래선에게 계약서의 이행요구를 하도록 한다. 물론 면책계약의 내용을 먼저 확인해야 한다. 대부분의 면책 계약서는 상대방에게 특허분쟁 발생 사실을 신속히 통보해주는 전제하에서 면책 계약이 이행된다는 조항이 들어 있으므로, 특별한 주의를 요한다. 또, 계약서가 없는 경우라 하더라도 거래의 영향력을 활용하여 문제해결에 대한 협조를 요청하는 방법도 있다. 또, 현재까지 면책계약서가 없다고 하더라도 향후 거래에 대하여는 면책계약을 체결하는 것이, 이후에 벌어질 수 있는 특허침해 배상에 대해서 그 책임을 피할 수 있는 방법이다.

(17) 사업관련성 확인

만일 경고를 받은 측이 특허권자의 제품이나 혹은 부품을 사서 쓰는 바이어의 입장이라면, 영향력을 행사하여 침해주장을 철회시키는 것도 생각해볼 수 있다. 또, 기타 영향력 행사 방안을 모색하는 것도 좋다.

(18) 역경고 검토

상대사도 우리의 특허를 침해하고 있는 경우가 많다. 그러한 가능성이 있는 경우에는 침해경고를 한 상대 회사의 제품을 구입하여 분석을 하고, 그 다음에 거기에 해당되는 자사특허 후보를 선정한 다음, 양자를 비교해서 침해분석을 실시한다. 침해분석의 결과에 따라서 경고장 발송 여부를 결정한다. 역경고는 사실 가장 중요하고도 가장 영향력이 있는, 가장 강력한 대응방안이라고 할 수 있다. 특히 상대사가 경고를 받은 회사에 비해서 회사규모가 월등하고 매출이 월등한 경우, 그때는 같은 특허침해라고 하더라도 그 침해행위의 결과로서의 손해배상의 규모는 매출이 큰 회사가 월등히 크므로, 오히려 입장이 바뀌어 버리는 상황이 발생될 수 있다. 그래서 항상 역으로 경고를 할 수 있는지를 체크해봐야 된다. 또, 그렇게 하기 위해서는 평소에 좋은 기술이 있으면 즉시 권리로서 확보해두는 노력을 게을리 하지 말아야 한다.

(19) 대응특허 매입

만일, 역경고하기에 적절한 특허가 없다면, 상대에게 행사 가능한 특허를 제3자로부터 매입하거나, 혹은 전용실시권을 확보하는 방법도 있다. 매입을 하게 되면 당연히 특허권자로서의 소송권한이 생긴다. 뿐만 아니라, 전용실시권자로서도 소송권한이 생기기 때문에, 만일 매입이 안 된다면 최소한 전용실시권이라도 확보하는 것이 바람직하다.

(20) 종합전략 수립

위에서 검토한 제반 사항을 중심으로 해서 종합 전략을 수립하게 된다. 종합 전략을 수립하는 데 있어서, 검토해야 될 항목은 타사의 동향을 파악하는 것이다. 동업 타사도 같이 특허경고를 받았는지, 만약 받았다면 어떻게 대응하고 있는지 등에 대해 조사하고, 필요하다면 서로 정보를 교환하거나, 손발을 맞추어 같이 협력하여 대응 전략을 수립할 수도 있다.

또, 계약체결의 필요성에 대해서 위에서 검토한 제반 사항을 감안해서 결론을 내려야 한다. 또, 소송으로 비화될 가능성에 대해서도 검토를 해야 한다. 거래선에 대한 대응 방향을 결정할 것이며, 향후 연구개발이나 마케팅 전략에도 어떻게 변화가 있어야 하는지, 수정이 있어야 되는지 등에 대한 검토를 행할 필요가 있다.

다음으로, 사내에서 최종적으로 의사결정을 하게 되는데, 이 의사결정은 신중하게 이루어져야 한다. 하지만, 분명하게 결정을 지어야 한다. 그래야 그 이후에 상대방에 대한 행동에 일관성을 가지게 된다.

(21) 상대사에 회의 제안

종합 전략 수립이 끝나면, 상대사에게 회의 제안을 하도록 한다. 물론, 서신으로써 이 내용을 알려줄 수도 있지만, 서신으로 할 경우에는 서신에 기록으로 남게 되기 때문에, 심리적으로나, 혹은 추후에 소송에서 제시될 가능성을 감안할 때, 꺼려지는 것이 사실이다. 그래서 가급적이면 대면해서, 서로 마주 본 상태에서 대화를 하는 것이 필요하다. 그리고 그것은 사실은 특허권자도 똑같은 입장이기 때문에 특허권자도 선호하는 방식이 될 것이다.

최초의 회의는 자사에서 실시하는 것이 심리적으로도 유리하다. 그리고 특허권자가 해외에 있을 경우에는 굳이 침해를 경고받은 쪽에서 출장경비라든지, 여러 가지 비용을 지출하면서까지 해외에 먼저 나가는 것은 바람직하지 않다.

만일 사내에서 회의를 실시하기가 부적절하다면, 예를 들면, 복도에 여러 가지 영업기밀 사항 등이 전시되어 있거나, 혹은 회의실 내에 그런 것이 있다든지 할 때에는 외부에 장소를 정하는 것이 좋다. 또한 자사 제품이 전시된 장소의 접근도 금지한다. 이를 피하기 위해서는 외부 호텔을 정해서 만난다든지, 혹은 거래하는 법률사무소의 회의실을 빌려서 협상을 한다든지 하는 방법을 취할 수 있다.

3. 기술협상 준비단계

(1) 협상팀 구성

협상팀은 특허팀의 기술협상 담당자, 특허팀의 비즈니스 협상 담당자, 연구원, 특허전문가 등으로 구성되는 것이 좋다. 여기에서, 당연히 필요한 기술담당자는 전부 참석해야 할 것이고, 반면에 라이선스 분야, 비즈니스 협상 분야 담당자는 1~2명 정도만 참석하여 기술협상의 진행과정을 모니터하는 것이 바람직하다.

경우에 따라서는 특허전문가, 즉, 변리사나 변호사가 참석하는 것을 상대방이 원하지 않을 수도 있다. 특히, 상대방은 기술분야나 특허분야에서 기술협상에 대한 경험이 굉장히 많은 반면에, 특허침해자가 그런 경험이 별로 없는 경우, 특허전문가를 데려오면 자기들이 비교 우위를 잃어버리므로 원하지 않는 경우가 많다. 그럴 때, 그 사람들이 흔히 얘기하는 방법 중 하나는 '외부의 변호사나 변리사들이 참석하게 되면 결국은 그 사람들이 소송으로 사건을 진행시킬 것이므로 별로 도움이 되지 않을 것이고, 차라리 회사 사람들끼리 비즈니스적으로 이 문제를 해결하는 것이 훨씬 빠르고 쉽지 않겠느냐'라고 설득하는 것이다. 그러나 그것은 특허권자 측이 자기들 페이스로 협상을 진행하겠다는 것에 불과하므로 귀담아 들을 필요가 없다.

다음으로, 각자의 역할분담이 필요하게 된다. 운영과 기술협상, 그리고 기록, 이렇게 역할분담이 필요하다. 여기에서 기술협상 담당자와 연구원, 특허전문가는 명세서와 선행기술에 대하여 숙지하고 있을 필요가 있다.

(2) 비침해 입증자료 준비

기술협상 준비시, 비침해 입증자료를 준비하는 것이 바람직하다. 비침해 입증자료에는 청구범위 중에서 침해품이 실시하지 않는 구성요소만 열거하는 것이 좋고, 청구요소별 전체대비는 피하는 것이 좋다. 예를 들어, 청구요소별 전체 대비를 하게 되면, '이 구성요소는 있다', '이 구성요소는 없다' 그런 식으로 표현하게 되는데, 그럴 경우에는 '있다'라고 한 만큼은 인정하는 것으로 비추어질 수 있다. 이것은 향후의 협상과정에서 불리하게 작용할 수 있기 때문에, 그것보다는 침해품이 실시하지 않는 구성요소만 열거해주는 것이 좋다. 또한, 다르다고 얘기한 다음 '왜 다르다'하는 것에 대하여 서면으로 설명하는 것은 가급적 지양하는 것이 좋다. 필요할 경우에는 구두로 설명하는 것이 좋다. 구두로 설명을 하게 되면 그 자리에서는 얘기가 되지만, 그 다음에는 남지 않기 때문이다. 그래서 구두로 설명을 할 경우에는 좀 더 상세한 얘기를 할 수 있고, 경우에 따라서는 다소 과장이 있는, 강조를 하기 위한 표현법을 사용할 수 있다.

가급적이면 파워포인트와 같은 비주얼한 도구를 사용하는 것이 좋고, 자료 역시 깔끔하고 비주얼하게 준비되는 것이 좋다. 모든 자료에는 "SETTLEMENT PURPOSES ONLY"라고 큼직하고 굵은 글씨로 매 페이지마다 표시하여 나중에 그 자료가 소송시 증거로 채택되는 일이 없도록 주의한다. 또한 양 당사자간에 소송시 증거로 불인정한다는 비밀유지 계약(NDA)을 체결한 경우에는 "PURSUANT TO NDA"라고 덧붙이는 것이 확실한 방법이다. 큼직하다고 하였는데, 그 크기는 파워포인트 기준으로는 약 26폰트 이상 정도이면 좋고, 그 다음에 눈에 띄도록 글씨체를 바꾼다든지, 혹은 굵게 쓴다든지, 혹은 언더라인을 친다든지, 혹은 이탤릭으로 표시한다든지, 그런 식의 방법을 사용하는 것이 좋다. 요컨대, 눈에 띄도록 표시하여야 한다.

원칙적으로 침해품의 구조는 입증책임을 가진 권리자가 언급해야 하므로 우리 쪽에서 먼저 언급할 필요는 없다. 또, 상대방에 따라서는 '침해품은 침해자가 만들고 있으므로 침해품을 더 잘 알 것 아니냐, 그러니까 침해자가 침해품의 구조를 얘기해라'라는 식의 논리를 전개하는 경우가 있는데, 그렇다고 해서 거기에 따라서 구조를 언급할 필요가 없다. 단지 '침해입증에 대해서는 특허권자의 책임이다. 물론, 우리가 실시하는 제품의 구조는 우리가 제조하는 입장에서 잘 알고 있지만, 그것은 회사의 영업비밀이므로 우리가 얘기할 필요는 없다'라고 답을 한다면 무난할 것이다.

▷ 비침해 발표 자료 준비 사례

Power point #1 (Cover Sheet)
AA's Position **on** **BB's US 1,234,567 :** **Non-infringement** **&** **Invalidity**
[설명] 이것은 AA라는 회사가 BB라는 회사의 미국특허 1,234,567에 대하여 취하는 입장이 비침해와 무효라는 것이다.

Power Point #2 (비침해)
 # 1. US 1,234,567 **Non-infringement - Claims 1 and 10** AA does not employ "*a memory control device to implement access restriction wherein access to at least a portion of the data in the memory is restricted absent password authentication*" as set forth in the claims 1 and 10 of the present patent.
[설명] 클레임 1과 10은 비침해라고 표시한 다음, AA회사는 본 특허의 청구범위 1항과 청구범위 10항에서 기재되어 있는 청구범위를 따옴표 안에 그대로 copy & paste하였다. 그리고 이러한 청구범위를 AA 제품은 채용하지 않고 있다고 하고만 있다. 논리적으로는, "왜냐하면 AA사의 제품은 이러이러한 구성을 가지고 있기 때문에 다르다"라고 조금 더 써줘야 되는데 그 말이 빠진 것이다. 왜냐하면, 특허권자가 충분히 침해입증을 하지 않은 상태에서 침해자가 자신의 기술을 미리 얘기할 필요가 없고, 또 필요하다 하더라도 그 부분에 대하

여는 말로써 설명하면 된다. 명심할 것은 상대가 우리 기술을 아는 만큼만 응한다는 것이다. 상대가 다 알고 있는데도 불구하고 모르는 척하는 것도 문제 해결을 어렵게 한다. 그러나 충분한 입증 없이 상대가 일방적으로 침해기술의 내용 설명을 요구할 경우, 기업비밀이라고 하여 거부토록 한다.

(3) 무효 입증자료 준비

비침해 입증자료 준비에 이어서 무효입증자료도 준비해야 하는데, 이때는 비침해 입증자료와는 형식이 다소 달라진다. 즉, 무효대상이 되는 청구범위와 선행기술의 일대일 대응 무효차트를 작성하고, 상대방에게 제공할 가능성에 대비하여 원칙적으로 부가적인 설명은 피한다. 부가적으로 설명한다는 얘기는 우리가 특허청구범위, 혹은 선행기술을 해석한다는 얘기이기 때문에 가급적이면 그것은 피하고, 청구범위 구성요소의 무효선행기술에 대응되는 부분을 일대일로 매칭시켜주는 정도로 무효차트를 준비하는 것이 가장 바람직하다. 그리고 필요하다면 나머지는 구두로 설명해주면 된다. 독립항을 무효시킨다 하더라도 종속항이 살아남게 되고, 무효된 독립항과 종속항을 결합했을 때 여전히 침해가 성립한다면, 그 종속항도 무효시켜야 한다. 따라서 종속항에 대해서도 마찬가지로 일대일로 대응하는 무효차트를 작성해서 상대방에게 보여줘야 한다.

진보성을 부정할 경우에는 선행기술을 서로 용이하게 결합할 수 있는 기술적 링크(TSM: Teaching, Suggestion, Motivation), 또는 최근 판결된 KSR 판례[6]를 반영하여, 기타 선행기술간의 결합을 가능하게 하게 하는 근거를 선행기술로부터 발췌하든지, 아니면 선행기술의 해당부분에 표시하여 상대방에게 제시하도록 한다.

이제 KSR 판례는 특허권을 무효시키는 입장에서는 복음(?)과 같은 존재가 되었다. 과거에는 엄격한 TSM 입증을 요구하였으나, 이제는 경우에 따라서는 당업자가 가지고 있는 상식, 창의력으로부터 선행기술을 용이하게 결합하여 문제의 특허발명에 도달할 수 있다는 쪽으로 입장이 바뀌었다. 따라서 협상장

6) *KSR v. Teleflex*, 550 U.S. 398, 127 S. Ct. 1727 (2007).

소에서 진보성을 부정하는 입장이라면, 의례히 한번은 되뇌어야 할 정도로 유용한 툴이 되었다. 독자들도 KSR 판례는 한번 정독하여 둘 것을 권한다.

상대방에게 제공하기 위한 무효입증용 선행기술은 복사하여 준비하는 것이 좋고, 회의참석자에게 각 한 부씩 배포하는 것도 좋다. 선행기술의 양이 너무 방대할 경우, 1부씩만 복사하여 전달할 수 있고, 부득이하다면 리스트만을 제공하는 수도 있다. 단, 상대방에게 건네줄 모든 자료는 해당자료의 설명이 끝난 후에 제공하도록 하는 것이 설명 중에 상대방의 집중을 유도할 수 있어서 바람직하다.

무효 입증자료도 비침해 입증자료와 마찬가지로 파워포인트와 같은 비주얼한 도구를 사용하여 준비하는 것이 좋고, 자료 역시 깔끔하고 비주얼하게 준비되는 것이 좋다. 모든 자료에는 “SETTLEMENT PURPOSES ONLY”라고 큼직하고 굵은 글씨로 매 페이지마다 표시하도록 한다.

▷ 무효 발표 자료 준비 사례

Power Point #3 (선행기술에 의한 무효)

Invalidity Comparison with USP 6,777,555 for Claim 1

Claim 1 of **USP** 1,234,567	Prior Art (USP 6,777,555)
(a) *A unitary portable data storage device* comprising:	FIG. 1 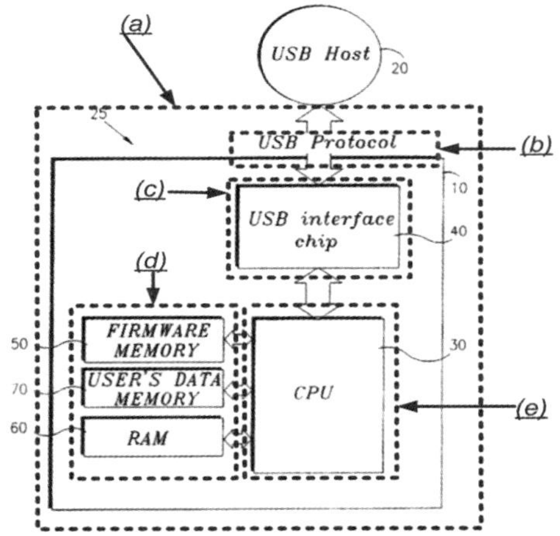
(b) a universal serial bus (USB) plug integrated … directly to a USB socket of a computer;	
(c) *a single interface* coupled to the USB plug, …;	
(d) *a non-volatile solid-state memory,* the memory having sufficient capacity …; and	
(e) *a memory control device* coupled between the interface and the memory …	

[설명] 침해를 주장하는 미국특허 1,234,567의 무효 입증을 하는 것이다, 이것은 전형적인 클레임 차트가 된다. 왼쪽에는 '클레임1'의 청구요소 별로 원문을 copy & paste하여 적었다. (본 예에서는 분량을 고려하여 전문은 생략하였다) 그리고, 오른쪽에는 선행 미국특허 6,777,555에 해당되는 도면이 있다. 물론 도면만 사용되는 것은 아니고, 선행기술 중 해당 문구를 출처(예를 들어, Col. 11, Lines 4~5) 와 함께 적어도 좋다. 그러나 가급적 도면이 있으면 도면을 쓰는 것이 장황한 설명을 피할 수 있어 좋다. 위의 사례에서 보면 작성자 측에서 인위적으로 작성한 것은 (a), (b), (c), (d), (e)의 번호와 대응 화살표밖에 없는 것에 주목한다. 즉, 필요 최소한의 정보만 제공한 다음, 나머지는 말로 설명한다.

Power Point #4 (명세서 작성 요건 위반에 의한 무효)

Issued Claim 1 is NOT Supported by the Original Specification

A ***unitary*** portable data storage device comprising:

a universal serial bus (USB) plug ***integrated into the unitary portable data storage device without an intervening cable capable of*** coupling the ***unitary*** portable data storage device *directly* to a USB socket of a computer;

a single interface coupled to the USB plug, the interface allowing the unitary portable data storage device to communicate via the USB protocol;

a non-volatile solid-state memory, ***the memory having sufficient capacity to enable the unitary portable data storage device to serve as an alternative to a magnetic disk or CD***; and

a memory control device coupled *between the interface and* the memory *to control the flow of data between the memory and the USB plug in a manner to enable the unitary portable data storage device to* ***serve as an alternative to a magnetic disk or CD*** *and to implement access restriction* wherein access to at least a portion of the data in the memory is restricted absent password authentication.

[설명] 언더라인 되어 있는 부분은 최초 명세서에는 없었던 내용으로서, 청구범위 보정을 하면서 추가한 부분이다. 이러한 부분은 명세서 작성요건 위반에 의한 무효가 되기 십상이다. 위 사례와 마찬가지로 이 정도만 표시하고 그 다음에는 말로써 설명한다.

(4) 기술협상 리허설

사전에 모의기술협상을 내부적으로 행하는 과정이다. 필자는 이 기술협상 리허설을 강력히 추천하고 싶다. 상대와의 미팅 전에 최소한 한 번을 가질 것을 권한다. 특히 특허협상의 경험이 많지 않은 회사일수록 기술협상 리허설은 많은 것을 준비하게 해주는 중요한 역할을 한다.

보통 모의기술협상을 진행함에 있어서는 전문가가 반대편 역할을 맡아서 우리측의 약점이 되는 부분을 집중적으로 질문하고 따지고 거기에 따른 우리측의 답변을 유도하고 또 부족한 논리를 보충하는 역할을 하면 좋다. 모의기술협상에서는 우리측에 가장 불리한 분위기를 상정하고 협상을 진행해 보도록 한다. 그래서 그 불리한 협상을 극복할 수 있는 논리가 있다면, 정식으로 상대방과 만나 기술협상을 할 때는 준비된 논리를 가지고 그 협상을 성공적으로 마무리 지을 수 있을 것이다.

또한, 기술협상을 하게 되면, 상대방의 답변에 따라서 우리측의 답변방향을 정해야 하는 경우가 종종 발생하게 된다. 그래서 필요하다면 유도질문을 할 수 있는 시나리오를 준비하는 것도 좋다. 유도질문을 할 때는 여러 가지 질문 사이에 묻고 싶은 질문을 끼워 넣는 등, 상대가 눈치채지 않도록 조심하여야 한다.

기술협상 리허설을 하다 보면, 논리를 채워줄 수 있는, 혹은 논리를 보충적으로 입증할 수 있는 그런 추가적인 자료가 필요하다는 것을 느끼게 되는 경우가 많다. 그럴 경우에는 부족한 자료를 보충적으로 검색해서 채워 넣도록 조사 노력을 기울이도록 한다.

4. 기술협상 단계

(1) 기본 진행규칙(Ground Rule) 설정

협상테이블에 마주앉게 되면, 보통 협상 진행방향에 대해서 먼저 얘기하게 된다. 마치 우리가 고스톱이나 포커를 하게 되면 사전에 여러 가지 게임의 룰을 정하는 것과 마찬가지다. 기술협상을 할 때에는 사전에 토의할 특허건수라든지, 협상을 몇 회 정도 할 것이라든지, 또 언제까지 할 것이라는 기간을 정한다든지, 혹은 어디에서 협상을 할 것이라는 협상장소 등을 결정하게 된다. 협상장소는 홈 앤드 어웨이(Home-and-away) 방식으로 하여 한번은 특허권자 측에서, 한번은 침해자 측에서, 이렇게 번갈아 가며 하는 것이 일반적이다.

다음으로, 누가 먼저 발표할 것인가 하는 프레젠테이션 순서를 결정해야 되는데, 보통은 권리자가 먼저 발표한다. 실제로 먼저 발표해서 좋은 경우는 별로 없기 때문에 일단 뒤에 발표하는 것을 원칙으로 하고, 권리자는 입증의 책임이 있기 때문에 먼저 발표하라고 유도하는 것이 좋다.

다음으로, 상대방에서 한 건씩 발표할 때마다 거기에 대해서 코멘트하거나 반박할 것인지, 혹은 전부 발표한 다음에 반박할 것인지를 결정하는 것이 필요하다. 한 건씩 발표한 다음에 반박한다면, 그 기술내용에 대해서 즉각적으로 반응할 수 있는 장점은 있지만, 반대로 어느 한 건에 대해서 시간을 너무 많이 소요하게 되면 전체적으로는 진행에 적체가 일어나는 문제가 발생할 수도 있다. 또한, 한 건씩 발표 후 코멘트하는 방식을 취하면, 유리한 건에 대하여는 당연히 강력하게 반발하겠지만, 불리한 건에 대해서는 반박할 것이 없는 경우도 생길 수 있다. 이 경우, '반박 없다'라고 하고 넘어가는 것은 상대방에게 약하게 보여질 우려가 있다. 그래서 필자의 경험상으로는 전부 발표한 다음에 일괄적으로 하나하나 따지면서 반박하는 그런 방식으로 진행하는 것도 무난해 보인다.

위의 원칙은 상대가 있는 만큼 절대적으로 주장할 수 있는 것은 아니다. 하지만, 가급적이면 위의 원칙을 따르되, 당일의 상황 및 분위기에 따라서 적절하게 결정하는 것이 좋다.

(2) 회의석상에서

협상을 하게 되면 먼저 악수를 하고 명함을 교환한 다음에 착석을 하게 되는데, 착석을 하게 되면 잠시 긴장된 분위기가 흐르는 경우가 보통이다. 그럴 경우에는 아이스 브레이킹(ice-breaking)용 대화를 몇 마디 나누는 것도 좋다. 예를 들어, '언제 한국에 들어왔습니까?'라든지, 혹은 '어느 호텔에 묵고 있습니까?', 혹은 날씨 얘기라든지, 그런 몇 마디의 얘기로 아이스 브레이킹(ice-breaking)을 하고, 그 다음에 '자, 그러면 진행을 합시다' 이렇게 얘기를 하면서 본 협상으로 진행하는 것이 무난하다.

회의석상에서는 협상리더를 중심으로 좌우로 착석하는 것이 좋다. 그 다음, 상대와의 거리가 가깝다면, 중요한 자료는 가방 안에 두거나 테이블에서는 엎어두는 것이 좋다. 협상리더를 중심으로 좌우로 착석은 하였지만, 발표하는 순서라든지, 혹은 팀원간의 팀플레이를 위해서는 나중에 자리를 적절하게 이동해도 좋다. 상대가 방문한 경우에는 출입구를 바라보는 자리를 권한다. 우리가 방문하면 출입구를 바라보게 앉는다. 이는 전쟁 중 적진에 갔을 때, 등뒤로 기습할 가능성에 대해 상대방이 불안해하는 것을 가라앉히기 위해 문이 보이는 위치를 권한 데에서 유래된 매너라고 한다. 또, 악수는 손에 무기가 없다는 것을 확인시켜주는 의미라고 한다. 믿거나 말거나.

회의석상에서는 귓속말이라든지, 혹은 메모지로 통신하는 것이 좋다. 원칙적으로는 리더가 모든 발언을 해야 된다. 하지만, 리더의 지시 하에서 담당자가 사전에 준비된 발표를 진행하는 방식도 무방하다. 즉, 중요한 것은 리더가 모르는 돌출발언은 하지 말아야 한다는 점이다. 돌출발언이 있게 되면 협상팀의 호흡이 무너지게 될 뿐만 아니라, 상대방도 리더의 얘기와 발표자의 얘기 중 어느 쪽에 비중을 둬야 되는지 혼란이 생긴다. 특히, 돌출발언이 리더가 얘기한 방향과 다를 경우에는 더욱더 그런 문제가 생기고, 그럴 경우에는 돌출발언을 한 발표자의 발언의 신뢰도, 혹은 리더의 신뢰도가 현저하게 떨어지게 된다. 그래서 리더가 모르는 돌출발언은 하지 말아야 하고, 꼭 필요하다면 리더를 통하여 회의 휴식을 제안한다. 회의 휴식을 제안하고, 휴식시간에 나가서 발언하고 싶은 얘기에 대하여 토의를 하고, 토의를 한 다음에 그 결과에 따르도록 한다. 수시로 협상팀끼리 시선을 교환하면서 발언하고, 시선을 맞춘 쪽에서는 끄덕끄덕한다든지 해서 발표에 대한 무게감과 신뢰를 심어주는 제스처를 사용하는 것도 좋은 방법이다.

협상업무를 떠나서는 상대방에게 매너 좋은 모습을 취하는 것이 좋고, 교양 있게, 유머감각을 살리는 것이 좋다. 협상당사자에게 비록 협상시에는 굉장히 까다롭고 터프하고 치밀한 상대로 보이지만, 실제로는 인간성이 있다는 그런 모습을 심어줘서 향후 협상시에 도움이 되도록 한다. 다음으로, 공통의 이해관계가 있는 제3자의 정보에 대해서는 정보교류의 차원에서 서로 교환하는 것도 좋다.

(3) 권리자 발표 청취

권리자가 대부분의 경우에 먼저 발표를 하게 되는데, 그때는 우리의 권리해석에 도움이 되거나, 혹은 상대를 불리하게 만들 수 있는 사항에 대해서 질문을 한다. 아마 직접적으로 질문을 한다면, 질문을 받는 쪽에서는 항상 저 질문의 의도가 무엇인가를 생각하고 고민해서 답을 할 것이기 때문에, 직접적으로 질문을 하면 상대방은 노련하게 빠져나갈지도 모른다. 그래서 때로는 유도성 질문을 통해서 점차적으로 본질적인 질문으로 접근하는 방법도 좋다.

만일 검토가 되지 않았거나, 혹은 처음 듣는 사항에 대해서는 가급적이면 현장에서의 반박은 삼가는 것이 좋다. 다만, 질문은 얼마든지 가능하다. 또, 명백한 사항에 대해서는 추후 검토 조건부로 가벼운 코멘트를 해주는 것도 무방하다.

(4) 침해자 발표

권리자가 발표를 하게 되면, 그 다음에는 침해자가 발표를 하게 되는데, 이때에는 가장 유리한 건부터 발표하는 것이 좋다. 왜냐하면, 침해자가 발표하는 순간부터는 권리자는 강력하게 반박을 하고, 부인을 하며 공세적인 태도로 나올 것인데, 침해자에게 가장 유리한 건부터 발표를 하게 되면 초기에 기선을 제압하는 것이 가능하기 때문이다.

또, 차분하게, 설득력 있게 설명하는 것이 중요하다. 물론, 아무리 차분하고 아무리 설득력 있게 설명을 해도 상대방은 그 자리에서는 당연히 부인할 것이다. 하지만, 그렇게 설명을 하고 나면 상대방은 나중에 별도로 자기들끼리 모여서 내부적인 검토를 진행할 때에는 침해자의 발표내용을 비중 있게 검토할 것이다. 실저로 그렇게 된 경우에는 그 다음 두 번째 회의석상에서는 앞에서 설득력 있게 제시된 자료에 대하여 상대방이 조용히 철회하는 경우가 종종 있다.

(5) 상대 반박 및 자기 옹호

침해자가 발표를 하게 되면 상대방이 반박을 하게 되고, 또 자기옹호를 하게 되는데, 최초 토의건에 대해서는 앞에서도 얘기했지만, 기 싸움에 유의해야 된다. 그래서 서로 지기 싫어서, 향후의 토의에 대해서 기선을 제압하기 위해서 굉장히 신경전을 벌이는 경우가 많다. 그래서 기술적으로 별로 복잡하지 않은 건에 대해서도 2~3시간, 오전에 시작했다면, 처음 한 건을 가지고 점심 때까지 진행하는 경우도 종종 발생한다. 하지만, 그때는 밀리지 않는 것이 중요하다. 그런 다음, 마무리는 '서로간에 얘기가 충분히 전달됐고, 더 할 얘기가 없으면 그만두자'라는 식으로 해서 다음 얘기로 유도하는 것이 좋다.

설명보다는 질문을 자주 활용하는 것이 테크닉이다. 질문을 하게 되면 상대방이 답을 하게 되기 때문에, 상대방 답변의 모순점을 지적하는 방식으로 협상을 유리하게 진행할 수 있다. 즉, 상대방 어떤 주장을 한 경우, "틀렸다. 그건 이것이어야 한다"라고 반박하는 것 보다, 상대의 주장에 대해 "왜 그렇게 생각하느냐? 그렇게 주장할 수 있는 근거는 무엇인가? 특허명세서 어디에서 그 주장의 근거를 찾을 수 있는지 지적해 달라"하는 식으로 하면 주장 대 주장의 소위 목소리 큰 싸움보다 상대 스스로 자기 논리의 모순점을 깨닫게 하는 데 효과가 있다.

그 다음, 반박은 근거와 자료에 입각하여 하고, 우리 입장이 여간 불리하지 않는 한, 가급적 무리한 주장은 삼가 하는 것이 좋다. 상대는 우리말을 무조건 부정하는 것처럼 보이지만 사실은 다 듣고, 타당성 여부를 나름대로 판단하고 있다.

또, 상대방의 논리가 무척 강하고 타당해서 이쪽에서는 마땅히 반박할 수 없는 경우도 종종 생긴다. 그럴 경우에는 억지로 끝까지 우기기보다는 '재검토하겠다'라든지, 혹은 '확인해보겠다'라든지 해서 더 이상 그 논전에 말려들어가는 것을 피하도록 한다. 또, 상대방의 논리가 강할 경우, 항상 이렇게 하는 것은 아니지만, 경우에 따라서는 '현재 그 제품의 매출이 굉장히 미미하다'라든지, 혹은 '설계변경을 완료했다'라든지 등의 의견을 시사할 수도 있다. 그렇게 시사를 하게 되고, 그것을 제대로 알아들은 상대방은 '이쪽에서는 이긴다 하더라도 실익이 별로 없겠구나'하는 느낌을 가질 수가 있을 것이다. 물론 설계변경을 할 때에는 침해를 인정하는 느낌을 주는 것은 곤란하다. 그래서 설계변경을 할 때에는 '다르지만 논란이 되고 있으므로, 논란의 소지를 아예 없앨 수 있는, 그러한 기술을 채택했다'라든지, '개발했다'라든지, 그런 식으로 표현하는 것이 무난하다.

때로는 역정보를 흘릴 수도 있다. 그런데 이것은 현장의 분위기라든지, 혹은 협상자의 경험에 따른 문제이다.

협상의 마지막 종착점은 계약서를 작성하는, 즉, '누가 누구에게 얼마를 주고'하는 그런 비즈니스 협상이 된다. 보통은 비즈니스 협상을 담당하는 담당자는 기술에 대해서는 상세하게 잘 모르는 경우가 많다. 그러나 로열티 얘기는 비즈니스 협상 담당자와 해야 하므로, 상세한 기술내용을 잘 모르는 상대방 라이선싱 담당자에게 강한 인상을 남기도록 진행하는 것이 좋다. 경우에 따라서는, 제스처라든지 그런 방법을 통해서라도 상대방 라이선싱 담당자에게 '자기들이 준비한 논리가 설득력이 없다. 우리들의 논리가 설득력이 더 강하다'는 인상을 심어주는 것이 좋다.

그리고 이 협상과정은 위에서의 내용으로부터 짐작할 수가 있겠지만, 매우 순발력이 필요한 부분이다. 임기응변적으로 최적의 대응을 하는 것이 필요하다.

(6) 중간휴식 결정

때로는 토의가 너무 길어지거나 해서 중간중간 휴식을 하게 되는데, 이 중간휴식을 전략적으로 사용할 필요가 있다. 예를 들어 내부적인 의견조정이라든지, 혹은 상황파악을 해야 될 경우에 휴식을 요구한다. 또 상대방의 호흡을 끊을 때, 혹은 냉각기가 필요할 때 등에도 휴식을 활용하는 것이 필요하다. 휴식결정을 할 때에는 배구경기라든지 농구경기에서 감독이 휴식요청을 하는 것과 흡사한 상황으로 생각하면 된다. 자료보안을 위해서는 한 명은 현장에 남아 있는 것이 바람직하다.

(7) 회의 마무리

회의를 마치게 될 때에는 무슨 사건을 토의했는지를 확인하고, 혹시 누락된 것이 있는지를 확인하도록 한다. 그 다음, 상대방과 우리측이 추가적으로 검토하기로 한, 소위 숙제사항을 확인하도록 한다.

마지막으로 차기 협상일정을 수립한다. 만일 안 된다면 추후에 연락하는 방향으로 잡는데, 보통은 한 달 간격으로 잡는 것이 일반적이다. 상대방에 따라서는 미팅이 끝난 뒤, 회의록 혹은 MOU 작성을 요구하는 경우가 있다. 물론 회의록이나 MOU는 구속력이 없으므로, 작성해도 무방하지 않는가 생각할 수 있으나, 우리 쪽에서 원하지 않는 한 작성하지 않는 것이 좋다. 그 이유는 첫째, 아무리 구속력이 없어도 막상 그런 문서에 서명하게 되면 나중에 입장을 변화시키기가 좀 부담스러워진다. 둘째로, 회의록이나 MOU에 서명하기 전에 그 내용을 읽어 보게 되는데, 이때 마음에 들지 않는 문구가 있으면 다시 수정을 요구하게 되고, 옥신각신할 수가 있다. 그러나 회의록이나 MOU와 같은 구속력이 없는 문구를 두고 시간을 쓰는 것은 무의미한 일이다. 차라리 그 시간에 협상을 조금 더 진전시키는 것이 낫다. 실무적으로도 특허 라이선싱에 있어서 MOU를 작성하는 일은 거의 없다.

(8) 중식/저녁식사

기술토론의 경우 2~3시간 이내에 끝나기가 쉽지 않고, 식사시간이 중간에 다가오는 일이 많은데, 보통 점심은 회의를 개최한 쪽에서 준비한다. 별도 식당 혹은 사내 식당 때로는 도시락을 주문하여 들기도 한다. 같이 식사할 의무는 없으나, 이따금 같이 식사하는 것도 나쁘지 않다.

저녁의 경우에는 과도한 향응은 피하는 것이 좋다. 입소리 내며 먹지 말고, 과음을 피하는 것이 좋다.

가급적 업무를 떠난 가볍고 공통의 화제를 가져가고, 유머 감각을 살리는 것이 좋다.

(9) 회의정리 및 사내 커뮤니케이션

협상을 마칠 때마다 매번 내부평가를 실시하도록 한다. 상대 특허 및 우리 특허에 대해 비침해 포지션, 무효 포지션별로 강약순으로 O, △, X 정도로 표시해둔다. 향후 소송에서 공격 및 방어의 단서가 된다.

회의 결과를 가치중립적인 입장에서 경영층에 보고한다. 과도한 비관이나 낙관을 피하도록 한다.

상대방 담당자 인물정보를 정리하여 나중에 일어날 수도 있는 협상을 준비한다.

(10) 차기회의 대비

연구원 및 관련부서로 회의시 논란이 된 사실관계를 확인하고, 필요시에는 증거 보강 조사를 실시하도록 한다. 평가결과 X, △ 건에 대해서는 상대방 주장을 감안한 반박논리를 재수립하도록 한다. 또한 필요에 따라 설계변경을 고려한다.

▷ 기술협상 사례

본 사례는 초기에 신속하고 전문적인 대응을 통해 침해주장을 무력화시킨 사례이다. K사는 불과 4개월만에 문제 해결에 성공하여, 경영 불안 요소를 제거하였다. 본 사례는 위에서 언급한 여러 가지 기술 협상의 대응 포인트를 종합적으로 보여주고 있다. 전체적인 흐름을 위주로 살펴보아도 좋으나, 가능하면 기술 쟁점까지 파악하면서 읽으면 더욱 도움이 될 것이다.

1. 특허권 침해에 대한 경고장 접수

(1) 배 경

U사는 K사의 제품이 자신의 한국 특허 123456호(이하 '456 특허라고 함)를 침해하고 있다는 주장을 하였다. '456 특허는 미국 출원(출원번호 00/123,456)을 우선권 주장의 기초로 하여, PCT 국제 출원 절차를 통해 국내에 등록되었다.

'456 특허의 청구범위는 4개의 독립항을 포함하여 총 33개의 청구항(52~62항, 65~86항)으로 구성되어 있다. 모든 청구항은 반도체 세정 장치를 청구하고 있으며, 이 중에서 문제가 된 것은 독립항 65항이었다.

(2) '456 특허의 개요

A. 대표도면

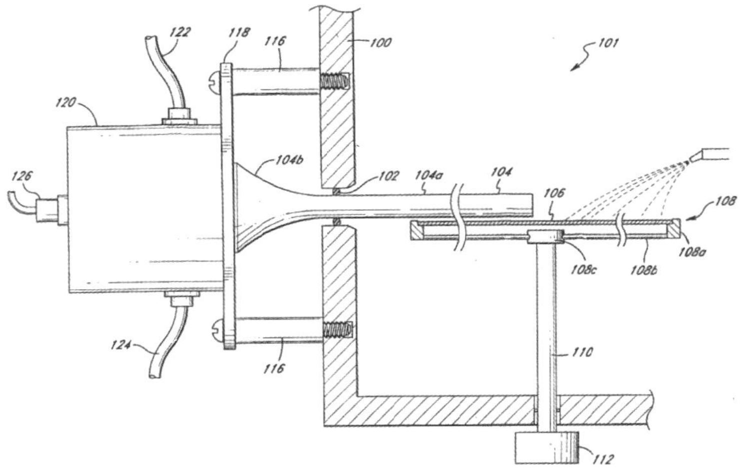

B. 독립항 65항

No	내 용
65	전체적으로 평탄한 세정할 물품용 지지부와, 상기 물품 지지부에 인접하여 지지되도록 구성된 후방부와, 상기 물품 지지부 위로 연장하여, 상기 지지부 상에 배치되는 물품 위로 밀접하게 간격을 두고 위치하는 긴 전방부를 갖고 있는 진동 트랜스미터(vibration transmitter)와, 상기 물품 위로 유체를 공급하기 위한 유체 공급원으로서, 상기 전방부는 상기 유체의 메니스커스가 상기 전방부와 물품 사이에 형성되도록 하기에 상기 물품에 충분히 가깝게 위치하는, 유체 공급원과, 상기 진동 트랜스미터에 연결되고, 메가소닉 에너지를 상기 전방부를 통해 상기 전방부와 물품 사이의 유체 내로 전파시키는 주파수에서 진동하여 상기 물품 표면의 입자를 유리(遊離)시키도록 되어 있는 변환기를 포함하는 세정 장치.

(3) 침해 의심 기술(K사의 제품)

A. 도 면

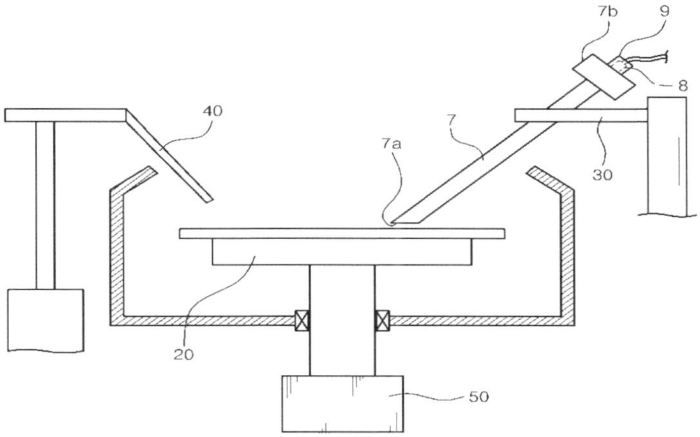

B. 구성 요약

가. 웨이퍼가 놓여지는 턴 테이블(20)
- 회전 가능한 턴 테이블(20) 위에 반도체 웨이퍼를 배치함.
- 턴 테이블(20)을 회전하면서 지지대(30)를 직선 이동시켜 웨이퍼의 최외부에서 중심부까지의 세정을 실시

나. 웨이퍼로 전면으로 세정액을 공급하는 노즐(40)

다. 웨이퍼와 미세간격을 두고 대항하여 장착되는 막대 모양 호른(7)
- 막대모양 호른(7)의 선단은 비스듬하게 절단되어 경사면(7a)이 형성됨.
- 호른(7)은 석영(비활성의 비오염물질)로 이루어지고, 가늘고 긴 전부 및 이 전부의 단면보다도 큰 단면을 갖는 방대부(7b)를 가짐.
- 웨이퍼의 상면에 대해서, 경사면(7a)이 평행하게 되도록, 막대모양 호른(7)은 비스듬하게 지지되어 있음.

라. 방대부(7b)에 메가소닉 에너지를 가진하는 압전소자인 진동자(8)가

장착됨.

마. 케이블 코드(12)가 압전체 진동자(8)에 접속됨.

바. 호른(7)의 경사면(7a)이 웨이퍼 상의 세정액과 접촉됨.

사. 호른(7)은 길이 방향의 일정 영역에서 지지대(30)에 의해 지지되는 구조임.

2. 경고장에 대한 답변

"제65항에서는 "상기 물품 지지부에 인접하여 지지되도록 구성된 후방부와, 상기 물품 지지부 위로 연장하여, 상기 지지부 상에 배치되는 물품 위로 밀접하게 간격을 두고 위치하는 긴 전방부를 갖고 있는 진동 트랜스미터"라는 구성요소가 기재되어 있습니다. 이 구성요소에 대해 귀소에서는 "프로브의 길이를 따라 발생된 진동 형태의 메가소닉 에너지가 상기 메니스커스를 거쳐 최종적으로 웨이퍼의 표면으로 전달됨으로써 웨이퍼 표면의 입자를 분리시키게 되는 것이며, 이것이 바로 본원 발명이 종래 기술과 구별되게 채택하고 있는 본 발명의 특징적 구성인 것입니다" 라고 주장하고 있습니다(특허청에 제출한 의견서 8-3면의 아래에서 6번째 행). 즉, 제65항은 전동 트랜스미터의 긴 전방부가 웨이퍼 위로 밀접한 간격을 두고 연장되어 있는 구조를 특징으로 합니다."

그러나 S사의 제품은 청구항 제65항에서 요구하고 있는 "프로브의 길이를 따라 발생된 진동 형태의 메가소닉 에너지가 상기 메니스커스를 거쳐 최종적으로 웨이퍼의 표면으로 전달되도록, 물품 위로 밀접하게 간격을 두고 위치하는 긴 전방부"를 갖고 있는 진동 트랜스미터를 채용하고 있지 않습니다.

또한, 청구항 제66항 및 제67항은 제65항의 종속항입니다. 따라서 독립항인 제65항이 당사 제품과 다른 이상, 종속항인 청구항 제66항 및 제67항 역시 당사 제품과 상이합니다.

대응시 고려 사항
• 프로브의 각도가 특허에서는 수평인 반면, 침해 의심제품에서는 비스듬하게 설치된 기술적 차이점에 주목함. • 명세서 및 심사 경과서류를 인용하여 청구항의 프로브의 각도가 수평으로 한정되어야 함을 근거를 붙여 제시함. • 침해 의심제품의 구조를 언급하지 않고(즉, 해석하지 않고), 청구항에서 대응문구를 인용한 다음, 그 인용문구를 부정하는 표현으로 답변 작성, 상대방이 스스로 해석을 제시하도록 유도

3. 권리자측의 통고서

지난 서신에도 기재된 바와 같이, 청구항 65는 "상기 물품 지지부에 인접하여 지지되도록 구성된 후방부와, 상기 물품 지지부 위로 연장하여, 상기 지지부 상에 배치되는 물품 위로 밀접하게 간격을 두고 위치하는 긴 전방부를 갖고 있는 진동 트랜스미터"를 그 구성으로 포함하고 있습니다. 그러나 K사의 제품이 이러한 진동 트랜스미터를 구비하고 있지 않다는 주장은 잘못된 것입니다.

상기 침해의심제품의 도면에서도 알 수 있듯이, K사의 제품은 "상기 지지부상에 위치될 물품 위로 밀접하게 이격되도록 상기 물품 지지부상에 연장되는 긴 전방부"를 구비하고 있습니다.

'456 특허 명세서는 2개의 실시예를 도 1 및 도 10에 기재하고 있습니다. 이 중에서 <u>하나는 진동 트랜스미터가 물품상에 수평으로 매우 근접하여 위치된 구성을, 다른 하나의 실시예에서는 진동 트랜스미터가 물품상에 수직으로 매우 근접하여 위치된 구성을 도시하고 있습니다. 따라서 진동 트랜스미터에 관한 제65항의 한정은 진동 트랜스미터의 각도에 의해 제한되지 않음이 명백합니다</u>.

또한, '456 특허의 의견서를 참조할 때, 제65항의 주요 특징이 "프로브의 길이를 따라 발생된 진동 형태의 메가소닉 에너지가 상기 메니스커스를 거쳐 최종적으로 웨이퍼 표면으로 전달됨으로써 웨이퍼 표면의 입자를 분리시킨다"는 것으로 해석된다고 하더라도 S사의 제품은 여전히 이러한 한정을 충족시킵니다. K사의 제품도 변환기에 의한 메가소닉 에너지가 트랜스미터의 긴 전방부의 길이 방향을 따라 전달되고, 궁극적으로 메니스커스(그 크기는 불문하고라도)를 통해 웨이퍼 표면으로 전달되는 것은 마찬가지이기 때문입니다.

4. 통고서에 대한 답변

상기 통고서에서는, 진동 트랜스미터에 관한 제65항의 한정은 진동 트랜스미터의 각도(수직, 수평 또는 기타 각도)에 의해 제한되지 않는다고 되어 있습니다.

그렇다면, 다음과 같은 공개문헌(공개특허 소61-12345호: '456 특허의 대응 일본출원의 심사시에 일본 심사관이 인용한 문헌임)에 의하여 제65항은 무효로 되어야 마땅합니다.

상기 공개 문헌에는 다음의 도 1 내지 도 3에 도시된 바와 같은, 웨이퍼 회전지지기구, 이 지지기구상에 세정액을 공급하는 기구 및 초음파 진동을 실시하는 진동자를 구비하는 것을 특징으로 하는 세정장치가 개시되어 있습니다.

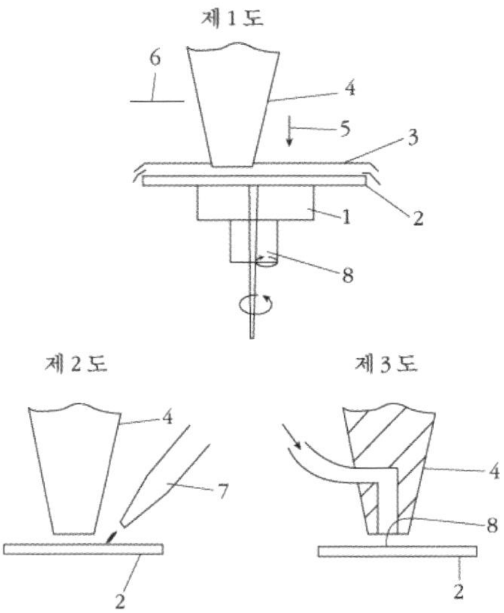

상기 공개 문헌과 U측에서 침해라고 주장하는 제65항을 구성요소별로 비교한 다음의 표를 참조하면, 상기 청구항의 내용은 모두 상기 공개 문헌에 의하여 공지된 기술에 불과하다는 것을 확인할 수 있습니다.

No	'456 특허 청구범위	공개 문헌
65	전체적으로 평탄한 세정할 물품용 지지부	— 도 1의 지지대(1).
	상기 물품 지지부에 인접하여 지지되도록 구성된 후방부와, 상기 물품 지지부 위로 연장하여, 상기 지지부 상에 배치되는 물품 위로 밀접하게 간격을 두고 위치하는 긴 전방부를 갖고 있는 진동 트랜스미터	— 상기 지지대(10) 상에 배치되는 물품(2) 위로 연장하여 밀접하게 간격을 두고 위치하는 초음파 진동자(4).
	상기 물품 위로 유체를 공급하기 위한 유체 공급원으로서, 상기 전방부는 상기 유체의 메니스커스가 상기 전방부와 물품 사이에 형성되도록 하기에 상기 물품에 충분히 가깝게 위치하는, 유체 공급원	— 도 1에는 초음파 진동자(4)와 지지대(1) 사이에 형성된 세정액(3)의 메니스커스가 존재함. — '456 특허의 상세한 설명에는 "프로브와 웨이퍼 표면 사이의 간격은 약 0.1인치(2.5 mm) 이하가 바람직하다"고 기재되어 있고, 공개 문헌의 상세한 설명에서는 "초음파 진동자(4)와 웨이퍼(2) 표면이 1mm이하의 거리로 대향시킨다"라고 되어 있음.
	상기 진동 트랜스미터에 연결되고, 메가소닉 에너지를 상기 전방부를 통해 상기 전방부와 물품 사이의 유체 내로 전파시키는 주파수에서 진동하여 상기 물품 표면의 입자를 유리(遊離)시키도록 되어 있는 변환기를 포함하는 세정장치.	— 공개 문헌에서도 초음파 진동자(4)가 진동하기 위해서는 타단에 초음파 에너지를 가하는 부분이 존재한다는 것은 당업자에게는 자명함.

특히, 상기 통고서에서는, 제65항이 가로 방향의 프로브('456 특허의 도 1) 및 세로 방향 프로브('456 특허의 도 10)를 모두 포함한다고 주장하고 있습니다만, 상기 세로 방향 프로브의 구조와 기능을 고려할 때, 상기 공개 문헌에 기재된 기술과의 차이점이 무엇인지 전혀 알기가 어렵습니다.

한편, 당소에서는 '456 특허의 대응 미국 특허(US 1,234,567호)와 대응 일본 특허(특허 제1234567호)의 심사 경과 사항을 검토 중에 있는바, 상기 대응 미국 특허 및 일본 특허의 청구항들 중 상기 65항과 관련된 청구항들은 공히 물품의 표면과 프로브의 긴 전방부가 평행을 이루고 있다고 한정하고 있음에 주목하고 있습니다.

대응시 고려 사항
• 상대방이 프로브의 각도가 가로, 세로 모두 적용된다고 폭 넓게 주장한 데에 대해, 일본 심사시 나타난 선행기술을 제시하여, 세로로 된 프로브는 공지인 점을 입증하여, 프로브 각도를 가로에 한정시키는 노력을 계속 기울임. • 무효 입증에는 청구항의 모든 요소를 공지구성과 1:1로 대응시킴. • 또한 미국과 일본의 청구범위가 가로로 한정되어 있는 점을 지적, 한국에서도 (심판을 거친다면) 그렇게 한정될 것이라는 것을 암시 • 한국 특허가 문제되었지만, 일본 심사경과서류, 미국 심사 경과서류를 활용하고 있음에 주목할 것.

5. 분쟁종료 서신 접수

U사는 K사의 제품에 관하여 더 이상 침해 주장을 하지 않기로 함으로써, 현재의 분쟁이 완전히 종료됨.

5. 비지니스협상 준비단계

(1) 협상팀 구성

이번에는 특허 팀 기술협상 담당자(1~2명) 수를 줄이고, 비즈니스 협상 담당자, 필요시 변호사/변리사로 협상팀을 구성한다.

각자 역할 분담을 정한다. (운영, 비즈니스 협상, 기록)

(2) 현황 파악

여러 가지 정보를 검토하여 결국, 로열티를 줄 것인가 받을 것인가 결정(비침해, 무효, 역경고 포지션의 강도)해야 하는데, 대표적으로는 아래와 같은 항목이 있다.

- 기술적 회피 가능성
- 소송 비화시의 승산 검토
- 타사와의 라이선스 조건의 형평성 검토
- 동업 타사 동향 입수
- 해당 제품분야의 성장 전망
- 당사의 매출 추이 및 향후 전망
- 상대사의 라이선싱 스타일 등

(3) 사내 의사결정 및 커뮤니케이션

위 현황정보를 종합한 협상 전략 수립, 의사결정 (해당 제품, 로열티 수준,[7] lump sum or running 등)을 하는 단계인데, 이때는 특히 사내협상에 신경을 기울여야 한다.

우리가 행하는 협상은 사실 2가지 협상으로 이루어져 있다고 볼 수 있는데, 사외 협상에 대해 사내에서 사전에 방침을 결정하는 과정을 필자는 사내협상이라고 부른다. 여러분들이 밖에서 에누리하여 뭔가를 사들고 들어갔을 때, 싸게 잘 샀다고 칭찬하기는커녕, 그걸 무엇 하러 샀느냐고 가족들이 타박하는 광경을 생각해보자. 바깥에서 협상 잘해서 에누리한 공은 없어지고, 타박만 맞게 되니 낙담할 노릇이다. 그런데 미리 가족들에게 그게 필요하다는 것을 설득했었더라면 어땠을까? 아마 다들 잘 샀다고 칭찬받지 않았을까?

사내 협상은 사외 협상만큼이나 중요하다. 최근 들어 한미 FTA 체결, 미군기지 이전과정에서 불거진 불협화음이 막대한 사회적 손실을 빚어내고 있

7) 실무를 하다 보면 자주 질문 받는 것 중의 하나가, 그 업계에서의 로열티가 통상적으로 얼마나 되느냐이다. 그걸 답할 수 있으면 얼마나 좋을까만, 정답은 모른다이다. 첫 번째 이유는 계약사항이 거의 공표되지 않는다는 사실이고, 둘째로, 설령 알아도, 특허도 다르고, 제품도 다르고, 당사자도 다르고 하니 일정한 표준 모델을 도출하기가 어렵다는 것이다. 또 도출된들, 상대가 받아들이지 않으면 그만이다. 그야말로 케이스바이케이스이다. 그래도 궁금한 사람은 인터넷을 뒤져보기 바란다. 예를 들어 www.royaltstat.com이란 사이트도 있다. 단, 연간 구독료가 $4,000이나 한다. 제약분야라면, http://www.cptech.org/ip/health/royalties/도 있다. 그리고 http://www.knowledge_express.com/, http://www.royaltysource.com/, http://www.recap.com/, http://www.sec.gov/edgar.shtml, http://www.medius-associates.com/royalty.html 등도 참고가 될 수 있다.

다. 여러 가지 이유가 있겠지만, 사전에 국민들에게 그 필요성에 대한 공감대 형성이 부족했던 것이 중요한 원인이다. 사내 협상이 그런 것이다. 협상자를 가장 힘들게 만드는 것은 사내의 반대론자들이다.

노련한 협상자들은 미리 사내 정지작업부터 해둔다. 즉, 협상 전에 컨센서스를 모으는 것이다. 가장 좋은 방법은, 사내 협상 반대측에 대해 충분한 정보 제공을 통해 설득하는 것이다.

또한 수시로 협상 진전상황을 업데이트해주어야 한다. 그렇지 않으면 옛날 정보에 의존하여 판단한 사람과는 의사소통에 심각한 오해가 빚어질 수 있다. 진도를 업데이트하는 과정에서 계속 컨센서스를 확인하거나, 혹은 참여하는 가운데 수정시켜가는 것도 무척 중요하다.

사내의 영향력 있는 인사의 지원을 받는 것도 현실적인 방안이 될 수 있다.

(4) 협상자료 준비

개조식, 즉 아우트라인 형식의 텀 시트(Term sheet) 형태로 라이선싱 조건을 준비하는 것이 바람직하다. 상대에게 줄 수도 있고 안 줄 수도 있는데, 현장에서 판단하면 된다.

업계 전망 등 우리측 주장을 뒷받침하는 공신력 있는 자료를 준비하는 것이 좋다. 그리고 자료에는 신뢰성을 높이기 위해 출처를 명기하도록 한다. 이는 매우 중요한데, 뒷받침 자료가 있으면, 협상에서 명분의 우위를 점할 수 있다. 상대의 주장이 무리하다는 것을 반박하기도 쉽고, 혹은 우리 주장이 합리적인 것을 설득하기가 쉬워지기 때문이다.

모든 자료에는 기술협상 때와 마찬가지로 "SETTLEMENT PURPOSES ONLY"라고 큼직하고 굵은 글씨로 매 페이지마다 표시한다(파워포인트 기준 26 폰트 정도).

그 외 준비사항은 기술협상시와 동일하다.

6. 비즈니스협상 단계

(1) 진행규칙(Ground Rule) 설정 (위 기술협상단계를 참조)

(2) 회의 진행(위 기술협상단계를 참조)

최고 의사결정권자(CEO)의 협상 참석은 신중히 고려되어야 한다. CEO가 협상 과정에 직접 참여하는 것은 득보다 실이 많기 때문에 그리 권하고 싶지 않다. CEO가 참석하게 되면 상대는 당연히 CEO하고만 협상하려 들기 때문에 담당자들이 소외되는 문제가 생기고, 또 CEO가 성급히 결론을 내버리면 그걸 번복하기도 어렵다. 따라서 평소에는 인사 정도, 그것도 필요시에 하면서 협상에 대한 깊은 관심을 보여주는 한편, 우리측 협상자를 신뢰하는 제스처를 통해 협상자들의 무게감을 더해주는 방식이 좋고, 또는 협상 종료 후 혹은 협상이 난관에 봉착했을 때 돌파구 마련시 참석하는 것이 바람직하다.

(3) 상대 조건 청취/반박

궁금한 사항은 질문을 통해 확인한다.

때로는 상대사의 주장을 요약한 다음, 맞느냐고 확인하는 화법도 좋다. 재설명을 유도하여 상대방의 의도를 파악할 수 있는 효과가 있다.

상대방의 협박이나 공격적인 자세에는 당당히 대처해야 한다. 침해자로 지목 받는 입장에서 비용이나 승산을 고려하면 소송은 상당히 부담스럽다. 가급적이면 소송을 피하고 싶은 것이 대부분의 바람이다. 하지만, 고분고분해진다고 해서 상대가 봐주리라는 기대는 금물이다. 어차피 상대는 자신이 유리한 방향으로 판단할 것이다. 불리한 입장에서 파국을 나서서 초래할 이유는 없지만, 상대의 공격적인 자세에는 의연하게 대처하는 것이 중요하다.

상대 요구 조건에 대한 논리적인 반박을 전개한다(회사 사정, 업계 사정, 타사 형평성, 향후 기술적/사업적 전망, 과거 계약 대비 등). 당연한 얘기지만 상대가 움직여야 타결이 된다. 상대를 움직이는 몇 가지 방법을 들어보면 아래와 같다.

① 상대사 주장의 비합리성을 지적한다. 상대가 합리적인 성격이라면 매우 효과가 있다.

② 상대사의 약점을 공략한다.

③ 상대사의 이익을 자극한다.

④ 상대사의 요구를 들어줄 경우 상대가 얻는 이익에 비해 우리의 손해가 너무 커지므로 생산적인 타결 조건이 아닌 점을 설득한다.

⑤ 상대 협상자의 개인적 이해를 자극하는 것도 중요하다. 개인적인 이해의 예로서는, 해당 기간의 업무 실적 평가 등이 있을 수 있다.

⑥ 반대를 할 경우, 항상 대안을 준비해야 한다. 아무리 반론이 설득력이 있어도, 대안이 없다면 상대는 더 이상 움직이려고 하지 않는다.

주의사항도 있다.

① 막무가내식은 금물이다. 가능하면 항상 뒷받침하는 근거나 이유를 가져야 한다. 이를 위해서는 진짜든 가짜든 명분을 확보하는 것이 중요하다. 진짜 명분의 예로서는 사회적으로 공유하는 상식, 원칙을 들 수 있겠다. 하지만 가짜 명분도 상당히 효용이 있는데, 이는 본인의 주장을 업계 관행, 회사 방침, 타사와의 형평성, 협상자 입장 등의 이유로 포장하는 것을 말한다.

② 문화 차이가 있다는 점을 인정해야 한다. 따라서 상대 문화에 대한 사전 이해가 필요하다. 상대 문화권에 살아온 사람들의 얘기를 듣고, 경험하는 것이 필요하다. 때로는, 우리 문화, 관습을 설명해주는 것도 좋다. 상대는 흥미롭게 들을 것이고, 앞으로는 이를 감안하여 반응할 것이다.

③ 한국 사람들이 보통 남자답다고 여기는 특징인 빨리, 솔직, 직선적, 화끈함은 계산되지 않은 한, 원칙적으로 금물이다. 필자의 경험으로는 우리나라의 CEO 중에 특히 이러한 성격의 소유자가 많은 것 같다.

④ 입장은 분명히 밝히되 우리 입장만 강조하지는 말 것이다. 상대도 입장이 있다.

⑤ 우리나라 사람들은 질문을 잘 안 하는 경향이 있는데, 이해가 안 되면

알 때까지 물어보아야 한다. 짐작을 하고, 거기에 근거하여 움직이는 것은 나중에 큰 오해를 불러일으킬 수 있다.

⑥ 즉답은 신중히 한다. 논리에서 몰릴 때도 있는데 이때는 차후 검토할 필요성을 얘기하고 넘어가는 등의 방법도 필요하다.

⑦ 같은 미팅에서 offer를 자주 바꾸지 않는다. 그렇게 되면 우리 offer의 무게감이 떨어진다. 야구에서 상대 투수가 볼을 계속하여 던지면 기다려 보는 것처럼, 상대도 더 낮은 오퍼가 나올 때까지 기다릴 가능성이 높다. 또한 이런 태도는 타결을 갈망하는 것으로 비춰질 수 있어서, 상대가 협상 포지션이 높은 것으로 착각할 수 있다. 이럴 때는 차라리 다음 번 협상으로 넘기고, 그날의 협상은 마치는 것이 좋다. 만일 그 자리에서 협상을 계속하고 싶다면 Offer를 많이 바꾸기보다는 다른 방식으로 offer하는 것이 좋다. 혹은 본사와 연락을 취한 후 다시 오퍼하는 모양새나, 혹은 경영층의 사후 승인을 조건으로 협상담당자끼리의 잠정적 합의를 유도하는 방법도 있다. 이는 심사숙고한 모습을 보여줌으로써, 오퍼의 무게감을 높인다. 단, 자주 구사할 방법은 아니다.

(4) 회의 마무리: 기술협상 참조

(5) 중식/저녁식사: 기술협상 참조

(6) 차기회의 대비

내부 회의를 통해 위험요소를 재분석하여, 협상시 저항선을 확인하고, 필요시 협상 논리를 재수립한다. 앞서 얘기한 대로, 이 과정에서 사내 컨센서스를 유지하여야 한다.

(7) 핵심 타결사항

본 협상에서는 계약서에 들어가는 모든 항목에 대한 타결을 하는 것이 아니라, 핵심적인 사항(material term)만 타결을 짓고, 나머지는 계약서를 작성하면서 마무리를 하게 된다. 핵심 타결사항은 대체로 아래와 같다.

핵심 타결 사항
• 대상특허 (보통 양사가 보유한 특허 전부) • 대상제품 • 기간 • 지역 • 로열티 지급 방식 • 과거분 로열티 • 적용 화폐 • 기타 특별 약정사항

(8) 소송 대비

협상이 난관에 봉착했다면 최악의 경우에 대비하여 소송가능성을 사전에 검토할 필요가 있다. 상대가 소송을 제기할 가능성이 매우 높다면, 선제적으로 declaratory judgment action의 제기 여부를 검토하여야 한다. 주요한 검토항목은 아래와 같다.

소송 대비 검토 사항
• 승산 • 소송 담당 변호사/사무소 • 소송지역 • 소송 시점 • 대상 특허 • 상대사 제품 분석 • 침해자료 재검토

7. 계약서 작성 단계

(1) 계약서초안 작성

보통 특허권자측에서 준비하지만, 상대방이 독소조항을 집어넣을 가능성을 배제하기 위해서는 가급적 우리측에서 준비하는 것이 바람직하다. 본서에서 독소조항이란 함은 불법조항(per se illegal clause)도 당연히 포함되지만, 불법조항이 아니라 하더라도 상대방에게 일방적으로 불리한 조항을 의미한다.

(2) 계약서초안 검토

당연한 얘기지만 계약의 목적을 염두에 두고, 계약 제품의 업계현황, 향후 전망을 숙지하여야 한다. 계약서 내용은 거의 외울 정도로 숙지할 필요가 있다. 그럴 경우, 일부 조항의 변동이 다른 조항에 미치는 영향을 이내 파악할 수 있게 된다.

독소조항은 삭제 요청을 한다. 단순한 삭제보다는 수정문구를 제시하는 것이 좋다. 수정문구를 제시할 경우에는 스스로 만들기 전에 기존의 다른 계약서에서 적절한 문장이 있으면 그것을 따다 쓰는 것이 안전하다. 계약서에 나타나는 문구는 대부분 소송에서 다투어진 결과로 만들어진 것이다. 따라서 가장 안전한 문구로 볼 수 있다.

독소조항의 가능성이 있는 경우의 예
• Recital에서 침해 인정문구가 삽입되는 경우 (절대 삭제) • 계약제품의 정의가 비침해품, 혹은 특허 비적용 제품을 커버하는 경우, 혹은 핵심제품 제외 • 계약 특허 이외의 특허를 별도 라이선스 받도록 정의되어 있는 경우 • 특허와 기술이전이 동시에 일어나는 경우, 기술별로 로열티가 분리되지 않은 경우 • 지역제한 • 판매처 제한 • 판매 수량, 매출액 제한 • 가격제한 (특허남용에 해당) • 비특허제품 끼워팔기 (특허남용에 해당) • 신제품 개발시 사전 신고/승인 조항 • Grant back 조항 (경우에 따라 특허남용) • 원자재 공급조항 (경우에 따라 특허남용) • 갑의 특허는 한시적 허여, 을의 특허는 특허 만료일까지 허여 • 비저촉제품 개발, 판매 제한 (특허남용에 해당) • 양도 제한 • 기업합병, 분사시 재협상 조항 • 20%가 넘는 징벌적 이자, 복리계산 • 면책 대상의 제한 (거래선, 공급선 제외 등) • 무한대의 면책 금액 요구시

- Have made 금지
- 관계사 실시 금지

상대방이 우월적 지위를 이용하여 부당한 조건을 요구할 시에는 상식과 업계 관행에 입각하여 반박하는 것이 필요하다.

(3) 계약서 서명

누가 서명하는가에 대한 정해진 원칙은 없다. 대표이사가 서명하면 가장 무난하지만, 대기업의 경우 관련 사업 담당 임원의 서명도 무방하다. 요컨대 서명 기준은 상대가 봤을 때 회사를 대표하여 서명한다고 인정할 만한 직위면 충분하다.

매 페이지마다 하단 구석에 이니셜을 쓰고, 날인의 경우에는 간인을 찍는다. 2부를 작성하고 한 부씩 보관한다.

8. 사후관리 단계

(1) 관련부서 통보

연구부서, 영업부서, 경리부서, 홍보부서 등 관련부서에 계약 타결사실을 통지하여 각자가 맡은 업무를 진행할 수 있도록 한다. 거의 모든 계약서는 대외 비밀사항으로 되어 있다. 따라서 만일의 사태에 대비하여 계약서를 사내 관련 부서에 배포하지 않는 것을 원칙으로 하여야 한다. 특히 영업부서에서 계약서를 영업에 활용할 경우, 반드시 사전 필터링을 거치도록 한다. 영업부서의 특성상 계약서의 금지사항에도 불구하고 행동이 앞서는 경향이 있다. 실제로, 영업부서에서 거래선에 배포한 계약서를 상대사가 입수하여 문제를 제기한 사례도 있었고, 그 회사는 정식으로 사과한 적이 있었다.

(2) 언론 발표

반드시 해야 할 필요는 없다. 그러나 상대나 우리측에서 필요하겠다고 여기면 사전에 상대방과 언론 발표 여부, 발표 수위, 공동 발표 여부를 합의하도록 한다. 물론 자세한 타결 조건은 공개하지 않는다.

(3) 고객 통지

협상 타결 소식은 고객도 안정된 비즈니스 관계상 바라고 있는 소식이다. 따라서 고객 사업에 관련 있는 범위 내에서 타결 소식을 신속히 알려주도록 한다. 이때는 단순한 타결만 알려줄 것이 아니라, 고객과 거래중인 제품/부품별로 문제가 없다는 점을 집어서 알려주는 것이 확실하다. 단, 본의 아니게 허위, 혹은 과장된 통지가 되면, 나중에 고객으로부터 법적 대응을 받을 수 있다. 이를 피하기 위해서는 사전에 변호사 검토를 받도록 한다.

(4) 증시 공시

로열티 부담, 혹은 수입이 자본금의 20%를 넘는 경우에 실시하도록 되어 있다. 비밀유지를 요구하고 있는 계약서와 상충되고, 또한 당사자의 이해관계에도 악영향을 미치므로, 최대한 보수적으로 대처할 필요가 있다. 가급적 자세한 타결 조건은 공개하지 않는다.

(5) 로열티 지급

계약서의 내용에 따라 실시한다. 계약서의 지불관련 조항을 숙지할 필요가 있다. 로열티 레포트를 작성하여 권리자에게 송금과 동시에 통지한다.

또한, 한국과 각 국가간 체결된 이중과세 방지협정에 의거 소득세를 원천징수하고 상대에게 보내줄 납부 증명서를 확보한 후 이를 송부토록 한다. 국가별 이중과세 방지협정의 내용은 국세청 홈페이지에 들어가면 찾아볼 수 있다.

(6) 회계감사 대응

회계감사는 로열티가 매출액에 비례하는 형태로 되어있는 한, 필요하다.

회계 감사를 받는 입장에서는, 회계 감사의 부작용, 즉 기업비밀 유출 가능성을 막도록 하여야 한다.

따라서 상대방이 직접 회계 감사를 하겠다면 이를 거부하여야 한다. 물론 상대방이 직접 감사할 수 없다는 것이 계약서상에 명시되어 있어야 한다. 보통은 상대가 임명한 회계사 혹은 상대가 임명하고 실시자가 동의한 회계사가 감사를 실시하는데, 사전에 동의할 만한 회계사인가를 검토한다. 당연한 얘기지만 회사가 거래하는 주거래 회계사무소이면 가장 좋을 것이다.

사전에 사내 관련부서와 충분히 회계자료를 검토하고, 발표사항을 사전 체크할 것이 필요하다.

감사시 현장에 배석하도록 한다. 자료 유출에 유의하도록 하며, 같은 관점에서 특허권자측에 보고할 내용을 사전 검토하도록 한다. 보통 회계사는 특허권자에게, 원래 실시자가 지불했었어야 할 로열티, 송금 로열티의 과부족, 부족하다면 부족액 정도만을 알려주도록 되어 있다. 그 이외 사항은 불필요 사항이므로 계약서 조항에 의거, 필터하도록 한다.

(7) 재계약 준비

특허 실시 계약은 가장 흔한 경우가 약 5년 정도의 기간이다. 일견 상당한 기간 같이 느껴지고, 힘든 라이선싱을 마치고 나면 한동안은 다시 보고 싶지 않을 정도로 지긋지긋하게 느껴질 수도 있다. 그러나 의외로 계약 만기가 빨리 돌아오는 것에 놀랄 것이다. 그리고 계약을 단순 갱신하지 않을 것이라면, 재계약 방향을 최소한 종료 1년 이전부터 검토하여야 한다. 주요 검토사항은 아래와 같다.

재계약시 주요 검토 사항
• 제품의 단종여부 체크 • 이익상황 체크 • 상대 핵심특허의 존속 여부, 무효 여부 체크 • 당사 신규 유효특허 발굴 • 경쟁사 제품 침해 분석 • 당사 제품 저촉 분석 • 후속적인 보완 특허 출원 유도

Ⅱ. Patent Troll(NPE) 대응

1. Patent Troll의 유래

어느덧 patent troll이라는 단어가 특허업계에서 자주 오르내리게 되었다. Troll이라는 단어는 사전을 찾아보면 (동굴, 야산에 사는) 거인, 장난꾸러기 난장이라고 되어 있다.[8] 요즘은 우리말로 특허괴물이라고도 불리기도 한다. Word Spy에 의하면 patent troll이란 도산한 회사 등으로부터 특허를 구입한 다음, 어떤 회사에 특허 침해를 이유로 소송을 제기하는 회사라고 되어 있다.[9]

요컨대, patent troll이란, 자기 스스로는 제조기반이나 연구개발 체제를 갖추지 않고, 따라서 제품이나 서비스를 제공하지 않으며, 그 대신 타인의 특허를 구입하여 오직 특허권 행사에만 초점을 두는 단체라고 할 수 있을 것이다. 최근에는 Troll이라는 단어가 어감이 좋지 않다는 이유로 NPE(non-Practicing Entity), 즉 비제조회사라는 명칭을 많이 쓰고 있다. 이 책에서도 가급적 NPE라는 용어를 사용하기로 한다. 참고로 광의의 비제조회사 개념에는 대학이나 연구기관도 포함이 된다.

한편, NPE와 달리 발명회사임을 주장하는 회사나 NPE에 대항하는 회사 등 여러 유사 단체들도 최근 들어 왕성한 활동을 벌이고 있다. Intellectual Ventures사(www.intellectualventures.com)는 2000년에 설립되었으며, 독자적인 발명활동을 통해 특허를 확보하는 한편, 전세계 연구기관이나 발명자들의 특허를 매입하여 방대한 특허 포트폴리오를 구축하고 있다. 2010년 현재 약 600명의 연구원을 포함한 임직원으로 구성되어 있으며, 30,000건 이상의 특허를 확보하고 있고, 50억 달러 이상의 투자금을 유치하고 있다.[10] 비밀유지 계약에 의거, 정확히 밝혀지지는 않고 있으나, IV사의 수익모델은 라이선스료이다. IV사는 그 동안 소송을 단 한 번도 제기한 적이 없다고 하고 있으나, 그렇다면 문제는 계속 라이선스료를 안 낸 기업을 어떻게 할 것이냐이다. 이때는 특허 소송

---

8) Essence English-Korean Dictionary, Third Edition, Minjungseorim.

9) http://www.wordspy.com/words/patenttroll.asp

10) http://www.intellectualventures.com/docs/IVfactSheetGeneralOct09final.pdf. 참조.

전문회사로 그 특허를 넘기지 않겠는가 하는 것이 일반적인 시각인데, 그러한 연유로 인해, IV사는 스스로 troll이 아님을 강조하고 있는데도 불구하고, 비판적인 시각에 의하면, IV 자체가 결국 또 다른 형태의 진화된 troll이라고 보고 있다.[11)]

또 유사 예를 들면 RPX Corporation(www.rpxcorp.com)을 들 수 있다. RPX는 troll로부터 기업을 방어하여 리스크를 최소화하는 긍정적인 역할을 수행한다고 스스로 말하고 있다.[12)] 이들의 사업모델은 대체로 NPE가 살 것 같은 특허를 선매입하여 NPE에게 낼 돈보다 월등히 저렴한 가격으로 라이선스를 제공한다는 것이다(그게 약 $4.5mil. 정도지만). RPX사의 홈페이지에 따르면 2010년 현재 2억 달러 이상의 투자금을 동원하여 1,300건 이상의 특허를 확보하였고, 39사가 가입되어 있다. 이 회사 역시 가입한 회원사에게 라이선스를 보장하고, 특허에 대한 지분을 부여한다는 것인데, 그렇다면 가입하지 않은 회사는? 하는 의문이 계속 남는다. 가입한 회원사와 형평을 기하려면 가입하지 않은 회사로부터 공격적인 수단을 동원하여 라이선스료를 받아야 하는데, 그 순간 다른 NPE와 무엇이 다른가 하는 것이다.

2. NPE가 다른 특허권자와 다른 점

제조업 기반을 가진 다른 특허권자와는 달리 NPE는 특허 말고는 자산이 거의 없기 때문에 특허침해나 불공정행위를 이유로 카운터 클레임을 당할 우려도 없다.

소송 이외에는 비즈니스가 거의 없고, 아니 소송이 거의 유일한 비즈니스이므로 호전적인 자세를 취한다.

제조업 기반의 일반 회사는 주주나 임직원 등으로부터의 비판적인 시각에도 신경을 써야 하고, 고객으로부터의 화해 압력에도 민감하게 반응하여야 하지만 NPE는 그럴 필요가 거의 없다.

또한 소송이 일어나더라도 성공불 조건 (contingency basis)으로 사건을 맡기

---

11) http://www.techdirt.com/articles/20100217/1853298215.shtml. 참조.

12) http://www.rpxcorp.com/ 참조.

므로 소송비용 부담도 낮다.

반면 NPE의 한계도 있다. 우선 NPE는 스스로 판매하는 제품이나 용역서비스가 없으므로 손해배상을 주장함에 있어 일실손해(lost profit)를 주장할 수 없다. 오직 합리적 로열티(reasonable royalty)만 주장할 수 있을 따름이다. 그 다음으로, 과거 NPE가 가진 큰 위협수단은 영구 금지처분(permanent injunction)이었다. 과거에는 특허권자가 승소할 경우, 영구 금지처분은 거의 자동적으로 내려졌었다. 그러나 최근 미국 대법원은 eBay 판례를 통해 개별적으로 전통적인 형평법의 원칙하에서 영구 금지처분 여부를 결정하여야 한다고 판시하였다[13]. 이 판례는 일반적으로 troll의 행동을 제약하려는 배경이 담겨 있는 것으로 이해되고 있다[14].

3. NPE가 비난받는 이유

특허권을 사고파는 일은 과거에도 흔한 일이었다. 또한 어느 특허권자든 자신의 권리를 주장하는 데 주저함이 없다. 그렇다면 특허를 매입하여 자신의 소유로 만든 다음에 그 권리를 주장하는 NPE는 왜 비난을 받을까? 아마도 일반 특허권자의 경우 개발된 기술로 새로운 시장, 새로운 가치를 창출하고, 이에 대한 경쟁사의 무임승차를 막기 위해 권리를 주로 행사하는 반면, NPE는 주로 이미 존재하는 시장에서 추가적인 금액을 획득하기 때문에 산업에 대한 기여가 없다는 것이 비난의 주된 이유가 아닌가 한다.

NPE의 전형적인 권리행사 행태를 보게 되면, NPE는 널리 보급된 제품에서 침해 기술을 발견하기 위해 시장이나 분석 기사를 조사한다. 또한 최신 특허조사를 통해 타 회사들이 자신의 기술을 사용한 연구개발을 하고 있는지를 모니터한다. 권리행사가 가능하겠다는 판단이 서면, 용의주도한 라이선싱 프로그램을 수립한다. 그 다음, 협상을 제의하거나 바로 소송을 제기하는 수도 있는데, 주타깃은 소송에서 지면 타격이 막대한 기업, 혹은 소송비를 대기도 어려운 기업이 되고, 여기서 빨리 유리한 소송결과를 얻거나 타결을 짓게 되면,

13) *eBay, Inc. v. MercExchange, LLC,* 126 S. Ct. 1837 (2006).

14) Jessica Holzer. "Supreme Court Buries Patent Trolls," http://www.forbes.com/home/businessinthebeltway/2006/05/15/ebay-scotus-patent-ruling-cx_jh_0516scotus.html. 참조.

이를 전례로 삼아 다른 기업에게 라이선싱을 강요하는 패턴을 보인다. 때로는 한꺼번에 업계의 모든 기업을 상대로 공격하여 평정을 노리는 수도 있다.

4. NPE와 소송 경향

(1) NPE의 소송 경향

만일 소송을 하게 되면 텍사스 동부지원(E.D.Tx)과 같이 빠른 공판일자를 받아낼 수 있는 법원을 단골로 정해두고, 여기에다 많은 기업을 동시에 피고로 제소하는 경향이 많다. 여러 법원에 소송하는 소위 multidistrict case는 소송 지연이 일어나므로 꺼리는 경향이 있다. 또, 디스커버리 초반에 다량의 자료를 상대방에게 제공한 다음, 더 이상 제출할 자료가 없다는 입장을 견지하는 경향이 있다. 이 역시 빠른 공판을 유도하고, 상대방의 소송 수행의욕을 꺾기 위한 전술로 볼 수 있다. 또한 시간이 많이 소요되고, 자신들의 약점이 드러날 수 있는 각종 motion practice나 복잡한 디스커버리는 회피하는 경향이 있다.

(2) NPE가 꺼리는 소송

NPE의 라이선싱 프로그램 가동 초기 단계에서 결정적인 선행기술이 찾아지는 경우이다. 이 경우는 프로그램 자체를 포기하여야 할 가능성이 높아진다. NPE 입장에서는 작전실패(?)라고 할 만하다. 그러나 여러 목표 기업으로부터 어느 정도 받아낸 후기 단계에서는 별로 개의치 않는다. 왜냐하면 이미 톡톡히 재미를 본 다음이기 때문이다.

또한 처음 생각보다 승산이 희박해진 소송에 시간과 비용을 들이는 경우도 원하지 않는다. 따라서 이런 경우 파격적인 조건으로 타결을 제안해오기도 한다.

5. NPE 관련 몇 가지 통계

(1) 메디안(median) 손해배상액 추이

특허권자	1995~2001	2002~2008
NPE	$5.2 mil.	$12.0 mil.
PE[15]	$5.1 mil.	$3.4 mil.

* 출처: PricewaterhouseCoopers, 2009 Patent Litigation Study, p.6, 7 (2009).

2000년대에 접어들어 NPE가 받아가는 손해배상액이 급증하고 있는 점이 특기할 만한데, 이는 NPE가 대상 기업이나 제품을 목표로 선정하는 전략이 점차 고도화되고 있다는 해석도 가능하다.

(2) 100만 달러 이상의 손해배상 사건(2005~2008)

년도	원 고	피 고	손해배상 (백만 달러)	비 고
2007	Alcatel-Lucent	Microsoft	1,538	
2008	Bruce N. Safran	Boston Scientific Corp.	432	NPE
2008	Alcatel-Lucent	Microsoft	368	
2006	Rambus	Hynix	307	NPE
2008	Medtronic	Boston Scientific	250	
2007	DePuy Spine	Medtronic	226	
2007	C.R.Bard Inc.	WL Gore & Associates	185	
2008	Cornell University	HP	184	NPE
2006	Z4 Technologies Inc	Microsoft/Autodesk	133	NPE
2005	Freedom Wireless, Inc	AT&T Wireless/Alltel	128	

* 출처: PricewaterhouseCoopers, 2009 Patent Litigation Study, p.7, 8 (2009).

15) PE는 Practicing Entity의 약자로서, NPE의 반대 뜻으로 쓰여졌다. 즉, 주된 수익원이 특허가 아니고, 제조업이나 서비스업인 회사를 말한다.

위 표에서 알 수 있듯이, 최근 고액 손해배상 사건에서 4개의 NPE가 이름을 올리고 있다.

(3) 배심원들의 손해배상 평결 추이(1995~2008)

일단, NPE나 PE 가리지 않고 벤치재판에 비해 배심재판의 손해배상 평결액이 높다는 것을 알 수 있으며, 위 표를 보면 NPE가 배심재판의 특성을 더 지능적으로 활용하고 있는 것으로 보인다.

특허권자	배심 재판	벤치 재판
NPE	$11.5 mil.	$0.6 mil.
PE	$7.4 mil.	$0.9 mil.

* 출처: PricewaterhouseCoopers, 2009 Patent Litigation Study, p.11 (2009).

(4) NPE 소송 승률(1995~2008)

NPE나 PE 공히 최종공판에서의 승률은 비슷하다. 그러나 summary judgment (약식판결)에서 승률의 차가 현격하게 난다. 이 얘기는 NPE의 특성에 기인한 것으로 보인다. 즉, 권리 유효성이나, 침해 가능성 측면에서 다소 무리한 특허로 소송을 제기하는 개연성이 더 높다는 뜻으로 볼 수 있다.

특허권자	종합 승률(%)	Trial 승률(%)	Summary Judgment 승률(%)
NPE	29.3	67.4	11.9
PE	40.4	65.8	19.9

* 출처: PricewaterhouseCoopers, 2009 Patent Litigation Study, p.12 (2009).

(5) NPE 소송 연도별 점유비

	2006	2007	2008
총 소송건	2747	2910	1463
NPE 당사자	276	390	227
NPE 비율	10%	13.4%	15.5%

* 출처: http://www.rpxcorp.com/svc_problem.html.

(6) 소송빈도가 가장 많은 NPE

NPE	총 소송	2003 이후 소송	2003 이후 소송 점유비
Acacia technology	308	239	78%
Rates Technology Inc	130	38	29%
Millennium LP	99	90	91%
Cygnus Telecom Technology LLC	69	31	45%
General Patent Corp International	66	36	55%
Plutus IP	59	59	100%
Papst Licensing GmbH	59	31	53%
F&G Research Inc	56	51	91%
Ronald A Katz Technology Licensing	54	48	89%
Catch Curve Inc	53	36	68%

* 출처: http://www.rpxcorp.com/svc_problem.html.

6. NPE의 비즈니스 모델

(1) Type 1

수백 개의 기업으로부터 각각 $30,000~$100,000 정도씩 받아내는 유형이다. 이런 유형의 대처시 문제점은 특허 분석하고 침해주장에 대처하는 비용이 위 요구금액을 쉽게 넘어버린다는 것이다. 즉, 대처비용이 지불할 돈보다 더 크다는 문제가 있고, 반면에 NPE로서도 대처하지 않는 특정한 목표를 집요하게 추구하는 비용이 많이 들 수 있다는 문제가 있다. 요컨대 이런 타입의 NPE라면 일단 대응하지 않고 지켜보는 것도 방법이 될 수 있다.

(2) Type 2

상대적으로 작은 숫자의 대상 기업에 대해 \$200,000~\$750,000 정도씩 받아내는 유형이다. 이 정도 금액은 소송비용보다 상당히 낮은 금액을 의미하는데, 소송을 하여 이기더라도 예외적인 경우에 해당되지 않으면 소송비용을 상대로부터 받아낼 수 없고, 결국 자신이 소송비용을 감당하여야 하는 미국 소송 시스템의 약점을 이용하는 것이다.[16] 이런 유형도 Type 1과 마찬가지로 소송할 실익보다는 푼돈(?)으로 타결을 강요하는 것으로 볼 수 있다.

(3) Type 3

몇몇 소수의 기업에 대해 \$1,000만을 요구하는 것이다. 이런 유형에서는 당연히 소송을 각오하고 있다. 그리고 강력한 무효자료, 강력한 비침해 증거가 있어도 개의치 않고, 배심 공판을 밀어붙이는 경향이 두드러진다. 이 유형의 NPE가 노리는 것은, 아주 작은 가능성이라 하더라도 배심원들이 기업에게 불리한 결정을 내릴 가능성을 무기로 기업에게 타결 압박을 가하기 위한 것이다.

7. 대처 원칙

1) 위와 같이 NPE는 행동을 제약하는 사정이 거의 없으므로, NPE의 행동을 막기는 대단히 어렵다. 반면 일반 기업간의 다툼은 각자의 비즈니스 사정을 반영하여 해결 양상이 다소 복잡할 수도 있다. 예를 들어 경쟁제품의 출시 금지, 기간 제한, 물량 제한 등, 여러 가지 부수 조건이 부가될 수 있는데,

---

16) 2004년에 행해진 조사에 의하면 미국에서 이런 류의 사건을 방어하는 데 드는 비용이 평균적으로 볼 때, 공판 전에는 \$100만, 완전 종료시까지는 약 \$250만 정도로 조사되었다. http://www.wsgr.com/PDFSearch/09202004_patentpirates.pdf.

전형적인 NPE의 경우에는 가능한 적은 시간과 비용을 들여서 가능한 빨리 많은 로열티를 받아내는 것이 목적이므로, NPE와의 소송이나 협상은 상대적으로 단순할 수 있다. 따라서 NPE마다의 비즈니스 모델과 추구하는 목표를 빨리 파악하고, 이에 맞추어 대처하는 것이 중요하다고 볼 수 있다.

2) NPE의 라이선싱 프로그램이 개시된지 얼마나 되었는가 하는 것을 알아보는 것도 상당히 중요하다. 만일 비교적 최근에 침해주장을 시작했다면 아직은 결정적인 선행 무효 기술, 특허 자체의 문제점, 비침해 포인트를 찾을 가능성이 높고, 이러한 사실이 밝혀질 경우, NPE의 행동을 억제할 가능성이 상당하다. 그러나 특허 침해 주장을 해온지 꽤 되었고, 이름이 알려진 타사가 계약을 체결한 경우에는 억제 수단이 상당히 제한된다고 볼 수 있다.

3) 대처 방안을 정리하여 보면, NPE의 비즈니스 모델, 프로그램 진행 시점, NPE가 노리는 목적, NPE 프로그램의 약점을 파악하는 것이 핵심 포인트라고 할 수 있다.

4) 기타 대처방안

① NPE에게 불리한 정보 중 NPE가 아직 찾아내지 못한 정보를 제공한다. 이러한 정보는 그 자체로는 NPE의 행동을 철회시키기는 어려울 것이나 NPE의 자신감을 무너뜨릴 수 있다.
  — 동일발명자/회사가 출원하였으나 특허청에 알리지 않은 특허
  — 선행기술
  — 발명 자체의 결점,

② 설계변경 혹은 단종

③ 선제 소송(Declaratory Judgment Action) 청구

④ 재심사 청구

⑤ 신규 등록특허 모니터링

⑥ 개발 착수 전 문제 특허 조사(clearance search)

⑦ 고의침해 방지를 위한 변호사 감정확보

⑧ 특허 유효성 인정조건으로 낮은 로열티로 타결

⑨ 자신이 보유한 특허권에 대해 NPE가 권리 행사할 권한 부여

Ⅲ. 특허권자 입장에서의 경고장 발송

1. 침해정보 입수

경쟁사 제품 정보 입수를 실시한다. 정보원으로서는 주로 인터넷 홈페이지, 기사, 연례 보고서, 카탈로그, 서비스 매뉴얼, 데이터 북, 광고 선전, 신문 보도, 전시회, 거래선 등이 있다.

제품 구입시에는 영수증을 보관하도록 한다. 단, 행사하려는 특허의 등록 국가에서 판매되는 제품이어야 된다.

미국 등 국가에 따라서는 전문적으로 침해제품 정보 제공기관이 있다. 이 회사에 의뢰하는 것도 가능하다.

2. 침해정보 분석

기술적인 사항은 연구원과 같이 실시하도록 한다. 후술하겠지만 검토의 기준은 특허청구범위여야 한다. 비전문가가 흔히 하는 것처럼 도면이 검토의 기준이 아니다.

침해품은 최소한 2 이상으로 구입하여야 한다. 그래서 하나는 분석 목적으로 분해, 파손시키더라도 나머지 하나는 언제나 실제작동, 데모 가능한 상태로 남겨두는 것이 필요하다. 작동 가능한 침해품은 상대방에게 혹은 법정에서 침해 입증시 필요하다. 법원까지 가기에는 시간이 1~2년 걸리는 수도 있으므로, 잃어버리지 않도록 기록과 함께 잘 보관하여야 한다.

외관(정면도 혹은 사시도, 명판 등), 분해 상태 등을 분석 진행 단계별로 사진으로 찍어 둔다.

반도체와 같은 경우, 일반적으로 분석하기가 쉽지 않다. 이럴 때는 전문적인 침해분석회사에 의뢰하면 좋다.

3. 권리행사 특허의 유효성 조사

대상특허의 심사포대를 검토하여 기재불비 요소, 금반언 요소가 있는지를 점검한다.

가능하면 선행 기술 존재 여부 조사(무효 대비)도 하면 좋으나, 시간 여유가 없다면, 특허를 상대에게 제시한 후, 상대의 대응 여하에 따라 맞대응하는 것도 가능하다.

4. 상대사 현황파악

경고장을 보낼 본사 주소, 대표이사 성명, 특허담당자(필요시)를 파악한다.

5. 경고방법 결정

경고장을 보낼 것인가, 소송을 제기할 것인가를 결정한다. 소송은 즉각적인 상대의 반응을 이끌어내지만, 반면 사건을 급박하게 확대하는 측면도 있다.

경고장을 보낸다면 제조사에 보낼 것인가, 대리점 등 고객사에 보낼 것인가, 혹은 모두 다 보낼 것인가를 결정한다. 특허법상으로는 생산, 판매, 사용, 수입업자 모두에게 각각 보낼 수 있다. 보통은 제조사에게 경고장을 보내는 것이나, 전략적으로 상대에게 압박을 가할 필요가 있다면 침해자의 고객사에 보내는 방법도 있다. 단, 일본 특허 행사시 주의하여야 하는 것은 앞서 언급한 바가 있다.

6. 경고장의 내용

1) 서두에 권리자를 간략히 소개한다.

2) 특허권의 간략한 소개 및 현재 유효한 권리이고 권리자 소유임을 적시한다. 경우에 따라서는 특허명세서나 특허 등록 원부의 사본을 첨부하는 것도 좋다. 해외 침해자에게 보낼 경우, 번역문제가 뒤따르는데, 번역해 둔 게 있으면 좋지만, 특허명세서나 특허등록 원부를 굳이 번역할 필요는 없다.

3) 침해제품(모델명)을 적시한다. 특히 대상특허가 미국 특허인 경우, 실제 고지(actual notice) 효과를 얻기 위해서 필요하다.

4) 침해제품에서 침해사항을 적시한다. 최초 경고 시점에서는 청구범위 구성요소별 대응 수준으로 적시할 필요는 없고, 침해품의 해당부품이나 기능을 적시하는 정도가 무방하다. 이후 상대의 대응을 보아가며 결정한다.

5) 상기한 침해행위는, 권리자로부터 허락을 받지 않은 행위이므로 특허법에 위반되는 사항임을 밝힌다. 경우에 따라서는 위반에 따른 제재조처를 언급하고 있는 법률조항을 언급할 수도 있다.

6) 요구사항(생산, 판매, 사용, 수입의 금지 등)을 적시한다.

7) 필요 시 라이선스를 제공할 의향이 있다는 사실을 전달한다. 단, 이 사실은 추후 미국 소송에서 승소하더라도 영구금지처분(injunction)을 받아낼 수 없게 하는 한 가지 요소가 될 수 있기 때문에, 양 당사자가 경쟁관계라면 일단 의사 표명을 유보하는 것도 좋다.

8) 회답요구일자(보통 1달)를 명기한다. 요구일자가 언제라고 정해지지는 않았으나, 상대의 검토시간을 감안한다면 1달 정도가 보통 요구되는 수준인 것 같다. 너무 늦춰지면 상대가 태만하게 대응하는 문제점도 있다.

9) 단호한 권리행사 의지를 표현하며 경고장을 마무리한다. 미국 특허 행사에 있어서는, 소송 가능성이 높다는 뉘앙스로 읽혀지는 경우 오히려 상대방의 선제소송을 초래하는 수도 있으므로, 다소 완곡한 톤으로, 그리고 라이선스 허여 의사를 전하는 것이 좋다.

10) 대리인 사무소를 통해 전달하는 것도 권리자 측의 단호한 의지와 문제의 심각성을 표현하는 한 가지 방법이 될 수 있다.

7. 경고장 송달

침해자가 해외에 거주하는 경우에는 팩스 (혹은 E-mail) 송부 후, 우편으로 전달한다.

침해자가 국내에 거주하는 경우에는, 해외의 경우와 마찬가지로 경고장을 보내도 무방하나, 우체국을 통해 내용증명 발송이 권리자측의 심각한 입장을 표현하는 데 효과적일 수 있다. 내용증명으로 발송시에는 동일 서신 3부를 준비하도록 한다. 또한, 이 경우, 각 서신에는 수신자/수신처 주소, 발송자/발송처 주소가 맨 앞 페이지에 있어야 한다.

Ⅳ. 미국 연방법원 소송 대응

1. Declaratory Judgment Action("DJ Action") 제기 검토

(1) 필요성 및 개념

특허권자가 소송할 가능성이 매우 높은 경우(reasonable apprehension of suit), 침해자로서는 불안해지고, 사업 운영에 지장을 줄 수 있다. 또한 first-to-file 원칙에 따라, 권리자가 소송을 제기하는 관할지가 침해자에게 불리하더라도 그 관할지에서 싸워야만 할 수도 있다. 이럴 때는 그냥 권리자의 처분만 기다릴 것이 아니라, 침해자가 선제적으로 나서서 법원에 대해 무효 및 비침해 판결을 이끌어 내는 소송을 본인이 유리한 관할지에서 제기하는 것도 전략적인 선택이 될 수 있다. 따라서 협상을 진행하고 있으나, 결렬의 가능성이 높고, 상대는 호전적인 성향을 가지고 있어서 결렬시 소송 제기 가능성이 높다면, DJ Action(채무부존재 확인소송)을 고려해 보아야 한다.

(2) DJ Action에서 침해자 승률(1995~2008)

아래 표에서 알 수 있는 것은, DJ Action의 성공률이 NPE를 상대로 할 때, 통계적으로 가장 높다는 것이다.

당사자	침해자가 원고(DJ)	침해자가 피고
NPE	54.5	48.1
PE	40.8	40.3

* 출처: PricewaterhouseCoopers, 2009 Patent Litigation Study, p.14 (2009).

(3) 언제 제기할 수 있는가

종래에는 DJ Action의 제소 요건인 “reasonable apprehension of suit(소송 발발 가능성에 대한 합리적인 우려)” 조건을 엄격하게 요구하는 관계로, 이를 만족시키기가 까다로웠기 때문에, 침해자가 DJ Action을 제기하기가 무척 힘들었다. 그러나 최근 판례에 의하면, 어떠한 형태로든 침해경고를 받은 자는 DJ Action을 제기할 수 있게 되었다. CAFC는 “특허권자가 상대의 계획 중이거나 진행 중인 어떤 행위에 대해 특허를 근거로 권리를 주장하고, 상대가 라이선스 없이도 그러한 행위에 종사할 권리가 있다고 주장”하는 경우에는 언제나 DJ Action을 제기할 수 있다고 판시하였다.[17)]

또한, 심지어 특허실시권 계약을 체결한 경우에도, 실시자가 특허권자에 대해 나중에 특허 무효 혹은 비침해의 결정을 구하는 소송을 제기할 수 있게 되었다.[18)] 즉, 소위 말하는 Licensee Estoppel은 더 이상 존재하지 않게 되었다.[19)]

(4) 전략상 장점

일반적으로 최초로 소송이 제기된 법원이 사건의 이관여부를 결정하기 때문에 제소자가 유리하다. 그 이유는 제소자는 미국 내 법원 중 자신에게 유리한 법원을 선택할 수 있고, 그렇게 선택된 법원은 사건 이관을 일반적으로 쉽

---

17) *SanDisk Corp. v. STMicroelectronics, Inc.,* 480 F.3d 1372, 1381 (Fed. Cir. 2007).

18) *Medimmune v. Genentech,* 549 U.S. 118 (2007).

19) 종전에는 정상적인 라이선스 계약을 맺고 있는 실시권자의 경우, 라이선스 받은 특허를 무효시키기 위해 DJ Action을 제기할 수 없었다. 이러한 제소를 금지하는 그 주요한 논거는 (1) 실시권자는 (이미 계약을 맺고 있으므로) 임박한 피해위협이 존재하지 않으며, 따라서 당사자 적격(standing)이 존재하지 않으며, (2) 라이선스 계약이 위반되지 않는 한 미국 소송제기 요건인 case or controversy가 존재하지 않는다는 것이었다. 따라서 라이선스 계약이 위반되지 않는 한 (혹은 무효주장을 하기 위해 라이선스 계약을 일부러 위배하지 않는 한) 실시권자는 소송을 제기할 수가 없었다. *Gen-Probe Inc., v. Vysis, Inc.,* 359 F.3d 1376, 1381 (Fed. Cir. 2004) 참조. 그러나 대법원은 이러한 일련의 판례들을 파기하였으며, 라이선스 대상 특허가 무효, 행사불능, 혹은 비침해임을 주장하기 위해 실시권자가 라이선스 계약을 위배 혹은 중도해지해야 할 필요가 없다고 판시하였다. *Medimmune v. Genentech,* 549 U.S. 118, 136-37 (2007).

게 허용하지 않기 때문이다. 종래에는 특허권자가 소송을 제기하는 것을 기다려, 특허권자가 선택한 소송지에서 이관여부를 기다리는 수동적인 형태가 일반적이었으나, 이제는 침해자라 할지라도 유리한 입장을 취하게 되는 장점이 생긴다. 또한 먼저 제소를 하는 입장이 되면 상대방에 비해 준비를 충분히 하게 되는 장점이 생긴다.

(5) 특허권자의 대응방안

위와 같은 DJ Action의 장점을 특허권자에게 주지 않기 위해, 특허권자는 침해 경고 없이 바로 소송을 제기할 것을 고려할 수 있다.

또한, Medimmune 사건과 같이 계약이 중도에 해지되면 그 이후의 로열티를 받을 수 없게 되는 결과를 방지하기 위해서는, 로열티를 라이선스 기간 중 지속적으로 지불하는 경상로열티(running royalty) 방식을 피하는 것이 바람직할 수도 있다. 따라서 완불제 실시계약(paid-up licenses) 혹은 계약 초기시점에서 로열티의 대부분을 받을 수 있는 계약(front loaded royalties)을 채택할 수 있다.

실시권자가 계약기간 중 특허 무효나 비침해를 주장하지 못한다는 "No challenge" 조항을 계약서에 넣을 수도 있으나, 판례가 불분명하기 때문에 경우에 따라서는 적용되지 않을 수도 있다.

(6) DJ Action 소송지 선택시 전략적 고려사항[20)]

1) 관할지 선택 법규에 부합하여야 한다.

상위 10개 법원에 전체 특허 소송의 50%가 제기되고 있는데, 2006년에는 57%에 달하여 그 집중도가 점점 높아지고 있음을 알 수 있다. 최근 미국에서 특허법 개정안에 특허 관할 규정을 신설하려는 움직임도 이러한 편중성을 개선하려는 의도가 있다고 보여진다. 또한 위 표에서 보면 텍사스 동부지법이 특허권자가 가장 선호하는 소송지로 꼽히고 있는 것을 알 수가 있다. 그 이유

---

20) 이 파트는 FORUM SELECTION IN PATENT LITIGATION: A Traffic Report for 2006, Roderick R. McKelvie, Spring Meeting, AIPLA, 2007을 발췌 요약한 것이다. 주의 깊게 분석해보면 상당한 참고가 될 것이다.

특허소송 최다 Top 10 연방지법의 연도별 추이 (2006)

법원	2001	2002	2003	2004	2005	2006	2006년 순위
CA/C	254	217	359	332	267	281	1
TX/E	27	35	50	103	139	216	2
CA/N	150	198	197	187	202	161	3
NJ	101	115	125	136	98	142	4
DE	141	135	135	174	128	139	5
IL/N	151	163	170	155	161	138	6
NY/S	154	131	112	175	137	135	7
MA	66	70	69	78	74	80	8
GA/N	48	48	45	61	63	76	9
FL/S	52	53	72	55	67	68	10
합계	2496	2680	2768	3055	2596	2807	

중 한 가지는 관할지 이송청구를 판사가 잘 받아들이지 않는다는 것이다. 또한 한편 소송진행이 빨라서 Rocket Docket으로 불리며 1990년대에 가장 선호되는 소송지로 꼽히던 버지니아 동부지법(EDVa)은 상위 10개 그룹에 들어 있지 않은 것이 주목할 만하다. 그 주된 이유는 사건적체로 인해 전과 같은 빠른 진행을 기대하기 어려워졌다는 점, 그리고 이러한 적체를 해결하기 위해 타 관할지로 사건 이송명령을 허가하는 건수가 늘어났다는 데 있는 것으로 보여진다.

2) 친 원고 경향

Top 10 Districts with Judge Moore's report on win rates

법원	2001	2002	1983~1999 특허권자 승률 (평균58%)	2003	2004	2005	2006	2006년 순위
CA/C	254	217	63%	359	332	267	281	1
TX/E	27	35	-	50	103	139	216	2
CA/N	150	198	68%	197	187	202	161	3
NJ	101	115	61%	125	136	98	142	4
DE	141	135	46%	135	174	128	139	5

IL/N	151	163	48%	170	155	161	138	6
NY/S	154	131	63%	112	175	137	135	7
MA	66	70	30%	69	78	74	80	8
GA/N	48	48	-	45	61	63	76	9
FL/S	52	53	63%	72	55	67	68	10

1994년 이래 텍사스 동부지법에서의 특허권자 승률은, 배심재판의 경우 88%(전국 평균 68%), 판사재판의 경우는 75%(전국 평균 47%)에 달한다고 보고되었다.[21] 이 정도라면 텍사스 동부지법에 대한 선호도가 이해될 것이다.

3) 소송 속도

소송진행 속도도 고려하여야 한다. 빨리 원하는 결론을 얻을 것인지, 아니면 천천히 진행하며 협상의 기회를 유도하든지 결정할 필요가 있다. 일반적으로 특허권자들은 빠른 진행을 선호한다.

연방지법별 공판까지의 소요 개월수

법원	2006년 특허소송 제소건수	2006년 순위	2004년 소요 개월	2005년 소요 개월	2006년 소요 개월
CA/C	281	1	17.8	20.5	21.3
TX/E	216	2	15.4	15.9	17.7
CA/N	161	3	22.5	28	25
NJ	142	4	33.4	36.7	33
DE	139	5	26	23.5	26
IL/N	138	6	28.4	27	26.4
NY/S	135	7	26.8	22	25.7
MA	80	8	31.7	31	28
GA/N	76	9	22	27	31
FL/S	68	10	18	16.7	16.3

21) Phil of LegalMetric, December 2005.

버지니아 동부지법이 그러하였지만, 최근 들어 텍사스 동부지법도 사건 적체가 심화되고 있는 것을 보여준다. 반면 플로리다 남부지법은 오히려 빨라지고 있는 것을 알 수 있다.

특허소송 계류 현황

법원	2006년 특허소송 제소건수	2006년 순위	2005년 말 계류건수	2006년 말 계류건수
CA/C	281	1	283	289
TX/E	216	2	182	280
CA/N	161	3	291	279
NJ	142	4	166	212
DE	139	5	244	228
IL/N	138	6	173	169
NY/S	135	7	211	206
MA	80	8	107	121
GA/N	76	9	63	74
FL/S	68	10	63	58

텍사스 동부지법, 뉴저지, 뉴욕 남부지법의 사건 계류 건수는 늘어나고 있음을 알 수 있고, 이에 따라 앞서 살핀 바대로 공판 소요 개월 수가 증가되고 있다.

4) 친 특허 경향

Number of Cases Filed Per Judge by District in FY 2006

법원	2006년 특허소송 제소 건수	2006년 제소 건수 순위	현역 판사 수	판사당 2006년 담당 제소 건수	판사당 건수 순위
CA/C	281	1	24	11.7	3
TX/E	216	2	9	24	2
CA/N	161	3	14	11.5	4
NJ	142	4	17	8.4	5

DE	139	5	4	34.8	1
IL/N	138	6	21	6.6	7
NY/S	135	7	27	5	9
MA	80	8	13	6.2	8
GA/N	76	9	11	6.9	6
FL/S	68	10	18	3.8	10

판사가 특허 사건을 취급한 경험이 많은 법원일수록 특허권자는 선호하는 경향을 보인다.

5) 사건의 이관 가능성

고심하여 선택한 법원이 상대방의 주장을 받아들여 상대방이 주장하는 다른 법원으로 이관을 허용한다면 곤란한 일이 될 것이다. 따라서 사건 이관에 관한 해당법원의 태도를 조사해볼 필요가 있다.

참고로 캘리포니아 북부지원 (N.D.Cal.)의 경우 지난 15년 동안 약 4.4%의 사건만이 이관 허용된 반면, 같은 기간 중 버지니아 동부지원 (E.D.Va.)은 약 15.3%의 사건에 대해 이관을 허용했다.[22] E.D.Va의 경우는 빠른 소송 진행으로 유명해지면서 전국에서 사건이 몰려들었고, 소송진행속도를 유지시키기 위해 이관을 허용한 것으로 보인다.

6) 약식판결(summary judgment)의 허용가능성

약식판결은 소송의 승패를 일찍 결정할 수 있고, 소송비용을 대폭 절감할 수 있기 때문에, 약식 판결에 대한 해당법원의 태도를 조사해볼 필요가 있다.

참고로 텍사스 동부지원 (E.D.Tx.)의 경우 지난 15년 동안 약 12.5%의 사건만이 약식판결 결정이 된 반면, 같은 기간 중 버지니아 동부지원(E.D.Va.)은 약 36%의 사건에 대해 약식판결을 내렸다.[23]

22) Judge Walter D. Kelly, Jr., United States District Court For the Eastern District of Virginia, 미국무역분쟁 소송과 특허소송 실무, p.21, 2007. 5.

23) *Id.*, at 22.

(7) DJ Action의 용도

1) 침해자의 침해 위협에 맞서, 선제적으로 특허 무효 결정을 받을 수 있다.

2) 비침해 판정에 따른 침해제품의 생산, 판매, 사용권을 확보할 수 있다.

3) 침해자가 유리한 재판지에서 선소송을 제기하여, 나중에 권리자가 다른 재판지에서 소송하더라도 먼저 침해자가 제기한 재판지로 이관되도록 유도할 수 있다.

2. 연방법원 소장(Complaint) 접수 단계

(1) 피소사실 인지

피소사실은 몇 가지 방법으로 알게 된다. 그전부터 접촉이 있어 왔던 상대방이라면, 소송제기 사실을 알리면서 소장 사본을 첨부해오는 경우가 많다.[24] 만일 미국에 지점이나, 현지 법인이 있다면 그 쪽으로 소장이 송달되면서 알게 된다. 아니면 현지 언론에 제소사실이 보도되면서 알 수 있으며, 경우에 따라서는 이 사건의 수임을 희망하는 법률 사무소가 피소사실을 알려오는 수도 있다.

(2) 소송정보 파악

소장 주요 분석 사항
• 소송지 (속도, 친특허 경향?) • 당사자 • 제소 특허 • 관련 제품

24) 이런 소장을 courtesy copy라고 하며, 소송이 제기된 사실을 미리 알고 있으라는 뜻이다. 정식 소장 송달은 아니니다. 일단 정식 송달이 되려면 헤이그 협정에 의거, 피고를 관할하는 한국 법원으로부터 소장이 번역문과 함께 송달되어야 한다. 미국 소송은 상대방이 정식 소장송달을 마쳤을 때만 소송이 진행된다. 정식으로 소장을 송달 받으면, 20일 이내에 답변을 하여야 한다.

- 제소 원인(cause of action)
- 가처분(preliminary injunction) 청구 여부
- 관련 제품 미국 내 매출 및 향후 전망
- 미국 내 판매 지역
- 주요 거래선 및 소재지

(3) 상대사 정보파악

상대사 정보
• 사업분야 • 매출규모 • 우리회사와 관계 • 특허현황 • 제기된 특허 등록국가에서의 영업현황 파악, 상대사의 의도 분석

(4) 타사 동향 입수

1) 피소사, 제소 대상 특허, 제품

2) 타사의 대응 방향

3) 공동 대응(joint defence) 가능성 모색

(5) 법률사무소 선임

1) 아는 사무소가 없으면 주변의 추천을 받아도 좋다. 아니면 수임의사를 전해온 법률사무소 중에서 검토할 수도 있다. 미국 사무소 중에는 특허를 포함, 모든 법률문제를 모두 다루는 종합법률사무소(general firm)가 있고, 특허에 중점을 두는 사무소(boutique firm)도 있으며, 출원등록 업무를 주로 하는 사무소(prosecution firm)도 있고, 소송전문 사무소(litigation firm), 혹은 양자를 겸하는 사무소가 있다. 출원등록 사무소를 제외하면 일장일단이 있어, 어디가 반드시 좋다고 할 수는 없고, 어디까지나 사무소별 능력과 실적을 검토해보고 결정할 일이다. 한편, 통계적으로는 다음과 같이 흥미로운 사실이 나타났다. 아래 통계[25]는 general firm과 boutique firm 사이에서 지적재산권 소송 승률을 보여주

는데, 의외로 general firm의 승률이 다소 우수한 것으로 나타났다. 좀더 상세히 보면 침해자를 대리한 경우에는 사무소별 차이가 거의 없는 반면, 특허권자를 대리한 경우에는 general firm의 승률이 2배 이상 높았다.

	특허권자 대리		침해자 대리	
	승소	패소	승소	패소
IP Boutique	17	93	74	19
General Firm	42	83	120	35

한편, 미국 소송은 변호사들이 팀을 이루어 진행을 하고, 리더 변호사(lead counsel)가 팀을 이끌게 된다. 그러면 특허소송에서 lead counsel로는 특허 변호사와 일반 변호사 중 누가 더 적격일까? 항고 사건을 대상으로 한 통계[26]는 거의 차이가 없다고 보여준다.

	승소	패소	승률(%)
일반 변호사	105	104	50.2
특허 변호사	153	154	49.8

2) 선임시 고려사항

소송 대리인 선정시 고려사항

- 이해충돌(conflict of interest) 여부
- 소송경험 (특히 관련분야 소송 경험)
- 담당변호사의 경력, 전문 분야, 소송경험, 승률, 한국 기업 이해도를 살핀다. 주의할 점은, 사무소도 사무소지만, 담당하는 리더 변호사(Lead Counsel)를 우선적으로 보고 선정하여야 한다.
- 소송비용 견적. 상세사항은 아래를 참조하기 바란다.
- 대리인 사무소 소재지가 소송지에 있는가? 이는 필수 조건은 아니며, 비용상의 문제이다. 소송지의 법률사무소가 그리 강한 평판이 없을 경우, 그 사무소를 Local counsel로 임명하여 연락관계 및 소송 procedure를 담당케 하고, 지역과 무관하지만

25) Who wins patent infringement cases?, Paul M. Janicke & LiLan Ren, AIPLAI Quarterly Journal, Vol.34, No.1, Winter 2006.

26) *Id. at* 35~36.

실력이 강한 law firm을 lead counsel로 활용하는 방법도 고려될 수 있다.
- 한국계 미국 변호사를 중간에 두는 것도 커뮤니케이션상 도움이 될 수 있다. 반면에, 비용증가 문제가 생길 수 있다.
- 필수조건은 아니지만, 상대와 과거에 맞싸운 경험이 있으면 좋다.

3) 소송비용 견적

미국 소송은 일반적으로 한국 소송비용과 비교할 때 매우 고액이라는 인식이 지배적이고, 실제 그러한 점은 부인하기 어렵다. 따라서 일단 소송에 연루된 경우, 소송비용이 얼마나 소요될까가 높은 관심사가 되고, 대리인 선정시 중요한 고려요소가 된다.

견적을 받을 때 제일 먼저 감안하여야 할 점은, 소요비용을 정확히 산출하기가 매우 어렵다는 것이다. 그 주된 이유는, 상대의 대응 여하에 따라 우리측 대응 정도가 달라질 수 있고, 특허가 생각보다 간단하거나 복잡할 수 있으며, 디스커버리가 생각보다 방대하거나 복잡하여 업무량이 늘어날 수도 있으며, 피고가 많은 경우에는 공동방어(joint defense)를 취할 수 있는 등, 그때그때마다 상황전개가 변화되기 쉽기 때문이다. 따라서 일반 물품 견적과는 달리 절대적인 구속사항은 아니며, 견적을 제공하는 사무소도 금액의 상하 편차가 거의 2배 정도로 견적을 제시하는 경우도 많을 것이다. 따라서 소송비용이 매우 중요한 대리인 선정요소이기는 하겠으나, 싸기 때문에 그 사무소를 선정하는 일은 피하여야 한다.

그러나 그렇다고 해서 견적이 무의미하다는 것은 아니고, 나름대로의 효용성이 있다. 견적이 추후에 어느 정도 비용 가이드라인 역할을 하는 것도 사실이다. 또한, 견적서의 내용과 구성을 보면 어느 정도 그 사무소의 소송 경험과 내공이 짐작되기도 한다. 또한, 변호사가 한명한명 일하는 업무량이 모여서 소송비용을 좌우하므로, 견적을 받을 때는 전체 비용뿐만 아니라, 소송 투입 예정 변호사의 프로필과 시간당 청구비용을 함께 요구하도록 하여, 타 사무소 변호사들과 타당성을 비교하는 것도 좋다. 또한 변호사 비용(fee)과는 별도로 경비(cost)가 드는데 견적 금액에 cost도 반영이 되어 있는지를 살펴보아야 한다. 보통 cost는 fee의 1/3정도로 산정하는데, 실제 발생 경비이므로 디스커버리 양이 증가한다든지 하면, 나중에 당연히 달라질 수가 있다.

아래에서 비용견적 항목의 한 가지 사례를 제시하였다. 단, 이 사례가 모든 사건에 적용된다는 것은 당연히 아니다. 사건별로 얼마든지 항목이 달라질 수 있기 때문에 참고용으로 삼기 바란다.

《SAMPLE》 ESTIMATE OF FEES AND COSTS

Description of Activity	Fee/Cost Estimate
INITIAL WORKS 1. Initial pleadings 2. Investigation, analysis, strategy and defense development, including potential motion to dismiss 3. Case Management Conference(s)	
INITIAL DISCLOSURES & CONTENTIONS 1. Document production accompanying preliminary invalidity contentions 2. Preparation of Preliminary Invalidity Contentions	
FACT DISCOVERY 1. Propounding discovery to, and responding to discovery from, Plaintiff, including: document requests, interrogatories, deposition (including preparation) and admissions 2. Review of Plaintiff's produced documents 3. Review of Defendant's documents to be produced 4. Discovery related motions	
EXPERT DISCOVERY 1. Plaintiff's Experts - reports and deposition 2. Defendants' Experts - consultation, reports and deposition	
CLAIM CONSTRUCTION PROCEEDINGS 1. Identification/exchange of proposed terms and claim elements for construction 2. Preliminary claim construction briefing with extrinsic evidence identification 3. Claim construction briefing in advance of claim construction hearing 4. Preparation for claim construction hearing 5. Attend claim construction hearing	
DISPOSITIVE MOTIONS 1. Preparation of/opposition to summary judgment motions for non-	

infringement and invalidity and/or unenforceability 2. Hearing on summary judgment motions	
PRETRIAL 1. Preparation of pretrial statement and identification of trial exhibits 2. Attendance and preparation for pretrial conference 3. Trial preparation (jury instructions, in limine motions, witness examination preparation, etc.)	
TRIAL	
POST-TRIAL	
TOTAL	

4) 선임 계약(Retainer Agreement) 체결

대리인을 선임하면 선임계약을 체결한다. 선임계약은 소송을 대리한다는 사항 이외에 수임료에 대한 규정을 포함한다. 수임료는 보통 시간당 얼마라고 하는 시간당 수임료가 있고, 사건의 성과에 따라 결과의 일부를 성공보수로 하는 승소시 분배 조건이 있다. 승소시 분배조건은 방어하는 침해자의 입장에서는 잘 들어맞지 않는 조건이다.

① 시간당 수임료(hourly basis)

2007년 조사에 의하면 미국 특허 변호사 업무 중 약 80%는 시간당 수임료로 청구되고 있으며, 나머지는 확정 수임료 (predetermined fee)로 청구된다.[27)]

또한 로펌의 파트너는 평균적으로 시간당 $380을 청구하며, 어소시에이트는 $245로 조사되었다.[28)] 이것은 전국 평균이며, 물가가 비싼 대도시의 경우 상당 폭 높아질 수 있다. 일례로, 2007년 보스턴 지역의 파트너 변호사는 시간당 $503으로 조사되었다.

참고로, 미국 변호사의 평균 청구 가능시간(billable hours)은 연간 1,800시간 정도로 조사되었고, 그 중 평균 95% 정도가 실제로 청구되었다.[29)]

---

27) 2007 Report of the economic survey, AIPLA, p.7.

28) *Id. at* 7.

29) *Id. at* 16.

② 승소시 분배(contingency basis) 조건

특허권자가 승소하여 손해배상을 받게 되면 그 배상액에서 소송경비를 제한 다음, 일정비율을 변호사 비용으로서 소송 대리인에게 지급하는 형식을 말한다.[30)]

③ 혼합형 수임료(hybrid fee arrangement)

보통보다 낮은 시간당 수임료로 진행하되, 성공시 약간의 승소시 분배조건을 가하는 방법이다.

④ 경비는 실비정산

경비는 실비 정산이 원칙이다. 이 경비는 변호사의 수수료를 제외한 모든 비용을 가리키는 것으로 법원 수수료, 전문가 활용비용, 조사비, 증거 분석비, 복사비, 번역비, 법원 제출용 자료 작성비용, 디스커버리 비용, 숙식비, 항공료, 통신비, 우편료 등이 포함된다. 일반적으로 경비는 변호사 비용과 거의 대등한 수준으로 지출된다.

승소시 분배조건의 경우에 있어서도, 경비는 고객 지불이 원칙이다. 왜냐하면, 변호사 윤리법상 변호사가 고객의 소송비용을 지불할 경우, 소송에 대한 대리관계를 넘어선 경제적 이해관계를 가지게 되기 때문이다. 따라서 경비부담도 어려운 고객의 경우, 소송비용을 대여 혹은 투자하는 회사를 통해 경비를 부담하게 하고, 나중에 승소할 경우 손해배상액에서 경비를 우선적으로 제한 다음, 미리 약정한 승소시 분배비율로 변호사비용을 지불하는 형태를 많이 취하고 있다.

5) 소송비용 관리 방안[31)]

① 미국의 경우 일반적으로 소송비용은 각자가 부담한다. 영국 및 독일은 법원에서 정한 비용 기준으로 패소자가 부담한다. 그러나 미국에서도 예외적인 경우(exceptional case)라고 판사가 선언하면 소송비용을 상대에게 청구할 수 있다. 그러나 고의침해나 inequitable conduct같은 그야말로 예외적인 사건에 국한되고, 또다시 판사의 재량권이 최종적으로 작용하므로, 이 부분에 대해서는

30) Patent troll을 대리하는 변호사로 유명한 Mr. Raymond Niro 변호사와 같은 경우 사안의 중요성/난이도에 따라 성공시 받게 될 손해 배상액의 20~40%를 변호사 비용으로 약정하기도 한다. http://www.law.com/jsp/article.jsp?id=1153299926232.

31) 35 U.S.C. §285.

큰 기대를 하지 않는 것이 좋다. 상처뿐인 영광에 비유할 수 있겠다.

② 소송비용 통계

2007년도 AIPLA 조사에 의하면, 소가가 $2,500만 이하의 특허침해 소송의 경우, 평균 소송비용(변호사 보수 + 제반 경비)이 $250만 정도로 나타났다.[32] 같은 기준으로 상표소송의 경우, 평균 소송비용은 $65만 정도였다.[33] 비용도 비용이지만, 관련 특허건수에 따라, 관련 기술에 따라 비용이 큰 폭으로 차이가 날 수 있다는 것을 알아야 한다. 따라서 위의 비용은 그야말로 참고용으로 보아야 할 것이다. 그리고 소송진행이 느린 법원에 사건이 계류 중인 경우, 소송비용은 더 늘어나는 것이 일반적이다.

유명한 폴라로이드 v. 코닥 소송[34]의 경우, 10년을 다툰 끝에 양사 합쳐서 1억 달러(내부 비용 포함) 정도를 지출한 것으로 추정되고 있다.[35]

③ 예산관리 (budget management)

담당변호사로부터 소송착수 전에 대략적인 예상 비용을 입수하고, 또한 다음 달에 일어날 지출요소(hearing, deposition 등)에 대한 예산 추정을 매달 받는 방법도 있다. 한편으로 일정액수 이상의 지출은 사전 승인제로 운영하는 방법도 있다. 주기적으로 비용에 대한 관심을 보여주는 것도 좋다.

6) Invoice 검토

매달 청구되는 인보이스에는 어느 변호사가 언제 무슨 일로 얼마나 시간을 사용하였는지와 해당 변호사의 시간당 수임료 단가가 나타나 있다. 따라서 주의 깊게 살펴볼 필요가 있다.

어떤 업무에 대해 평소보다 지출이 많으면 확인해 봐야 한다. 또한 시간당 수임료에 어울리지 않게 한 업무(예를 들어 파트너급 변호사가 디스커버리 문서를 일일이 검토한다든지…)가 있을 때는 시정을 요구한다.

모르는 변호사 이름이 나오면 확인을 해야 한다. 가장 바람직한 방법은

---

32) 2007 Economic Survey, p. 25.

33) *Id.* at 25.

34) 866 F.2d 1415, 9 USPQ2d 1877 (Fed. Cir. 1989).

35) Tom Arnold, Prelitigation Considerations and Strategies, Patent Litigation Strategies Handbook, Section of Intellectual Property Law, p.27, ABA, 2004. 참조.

최초 팀원을 확정한 다음, 새로운 변호사 투입시, 사전 승인을 거치는 것이다.

(6) 책임져야 할 피해 혹은 보상받아야 할 피해 확인

1) 침해자가 고객에게, 혹은 공급선이 침해자에게 특허침해에 대한 보증 및 피해배상 확약서를 써주는 경우가 많다. 그런데 이러한 종류의 계약서에는, 소송발생사실을 보증인에게 신속히 알려줄 것을 보증의 조건으로 하는 경우가 대부분이다. 따라서 법무팀과 영업팀, 구매팀에 이러한 계약서 존재여부를 확인하고 계약서상 필요한 조처를 취한다.

2) 확인 사항

보증사항 확인
• 특허 소송피해배상 보험 여부 및 그 내용 확인 • 제품/ 기술공급선으로부터 피해배상 확약서(indemnification agreement) 받았는지 및 그 내용 확인 • 우리 회사가 타사에게 피해배상 확약서(indemnification agreement)를 제공했는지 및 그 내용 확인

3) 만일 제품/ 기술공급선으로부터 피해배상 확약서를 받은 것이 없다면, 지금부터라도 받아두어서, 가능한 있을지 모를 피해를 경감시키도록 한다.

(7) 답변 전 타결 가능성 검토

비용, 시간 등 여러 가지 측면에서 가장 바람직한 해결방법이라고 볼 수 있다. 보통 소송초기 단계에서는 제소한 상대가 만족스럽지 않은 조건으로 타결하려고 하지는 않으나, 답변서에 기재되어 세상에 공지될 경우 원고가 곤란해지는 사안이 있을 경우, 타결 가능성이 매우 높아진다. 일례로 강력한 무효자료, 아니면 강력한 inequitable conduct, Antitrust, RICO claim 등의 이유를 뒷받침할 증거가 있다면, 상대는 만에 하나 패소하여 회사의 평판을 추락시키기보다는 타결을 원할 것이다.

(8) 사내 전담팀 구성

1) 필 요 성

미국소송은 한국이나 일본 등지의 소송과는 달리, 초기 단계에서의 업무량이 매우 많다. 따라서 타 업무를 겸해서 하기란 매우 부담스러우며, 겸할 경우, 부실한 대응을 초래하여 소송결과에 악영향을 끼칠 소지가 많다.

또한, 고객이 부실하게 소송지원을 한다면, 대리인인 변호사가 그만큼 빈 공간을 채워줘야 하는데, 결국 소송비용의 증가로 이루어진다. 내가 열심히 한 만큼, 소송비용을 줄일 수 있다는 점을 명심하자.

2) 구 성

사안에 따라 달라질 수 있으나, 특허침해소송이라면 특허팀, 연구개발팀, 생산팀, 영업팀, 경리회계팀, 기획팀 등이 보통 구성원으로 되고, 사안에 따라 기타 관련부서가 포함될 수 있다. 특허팀과 연구팀은 몰라도 전원이 상근할 필요는 없다. 그러나 필요시 다른 업무에 우선하여 투입될 수 있도록 조치한다.

연구원은 기술적 백그라운드가 있으므로, 비침해, 무효 업무를 담당하도록 한다. 특히 1명을 지정하여, 무효에 관한 업무를 전담시키는 것이 매우 효율적이다. 이 전담자는 상대특허를 외울 정도로 파악하고, 항상 무효 시킬 선행기술을 찾고, 찾은 선행기술을 완전히 파악하고, 정리하여 두며, 선행기술에 대한 문의나 이를 찾는 경우에 정리된 파일에서 즉각 찾아주는 역할을 전담한다. 이 과정을 소송 기간 내내 계속하는 것이다. 이 전담자는 반드시 특허법에 정통할 필요는 없다. 다만, 살아 있는 메모리랄까, 그런 역할에 더 가깝다. 사람의 기억력은 변하기 때문에, 초기에는 누구나 정확히 파악하지만 나중에 가면 기억이 모호해지고, 다시 되살리기 위해서는 또 다시 시간을 써서 검토하여야 한다. 변호사의 경우에도 예외는 아니다. 따라서 이렇게 선행기술에 정통한 담당자가 있으면, 선행기술간의 기술적 결합을 가능케 하여주는 시사점(TSM)을 검토한다든지 할 때, 즉시 답을 제공하여 현장 결론이 가능한 장점이 있다. 시간을 절약하는 것은 물론, 이에 따른 비용 절감 역시 대단하다. 필자의 경험에 의하면, 이 전담자는 시간이 갈수록 변호사들이 가장 많이 찾는 담당자가 되었다.

3) 사내 Task force의 역할

사내 Task force의 역할을 바르게 이해하고, 어떻게 설정하는가 하는 것은 대단히 중요하다. 한 마디로 말해서, 변호사의 심부름을 하면서, 변호사를 부리는 역할이라면 독자들은 어떤 느낌이 들지 모르겠다.

변호사들은 고객사를 잘 모른다. 더구나 문화적으로도 많이 다르다. 따라서 누군가가 중간에서 변호사가 필요로 하는 정보를 구하고, 제공하여야 한다. 이 부분이 T/F의 역할이다. 이 역할은 초기단계, 즉 디스커버리 단계까지는 매우 중요하고, 업무량도 많다. 그러나 디스커버리 후반부로 갈수록 이런 심부름(?)거리는 급격히 줄어들게 된다.

그 다음부터는 전략적 판단을 더 많이 하여야 한다. 오해할까봐 덧붙이면, 사실 전략적 판단은 소장을 받았을 때부터 끝날 때까지 쉼 없이 수행하여야 한다. 그 차이는 실로 크다. 아니, 소송의 성공여부에 결정적 영향을 미친다고 할 수 있다. 여기서 소송에서 승소한다고 표현하는 대신에 성공한다고 표현한 것에 주목할 필요가 있다. 성공한 소송은 우리의 목표를 달성한 소송이다. 성공한 소송에는 승소도 포함되겠지만, 유리하게 소송을 타결하는 것도 성공한 소송이다. 현실적으로 표현하면, 원래 1000만 달러의 로열티를 줄 뻔한 것을 200만 달러의 소송비용을 들여 100만 달러의 로열티를 지급하는 합의를 유도하여 공판까지 가지 않고 중간에 끝났다면 필자는 성공한 소송이라고 본다. 따라서 우리의 목표를 항상 염두에 두면서 소송진행과정에서 전략적 결정을 하는 것이 그만큼 중요하다는 것이다.

이쯤에서, 변호사를 부리는(?) 역할에 대해 생각해보자. 변호사는 소송에 대해 고객보다 전문가이기 때문에 고용한 사람들이다. T/F 팀은 변호사들에 비해 부족한 게 많다. 구성원 개인적으로는 다를 수 있겠지만, 전체적으로는 영어 구사도 불편하고, 법률 지식도 약하고, 상대 문화에 대한 이해도 떨어지고, 무엇보다, 디스커버리가 진행되면 될수록 소송정보량에서 현격한 차이를 보이게 된다. 그것은, 상대방의 비밀자료를 우리 변호사들은 볼 수 있는 반면에, 소송 당사자들은 볼 수 없기 때문이다. 따라서 자칫하면 변호사가 하자는 대로 가는 경우가 태반이다. 눈에 안대를 하고 한 번도 가본 적이 없는 산길을 앞사람의 허리만 붙잡고 따라가는 게 얼마나 답답하겠는가? 이게 잘 가고 있는 건지, 돌아가는 게 아닌지, 중간에 가다가 나 몰라라 하는 게 아닌지 별별 생각이 다 들 것이다.

여러분들이 판단을 못하기 때문에 그런 것이다. 지식이 모자라면 판단을 못 한다. 안대를 풀려는 노력을 해보자. 소송 중에도 열심히 미국 소송에 대해 공부하자. 아무리 빨라도 1년은 소요되는 게 소송인데, 그 정도면 처음부터 시작해도 늦지 않다. 미국 소송의 절차와 성격을 어느 정도 이해하면 큰 그림이 보일 수 있다. 어느 정도 앞길도 보일 것이다. 그리고 소송에서 쌍방이 교환하는 서면을 모두 파악하는 게 좋다. 그게 어려우면 motion은 반드시 읽어야 한다. 모션을 바르게 이해하려면 그 모션의 성격, 성립요건에 대한 법률적 지식을 가져야 한다. 이렇게 파악하여 가다 보면 축적된 정보(물론 비밀정보는 빠졌지만)를 바탕으로 소송 승산에 대한 감이 어느 정도 들어선다.

지식이 있어도, 해석이 다르면 판단이 달라질 수 있다. 우리 변호사와 수시로 사건 진행에 대한 얘기를 나누자. 사람은 같은 사실을 두고도 낙관적으로 얘기하는 사람, 비관적으로 얘기하는 사람, 중립적으로 얘기하는 사람이 있다. 따라서 여러 변호사와 얘기를 나누어보면 감이 온다. 이따금 본인이 볼 수 없는 비밀정보에 대해서도 물어보자. 물론 변호사는 비밀정보의 내용에 대해서는 알려줄 수 없고, 알려주지도 않는다. 그러나 그 정보에 대한 견해(내용 없이) 정도는 조심스럽게 언급할지도 모른다. 행간을 읽도록 노력하여야 한다.

마지막으로 경영층을 잘 보좌하여야 한다. 앞서의 모든 노력은 회사를 잘 되게, 회사의 목표를 달성(반드시 승소가 아닌)하기 위한 노력이다. 그러기 위해서는 적절한 타이밍에서 경영층의 정확한 의사결정을 이끌어 내어야 한다. 다른 업무와는 달리, 본 소송에 관한 한, 경영층이 아는 정보는 전적으로 T/F가 제공한 것이다. 어떤 정보를 제공하는가가 어떤 의사결정을 내릴 것인지를 결정한다. “비용은 끝없이 나가는데 사건은 잘 되고 있나”하는 경영층의 시선을 느끼면 여러분들은 다소 낙관적으로 사건을 포장할지도 모르고, “무조건 T/F만 믿으니, 책임지고 잘 해라”라는 시선을 느끼면 기대치를 낮추기 위해 약간 비관적으로 포장할지도 모른다. 힘든 일이지만 있는 그대로 중립적으로 정보를 제공하도록 노력하여야 한다.

사내 T/F의 역할
• 제소특허 분석 (무효성, 침해성, 설계변경 여부) • 소송 대리인 선정 • 관할권, 당사자 적격 등 pre-trial motion 검토 • Counter-claim용 특허선정, 침해분석 • Counter-claim 전략수립 (반소? 별도 제소? ITC?) • Discovery 대응준비 • 소송 진행상황 모니터, 대리인 지휘, 경영층 의사결정 조언

4) 사무기기

기본적인 사무, 통신시설 비치 이외에도, 미국 소송의 경우에는 현지와의 시차가 있기 때문에 퇴근 후에도 일을 봐야 할 경우가 자주 생긴다. 따라서 집에서도 팩스나 이메일을 받아볼 수 있게 조처한다.

(9) 답변 전 검토사항

Pre-answer Motions
• Motion to Dismiss for Lack of Subject Matter Jurisdiction • Motion to Dismiss for Lack of Personal Jurisdiction • Motion to Dismiss for Lack of Proper Venue • Motion to Dismiss for Insufficiency of Service of Process • Motion to Dismiss for Failure to State a Claim upon which Relief can be granted • Motion to Dismiss for Failure to join a Party under Rule 19 • Motion for Judgment on the Pleadings • Motion for More Definite Statement • Motion for Strike

만일 이긴다 하더라도 원고가 소장을 수정하면 해소될 사항 정도라면, 모션을 제기하지 않고 상대방과 사전 접촉으로 수정을 유도하여 비용절감을 기한다[제6장 II. 2. (3) 참조].

(10) 재판지 이전 검토

설령 원고가 적법하게 재판지를 선정하였다 하더라도, 피고는 아래 경우를 입증할 경우 재판지를 옮길 수 있다. 즉, 증인과 증거 등을 확보하기 어려워 재판을 진행하는 데 있어 매우 큰 부담이 예상되거나, 원고가 bad faith로 재판지를 선정했다는 것을 입증한다면 우리가 원하는 재판지로 소송을 옮길 수 있다. 그러나 판사의 재량이 많이 작용하는 부분이라는 것을 명심하고, 비교적 비용이 많이 드는 절차(평균 $100,000)라는 점도 고려하여야 한다[36][제6장 II. 2. (7) 참조].

(11) 답변서(Answer) 작성

1) 소장이 송달된 날로부터 20일 이내에 답변하여야 한다. 그러나 보통 기간연장(20일)을 상대방 대리인에게 요청하면 받아준다. 만일 받아들여지지 않으면 법원에 신청하도록 한다[제6장 II. 2. (4) 참조].

2) 소장의 모든 항목에 대해 답변하여야 한다. 답변 방향은 인정(admitted), 부정(denied), 부지(no knowledge)의 3가지 중의 하나로 한다. 주의 깊게 살펴서 확실한 사항에 대해서만 인정하여야 한다. 예를 들어 상대가 특허를 소유하고 있다는 주장에 대해서 나중에 조사해보면 여러 가지 계약상황과 얽혀서 실제로는 그렇지 않는 경우도 생긴다. 이런 때는 인정 또는 부인하기에 충분한 정보가 없다는 취지로 부지 답변을 하여야 한다.

3) 답변서에 포함되어야 할 적극적 항변(affirmative defense) 검토

미국 민사소송 규칙에 따르면 위의 답변 외에도, 소장의 각 주장 항목에 대해 항변을 하도록 요구하고 있다.[37] 이 항변을 적극적 항변이라 하며, 답변서에서 주장하지 않으면, 포기한 것으로 간주되고, 이후 항변을 뒷받침할 증거가 나타나더라도 공판에서 인정되지 않는다.

---

36) Jerry R. Selinger, Prelitigation Considerations and Strategies, Patent Litigation Strategies Handbook, Section of Intellectual Property Law, ABA, 2004. 참조.

37) F.R.C.P 8(c).

적극적 항변의 예로서는, Fraud(inequitable conduct), License, Laches, Limitation of Actions, Estoppel, Prosecution History Estoppel, Misuse, Res Judicata, Collateral Estoppel 등이 있다.

4) Counter Claim 제기 검토

① 피고 특허에 대한 원고 침해 주장(반소로 할지 혹은 별도 소송제기를 할지 여부를 전략적으로 검토할 필요가 있다.)

② 제소 특허에 대한 무효 주장

③ 제소 특허에 대한 비침해

④ Antitrust법 위반

⑤ RICO(Racketeering Influenced and Corrupt Organizations)법 위반

(12) 보호명령(Protective Order)

소송을 진행하기 위한 기본 rule이며, 당사자 간의 합의로 정하는 것이 보통이다. 불가시 법원 결정으로 정해진다. 우리측의 특별한 사정이 있다면, 사전에 소송 일정, 기간을 변호사와 협의하여 반영할 필요가 있다[제6장 II. 2. (8) 참조].

비밀 정보에 대해 사내 변호사의 접근을 허용할 것인가를 결정한다. 동일 조건으로 상대에게도 허용하여야 하기 때문에 득실을 재어야 한다.

(13) 가처분 가능성 검토

상대가 소장에서 가처분을 요구하고 있는 경우라면 검토해둘 필요가 있고, 소송기간 중 수시로 대응을 검토하도록 한다[제8장 II. 1. 참조]. 주요한 검토 사항으로는,

- 가처분 요건을 검토하여 승산 판단 및 대응책 강구
- 불리할 경우, 사업측면의 대응책
- 설계 변경
- 판매선 변경
- 기타 가처분 결정 전 완료 사항 강구 (늦어도 1년 이내 조처 완료 사항)

(14) 변호사 의견 확보

만일 소장에서 특허권자가 고의침해(willful infringement)를 주장하고 있다면, 그리고 변호사 의견을 아직 받지 못한 상황이라면 무효 및 비침해에 대해 변호사 의견을 받아두는 것을 검토하여야 한다.[38] 이 때 의견은 소송을 담당하고 있는 사무소가 아닌 다른 사무소에다 의뢰하도록 한다[제8장, I. 10. 참조].

3. 증거조사(Discovery) 단계

특허사건에서 디스커버리는 다른 사건에 비해 일반적으로 매우 방대하다. 범위 면에서 볼 때 기획, 연구개발, 서비스, 영업・판매・회계, 법무를 망라하는 것이 일반적이며, 특허 존속기간이 출원 후 20년인 만큼 원고든 피고든 그 기간 동안의 행위가 디스커버리의 대상이 된다. 요컨대 범위나 시간적으로 엄청나게 방대한 작업이 되어버릴 가능성이 농후하다.[39]

---

38) 최근에 내려진 *In re Seagate Technology, LLC*, Misc. Dkt. No. 830 (Fed. Cir. Aug. 20, 2007)에 의해 변호사 의견을 받아두어야 할 적극적 의무는 없어졌다. 그러나 이 부분은 예민한 부분이므로 비록 변호사 의견을 구하지 않기로 결정한다 하더라도 사전에 변호사와의 협의를 통해야 할 것이다.

39) 어느 문헌에서는 특허사건 디스커버리를 수행하는 고충을 이렇게 묘사하고 있다.
"서류는 거의 모든 부서의 보관자료부터 하드 카피형태로, 또한 회사 컴퓨터 파일이나 보관 파일로부터 전자 문서로 수집되어야 한다.
서류제출 비용은 서류를 수집하는 비용과, 이를 읽고 검토하여 회사의 영업비밀이나 기타 기밀 사항을 보호할 수 있도록 privilege 혹은 confidentiality 표시를 하는 법률비용을 포함한다. 이러한 비용은 중대기업규모라면 쉽게 수백만 불 정도로 상승될 수 있다.
서류제출은 일상적인 업무도 방해한다. 변호사가 해당 서류를 보관하는 담당자와 수개월간 같이 작업해야 할 수도 있고 문자 그대로 수백 명의 일용직을 고용하여 해당문서를 찾아야 할지도 모른다. 그런 연후에 해당 서류는 복사하기 위해 담당자로부터 일정기간 떨어져 있어야 한다. 현재 가동 중인 회사 컴퓨터 내에 있는 전자파일은 일단 확인만 되면 쉽게 복사할 수 있으나, 해당 문서를 찾고 복사하기 위해서는 회사의 전산담당자가 일상적인 업무를 한동안 하지 못할 수도 있다. 보관용 파일에서 해당 문서를 찾는 일은 전산담당자를 더욱 힘들게 한다. 이 작업은 먼저 보관 테이프나 드라이브를 찾고, 이를 컴퓨터에 걸고, 지금은 이미 안 쓰는 낡은 소프트웨어로 읽어내고, 종종 이제는 퇴사한 사람이 만들어 놓은 파일 시스템에서 해당 문서를 찾아야 한다. 또한 회사에서는 모든 정보를 중앙집중적으로 관리하지 않고 예를 들어 랩탑 컴퓨터의 하드디

(1) 사전 준비

1) Task force에서 디스커버리 담당자를 지정한다.

2) 디스커버리 예상분야 (연구개발, 생산, 판매, 사내 전산 팀 등) 부서에 관련 자료 보존 요청(litigation hold)을 한다. 사내 자료보관 규정에 의거하지 않은 인위적 파기는 금지시킨다[전자 디스커버리는 제6장 II. 3. (7) 참조].

3) 디스커버리 대상부서 창구 지정 및 연락처를 확보한다.

4) 디스커버리 대상부서의 담당자를 모아서 관련 업무에 대한 오리엔테이션을 실시한다.

(2) 문서제출 요구(Request for Documents and Things) 대응[제6장 II. 3. (2) 참조]

1) 문서제출 요구서를 꼼꼼히 분석하여야 한다.

2) 관련 부서 파악 및 제공을 의뢰하며, 필요시 관련부서를 방문하여 현장에서 필요서류를 선별한다. 단, 변호사와 논의하지 않고 임의로 필요서류를 선별하게 되면 제재조치를 받을 수 있으므로 대리인과 밀접한 커뮤니케이션이 존재하여야 한다.

3) 소송과 무관한 서류는 이의제기를 하도록 표시한 후 대리인에게 연락한다. 그러나 설령 하나하나씩 볼 때는 타당한 이의제기라고 하더라도, 너무 많아질 경우에는 discovery dispute 해결 비용이 불필요하게 많아질 수 있으므로 이를 염두에 둔다. 물론 상대에게 제기할 이의신청은 최종적으로 대리인 변호사가 결정한다.

4) 제출 서류에 대해 별도 관리 리스트를 만들어 보관하고 영업비밀 등이 담겨있어 Protective Order에 의해 보호되어야 할 문서(예: Confidentiality 서류)는

스크에 보관한다. 이 하드 디스크는 찾기가 어렵거나 소송이 시작되기도 전에 이미 사라졌을 수 있다. 발명자의 랩탑 컴퓨터는 그가 신모델로 업그레이드하면서 다른 사람에게 물려졌을 수 있고, 아무도 아는 사람이 없지만 해당 문서는 그 하드디스크에 남아 있을 수도 있다. 한마디로 이런 데이터를 찾고 제출하는 것은 배우 고액의 비용이 들어가는데, 정작 소송에서 그 정보가 가지는 가치는 그에 훨씬 못 미칠 수도 있다." Peter S. Menell, et al., Chapter 3, p4, Patent Case Management Judicial Guide, Federal Judicial Center (2009).

별도로 해당 리스트에 표기하고 이를 변호사에 알린다[제6장 II. 2. (8) 참조].

5) 부분적으로는 소송과 관련이 없는 영업비밀 부분에 대해서는 매직펜 등으로 지우기(redact) 한 후 상대에게 제출한다. 이러한 부분은 매우 예민한 사항이므로, 대리인과 사전에 협의가 되어야 한다. 물론, task force입장에서는 redact할 부분과 그 필요성을 지적하고, redact 여부는 대리인이 최종 결정하는 형식이 바람직하다.

6) 원칙적으로 Privilege 서류는 체크 및 표기한 후, 서류의 존재만 알려줄 뿐, 상대에게 제출하지 않는다. 이를 privilege logs라고 한다. 따라서 이러한 privilege 서류가 상대에게 의도하지 않게 제출되는 것을 방지하기 위하여 대리인에게 명확한 커뮤니케이션이 이루어지도록 주의한다[제6장, II. 3. (8) 참조].

7) 우리측 제출서 초안을 검토 후 대리인이 상대방에게 발송한다.

8) 방대한 문서, 혹은 현재 업무상 사용 중인 문서에 대해서는 상대방의 현장 검증(request for inspection)을 변호사와 협의하여 제안한다. 이때는 모든 문서 소재지를 개방하는 것보다는, 가급적 해당 문서를 한 군데로 모아서 제시하는 것이 진행상 편리하고, 기업비밀을 유지할 수 있어 바람직하다[제6장 II. 3. (6) 참조].

9) 우리측에서 문서제출을 요구할 경우에는 초기에 가급적 방대한 분량의 정보를 요구한다.

(3) 질문서(Interrogatory) 대응[제6장 II. 3. (3) 참조]

1) 질문서를 꼼꼼히 분석한다.

2) 문서제출로 대치되는 경우에는 그렇게 표시하여 대리인에게 넘긴다. 소송과 무관한 질문은 이의제기를 한다. 애매한 질문은 전제조건을 달고 답변하도록 한다.

3) 우리측 제출시 초안 검토 후 서명하고, 발송하도록 한다.

(4) 증인 심문(Deposition) 대응[제6장 II. 3. (4) 참조]

1) 대리인과 협의하여 분야별, 이슈 별 증인을 선정한다.

2) Rule 30(b)(6) 증인의 경우에는 복수의 증인 pool을 확보해서 결원이나 기타 문제 발생시 교체할 수 있도록 한다.

3) 대리인과 협의하여 증인에게 사전 교육을 실시한다. 교육내용은 증인에게 답변하는 요령과, 해당 이슈에 대한 증인의 지식과 기억을 체크하여 증언시 처음 듣는 사항이 없도록 한다.

4) 증인 심문이 국내에서 열릴 경우, 장소를 수배한다. 호텔이 제일 무난하며, 최소한 10명 정도 수용할 수 있고, 비디오 녹화가 가능한 공간을 구한다. 인터넷 연결이 되어야 한다.

5) 해외에서 증인 심문이 열릴 경우, 증인 출장준비(항공 표, 호텔 등)를 하고, task force에서도 동행하도록 한다.

6) 증인 심문에 참석하여 증언의 내용을 청취한다. 특히 핵심증인의 경우는 반드시 참석하여야 한다. 또한 번역상의 오류가 있는지에 주의한다. 단어 하나 누락되면 뉘앙스가 크게 달라지는 일이 가끔 있다.

7) 하루 종일 오간 심문 속기록(transcript)을 검토하는 것은 쉬운 일이 아니다. 핵심증인의 핵심 증언 대목 정도는 읽고 확인할 필요가 있다.

8) 속기록에 증인 서명을 받고, 대리인에게 전달한다.

(5) 인정요구(Request for Admission) 대응[제6장 II. 3. (5) 참조]

기본적으로 변호사가 검토하고 대응할 사항이나, 현황파악 차원에서 인정요구서와 우리측 답변서를 꼼꼼히 분석하고, 석연찮은 인정요구나 인정사항이 들어 있으면 변호사와 협의하도록 한다.

(6) 전문가 선임

1) 필 요 성

예를 들어 교통사고에 대한 손해배상 소송이 공판 중이라고 가정하자. 다친 피해자가 휠체어를 타고 와서 사고 당시를 증언한다. 그러나 그 증언만으로는 가해자의 과실을 입증할 수는 있을지 몰라도, 피해자가 얼마나 다쳤는지, 치료비가 얼마나 될지, 위자료가 얼마나 될지를 배심원들이 알아낼 방법이 없다. 따라서 이런 경우, 교통사고 치료 경력이 예를 들어 20년이 넘는 의사가 증언대에서 치료기간, 치료비용을 경험과 지식에 비추어 증언한다면 한결 설득력이 있을 것이다. 이때에 필요한 사람을 전문가 증인(expert witness)이라고 한다.

한국에서는 자주 활용되지 않으나, 미국 소송에서는 거의 모든 종류의 소송에서 필수적인 존재이다. 특허침해소송의 경우에 필요한 전문가는 분야별로, 아래와 같다.

전 문 가	역 할
기술분야	특허 침해 / 무효 / 기재요건 / inequitable conduct 검토
법률분야	특정 법률 분야에 대한 자문, 증언
라이선싱	로열티, 손해배상
회계전문가	로열티, 손해배상

그럼 변호사가 전문가의 역할을 할 수 없을까? 변호사 주장은 argument로 간주되며 evidence로 간주되지 않는다. 따라서 변호사의 주장은 증거능력이 없으므로 증거채택이 되지 않는다.

따라서 공판에서 변호사의 역할은 입증 시나리오를 세운 다음, 증거와 그 증거를 전문가가 설득력 있게 해석, 설명하여 가도록 공판을 운영하는 것이다.

2) 선임 방법

대리인에게 알고 있는 전문가를 추천(주로 연구팀에서 추천 정보를 가지고 있음)하거나, 대리인이 가지고 있는 전문가 풀을 활용할 수도 있다. 전문가로부터 또 다른 전문가를 추천 받기도 한다. 보통 변호사가 선정하고, 고객이 검토/동의하는 방법으로 진행된다.

전문가 경력/능력을 확인한다. (특허권자와 관련 여부, 침해제품과 동일 또는 이에 준하는 분야 담당 여부, 학위, 종사 기간, 연구/개발 실적, 타 소송에서 전문가 활동경력, 승률, 경력상 하자 여부, 발언태도, 논리력, 설득력 등등). 미심쩍으면 직접 면담 후 결정하는 것도 좋다.

전문가가 선임되면, 대리인과 협의하여 공판에 나설 전문가와 소송 대응팀에 근무할 전문가로 구분 편성한다. 전자는 공식 의견서를 내야하고, 법정에서 증언하여야 하며, 상대편 deposition의 대상이 된다.

기술분야가 첨단이며, 초기단계인 경우, 전문가 수가 많지 않고, 경우에 따라서는 특허권자측의 발명자와 학연이나 기타 연관이 있는 경우도 있다. 따라서 상대가 전문가를 전부 독점하는 경우도 있으므로 채용을 서둘러야 할 때도 있다.

4. 약식판결(Summary Judgment) 단계(제6장 II. F. 참조)

1) 대상 선정

① Discovery 과정에서 입수한 양측 증거자료, 양측 expert opinion, 마크맨 히어링 결과를 바탕으로 무효 결정을 요구할 것인지, 아니면 비침해 결정을 요구할 것인지를 판단한다.

② 약식판결 신청초안을 검토하여, 제기요건을 만족하고, 설득력이 있는가를 살핀다.

2) 히어링에 참석해서 쌍방 주장을 모니터한다.

3) 상대가 크로스 모션 (상대방도 반대이유로 약식판결을 신청하는 것)을 제기하였고, 우리측에 불리한 결정이 내려지면, CAFC에의 Interlocutory appeal 여부를 검토한다. 즉, 비침해나 무효, inequitable conduct같이 최종 공판의 기회없이 실질적으로 소송을 중간에 끝내버리는 결정은 1심 계류 중이더라도 CAFC에 항고 여부를 검토하는 것이다.

4) 약식판결이 기각될 경우, 기각사유를 중심으로 후속 디스커버리를 실시하며, 다음 기회를 노린다. 침해자 입장에서는 소송 경비도 절감되고, 성공적인 약식판결을 통해 사건을 해결하는 경우가 많기 때문에 이 제도를 충분히 활용하여야 한다.

5. 가처분(Preliminary Injunction) 단계(제8장 Ⅱ. 1. 참조)

1) 승산 검토

결국 재판부가 받아줄 것인가를 판단하는 것이다. 가처분이 성립되기 위한 법적 요건을 중심으로 판단한다. 즉, 디스커버리 자료를 바탕으로 최종 공판에서의 승산 판단, 가처분 없이 최종공판까지 갈 경우의 irreparable harm을 분석하고, 제기 시점 타이밍 체크를 한다. 제기 시점이 너무 늦거나 최종 공판이 가까울 경우, 재판부는 시급성이 없다는 이유로 거부할 가능성이 있다

2) 진행을 보아가며, 설계 변경 등 비즈니스 대책을 관련부서와 강구한다. 또한 고객과 언론에 대응할 준비를 한다.

6. 디스커버리(Discovery) 완료 단계

1) 소송 중간 평가

소송을 끝까지 진행할 것인지, 아니면 이 정도에서 타협할 것인지를 검토한다. Discovery 과정에서 입수한 양측 증거자료, 양측 expert opinion을 바탕으로 승산을 판단한다.

2) 약식판결 신청 검토

디스커버리 과정에서 수시로 수집증거를 분석하여 무효 및 비침해에 관해, 약식판결 제기 여부 및 성공 가능성을 판단한다.

7. 마크맨 히어링(Markman Hearing) 단계(제6장 Ⅱ. 5. 참조)

1) 소송에 제기된 특허의 청구범위를 확정하는 과정이다. 청구범위가 확정되면, 침해 및 무효 판단 단계로 진행되며, 청구범위가 확정되면, 그 자체로서 침해 여부가 직작이 되는 경우가 많기 때문에 대단히 중요하다.

2) 타이밍 잡기

보통은 충분한 디스커버리가 이루어진 후 혹은 디스커버리 종료 후에 실시하는 것이 일반적이다. 그러나 법원마다 조금씩 다른 practice를 가지고 있다. 아무래도 빠른 시기에 진행하면 소송 낭비도 배제하고, 사건의 불확실성도 그만큼 줄어들기 때문에 좋다. 변호사와 협의하여 가급적 빠른 시기로 잡는 것이 좋다.

3) 결과에 따라 약식 판결을 신청하거나, 타협할 것인지를 검토한다.

8. 공판준비(Pretrial Conference) 단계

(1) 소송 중간평가

이 단계에서는 타결 가능성에 대해 재판부에 의견을 제시하여야 한다. 또한, 상대와 자연스럽게 협상가능성을 타진할 수 있는 기회이기도 하다. 경우에 따라서는 재판부에 직권 중재를 요청할 수 있는 타이밍이기도 하다. Discovery 과정에서 입수한 양측 증거자료, 양측 expert opinion을 바탕으로 제출할 의사결정을 한다.

(2) 모의공판(Mock Trial) 실시(제6장 II. 7. 참조)

공판이 예정되었다면, 모의 공판을 실시하여, 결과에 따른 공판 전략을 수정하는 것도 좋다. 배심원으로 구성될 일반인들은 전문가들에 비해 다른 견해를 가지는 경우가 종종 있다. 따라서 모의 공판을 운영하는 배심 전문가(jury consultant)는 배심에게 어필할 수 있는 주제나 테마를 제시하는 수가 있다. 어느 소송전문 변호사는 소송 주제나 테마를 친구나, 가족, 사무소 직원들에게 얘기해 보고, 그게 먹혀들면 좋은 테마로서 이길 가능성이 높다고 얘기하기도 한다.[40]

---

40) Morgan Chu and Joseph M. Lipner, Adopting a Case Theme, Patent Litigation Strategies Handbook, Section of Intellectual Property Law, ABA, 2004.

단, 반드시 해야 하는 절차는 아니다. 비용부담도 있기 때문에 변호사와 상의한다.

9. 공판(Trial) 단계(제6장 Ⅱ. 9. 참조)

1) 공판 참관

배심 반응, 판사 반응, 반대측 반응, 우리측 진행을 주의 깊게 관찰하여 종합 판단하도록 한다.

2) 평결/판결 대응

① 평결과 판결에 따라 고객 및 언론에 대응할 내용을 정한다.

② 결과가 불리할 경우 JNOV를 검토한다. 또한 변호사와 상의하여 항고 여부를 결정한다.

③ 항고한다면, 영구금지명령이 내려지지 않도록 대응하고, 공탁금(Bond) 수준, 수출, 판매 영향을 검토하고 대응한다.

④ 타결 가능성을 검토한다.

Ⅴ. ITC 소송 대응

1. 특허권자의 제소검토(Due Diligence) 단계

1) 특허침해 확인

역경고 편 참조.

2) 수입사실 확인

수입배제 명령이 내려지기 위해서는 상대방의 미국 수입사실이 확인되어야 한다. 필요 정보로는 제품명, 물량, 수입 경로 조사가 있다.

3) 대리인 선임

① 소송 대리인 선임요건 참조.

② 처음부터 대리인을 선임하고 진행하면 더욱 좋으나, 그럴 경우 비용부담이 커지므로, 어느 정도 사실확인이 된 단계에서 선임을 진행하는 것도 가능하다.

4) 국내 산업 존재 입증[제7장 7. (4) 참조]

ITC 제소 요건 중의 하나이다. 아래 사항에 해당되는 정보를 수집한다.

국내 산업의 입증 사실
• 특허 실시권자의 미국 내 비즈니스 활동 • 상당한 공장 및 설비투자 • 상당한 자본 투여 및 고용 • 지적 재산권, 연구개발, 라이선싱을 위한 실질적인 투자

5) 소장 초안 검토[제7장 7. (4) 참조]

연방법원 소송과는 달리 소장단계에서 일응 침해(prima facie infringement)를 입증할 수 있게 작성되었는지를 중점적으로 살피고 기타 논리를 점검한다. 제소장은 ITC Rule 210.12에 부합되도록 작성되어야 한다. 제소장은 제출 후에도 수정될 수 있다.

6) OUII 협의(대리인이 수행하는 단계)

정식으로 ITC에 제소하기 전에, OUII 사무실에 소장 검토를 사전에 의뢰하는 것을 말한다. 협의를 요청받은 OUII는 소장 내용 전반에 대해 제소요건을 만족하는지를 사전에 검토하고, 미비한 부분에 대해서 조언한다.

서류관리실(ITC Docket Office)과 소장제출 및 비밀 관리가 필요한 서류 처리를 협의한다.

7) 디스커버리 사항 사전준비

① 제소자의 장점은 사전에 충분한 준비를 할 수 있다는 점이다. 따라서 가급적 치밀한 디스커버리 전략을 사전에 수립하고, 조사 개시 결정이

나오면 바로 상대에게 제시하여야 한다.
② 우리측 관련 자료도 사전에 가능한 범위 내에서 수집하여 둔다.
③ 전문가 증인을 사전에 확보한다.

8) 연방지법 동시제소 검토

① 동일 사안으로 연방지법에 제소하는 것을 의미한다. 물론 비용이 증가하나 다음과 같은 이점도 있다.
— 손해배상 청구 가능
— 상대방의 DJ Action 청구 방지 기능
② 반면, 소위 GATT Compliance Law에 의거, 피고가 진행정지를 요구할 경우, 연방지법 사건은 진행이 ITC 소송 종료시까지 정지된다는 점도 참고한다.

2. 침해자의 소장접수(Answer Stage) 단계

1) 피소사실 확인

① 상대방이 통지하여 알거나, 관보(Federal Register), ITC 인터넷 사이트(www.usitc.org)에서 확인 가능하다. 때로는 당사자보다 언론이 먼저 보도하기도 한다.
② 행정절차이므로 민사소송법에 규정된 송달절차를 따르지 않는 점에 주의하여야 한다. 따라서 소장 송달을 받지 못한 상태에서도 소송이 진행될 수 있다.

2) 경영층의 빠른 의사결정 유도

① 제소사 및 침해사의 침해관련 미국 사업현황, 전망 파악한다.
② 소송개요 보고(특징, 기간, 비용, 승산 등)

3) 응소여부 결정

응소하지 않는다 해도, 대리인을 선임하여 당사자간 합의에 의한 철회를 유도하는 것이 향후 사업관계상 바람직하다. 이 경우, 당사자간 합의문을 작성하게 되며, 이 문서를 ITC에 제출하고, 승인이 내려지면 사건이 종결된다. 여기서 주목할 사항은, ITC의 경우 연방지법에 비해 화해 내지는 타결에 더 적극적으로 개입하며, 비록 당사자간에 합의된 화해안이라 하더라도 (연방지법의 경우에는 거의 그대로 승인될 것이 예상되나) ITC는 거부할 수도 있다는 점이다. 이 같은 태도는 결국 피고에게 좀 더 불리하게 작용한다고 보아야 할 것이다.

4) 거래선/언론 대응

경고장 접수단계 참조.

5) 대리인 선임

① 연방법원 대리인 선임 사항 참조.

② 이에 더하여, ITC 소송 경력을 체크(담당 사건 숫자, 승률, ITC 근무 경력 등)한다. 시일이 촉박하므로 현지 출장을 통해 선임을 결정지어야 할 수도 있다.

6) GATT Compliance 검토[제7장, 8. 8). 참조]

상대가 동일사안 (동일한 특허, 동일한 피소품, 동일한 당사자)으로 연방법원에도 소송을 제기하여 계류되어 있을 경우, 연방법원사건에 대해 진행정지 신청여부를 검토한다. 신청을 하게 되면 무조건 받아주게 되어 있으며, 두 가지 소송을 동시에 진행하는 부담을 덜기 위해서는 신청하는 편이 일반적으로 유리하다.

7) 답변 초안 작성

대리인이 작성한 초안을 면밀히 검토한다. 답변은 ITC Rule 210.13에 부합되도록 작성되어야 한다.

8) 디스커버리 사항 사전 준비

ITC 소송에서는 조사결정이 내려진 직후에 디스커버리 요구가 피고측에 전달된다. 따라서 사전 준비가 필요하기 때문에, 상대의 디스커버리 요구가 오기 전이라도 가능한 사내 관련 자료를 수집하고, 상대측 디스커버리 사항 리스트도 준비한다.

9) 각종 기한 관리(Deadlines)[제7장 7. (2). 참조]

ITC 소송은 일반적인 민사소송에 비해 진행속도가 매우 빠르다. 또한 각종 기한이 설정되는데, 그 기한은 대부분 지켜진다. 따라서 쉴새없이 다가오는 각종 기한에 대해 미리 대응하여야 한다. 물론 대리인이 1차적으로 기한관리를 할 것이지만, 전략적 의사결정을 하기 위해서는 고객의 입장에서도 기한관리를 하여야 한다.

10) 전문가 증인 선임

연방법원 소송 디스커버리 단계 참조.

11) 최악 상황 대응

① 회피 설계 가능성을 타진하고, 경제성을 살핀다. ITC 소송은 앞으로의 수입행위를 배제하는 것이므로, 만일 비침해품이 준비된다면, 상대의 ITC 소송목표를 실질적으로 무력화시킬 수 있다. 설계 변경, 신뢰성 테스트, 고객의 승인을 받아야 하는 경우 서둘러야 한다.

② 유통망, 재고 상황, 현지 생산 등에 대한 검토를 하고, 최악의 상황에 대한 시나리오를 준비한다.

3. 증거조사(Discovery) 단계

1) 연방지법 디스커버리 단계 참조

2) 침해 회피품 노출

침해배제 명령이 집행되는 것은 ITC의 최종 결정문에 쓰여진 결정사항에 따른다. 따라서 배제 대상이 무엇인가가 배제범위를 결정하게 된다. 불리한 결정이 내려질 경우에 대비하여, 비침해이고, 수입배제명령의 예상 문구를 빠져나갈 수 있는 수준의 침해 회피품 내용을 디스커버리 과정에서 노출하는 것도 한 가지 전략이 될 수 있다. 디스커버리가 종료되고 나면 제출할 수 없다. 그리고 물론 침해회피가 가능할 때의 얘기이다.

또한 비침해 대안품의 존재를 상대가 알게 되면, 침해배제 명령을 받아봤

자 실익이 없어지므로, 상대는 타협할 가능성이 무척 높다.

4. 공판준비 및 공판(Prehearing Conference & Hearing) 단계

1) 소송 중간평가

타결 가능성에 대해 재판부에 제출할 의사를 결정한다. 연방법원 소송과 거의 동일하다.

2) 공판 참관

판사 반응, staff attorney 반응, 반대측 반응, 우리측 진행을 종합 판단한다.

이에 덧붙여, Discovery 과정에서 입수한 양측 증거자료, 양측 expert opinion을 바탕으로 승산 판단을 내린다.

5. 불리한 가결정/최종결정(Initial Determination/Final Determination) 단계

1) 결정문 파악 사항 정독

① 판결의 이유, 논리

② 수입배제 명령의 성격, 내용

③ 배제 대상의 범위

④ 공탁금 수준

2) 담당변호사 조언 입수

① 사건 정리 및 전망, 대책, 비즈니스 대응방안 조언을 입수한다.

② CAFC 항고 여부 및 승산을 검토한다.

3) 사내 관련부서 협의

① 상대와 타결 가능성을 검토한다.

② 수출규모, 수출경로, 유통경로, 대리점 현황, 재고 현황, 현지 생산 여부 등, 대응 시나리오를 실행에 옮긴다.

③ 공탁금 감당 여부를 검토한다.

④ 침해 회피제품 출시 가능성을 파악한다.

⑤ 신속한 고객/언론 대응이 필요하다. 결정내용 통지, 대책 전달, 침해 회피제품 승인획득, 기타 구매계약 사항 대응이 필요하다.

제3장

청구범위 해석 및 침해 분석

I. 청구범위 해석

1. 청구범위를 바라보는 시각

독자들은 본장을 읽으면서 원칙도 공부하겠지만, 여러 가지의 예외도 존재한다는 것을 알게 될 것이며, 더욱이 일견 모순되게 보이는 판례와 마주칠지도 모른다. 예를 들어 청구항의 의미를 해석하기 위하여 명세서를 참조하는 것[1](허용됨)과, 청구항에 명세서로부터 가져온 한정을 부가하는 것[2](원칙적으로 허용되지 않음)은 법원에서도 인정할 정도로, 실무에서 구분하기가 매우 어려운 일이다.[3]

필자는 이런 문제를 만날 때는 사익과 공익의 균형이라는 시각에서 바라

1) *Markman v. Westview Instruments, Inc.*, 52 F.3d 967, 979 (Fed. Cir. 1995), aff'd, 517 U.S. 370 (1996).

2) *Arlington Indus., Inc. v. Bridgeport Fittings, Inc.*, 345 F.3d 1318, 1327 (Fed. Cir. 2003).

3) *Phillips v. AWH Corp.*, 415 F.3d 1303, 1323 (Fed. Cir. 2005) (이 문제에 대하여 법원은, "만일 해당 청구항 용어를 당업자가 어떻게 이해할까에 대해 법원이 집중적인 시각으로 살펴본다면 용어 해석과 한정사항 부가를 구분하는 선은 상당한 확실성과 예측성을 가지고 그어질 수 있다"고 하였다).

보고는 한다. 먼저 사익의 관점을 생각해보자. 특허제도는 주지하다시피, 독점권이라는 매력적인 대가를 통해 발명자의 기술개발 동기를 극도로 자극하여, 사회전체의 기술 수준을 높이는 목적을 가지고 있다. 즉, 필자가 볼 때는 특허제도란, 인간이 가지고 있는 욕심을 생산적인 결과로 유도하는 실로 기가 막힌 제도라고 아니할 수가 없다. 이러한 목적을 달성하기 위해서는 인간의 창의력을 최대한 보호해줘야 할 것이며, 그러기 위해서는 발명자가 스스로 권리범위라고 생각하고 표현한 기술사상을 가능한 발명자가 의도한 만큼 넓게 해석해주어야 할 것이다. 발명은 기술사상이며, 실시예는 이 기술사상이 구체화된 하나의 예시가 될 뿐이다. 그래서 기술사상이 표현된 특허 청구범위는 실시예에 국한되지 않는다는 원칙이 성립하는 것이다.[4)5)]

반면에, 이번에는 특허제도가 가지는 공익적인 관점을 생각해보자. 인간이 가지고 있는 욕심은 종종 과도하게 발휘되고는 한다. 과도하게 발휘된 욕심에 특허권이 부여된다면, 발명자는 자기가 발명한 기술사상을 넘어서는 권리를 가지게 되고, 특허권자를 제외한 다른 모든 사람들은 정당하게 실시할 수 있는 기술조차 실시하지 못하게 된다. 또한, 청구범위는 특허권자의 권리가 미치는 경계를 명확히 하여야 하고, 그렇지 않은 경우, 불분명한 경계로 말미암아 예측하지 못한 특허권 침해 시비가 일어나고, 이를 우려한 일반 대중이 특허권과 유사한(그러나, 권리에 속하지 않고 자유로운) 기술 실시를 꺼리게 될 것이다. 만일 이런 일이 벌어진다면, 사회의 발전을 추구하기 위한 특허제도가 오히려 그 발전을 저해하는 도구로 변해버릴 것이고, 이것은 특허제도가 의도한 바는 결코 아니다. 따라서 이런 인간이 가지고 있는 과도한 욕심을 제어할 장치가 필요한데, 치유가 불가할 정도의 과도한 권리범위는 무효로 만들어버리

---

4) 참조. *Lemelson v. United States*, 52 F.2d 1538, 1552, 224 U.S.P.Q. (BNA) 526, 534 (Fed. Cir. 1985) [청구항의 용어 "사전 위치잡기(prepositioning)"는, 비록 명세서에서 반복적으로 자동식 사전 위치잡기라고 언급하고 있으며, 한 번도 수동식 사전 위치잡기라고 언급한 적이 없지만, 자동식 사전 위치잡기에만 국한되지 않는다.]

5) 위 Lemelson 사건의 해석 범위와 means plus function claim(기능식 청구항)의 해석을 비교해 보라. 기능식 청구항에서는 기능식 청구용어는 실시예와 그 균등물로 제한 해석된다. 왜냐면 미국특허법 제112조가 그렇게 규정하고 있으므로… 따라서 Lemelson 사건에서의 해석 범위는 기능식 청구항보다 훨씬 넓은 권리범위를 부여받고 있는 것을 알 수 있다.

거나, 혹은 실제 발명의 범위만큼만 권리를 제한적으로 해석해주어야 하고, 그래서 때로는 명세서의 실시예를 참조하여 권리를 축소하게 되는 것이다.

그러면 종합해서 볼 때, 사익과 공익은 어떠한 형태로 균형을 유지할까? 발명이 없으면 특허제도가 존재하지 않는다. 따라서 발명을 최대한 이끌어내기 위해서는 우선적으로 발명자의 권리(사익)를 최대한 보호해주어야 한다. 공익적인 권리제한은 2차적으로, 그리고 필요할 때만 제한적으로 작동할 따름이다. 그래서 권리제한은, 권리자가 스스로 권리범위를 축소하거나, 배제하거나 포기하는 발언이나 명백한 의사가 있을 경우에,[6] 또는 발명의 목적 달성에 필요한 구성요소로 청구항을 한정해야 할 경우,[7] 또는 청구항의 용어가 너무나 불명확하여 정확한 권리범위를 알아내기가 어려운 경우[8]로 국한하여 작동하게 되며, 이때는 필요적으로 명세서에서부터 한정사항을 청구항에 도입하게 되는 것이다. 결국, 이러한 사익과 공익의 균형을 이해할 경우, 권리범위가 실시예에 국한되지 않는다는 원칙이나, 실시예를 감안한 청구항 제한해석 원칙은 서로 모순되는 것이 아니라, 실제로는 일관된 원칙인 것을 알 수 있다.

마지막으로 사익과 공익 어느 편도 아닌 중립적인 룰을 들 수 있다. 자세히 후술하겠지만, 예를 들면 법으로 약속한 기능식 청구항(means plus function claim)의 해석 원칙, 청구항 차별화(claim differentiation) 원칙 등등이다.

아래 표는 위 사항에 따른 청구항 해석원칙을 표로 정리해본 것이다. 주의하여야 할 것은 이 표가 모든 해석원칙을 망라하고 있는 것은 아니고, 개념을 이해하기 위한 대표적인 예라는 것이다. 사익과 공익의 균형이라는 관점에서 한 칸씩 좌우로 번갈아 읽어볼 것을 권한다. 한편, 이 표가 유용한 점도 있다. 특허 협상시 특허권자든, 침해자의 입장이든 서로에게 유리한 원칙을 주장하거나, 상대방의 주장을 반박하는 용도로도 쓰여질 수 있을 것이다.

---

6) *Johnson Worldwide Assoc. v. Zebco Corp.*, 175 F.3d 985, 989-90 (Fed. Cir. 1999) 참조. (명세서나 심사경과서류, 클레임 용어 그 자체가 명확하게 요구하는 경우를 제외하고는 명세서나 심사경과서류를 참조하여 청구범위에 한정사항을 부가할 수 없다.)

7) *Fromson v. Anitec Printing Plates, Inc.*,132 F.3d 1437, 1440-42, 45 U.S.P.Q.2d 1269, 1271-72 (Fed. Cir. 1997).

8) *CCS Fitness*, 288 F.3d at 1367, 62 U.S.P.Q.2d at 1663 *Johnson Worldwide*, 175 F.3d at 990, 50 U.S.P.Q.2d (BNA) at 1610.

Pro-Patentee	Anti-Patentee
• 스스로 선택한 용어로 청구할 자유 • 작명할 권리	• 발명 이상의 과도한 권리 제한 • 넓은 의미의 해석과 좁은 의미의 해석이 모두 가능한 경우, 좁은 의미로 해석 • 의미가 특정되지 않을 때는 그 용어가 가지는 모든 의미로 해석
• 권리의 경계선을 그을 권리	• 경계선을 분명히 해야한다. (명세서 기재요건)
• 실시예에 국한되지 않는 권리범위 • 명세서나 심사경과서류, 클레임 용어 그 자체가 명확하게 요구하는 경우를 제외하고는 청구범위에 한정사항을 부가할 수 없다.	• 명세서 참작의 원칙 • 발명의 목적을 달성하지 않는 기술은 비침해 • 공중에의 헌납
• 우선적으로 일상적 의미로 해석한다.	• 일상적 의미로부터의 이탈된 해석은, 특허권자가 청구범위를 명백히 부인하는 뜻으로, 제외하거나 제한하는 표현 또는 용어를 사용했을 경우에만 가능하다.
• 청구항은 가능한 유효성을 유지하도록 해석한다.	• 유효성 유지를 위해 일상적 의미와 다르게 해석불가, 즉 무효 혹은 비침해되어야 한다.
• Preamble이 한정사항인가를 판단하기 위해서는 명세서 전체를 검토하여야 한다.	• Jepson형 클레임에 있어서는 전문부는 일응 발명자가 인정한 선행기술로 추정한다.

2. 청구범위 해석 일반

특허권자가 행사할 권리가 특허청구범위로 정의되는 것은 특허법의 가장 기본 원칙이다.[9] 청구범위를 해석하는 것은 청구항에 포함된 구성요소들의 의미를 결정하여, 해당 청구항의 적절한 권리범위를 알아내는 것이다. 청구범위가 바르게 해석되면 특허 침해여부를 가리는 데 있어서 결정적인 역할을 하는

9) *Innova/Pure Water, Inc. v. Safari Water Filtration Systems, Inc.*, 381 F.3d 1111 (Fed. Cir. 2004).

경우가 많기 때문에, 특허 다툼에 있어서 양 당사자는 많은 시간과 노력을 들여 청구범위를 해석하게 된다.

1996년 이전까지는 청구범위 해석이 판사의 역할인지 배심원들의 역할인지가 불분명하였다. 그러나 CAFC는 유명한 Markman v. Westview Instrument (Markman I) 사건에서 전원합의체 판결을 통해, 특허청구범위 해석은 법률문제[10](matter of law)이며, 판사만이 담당할 수 있다고 선언하였다.[11] 미국 연방대법원은 후일 Markman II라고 불리는 판결을 통해 CAFC의 판결을 지지하였다.[12] 이후 특허침해 소송사건에서는 모든 법원에서 Markman Hearing이라고 불리는 청구범위 해석절차가 소송과정에서 빠짐없이 진행되고 있다.[13]

3. 청구범위가 가지는 대세적인 고지기능(Notice Function)

마크맨(Markman) 사건에 있어서 법원은 청구범위가 가지는 대세적(對世的)인 고지기능을 강조하였다. 즉, 특허의 청구범위를 바르게 알아야만 경쟁자들은 안전하게 회피설계를 하거나, 혹은 관련 제품이나 방법을 포기하는 데 있어서 정확한 정보에 바탕을 둔 결정을 내릴 수 있다는 것이다.

CAFC는 누구나 입수 가능한 특허서류(publicly available patent documents)를 확립된 청구항 해석원칙에 따라 법원이 해석할 것임을 경쟁사가 알고 있을 때, 이러한 고지기능이 최대한 발휘된다고 판시하였다.[14]

일반 공중이 접근 가능한 특허서류란, 청구범위, 특허 명세서, 심사경과서

---

10) 미국 소송에서 다루어지는 쟁점은 사실문제(matter of fact)와 법률문제(matter of law)로 구분된다. 사실문제란 사실관계에 대한 다툼을 의미하며, 배심원(배심 재판이 아닌 경우는 판사)의 판단 대상이 되고, 법률문제란 다툼이 없는 사실에 대해서도 법률적 결론은 달라질 수 있는바, 이에 대한 다툼을 의미하며, 판사의 판단 대상이 된다.

11) *Markman v. Westview Instruments, Inc.*, 52 F.3d 967, 979, 34 U.S.P.Q.2d (BNA) 1321, 1329 (Fed. Cir. 1995) (*en banc*) (hereinafter Markman I), *aff'd*, 517 U.S. 370, 38 U.S.P.Q.2d (BNA)1461 (1996) (hereinafter *Markman II*).

12) *Id.*

13) *Markman Hearing*의 상세한 사항에 대해서는 본서 제6장 US Court Practice를 참조 바란다.

14) *Markman I*, 52 F.3d at 978-79, 34 U.S.P.Q.2d (BNA) at 1329.

류(file history 혹은 file wrapper)를 말하는데, 이를 법률용어로는 내적 증거(intrinsic evidence)라고 부른다. 원칙적으로 청구항 해석은 내적 증거를 우선 검토하여야 하며, 가급적 내적 증거만으로 청구항 해석이 이루어져야 한다.

만일 내적 증거를 검토하여도 의미를 특정할 수 없는 경우에 한하여, 전문가의 증언 혹은 선행기술이 참조될 수 있는데, 이를 외적 증거(extrinsic evidence)라고 한다. 그러나 여기서 오해하면 안 되는 것은, 외적 증거를 이용하여 새로운 사실관계를 판단하는 것은 아니고, 내적 증거의 해석을 도우려는 목적으로 외적 증거가 사용된다는 것이다.[15] CAFC는 외적 증거와 관련하여, "공판 때 제출된 전문가 증언과 같은 외적 증거로 공공기록(청구범위: 역자주)을 바꾸는 것은 공중고지 기능을 무의미하게 만들어버린다"[16]고 하여 전문가 증언과 같은 외적 증거가 보조적인 역할에 그쳐야 함을 강조하였다.

4. 특허 청구범위의 구성

전문부(Preamble)	A wagon
전이구(Transition)	comprising
본체부(Body)	a. a plat form; b. two axles attached to the plat form; and, c. a wheel on each axle.

청구범위는 위와 같이 크게 3개 부분으로 나누어진다. 권리범위와 관련한 각 부분의 구체적 기능은 아래와 같다.

5. 전문부(Preamble)

전문부는 청구항의 가장 앞에 나타나는 항목이며, 주 기능은 발명의 유형을 요약하거나, 종래기술과의 관계 설명, 발명의 실시환경 설명 또는 발명의

15) *C.R. Bard, Inc. v. U.S. Surgical Corp.*, 388 F.3d 858, 862 (Fed. Cir. 2004). 참조.

16) *Vitronics Corp. v. Conceptronic, Inc.* 90F.3d 1576, 1583, 39 U.S.P.Q.2d (BNA) 1573, 1577 (Fed. Cir. 1996).

목적을 정의하는 역할을 한다.

전문부는 그 내용에 따라 청구범위를 한정하기도, 하지 않기도 한다. Preamble의 용어가 청구범위에 의미를 부여하고 발명을 적절하게 정의하는 경우, 한정사항으로 해석한다.

① 만일 전문부가 본체부의 청구항 구성요소에 의해 동작되는 구조를 언급하고 있다면, 청구항 해석시 이를 고려하여야 한다.[17]

② CAFC는 전문부의 문언이 발명을 적절하게 정의하고, 청구범위에 "생명, 의미, 그리고 활기(life, meaning and vitality)[18]"를 부여할 때에만, 그 문언이 한정사항으로 작용한다고 강조하였다.[19]

③ 또한, 심사과정에서 선행기술과 청구된 발명을 구별하기 위해 전문부의 문언에 의존했다면, 이는 발명을 정의하기 위해 전문부를 활용하였다는 것이므로 이 전문부는 한정사항으로 해석한다.[20]

④ 본체부에 있는 한정 사항이나 용어를 이해하기 위해 필수적인 경우, 전문부는 한정사항으로 본다.[21]

⑤ 전문부에 기재된 구성이나 방법을 명세서에서 강조하는 경우, 전문부를 한정 사항으로 볼 수 있다.[22]

그러나 Preamble이 단순히 용도나 목적을 기술하고 있다면, 한정사항이 아닌 것으로 본다.[23] 또한, 단순히 발명이 활용되거나 동작하는 환경을 정의하는 전문부는 한정사항이 아닌 것으로 본다.[24] 왜냐하면 장치나 조성물 청구항의 특허성은 청구된 구성에 달린 것이지 그 구성의 용도나 목적에 달린 것이 아니기 때문이다.[25]

---

17) *Rowe v. Dror*, 112 F.3d 473, 478-79 (Fed. Cir. 1997).

18) *Pitney Bowes, Inc. v. Hewlett-Packard Co.*, 182 F.3d 1298, 1305, 51 U.S.P.Q.2d (BNA) 1161, 1165 (Fed. Cir. 1999) (citations omitted).

19) *Id.* at 1305.

20) *Catalina Mktg. Int'l, Inc. v. Coolsavings.com, Inc.*, 229 F.3d 801, 808 (Fed. Cir. 2002).

21) *Id.*

22) *Id.*

23) *C.R. Bard, Inc. v. M3 Sys., Inc.*, 157 F.3d 1340, 1350 (Fed. Cir. 1998).

24) *Catalina Mktg. Int'l, Inc. v. Coolsavings.com, Inc.*, 229 F.3d 801, 810 (Fed. Cir. 2002).

25) *Id.*

이러한 전문부의 역할을 판단하는 것은 전문부만을 보고 판단하는 것이 아니라, 발명자가 실제로 발명한 것이 무엇인지, 그리고 청구범위에 포함하려고 한 사항이 무엇인지를 이해하여야 하고, 그러기 위해서는 특허명세서 전체를 검토하여 판단하여야 한다.[26] 따라서 리트머스 테스트와 같이 확실한 판단 방법은 없다.[27]

그러나 소위 Jepson형 클레임에 있어서는 전문부는 발명자가 인정한 선행기술로 간주되고,[28] 발명은 그 전문부와 발명자의 개량기술이 결합된 것이므로, 전문부가 청구범위를 한정하는 것으로 본다.[29] 그러나 이는 절대적인 원칙은 아니다. 법원은, "Jepson형 클레임의 전문부는 묵시적으로 스스로 인정한 선행기술로 간주된다. 그러나 그 같은 인식은, 같은 시점에서 출원 계류 중인 다른 특허와 이중 특허(double patenting)라는 거절 사유를 피하기 위해 Jepson형을 채용했다는 항고인(특허권자)의 설명에 의해 극복될 수 있다"고 하여 케이스-바이-케이스로 다룰 것을 판시하였다.[30]

Enzo v. Calgene, 188 F.3d 1362, 52 USPQ2d 1129 (Fed. Cir. 1999)[31]
전문부에서 "원핵 또는 진핵세포에서 유전자의 기능을 조절하는 방법"이라고 기재한 청구항은 §112조 첫째 단락에 의해 무효가 되었다. 왜냐하면, 명세서에는 '원핵세포에 대한 유전자 기능을 조절하는 방법'만 실시 가능하도록 기재되어 있었기 때문이다.

26) *Corning Glass Works v. Sumitomo Elec. U.S.A., Inc.*, 868 F.2d 1251, 1257, 9 USPQ2d 1962, 1966 (Fed. Cir. 1989).

27) *Catalina Mktg. Int'l, Inc. v. Coolsavings.com, Inc.*, 289 F.3d 801, 808 (Fed. Cir. 2002).

28) *Pentec, Inc. v. Graphic Controls Corp.*, 776 F.2d 309, 315, (Fed. Cir. 1985).

29) *Catalina Mktg. Int' v. Coolsavings.com, Inc.*, 289 F.3d at 808, 62 U.S.P.Q.2d (BNA) at 1785 (Fed. Cir. 2002) 참조.

30) *Reading & Bates Constr. Co. v. Baker Energy Res. Corp.*, 748 F.2d 645, 650, (Fed. Cir. 1984).

31) Irving Kayton, Draft and Prosecute Winning Patents Workshop Text, p p2-36, Patent Resources Group, Inc., 2003.

6. 전이구(Transition Phrase)

(1) Comprising

소위 개방형(open-ended) 전이구라고 하며, 청구항 구성요소에 다른 요소가 추가되어도 여전히 권리범위에 포함된다(즉, 침해)는 뜻으로 사용된다.[32] 즉, 청구범위가 A+B+C로 이루어져 있는 특허에 대해, A+B+C+D로 구성된 제품은 청구범위인 A+B+C를 실시하고 있으므로 침해로 판정된다.

Comprising이라는 용어 대신에 having 혹은 including을 써도 같은 뜻으로 본다.[33]

(2) Consisting of

Comprising과 반대되는 목적으로 사용되는데, 소위 폐쇄형(closed-ended) 전이구라고 하며, 청구항 구성요소의 실시에만 청구범위가 국한되고, 청구항 구성요소에 다른 요소가 추가되면 권리범위에 포함되지 않는다(비침해)는 뜻으로 해석된다.[34] 즉, 청구범위가 A+B+C로 이루어져 있는 특허에 대해, A+B+C+D로 구성된 제품은 청구범위인 A+B+C만을 실시하고 있지 않으므로 비침해로 판정된다.

(3) Consisting essentially of

소위 부분 폐쇄형(partially closed-ended) 전이구라고 하며, 개방형 전이구와 폐쇄형 전이구의 중간 정도의 범위로 해석된다.[35] 즉, 청구항 구성요소의 실시

---

32) *Genentech, Inc. v. Chiron Corp.*, 112 F.3d 495, 501, 42 USPQ2d 1608, 1613 (Fed. Cir. 1997).

33) *Toro Co. v. White Consol. Indus.*, 199 F.3d 1295, 1303 (Fed. Cir. 1999) (Rader, J., dissenting) (citation omitted).

34) *Georgia-Pacific Corp. v. U. S. Gypsum Co.*, 195 F.3d 1322, 1327 (Fed. Cir. 1999).

35) *AK Steel Corp. v. Sollac & Ugine*, 344 F.3d 1234, 1244 (Fed. Cir. 2003).

에만 청구범위가 국한되는 점은 원칙적으로 폐쇄형 전이구와 동일하나, 다른 요소가 추가되어도, 그 추가된 요소가 청구된 발명에 실질적인 영향을 주지 않는다면, 여전히 권리범위에 포함된다(즉, 침해)는 뜻으로 사용된다.[36] 즉, 청구범위가 A+B+C로 이루어져 있는 특허에 대해, A+B+C+D로 구성된 제품은, D가 필수적 구성요소로 판단되면 비침해, 그렇지 않으면 침해로 판정된다.

이 전이구 형식은 화학 성분 관계 특허에서 종종 사용되는데, 예를 들어 청구된 조성물에 그 특성을 실질적으로 변화시키지 않는 불순물과 운반체가 들어 있다면 여전히 침해가 된다. 때로는 "Consisting prevailingly but not essentially of" 형식으로 길게 쓰여지기도 한다.

7. 청구항 용어의 해석

1) 청구항의 용어는 특허권자가 발명이라고 간주하는 주제를 명확하게 지적하고 특징적으로 청구하기 위해 스스로 선택한 것으로서 청구항의 모든 용어는 중요한 것으로 간주된다.[37] 따라서 청구항의 용어는 당업자에게 있어서 일상적이고 주지된 의미로 해석되어야 하는 것이 기본 원칙이다.[38] 당업자는 청구항의 용어를 이해함에 있어서 해당용어가 나타나는 특정 청구항의 맥락에서 읽는 것이 아니라, 명세서를 포함한 특허 전체의 맥락에서 이해하는 것으로 간주된다.[39]

① 따라서 이 일상적인 용어의 의미를 결정하기 위해서는 청구항, 명세서, 심사경과서류와 같은 내적 증거도 살피고, 저명한 이론서나 사전도 살펴보아야 한다.[40] 명세서나 심사경과 서류와는 별개로 청구항들 그 자체가 특정한 청구 용어의 의미에 대한 실질적인 지침을 제공하기도 한

---

36) *PPG Indus. v. Guardian Indus. Corp.*, 156 F.3d 1351, 1354 (Fed. Cir.1998).

37) *Warner-Jenkinson Company, Inc. v. Hilton Davis Chemical Co.*, 520 U.S. 17, 29 (1997).

38) *CCS Fitness, Inc. v. Brunswick Corp.*, 288 F.3d 1359, 1366, 62 U.S.P.Q.2d 1658, 1662 (Fed. Cir. 2002).

39) *Phillips v. AWH Corp.*, 415 F.3d 1303 at 1313 (Fed. Cir. 2005) (en banc).

40) *Teleflex, Inc. v. Ficosa N. Am. Corp.*, 299 F.3d 1313, 1325, 63 U.S.P.Q.2d 1374, 1380 (Fed. Cir. 2002).

다.[41] 따라서 청구항의 일상적이고 주지적인 의미를 결정하기 위해서는 청구항의 주변 용어를 반드시 고려하여야 한다.[42] 간단한 예를 들어 “철제 차폐판(steel baffles)”이란 청구용어는 차폐판이 원래 쇠로 만들어 진다는 의미가 아니란 점을 강하게 내포하고 있다.[43]

② 이론서나 사전은 형식상으로는 외적 증거에 속하지만, 실제로는 해당 기술을 표현하기 위해 당업자가 이용하는 기술 및 용어를 판사가 이해하도록 돕는 가장 중요한 정보원이라고 할 수 있다.[44]

2) 그러나, 그 용어가 특정분야에서 기술적인 의미를 가지는 경우, 일반사전의 의미로 해석해서는 안 된다.[45]

3) 어느 특정용어에 대해 여러 가지 의미가 있을 경우, 내적 증거(특허명세서와 심사경과서류)를 반드시 참조하여 어느 의미가 발명자가 사용한 용어와 가장 부합하는지를 특정하여야 한다.[46] 만일 하나 이상의 의미가 모두 내적 증거에서 나타난 용어 사용과 일치할 경우, 그렇게 일치하는 모든 의미로 청구용어를 해석할 수 있다.[47] 의미가 특정되지 못할 경우, 그 용어가 가지는 모든 의미를 포함하는 것으로 해석하여야 한다.

4) 용어는 침해시점이 아닌 특허출원시(effective filing date)에 사용된 의미로 해석하여야 한다.[48]

---

41) *Phillips*, 415 F.3d at 1314.

42) *ACTV, Inc. v. Walt Disney Co.*, 346 F.3d 1082, 1088 (Fed. Cir. 2003).

43) *Phillips*, 415 F.3d at 1314.

44) *Tex. Digital Sys. v. Telegenix, Inc.*, 308 F.3d 1193, 1203, 64 U.S.P.Q.2d 1812, 1818-19 (Fed. Cir. 2002).

45) *Phillips*, 415 F.3d at 1314.

46) *Phillips,* 415 F.3d at 1320 citing Tex. Digital Sys. v. Telegenix, Inc.,308 F.3d 1193, 1203 (Fed. Cir. 2002).

47) *Id.*

48) *Schering Corp. v. Amgen Inc.*, 222 F.3d 1347, 1353 (Fed. Cir. 2000).

5) 특허권자는 자신만의 사전 편찬자(lexicographer)이다.

① 특허권자는 특별한 용어를 고안하거나, 아니면 일반 용어라고 하더라도 일상적인 의미와 맞지 않게 사용할 수 있다. 이 경우에는 일상적인 의미로 용어가 해석되어야 한다는 원칙이 적용되지 않는다.[49] 그러나, 이 경우 반드시 자신이 사용하는 의미를 명세서나 심사 경과서류에 명확히 정의(명시적, 혹은 명백한 암시)해 두어야 하며, 그렇다고 하더라도 일상적인 의미와 반대되는 뜻으로 정의할 수는 없다.[50]

② 또 한편으로는, 발명자가 명세서에서 의도적으로 일부 권리범위를 포기 또는 부인할 수도 있는데, 이런 경우에도 마찬가지로 발명자는 올바른 권리범위를 스스로 지정하였고, 명세서에 표현된 발명자의 의중은 결정적인 판단 요소가 된다.[51]

③ 명확히 정의되어있지 않는 경우, 일반적인 의미로 해석한다.

8. 청구범위 해석 원칙

1) 청구범위는 자유롭게 해석되어야 하나, 가능하다면, 그 청구범위의 유효성이 유지되고, 특허권자의 권리를 파괴하지 않도록 해석되어야 한다.[52] 위 원칙에서 중요한 단서는 "가능하다면"이다. 대상 청구범위에 대해 오직 하나의 합리적인 해석만 가능하다면, 그 특허의 유효성을 유지하기 위해 일상적인 의미와 다르게 청구 용어를 해석할 수 없다는 판례도 있다.[53]

Texas Instruments Inc. v. United States International Trade Commission, 871 F.2d 1054 (Fed. Cir. 1989)

Texas Instruments ("TI")는 심사과정에서 경쟁사 제품을 커버하도록 청구범위를 확장하였다. 법원은 심사과정에서 대리하는 변호사가 알게 된 경쟁사 제품을 커버할 의도로 청구항을 보정하는 것에 대해 그 자체로는 부적절한 행동이 아니라고 보았다. 문

49) *Johnson Worldwide Assoc. v. Zebco Corp.*, 175 F.3d at 989, 50 U.S.P.Q.2d at 1610.

50) *Id.* 175 F.3d at 991, 50 U.S.P.Q.2d at 1611.

51) *Phillips*, 415 F.3d at 1315.

52) *Rhine v. Casio, Inc.*, 183 F.3d 1342, 1345 (Fed Cir. 1999).

53) *Elekta Instrument S.A. v. O.U.R. Scientific Int'l, Inc.*, 214 F.3d 1302, 1309 (Fed. Cir. 2000).

제는 행정판사(ALJ)의 행동이었다. 보정된 청구항 대로라면 삼성전자의 64K, 128 KDRAM은 침해였지만, 이와 동시에 특허는 선행기술에 의해 무효가 될 수 있었다. 그러나 행정판사는 특허의 유효성을 유지하기 위해, TI가 심사과정에서 버린 최초 청구항에 있던 한정사항을 포함하여 청구범위를 해석(이 경우에는 청구범위 재작성에 해당)하였고, 이렇게 재작성된 특허를 근거로 문제의 반도체 제품은 비침해라고 결론 내렸다. CAFC는 이와 같은 결론은 잘못되었다고 지적하였으며, "모호한 청구범위는 가능하다면 그 유효성을 유지할 수 있도록 해석되어야 한다. 그러나 이 해석 원칙은 청구항에 없는 한정사항이나 출원인이 심사과정에서 버린 한정사항을 청구항에 끌어들이는 것을 정당화하지는 않는다"[54]고 판시하였다.

2) 어느 청구항 용어에 대해 넓은 의미의 해석과 좁은 의미의 해석이 모두 가능한 경우, 대세적 고지기능 목적상 좁은 의미로 해석하여야 한다.[55]

3) 청구범위는 당업자의 입장에서 해석되어야 하며, 변호인이나 전문가 증인의 입장에서 해석할 수 없다.[56]

4) "a"는 문맥에 따라서 하나 혹은 그 이상을 의미할 수 있다.

5) "Whereby" 구문은 청구범위 구성요소의 동작 결과를 서술하고 있기 때문에 청구범위를 해석할 때에는 무시된다.[57] "Whereby"는 "It follows from the foregoing that…"의 의미를 가지고 있으며, 구성을 담지 않고, 전술한 구성으로부터 연유되는 필연적인 결과, 혹은 내재된 결과를 서술하고 있다.

6) 순서를 명시하지 않는 한, 방법을 수행하는 단계는 어떠한 순서라도 관계없다.

9. 다른 청구항과의 관계

청구항을 해석할 때 다른 청구항과 동일한 것이 명백하지 않는 한, 다른 청구항과 중복이 되도록 해석해서는 안 된다.[58] 즉, 모든 청구항은 서로 범위

---

54) *Texas Instruments Inc. v. United States International Trade Commission*, 871 F.2d 1054, 1065 (Fed. Cir. 1989).

55) *Athletic Alternatives, Inc. v. Prince Mfg., Inc.*, 73 F.3d 1573, 1581, 37 U.S.P.Q.2d (BNA) 1365, 1372 (Fed. Cir. 1996).

56) *Dayco Prods., Inc. v. Total Containment, Inc.*, 258 F.3d 1317, 1324, 59 U.S.P.Q.2d (BNA) 1489, 1494-95 (Fed. Cir. 2001).

57) *Tex. Instruments, Inc. v. U.S. Int'l Trade Comm'n*, 988 F.2d 1165, 1172, 26 U.S.P.Q.2d 1018, 1023 (Fed. Cir. 1993).

가 다르다는 가정이 존재하는데, 이를 청구항 차별화 원칙(doctrine of claim differentiation)이라고 한다. 만일 다른 청구항에서 다른 용어나 표현이 사용된 경우, 의미와 범위가 상당히 다르다고 추정된다. 그러나 이 원칙은 절대적인 법이라기보다는 해석을 위한 가이드이다.[59] Claim differentiation의 원리 하에서는, 각각의 청구항은 커버하는 영역이 다르다고 추정된다.[60] 즉, 특정한 한정을 부가적으로 가지고 있는 종속항이 있을 경우, 독립항은 그러한 한정을 가지고 있지 않을 것이라는 추정이 성립한다.[61] 종속항에서 읽혀지는 한정요소가 독립항으로 읽혀질 수 있는지 여부와, 그 한정요소가 두 청구항간에 있어서 의미 있는 유일한 차이인지 여부에 관한 다툼이 있는 경우에 이러한 추정은 더욱 강해진다.[62] 그렇기에 넓은 청구항이 커버하는 영역을 해석하기 위해서는 좁은 청구항에 기재된 사항을 참조해야 한다. 예를 들어, 독립항은 '날아다니는 곤충을 유인하는 광원을 포함하는 트랩'을 기재하고 있고, 종속항은 '그 광원은 자외선 광을 포함하고 있다'고 기재하고 있을 때, 독립항은 자외선 광에 한정되지 않고 그 외의 광을 모두 커버할 것이라는 강한 추정이 성립된다.[63] 물론 어디까지나 추정이기 때문에 전체 상황이 다른 해석을 시사하거나 혹은 다른 해석을 선호하는 강한 증거가 있으면 이러한 추정은 반박될 수 있다.[64]

Kalman v. Kimberly-Clark Corp., 713 F.2d 760, 218 USPQ 781 (Fed. Cir. 1983)[65]
사건에서, 피고는 법원이 명세서에 기재된 한정 요소를 문제가 된 청구범위로 읽어 들여주기를 바랐다. 그 특허는 열가소성 물질을 필터링하는 장치와 방법에 관한 특허

58) *Laitram Corp. v. Rexnord, Inc.*, 939 F.2d 1533, 1538 [citing Autogiro Co. of Am. v. United States, 384 F.2d 391, 404, 155 U.S.P.Q. 697, 708 (Ct. Cl. 1967)].

59) *See, e.g., Kraft Foods v. International Trading Company and Houston Processing Ltd.,* 203 F.3d at 1368, 53 U.S.P.Q.2d at 1818. (Fed. Cir. 2000).

60) *Toro Co. v. White Consol. Indus.*, 199 F.3d 1295, 1302, 53 U.S.P.Q.2d 1065, 1070 (Fed. Cir. 1999) (citations omitted).

61) *Phillips*, 415 F.3d at 1315.

62) *Wenger Mfg. Inc. v. Coating Machinery Ststems, Inc. and Vector Corp.*, 239 F.3d 1225, 1233, 57 U.S.P.Q.2d at 1685 (Fed. Cir. 2001).

63) *Ecolab, Inc. v. Paraclipse, Inc.*, 285 F.3d 1362, 1375-76, 62 U.S.P.Q.2d 1349, 1358 (Fed. Cir. 2002).

64) *Liebel-Flarsheim Co. v. Medrad, Inc.*, 481 F.3d 1371, 1380 (Fed. Cir. 2007).

인데, 피고인은 특허권자의 청구범위가 자신이 실시하고 있는 장치와 방법에 이용되는 것이 아닌, differential hydrostatic pressure에 의해 필터가 동작되는 장치와 방법에 한정되어야 한다고 주장하였다. 그러나 독립항은 필터의 동작을 유발하는 특정한 수단을 언급함이 없이 단지 "필터의 효과적인 움직임"이라고만 표현했으며, 종속항은 "differential hydrostatic pressure의 결과"로서 필터의 움직임을 언급하고 있었다. 법원의 판시에 따르면, Claim differentiation의 원리에 따라, 'differential hydrostatic pressure'를 언급한 종속항의 구성요소가 넓은 독립항으로 채용될 수 없다고 판시하여 'differential hydrostatic pressure'를 채용하지 않은 피고의 침해를 인정하였다.

종속항은 그 종속항이 인용하는 독립항을 더욱 한정하거나 (내적 부가) 그 독립항에 추가적 구성요소를 부가하여 (외적 부가) 이루어진다. 따라서 종속항은 종속항의 구성요소 이외에도 독립항의 모든 구성요소를 포함하는 것으로 해석하여야 한다.

구조를 언급하고 있는 방법청구항의 경우, 그 구조가 청구범위, 명세서, 심사경과서류 또는 다른 청구항의 해석의 결과 방법청구항의 실시에 필요하다고 보여지면, 그러한 구성을 가진 방법으로 한정할 수도 있다.

동일한 특허에서 소송 대상이 된 청구항은 물론 그렇지 않은 청구항도 청구용어의 의미를 파악하는 데 있어서 귀중한 정보가 된다.[66] 왜냐하면 청구용어는 보통 다른 청구항에서도 일관되게 사용되기 때문이다.[67] 따라서 동일한 용어를 다른 청구항에서 달리 해석하여서는 안 된다.[68] 또한, 그 특허에서 파생된 다른 특허가 있고, 그 파생특허의 청구항이 동일한 한정을 가지고 있다면 동일하게 해석하여야 한다.[69] 물론, 특허권자가 다른 의미로 용어를 사용하였다면, 반드시 동일하게 해석해서는 안 된다.[70]

---

65) Irving Kayton, Draft and Prosecute Winning Patents Workshop Text, pp.2-9, 10, Patent Resources Group, Inc., 2003.

66) *Vitronics Corp. v. Conceptronic, Inc.* 90F.3d 1576 at 1582, (Fed. Cir. 1996).

67) *Phillips*, 415 F.3d at 1314.

68) *Rexnord Corp. v. Laitram Corp.*, 274 F.3d 1336, 1342, 60 U.S.P.Q.2d 1851, 1854 (Fed. Cir. 2001).

69) *Epcon Gas Sys., Inc. v. Bauer Compressors, Inc.,* 279 F.3d 1022, 1030-31, 61 U.S.P.Q.2d 1470, 1476 (Fed. Cir. 2002).

70) *Id.* at 1030-31, 61 U.S.P.Q.2d at 1476.

10. 명세서 참작의 원칙

1) 청구범위는 독립적으로 존재하지 않는다.[71] 오히려, 청구범위는 명세서의 일부이므로 청구범위는 명세서에 비추어 해석되어야 한다.[72] 청구항의 해석은 명세서 전체적인 관점에서 이루어져야 한다.[73] 청구범위 해석에 있어서 명세서가 중요한 이유는 명세서의 법적인 역할에 기인한다.[74] 미국 특허법 제112조 제1단락에서와 같이, 명세서는 청구된 발명을 "완전하고, 분명하며, 간결하고 정확한 용어"(full, clear, concise, and exact terms)로 기재할 것을 요구하는 법적 요건에 의해 청구범위와 매우 긴밀한 관계에 놓여있다.[75] 한편, 미국 특허청 역시, 출원된 청구범위는 명세서와 부합되어야 하며, 청구 용어가 가지는 의미를 명세서 기재사항을 참조하여 파악할 수 있도록, 청구항에서 사용된 용어나 어구는 명세서 기재사항에서 지지 근거나 인용 근거를 찾을 수 있어야 한다고 요구하고 있다.[76] 결국 청구용어와 들어맞고 명세서의 기재사항과 가장 자연스럽게 부합되는 청구범위 해석이야 말로 올바른 해석이 된다.[77]

2) 그러나, 청구범위는 명세서에 나타난 실시예로 그 범위가 한정되지는 않는다.[78] 만일 단 하나의 실시예만 가진 특허가 있다면 어떻게 될까? 법원은 그렇다 하더라도 특허권자가 명백히 배제 혹은 제한하는 취지의 기재 혹은 표현을 통해 청구항을 한정하려는 분명한 의사를 표시하지 않는 한,[79] 그 실시예로 범위가 한정되지 않는다고 명시적으로 판시하였다.[80]

---

71) *Phillips*, 415 F.3d at 1315.

72) *Vitronics Corp. v. Conceptronic, Inc.*, 90 F.3d 1576, 1582, 39 U.S.P.Q.2d 1573, 1577 (Fed. Cir. 1996) (quoting Markman I, 52 F.3d at 979, 34 U.S.P.Q. at 1329).

73) *SanDisk Corp. v. Memorex Prods., Inc.*, 415 F.3d 1278, 1285 (Fed.Cir.2005).

74) *Phillips*, 415 F.3d at 1315.

75) *Id.*

76) *Id.* at 1316 quoting 37 C.F.R. §1.75(d)(1)

77) *Id.*

78) *Kraft Foods, Inc. v. Int'l Trading Co.*, 203 F.3d 1362, 1366, 53 U.S.P.Q.2d 1814, 1817 (Fed. Cir. 2000).

79) *Teleflex, Inc. v. Ficosa N. Am. Corp.*, 299 F.3d 1313, 1327 (Fed. Cir. 2002).

Liebel-Flarsheim Co. v. Medrad, Inc., 481 F.3d 1371, 1380 (Fed. Cir. 2007)
위 판례와 관련하여, Liebel 법원은 두 가지 사건을 소개하였다. 먼저 Brookhill-Wilk[81] 법원은 "remote(원격)"라는 용어를 해석함에 있어서, 본 발명이 명세서의 상세한 기재 파트에서 의사가 환자와 같은 방에 있지 않으면서 수술을 행하는 실시예만을 언급하고 있음에도 불구하고, remote라는 용어는 의사가 환자와 같은 방에서 수술을 행하는 것도 포함한다고 넓게 해석하였는데, 그 이유는, 상세한 기재 파트의 어떤 표현도 청구범위의 한정사항을 구성하지 않았기 때문이라는 것이었다. 두 번째로, Altiris[82]법원은 명세서가 단 하나의 실시예만 개시하고 있음에도 불구하고, 방법 청구항에 특별한 순서를 한정사항으로 읽어들이는 것은 부적절하다고 판시하였는데, 그 이유는, 명세서나 심사경과서류의 어느 부분에서도 다른 순서에 대한 포기가 없었다는 것이었다.

심지어 모든 실시예가 특정한 한정사항을 포함하고 있다 하여도 마찬가지이다. 이는 특허법 제112조에서 청구항 그 자체가 특허권의 한계를 기술하도록 요구하고 있기 때문이기도 하지만, 또한 당업자라면 실시예에 표현된 그 내용으로 청구 용어를 한정시킬 사람은 거의 없기 때문이다.[83] 즉, 명세서나 심사경과서류, 클레임 용어 그 자체가 명확하게 요구하는 경우를 제외하고는 명세서나 심사경과서류를 참조하여 청구범위에 한정사항을 부가할 수 없다(혹은 읽어 들일 수 없다).[84]

---

80) *Gemstar-TV Guide Int'l, Inc. v. ITC,* 383 F.3d 1352, 1364 (Fed. Cir. 2004) 참조.

81) *Brookhill-Wilk 1, LLC v. Intuitive Surgical, Inc.*, 334 F.3d 1294, 1301 (Fed. Cir. 2003).

82) *Altiris, Inc. v. Symantec Corp.*, 318 F.3d 1363, 1371 (Fed. Cir. 2003).

83) *Phillips*, 415 F.3d at 1323.

84) *Johnson Worldwide Assoc. v. Zebco Corp.*, 175 F.3d 985, 989-90, 50 U.S.P.Q.2d 1607, 1610 (Fed. Cir. 1999). 한편, 어느 판례에 의하면, 청구용어에 주어진 일상적이고 주지된 의미를 파악하려는 노력을 하기도 전에, 명세서와 심사경과서류를 먼저 보고 이를 의미 해석의 출발점으로 삼는 것은 부적절하다고 훈시하였다. *Texas Digital Systems, Inc. v. Telegenix, Inc.*, 308 F.3d 1193, 1204 (Fed. Cir. 2002). 그러나 이러한 접근 방법은 특허의 맥락 속에서 용어의 의미를 특정하기보다는 사전의 역할을 너무 중요시하여 용어의 절대적인 의미에 집착하는 문제점이 있다고 하여 포기되었다. Phillips, 415 F.3d at 1321. Phillips사건에서 법원은 오히려, 내적 증거로부터 발명자가 어떻게 청구용어를 사용하였는지를 파악하라고 판시하고 있다. *Id.*

SciMed Life Systems, Inc. v. Advanced Cardiovascular Systems, Inc., 242 F.3d 1337 (Fed. Cir. 2001)

위 사건에서, 법원은 "명세서에서 특정 사항이 발명에 포함되지 않는다는 점을 명세서가 분명히 한 경우, 비록 명세서를 참조하지 않고 청구항의 기재사항을 읽을 경우 문제의 특정 사항을 커버할 정도로 넓다고 보여지더라도, 그 사항은 특허청구범위에 포함되지 않는다고 보아야 한다"[85]고 하였다.

법원은 청구항 해석에서, 풍선 팽창 도뇨관(balloon dilatation catheters)에 사용되는 복수관(two-part lumen)은 동축관(coaxial lumen)에 한정되며, 이중의 평행관(dual, side-by-side lumen)을 포함하지 않는다고 결론을 내렸다. 그 결론의 근거로서, 명세서에서 단지 평행관에 대한 언급이 없었던 것이 이유가 아니라, 평행관에 대한 분명한 부인이 있었다는 점을 지적하였다. 구체적으로, 명세서는 동축관 구조만을 다루고 있었고, 평행관은 열등한 것으로 규정하였으며, 동축관 구조는 "본 발명에서 고려되고 개시된 모든 실시예"에 적용된다고 한 점을 들었다.[86]

본 사건은 발명주제를 부정하지 않았더라면, 청구항의 한정사항에 포함될 수 있었던, 주제 포기의 명백한 사례라고 지적하였다.[87]

3) 명세서를 참조하여 청구범위를 정하는 것과 명세서로부터 청구범위로 한정을 끌어드리는 것은 종종 구분이 매우 미묘할 때가 많다.[88] 명세서의 한정사항을 청구범위에 끌어들이는 것을 피하기 위해서는, 명세서의 목적이 당업자에게 본 발명을 가르치고, 본 발명을 실시하고 사용할 수 있도록 하며, 그렇게 하는 최적의 방법을 제공하는 데 있다는 것을 명심하는 것이 중요하다.[89] 당업자에게 본 발명의 실시와 사용 방법을 가르치는 최적의 방법 중 하나는 특정한 케이스에 있어서 본 발명을 실시하는 예를 제공하는 것이다.[90] 많은 경우에 있어서, 이러한 맥락에서 명세서를 읽으면, 과연 특허권자가 그러한 목적 달성을 위한 특별한 실시예를 제시하고 있는지 아니면 청구항과 명세서의 실시예가 엄격하게 같은 범위일 것을 의도하고 있는지가 점차 명확하게 될 것이다.[91] 보통 특허권자가 명세서와 청구범위에서 사용하는 용어의 사용

85) *SciMed Life Systems, Inc. v. Advanced Cardiovascular Systems, Inc.*, 242 F.3d 1337, 1341 (Fed. Cir. 2001).

86) *Id.* at 1343.

87) *Id.* at 1344.

88) *Comark Communications, Inc. v. Harris Corp.*, 156 F.3d 1182, 1186-87 (Fed. Cir. 1998).

89) *Phillips*, 415 F.3d at 1323.

90) *Id.*

91) *Id.*

형태를 보면 그러한 구분이 분명해진다.[92)]

Wang Laboratories v. America Online, 197 F.3d 1377, 53 USPQ2d 1161 (Fed. Cir.1999)[93)]

법원은 전화 네트워크의 양방향 커뮤니케이션을 이용하여 컴퓨터의 데이터베이스로부터 텍스트 정보와 그래픽 정보 프레임을 얻어내는 시스템에 관한 청구범위를 좁게 해석하였다.

문제가 된 청구항은 "정보 프레임(information frames)을 공급하는 비디오 텍스트 공급자로부터 선택된 정보프레임을 얻기 위한 장치"라고 청구하였다. '프레임'이라는 용어는 일반적인 의미에서 bit-mapped protocol과 character-based protocol 둘 다에 적용된다는 데 양측 전문가들이 동의하였다는 사실에도 불구하고, 연방법원은 '프레임'과 '정보프레임'이라는 용어는 character-based protocol에 관한 것이고 또 그것으로 한정된다고 결론 내렸다.

그 특허의 유일한 실시예는 character-based protocol이고, 명세서를 참조한 당업자라면 그 청구항은 그것으로 한정되어 해석되도록 작성되었다는 점, 또한 심사경과서류를 참조할 때 청구용어 해석시 bit-mapped protocol을 포함할 수 있는 해석을 발명자가 부정하였다는 것이 법원의 좁은 해석의 이유였다. 그 결과, bit-mapped protocol을 이용한 피고의 시스템은 비침해가 되었다.

4) 청구항 기재가 그 자체로서 명확하다면, 그 명확한 기재내용이 좁게 해석되어야 하는지 여부는 남아 있는 내적 증거만으로 판단하여야 한다.[94)] 일상적 의미로부터의 이탈된 해석은, 특허권자가 청구범위를 명백히 부인하는 뜻으로, 제외하거나 제한하는 표현 또는 용어를 사용했을 경우에만 가능하다.[95)]

---

92) *Id.*

93) Irving Kayton, Draft and Prosecute Winning Patents Workshop Text, pp3-77, Patent Resources Group, Inc., 2003.

94) *Interactive Gift Express, Inc. v. Compuserve, Inc.*, 256 F.3d 1323, 1331, 59 U.S.P.Q.2d 1401, 1407 (Fed. Cir. 2001).

95) *Teleflex, Inc. v. Ficosa N. Am. Corp.*, 299 F.3d 1313, 1327, 63 U.S.P.Q.2d 1374, 1382 (Fed. Cir. 2002).

Toro v. White Consolidated Industries, 199 F.3d 1295, 53 USPQ2d 1065(Fed. Cir.1999)[96]

이 사건에서 낙엽들을 없애거나 날려보내는 휴대용 진공블로워(blower)에 대한 특허 청구항은 좁게 해석되었다. 명세서와 도면에 나타난 실시례는 덮개에 영구히 부착된 고정링을 포함하고 있는데, 청구범위에서는 "상기 덮개에 수반된(carried) 링"이라고 넓게 언급하여 영구 부착된 링과 삽입 가능한 분리형 링을 모두 포함하고 있었다. 그러나 법원은 "고정링은 영구히 부착되어 있고 덮개의 일부에 포함된다"고 해석하였다. 따라서 덮개에 삽입된 분리형 링을 실시하는 피고는 특허권 침해가 아니라고 판시하였다. 이러한 해석이 가능한 이유에 대해 법원은 다음과 같이 설시하였다.:

"명세서는 덮개의 일부 또는 영구히 부착된 고정링을 개시하고 있을 뿐 다른 어떠한 구조도 설명되어지지 않고 있다. … 도면을 포함한 명세서의 어디에도 덮개에 부착된 고정링만 보여주고 있다. 그 외의 고정링은 어디에도 없다. 또한 명세서는 일체화된 구조가 가지는 장점을 발명의 '중요한'(important) 특징으로 설명하고 있다."[97]

Kopykake Enterprises,Inc. v. Lucks Co., 264 F.3d 1377, 60 USPQ2d 1124 (Fed. Cir. 2001)[98]

FIG.3

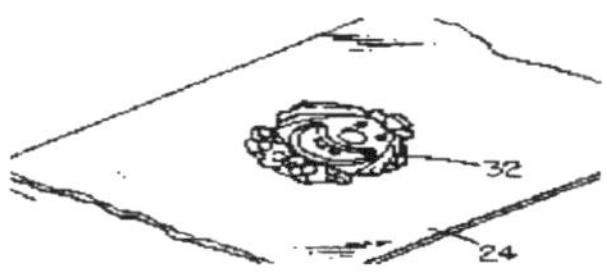

Kopykake Enterprises의 발명은 식품을 식용 가능하고 이미지가 새겨진 바탕 모양으로 장식하는 것에 관한 것이다. 위 그림에서 보듯이 장식그림(32)이 release paper(24) 위에 새겨져 있으며, release paper로부터 음식물로 장식그림이 새겨진다. 이 사건에서 쟁점이 된 Kopykake Enterprises의 유일한 청구항은 식용 가능한 base shape(32)를 제조하는 방법에 관한 것인데, 그 청구항 속에, <u>(d)*screen printing*</u> said at least one edible pictorial image onto said edible base shape라고 되어 있었고, 이 "screen printing"이라는 용어는 권리를 한정하는 용어이다. 그리고 명세서에 의하면 "<u>*screen printing*</u>이라는 단어는 통상의 screen printing뿐만 아니라 통상의printing process와 장식 그림을 base shape에 적용하는 모든 일반적인 수단과 방법을 포함하고 있다"고 되어 있다.

피고는 inkjet printing을 실시하였는데, 항소심에서의 유일한 이슈는 청구항 1의 스텝(d)에 언급된 "screen printing"이 "inkjet printing"을 포함하는지 여부였다. 이 사건에서 연방법원은 "'screen printing'이 명세서에서 일반적인 printing process로 정의되어 있

96) Irving Kayton, Draft and Prosecute Winning Patents Workshop Text, pp3-77, Patent Resources Group, Inc., 2003.

97) *Toro v. White Consolidated Industries*, 199 F.3d 1295, 1301 (Fed. Cir.1999).

으나, 특허권자가 inkjet printing이 출원시에 장식 그림을 음식에 새기는 통상적인 방법이었는지를 입증하지 못했기에 특허권자의 screen printing은 inkjet printing까지 커버하지는 않는다"라고 판시하였다.

5) 한편, 청구항의 용어는 특허의 목적을 달성할 수 있도록 해석되어야 한다. Fromson v. Anitec Printing Plates, Inc.,[99] 사건의 예를 들어본다.[100] 이 사건에서 쟁점이 된 사항은, 알루미늄을 연속적으로 양극 산화하는 공정특허에서 "양극산화 코팅 (anodized oxide coating)"이라는 청구항 용어였다. 원고는 청구항 용어가 일상적인 의미로 해석되어야 한다고 주장하였고, 이에 따르면 양극산화에 의한 산화코팅을 의미하였다. 그러나 피고는 원고 특허의 명세서에 개시된 다공질 형태의 산화코팅으로 청구범위가 국한되어야 한다고 주장했다. 비록 명세서는 다공질 산화 코팅에 "양극산화"가 필요하다고 명시적으로 기재하고 있지는 않았지만, 법원은 원고의 주장을 물리치고 청구항을 다공질 산화코팅으로 한정하였다. 이러한 결론을 도출하기 위해 법원이 참조한 것은 코팅의 목적인데, 그것은 명세서에 기재된 바와 같이 알루미늄이 타지 않게 하고 전류가 급증하는 것으로부터 알루미늄을 모호하기 위한 것이었다. 법원에 따르면, 피고의 비다공질 산화코팅은 이러한 기능을 수행할 수 없었고, 따라서 양극산화 코팅을 구성하지도 않았다는 것이었다.

6) 특정한 주제에 대한 분명한 포기가 없는 한, 자신의 발명이 특정한 용도로 쓰여질 것으로 발명자가 예상했을 것이란 사실이, 그러한 맥락으로 권리범위가 제한되어야 한다는 것을 의미하지는 않는다.[101]

7) 어느 발명이 여러 가지 목적을 달성할 수 있다고 특허에서 주장할 경우, 각각의 청구항이 그러한 여러 가지 모든 목적을 달성할 수 있는 구성을

98) Irving Kayton, Draft and Prosecute Winning Patents Workshop Text, pp.2-46, 47, Patent Resources Group, Inc., 2003.

99) 132 F.3d 1437, 1440-42, 45 U.S.P.Q.2d 1269, 1271-72 (Fed. Cir. 1997).

100) The Interpretation of Patent Claims, AIPLA Q.J. Vol. 32, No. 1, pp. 35, 36.

101) *Northrop Grumman Corp. v. Intel Corp.*, 325 F.3d 1346, 1355 (Fed. Cir. 2003).

포함한다고 해석하여서는 안 된다.[102)]

8) 청구항은 최적 실시예를 포함하도록 해석되어야 한다. 그렇지 않으려면 매우 설득력 있는 보강증거가 필요하다.[103)] 이러한 보강증거의 예로서는, 심사경과 서류를 참조할 때, 좁은 범위의 특허를 얻기 위해 특허권자가 최적 실시예를 포기하거나 부인한 경우를 들 수 있다.

9) 청구항의 용어가 청구항의 명확성을 너무나 흐리게 한 나머지 청구항의 기재로부터 청구범위를 도저히 알아낼 수 없는 경우, 그러한 용어는 명세서를 참조하여 감축될 수 있다.[104)]

11. 기능식 청구항(Means Plus Function Claim)

1) 미국특허법 35 U.S.C. §112, ¶6 [105)]에 따르면 "청구항의 구성요소는 특정한 기능을 수행하는 수단 혹은 단계와 같이 기능적으로 표현될 수 있다"고 되어 있고, 이 조항이 Means plus function claim(이하, means claim 혹은 기능식 청구항)의 근거를 제공한다. 이에 따르면, 출원인은 명세서에 기재된 실시예, 특정한 구조나 행위를 구체적으로 일일이 기재하는 것을 피할 수 있고, 자신의 발명 구성요소를 그 수행하는 기능이나 달성하는 결과로 표현할 수 있다.[106)] 따라서 동일한 기능을 수행하는 모든 기술적 가능성을 포함한 수단으

102) *Liebel-Flarsheim Co. v. Medrad, Inc.*, 358 F.3d 898, 908 (Fed. Cir. 2004).

103) *Vitronics Corp. v. Conceptronic, Inc.*, 90 F.3d 1576, 1583, 39 U.S.P.Q.2d 1573, 1578 (Fed. Cir. 1996); *SanDisk Corp.*, 415 F.3d at 1285 (Fed.Cir.2005) (최적 실시예를 배제하는 청구항 해석은 설령 있다 하더라도 맞는 경우가 거의 없다).

104) *CCS Fitness*, 288 F.3d at 1367, 62 U.S.P.Q.2d at 1663; *Johnson Worldwide*, 175 F.3d at 990, 50 U.S.P.Q.2d (BNA) at 1610.

105) An element in a claim for a combination may be expressed as a means or step for performing a specified function without the recital of structure, material, or acts in support thereof, and such claim shall be conto cover the corresponding structure, material, or acts described in the specification and equivalents thereof.

106) *Warner-Jenkinson Company, Inc. v. Hilton Davis Chemical Co.*, 520 U.S. 17, 27 (1997).

로 해석하여서는 안 되며,[107] 명세서상의 해당 실시예 및 그 균등물을 포함하는 것으로 제한하여 해석한다.[108] 기능식 청구항은 미국 실무에서 널리 응용되고 있기 때문에 적용 개념을 정확히 이해하여 둘 필요가 있다. 이하에서 각종 해석 및 적용 원칙을 좀 더 자세히 살펴보기로 한다. 한편, 기능식 청구항에서 첨예한 대립이 이루어지는 부분이 균등물에 대한 해석이며, 균등론과 밀접한 연관이 있다. 이 부분에 대해서는 후술하는 침해론 파트에서 균등론과 아울러 검토해보기로 한다.

2) 기능식 청구항 해석이 적용되는 표현

① 일반적으로 말하면, 다음의 3가지 요건이 만족될 경우 기능식 청구항으로 판단한다.[109]

(1) "Means for" 혹은 "step for"라는 형식이 청구항에 사용

(2) "Means for" 혹은 "step for"가 기능성 표현(functional language)에 의해 수식되어야 하며,

(3) "Means for" 혹은 "step for"가 특정한 기능을 달성하는 충분한 구성, 재질, 동작으로 수식되지 말아야 할 것.

② "Means for" 혹은 "step for"라는 형식이 청구항에 나올 경우 Means(혹은 step) plus function claim으로 해석해야 한다는 추정이 생긴다. 반대로, means라는 용어가 없을 경우 그렇지 않다는 추정이 생긴다. 이러한 추정은 내적 혹은 외적 증거에 의해 극복될 수 있다. 이 추정이 극복될 수 있을 것인가 하는 것은, 청구된 기능을 완전히 수행하기 위해 충분한 구성을 청구항 용어가 언급하고 있느냐 아니냐에 달려 있다. 즉, means for라고 기재하여도 기능식 청구항으로 취급받지 않을 수도 있고, 반대로 means for라는 표현이 없어도 내용에 따라 기능식 청구항

107) "[S]ection 112, paragraph 6, rules out the possibility that any and every means which performs the function specified in the claim literally satisfies that limitation." *Chiuminatta Concrete Concepts Inc v. Cardinal Industries Inc.*, 145 F.3d 1303 (Fed. Cir. 1998) citing *Pennwalt Corp.,* 833 F.2d at 934, 4 USPQ2d at 1739.

108) 35 U.S.C. §112, ¶ 6.

109) 2181 Identifying a 35 U.S.C. 112, Sixth Paragraph Limitation [R-6], MPEP.

의 해석원칙을 적용해야 될 때가 있다는 것이다.

③ 또한, 기능식 청구항의 해석을 적용하기 위해서는 문제의 청구요소에 그 기능을 수행하기 위한 구체적인 구성이 나타나지 않아야 한다.[110] 즉, 청구요소가 means라는 용어를 사용하더라도, 그 means에 대응하는 기능이 기재되지 않았거나, 기능이 기재되었다 하더라도 그 기능을 완전하게 수행하기에 충분한 구성이 아울러 기재되어 있는 경우, 기능식 청구항이라고 볼 수 없다.[111]

④ 기능식 청구항 인정/부정 사례

참고로 아래 사례들은 절대적인 것은 아니며, 해당 사건의 사실관계 내에서만 판단할 사안이다.

(1) 예를 들어 필터, 브레이크 등 관련 업계에서 잘 알려진 용어는 기능식 청구항으로 보지 않을 가능성이 높다. 한편, 판례에 의하면, "spring means"는 기능식 청구항이라고 판단했는데, 그 이유로 명세서에 "스프링46은 문을 닫은 상태로 두게 하는 스프링 수단의 한 예이다"는 기재를 들었다.[112]

(2) 반대로 "digital detector for"라는 기재는 기능식 청구항이 아니라는 판례도 있는데, 그 이유로 법원은, "means"라는 용어를 사용하지 않았으며, "detector"라는 용어는 당업자에게 detector라고 널리 알려진 여러 가지 구성을 전달하고 있기 때문이라고 하였다.[113]

(3) "Second baffle means"는 기능식 청구항이 아니라고 하였는데, 그 이유는 baffle(차폐장치)이라는 용어 자체가 구조임을 나타내며, 청구항도 baffle의 구조를 기재하고 있었기 때문이었다.[114]

(4) "ink delivery means positioned on"은 "means for ink delivery"와 균등

---

110) *Cole v. Kimberly-Clark Corp.*, 102 F.3d 524, 531 (Fed. Cir. 1996), cert. denied, 118 S.Ct. 56 (1997).

111) See *Rodime PLC v. Seagate Technology*, 174 F.3d 1294 (Fed. Cir. 1999).

112) *Unidynamics Corp. v. Automatic Products International*, 157 F.3d 1311 (Fed. Cir. 1998).

113) *Personalized Media Communications v. ITC*, 161 F.3d 696 (Fed. Cir. 1998).

114) 2181 Identifying a 35 U.S.C. 112, Sixth Paragraph Limitation [R-6], MPEP, *citing Envirco Corp. v. Clestra Cleanroom, Inc.*, 209 F.3d 1360 (Fed. Cir. 2000).

한 표현이므로 기능식 청구항으로 간주되었다.[115)]

(5) "eyeglass hanger member"와 "eyeglass contacting member"는 기능을 포함하고 있었지만 기능식 청구항이 부정되었는데, 그 이유는 청구항 자체가 이러한 기능을 수행하는 충분한 구조적 한정요소를 가지고 있었기 때문이었다.[116)]

(6) "Lever moving element for moving the lever"와 "movable link member for holding the lever and for releasing the lever" 요소는 기능식 청구항으로 판단되었는데 그 이유는 청구항의 한정사항이 그들이 달성하려는 기능으로 기재되었지 기계적 구조로 표현되지 않았기 때문이었다.[117)]

(7) Step-plus-function 표현을 쓰지 않은 청구 요소라 하더라도 해당 기능(underlying function)을 수행하는 동작(acts)을 언급하지 않고 기능만을 청구할 경우, 기능식 청구항으로 보아야 한다. 방법 청구항에서 해당 기능이라 함은 다른 청구요소가 달성하려는 사항 및 청구항 전체로서 달성하려는 사항과 관련지어 해당 청구요소가 궁극적으로 달성하려는 사항에 해당된다. 한편, 동작이라 함은 그 기능이 어떻게 달성되느냐에 관한 사항이다. 만일 어느 청구요소가 "step for"라는 표현을 사용하면 기능식 청구항으로 추정된다. 그러나 단지 "step"이라고만 하거나 "steps of"라는 표현을 쓰는 것은 기능식 청구항이 적용되지 않는다는 것을 보여주는 경향이 있다.[118)]

3) 기능에 대응하는 구성 특정

① 기능에 대응하는 구성이 되기 위해서는 반드시 명세서나 심사 경과서류에서 means claim의 기능과 분명하게 결합되거나 관련되는 구성을 보여주어야 한다.[119)] 이는 권리와 의무 관계로도 볼 수 있는데, 출원인이

---

115) *Id. citing Signtech USA, Ltd. v. Vutek, Inc.*, 174 F.3d 1352, 1356 (Fed. Cir.1999).

116) *Id. citing Al-Site Corp. v. VSI Int'l, Inc.*, 174 F.3d 1308, 1317-19 (Fed. Cir. 1999).

117) *Id. citing Mas-Hamilton Group v. LaGard Inc.*, 156 F.3d 1206, 1213 (Fed. Cir. 1998).

118) *Id. citing Seal-Flex, Inc. v. Athletic Track and Court Construction*, 172 F.3d 836, 850, 501225, 1234 (Fed. Cir. 1999).

명세서에 기재된 실시예, 특정한 구조나 행위를 구체적으로 일일이 기재하는 것을 피하기 위해 기능식 청구항이라는 편리함을 누렸다면, 그 대신 명세서를 읽는 독자에게 그 기능식 청구항이 무엇을 의미하는지를 명세서에서 명확히 할 의무도 진다는 것이다. 그래야만이 미국 특허법 제112조에서 요구하는 청구항 기재요건(특허권자가 발명이라고 간주하는 주제를 명확하게 지적하고 특징적으로 청구하여야 함)을 만족시킬 수가 있는 것이다. 기능식 청구항에 대응하는 구성을 특정하기 위해서는 도면도 참조할 수 있다.[120] 주의하여야 할 점은, 명세서, 도면, 심사경과서루를 참조할 때 구성과 기능이 분명하게 결합되어 있거나 관련되어 있다고 당업자가 믿을 수 있어야 한다는 점이며, 단지 개시된 구성이 그 기능을 수행할 수 있다는 수준만으로는 기능에 대응하는 구성이 특정되었다고 볼 수 없다.[121]

② 기능식 청구항에서 균등 여부를 판단하는 좋은 방법은 침해 의심품의 구성과 명세서에 개시된 구성의 차이가 미미한가 여부를 살피는 것이다.[122] 기능식 청구항은 말 그대로 기능이 청구항 내에 기재되어 있으므로 청구항의 문언적 범위상 균등물이 동일한 기능을 수행하여야 할 것이 요구된다.[123] 그런 다음, 대응하는 양 구성의 차이가 미미한가를 살피는 것이다.[124] 균등 여부를 판단하는 한 가지 중요한 관점은 구성이 균등하여 교환사용 가능할 정도여야 한다는 것이다.[125] 이를 주지된 교환가능성 요건(known interchangeability)이라 부른다. 그런데, 위 조건에

119) *Generation II Orthotics, Inc. v. Medical Technology*, Fed Cir. (August 15, 2001).

120) *Globetrotter Software, Inc. v. Elan Computer Group, Inc.*, Fed. Cir. (January 18, 2001).

121) *Id.*

122) *Chiuminatta Concrete Concepts Inc v. Cardinal Industries Inc.*, 145 F.3d 1303, 1309 (Fed. Cir. 1998). 또한 *Valmont Indus., Inc. v. Reinke Mfg. Co.*, 983 F.2d 1039, 1043, 25 USPQ2d 1451, 1455 (Fed.Cir.1993) ("기능식 청구항하에서는, …명세서에 개시된 구성, 재료, 방법에 대해 아무런 중요성도 부가되지 않을 정도의 미미함이 있을 경우 균등이 성립된다.").

123) *Odetics Inc v. Storage Technology Corp.*, 185 F.3d 1259, 1267 (Fed. Cir. 1999).

124) *Id.*

125) *Chiuminatta Concrete Concepts Inc v. Cardinal Industries Inc.*, 145 F.3d 1303, 1309-10 (Fed. Cir. 1998).

서 미루어 짐작되듯이 동일한 기능을 수행하는 두 구성은 서로 교환사용될 가능성이 매우 높다.[126] 따라서 주지된 교환사용 가능성 요건은 두 구성물이 동일한 기능을 수행하느냐가 아니라, 어느 한 구성이 다른 구성의 균등물인 것이 등록 시점에서 당업자에게 알려져 있었느냐를 살피는 것이다.[127] 또한, 주지된 교환 가능성이란 균등 여부를 판단함에 있어 중요한 요건이기는 하나 그것만으로 균등 여부를 판단할 수는 없다.[128]

③ "청구된 기능을 수행하기 위해 다른 구성이 사용될 수 있다"고 명세서에서 일반적으로 기재하는 것은 균등물의 범위를 확장하는 데 도움이 되지 않는다. 명세서에서 means claim의 기능에 대응하는 특정의 구성을 개시한 다음, "다른 구성으로도 실시 가능하다"고 상투적으로 기재한 특허에 대해 법원은 해당 means claim은 특정의 구성과 그 균등물에 국한된다고 판시하였다.[129] 만일 명세서에서 means claim에 대응하는 구성을 개시하지 못할 경우, 청구항 불명료로 판정하고 무효를 선언하여야 한다.[130]

④ 미국특허법 35 U.S.C. §112, ¶6 분석은, 기능식 청구항의 광범위한 문언적 표현을 명세서에 나타난 실제 수단의 균등물로 제한하는 역할을 한다.[131] 따라서 Means claim의 균등 여부는 문언침해 판단과정으로서 법원이 결정하는데, 이는 그 균등물들이 청구항의 문언적 범위 내에 있기 때문이다. 그러나 이와 달리 균등론(doctrine of equivalents)은 청구요소와 침해품의 해당 요소 사이에 균등관계가 성립할 경우, 청구항의 권리를 청구요소의 문언적 범위를 넘어 확대시키는 역할을 한다.[132] 균

---

126) *Id.* at 1303.

127) *Id.*

128) *Id.*

129) *Fonar Corp. v. General Motors Corp.,* 107 F.3d 1543, 41 U.S.P.Q.2d 1801, 1577 (Fed. Cir. 1997), cert denied, 118 S.Ct. 266 (1997).

130) *In re* Dossel, 115 F.3d 942, 42 USPQ2d 1881 (Fed. Cir. 1997).

131) *Warner-Jenkinson Company, Inc. v. Hilton Davis Chemical Co.*, 117 S.Ct. at 1048 (1997).

132) *Id.*

등론하에서의 균등물을 판단하는 것은 사실판단자(fact-finder)[133]의 몫이다.

4) 단일 means claim은 실시 가능성 요건을 만족시키지 못하므로 특허받을 수 없다. 단일 means claim이란, 청구항이 기능식 청구항 형식으로 작성되어 있으면서, 조합이 아닌 단일의 구성요소를 청구하고 있는 것을 말한다.[134] 실시 가능한 기재는 해당 특허의 범위와 일치하여야 한다.[135] 단일 means claim은 기재된 결과를 달성하는 모든 수단을 청구한다고 볼 수 있으나, 명세서의 기재는 이를 좇아가지 못하는 불충분한 기재이므로, 실시가능성 요건의 위배로 보아야 한다.[136]

12. 심사경과서류(Prosecution History) 참작의 원칙

1) 심사경과서류는 특허 출원에서 등록과정까지 선행기술을 포함하여 출원인과 특허청 심사관 사이의 모든 커뮤니케이션을 담고 있으며 내적 증거(intrinsic evidence)로 취급된다.[137] 이 심사경과서류는 심사포대 혹은 심사서류철이라고도 많이 불리며, 심사관과 발명자가 어떻게 특허를 이해하고 있었는지에 대한 증거를 제공하는데, 영어로는 file wrapper, file history라고도 불린다. 만일 심사경과서류가 증거로 제출될 경우, 명세서와 마찬가지 중요도로 취급된다.[138]

---

133) 여기서 사실판단자는 배심재판의 경우는 배심이, 그렇지 않은 경우 즉 bench trial의 경우에는 판사를 의미한다.

134) *In re* Gilbert P. Hyatt, 708 F.2d 712, 713 (Fed. Cir. 1983). 본 사건의 대상이 된 청구항 제35항을 참조하기 바란다(35. A Fourier transform processor for generating Fourier transformed incremental output signals in response to incremental input signals, said Fourier transform processor comprising incremental means for incrementally generating the Fourier transformed incremental output signals in response to the incremental input signals.).

135) *Id.*

136) *Id.*

137) *Autogiro*, 384 F.2d at 399.

138) *Markman I*, 34 U.S.P.Q.2d 1321, 1330 (Fed. Cir.1995), aff'd, 517 U.S. 370, 38

2) 그러나, 심사경과서류는 특허청과 발명자간의 현재 진행형 협상을 반영하지 그 협상의 최종 결과물을 반영하지 않기 때문에 종종 명세서의 명확성이 결여되어 있고, 따라서 청구항 해석 목적으로 효용성이 떨어지는 경우도 있다.[139] 그럼에도 불구하고, 심사경과서류는 발명자가 어떻게 그 발명을 이해하였는지를 보여주거나, 발명자가 심사과정에서 발명을 제한하고, 따라서 원래보다 청구범위를 줄였는지를 보여주기 때문에, 이를 통해 종종 청구용어의 의미를 알려준다.[140] 한 마디로, 청구항 해석을 위해 심사경과서류를 참조하는 목적은 심사과정에서 포기된 모든 해석을 (권리범위에서)[141] 배제하기 위한 것이다.[142]

3) 청구범위 해석의 목적상, 심사경과서류는 그 특허뿐만 아니라, 그 특허 관련 사항에 대해서는 그 특허의 모출원, 재발행특허, 재심사특허, 정정 증명서(certificate of correction)도 심사경과서류에 포함된다.[143]

4) 심사경과서류는 청구항 용어를 이해하기 위해 이용되지만, 명세서와 마찬가지로, 청구범위를 명시적으로 정의하거나 한정하는 언급이 없는 한 청구항의 한정사항을 확대, 축소, 또는 변화시킬 수 없다.[144]

5) 심사 중 특정 청구항에서 어떤 용어에 대해 출원인이 그 의미를 설명하였다면, 특별한 단서가 없는 한, 그 설명사항은 모든 청구항들에게 적용된다.[145]

6) 심사과정에서 출원인이 포기한 사항은 해석에서 제외한다.[146] 설령 포

U.S.P.Q.2d 1461 (1996).

139) *Phillips*, 415 F.3d at 1317; 참조. Athletic Alternatives, Inc. v. Prince Mfg., Inc., 73 F.3d 1573, 1580 (Fed. Cir. 1996) (심사경과 서류가 모호하게 작성되었기 때문에 청구항 해석을 위한 정보원으로서는 도움이 안 된다).

140) *Vitronics*, 90 F.3d at 1582-83.

141) 저자 주.

142) *Chimie v. PPG Indus., Inc.*, 402 F.3d 1371, 1384 (Fed. Cir. 2005).

143) The Interpretation of Patent Claims, AIPLA Q.J. Vol.32, No.1, p.38.

144) *Markman I*, at 1330 (citation omitted).

145) *CVI/Beta Ventures, Inc. v. Tura* LP, 112 F.3d 1146, 1155, 42 U.S.P.Q.2d 1577, 1583 (Fed. Cir. 1997) (citations omitted).

146) *Southwall Techs., Inc. v. Cardinal IG Co.*, 54 F.3d 1570, 1578, 34 U.S.P.Q.2d 1673, 1678 (Fed. Cir. 1995).

기한 사항이 소송에 계류되지 않은 청구항에 대해서 이루어졌더라도, 동일한 한정사항을 가지고 있는 한 계류 중인 청구항에도 적용된다.[147]

7) 심사관이 좁은 의미를 부여하였고, 출원인이 이의를 제기하지 않은 경우, 좁은 의미로 해석된다. 그러나 청구항 해석에 있어서, 심사관이 반응을 하지 않은 점(silence)으로부터 청구항의 의미를 유추하는 것은 적절하지 못하다(즉, 출원인의 해석에 대해 심사관이 가만히 있었다고 해서 출원인의 해석이 맞다는 것은 아님).[148]

8) 심사과정에서 행한 변경, 수정의 목적이 특허성과 관련 없다면, 청구범위를 제한적으로 해석할 수 없다. 그러나 출원인은 그러한 목적을 입증하여야 하며, 그렇지 않다면 금반언의 원칙(제한적으로 해석)이 적용된다.

9) 법적 요건(유용성, 신규성, 진보성, 기재요건)을 만족시키기 위해 축소보정을 했다면 금반언이 적용된다.

13. 외적 증거와 청구범위 해석

1) 만일 다투고 있는 청구항에서 나타난 모호한 부분에 대해 내적 증거로 이를 해소할 수 있는 경우, 그렇게 확립된 의미를 반박하도록 외적 증거를 활용할 수 없다.[149] 외적 증거는 명세서와 심사경과서류를 제외한 모든 증거를 말하며, 주로 전문가 증언, 발명자 증언, 사전, 권위 있는 이론서 등을 들 수 있다.[150] 그렇다고 해서, 모든 외적 증거가 전부 동일하게 낮은 증거력으로 인정받는 것은 아니다. 예를 들어 선행기술, 사전 또는 이론서의 경우, 종전에는 외적 증거로 취급받았으나, 지금은 아니다. 사전이나 이론서는 법원이 초기단계에서 자주 참조하고 있고 어떤 법원은 준 내적 증거라고 이름 지었다.[151]

---

147) *Elkay Mfg. Comp. v. Ebco Mfg. Co.*, 192 F.3d 973, 980, 52 U.S.P.Q.2d 1109, 1114 (Fed. Cir. 1999).

148) *Demarini Sports Inc v. Worth Inc.*, 239 F3d 1314 at p44 (Fed. Cir. 2001).

149) *Demarini Sports Inc v. Worth Inc.*, 239 F.3d 1314 at p.29 (Fed. Cir. 2001); *Mantech Envtl. Servs., Inc. v. Hudson Envtl. Serv., Inc.*, 152 F.3d 1368, 1373, 47 USPQ2d 1732, 1736 (Fed. Cir. 1998) 참조.

150) *Markman*, 52 F.3d at 980.

151) *Dow Chem. Co. v. Sumitomo Chem. Co.*, 257 F.3d 1364, 1372, 59 U.S.P.Q.2d 1609, 1614

여기서 사전이란 기술사전을 말한다. 내적 증거에서 발견되거나 알아낸 정의와 모순이 없는 한 언제나 청구항 용어 해석을 위해 사전을 참조할 수 있다.[152] 전문가 증언은 소송 때나 가능하지만, 선행기술이나 사전은 언제나 입수 가능하며, 경쟁자가 회피설계를 위해 참조할 수 있다는 점에서 전문가 증언과는 증거력을 달리 인정받는다. 전문가 증언은 여러 가지 목적으로 유용하게 쓰이는데, 이를 테면, 소송기술분야에 대한 배경을 설명한다든지, 어떻게 발명이 동작하는지, 법원이 특허의 기술적 측면에서 이해한 사항이 당업자의 그것과 일치하는지 확인한다든지, 혹은 특허나 선행기술에 나타난 특정의 용어가 그 기술분야에서 특정한 의미를 가진다는 것을 확인하는 데 활용할 수 있다.[153] 그러나 청구용어의 정의에 대해 (이유를 말하지 않고) 결론적이거나 혹은 근거가 결여된 전문가의 주장은 쓸모가 없다.[154] 마찬가지로, 심사경과서류, 명세서 기재사항, 청구항 기재사항 그 자체에 의해 내려질 수밖에 없는 청구용어 해석과 명백히 모순되는 전문가의 증언은 평가절하된다.[155]

2) 한편, 본장의 서두에서도 기술한 바와 같이 법원은 외적 증거에 대해 내적 증거보다 신뢰를 덜 부여하는데, 법원은 그 이유를 Phillips 사건에서 다음과 같이 설명하고 있다.[156]

첫째, 외적 증거라는 그 말 자체에서 나타나듯이 이는 특허의 일부가 아니며, 특허의 범위와 의미를 설명하기 위해 출원 시점에서 만들어진 명세서의 장점을 갖추고 있지 않다.

둘째, 청구범위는 가상의 당업자에게 이해되는 의미로 해석되지만, 외적 출판물은 당업자에 의해 혹은 당업자를 위하여 쓰여져 있지 않을 수 있고, 따라서 그 특허가 관련된 분야에 소속한 당업자가 이해하는 바를 반영하지 못할 수 있다.

셋째, 전문가 보고서나 증언 같은 종류의 외적 증거는 소송 시점에서 소송을 위해 만들어지게 되고, 따라서 내적 증거에는 존재하지 않는 편견에 사

(Fed. Cir. 2001).

152) *Vitronics Corp. v. Conceptronic, Inc.*, 90 F.3d 1576, 1584 n.3, (Fed. Cir. 1996).

153) *Phillips*, 415 F.3d at 1318.

154) *Id.*

155) *Id* quoting *Key Pharms. v. Hercon Lab. Corp.*, 161 F.3d 709, 716 (Fed. Cir. 1998).

156) *Phillips*, 415 F.3d at 1318 & 1319.

로잡힐 가능성이 있다. 이러한 편견은 전문가가 해당 분야의 당업자가 아니거나, 또는 반대심문을 받지 않는 형태의 전문가 의견으로 제시될 경우, 더욱 악화될 수 있다.

넷째, 조금이라도 관련성이 있는 외적 증거까지 모두 포함할 경우, 현실적으로 엄청난 수의 외적 증거가 존재할 수 있다.

마지막으로, 외적 증거에 부적절하게 과도한 의존을 하는 것은, 청구범위, 명세서, 심사경과서류와 같은 이론의 여지가 없는 공공기록을 훼손하면서까지 청구용어의 의미를 변화시킬 위험이 있고, 따라서 특허의 대세적인 고지기능을 훼손시킬 우려가 있다.

14. 선행기술(Prior Art)

1) 명세서에 언급된 선행기술(cited prior art)은 내적 증거 취급을 받는다. 내적 증거가 되려면 제1페이지의 참고자료 리스트를 포함하여 명세서 어딘가에 언급되어 있어야 한다. 선행기술은 청구범위가 커버하지 않는 부분을 판단하는 데 유용하다. 따라서 심사경과서류 수준의 증거능력을 인정받는다.[157)]

2) 명세서에 언급되지 않은 선행기술(uncited prior art)은 외적 증거 취급을 받는다.[158)] 이 증거는 선행기술이 발간된 시점에서 당업자들이 어떤 의미로 용어를 사용했는가 하는 것을 시사한다.

15. 청구항 해석의 변경

침해금지 가처분의 판단시에는 판단 시점까지 파악된 증거에 의해 침해여부를 판단할 수밖에 없다. 그러나 이후 본안 소송에서 디스커버리가 진행되면서, 당초 내린 해석을 바꾸도록 하는 다른 증거가 나타나면 어떻게 할까? 이에 대해 법원은, 계속적인 청구항 해석을 실시할 수 있고, 그 와중에 해당 기술에 대한 이해도가 높아져 가는 데 따라 당초 내린 해석을 다시 검토하고 바

---

157) *Id.*

158) *Zodiac Pool Care, Inc. v. Hoffinger Indus., Inc.*, 206 F.3d 1408, 1414, 45 U.S.P.Q.2d 1269, 1272 (Fed. Cir. 2000).

꿀 수도 있다고 하였다.[159] 참고로 이는 마크맨 히어링에 있어서도 마찬가지이다. 법원에 따라서는 소송 초기에 마크맨 히어링을 실시하는 법원이 있는데, 그 결과로서 나중에 진행되는 디스커버리에 의해 당초 해석을 변경시켜야 하는 경우가 생길 수 있고, 그럴 경우 해석을 바꾸게 된다.[160]

II. 침해 분석

1. 침해의 종류

직접침해(direct infringement)	문언침해 (literal infringement)
	균등론에 의한 침해 (infringement under the doctrine of equivalents)
간접침해(indirect infringement)	기여침해 (contributory infringement)
	유도침해 (induced infringement)

2. 직접침해와 간접침해

직접침해는 어느 특허청구항의 구성요소 전부를 침해자가 실시하거나 사용할 때 발생한다.[161] 이에 반해, 간접침해는 침해자가 특허 청구항의 일부를 실시하거나(contributory infringement), 아니면 직접 침해를 유도한 경우(induced infringement)에 발생한다. 미국에서 간접침해를 판단하기 위해서는 전제 사항으로서 직접 침해가 존재하여야 한다.[162] 그렇다고 해서 간접침해자를 대상으로 하는 소송에 직접침해자가 반드시 당사자로 포함되어야 할 필요는 없다.[163]

---

159) *Jack Guttman, Inc. v. Kopykake Enters., Inc.*, 302 F.3d 1352, 1361 (Fed.Cir.2002).

160) 본서 제6장 미국소송, 마크맨 히어링편 참조.

161) *Warner-Jenkinson Company, Inc. v. Hilton Davis Chemical Co.*, 520 U.S. 17 (1997).

162) *Dynacore Holdings Corp. v. U.S. Philips Corp.*, 363 F.3d 1263, 1272 (Fed. Cir. 2004) 참조.

만일 어느 청구항의 일부를 누군가가 실시하고 그 나머지를 다른 사람이 실시하면 이때의 침해 책임은 어떻게 될까? 일단 누구도 청구항의 전부를 실시하고 있지 않으므로 직접 침해는 발생하지 않는다.[164] 직접 침해가 존재하지 않으므로, 간접침해 역시 발생하지 않게 된다. 그렇다면 이러한 사실을 악용하기 위해 타인에게 청구항의 일부를 실시하도록 지시하고 통제하는 것(direct and control)은 어떨까? 법원은 이러한 상황에서 교사자가 책임을 회피할 수 있게 되면 그 것은 부당하다고 하여, 직접 침해의 책임이 있다고 하였다.[165] 그러나 이러한 direction and control 기준은 서로 독립적인 관계에 있는 부분 실시자 사이에서는 성립될 수 없으므로, 침해를 피할 수 있게 한다는 우려가 제기되었고, 이 점에 대해서는 법원도 인식하였다. 그러나 법원은 청구항 작성 기법을 적절히 구사하여 단일 실시자의 행위만을 청구할 경우, 이런 우려를 충분히 막을 수 있다고 하였다.[166]

참고로 한국 특허법은 간접침해 중 유도침해를 인정하지 않고 있다. 각 침해유형별 상세한 사항은 이하에서 다룬다. 직접침해는 침해자가 특허의 존재를 모르는 상태에서도 발생할 수 있고, 비록 자신들의 행위가 침해행위를 구성하지 않으리라는 선의의 확신이 있어도 마찬가지다.

---

163) *Refac Int'l, Ltd. V. IBM*, 790 F.2d 79, 81 (Fed. Cir. 1986).

164) *BMC Resources Inc., Plaintiff-Appellant v. Paymentech, L.P.*,, 498 F.3d 1373, 1380 (Fed. Cir. 2007) [citing *Fromson v. Advance Offset Plate, Inc.*, 720 F.2d 1565, 1568 (Fed. Cir. 1985] (finding no direct infringement by manufacturer who performed the first step of a process claim even where its customer performed the other step of the claim) 참조.

165) *Id*, at 1380 (A party cannot avoid infringement, however, simply by contracting out steps of a patented process to another entity. In those cases, the party in control would be liable for direct infringement. It would be unfair indeed for the mastermind in such situations to escape liability) 참조.

166) *Id*, at 1381 참조.

3. 특허 침해여부 분석 흐름도

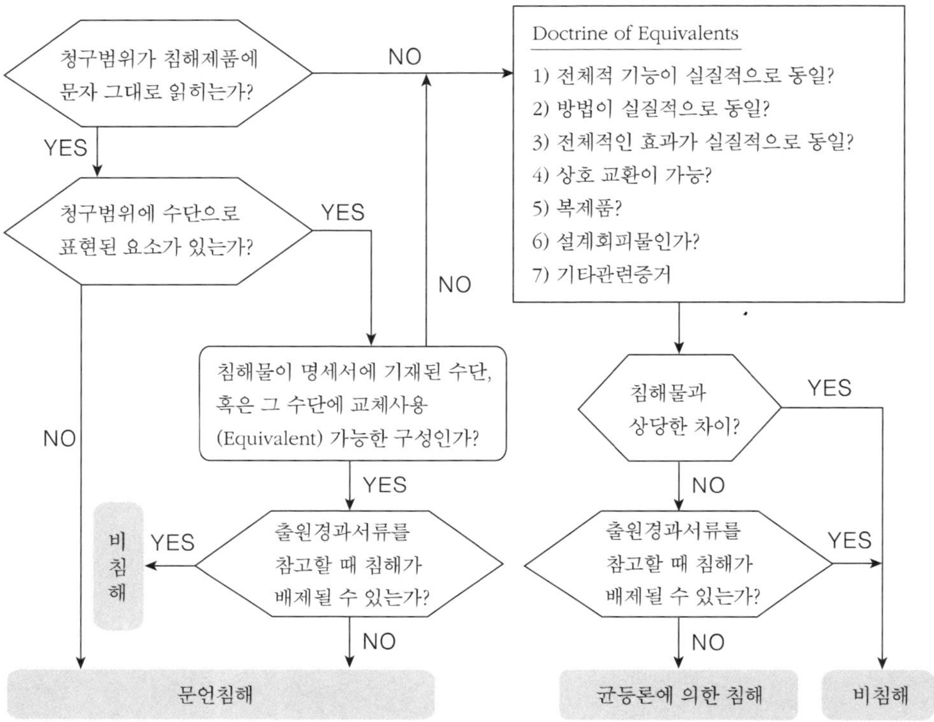

4. 문언침해(Literal Infringement)

문언침해란 침해품이 청구범위에 기재된 모든 구성요소를 포함하고 있을 때 즉, 타당하게 해석된 청구범위가 침해 의심품을 정확하게 읽을 때에 발생한다.[167] 따라서 문언침해를 판단할 때는 청구범위에 기재된 표현이 그대로 침해품에 적용이 되고 있는지를 살펴야 하며, 어느 하나의 구성요소라도 침해품에서 발견할 수 없으면 문언침해는 성립되지 않는다. 반대로, 침해품이 청구범위의 모든 구성요소를 포함하고 있고, 이에 더하여 부가적인 구성요소를 포

---

167) *Ambil Enters., Ltd. v. Wawa, Inc.*, 81 F.3d 1554, 1562, 38 USPQ2d 1471, 1476 (Fed. Cir. 1996).

함하고 있다 하더라도, 청구범위에 기재된 구성요소를 모두 실시하고 있는 한, 침해를 피할 수 없다. 침해품이 비침해적인 동작을 겸하고 있더라도 침해는 성립된다.

Means plus function claim(이하 'means claim')은 명세서상의 해당 실시예 및 그 균등물을 포함하는 것으로 해석한다.[168] 만일 명세서에서 means claim에 대응하는 구성을 개시하지 못할 경우, 청구항 불명료로 판정하고 무효를 선언하여야 한다.[169] Means claim에서 균등으로 입증되면, 그 결과로서 문언침해가 성립된다. Means claim에서 균등의 개념은 균등론의 균등과는 구분되어야 한다. Means claim에서 균등물이라 함은, ① 실시예와 동일한 기능을 가지고 있으며 ② 구성이 균등하여 교환 사용 가능할 정도여야 한다. 후술하는 균등론하에서의 균등물은 function, way, 그리고 result가 각각 실질적으로 동일할 것을 요구하는 점에서 서로 다르다.

5. 균등론(Doctrine of Equivalents)

1) 만일 침해품에서 문헌침해를 발견할 수 없다면, 비침해로 판단할 것이 아니라, 균등론 하에서의 침해여부를 추가적으로 살펴야 한다. 침해품이 문언적으로는 특허 청구범위를 벗어난다 하더라도, 청구항의 구성요소와 침해품의 해당 요소간에 균등의 관계가 성립하면 침해가 인정된다.[170] 이를 균등론 하에서의 침해라고 한다. 균등론은 발명자나 특허 청구범위 작성자의 표현력의 한계를 보완하려는 개념이며, 청구범위에 기재된 문언의 극히 일부를 달리 실시한 다음, 이를 이유로 비침해를 주장한다면, 특허보호의 실익이 없어진다는 인식에서 비롯된 원칙이다.

---

168) 35 U.S.C. 112, ¶ 6,

"An element in a claim for a combination may be expressed as a means or step for performing a specifunction without the recital of structure, material, or acts in support thereof, and such claim shall be construed to cover the corresponding structure, material, or acts described in the specification and equivalents thereof."

169) *In re* Dossel, 115 F.3d 942, 42 USPQ2d 1881 (Fed. Cir. 1997).

170) *Graver Tank & Manufacturing Co. v. Linde Air Products Co.*, 339 U.S. 605, 609 (1950).

2) 균등론하에서 침해가 구성되려면 청구항의 구성요소와 동일하거나 균등한 사항이 침해품에서 발견되어야 한다. 하나라도 빠지면 균등론하에서의 침해가 구성되지 않는다. 따라서 균등론하에서 침해를 판단하려면 발명 전체로서(the invention as a whole)가 아니라 청구항의 각각의 구성요소와 동일하거나 균등한 사항이 침해품에서 발견되는지를 하나하나 살펴야 한다.[171] 균등 여부의 판단은 당업자의 관점에서 보아야 한다. 그리고 균등을 판단하는 시점은, 침해품의 구성요소가 특허의 대응 구성요소와 균등한가를 따지는 작업이므로 특허 등록 시점이 아닌, 침해 시점에서 비교하여야 한다.[172]

3) 균등을 판단하는 방법에는 크게 두 가지 테스트가 적용되고 있다. 하나는 Graver Tank 사건[173]에서 인식된 소위 삼중 동일성 테스트(triple identity test)이다. 또 하나는 Warner Jenkins 사건[174]에서 인식된 미차 테스트(insubstantial test)이다.

4) 삼중 동일성 테스트는 반세기 이상 적용되어 온 가장 오래된 방법으로, 침해품이 실질적으로 동일한 기능(substantially the same function)을, 실질적으로 동일한 방법(substantially the same way)으로 수행하여, 청구항의 해당 요소와 실질적으로 동일한 결과(substantially the same result)를 가져오는가를 살펴보는 것이다.

5) 한편 미차 테스트(insubstantial test)는 당업자가 볼 때, 침해품의 구성요소 혹은 방법과 이에 대응하는 청구항의 해당요소간의 차이가 크지 않다(insubstantial)라고 판단이 되면 서로 균등한 것으로 본다.[175] 만일 침해품에서 청구항의 해당 요소(한정사항)가 통째로 결여된 경우, 미차 테스트는 적용할 수 없다.[176] 그러나, 청구항의 해당 요소 결여 여부는 신중히 살펴야 하는데, 만일 침해품의 구성요소 2개가 특허발명의 단일기능을 수행하거나, 또는 특허발명의 복수 기능을 침해품의 단일 구성요소가 수행 할 때는 청구항의 해당 요

---

171) *Warner-Jenkinson Company, Inc. v. Hilton Davis Chemical Co.*, 520 U.S. 17, 29(1997).

172) *Warner-Jenkinson Company, Inc. v. Hilton Davis Chemical Co.*, 520 U.S. 17, 37 (1997).

173) *Graver Tank & Manufacturing Co. v. Linde AirProducts Co.*, 339 U.S. 605 (1950).

174) *Warner-Jenkinson Company, Inc. v. Hilton Davis Chemical Co.*, 520 U.S. 17 (1997).

175) *Id.*

176) *Pennwalt Corp. v. Durand-Wayland, Inc.*, 833 F.2d 931, 934-35, 939, 4 USPQ2d 1737, 1739-40 (Fed. Cir. 1987) (en banc) 참조.

소가 결여된 것으로 보아서는 안 되고, 만일 양자의 차이가 미미할 때는 여전히 균등론을 적용할 수 있다.[177)]

6) 삼중 동일성 테스트와 미차 테스트는 각자의 장단점이 있기 때문에 어느 것을 적용할 것인가에 대해서는 정해져 있지 않다. 삼중 동일성 테스트는 기계 장치를 분석하는데 유용한 방법으로 인식되는 반면, 다른 제품이나 방법에 대해서는 취약한 측면이 있고, 미차 테스트는 그 차이에 대해 미차로 판단할 만한 시사점을 거의 제공해주지 못한다는 문제점이 있다.[178)] 미국 대법원은 그러한 용어의 차이로 논란을 벌이는 것보다는 본질적인 균등의 원칙에 충실한 것이 더 중요하다고 훈계하고 있다.[179)] 실무적으로는 양자를 상호 보완적인 관계로 파악하고, 상황에 따라 골라 쓰거나 아니면 양자를 공히 적용하는 것이 바람직하게 여겨진다.

Warner-Jenkinson Company, Inc. v. Hilton Davis Chemical Co., 520 U.S. 17 (1997)

[사실관계]

염료제조 업체인 원고(피상고인) Hilton Davis는 염료를 정제하기 위한 초미세 필터링 시스템을 개발하고 특허(USP4,560,746)를 획득하였다. 심사과정에서 피상고인은 상기 공정에서 사용되는 용액은 "pH 약6.0~9.0 사이의" 산도를 가져야 한다고 보정하였다. 이 보정은 pH 9.0 이상을 개시하고 있는 선행기술을 피하기 위해 행해졌다. 반면, pH 6.0으로 하한선을 정한 이유에 대해서는 피상고인이 설명하지 못했다. 피고(상고인)는 권리 범위 밖인 pH 5.0의 용액을 사용하였다. 원고(피상고인)는 문언 침해가 아님을 인정하는 한편, 균등론에 의한 침해를 주장하며 제소하였다.

[판 결]

• 균등론은 구성요소별로 객관적인 질문을 통해 적용하여야 한다. Graver Tank 사건 이후 균등론이 확대 적용되고 있는 것은 우려할 만한 사항이며, 이는 청구범위 이상으로 특허권이 확대되어서는 안 된다는 많은 판례와 배치되는 것이다. 이 양자를 조

177) *Dolly, Inc. v. Spalding & Evenflo Companies, Inc.*, 16 F.3d 394, 398, 29 USPQ2d 1767, 1769-70 (Fed. Cir. 1994) 참조.

178) *Warner-Jenkinson Company, Inc. v. Hilton Davis Chemical Co.*, 520 U.S. 17, 39&40 (1997).

179) "In our view, the particular linguistic framework used is less important than whether the test is probative of the essential inquiry: Does the accused product or process contain elements identical or equivalent to each claimed element of the patented invention? Different linguistic frameworks may be more suitable to different cases, depending on their particular facts." *Id.* at 39.

화시키는 방법은 침해물 전체로서가 아니라, 청구항의 구성요소별로 균등론을 적용하는 것이다. 이렇게 될 때 발명을 정의하는 청구범위의 본연의 기능과 권리범위에 대한 대세적 고지기능을 수행할 수 있다.

• 심사 포대 금반언은 여전히 유효한 원칙이다. 그러나 청구범위를 보정하는 데는 여러 가지 이유가 있을 수 있으며, 특허성과는 관계없는 이유의 보정이 있을 수도 있고, 법원은 금반언의 원칙을 적용할 때, 이를 고려하여야 한다. 그러나 만일 출원인이 이 이유를 입증하지 못한다면, 포대 금반언의 원칙이 적용되어야 할 것이다. 이 부분에 있어서 하급심은 충분히 심리하지 않았기 때문에 파기환송한다.

• 균등론의 적용에 있어서 "침해 의도"의 판단은 할 필요가 없다. 객관적인 판단요소만을 고려하여야 한다.

• 권리 고지기능과의 충돌을 최소화하는 방법으로서 균등론은 특허명세서에 기재된 범위 내에서의 균등물로 제한되어야 한다는 상고인의 주장은 받아들일 수 없다. 왜냐면 균등론은 특허 등록시가 아니라 침해시점에서 적용되어야 하기 때문이다.

• 삼중 동일성 테스트와 미차 테스트는 각자의 장단점이 있기 때문에 그러한 용어의 차이로 논란을 벌이는 것보다는 본질적인 균등의 원칙에 충실한 것이 더 중요하다.

7) 기능식 청구항하에서 균등론에 의한 침해판단 문제

미국 실무상 청구항의 해석은 출원 당시의 당업자가 이해하고 있던 사항을 기준으로 하여야 하나, 침해는 침해시점에서 판단하는 것을 원칙으로 하고 있다. 전자의 경우, 특허는 발명자가 발명한 범위 이상으로 보호받을 수 없다는 원칙에 비추어 볼 때, 출원 당시 당업자라면 그 청구항을 어떻게 이해하겠는가가 중요한 기준이 되기 때문이다. 반면후자의 경우, 이 세상의 기술이 나날이 발전하는 것을 감안할 때, 출원 당시에는 없었던 기술이라고 하더라도, 출원 당시 없었다는 그 자체만으로 비침해를 선언해야 하는 것이 아니라, 그 기술이 특허의 용이한 변형품인가를 살펴야 하기 때문에 침해시점을 기준으로 잡을 수밖에 없다. 이 원칙하에서 대부분의 경우 침해 판단이 이루어지나, 문제는 기능식 청구항의 해석과 균등론의 해석이 일부 중첩이 되며 그러면서도 해석 시점이 각각 다르다는 데에 있다. 이하에서 조금 더 살펴보기로 한다.

▷ 기능식 청구항의 해석 원칙

앞서 청구범위 해석에서 살핀 바와 같이, 기능식 청구항은 명세서상의 해당 실시예 및 그 균등물을 포함하는 것으로 제한하여 해석한다. 균등물은 실시예와 동일한 기능을 가지고 있으며 구성이 균등하여야 한다. 여기서 균등이라 함은 특허 명세서에 개시된 구성에 대해 아무런 의미를 부여하지 않을 정도의 미미한 변형이 있는 경우를 의미한다.[180] 또한, 명세서에 개시된 구성과 침해품의 구성이 교환 가능하다고 당업자가 알고 있었는가를 판단하는 것도 구성의 균등을 판단하는 데 있어서 유용한 방법이다. 이를 주지된 교환 가능성 요건(known interchangeability)이라 부르기도 한다.[181]

그러나 위 조건에서 미루어 짐작되듯이 동일한 기능을 수행하는 두 구성은 서로 교환 사용될 가능성이 매우 높다.[182] 그렇기 때문에 주지된 교환사용 가능성 요건은 두 구성물이 동일한 기능을 수행하느냐가 아니라, 어느 한 구성이 다른 구성의 균등물인 것이 당업자에게 알려져 있었느냐를 살피는 것이다.[183] 따라서 권리범위가 확정되는 등록 시점에서 당업자에게 알려진 바가 해석의 기준 시점이 되어야 한다.[184]

이를 Kopykake 사건[185]에 비추어 보면, 잉크젯 프린팅이 발명에서 말하는

---

180) *Valmont Indus., Inc. v. Reinke Mfg. Co.*, 983 F.2d 1039, 1043, (Fed. Cir. 1993).

181) 교환 가능성은 중요한 판단 요소이기는 하나, 교환가능성만 가지고 균등여부를 판단할 수는 없다. 참조. *Chiuminatta Concrete Concepts Inc v. Cardinal Industries Inc.*, 145 F.3d 1303, 1309 (Fed. Cir. 1998).

182) *Id.*

183) *Id.*

184) *Al-Site Corp. v. VSI Int'l, Inc.*, 174 F.3d 1308, 1320 (Fed. Cir. 1999).

185) *Kopykake Enterprises, Inc. v. Lucks Co.*, 264 F.3d 1377, 60 USPQ2d 1124 (Fed. Cir. 2001).

Kopykake Enterprises의 발명은 식품을 식용 가능하고 이미지가 새겨진 바탕 모양으로 장식하는 것에 관한 것이다. 위 그림에서 보듯이 장식 그림(32)이 release paper(24) 위에 새겨져 있으며, release paper로부터 음식물로 장식그림이 새겨진다. 이 사건에서 쟁점이 된 Kopykake Enterprises의 유일한 청구항은 식용 가능한 base shape(32)를 제조하는 방법에 관한 것인데, 그 청구항 속에, (d)screen printing said at least one edible pictorial image onto said edible base shape라고 되어 있었고, 이 "screen printing"이라는 용어는 권리를 한정하는 용어이다. 그리고 명세서에 의하면 "screen printing이라는 단어는 통상의 screen printing뿐만 아니라 통상의 printing process와 장식 그림을 base shape에 적용하는 모든 일반적인 수단과 방법을 포함하고 있다"고 되어 있다.

피고는 inkjet printing을 실시하였는데, 항소심에서의 유일한 이슈는 청구항 1의 스텝 (d)에 언급된 "screen printing"이 "inkjet printing"을 포함하는지 여부였다. 이 사건에서 연방법원은 "screen printing"이 명세서에서 일반적인 printing process로 정의되어 있으나, 특허권자가 inkjet printing이 출원시에 장식 그림을 음식에 새기는 통상적인 방법이

스크린 프린팅과 교환사용 가능한 것인가 여부는 기술적으로 그것이 가능한지 여부가 쟁점이 아니라, 그렇게 교환 사용 가능한 것이 당업자에게 그 당시 널리 알려져 있었는가가 판단의 기준이 된다는 것이다.

이제 기능식 청구항의 균등과 균등론에서의 균등에 대해 살펴보기로 하자. 이 부분에 대해 다룬 판례[186]가 있다. Chiuminatta Concrete Concepts는 2건의 특허를 가지고 있었는데, 그 것은 완전히 경화되지 않은 콘크리트를 절단하는 방법과 장치에 관한 발명이었다. Cardinal Industries를 상대로 한 소송에서 문제가 된 것은 기능식 청구항의 해석이었는데, 법원은 침해품의 구성이 기능식 청구요소의 구성과 균등하지 않아서 문언침해는 존재하지 않는다고 하며 1심 판결을 파기하였다. Chiuminatta는 설령 법원이 문언침해가 없다고 판단한다면, 여전히 균등론에 의한 침해 판결을 내려주도록 청구하였다. 다음은 이점에 대해 법원이 판시한 내용이다.

"112조 6단락(기능식 청구항)의 균등과 균등론은 서로 같지는 않고, (예를 들어 기능식 청구항의 경우는 균등한 기능이 아니라 동일한 기능을 요구하고 있는 등), 서로 다른 유래와 목적을 가지고 있지만, 균등 판단 기준은 서로 밀접하게 관련되어 있다.[187] … 양자 모두 유사한 미차(insubstantiality)분석을 실시한다. 따라서 기능식 청구항하에서 균등하지 않다는 이유로 문언침해가 배제된다면, 균등론하에서의 균등도 부정될 수 있다.

그러나 양자간에는 중요한 차이점이 있다. 균등론은, 아무도 미래를 예측할 수 없기에 필요하다. 기술진보에 힘입어 발명의 여러 가지 변종이 등록 이후에 개발될 수 있고, 그 변종은 청구범위에 비추어볼 때 미미한 차이점밖에 되지 않는 나머지 침해로 판단되어야 하는 것일 수도 있다. 등록 후 개발 기술에 근거한 그런 변종은 특허명세서에 개시될 수가 없었던 것이다. 비록 그런 청구항 요소가 구성이 다른 나머지 기능식 청구항의 균등에 해당되지 않는다 하더라도, 균등론에 의한 침해 판단 가능성을 차단하여서는 안 된다."

었는지를 입증하지 못했기에 특허권자의screen printing은 inkjet printing까지 커버하지는 않는다 라고 판시하였다.

186) *Chiuminatta Concrete Concepts Inc v. Cardinal Industries Inc.*, 145 F.3d 1303 (Fed. Cir. 1998).

187) *Warner-Jenkinson Co. v. Hilton Davis Co.*, 520 U.S. 17 (1997).

고 판시한 다음, 이어,

"본 건에서는 등록 후 개발 기술을 대상으로 균등을 따지기 보다는 특허 이전에 개발된 기술을 대상으로 균등을 판단하기 때문에 위 사항은 적용되지 않는다. 그런 경우, 기능식 청구항하에서의 비균등 판단은 균등론하에서의 반대되는 결과(즉, 균등[188])가 나타나지 않게끔 작용하여야 한다. 그 이유는, 본 법원이 이미 판단한 바와 같이, 침해품의 구성이 명세서에 개시된 구성과 실질적으로 상이하며, 또한 균등이라고 주장된 기술이 사전에 알려져 있었다는 점을 감안할 때, 비균등으로 판단된 기술은 명세서에 미리 기재되었을 수 있었기 때문이다"고 하였다.

즉, 법원은 특허권자가 기능식 청구항하에서 균등을 주장하려면, 이미출원 당시 알려진 기술에 대해서는 반드시 명세서에 반영을 하였어야 했고, 그렇게 할 수 있었음에도 게을리 했다면, 법원이 특허권자에게 두 번)[189]씩이나 기회를 줄 필요가 없다는 것이다.[190]

반면에, 등록 후 개발 기술은 출원 당시 명세서에 기재할 방법이 없기 때문에 균등론하에서 침해를 판단하여야 한다는 것이다.[191] 따라서 특허등록시점과 침해시점 사이의 시점 차이(temporal difference)가 기능식 청구항하에서의 균등과 균등론하에서의 균등을 구분짓고 있다고 볼 수 있다.[192]

위 사항을 결론적으로 정리하여 보면 아래와 같다.

- 어떤 침해 의심품에 대해 기능식 청구항하에서 균등을 주장하려면, 등록 당시에 알려진 균등물이어야 한다.
- 만일 등록 당시 개발은 되어있으나 알려진 균등물이 아니라는 이유로 기능식 청구항하에서 균등이 부정된다면, 균등론은 적용할 수 없다.

---

188) 저자 주.

189) 저자 주.

190) *Chiuminatta Concrete Concepts Inc v. Cardinal Industries Inc.*, 145 F.3d 1303 (Fed. Cir. 1998).

191) *Al-Site Corporation v. Vsi International Inc,* 174 F.3d 1308 (Fed. Cir. 2000).

192) *Id.*

- 침해 의심품이 등록후 개발된 기술이라면, 기능식 청구항하에서의 균등이 부정된다 할지라도, 균등론에 의한 균등여부를 추가적으로 가려야 한다.

8) 균등론의 적용제한

① 선행기술: 당연한 이치이기는 하나, 이미 선행기술에서 존재하는 사항까지 커버되도록 균등론을 적용하여서는 안 된다.[193)]

② 포대금반언: 균등론은 포대금반언의 원칙에 의해 적용이 제한 받는다. 출원인들은 심사과정에서 특허를 받기 위해 특허청 심사관을 설득할 수 있도록 청구범위를 좁히거나 의미를 명확히 하는 주장이나 보정을 종종 행한다. 일단 그렇게 한 이후에는, 권리행사시에 균등론을 적용하더라도 심사시에 선행기술과 차별점을 내세우기 위해 정정 또는 답변서의 주장을 통해 포기한 사항을 커버할 수는 없다.[194)] 따라서 배심재판의 경우, 판사는 배심원들에게 포대 금반언이 적용되는 청구요소들을 알려주고, 그 요소들에 대해서는 균등론을 적용하지 말고 문언침해만 판단하도록 지시하기도 한다. 그런데, 포대 금반언의 원칙의 타당성은 인정하는 일방, 어떤 경우에 그것을 적용할 것인가를 둘러싸고 많은 논란이 있어왔다. 미국 대법원은, 만일 보정의 이유가 선행기술을 회피하기 위한 목적이 아니라면, 그 보정에 의해 도입된 새로운 청구 요소에 대해 균등론에 의한 침해 판단을 배제하지 않는다(즉, 가능하다)고 하였다.[195)] 결국 보정의 이유 (그리고 거절의 이유)에 따라 포대 금반언이 적용되기도 하고 적용되지 않기도 한다는 것이다.[196)][197)] 그런데

193) *Marquip, Inc. v. Fosber Am., Inc.*, 198 F.3d 1363, 1367, 53 USPQ2d 1015, 1018 (Fed. Cir. 1999) 참조.

194) *Pharmacia & Upjohn Co. v. Mylan Pharm., Inc.*, 170 F.3d 1373, 1376-77, 50 USPQ2d 1033, 1036 (Fed. Cir. 1999) 참조.

195) *Warner-Jenkinson Co. v. Hilton Davis Co.*, 520 U.S. 17, 33 (1997).

196) 참조. *Warner-Jenkinson Co. v. Hilton Davis Co.*, 520 U.S. 17, 32 (1997) ("만일 균등물을 제한할 의도 없이, 혹은 실제로 심사관이 요구한 표현이 많은 경우에서 광범위한 균등물을 허용할 수도 있다는 예상을 하면서도 PTO가 청구항 보정을 요구한 경우에 있어서, 법원은 타당한 이유 없이 PTO의 기본 전제를 뒤엎는 행동을 하지 않아야 한다. 과거 사건을 살펴보면, 법원은 제한된 몇 가지 보정 이유에 대해서만 포대 금반언의 원칙을 적용하여 왔다").

Hilton Davis 같은 특허권자처럼, 보정의 이유를 밝히지 않은 경우에는 포대금반언 적용여부를 어떻게 판단하여야 할까? 법원은 이 경우에 있어서, 보정에 의해 한정사항을 부가할 만큼 특허성에 관련한 상당한 보정이유를 특허권자가 가지고 있었다고 추정하여야 한다고 하였다.[198] 따라서 이 경우에는 포대금반언이 적용되고, 결과적으로 균등론의 적용이 되지 않게 된다.[199] 물론, 이러한 추정은 타당한 증거에 의해 번복될 수 있다.[200]

Festo Corp. v Shoketsu Kinzoku Kogyo Kabushiki Co., 535 U.S. 722 (2002)

[사실관계]

- 상고인 Festo는 2건의 특허를 보유하고 있다. 심사과정에서 기재요건 불비를 극복하면서 첫 번째 특허는 한 쌍의 일방향 밀봉 링과 자화성 물질로 된 외부 슬리브를 가지고 있다는 새로운 한정을 추가하였다. 그리고 두 번째 특허 역시 재심사 과정에서 링에 관한 한정사항을 추가하였다.
- Festo가 이 특허품의 판매를 시작한 후, 피상고인 SMC가 유사 제품을 판매하였는데, 유사제품은 하나의 양방향 밀봉 링과 비 자화성 물질을 적용하고 있었다.
- Festo는 균등론에 의한 침해를 주장하였고, 제1심은 포대금반언이 적용되어야 한다는 SMC의 주장을 배격하며 침해라고 판단하였다.
- CAFC는 최초에 이 결정을 지지하였으나, 대법원은 Warner-Jenkinson Co. v. Hilton Davis Chemical 사건을 인용하며, 출원인이 심사시 보정을 통해 포기한 주제를 다시 되살리는 것을 금지하기 위해, 경쟁사가 포대 금반언의 원칙에 의존할 수 있다는 이유로, 파기 환송하였다.
- 환송심에서 CAFC는, 선행기술을 피하기 위해 행해진 보정뿐만 아니라, 특허법에 따라 청구범위를 좁히는 모든 보정에 대해서도 금반언이 적용된다고 판시하였다. 더 나아가, 금반언의 원칙은 보정된 요소에 대한 균등물 적용도 금한다고 판시하였다.

[판　결]

- 포대 금반언은 선행기술을 피하기 위해 행해진 보정뿐만 아니라, 특허법에 따른 모든 보정에 대해서도 적용될 수 있으나, 보정된 요소에 대한 모든 균등물의 적용을 절대적으로 금할 필요는 없다. 금반언의 적용 기준은 보정의 이유를 감안해야 한다.

---

197) 법원은 거절의 이유를 살피는 것이 거절이유의 타당성을 살피는 것은 아니라고 하였다. 왜냐면 거절이유의 타당성은 항고심에서 다툴 사항이기 때문이다. 법원은 균등론 적용 여부를 가리기 위해 거절의 이유(맞던 틀리던)를 살피고, 보정서에서 거절이유를 다루고 피하는 방법을 살펴야 한다고 하였다. *Warner-Jenkinson Co. v. Hilton Davis Co.*, 520 U.S. at 32, n.7.

198) *Warner-Jenkinson Co. v. Hilton Davis Co.*, 520 U.S. 17, 33 (1997).

199) *Id.*

200) *Id.*

- 특허법의 요건을 만족시키기 위해서 보정을 통해 축소한 것에 대해서는 발명자가 최초 청구범위와 좁혀진 청구범위 사이에 해당하는 영역(즉, 보정에 의해 축소된 한정에 대한 모든 균등물)을 포기하였다는 추정이 성립된다. 그러나 경우에 따라서는 그렇게 볼 수 없을 때도 있다.
- 예를 들어, 출원시점에서 예상할 수 없었던 균등물 보정하게 된 이유가 (소송에서 문제가 된) 균등과 전혀 관계가 없을 때 또는 특허권자가 (소송에서 문제가 된) 균등물을 기재하였을 것이라는 예상이 되지 않는 정황이 존재한다면, 금반언의 적용을 피할 수 있다.

③ 공중에게 헌납된 기술(Subject Matter Dedicated to the Public): 특허명세서에서 개시는 되었으나 권리청구를 하지 않은 기술이 있다면 그 기술은 공중에게 헌납한 것으로 본다.[201] 따라서 개시되었으나 청구하지 않은 기술은 균등론을 적용하더라도 권리범위에 커버되지 않도록 해야 한다.[202] 이를 'Disclosure-Dedication Rule'이라고도 부른다. 공중에게 헌납할 의도(intent)가 없었다는 주장 역시 배척되었다.[203] 어느 청구되지 않은 주제(실시예)가 공중에게 헌납된 기술인지 여부를 판단하기 위해서는, 그 청구되지 않은 주제가 청구항 중 해당 요소의 대용물(혹은 대용방법)이라는 것을 특허권자가 분명하게 밝힌 것이어야 한다.[204] 명시적으로 헌납 의사를 밝힐 필요는 없으며,[205] 당업자가 명세서를 읽어보고 청구되지 않은 주제를 알아낼 수 있다면, 명세서에 개시된 그 주제는 공중에게 헌납된 것이다.[206] 한 가지 구분 되어야 할 점은, 포대 금반언의 원칙이다. 만일 특허권자가 거절 이유에 대응하여 최초의 넓은 청구항을 축소하였다면, 이는 결국 명세서에 개시는 되었으나, 보정에 의해 제외된 기술이 되는데, 이때는 포대 금반언의 원칙을 적용하여야 한다.[207]

---

201) *Johnson & Johnston Associates, Inc. v. R.E. Service Co.*, 62 USPQ2d 1225 (Fed. Cir. 2002).

202) *Id.*

203) *Toro v. White Consolidated Industries*, 199 F.3d 1295, 53 USPQ2d 1065 (Fed. Cir.1999).

204) *Pfizer Inc. v. Teva Pharmaceuticals USA Inc.*, 429 F.3d 1364 (Fed. Cir. 2005).

205) *PSC v. Foxconn*, 355 F.3d 1353, 1358 (Fed. Cir. 2004).

206) *Id.* at 1360.

207) *Festo Corp. v. Shoketsu Kinzoku Kogyo Kabushiki Co.*, 535 U.S. 722 (2002).

Johnson & Johnston Associates, Inc. v. R.E. Service Co., 62 USPQ2d 1225 (Fed. Cir. 2002)[208]

이 사건에서, 연방법원은 "명세서엔 나타나 있으나 청구하지 않은 주제는 발명이 공개될 때 사회에 헌납된 것이며, 그러한 주제를 경쟁업자가 실시해도 균등침해가 성립하지 않는다"고 판시하였다.

이 사건에서 쟁점이 된 특허는 회로기판의 제조에 관한 것이었다. 특허 명세서에는, "알루미늄이 현재 회로기판으로 가장 선호되는 물질이지만, 스테인레스 스틸이나 니켈 합금과 같은 다른 금속들도 이용될 수 있다"고 기재되었다. 그러나 문제가 된 청구항은 오직 알루미늄만을 청구하였다. 청구범위에서는 회로기판 물질로서 명세서에 열거된 기타 금속들은 언급되지 않았기에, 소송의 상대방 회사는 알루미늄판 대신에 라미네이터에 스틸을 사용할 수 있었다. 법원은, "스틸을 청구범위에 기재하지 않고 상세한 설명에만 기재한다면, 비록 스틸 기판이 알루미늄 기판과 동일한 기능을 수행하고, 명세서가 스틸 기판을 명시적으로 부인하거나 부정하지 않고 있다 하더라도, Johnston은 상대방의 스틸에 대한 실시까지 포함되도록 알루미늄에 대한 한정사항을 확대 해석하여 균등론을 주장할 수 없다"고 판시하였다.

이 사건에서 특허권자가 스틸을 포함하도록 넓게 청구항에 기재했더라면, 결과는 문언침해가 성립될 수 있었을 것이다.

예를 들어,

원특허의 청구범위:

1. A component for use in manufacturing articles such as printed circuit boards comprising:
   A laminate constructed of copper foil which, in a finished printed circuit board, constitutes a functional element and **a sheet of aluminum** which constitutes a discardable element;

만일 이렇게 썼더라면 문언침해가 성립되었을 것이다.

1. A component for use in manufacturing articles such as printed circuit boards comprising:
   A laminate constructed of copper foil which, in a finished printed circuit board, constitutes a functional element and **a substrate** which constitutes a discardable element;

6. 역균등론하에서의 비침해(Noninfringement under Reverse Doctrine of Equivalents)

균등론은 권리자를 보호하려는 취지를 가지고 있는 반면, 역균등론은 권

208) Irving Kayton, Draft and Prosecute Winning Patents Workshop Text, pp.2-6,7, Patent Resources Group, Inc, 2003.

리의 무제한적인 확장을 막으려는 이론이다. 즉, 문언상으로는 명백한 침해이나, 특허와 실질적으로 상이한 방법으로 작동한다면 비침해라는 것이다. 그러나 일반적으로 법원에서 잘 받아들여지지 않는 방어이론이다.

예를 들어, *Leesona Corp. v. United States*, 530 F.2d 896 (1976)에서, 클레임은 배터리용 전극구조에서, "균일하고 제어된 다공률을 가지는 다공성 자기지속성 금속층"을 청구하였으며, 명세서는 직경이 1~50㎛의 구멍을 가지는 미세 다공층을 개시하면서, 거품압력을 제어하는 기능을 한다고 언급하고 있었다. 침해품은 클레임의 문언대로 균일한 다공성 층으로 간주될 수 있는 일반적인 금속 스크린이었다. 법원은 비침해로 판단하였는데, 그 이유는 침해품의 구멍 직경은 50㎛보다 크며, 거품압력을 배출하는 것은 우연히, 그리고 큰 의미 없이 일어난다는 것이었다.

7. 유도침해(Induced Infringement)[209]

1) 유도침해는 직접침해가 발생한 것을 전제로 한다.[210] 또한 직접침해는 유도침해자가 일으킬 필요는 없고 제3자가 직접침해를 하면 된다. 만일 직접침해가 존재하지 않으면 유도침해는 성립되지 않는다. 주의할 점은 직접침해나 후술하는 기여 침해와 달리, 유도 침해의 경우에는 지역 제한이 없기 때문에 유도침해 행위지가 반드시 미국일 것이 요구되지는 않고, 단지 직접침해가 미국에서 일어날 것만 요구하고 있다.[211]

2) 유도침해가 일어나기 위해서는

① 유도 침해자가 직접침해를 구성하는 행위를 일어나게끔 실제로 유도했다는 점,[212]

② 그리고 유도침해자의 행위가 실제 침해를 유도할 것을 유도침해자가 알

---

209) 35 U.S.C. §271 (b) "Whoever actively induces infringement of a patent shall be liable as an infringer."

210) *Dynacore Holdings Corp. v. U.S. Phillips Corp.*, 363 F.3d 1263, 1272 (Fed. Cir. 2004).

211) *DSU Medical Corp. v. JMS Co.*, 471 F.3d 1293, 1304 (Fed. Cir. 2006) (en banc) 참조.

212) *Manville Sales Corp. v. Paramount Sys., Inc.*, 917 F.2d 544, 554 (Fed. Cir. 1990).

았거나 알았어야 했다는 것을 입증하여야 한다.[213] 즉, 이 말은 유도침해자가 특허의 존재를 필요적으로 알고 있었다는 것을 전제로 한다.[214]

③ Manvill 사건에서 법원은, "고의로 침해를 유도 했다는 것을 입증하려면, 피고가 그의 행동이 유도행위가 되리라는 것을 단순히 알고 있었다는 것이 아니라, 타인의 침해 행위를 조장하려는 특별한 의도가 있었다는 것을 입증하여야 한다. 원고는, 피고의 행동이 침해를 유도하였고, 또한 그의 행동이 실제로 침해를 유도할 것이라는 점을 알았거나 알았어야 했다는 점을 입증하여야 한다"고 하였다.[215] 즉, 피고가 직접 침해가 일어날 수 있으리라는 것을 단순히 알고 있었다는 점으로는 유도행위가 되지 않으며, 침해를 유도하기 위한 특별한 의도와 행동이 반드시 입증되어야 한다.[216]

3) 유도침해가 구성될 수 있는 전형적인 행위의 예를 들면,

① 유도침해자가 직접침해를 구성하는 지시나 안내를 라벨, 광고 혹은 기타 판매방법에 의해 제공하거나,

② 침해품에 사용되는 부품을 가지고 고객이 특허 받은 발명을 만들고, 사용하고, 판매할 것을 알고, 또 그렇게 할 목적으로 그 부품을 공급하는 것이다.

8. 기여침해(Contributory Infringement)[217]

1) 기여침해 역시 유도침해의 경우와 마찬가지로 직접침해가 존재하는 것

213) *Id.*

214) *DSU Medical Corp. v. JMS Co.*, 471 F.3d 1293, 1305 (Fed. Cir. 2006) (en banc).

215) *Manville Sales Corp. v. Paramount Sys.*, Inc., 917 F.2d at 553.

216) *Id.* at 554.

217) 35 U.S.C. §271 (c) "Whoever offers to sell or sells within the United States or imports into the United States a component of a patented machine, manufacture, combination, or composition, or a material or apparatus for use in practicing a patented process, constituting a material part of the invention, knowing the same to be especially made or especially adapted for use in an infringement of such patent, and not a staple article or

을 전제로 하며,[218] 직접침해는 기여침해자가 일으킬 필요는 없고 제3자가 직접침해를 하면 된다. 만일 직접침해가 존재하지 않으면 기여침해는 성립되지 않는다.

2) 기여침해를 구성하는 요소로는

① 특허발명의 중요한 부품으로서, 상당한 비침해 용도를 가진 상업용 staple article이 아니고,

② 침해품에만 사용되도록 특별히 만들어졌다는 것을 알면서,

③ 미국 내에서,

④ 기여침해자가 판매 혹은 공급할 것들이다.

3) 여기서 상당한 비침해 용도를 가진 상업용 staple article이라 함은, 침해품의 구성요소 이외의 용도를 가지고 있고, 이외의 용도라 함은 가끔 발생하거나(occasional), 부자연스럽거나(farfetched), 비현실적이거나(impractical), 실험적이거나(experimental) 혹은 가상적 (hypothetical)이어서는 안 된다. 오직 특허 받은 조합에만 적용되는 물품을 제조하고 판매하는 자는 자신의 행동에 따른 필연적인 결과를 의도했다고 간주된다. 즉, 그 사람은 그 물품이 특허 받은 조합에 사용된다는 것을 의도한 것으로 간주된다.[219]

9. 침해로 간주하는 행위

(1) 35 U.S.C. §271(e)

① Roche 사건에서, 원고는 의약품에 대한 특허를 가지고 있었다. 특허 존속기간의 마지막 연도에 피고는 해외로부터 그 약을 공급받아서, 특허 존속기간 만료 후에 판매할 목적으로 FDA에 승인 신청을 받기 위

---

commodity of commerce suitable for substantial nonuse, shall be liable as a contributory infringer."

218) *Dynacore Holdings Corp. v. U.S. Phillips Corp.*, 363 F.3d 1263, 1272 (Fed. Cir. 2004).

219) *Metro-Goldwin-Mayer Studios, Inc. v. Grokster, Ltd.*, 125 S.Ct. 2764, 2777 (2005).

한 제한된 테스트 프로그램에 그 약을 사용하였다. CAFC는 그 테스트는 실험목적의 침해 예외 원칙이 적용되지 않는다는 침해 결정을 내렸다.[220)]

② 1984년, 일명 Hatch-Waxman 법을 통해 의회는 Roche 사건을 부분적으로 무효화하는 조항을 35 U.S.C. §271(e)(1) 35 U.S.C. §271(e)(1)[221)]으로 공표하였다. 그 주요 내용은(동물용의 신규한 의약품, 수의과 용의 생물학적 제품을 제외하고) 의약품의 제조, 판매, 사용을 규제하는 연방법에 의거한 허가신청에 필요한 정보수집 및 제출에 합리적으로 관련되는 용도에 한하여 특허품의 제조, 판매, 사용 또는 수입을 하는 행위는 침해가 구성되지 않는다고 하여 Roche 사건에서의 존속기간 내의 행위를 문제삼지 않고 있다.

③ 한편, 의회는 또한 의약품 분야에서 침해로 보여지는 행위도 35 U.S.C. §271(e)(2) 35 U.S.C. §271 (e)(2)[222)]로 공표하였다. 그 주요 내용은, 특허

---

220) *Roche Products, Inc. v. Bolar Pharmaceutical Co.*, 733 F.2d 858, 221 U.S.P.Q. 937 (Fed. Cir. 1984), *cert. denied*, 469 U.S. 856, 225 U.S.P.Q. 792 (1984).

221) "It shall not be an act of infringement to make, use, offer to sell, or sell within the United States or import into the United States a patented invention [other than a new animal drug or veterinary biological product (as those terms are used in the FedFood, Drug, and Cosmetic Act and the Act of March 4, 1913) which is primarily manufactured using recombinant DNA, recombinant RNA, hybridoma technology, or other processes involving site specific genetic manipulation techniques] solely for uses reasonably related to the development and submission of information under a Federal law which regulates the manufacture, use, or sale of drugs or vetinary biological products."

222) "It shall be an act of infringement to sub－

(A) an application under section 505(j) of the Federal Food, Drug, and Cosmetic Act or described in section 505(b)(2) of such Act for a drug claimed in a patent or the use of which is claimed in a patent, or

(B) an application under section 512 of such Act or under the Act of March 4, 1913 (21 U.S.C. 151-158) for a drug or veterinary biological product which is not primarily manufactured using recombinant DNA, recombinant RNA, hybridoma technology, or other processes involving site specific genetic manipulation techniques and which is claimed in a patent or the use of which is claimed in a patent, if the purpose of such submission is to obtain approval under such Act to engage in the commercial manufacture, use, or sale of a drug or veterinary biological product claimed in a patent

받은 의약품 또는 특허 받은 의약품의 사용용도에 대한 허가신청을 연방 식품, 의약, 화장품 법 하에서 제출하는 것은, 그 신청의 목적이 해당 특허의 존속기간 만료 전에 그 의약품을 상업적으로 제조, 판매, 사용하려는 것이면 침해가 된다는 것이다.

④ U.S.C. §271(e)(2) 조항이 적용되는 과정을 Chisum 교수는 다음과 같이 설명하고 있다.[223)]

(1) 제네릭(generic) 약품을 판매하려는 회사는 ANDA(약식 신약신청)을 한다.

(2) 그 회사는 그 약품의 특허 상태에 대한 증명서를 제출하여야 한다.

(3) 특허가 무효이거나, 그 제네릭 약품을 시장에 판매하여도 침해가 되지 않는다는 "Paragraph IV" 증명서를 제출한 경우, 이것이 특허권자에게 통지된다.

(4) 만일 ANDA가 관련 규정을 만족한다면, 특허권자가 §271(e)(2) 위반을 이유로 45일 이내에 침해소송을 제기하지 않는 경우, 승인과 동시에 판매가 가능하게 된다.

(5) 만일 특허권자가 소송을 제기한다면, FDA는 다음 중 빠른 날짜까지 ANDA 승인을 보류하여야 한다: ① 통지일로부터 30개월 혹은 ② 법원의 침해/비침해 결정시 혹은 ③ 침해로 판단시는 특허 존속기간 만료일

따라서 흔히 일어나는 경우이기도 하지만, 위 소송이 30개월 이상 소요된다면, 나중에 그 특허가 무효 혹은 비침해로 판단될지언정, 특허권자로서는 적어도 30개월 동안은 가처분의 효과를 누릴 수 있다. 반면에 제네릭 약품 제조회사로서도 소송비용과 시장 진입 지연 외에는 피해가 거의 없는데, 이것은 §271(e)(4)에서 규정된 바와 같이 법원은 실제로 상업적인 판매나 수입이 일어났을 경우에 한하여 손해배상을 명령할 수 있기 때문이다.[224)]

---

or the use of which is claimed in a patent before the expiration of such patent."

223) Donald S. Chisum, p. 440, Elements of United States Patent Law, Yushodo Press Co., Ltd. (2000).

224) *Id.*

(2) 35 U.S.C. §271(f)[225)]

특허 받은 발명의 부품(components)을 해외에서 조립하기 위해 미국에서 공급(supply)하는 행위는 침해로 간주된다. 좀 더 상세하게 살펴보면, 미국 내에서 혹은 외국으로, 특허를 구성하는 부품의 일부 또는 전부를, 미국 내에서라면 유도침해 혹은 기여침해가 일어날 수 있는 형태로 공급하는 것은 침해가 된다는 것이다.[226)] 본 조항에서 자주 논란이 되는 것은 부품(components)의 의미인데, 이에 대해서 대법원은 최근에 소프트웨어의 경우에 대한 부품의 정의를 내린 바 있다.[227)]

Microsoft v. AT&T 550 U.S. 437 (2007)
[사실 관계] • AT&T는 기록된 speech를 encode, compress하는 특허를 보유하고 있다. • 마이크로소프트의 윈도는 동 기능을 지원하고 있으며, 윈도 단독으로는 침해가 아니나, 컴퓨터에 탑재될 경우, 침해가 성립되었다.[228)] • 해외의 경우, 마이크로소프트는 윈도즈를 카피 형태가 아닌, master disk 혹은 암호화된 전송경로를 통해 윈도를 해외 컴퓨터 업체로 보내고, 컴퓨터 업체는 이를 변환하여 컴퓨터에 탑재, 현지에서 판매하였다. • AT&T는 해외 경우에 대해 35 U.S.C. §271(f)(1) 위반으로 제소하였고,

225) 35 U.S.C. §271 (f)(1) Whoever without authority supplies or causes to be supplied in or from the United States all or a substantial portion of the components of a patented invention, where such components are uncombined in whole or in part, in such manner as to actively induce the combination of such components outside of the United States in a manner that would infringe the patent if such combination occurred within the United States, shall be liable as an infringer.

(2) Whoever without authority supplies or causes to be supplied in or from the United States any component of a patented invention that is especially made or especially adapted for use in the invention and not a staple article or commodity of commerce suitable for substantial noninfringing use, where such component is uncombined in whole or in part, knowing that such component is so made or adapted and intending that such component will be combined outside of the United States in a manner that would infringe the patent if such combination occurred within the United States, shall be liable as an infringer.

226) 35 U.S.C. §271(f). 본 조항은 Deepsouth Packing v. Laitram Corp 사건의 여파로 제정된 1984년 신설 조항이다.

227) *Microsoft v. AT&T* 550 U.S. 437 (2007).

- 1심, Federal Circuit 모두 마이크로소프트 침해로 판단하였다.

[대법원 판결 요지]

- 윈도 그 자체가 아닌, 윈도즈의 copy는 35 U.S.C. §271(f)(1)에서 말하는 부품(components)에 해당한다.
- 35 U.S.C. §271(f)(1)에서의 부품이란 결합(조립)할 수 있는 부품을 말하는데, 소프트웨어의 경우, 컴퓨터가 읽을 수 있는 copy, 즉 CD-ROM이나 윈도로 변환되기 전에는 (컴퓨터와) 결합이 불가하다. 즉, 이 상태에서는 1) CD-ROM 드라이브에 삽입될 수 없고 인터넷으로 다운로드도 안 되고, 2) 컴퓨터에 설치될 수도, 동작될 수도 없다. 따라서 소프트웨어 코드 그 자체는 물리적인 구현 형태가 없는 하나의 아이디어이며, 그 자체로서는 "결합"할 수 있는 "부품"이라고 볼 수 없음.
- 컴퓨터가 읽을 수 있는 매체로 소프트웨어가 쉽게 변환될 수 있다는 사실 또한 결론을 바꾸게 할 수는 없는데, 그 이유로서, 카피 제조과정은 소프트웨어를 컴퓨터와 결합 가능하게 하는데, 이 추가적인 단계가 필수적으로 필요하다. 의회는 이 같은 사항을 입법과정에서 반영할 수 있었으나, 그리 하지 않았음.
- 마이크로소프트는 해외에서 제작된 윈도 카피를 미국에서 공급한 적이 없고, 이 카피는 미국 외에서 공급된 것이다.
- CAFC는 공급 행위에 복사행위가 포함된 것으로 해석하였으나, 이는 잘못이며, 이 두 행위는 서로 구분되는 것이다.
- 소프트웨어 부품과 다른 형체를 지닌 부품과의 유일한 차이는, 전자가 보다 쉽게 만들어지고 운송될 수 있다는 것인데, 복사하기 쉽다는 것이 침해 판단의 이유로 작용할 수는 없다.
- 35 U.S.C. §271(f)(1)과 관련하여, 동 조항에 적용되지 않는 마이크로소프트의 모든 행위는 치외법권의 원칙이 추정된다.
- 소프트웨어 카피 제작 행위는 해외에서 일어났으며, 이 해외 행위에 대해 위 조항이 적용된다고 볼 수는 없다. AT&T가 해외에서의 카피 행위를 막으려면, 해외에서 특허를 받아야 한다.
- 35 U.S.C. §271(f)(1) 와 관련하여, 위와 같이 해석하는 것은 소프트웨어 제작자들에게 빠져나갈 구멍을 제공할 수도 있으나, 그러한 구멍을 메우는 것은 의회가 할 일이지, 법원이 아니며, 그 필요성에 대해서는 의회가 판단할 것이다.

---

228) 실제 마이크로소프트는, 재판과정에서, 그들이 소프트웨어 개발 과정에서 윈도즈를 설치하면 직접 침해가 일어나며, 윈도즈를 미국 내에서 판매함에 따라 유도 침해(induced infringement)가 일어났다고 인정하였다.

(3) 35 U.S.C. §271(g)[229]

1) 1988년 이전까지는 미국에서 특허 받은 방법을 해외에서 실시하여 만든 제품을 미국으로 수입하여도 특허침해가 구성되지 않았다. 이에 대해 특허침해 우회라는 비판이 거세어져 1988년에 만들어진 법률이 수정 방법특허법 (Process Patent Amendment Act)이고, 그 내용은 35 U.S.C. §271(g)에 규정되어 있다.

2) 본 법안의 요지는 정당한 권한이 없는 자가 미국에서 특허 받은 방법을 해외에서 실시하여 만든 제품을 미국으로 수입하거나, 판매, 판매 청약, 사용하는 행위는 침해로 보며, 이러한 침해품에 대해 특허법에서 적당한 구제조치를 제공하는 경우에는 비상업적 사용이나 소매 판매에 대해 침해구제를 요청할 수 없다고 제한을 두었으며, 침해 제품이라 하더라도 1) 그것이 후속 공정에 의해 크게 변화된 경우, 혹은 2) 그것이 다른 제품의 사소하고 비 필수요소가 되어버린 경우에는 침해를 인정하지 않는 예외사항을 두었다.[230]

3) PPAA에 대한 ITC 적용 예외

2004년 3월 25일, CAFC는 §271(g)조의 예외조항에 의한 침해자의 방어는 ITC 소송에서 적용되지 않는다고 판시하였다.[231] Minnesota Mining and

---

229) 35 U.S.C. §271: (g) Whoever without authority imports into the United States or offers to sell, sells, or uses within the United States a product which is made by a process patented in the United States shall be liable as an infringer, if the importation, offer to sell, sale, or of the product occurs during the term of such process patent. In an action for infringement of a process patent, no remedy may be granted for infringement on account of the noncommercial use or retail sale of a product unless there is no adequate remedy under this title for infringement on account of the importation or other use, offer to sell, or sale of that product. A product which is made by a patented process will, for purposes of this title, not be considered to be so made after —

(1) it is materially changed by subsequent processes; or

(2) it becomes a trivial and nonessential component of another product.

230) 35 U.S.C. §271: (g)

231) *Kinik Co. v. Int'l Trade Comm'n*, 362 F.3d 1359 (Fed. Cir. 2004).

Manufacturing Company와 Ultimate Abrasive Systems, L.L.C. ("3M")는 Kinik Company를 상대로 ITC 소송을 제기하였다. 3M은 분말 매트릭스 파우더와 연마제에 바인더 용액을 섞는 방법특허를 보유하고 있었다. 이 특허는 상기 재료를 소결하여 예비형성품(preform)을 만드는데 사용되었다. 3M은, 어느 대만회사가 이 특허공정을 사용하고 있고, Kinik은 그 결과물을 수입하고 있다고 주장하였다.

Kinik의 항변은, 그 방법은 크게 변화되었기 때문에 §271(g)조의 예외조항에 해당한다는 것이었다. ITC는 침해를 판정하였고, 예외조항은 ITC 소송에서 적용되지 않는다고 결정하였다.

항고심에서 CAFC는 ITC의 주장을 아래와 같이 인정하였다. 첫째, PPAA 입안시 상원의 입법 기록(legislative history)을 살펴보면, "이러한 제한 사항으로 말미암아 방법 특허권자가 ITC로부터 구제받는 것을 제한할 의도가 없다"고 기재되어 있으며, 여기서 얘기하는 제한사항(limitation)은 Section 271(g)하에서의 방어를 뜻한다고 해석된다. 둘째로, 또한 법령 자체의 문구를 그대로 해석하여 보아도 Section 271(g)하에서의 방어는 본 법(this title)하에서만 이루어져야 하며, 여기서 말하는 본 법이란 특허법(Title 35 of the United States Code)을 의미하는데, ITC를 규정하는 하는 법은 Title 19이다. 따라서 이런 명시적인 제한 때문에 법 조항이 의미하는 바는 명확하다고 볼 수 있다. 마지막으로, ITC는 해당 행정을 담당하는 기관으로서, 그 결정을 존중하여야 한다.

이 판결은 결과적으로 동일한 법령이 법원과 ITC에서 달리 적용되는 모순점을 낳아서 상당한 비판을 받고 있다. 또한 법 개정을 통해 동일하게 적용시키려는 움직임도 있으나, 현재까지는 Kinik 판결이 법으로서 적용되고 있으므로, ITC에서는 침해자가 각별히 유의해야 할 사항이다.

제4장

무효, 권리 불행사 및 기타 방어

Ⅰ. 특허법 제102조(신규성)

1. 일러두기

본 조는 신규성을 판단하는 조항이다. 신규성 여부 판단은 기본적으로 단일의 선행기술에 본 발명의 청구항 구성요소가 모두 나타나 있을 것을 요구한다. 미국특허법에서 신규성을 부정하는 조항은 우리나라와는 달리 여러 가지가 있다. 이하에서 각 조항별로 살펴보기로 한다.

2. §102(a)[1] 불특허 사유

1) 요　건

① 당해 발명이

② 발명일 전에

---

1) 35 U.S.C. §102 A person shall be entitled to a patent unless —

(a) the invention was known or used by others in this country, or patented or described in a printed publication in this or a foreign country, before the invention thereof by the applicant for patent.

③ 타인에 의해
④ 미국에서
⑤ 알려졌거나 실시되었을 때,
혹은,
① 당해 발명이
② 발명일 전에
③ 타인에 의해
④ 국내외에서
⑤ 특허되었거나 간행물에 게재되었을 때

2) 본 조항은 미국이 선발명주의 국가인 관계로 미국에만 존재하는 독특한 조항이다. 우리나라와 같은 선출원주의 국가에서는 출원일을 기준으로 선행기술이 되는가의 여부만을 따지면 되나, 미국은 발명일을 특허부여의 기준으로 하는 데 주의한다. 발명일은 제3자가 금방 알 수 있는 성격의 것이 아니다. 따라서 발명일은 반대 증거가 없는 한, 출원일로 추정된다.[2] 여기서 발명자가 실제 발명일을 입증할 수 있으면 이 추정은 번복되고, 만일 실제 발명일이 선행기술이 공개된 날짜 이전으로 입증되면 무효를 피할 수 있게 된다. 또한 본 조항 적용시에는 선행기술이 자신이 공개한 것이면 해당되지 않고, 타인이 공개한 선행기술이어야 한다. 여기서, 출원 전이라도 자신의 발명 실시를 허용하는 선출원 국가의 특징을 찾아볼 수 있다.

3. §102(b)[3] 불특허 사유

1) 요 건
① 당해 발명이
② 그 출원일로부터 1년 이전에

2) *Mahukar v. C.R. Bard, Inc.,* 79 F.3d 1572, 1577, 38 U.S.P.Q.2d (BNA) 1288 (Fed. Cir. 1996), *reh'g denied, en banc* suggestion declined, (May 3, 1996).

3) 35 U.S.C. §102 A person shall be entitled to a patent unless –
(b) the invention was patented or described in a printed publication in this or a foreign

③ 국내외에서

④ 특허되었거나 간행물에 게재되었을 때,

혹은

① 당해 발명이

② 그 출원일로부터 1년 이전에

③ 미국에서

④ 실시되었거나 판매되었을 때

2) 본 조항은 위의 §102(a)가 무효 판단의 기준일을 발명일로 하는 것과는 달리 출원일의 1년 전 날짜를 기준으로 하며, 발명일은 고려하지 않는다. 또한, 선행기술의 출처 역시 자신 혹은 타인 모두가 될 수 있다. 즉, 공개된 선행기술이 심지어 자신의 발명이라 하더라도, 그 공개일이 출원일로부터 1년 이전이라면, 위의 §102(a)조항에도 불구하고 무효되어야 한다는 것이다. 예를 들어, 어느 발명자가 출원일로부터 3년 전에 발명을 하였고, 침해자는 출원일로부터 2년 전에 공개된 선행기술을 제시하며 무효를 주장했다고 치자. §102(a)와 §102(b) 조항을 동시에 고려하면, §102(a)에 의하면 발명일이 선행기술의 공개일보다 앞서므로 무효주장을 극복할 수 있다. 그러나 §102(b) 조항에 의하면 선행기술의 공개일이 출원일로부터 1년도 훨씬 이전이므로 §102(a)에도 불구하고 무효를 면할 수 없게 된다. 즉, 현실적으로는 출원 전에 발명을 공개하더라도 반드시 1년 이내에 출원하여야 안전하다는 것을 알 수 있다. 여기서 말하는 출원일 1년 이전일을 critical date라고 흔히 부른다.

4. 신규성 판단 원칙

1) 대상발명의 모든 청구요소가 단일의 선행기술(single prior art)에 개시되어 있을 경우 신규성이 부정된다.[4] 이를 single source rule이라고 한다.

2) 신규성 판단은 침해 판단과 그 기준이 동일하다. 만일 선행기술에 개

---

country or in public use or on sale in this country, more than one year prior to the date of the application for patent in the United States,

4) *C.R. Bard, Inc. v. Rockwell,* 150 F.3d 1354, 47 USPQ2d 1516 (Fed. Cir. 1998) 참조.

시된 사항이 특허 등록 이후에 일어났다면 침해가 될 경우, 그 사항이 발명일 이전에 일어났다면 신규성을 부정할 수 있다.[5)]

3) 명세서 내에 incorporation by reference된 자료가 있을 경우 실질적으로는 복수의 선행기술이 되나, 일체화(incorporation) 되었기 때문에 단일의 선행기술로 본다.

4) 다만, 선행기술을 해석하기 위해서, 또는 그 선행기술이 실시 가능함을 보여주기 위해 다른 자료를 제시하는 것은 가능하다.[6)] 그러나, 다른 자료를 이용하여 그 선행기술의 개시범위를 확장하는 것은 금지된다.[7)] 따라서, 실무에 있어서는 미묘한 차이가 있다.

5) 신규성 판단이란 청구범위의 한정사항이 선행기술을 커버하는가이며, 청구범위에 의해 커버되는 사항이 모두 선행기술에 기재되어 있는가가 아니다. 예를 들어 "가스 연료 내연기관"이라고 청구된 경우, 이 청구범위는 휘발유, LPG, LNG를 연료로 하는 내연기관에 권리가 미칠 수 있다. 그러나 상기 연료 중 어느 하나만을 개시하는 선행기술이 있을 경우에도 청구범위는 무효가 된다. 화학 조성물 특허의 경우에도, 상위 개념(genus)으로 청구된 청구항에 속하는 하위개념(species)이 개시된 선행기술이 존재할 경우, 그 상위개념을 청구한 청구항은 진보성이 부정된다.[8)]

6) claim의 수치범위에 포함되는 숫자나 일부라도 겹치는 수치범위를 가지는 선행기술이 있으면, 신규성이 부정된다.[9)] 예를 들어 만일 어느 청구항이 1~15% X와 5~25% Y를 청구하고 있다면, 그 청구항은 14% X와 25% Y를 가지는 선행기술에 의해 무효된다. 그러나 반대로 14% X와 25% Y와 같은 특별한 한정이 있는 청구항은 1~15% X와 5~25% Y라는 식으로 넓은 범위

---

5) *Lindemann Maschinenfabrik GMBH v. American Hoist & Derrick Co.,* 730 F.2d 1452, 221 USPQ 481 (Fed. Cir. 1984) (that which would literally infringe if later in time anticipates if earlier).

6) Donald S. Chisum, ELEMENTS OF UNITED STATES PATENT LAW, Second Edition, p.34, YUSHODO PRESS CO., LTD, 2000.

7) *Motorola, Inc. v. Interdigital Technology Corp.,* 121 F.3d 1461, 43 USPQ2d 1481 (Fed. Cir. 1997).

8) *In re Gosteli*, 872 F.2d 1008, 1010, 10 USPQ2d 1614, 1616 (Fed. Cir. 1989).

9) *Titanium Metals Corp. v. Banner,* 778 F.2d 775, 227 USPQ 773 (Fed. Cir. 1985) 참조.

만을 개시하고 있는 선행기술에 의해 무효되지는 않는다.[10)]

7) 비자명성 판단시 고려되는 Secondary consideration (후술)은 신규성 판단시 고려되지 않는다.[11)]

8) 방법의 발명에서, 장치만 개시된 선행기술이더라도 통상의 동작관계에서 그 방법이 실시된다고 인정될 경우, 신규성이 부정된다.

9) 장치는 구조가 상이해야 한다. 동작이 달라도 선행기술이 그 구조를 개시하고 있는 경우, 신규성은 부정된다. 반대로 동작이 동일하여도 구조가 상이하면 신규성이 인정된다.

10) 신규성을 부정하는 선행기술이기 위해서는 그 기술이 실시 가능(enabling)하여야 한다. 즉, 선행기술이 되는 간행물은 당업자가 용이하게 따라서 실시할 수 있도록 기재되어 있어야 한다.[12)] 그러나 진보성을 판단함에 있어서는 간행물이 비록 충분히 기재되어 있지 않거나, 동작이 되지 않은 장치나 방법을 개시하고 있더라도, 진보성을 판단하는 선행기술이 될 수 있다.[13)]

11) 화합물이나 합성물의 제조 방법의 경우, 제조 방법의 개시 없이 단순히 명칭만 나열한 자료는, 당업자가 그 화합물이나 합성물을 만들 수 없을 경우 선행기술로 인정되지 않는다.[14)]

12) 공지의 조성물에 대해 종전에 알려지지 않았던 특성의 발견, 공지 기술의 기능에 대한 설명의 발견이 있었다 하더라도, 그로 인해 공지된 조성물을 그 발견자에게 특허로 부여하지 않는다.[15)]

13) 명시적인 기재뿐만 아니라 내재된 사항(Inherency)도 신규성 부인에 활용 가능하다. 청구된 발명을 모두 개시하지 않는 선행기술이라도, 그 개시되지

---

10) Donald S. Chisum, ELEMENTS OF UNITED STATES PATENT LAW, Second Edition, p.40, YUSHODO PRESS CO., LTD, 2000.

11) *Celeritas Technologies, Ltd. v. M3 Systems, Inc.,* 157 F.3d 1340, 48 USPQ2d 1225 (Fed. Cir. 1998) 참조.

12) *Paperless Accounting Inc. v. Bay Area Rapid Transit Sys.,* 804 F.2d 659, 231 USPQ2d 649 (Fed. Cir. 1986) 참조.

13) *Symbol Technologies, Inc. v. Opticon Inc.,* 935 F.2d 1569, 19 USPQ2d 1241 (Fed. Cir. 1991).

14) *In re* Brown, 329 F.2d 1006, 141 USPQ 245 (CCPA 1964).

15) *Atlas Powder Co. v. IRECO Inc.,* 190 F.3d 1342, 1346-1347 (Fed. Cir. 1999).

않은 사항이 선행기술에 존재할 수밖에 없거나 내재적이라면 신규성을 부인할 수 있다.[16] 달리 표현하면, 어느 청구항의 전체 또는 부분적인 한정사항이 선행기술의 명시적 기재사항으로부터 도출되는 자연스러운 결과라면, 그 발명은 내재되어있다고 볼 수 있으면, 동시에 공지기술이 된다.[17] 조성물 특허이고, 그 조성물이 선행기술에 개시되어 있을 경우, 작용효과가 선행기술에 기재되어 있지 않더라도 그 효과가 본질적인 경우, 신규성이 부정된다. 구성의 경우에도 마찬가지로, 그 효과가 본질적이면 신규성이 부정된다.[18] 그러나, inherency는 확률이나 가능성에 의해 성립되지는 않으며, 따라서 어떤 일이 주어진 상황하에서 초래될 수 있다는 것만으로는 불충분하다.[19] 신규성 판단을 할 때 이러한 내재적 사항도 아울러 감안하여 특허발명과 대비하여야 한다.

14) On Sale Bar

청구범위에 정의된 발명이 그 특허출원일보다 1년 이전에 미국에서 판매되었다면, 그 특허는 무효되어야 한다. 내재된 사항에 관한 원칙도 마찬가지로 적용된다. 즉, 판촉의 대상이 된 어느 제품이 청구항의 모든 한정사항을 내재적으로 지니고 있다면, 그 상거래의 당사자들이 그러한 사실을 알았건 모르건에 상관없이 판매상태(on sale)에 있는 것으로 본다.[20]

어떤 발명이 판매상태에 있으려면 그 발명이 실시된 물건이 판매되거나 상업적인 판촉활동의 대상이 되어 있어야 한다. 판매가 실제 이루어졌는가 하는 것은 필요하지 않다. 본질적인 질문은, 상업적 이득을 얻기 위한 시도가 있었는가 아닌가 여부이다.

---

16) *Continental Can Co. v. Monsanto Co.,* 948 F.2d 1264, 1268 (Fed. Cir. 1991).

17) *Eli Lilly & Co. v. Barr Labs., Inc.,* 251 F.3d 955, 970 (Fed. Cir. 2001).

18) *Hazani v. U.S. International Trade Comm'n,* 126 F.3d 1473, 44 USPQ2d 1358 (Fed. Cir. 1997) 참조.

19) *Continental Can Co. v. Monsanto Co.*, 948 F.2d 1264, 1269, (Fed. Cir. 1991).

20) *Abbott Labs. v. Geneva Pharms., Inc.,* 182 F.3d 1315, 1319 (Fed. Cir. 1999).

5. §102(c)[21] 불특허 사유

1) 요건: 발명자가 발명을 포기(abandonment)하였을 경우 특허를 받을 수 없다.

2) 여기서 말하는 포기란 발명자가 문서나 행동에 의해 의도적으로 특허받을 권리를 포기하는 것을 말한다.[22]

3) 본 조항에서 말하는 포기는 출원의 포기와 구분되어야 한다. 출원의 포기란 권리의 포기를 의미하지는 않는다. 따라서 출원을 포기하더라도, 경우에 따라서는 재출원할 수도 있다.

4) 본 조항에서 말하는 포기는 §102(g)에서 말하는 포기, 은닉 및 은폐(abandonment, suppression and concealment)와 구분되어야 한다. 발명자가 본인의 발명에 대해 실시화(reduction to practice)한 후, 특허 출원을 지연하였을 경우, 포기, 은닉 및 은폐가 적용될 수 있다.

6. §102(d)[23] 불특허 사유

1) 요　건

① 발명자에 의해,

② 외국에 출원된 발명을

③ 1년 이내에 미국에 출원하지 못하였으며,

④ 미국 출원일 이전에 외국에서 특허된 경우

---

21) 35 U.S.C. §102 A person shall be entitled to a patent unless –
(c) he has abandoned the invention.

22) *Westinghouse Electric & Mfg. Co. v. Saranac Lake Electric Inc.,* 108 F. 221, (N.D.N.Y. 1901).

23) 35 U.S.C. §102 A person shall be entitled to a patent unless –
(d) the invention was first patented or caused to be patented, or was the subject of an inventor's certificate, by the applicant or his legal representatives or assigns in a foreign country prior to the date of the application for patent in this country on an application for patent or inventor's certificate filed more than twelve months before the filing of the application in the United States.

2) 만일 발명자가 미국에 먼저 출원하거나, 해외출원일로부터 1년 이내에 미국에 출원하기만 하면 용이하게 피할 수 있는 조항이다. 주의하여야 할 것은, 해외 출원된 명세서가 미국의 명세서 개시기준에 맞게 작성되었을 때, 유효 출원일이 인정된다는 점이다.[24)]

7. §102(e)[25)] 불특허 사유

1) 요 건

① 발명이, 그 발명일 이전에

② 타인에 의해 미국에서 출원되고,

③ 공개된 선행출원에 기재되어 있을 때

"단, PCT출원의 경우, 그 선행출원은 미국을 지정하여 영어로 공개되어야 함."

혹은,

① 발명이, 그 발명일 이전에

② 타인에 의해 미국에서 출원되고,

③ 등록된 선행특허에 기재되어 있을 때

"단, PCT출원의 경우는 본 조항의 해당사항 없음. 즉, 그 선행특허가 미국에서 출원되고, 등록되고, 미국 실제 출원일자가 기준이 되어야 함"

2) 본 조항에서, 선행기술이 되는 미국 출원일이란 우선권 일자가 아닌

---

24) *American Stainless Co. v. Rustless Iron Corp., 2 F.Supp* 742, 17 USPQ 17 (D. Md. 1933), *Aff'd,* 71 F.2d 404, 22 USPQ 114 (4th Cir. 1934) 참조.

25) 35 U.S.C. §102 A person shall be entitled to a patent unless –

(e) the invention was described in –

(1) an application for patent, published under section 122(b), by another filed in the United States before the invention by the applicant for patent or

(2) a patent granted on an application for patent by another filed in the United States before the invention by the applicant for patent, except that an international application filed under the treaty defined in section 351(a) shall have the effects for the purposes of this subsection of an application filed in the United States only if the international application designated the United States and was published under Article 21(2) of such treaty in the English language.

실제 미국 출원일자를 말하는 데 주의한다.[26] 포기된 출원은 선행기술이 될 수 없다. 법정발명등록(SIR: Statutory Invention Registration)이 된 출원은 권리보호를 받지는 못하나, 본항은 물론, §102조 전항에서 말하는 선행기술이 될 수 있다.[27]

8. §102(f)[28] 불특허 사유

1) 요건: 출원인이 특허 받을 주제를 발명하지 않은 경우 특허 받을 수 없다.

2) 본 조항은 발명자주의를 선언한 것이며, 타인 혹은 다른 정보원으로부터 알게 된 발명에 대해 특허 받을 수 없다는 원칙을 말하고 있다. 보통 Interference절차에서 출원의 우선을 가릴 때 종종 제기되는 주장이다.

9. §102(g)[29] 불특허 사유 – Interference

1) 요　건

① 미국 내외에서 타인에 의해 출원인의 발명일 전에 발명이 이루어졌고,

---

26) Donald S. Chisum, ELEMENTS OF UNITED STATES PATENT LAW, Second Edition, YUSHODO PRESS CO., LTD, 2000 참조.

27) MPEP Section 1111.

28) 35 U.S.C. §102 A person shall be entitled to a patent unless –
(f) he did not himself invent the subject matter sought to be patented.

29) 35 U.S.C. §102 A person shall be entitled to a patent unless –
(g)(1)during the course of an interference conducted under section 135 or section 291, another inventor involved therein establishes, to the extent permitted in section 104, that before such person's invention thereof the invention was made by such other inventor and not abandoned, suppressed, or concealed, or
(2) before such person's invention thereof, the invention was made in this country by another inventor who had not abandoned, suppressed, or concealed it. In determining priority of invention under this subsection, there shall be considered not only the respective dates of conception and reduction to practice of the invention, but also the reasonable diligence of one who was first to conceive and last to reduce to practice, from a time prior to conception by the other.

그 발명이 포기, 은닉, 은폐되지 않은 경우

② 다만, 발명의 우선을 결정함에 있어서, 발명을 착상(conception)한 날, 실시화(reduction to practice)한 날 및 합리적인 노력(diligence)도 고려하여야 한다.

2) 동일한 발명을 클레임에 포함하는 둘 이상의 발명이 경합하는 경우, interference를 선언하고, 선발명을 가리는 절차이다. 단, 후출원이 선출원일로부터 1년 이내일 것이 요구된다.

102조 조항 정리표[30)]

조항	주체	적용행위	적용지역	기준일
a	타인	공지공용	미국	발명일 전
		특허되거나 간행물 기재	미국+외국	
b	발명자 + 타인	특허되거나 간행물 기재	미국+외국	출원일로부터 1년 이전
		판매를 위한 청약, 판매, 공용	미국	
c	발명자	포기	미국	
d	발명자	발명을 출원/특허 수여	외국	출원일로부터 1년 이전
e	타인	특허된/공개된 특허출원서에 발명이 개시된 경우	미국	발명일 전
f	발명자	타인으로부터 발명의 정보 수집	미국+외국	발명일 전
g	타인	발명을 하여 포기하거나 감추지 않은 경우	미국	발명일 전

30) 이은경, 최광훈, 황광연, 「미국특허법」, 세창출판사, (2004) p.132.

Ⅱ. 특허법 제103(a)[31](비자명성)

1. 일러두기

신규성 부재에 기인한 무효가 되려면 청구된 발명의 모든 구성요소가 단일 선행기술에서 발견되어야 한다. 그러나 자명성에 의한 무효 관점에서는 해당분야에서 통상의 지식을 가진 자(당업자)가 둘 이상의 선행기술을 결합하여 무효를 입증할 수 있다. 비자명성 판단은 우리나라의 진보성 판단과 실질적으로 동일하다. 따라서 비자명성과 진보성, 자명성과 진보성 부재는 서로 바꿔 쓸 수도 있다.[32] 본서에서는 독자들의 빠른 이해를 위해 혼용하여 쓰기로 한다.

2. Graham Factors

자명성을 판단하기 위해서는 Graham Factors라고 불리는 아래의 사실관계가 입증되어야 한다.[33]

① 선행기술의 범위와 내용

② 무효대상 특허의 청구항과 선행기술과의 차이점

---

31) 35 U.S.C. 103 (a) "A patent may not be obtained though the invention is not identically disclosed or described as set forth in section 102 of this title, if the differences between the subject matter sought to be patented and the prior art are such that the subject matter as a whole would have been obvious at the time the invention was made to a person having ordinary skill in the art to which said subject matter pertains. Patentability shall not be negatived by the manner in which the invention was made."

32) 독일이나 영국, 유럽특허조약에서는 inventive step이라고 부르며, inventive step을 판단하기 위해서는 아래와 같이 problem-solution approach라고 부르는 단계를 거친다.

1. 본 발명과 가장 유사한 선행기술을 선정한다.
2. 객관적인 기술적 문제점 결정, 즉, 가장 유사한 선행기술에 비추어 청구된 발명이 개시하고 성공적으로 해결한 기술적 문제점을 결정한다.
3. 객관적인 기술적 문제점에 대한 청구된 해결책이 당업자에게 일반적인 선행기술들을 감안할 때 자명한가 여부를 결정한다.

33) *Grahm v. John Deere Co.,* 383 U.S. 1, 17-18, 148 USPQ 459, 467 (1966) 참조.

③ 무효대상 특허의 발명 시점에서의 당업자의 수준
④ 그리고 비자명성을 시사하는 객관적 요인들 (2차적 고려사항)

3. 선행기술의 범위와 내용(Scope and Content of the Prior Art)

1) 신규성 부인을 위한 선행기술은 자명성 입증을 위한 증거로 쓰여질 수 있다. 심지어, 실시 가능할 정도로 기재되지 않았거나 동작불능이어서 신규성 부인을 위한 선행기술이 될 수 없는 것도, teaching을 제공하기 때문에 자명성을 입증하는 증거로 쓰일 수 있다.[34] 그렇다 하더라도, 선행기술로 말미암아 청구된 발명을 당업자가 실시할 수 있도록 하지 않는 한, 그 선행기술은 청구된 발명을 무효로 할 수 없다.[35] 즉, 어느 청구항이 자명하기 위해서는, 각각의 선행기술이 실시 가능할 필요는 없으나,[36] 선행 기술 전체로서 실시 가능하여야 한다.[37]

2) 유사기술(Analogous Art)

본 발명분야의 선행기술은 물론, 유사기술분야의 선행기술도 발명의 자명함을 입증하는 증거로 쓰여질 수 있다. 유사기술이라 함은, 발명이 해결하려는 문제점에 관련되지는 않았지만, 발명과 동일한 분야의 기술을 말한다.[38] 또한, 발명과 동일한 분야는 아니지만 발명이 해결하려는 특정한 문제점과 상당한 관련이 있는 한, 이 역시 유사기술에 속한다.[39] 즉, 발명분야는 아니나, 당업자라면 발명이 해결하고자 하는 문제를 풀기 위해 찾아보고, 적용해볼 것으로 추정이 되는 분야를 의미한다.[40]

---

34) *Symbol Technologies, Inc. v. Opticon Inc.,* 935 F.2d 1569, 19 USPQ2d 1241 (Fed. Cir. 1991).

35) *Motorola, Inc. v. Interdigital Technology Corp.,* 121 F.3d 1461, 43 USPQ2d 1481 (Fed. Cir. 1997).

36) *Amgen, Inc. v. Hoechst Marion Roussel, Inc.*, 314 F.3d 1313, 1357 (Fed. Cir. 2003).

37) *Beckman Instruments, Inc. v. LKB Produkter AB,* 892 F.2d 1547, 1551 (Fed. Cir. 1989).

38) *In re* Clay, 966 F.2d 656, 23 USPQ2d 1058 (Fed. Cir. 1992).

39) *Id.*

40) *In re* Shapleigh, 248 F.2d 96, 115 USPQ 129 (CCPA 1957) 참조.

달리 얘기하면, 발명과 관련된 기술분야(art)라고 하는 것은 발명이 사용되는 특정한 분야를 말하는 것이 아니고, 해결해야 할 문제점 관점에서 정의되는 것이다.[41] 즉, 발명의 용도에 따른 분야가 아니라 발명이 속한 기술의 분야라고도 할 수 있다. 예를 들어 벌집을 고정할 적당한 고정장치를 제공해야 하는 문제점이 제기된다면, 적절한 기술분야는 고정장치에 관한 기술이지 양봉분야가 아닌데, 그 이유는 양봉가는 기계분야에 대한 지식이 거의 없을 수 있기 때문이다.[42]

4. 선행기술과의 차이점(Differences Over the Prior Art)

선행기술과 차이점을 판단하기 위해서는 각각의 청구항 별로, 그리고 각 청구항 전체에 대해 검토하여야 하며, 차이점만을 비교하여서는 안 된다.[43] 따라서 "essential part", "gist", "heart" 혹은 "core" of invention만을 평가하여서는 안 되는 것이다.

5. 당업자의 수준(Level of Ordinary Skill)

비자명성을 판단하기 위해서는 그 판단자의 역할을 하는 그 분야에서 통상의 지식을 가진 당업자의 수준을 결정하여야 한다. 당업자는 가상의 인물로서, 전문가가 아니며, 또한 심사관이나, 판사, 배심원도 아니다. 당업자의 수준을 결정하는 기준은 발명이 창작되었던 시점이며, 달리 증거가 없는 한 출원시점이 될 수 있다.[44] 당업자 수준 결정을 위해 참고하는 사항은 아래와 같다. 당업자는 영어로 person having ordinary skill in the art라고 하며, 정식용어는 아니나 종종 앞 글자만 따서 PHOSITA라고 표기하기도 한다.

---

41) *Orthopedic Equip. Co. v. United States,* 702 F.2d 1005, 217 USPQ 193 (Fed. Cir. 1983) 참조.

42) *In re* Grout, 377 F.2d 1019, 153 USPQ 742 (CCPA 1967).

43) *Gillette Co. v. S.C. Johnson & Son, Inc.,* 919 F.2d 720, 724 (Fed. Cir. 1990).

44) *In re* Epstein, 32 F.3d 1559, 1564 n.4, (Fed. Cir. 1994).

당업자의 수준을 판단하는 요소
• 발명시점에서 그 분야에서 활동적으로 종사하는 사람의 경험과 교육수준(the level of education and experience of persons actively working in the field at the time of the invention); • 발명시점에서 그 기술분야에 대두된 문제의 유형(the types of problems encountered in the art at the time of the invention); • 선행 특허와 문헌(the prior art patents and publications); • 다른 사람의 활동상황(the activities of others); • 그 문제에 대한 선행기술의 해결방안(prior art solutions to the problems); 및 • 기술의 복잡성(the sophistication of the technology).

6. 자명 여부 판단(Obviousness Decision)

1) 자명성은 당업자의 관점에서 판단하여야 하며, 당업자는 모든 선행기술을 알고 있다고 가정한다.

2) TSM(Teaching, Suggestion or Motivation)

청구된 발명에 이르도록 선행기술을 고쳐주게 하는 가르침, 시사점 혹은 동기(teaching, suggestion or motivation: TSM)를 선행기술 내에서 발견할 수 있을 때는 그 발명이 자명하다고 볼 수 있다.[45] 이를 일명 TSM 테스트라고도 부르며, 사후관찰 (hindsight)을 방지하기 위한 역할을 한다.

이러한 TSM은 선행기술 그 자체로부터 도출될 수 있고, 당업자의 지식으로부터 도출될 수 있으며, 해결되어야 할 문제의 성격에서도 찾아질 수 있다.[46] TSM은 반드시 선행기술 내에 명시적으로 제공되어야 할 필요는 없으며, 묵시적(예를 들어 결합에서 발생하는 장점)으로 제공될 수도 있다. 또한, 선행기술이, 발명자가 의도와 다른 목적, 효과 또는 이유에 근거하여 구성요소의 결합을 시사하는 경우에도 비자명성이 인정될 수 있다.[47]

---

45) *Winner Int'l Royalty Corp. v. Wang*, 202 F.3d. 1340, 1348 (Fed. Cir., 2000) 참조.

46) *In re* Rouffet, 149 F.3d 1350, 47 USPQ2d 1453 (Fed. Cir. 1998) 참조.

47) *In re* Beattie, 974 F.2d 1309, 24 USPQ2d 1040 (Fed. Cir. 1992) 참조. "선행기술 전체로 볼 때 각 선행기술들을 결합하게 하는 어떤 시사점이나 동기부여가 제공되는 한, 특허법은 발명자가 생각한 이유에 따라 선행기술들이 결합되어야 할 것을 요구하지는

주의하여야 할 점은, 이 TSM 테스트는 오랜 기간 동안 미국 실무를 지배하여 온 기준으로서, 후술하는 KSR 판례가 내려지기 전에는 TSM 없이 무효주장을 할 수가 없었다. 그러나 지금은 자명성 판단을 위해 여전히 유용한 기준이기는 하나, 유일한 기준이라고는 할 수 없게 되었다.

3) KSR 테스트

미국 대법원은 KSR case라고 일반적으로 불리는 판례[48]를 통해 그 동안 TSM 테스트가 너무 경직되게 적용되었다는 비판을 하면서 최근 비자명성 판단 기준을 다시금 제시하였다.

먼저 대법원은 PHOSITA를 정의하기를, "당업자는 또한 평균적 창의력을 가진 인물이며, 기계인형(automaton)이 아니다[49]"라고 하였다. 즉, 종래 기준에서의 당업자는 단순히 모든 선행기술을 알고만 있는 도서관 사서 정도로 인식되어 왔다면, KSR 케이스에서 당업자는, 스스로도 그러한 선행기술을 어느 정도 결합할 수 있는 능력(창의력)을 가진 자라고 새로이 확인하였다.

그리고 "특허청구항이 자명한가를 결정하는 데 있어서는, 특정한 동기나 특허권자가 말한 목적이 이를 좌우하는 것은 아니다. 중요한 것은 청구항의 객관적인 범위이다. 만일 청구항이 자명한 범위까지 확대될 경우 §103조에 의해 무효가 된다. 특허 받은 주제가 자명하다는 것을 증명할 수 있는 한 가지 방법은, 발명 시점에서 알려진 문제점이 있었고, 자명한 해결책을 특허 청구항이 가지고 있다는 점을 지적하는 것이다[50]"라고 진보성 판단 방법을 제시하였다.

따라서 이 방법을 KSR 케이스에 적용할 경우 "진보성 판단을 위해 던져

않는다."

48) *KSR v. Teleflex*, 550 U.S. 398, 127 S. Ct. 1727 (2007).

49) *Id.* at 17, "A person of ordinary skill is also a person of ordinary creativity, not an automaton."

50) *Id.* at 16, "In determining whether the subject matter of a patent claim is obvious, neither the particular motivation nor the avowed purpose of the patentee controls. What matters is the objective reach of the claim. If the claim extends to what is obvious, it is invalid under §103. One of the ways in which a patent's subject matter can be proved obvious is by noting that there existed at the time of invention a known problem for which there was an obvious solution encompassed by the patent's claims."

야 할 적절한 질문은, 페달을 개발하는 당업자가, 이 분야의 기술 발전에 따라 대두된 여러 가지 필요성(needs)을 대할 때, 아사노 특허(선행기술: 역자주)에 센서를 부착하여 개선할 이점을 발견하였을까 이다[51]"라고 하였다.

본 KSR 판례는 전혀 새로운 판단기준을 제시한 것은 아니며, TSM 테스트의 유용성을 인정하는 한편, 그 경직된 적용을 비판하고, Grahm 판례[52]의 유효성을 재확인하는 의미가 있다고 볼 수 있다. 그러나 그 결과로서, 종전보다는 자명성을 이유로 한 특허무효가 증가할 것으로 예상된다. 또한 필자의 소견으로는 본 판례는 유럽특허청의 problem-solution approach에 다가간 것으로 보여진다.

KSR 사건은 판결이 내려진 지 1년도 안 된 시점에서 벌써 미국 실무에 큰 영향을 끼치고 있다. 미국 특허상표청은 자명성 관련 케이스의 60%에 이르는 사건에서 KSR 판례를 언급하고 있으며,[53] 소송에서도 KSR 테스트를 적용하고 있다.

4) "Teaches away"하는 선행기술은 비자명성을 입증하기 위해 다른 선행기술과 결합하게 하는 TSM을 제공하는 것이 불가하다.[54] 이런 선행기술은, 당업자가 선행기술이 서술하는 내용을 따라할 생각이 없어지거나, 혹은 따라할 경우 발명자가 취한 방향과 틀리게 나갈 경우의 선행기술을 의미한다.[55] 일예로, 결합의 결과 동작이 불가능한 장치를 만들어 내게 된다면, 그 선행기술은 결합을 teaches away하는 것이 된다.[56]

5) 선행기술은 teaches away하는 부분을 포함하여 전체적으로 인용되어야 하며, 동일 선행기술에서 필요한 만큼만 선택적으로 사용하는 것은 불가하다.[57]

---

51) *Id.* at 20, "The proper question to have asked was whether a pedal designer of ordinary skill, facing the wide range of needs created by developments in the field of endeavor, would have seen a benefit to upgrading Asano with a sensor."

52) *Grahm v. John Deere Co.,* 383 U.S. 1, 148 USPQ 459, (1966).

53) Mark Nowotarski, Using KSR to Overcome an Obviousness Rejection, Intellectual Property Today, http://www.iptoday.com/articles/2007-09-nowotarski.asp.

54) *Tec Air, Inc. v. Denso Mfg. Michigan, Inc.,* 192 F.3d. 1353, 1360 (Fed. Cir., 1999).

55) *In re* Gurley, 27 F.3d. 551, 553 (Fed. Cir., 1994).

56) *Tec Air, Inc. v. Denso Mfg. Michigan, Inc.,* 192 F.3d. 1353, 1360 (Fed. Cir., 1999).

57) *Panduit Corp. v. Dennison Mfg. Co.,* 810 F.2d 1561, 1568, 1 USPQ2d 1593 **(Fed. Cir.,**

6) 출원인이 스스로 선행기술로 인정하면 선행기술로 간주된다(self-admitted prior art).

7) 자명성 판단을 하는 데 있어서 사후관찰(hindsight)을 이용하면 안 된다.[58] 즉, 무효 대상발명을 가이드로 해서 본 발명의 효과를 얻게끔 선행기술을 결합해서는 안 된다. 오직 발명 당시의 모든 선행기술을 알고 있는 당업자의 입장에서 고려하여야 한다.

8) **자명한 시도**(Obvious to Try)

TSM을 제시하지 않고, 단지 선행기술이 용이하게 결합될 수 있다고 하는 주장은 종전에는 인정되지 않았다. 그러나 KSR 사건에서, 대법원은 반드시 그런 것은 아니라고 하며, 다음과 같이 판시하였다.

> "문제 해결을 위한 기술개발의 필요성과 시장의 압력이 존재하고, 한정된 숫자의 예견 가능한 해결책이 알려져 있다면, 당업자는 자신의 기술적 능력 내에서 그 알려진 기술적 대안들을 시도할 충분한 이유가 있다. 만일 이러한 시도가 예견된 성공을 가져온다면, 이는 혁신의 산물이 아니라 평균적 기술능력과 상식의 산물일 가능성이 크다. 이 경우, 선행기술의 결합이 자명한 시도라는 사실은 §103조 하에서 자명하다는 것을 보여주는 것이 될 것이다.[59]"

가장 최근에 결정된 KSR 적용 케이스를 아래에 소개한다. 아래의 케이스는 위스컨신 동부연방지법에서 다루어진 특허침해 소송이다. (Civil Case No. 02-C-0736) 이 사건에서 Alloc 사와 Pergo AB회사가 맞붙었고, 각기 Baker & McKenzie[60]와 Skadden Arps[61]라는 미국의 초대형 로펌이 대리한 사건이었는

1987) 참조.

58) *C.R. Bard, Inc. v. M3 Systems, Inc.,* 157 F.3d. 1340, 1352 (Fed. Cir., 1998).

59) *KSR v. Teleflex*, 550 U.S. 398, 127 S. Ct. 1727 (2007) at 17 "When there is a design need or market pressure to solve a problem and there are a finite number of identified, predictable solutions, a person of ordinary skill has good reason to pursue the known options within his or her technical grasp. If this leads to the anticipated success, it is likely the product not of innovation but of ordinary skill and common sense. In that instance the fact that a combination was obvious to try might show that it was obvious under 103."

데, 여기서 Alloc사는 KSR Test의 적용을 통해 Pergo 특허의 자명성 입증에 성공, 승소하였다. 특기할 만한 점은 2건의 특허에 대해 각각 9건, 12 건의 선행기술을 배심원들에게 제시하고, "알려진 경험과 능력, 상식, 통상적인 창의력과 위의 선행기술 같은 요소를 근거로 할 때 2건의 특허는 그 발명 시점에서 당업자에게 자명하였는가?"를 비자명성 판단의 기준으로 제시하였다는 것이다. KSR 사건 이전에는 일반적으로 자명성 입증을 위해 선행기술을 많이 열거할 경우, 많으면 많을수록 선행기술간의 결합의 곤란성이 높아지므로 오히려 비자명하다는 결론을 도출하기가 쉬웠기 때문에, 위와 같이 9건, 12건이나 되는 선행기술을 무효 근거로 제시하는 것은 소송전략상으로 도저히 채택할 수 없는 것이었다. KSR 사건의 영향력을 짐작할 수 있는 사건이다. 다음 페이지는 배심 평결 중 관련 부분을 발췌한 것이다.

60) http://www.bakernet.com/BakerNet/default.htm.

61) Skadden, Arps, Slate, Meagher & Flom LLP and Affiliates. http://www.skadden.com/.

Question No. 12: Did the Alloc Parties prove by clear and convincing evidence that any of the asserted claims are invalid because they would have been obvious to a person of ordinary skill in the art at the time the inventions were made based on factors such as: known experience and ability, common sense and ordinary creativity and the prior art, including, but not limited to the following:

'547 Patent

- Aoki (JP 6-320510)(Exhibit 530)
- Baker (GB 2,256,023)(Exhibit 534)
- Piodi (GB 812,671)(Exhibit 531)
- Weber (DE 1,534,802)(Exhibit 291)
- Kajiwara (US 5,295,314)(Exhibit 310)
- Pervan PCT (WO 94/26999) (Exhibit 59)
- Pervan Swedish Publication (9301595-6)(Exhibit 147)
- Alloc aluminum edged products from the 1996 Domotex trade show
- Pervan products from the 1994 meetings between Darko Pervan and Pergo

'970 Patent

- Aoki (JP 6-320510)(Exhibit 530)
- Baker (GB 2,256,023)(Exhibit 534)
- Piodi (GB 812,671)(Exhibit 531)
- Weber (DE 1,534,802)(Exhibit 291)
- Kajiwara (US 5,295,314)(Exhibit 310)
- Pervan PCT (WO 94/26999) (Exhibit 59)
- Pervan Swedish Publication (9301595-6)(Exhibit 147)
- Moriau (US 6,006,486)(Exhibit 107)*
- Alloc aluminum edged products from the 1996 Domotex trade show
- Fiboloc product and literature* (Exhibits 622 and 259)
- Uniclic products*
- Pervan products from the 1994 meetings between Darko Pervan and Pergo

*References with an asterisk may only be considered in regard to claims 7 and 10-12, and only if you find that the effective filing date for the '970 patent is August 11, 2000.

'547 Patent		**Obvious**
Claim 1:	**Answer**:	Yes (Yes or No)
Claim 32:	**Answer**:	Yes (Yes or No)
'970 Patent		
Claim 1:	**Answer**:	Yes (Yes or No)
Claim 4:	**Answer**:	Yes (Yes or No)
Claim 7:	**Answer**:	Yes (Yes or No)
Claim 10:	**Answer**:	Yes (Yes or No)
Claim 11:	**Answer**:	Yes (Yes or No)
Claim 12:	**Answer**:	Yes (Yes or No)

7. 비자명성을 시사하는 2차적 고려사항(Secondary Considerations)

위에서 살펴본 기술적 사항 이외에도, 비자명성을 판단하기 위해서는 2차적 고려사항(secondary considerations)이라고 불리는 상업적 성공, 복제, 장기간 염원 등도 관련이 있으며, 만일 이러한 사실이 제시될 경우 반드시 검토하여야 한다.[62] 2차적 고려사항은 주로 경제적, 동기부여적 요소에 바탕을 둔 것들로서 궁극적인 비자명성을 판단하기 위한 추정 근거를 제공하기 위한 것이다.[63] 여기서 2차적이라고 하는 것은 두 번째로 고려한다는 것이지 두 번째로 중요하다는 뜻은 아니다. 그리고 여러 가지 2차적 고려사항 중 어느 하나만 만족시킨다고 해서 비자명성이 입증되는 것은 아니며, 전체로써 판단하여야 한다.

2차적 고려사항(secondary considerations)
• 상업적 성공(Commercial Success) • 장기간의 염원(Long-Felt Need) • 타인의 실패(Failure of Others) • 복제(Copying) • 예측하지 못한 효과(Unexpected Results) • 타인의 라이선스 수용(Acceptance of Licenses) • 타인의 호평(praise by others) • 전문가의 부정적 인식 (skepticism by expert) • 거의 동시적인 발명 (Simultaneous Invention)

1) 상업적 성공(Commercial Success)

특허 받은 발명의 비자명성을 시사하기 위해서는 특허발명이 적용된 제품의 상업적 성공을 보여줄 수도 있다. 그러기 위해서는 특허 받은 발명과 그 발명이 적용된 제품간의 연관관계를 보여줄 수 있어야 한다.[64] 만일 적용된 발명이 하나인 경우, 시판된 제품이 청구항의 기술을 채택하고 있다면, 연관관

62) *Stratoflex, Inc. v. Aeroquip Corp.,* 713 F.2d 1530, 1538-39 (Fed.Cir.1983).

63) Donald S. Chisum, ELEMENTS OF UNITED STATES PATENT LAW, Second Edition, p.50, YUSHODO PRESS CO., LTD, 2000.

64) *Continental Can Company USA, Inc. v. Monsanto Co.*, 948 F.2d 1264, 20 USPQ2d 1746 (Fed. Cir. 1991).

계가 존재하는 것으로 추정되며, 이러한 추정을 부정하기 위해 입증책임은 자명성을 주장하는 측으로 옮겨 간다[65]. 2건의 특허를 마킹(marking)한 의료기 제품에서는 특정 특허와의 연관관계 추정이 거부되었다[66]. 당연하게도, 특허발명이 적용된 제품의 성공은 선행기술에서 이용 가능한 기술을 넘어서, 반드시 발명의 장점에 기인하여야 한다.[67]

따라서 광고, 선전, 영업능력 혹은 제품에서 발명이 아닌 다른 부분에 상업적 성공이 기인한다면, 상업적 성공과 그 발명이 적용된 제품 간에는 비자명성 입증을 위한 인과관계가 없다고 말할 수 있다. 상업적 성공을 입증하기 위해 특허권자는, 자신의 성공뿐만 아니라 침해자 혹은 소송에 관련되지 않은 제3자의 상업적 성공을 제시할 수 있다.

2) 장기간의 염원(Long-Felt Need)

오랜 기간 동안 풀리지 않은 과제를 특허발명이 해결했다면 비자명성을 시사한다고 볼 수 있다. 그러나 관련 산업분야에서 장기간의 염원이 없었거나, 아니면 있기는 있으되, 그 장기간의 염원은 본 발명과 무관한 기술분야의 발전에 의해 해결되었다면 역시 비자명성을 시사하지 못한다.

3) 타인의 실패(Failure of Others)

본 발명이 해결한 과제를 다른 사람이 시도하였으나 실패하였다면 이는 비자명성을 시사하는 하나의 증거가 된다. 이를 입증하기 위해서는 발명이 성공하게 된 이유는 발명이 가지고 있는 장점 때문이라는 것을 보여주어야 한다. 만일 성공이 본 발명과 무관한 기술분야의 발전에 의해 해결되었다면 역시 비자명성을 시사하지 못한다.

---

65) *Brown & Williamson Tobacco Corp. v. Philip Morris Inc.,* 229 F.3d 1120, 1130 (Fed. Cir. 2000) 참조.

66) *Therasense, Abbott Lab. V. Becton, Dickinson.,* 2008. 1511, 1512, 1513, 1514, 1595 at 16 (Fed. Cir. 2010).

67) *J.T. Eaton & Co. v. Atl. Paste & Glue Co.*, 106 F.3d 1563, 1571 (Fed. Cir. 1997).

4) 복제(Copying)

발명이 가지고 있는 장점 때문에 다른 사람들이 발명을 복제했다면 비자명성을 시사하는 또 하나의 증거가 된다.

5) 예측하지 못한 효과(Unexpected Results)

발명이 예상치 못한 효과를 가져왔다는 점을 특허권자가 입증할 경우, 이는 비자명성을 시사하는 또 하나의 증거가 된다. 예측하지 못한 효과를 입증하기 위해서는, 그 효과를 가장 가까운 선행기술과 비교하여 보여야 한다.[68]

6) 타인의 라이선스 수용(Acceptance of Licenses)

만일 타인들이 라이선스를 받았고, 그 이유가 낮은 라이선스료를 지불하고 비싼 소송비용 부담을 피하기 위한 것이었다면, 발명이 가진 장점에 기인하였다고 볼 수 없다.[69] 그러나, 발명의 장점에 기인하여 라이선스를 받았다면, 이는 비자명성을 시사하는 또 하나의 증거가 된다.

7) 타인의 호평(Praise by Others)

특허발명에 대해 타인들의 호평이 있다면 이 또한 비자명성을 시사하는 또 하나의 증거가 된다.

8) 전문가의 부정적 인식(Skepticism by Expert)

전문가들이 부정하거나 바람직하지 않다고 생각하는 장치나 방법으로 특허발명을 구현하였다면 이 또한 비자명성을 시사하는 또 하나의 증거가 된다.

9) 거의 동시적인 발명(Simultaneous Invention)

만일 다른 사람이 본 발명과 동일 혹은 유사한 발명을 비슷한 시기에 했다면, 그 발명은 선행기술이 될 수 없더라도 자명성의 추정을 이끌어내는 증거가 될 수 있다.

---

68) *In Re Baxter Travenol Labs.*, 952 F.2d 388, 392 (Fed. Cir. 1991).

69) *EWP Corp. v. Reliance Universal, Inc.,* 755 F.2d 898, 225 USPQ 20 (Fed. Cir. 1985).

Ⅲ. 기타 방어

1. 재심사(Reexamination)

1) 재심사는 오래된 제도이나 점차 그 소송 전략상의 중요성이 부각되고 있다. 따라서 독자들은 재심사의 유형별 특징에 대해 잘 이해하여 활용할 것이 요망된다. 재심사는 특허권자가 아닌 재심사 청구인(이하 "청구인")이 재심사 과정에 참여가 허용될 수도, 허용되지 않을 수도 있는데, 이를 각각 Inter Partes 재심사, Ex Parte 재심사라고 부르며, 우리 식으로 얘기하면 당사자계, 사정계에 비유할 수 있을 것이다.

2) 등록된 특허에 무효사유가 있을 때, 특허권자를 포함, 누구든지 특허청에 재심사를 요청할 수 있다.[70] 재심사에 제시되는 선행기술은 특허나 간행물에 한정된다.[71] 이 특허나 간행물은 반드시 새로운 것이어야 할 필요는 없으며, 과거 심사과정에서 거론된 것이어도 상관없다.[72] 따라서 재심사에서는 written description, enablement, best mode, public use, on-sale bar, inventorship, inequitable conduct 위반을 이유로 무효를 주장할 수 없다.

3) 재심사 청구가 있으면 특허청은 3개월 이내에 이를 검토하여 만일 특허성에 새롭고 상당한 의문(substantial new question of patentability)이 제기되었다고 판단할 경우,[73] 재심사 착수를 명령 한다.[74] 만일 특허성에 새롭고 상당한 의문이 없다고 판단한 특허청의 결정은 최종적이며, 그 결정에 대해서는 항고할 수가 없다.[75]

---

70) 35 U.S.C. §301.

71) 35 U.S.C. §301, 302, 37 CFR §1.510, 35 U.S.C. §§302, 311(a), 37 CFR §§1.510, 1.913.

72) 35 U.S.C. §303(a) 참조.

73) 35 U.S.C. §§303, 37 CFR §1.515.

74) 35 U.S.C. §304, 37 CFR §1.525.

75) 35 U.S.C. §303(b).

4) Ex Parte 재심사

재심사 청구가 받아들여지면, 특허권자는 보통 2개월 이내에 특허성에 관한 의문에 대한 의견 개진, 청구범위 보정, 새로운 청구항 도입 등을 할 기회가 주어진다.[76] 물론 청구항을 넓게 보정하거나 새로운 청구항을 도입할 수는 없다.[77] 특허권자의 의견서가 제출되면, 청구인 역시 2개월 이내에 답변서를 제출할 수 있다.[78] 그 시점 이후로는 재심사 청구인은 절차에서 배제되고, 특허청과 특허권자 사이에서 재심사가 진행된다.[79] 청구인은 이후 특허청과 특허권자 사이에서 오가는 서류를 받아보게 되고, 선행기술을 추가할 수도 있으나, 코멘트는 금지된다. 심사관은 특허권자와 면담(interview)할 수 있으나, 재심사 청구인은 참여할 수 없다. 재심사 결과에 대해 특허권자는 불복할 수 있으나, 재심사 청구인은 할 수 없다.[80]

5) Inter Partes 재심사

비교적 최근에 도입된 제도로서, ex parte 재심사가 가진 한계점을 극복하려는 취지로 도입되었다. 그 입법취지를 살펴보면, 종래 ex parte 재심사의 이용이 뜸했던 것은 재심사를 요청한 제3자가 일단 재심사가 착수된 시점 이후로는 그 후속 과정에 전혀 참여할 수 없었기 때문이라고 분석하고 있으며, 만일 특허청 단계에서 특허 무효성에 대해 제3자가 주장할 기회가 주어진다면 특허 소송이 줄어들 것이라는 다수의 제안을 반영하여, 기존 재심사의 한 가지 옵션으로서 inter partes 재심사를 도입하게 되었다고 밝히고 있다[81]. 새로 도입된 inter partes 재심사는 1999년 11월 29일 이후의 original 출원, CPA에 적용되며, 재발행특허 (reissue patent) 및 RCE에는 적용되지 않는다.

재심사가 선언되면 특허권자는 ex parte 재심사와 마찬가지로 특허성에 관한 의문에 대한 의견 개진, 청구범위 보정, 새로운 청구항 도입 등을 할 기회

---

76) 35 U.S.C. §§304, 305, 37 CFR §1.530(b).

77) 35 U.S.C. §305.

78) 35 U.S.C. §§304, 37 CFR §1.535.

79) 35 U.S.C. §305.

80) 35 U.S.C. §306.

81) American Inventors Protection Act of 1999, Extension of Remarks, House of Representatives, Cong. Rec. E1789 (Hon. Howard Coble, August 5, 1999) 참조.

가 주어진다.[82] 물론 청구범위 확장은 허용되지 않는다.[83] Ex Parte 재심사와 달리 재심사 청구인은 심사관의 거절 이유서, 특허권자의 답변에 대해 코멘트가 허용된다.[84] 코멘트 제출기간은 30일이므로[85] 한국 기업과 같은 외국 청구인의 경우 신속한 대응이 요구된다. 그리고 심사관 면담은 허용되지 않는다. Inter Partes 재심사에 있어서는 원래 심사를 담당한 심사관이 아닌 다른 심사관이 재심사를 담당하는 원칙으로 되어 있다. 특허권자만이 불복 가능한 ex parte 재심사와는 달리 특허권자 및 재심사 청구인 모두 재심사 결과에 대해 불복하여 CAFC로 항고 가능하다.[86] 특허권자는 특허청 심판부를 거쳐 CAFC로 항고할 수 있으나, 청구인은 심판청구만 가능하다.

여기서 ex parte 재심사와 결정적으로 차이가 나는 부분이 있다. Inter Partes 재심사 결과 특허권 유효로 결정 난 경우, 재심사 과정에서 주장하였거나 주장할 수 있었던(하지만 안 했던) 무효 근거에 대해서는 소송에서 다시 주장할 수 없다.[87] 즉, 금반언(estoppel)이 적용된다. 다만, 재심사 당시 입수가 불가능하였던 새로운 선행기술이 나중에 발견되었을 경우, 이를 근거로 소송에서 무효를 주장할 수는 있다.[88] 물론 그러한 사정에 대한 청구인의 상당한 해명이 전제되어야 할 것이다.

6) 재심사의 전략적 중요성

2007년 3/4분기까지의 통계[89]에 따르면 년간 Inter Partes 재심사는 약 90건(전년 동기 40건 대비 125% 증가), Ex Parte 재심사는 477건 정도 청구되었고(전년 동기 340건 대비 40% 증가), 이 숫자는 한해 등록건수의 0.33% 정도[90]에

82) 35 U.S.C. §314(a).

83) *Id.*

84) 35 U.S.C. §314(b), 37 CFR §1.947.

85) *Id.*

86) 35 U.S.C. §315, 37 CFR §1.959.

87) 35 U.S.C. §315(c).

88) *Id.*

89) Robert A. Saltzberg and Mehran Arjomand, Reexaminations Increase in Popularity, Morrison and Foerster, September 2007, http://www.mofo.com/news/updates/files/12748.html.

90) http://www.uspto.gov/web/offices/com/annual/2005/2005annualreport.pdf. Table 13A 및 13B.

불과하므로 그리 많이 이용되는 제도는 아니라고 볼 수 있지만, 그 이용도가 증가하는 추세 역시 알 수 있다. 또한 ex parte 재심사 청구는 약 92% 정도 허용이 되며, 그 중 약 10% 정도는 모든 청구항이 취소되는, 즉 무효가 되며, 약 64%의 사건에서 청구항이 변동되는 것을 보여준다.[91] 한편, 놀라운 사실은 inter partes 재심사 청구에서는 약 95%가 허용되며, 그 중 78%의 사건에서 모든 청구항이 취소(즉, 무효)가 되고, 15% 정도에서 청구항 변동이 생겼다.[92] 이 얘기는, inter partes 재심사 청구가 허용된 사건의 93%는 어떻게든 권리자에게 불리하게 결말지어진다는 의미로서, 특허 침해로 지목된 측에서는 최근 들어 재심사가 무척 강력한 무기로 대두되었다. 위 조사에 의하면, inter partes 재심 사건의 50%가 소송에 계류된 특허로 밝혀졌다.[93]

최근 들어 이렇게 소송의 보조 수단으로서 재심사가 많이 활용되게 된 것은 위 재심사 결과에서 보여주듯이 특허청의 한층 엄격해진 특허권 허용 방침에 침해자로 지목된 측이 고무된 결과로 보인다. 특허청 재심사의 경우 소송에 비해 빠른 기간, 저렴한 비용이라는 장점을 들 수 있다. 만일 소송에 계류된 특허가 재심사 결과로 인해 특허가 무효가 되거나, 혹은 청구범위가 수정되어 비침해가 될 경우, 그 소송은 바로 종료가 되게 된다. 즉, 이러한 가능성이 있기 때문에 재심사를 청구한 피고측은 법원에 재심사 결과가 나올 때까지 소송진행의 정지(stay)를 요구할 수 있는 커다란 소송 전략상의 이점이 있다. 이 정지요구(stay)가 받아들여지면, 그 동안의 막대한 소송비용 지출을 막을 수 있게 된다.

그렇다면 법원은 재심사 착수 결정 후 stay를 신청할 경우 얼마나 받아들여줄까?[94] Stay 여부를 결정하는 것은 판사의 재량에 속한다. 판사는 stay 허여시 사건이 부당히 지연되거나, 원고에게 부당한 불이익이 없는지, 아니면 자신들의 특허 무효판단 능력이라든지 하는 여러 가지 변수를 고려하여 결정한다.

---

91) Robert A. Saltzberg and Mehran Arjomand, Reexaminations Increase in Popularity, Morrison and Foerster, September 2007, http://www.mofo.com/news/updates/files/12748.html.

92) *Id.*

93) *Id.*

94) 35 U.S.C. §318에 의하면 특허권자는 stay를 요청할 수 있다고 되어 있다. 왜 재심사 청구인을 언급하지는 않았을까? 실제로 청구인이 stay를 더 많이 신청하는 것 같은데.

따라서 자동적으로 허가되는 것은 아니고 케이스마다 거부될 수도 있고 승인될 수도 있다. 그러나 특허청에서 재심사 착수 결정이 내려지지도 않았는데, 재심사 신청을 했다는 것만으로 stay가 받아들여진 케이스[95]도 있으므로 일단 stay를 긍정적으로 신청할 필요가 있어 보인다.

그러나 다시금 주의를 환기시키고 싶은 것은, Inter partes 재심사를 하기 위해서는 전술한 estoppel의 부담이 있다는 것이다. 따라서 estoppel의 부담을 최소화하려면, 재심사에서 다루지 못한 선행기술은 소송에서 다시금 제출할 수 없다는 각오로 충분한 선행기술이나 서면 증거를 사전에 준비하고,[96] 재심사 과정에서 충분히 다투어야 나중에 소송에서 후회가 없다.

Ex Parte 재심사와 Inter Partes 재심사 비교표

항 목	Ex Parte	Inter Partes
청구인의 절차 참여	불 가	가 능
청구인의 심사관 면담	가 능	불 가
특허권자 appeal	가 능	가 능
청구인 appeal	불 가	가 능
후속 절차에서의 Estoppel	없 음	있 음

2. 명세서 기재요건

1) 특허제도는 일반적으로 신기술 개발자에게 독점권을 일정기간 부여하는 한편, 기술공개를 의무화하고 있다. 이 기술 공개는 타인에게 권리가 미치는 범위를 명확하게 하는 한편, 타인들이 이를 토대로 개량된 기술을 개발할 수 있게 하여 나라 전체로서는 기술 수준의 향상을 도모하고 있다. 따라서 이러한 취지를 달성하기 위해서는 타인들이 특허발명을 이해하고 실시 가능하도록 하는 충실한 개시의무가 특허권자에게 부여된다. 한국이나 세계 어느 나라

95) *E-Z-GO v. Club Car Inc.*, CV 109-119, S.D.Ga. 2010.

96) 35 U.S.C. §315(c) (재심사 당시 입수가 불가능하였던 새로운 선행기술이 나중에 발견되었을 경우, 이를 근거로 소송에서 무효를 주장할 수는 있다)의 구제조항이 있으나 너무 믿어서는 안 될 것이다.

와도 마찬가지로 미국도 이러한 명세서 기재요건을 어길 경우, 특허 기술이 가지고 있는 본연의 특허성과는 무관하게 특허를 받을 수 없거나 받았다 하더라도 무효가 되어버린다.

2) 미국 특허법 35 U.S.C. §112, ¶ 1. 단락에 의하면 "The specification shall contain a written description of the invention, and of the manner and process of making and using it, in such full, clear, concise, and exact terms as to enable any person skilled in the art to which it pertains, or with which it is most nearly connected, to make and use the same, and shall set forth the best mode contemplated by the inventor of carrying out his invention"라고 규정하고 있다.

3) 이들은 각각 개시요건(Written Description Requirement), 실시가능성 요건(Enablement Requirement) 및 최적 실시예 기재 요건(Best Mode)으로 보통 불린다. 이 세 가지 요건은 서로 다른 요건이고, 특허 받기 위해서는 모두 만족시켜야 한다.[97] 특히 개시요건 및 실시가능성 요건은 미묘한 개념의 차이가 있다. 예를 들어 어느 화학 조성물을 청구하였으나, 그것을 어떻게 만드는지를 밝히지 않았고, 그 만드는 방법이 당업자의 지식 범위 내에 있지 않다면 개시요건은 만족할지 몰라도 실시 가능성 요건은 만족시키지 못한다.[98] 이와는 반대로, 어느 발명을 만드는 방법은 기재가 되어 있으면서도 정작 그 발명이 무엇인지 기술하지 않는 경우도 존재할 수 있다.[99] 그리고, 한국과는 달리 이들 요건에 대한 미국 법원의 태도는 매우 엄격한 편이므로 이하에서 좀 더 상세히 검토할 필요가 있다.

4) 명세서 기재요건 전체적으로 명심하여야 하는 것은, 이 규정의 성격상 기본적으로 상세한 명세서 기재를 요구하고 있으나, 그것은 당업자를 기준으로 한 것이지 일반 대중을 기준으로 한 것은 아니라는 점이다.[100] 만일 명세서에 공지의 과학/기술 정보를 포함하도록 요구하는 것은, 특허명세서의 내용을 오히려 불명하게 만들어 버리고, 명세서의 분량을 크게 증가시킬 것이며, 작성 및 심사 비용을 불필요하게 증가시키고, 발명의 작용효과를 부각시키기

---

97) *Festo Corp. v. Shoketsu Kinzoku Kogyo Kabushiki Co.*, 535 U.S. 722, 736 (2002).

98) *Univ. of Rochester v. G.D. Searle & Co.*, Inc., 358 F.3d 916, 922-928 (Fed. Cir. 2004).

99) *In re* DiLeone, 436 F.2d 1404, 1405 (CCPA 1971).

100) *In re* Storrs, 245 F.2d 474, 478, 114 USPQ 293, 296-97 (CCPA 1957).

보다는 오히려 모호하게 만들 수 있을 것이다.[101)]

3. 개시요건(Written Description Requirement)[102)]

1) 청구된 클레임은 반드시 명세서에 개시된 발명일 것이 요구된다. 이것을 개시요건이라고 한다. 이 요건은, 특허권자가 특허 청구범위의 용어만 도려낸 다음 침소봉대하여 권리범위를 매우 넓게 주장할 때, 효과적으로 제동을 가하는 논리로도 쓰여질 수 있다. 개념은 간단하나, 실제 실무에서는 적용하기가 쉽지 않으므로, 이하에서 여러 가지 판례를 소개하고자 한다. 이들은 대부분 같은 개념을 조금씩 다른 방법으로 표현한 것이다. 따라서 독자들은 그 판례들을 모두 읽으면 개념이 점차 명확하게 다가올 것이다.

2) 개시요건은 특허 출원인이 청구된 주제를 실제로 발명하였고, 출원일 당시에 특허된 발명을 소유하고 있었다는 것을 확립시켜준다.[103)] 이 개시 요건을 만족시키려면, 발명자가 청구된 주제를 발명했다는 것을 당업자가 명확히 결론 내릴 수 있을 정도로 상세하게 당해 발명이 명세서에 기재되어 있어야 한다.[104)] 그러기 위해서는 문장, 구조, 그림, 도형, 수식, 기타 청구된 발명을 충분히 설명하고 보여주는 수단이 있어야 한다.[105)] 개시요건을 적용하는 것은 발명의 "소유" 여부를 묻는 것에 그치지 않는다. 발명의 소유를 보여주는 것은, 특허법이 요구하는 것처럼, 명세서는 발명에 대한 개시를 담고 있어야 한다는 조항에 수반되는 사항이며, 소유를 입증하였음에도 불구하고 명세서가 발명을 적절하게 개시하고 있지 못하다면, 개시요건은 만족되지 못한 것이다.[106)] 달리 표현하여 개시요건을 요구하는 목적은, 청구범위에 개시된 독점배타권의 범위가 당해 분야에 있어서 명세서에 쓰여져 있는 특허권자의 공헌

---

101) *Ajinomoto Co. v. Archer- Daniels-Midland Co.*, 228 F.3d 1338, 1345-46 (Fed. Cir. 2000).

102) 35 U.S.C. §112, ¶ 1.
"The specification shall contain a written description of the invention, ⋯."

103) *Univ. of Rochester v. G.D. Searle & Co.*, 358 F.3d 916, 926 (Fed. Cir. 2004), *rehearing denied* 375 F.3d 803, *cert denied* 543 U.S. 1015 (2004).

104) *Cordis Corp. v. Medtronic AVE, Inc.*, 339 F.3d 1352, 1364 (Fed. Cir. 2003).

105) *Lockwood v. American Airlines,* 188 F.3d 1565, 41USPQ2d 1961, 1966 (Fed. Cir. 1997).

106) *Enzo Biochem, Inc. v. Gen-Probe Inc.*, 323 F.3d 956, 969 (Fed. Cir. 2002).

범위를 넘어서지 않도록 하는 것이다.[107] 출원인이 개시한 사항보다 넓은 청구항은 허용될 수 없다.[108] 개시요건은 give-and-take 관점에서 공중을 일정 기간 배제하는 권리의 대가로서 공중에게 의미 있는 개시를 통해 교육 기능을 수행한다.[109] 이 요건을 만족시키기 위해서는 청구범위와 동일한 용어여야 할 필요는 없지만,[110] 명세서에서 당업자로 하여금 무엇이 발명되었는지를 알게끔 개시하여야 한다.[111] 즉, 예를 들어 만일 19세기에 특허를 출원했다면, "자동차"라는 표현은 새로이 발명된 자동차를 표현하는 데 충분하지 않을 수 있고, 발명자는 무엇이 자동차인지, 즉 섀시, 엔진, 시트, 차축에 연결된 바퀴 등등으로 표현하여야 했을 것이다.[112] 만일 일반화된 용어로 어느 발명의 실체를 정확히 전달하지 못하면, 그 용어는 불충분하다 할 수 있다.[113]

3) 최초 명세서에 개시된 청구항은 명세서의 일부이며, 따라서 최초 출원된 명세서의 청구항에서 개시되었으나, 명세서의 다른 부분에서 그 개시된 사항이 나타나 있지 않은 출원의 경우, 출원인은 청구된 주제를 포함하도록 명세서를 보정할 수도 있다.[114] 따라서, 개시요건은 최초 명세서에서 부적절하게 개시된 주제가 청구되는 것을 방지하는 역할을 한다.[115]

4) 최초 출원 청구항의 개시요건 불비

① 만일 최초 출원된 청구 범위가 필수적인 어떤 특징을 필요로 하고 있으나, 그 특징이 명세서에서 적절하게 개시되어 있지 않고, 또한 그 특징이 공지의 사항이 아니거나 당업자에게 알려지지 않은 것인 경우, 청구된 발명은 개시요건을 충분히 달성하지 못하고 있을 수 있다.[116]

---

107) *Reiffin v. Microsoft Corp.*, 214 F.3d 1342, 1345 (Fed. Cir. 2000).

108) *In re* Moore, 155 F.2d 379, 382 (CCPA 1946).

109) *Enzo Biochem, Inc. v. Gen-Probe Inc.*, 323 F.3d 956, 970 (Fed. Cir. 2002).

110) *In re* Smith, 481 F.2d 910, 914 (CCPA 1973).

111) *Enzo Biochem, Inc. v. Gen-Probe Inc.*, 323 F.3d 956, 968 (Fed. Cir. 2002).

112) *Univ. of Rochester v. G.D. Searle & Co.*, Inc., 358 F.3d 916, 922-928 (Fed. Cir. 2004).

113) *Id.*

114) *In re Benno*, 768 F.2d 1340, 226 USPQ 683 (Fed. Cir. 1985).

115) 2163 Guidelines for the Examination of Patent Applications Under the 35 U.S 112, para. 1, "Written Description" Requirement [R 5].

② 발명이 어느 기능을 실시하는 방법만으로 개시되어 있고, 그 발명의 구성과 기능 사이에 업계에 알려진 상호 연관관계가 없거나, 혹은 그 연관관계에 대해 개시가 없는 경우, 청구된 발명은 개시요건을 충분히 달성하지 못하고 있을 수 있다.[117] 법원은 이점과 관련, 청구항을 자명하게 만들지 못하는 명세서 개시는, 개시요건을 만족시킬 수 없다고 하였다.[118] 일반적으로, 발명을 실시하는 최적 실시예를 소프트웨어가 담당하는 경우, 그 소프트웨어의 기능을 공개할 경우 최적 실시예 개시가 만족된 것으로 본다.[119] 그 이유는, 보통, 일단 소프트웨어의 기능이 알려질 경우 그 소프트웨어 코드 작성은 과도한 실험을 요구하지 않는, 기능에 속하는 일이기 때문이다.[120] … 따라서, 소프트웨어의 기능을 알려주기 위해 플로차트나 소스코드 리스트가 필요한 것은 아니다.[121]

③ 개시되어 있는 방법으로부터 당업자의 지식이나 숙련도로도 그 특허품이 금방 떠오르지 않을 경우 개시요건을 충분히 달성하지 못하고 있을 수 있다.[122] 세탁물 목록 마냥 가능성이 있는 모든 부분적인 사항을 개시하는 것은 속(넓은 개념)에 속한 모든 종(좁은 개념)에 대한 적절한 기재가 될 수 없는데, 그 이유는, 그러한 식의 개시는 당업자에게 어느 특정한 종을 찾아내기 어렵게 하기 때문이다.[123]

5) 보정 혹은 새롭게 작성된 청구항의 개시요건 불비

① 출원인이 출원 후, 청구범위를 보정했을 때, 그 보정된 청구범위가 최

---

116) 2163 Guidelines for the Examination of Patent Applications Under the 35 U.S.C. 112, para. 1, "Written Description" Requirement [R 5].

117) *Id.*

118) *Regents of the University of California v. Eli Lilly*, 119 F.3d 1559, 1567 (Fed. Cir. 1997), *cert. denied*, 523 U.S. 1089 (1998).

119) *Fonar Corp. v. General Electric Co.*, 107 F.3d 1543, 1549, 41 USPQ2d 1801, 1805 (Fed. Cir. 1997).

120) *Id.*

121) *Id.*

122) 2163 Guidelines for the Examination of Patent Applications Under the 35 U.S.C. 112, para. 1, "Written Description" Requirement [R 5].

123) *Fujikawa v. Wattanasin*, 93 F.3d 1559, 1571, 39 USPQ2d 1895, 1905 (Fed. Cir. 1996).

초 기재된 명세서의 개시와 달라질 경우에 생긴다.[124] 결국, 최초 명세서에 의해 지지되지 않은 새로운 한정 즉, 신규사항(new matter)으로 판단될 경우, 특허 받을 수 없게 된다. 혹은 부분 계속 출원(CIP)의 경우, 해당 청구항은 더 빠른 출원일로 소급을 받지 못하게 된다. 자명한 실수를 고치기 위한 보정은 신규사항이 되지 않는데, 이 경우는 당업자가 그 실수를 알아차릴 뿐만 아니라 적절한 교정 내용도 짐작할 수 있을 때를 말한다.[125]

② §119(e)조에 의거한 가출원 일자, 혹은 §120조에 의거한 최초 출원일, 혹은 §365(c)조에 의거한 국제 우선권 일자를 출원인이 청구하였으나, 후출원의 청구범위가 선출원의 명세서 기재에 의해 뒷받침되지 않은 경우에 생긴다. 이때는 선출원 일자가 인정되지 않고 후출원된 일자가 실제출원일로 인정된다. 따라서 선출원일 이후에서 후출원일 이전 사이에 공개된 선행기술이 있으면 무효사유가 발생하게 된다.

6) 미생물체에 관한 발명의 경우에는 명세서에서 이를 충분히 개시함과 동시에 공중에게 접근 가능하도록 기탁하는 방법도 고려될 수 있다.[126]

Lockwood v. American Airlines, 188 F.3d 1565, 41USPQ2d 1961 (Fed. Cir. 1997)[127]

이 사건은, '고객에게 판매정보를 제공하고, 상품이나 서비스(예: 항공예약)를 주문할 수 있게 하는 자동화된 컴퓨터 터미널'에 대한 일부계속출원 (CIP)특허에 관한 것이다. 특허권자는 특히 장치 청구항의 구성요소 중의 하나로서 "무작위적으로 접근 가능한 정보를 저장하는 저장수단"을 언급한 청구범위에 대해 출원일 소급의 이익을 주장하였다(선출원이 그러한 저장 수단을 개시하지는 않았지만). 특허권자는, "비디오 디스크 플레이어와 같은 저장수단을 포함하는 터미널의 사용을 발명자가 충분히 염두에 두었다는 것"이 당업자에게 자명했을 것이라고 주장하였다.

그러나 연방법원은 "어떤 한정 요소를 청구하려면, '그 한정요소를 자명하게 하는 것을 보여주는 것'이 아니라, 본 발명을 설명함으로써 발명을 완전히 소유하고 있음을

124) 2163 Guidelines for the Examination of Patent Applications Under the 35 U.S.C. 112, para. 1, "Written Description" Requirement [R 5].

125) *In re Oda*, 443 F.2d 1200, 170 USPQ 268 (CCPA 1971).

126) Deposit of Biological Materials for Patent Purposes, Final Rule, 54 FR 34,864 (August 22, 1989).

증명해야 한다"고 판시하여, 저장수단에 관한 CIP 청구범위에 대해 선출원일로의 소급 이익을 부여하지 않았다.

In re Lukach, 442 F.2d 967, 169 USPQ 795 (CCPA 1971)[128]

CCPA는 "Mw/Mn의 비가 2.0~3.0 사이의 값을 가지는 탄성 중합체를 언급하는 손자출원(grandchild application)의 청구범위는, Mw/Mn의 비 2.6의 값을 가지는 중합체에 관한 조부출원(grandparent application)의 명세서의 개시에 의해 뒷받침되지 않았다."고 판시하였다.

Regents of the Univ. of Cal. v. Eli Lilly & Co., 119 F.3d 1559, 43USPQ2d 1398 (Fed. Cir. 1997)[129]

문제가 된 Regents의 기술은 인간의 인슐린을 생산하는 미생물과 재조합 플라즈미드에 관한 특허이다. 이 특허의 명세서는 쥐의 인슐린 cDNA의 뉴클레오티드 배열을 설명하고 있고, 청구범위는 척추동물이나 포유동물의 인슐린 cDNA를 언급하고 있다.

① 청구범위에 기재된 척추동물이나 포유동물의 인슐린 cDNA가 명세서에 개시되어 있는 쥐의 인슐린 cDNA를 커버한다는 사실, ② 명세서는, 쥐의 cDNA를 얻기 위한 방법을 인용(incorporation by reference)하고 있고, 이와 더불어 인간의 인슐린의 아미노산 배열에 대한 언급을 통해, 인간의 cDNA를 획득하기 위한 일반적인 방법을 개시하고 있다는 사실의 2가지 사실에도 불구하고, 연방법원은 개시요건 위배로 무효라고 판시하였는데 그 이유는 다음과 같다.

"청구된 미생물에 대한 정의를 내리기 위해서는 인간 인슐린 생산 cDNA를 필요로 한다. 명세서에서는 가상의 실험예6을 통해 이 cDNA를 얻는 방법을 설명하고 있으나, … 이는 인간 cDNA를 얻는 일반적인 방법을 개시하고 있을 뿐이다. 이러한 개시의 실시가능성 충족 여부는 둘째로 하더라도, 그것은 청구항 제5항의 주제에 대해 개시요건을 만족시키기 위해 필요한 인간 인슐린을 생산하는 cDNA에 대한 개시는 아니다. cDNA라는 이름 그 자체가 그 DNA에 대한 개시(written description)는 아니다. cDNA라는 이름은 그 정체에 대해 식별할 수 있는 정보를 제공하지 못한다. … 설사 실험예에서처럼 cDNA를 준비하는 방법이나, cDNA가 생산하는 단백질에 대해 개시한다고 해서 그것이 반드시 cDNA 그 자체를 개시한다고 볼 수는 없다. 실험예5에서 쥐의 cDNA와는 달리 어느 뉴클레오티드가 인간 cDNA를 구성하는지를 시사하는 배열 정보도 명세서에 나타나 있지 않다."

요컨대, 필자가 볼 때, 본 판례는 개시요건을 만족시키기 위해서는 실시방법(how to)

127) Irving Kayton, Draft and Prosecute Winning Patents Workshop Text, pp.3-8, Patent Resources Group, Inc., 2003.

128) *Id.* at 3-16.

을 개시할 것이 아니라 무엇이 발명인지(what it is) 정의할 것을 요구하고 있다는 점을 지적한 것이라 보여진다.

4. 실시가능요건(Enablement Requirement)[130)]

1) 본 요건은 그 분야에서 당업자가 과도한 노력(undue experimentation)을 필요로 하지 않고도 발명을 실시하거나 사용할 수 있을 정도로 명료하고도 충분히 개시되어야 한다는 것을 요구하고 있다.[131)] 이 요건을 위반하면 특허는 무효가 된다. 실시가능성 요건은, 적절하고도 충분한 기술 공개를 가능케 하여, 특허 종료시 특허 발명에 대한 기술 지식이 타인을 이롭게 하고, 따라서 그 타인들이 제한 없이 특허 발명을 실시하고 이득을 취할 수 있게 하기 위해 도입되었다.[132)]

2) 흔히 실시가능이라고 할 때, 동작 가능한 발명인가만을 생각하기 쉽지만, 동작 가능하다고 하여도 그것을 재현할 수 있을 정도의 기재가 부족하면 본 요건을 위반한 것으로 본다. 물론 재현 가능하다고 하는 것은 전문가적인 입장이 아니라, 당업자의 관점이다. 필자의 표현으로는 경쟁사의 평균적 연구원이 따라 할 수 있을 정도로 기재되어야 한다고 비유하고 싶다. 그렇기 때문에 실시 가능성요건을 따지더라도 명세서는 이미 익히 알려져 있는 사실까지 개시할 필요는 없다.[133)]

3) 실시가능성 요건을 판단함에 있어서 키워드는 "과도한 노력(undue experimentation)"의 필요 여부이며, 이를 판단하는 요소로는 아래 같은 요소를 들 수 있다[134)]. 그러나 이들은 예시적이며, 케이스-바이-케이스로 적용할 것들

---

129) *Id.* at 3-16, 17.

130) 35 U.S.C. §112, ¶ 1.

"The specification shall contain a written description of the invention, and of the manner and process of making and using it, in such full, clear, concise, and exact terms as to enable any person skilled in the art to which it pertains, or with which it is most nearly connected, to make and use the same⋯."

131) *In re Wands,* 858 F.2d 731, 736-37 (Fed.Cir.1988).

132) AK Steel Corp. v. Sollac & Ugine, 344 F.3d 1234, 1244 (Fed. Cir. 2003).

133) *In re Wands,* 858 F.2d 731, 736-37 (Fed.Cir.1988).

로, 필수적인 것은 아니다.[135]

실시가능 요건 분석에서 과도한 노력을 판단하는 요소[136]
• 실시에 필요한 실험의 정도 • 명세서에 기재된 지시 혹은 가이드의 정도 • 명세서에서 실험예의 존재 여부 • 발명의 성격 • 선행기술의 수준 • 당업자의 수준 • 해당 기술분야기술의 예견성(predictability) • 청구범위의 넓이 등.

4) 한편, 특허 받은 장치나 방법이 동작 가능한가 하는 것은 특정한 청구항이 명세서에 의해 실시 가능한가 하는 것과는 다른 질문이다.[137] (특허 받은) 시스템에 단지 결함이 좀 있거나 어떤 조건에서 동작이 되지 않는다고 해서, 개시된 장치가 그 기능을 수행하는 동작 가능성을 손상시키지는 않는다.[138] 마찬가지로, Atlas Powder[139] 법원은, 소금, 연료, 유화제의 조합으로 이루어지는 폭발물의 특허를 다룬 사건에서 청구범위에 속하는 동작 불능의 실시예가 있다고 해서 반드시 그 청구항을 실시 불가하게 만들지는 않는다[140]고 판시하였다. 여기서 판단 기준은, 당업계에서 통상적으로 소요되는 수준의 노력을 기울일 때 발명되었으나 제작되지 않은 어느 실시예가 동작 불능이며, 어느 실시예가 동작 가능할 것인가를 당업자가 구분할 수 있는가이다.[141]

---

134) *In re Wands,* 858 F.2d 731, 737 (Fed.Cir.1988).

135) *Amgen, Inc. v. Chugai Pharm. Co.*, 927 F.2d 1200, 1213 (Fed. Cir. 1991) 참조.

136) Irving Kayton, Draft and Prosecute Winning Patents Workshop Text, pp.3-29, Patent Resources Group, Inc., 2003.

137) *National Recovery Technologies v. Magnetic Separations Systems*, 166 F.3d 1190 (Fed. Cir. 1999).

138) *Decca, Ltd. v. United States,* 210 Ct.Cl. 546, 544 F.2d 1070, 191 USPQ 439 (Ct.Cl.1976).

139) *Id.*

140) *Id.*

Atlas Powder Co. v. E.I. du Pont de Nemours & Co., 750 F.2d 1569 (Fed. Cir. 1984)

Atlas Powder 법원은 동작불능의 실시예가 상당수에 이르고, 당업자로 하여금 청구된 발명을 실시하기 위해 과도한 실험을 요구한다면, 그 청구항은 마땅히 무효가 되어야 할 것이다는 원칙을 인식하면서도, 소금, 연료, 유화제의 조합으로 이루어지는 폭발물의 특허를 다룬 이 사건에서 청구범위에 속하는 동작 불능의 실시예가 있다고 해서 반드시 그 청구항을 실시 불가하게 만들지는 않는다고 하는 일견 모순된 판시를 하였다.

이 사건에서, 피고 듀퐁은 원고 Atlas Powder가 수천가지의 조합이 나올 수 있는 다수의 소금, 연료, 유화제만을 언급하고 있을 뿐 그에 상응하는 실시 가능성에 대한 언급이 없다고 주장한 데 대해, 법원은, 당업자라면 어느 소금과 연료를 선택할 경우, Bankroft Rule(듀퐁도 동의한 유화제 분야의 기본 원리)을 적용하여 그에 적합한 유화제를 결정할 수 있을 것이라 하여 그 주장을 배척하였다.

또한, 문제의 특허 출원 전에 원고가 행한 300여 실험에 대해, 원고가 기록한 것을 근거로 어떤 이유로든 약 40%는 실패하였다고 피고가 주장한 데 대해, 법원은 동의하면서도, "실패"나 "불만족"이라고 표현하는 것은 사실을 오해하게(misleading)하는 것이라고 하였다. 법원에 따르면, 그 실험들이 "실패"라고 표시된 것은 그것들이 모든 조건하에서 최적(optimal under all condition)의 결과를 내지 않았다는 것인데, 그러한 최적성은 특허 유효성을 위해 필요한 조건은 아니라고 하였다.

또한 법원은, 당업자라면 더 양호한 유제를 만들기 위해 그 "실패사례"를 살짝 개량할 것이라고 판단하였다.

결국, 필자가 볼 때, 법원은 동작불능한 실시예가 상당수에 이르고, 청구된 발명을 실시하기 위해 당업자에게 과도한 실험을 요구한다면, 그 청구항은 마땅히 무효가 되어야 할 것이다는 대원칙을 버린 것이 아니라, 실시가능성 규정의 경직된 적용에 따른 모든 실시가능성의 명시적 입증 요구를 경계하고, 어디까지나 "과도한 실험"의 필요성을 기준으로 하여 발명자의 실시가능성 입증 부담을 현실화했다고 보아야 할 것이다.

5) 실시가능 요건은 청구된 발명의 모든 권리 범위(full scope)에 대해 명세서가 실시할 수 있도록 기재되었는가를 살피는 것이다.[142] 즉, 청구범위는 실시가능 범위보다 작거나 최소한 같아야 한다.[143] 실시가능 범위라 함은 명세서에 개시된 사항에 과도한 노력 없이 당업자에게 알려질 수 있는 사항을 더한 것이다.[144] 달리 표현하면, 명세서는 청구된 발명의 권리범위만큼 넓게, 당

141) *Id.*

142) *Genentech, Inc. v. NovoNordisk, A/S,* 108 F.3d 1361, 1365 (Fed. Cir. 1997).

143) National Recovery Technologies v. Magnetic Separations Systems, 166 F.3d 1190 (Fed. Cir. 1999).

144) *Id.*

업자에게 발명을 어떻게 만들고 사용할 수 있는지를 알려줘야 한다.[145] 혹은, 청구범위는 당업자에게 명세서를 통해 제공한 실시가능 범위와 합리적인 상관관계를 가져야 한다고도 할 수 있다.[146] 이 부분은 이를테면 청구된 수치범위의 전 영역에 있어서 발명이 실시 가능하게 작성되었는가,[147] 혹은 청구범위상 가능한 조합 중에 발명이 성립되지 않거나 혹은 그 성립여부를 알기 위해 과도한 노력을 기울여야 하는 조합이 존재하는가[148]를 예로 들 수 있다. 또한 청구된 주제의 실시 여부를 살피는 것이므로, 청구항을 먼저 해석하여야 한다.[149] 만일 명세서에서 핵심적인 특징이라고 개시하였으나, 이를 청구항에 포함시키지 않는다면, 실시 가능 요건을 위반한 것이다.[150]

6) 개시가 쉽지 않거나, 또는 하나밖에 없어서 복제가 불가능한 미생물체와 같은 경우에는 미국 특허법제 §122 규정에 따라 공중에게 접근 가능하도록 기탁할 경우 실시가능성 요건을 만족시킨 것으로 본다.[151]

National Recovery Technologies v. Magnetic Separations Systems, 166 F.3d 1190, 49USPQ2d 1671 (Fed. Cir. 1999)

NRT의 특허는 플라스틱이 흡수하는 전자기파의 레벨만큼 차이가 나게 반사하는 성질을 이용하여 재활용 플라스틱 물질을 분류하는 기술에 관한 것이다. 이 특허는 발명자가 발명을 실시하기에 충분한 실험, 개발을 마치지 않고 출원하였기 때문에 무효되었다.

명세서에 의하면, 분류되는 플라스틱 용기는 방사선 소스와 용기를 투과하는 전자기파의 세기를 측정하는 계측기 사이를 통과하고 있다. 계측되는 투과치는 마이크로프로세서에 기록된다. 그러면, 그 용기는 마이크로 프로세서의 측정치에 의해 자동으로 분류된다.

본 발명에 의해 해결되고자 하는 문제점은 '전자기파가 저투과되는 이유가 용기의 화학적 성질로 인한 것일 수도 있고, 또는 용기의 찌그러진 부분에서 증가된 두께 때

145) *In re Goodman,* 11 F.3d 1046, 1049-50, 29 USPQ2d 2010, 2013 (Fed.Cir.1993).

146) *In re Fisher,* 57 C.C.P.A. 1099, 427 F.2d 833, 839, 166 USPQ 18, 24 (CCPA 1970).

147) *Durel Corp. v. Osram Sylvania Inc.,* 256 F.3d 1298, 1306 (Fed. Cir. 2001).

148) *Atlas Powder Co. v. E.I. du Pont de Nemours & Co.,* 750 F.2d 1569, 1576-77 (Fed. Cir. 1984).

149) *In re Wright,* 999 F.2d 1557, 1561 (Fed.Cir.1993).

150) *In re Mayhew*, 527 F.2d 1229, 1233, 188 USPQ 356, 358 (CCPA 1976).

151) *Ajinomoto Co. v. Archer- Daniels-Midland Co.*, 228 F.3d 1338, 1345-46 (Fed. Cir. 2000).

문일 수도 있다는 사실'에 의해 발생되었다

문제가 된 청구항은 "플라스틱 물질을 분류하고, 투과하는 전자기파의 양을 측정하고, …상기 플라스틱 물질의 불균일한 지점을 통과하지 않는 신호를 처리하는 것을 선택하는 방법"을 언급하였다.

연방법원은, "명세서는 플라스틱 용기의 불균일 지점(irregularities)을 투과하지 못하는 신호를 선택하는 과정을 당업자로 하여금 실시할 수 있도록 기재되어 있지 않았기 때문에, 청구범위는 실시가능성 규정위배로 무효가 된다"고 판시하였다. 즉, 상세한 설명은 당업자에게 불규칙 지점이 용기의 어디에 위치하는지를 결정할 수 있게 하는 내용을 갖고 있지 않다는 것이다.

연방법원은, "그 명세서는 당업자가 본 발명을 실시하기 위해 더 깊은 연구를 수행할 수 있는 출발점만을 제공하였을 뿐이며, 이러한 것은 실시가능성 규정을 충족시키기에 부족하다"고 결론을 내렸다.

In re Mayhew, 527 F.2d 1229, 188 USPQ 356 (CCPA 1976)

이 사건의 출원서는 강편(steel strip)상에 부식에 강한 철-아연의 합금을 코팅하는 방법을 개시하고 있다. 명세서는 코팅하기 위해 강편을 가열하고, 그 강편을 아연과 알루미늄을 포함하는 스펠터가 용융된 통에 통과시키고, 코팅된 강편을 냉각시키고, 그 후에 스펠터를 제거하기 위해 가열된 가스 분사속으로 강편을 통과시키는 것을 개시하고 있는데, 그 청구범위는 냉각과정을 언급하지 않고 있다.

CCPA는, "냉각 장치의 사용을 언급하지 않고, 특히 그 위치를 특정하지 않는 청구범위는 실시가능성 요건에 의해 뒷받침되지 않는다"라고 판시하고 있다. 그 이유는, 명세서에 의하면 "특별하게 위치된 특별한 냉각장치로 인해 본 발명이 실시 가능하다"고 특징짓고 있었기 때문에, 그로 인해 법원이나 심사관은 냉각영역과 그 위치가 필수적이라고 믿게 되며, 따라서 그 필수사항이 결여된 청구범위는 실시가능성에 의해 뒷받침되지 못하고 있다고 여겨졌기 때문이다.

In re Fisher, 421 F.3d 1365 (Fed. Cir. 2005)

이 사건에서 명세서는 관절염을 치료하기 위해 이용되는 부신 피질 호르몬(ACTH) 제제를 1.11과 2.30 사이의 값으로 개시하였다. 그리고 청구범위에서는 "적어도" 1 이상의 값을 가지는 ACTH 제제를 청구하였다. 따라서 개방형 용어인 "적어도"를 사용하였기에 명세서에 개시된 특정한 실시예보다 더 넓은 범위를 청구하고 있었다.

따라서 쟁점이 된 것은, 발명자에게 1.0 값 이상을 가지는 모든 제제, 특히 발명자의 개시내용과 당업자의 지식을 훨씬 뛰어넘는 값을 가진, 향후에 개발된 제제에도 발명자의 지배권(독점권)을 허용해야 하는가였다.

이에 대해 법원은, "발명자는 자기의 지식에 근거한 범주에서는 장래의 특허 가능한 타인의 발명까지 지배하도록 허락되어야 한다는 것은 명백하다. 타인의 그 개량부분이 자기의 노력에 의해 가능하게 되었기 때문이다. 그러나 상세한 설명에 의해 충분히 뒷받침되지 못하는 청구범위에 의해 이러한 지배를 하도록 허락되어선 안 된다는 것도 또한 명백하다. 35USC §112조는 '청구범위는 명세서에 의해 제공된 실시가능성에 대한 합리적인 상호관계를 포함해야 한다'는 것을 요하고 있다"고 판시하였다.
법원은 그리고 "출원인의 공개는 당업자에게 1보다 더 큰 어떤(certain) 효능을 가지는 ACTH를 조제하기 위한 충분한 지침을 제공하지만, 모든(all) 효능에 대한 필수적인 지침을 제공해주진 않는다"고 결론을 내렸다.
이러한 결론에 도달하는 과정에서, 법원은 '관련기술이 예측 가능하면 할수록 더 적은 공개가 요구되며, 예측 불가능할수록 더 많은 공개가 요구되어 진다'는 것을 지적하였다. "기계나 전기분야와 같은 예측 가능한 경우에서, 단일 실시예는 실시가능성을 폭넓게 제공하는데, 왜냐하면, 한번 상상되면 다른 실시예는 어려움 없이 종래의 기술에 의해 쉽게 작성될 수 있기 때문이다. 화학이나 생리학같은 예측 불가능한 기술에서는 반대이다."

5. 최적 실시예 기재요건(Best Mode)[152)]

1) 발명자는 출원 시점에서 특허 발명을 실시하고 이용하기 위해 본인이 알고 있는 최적의 실시예를 명세서에 개시하여야 하며, 그렇지 않을 경우 특허발명은 무효가 된다. 최적 실시예 기재요건은 법으로 정한 give-and-take에 해당되는데, 특허권자는 청구된 발명을 타인이 실시하는 것을 일정 기간 동안 배제하는 권리를 획득하는 한편, 공중은 본 발명을 실시하는 데 필요한 충분한 기술 지식을 얻게 한다.[153)] 이 요건은 법에 정해진 충분한 기술 개시를 하지 않은 채 특허 획득을 하고 싶은 사람들의 행동을 억제하는 역할을 한다.[154)] 따라서, 최적 실시예 기재요건은 발명자가 최적 실시예를 감추어두고 차선 실시예(second-best embodiment)를 공개하는 것을 허용하지 않는다.[155)] 그렇다고 하더라도 특허명세서는 생산 시방서일 필요는 없고, 그것을 요구하지도 않는다.[156)] 그리고 특허법상 출원인이 자신이 생각하는 최적 실시예를 지적할 필요는 없으며, 출원인이 생각한 최적 실시예를 포함한 개시만 하면

152) 35 U.S.C. §112, ¶ 1.
"The specification … shall set forth the best mode contemplated by the inventor of carrying out his invention."

153) *Eli Lilly & Co. v. Barr Laboratories Inc.*, 251 F.3d 955, 963, 58 USPQ2d 1865, 1874 (Fed. Cir. 2001).

154) *In re Nelson*, 280 F.2d 172, 126 USPQ 242 (CCPA 1960).

155) *Id.*

156) *In re* Gay, 309 F.2d 768, 135 USPQ 311 (CCPA 1962).

충분하다.[157)]

2) 최적 실시예 요건의 위반을 입증하기 위해서는 아래의 두 가지를 입증하여야 한다.[158)]

① 명세서에 개시된 내용보다 더 우수한 실시예를 발명자가 알고 있었는가? 이 요건은 발명자의 심적 상태와 출원 당시 발명자가 지니고 있었던 지식에 초점을 맞추고 있다. 따라서 본 요건은 주관적인 질문이 된다. 주의할 점은, 본 발명을 실시하기 위해 절대적으로 최적의 실시예를 말하는 것은 아니고, 발명자 본인이 생각한 최적 실시예를 말하며, 반드시 자신이 발견한 방법이 아니어도 무방하다.[159)] 출원 시점에서 발명자가 더 나은 방법을 몰랐다면, 혹은 그 방법이 최적 실시예인 것을 몰랐다면, 더 나은 방법을 개시하지 않았다는 이유로 특허가 무효되지는 않는다.[160)] 또한 여기서의 최적 실시예는 청구범위를 실시하기 위한 것이지 청구되지 않았고, 청구된 발명의 동작과 관계가 없는 사항과는 무관하다.[161)]

② 발명자는 그 우수한 실시예를 감추었는가? 본 질문은 첫 번째 질문과는 달리 객관적인 질문이다. 이 질문에 답하기 위해서는 특허 받은 발명의 범위와 당업자의 수준을 먼저 결정하여야 한다. 개시된 내용은 당업자가 용이하게 실시할 수 있을 정도로 충분히 기재되어야 한다. 따라서 개시내용이 부실할 경우, 발명을 감춘 것과 다를 바 없다고 본다. 본 발명을 실시함에 있어서 본 발명이 상업화된 제품을 당업자가 참조할 필요가 없어야 한다.

---

157) *Ernsthausen v. Nakayama*, 1 USPQ2d 1539 (Bd. Pat. App. & Inter. 1985).

158) *Eli Lilly & Co. v. Barr Laboratories Inc.*, 251 F.3d 955, 963, 58 USPQ2d 1865, 1874 (Fed. Cir. 2001).

159) *Benger Labs. Ltd. v. R.K. Laros Co.*, 209 F. Supp. 639, 135 USPQ 11 (E.D. Pa. 1962).

160) *Id.*

161) *Northern Telecom Ltd. v. Samsung Electronics Co.*, 215 F.3d 1281, 55 USPQ2d 1065 (Fed. Cir. 2000).

3) 최적 실시예 요건과 실시 가능성 요건은 서로 구분되는 개념이다. 따라서 청구된 발명을 실시 가능하도록 충분히 명세서에 개시하였다 하더라도, 만일 출원인이, 자신이 생각할 때 그 발명을 실시하는 최적의 방법이나 장치를 개발했다면, 최적 실시예 조건은 그것 역시 공개하도록 요구한다.[162]

4) 최적 실시예 요건 위반 여부는 협상단계에서는 잘 드러나지 않으나, 소송의 경우에는 드러날 수 있다. 예를 들어 특허권자가 특허출원을 한 후, 동일 주제의 논문을 기고한 경우, 그 논문에서 개시된 사항이 특허 출원된 명세서보다 상세한 경우, 잠재적인 최적 실시예 위반 가능성을 정밀하게 검토할 필요가 있다.[163]

6. 부정직행위(Inequitable Conduct, Fraud or Violation of Duty of Candor)[164]

(1) 개　요

출원인들은 특허를 등록 받기까지 선의로 그리고 정직하게 임하여야 한다. 이러한 도덕적인 의무는 모든 발명자뿐만 아니라 출원을 준비하고 진행하는 변호사나 에이전트, 또한 이 과정에 실질적으로 관련된 모든 사람에게도 확대 적용된다. 이러한 도덕적 의무를 지닌 자는 본인이 알고 있는 범위 내에서 중요(material)하다고 여겨지는 모든 정보를 심사관에게 개시하여야 한다.

이 의무를 정직의 의무(duty of candor)라고 부르며, 통상 정보개시서(information disclosure statement: IDS)를 특허청에 제출함으로써 이 의무를 완수한다. 정보개시는 중요정보를 알게 될 때마다 수시로 하여야 하며, 이 의무는 출원일로부터 공보 발행일까지 적용된다.

162) *Spectra-Physics, Inc. v. Coherent, Inc.*, 827 F.2d 1524, 3 USPQ 2d 1737 (Fed. Cir.), *cert. denied*, 484 U.S. 954 (1987).

163) *Northern Telecom Ltd. v. Samsung Electronics Co.*, 215 F.3d 1281, 55 USPQ2d 1065 (Fed. Cir. 2000) 참조.

164) 37 C.F.R. §1.56 Duty to disclose information material to patentability.

(a) A patent by its very nature is affected with a public interest. The public interest is best served, and the most effective patent examination occurs when, at the time an application is being examined, the Office is aware of and evaluates the teachings of all information material to patentability. Each individual associated with the filing and prosecution of a patent application has a duty of candor and good faith in dealing with the Office, which includes a duty to disclose to the Office all information known to that individual to be material to patentability as defined in this section. The duty to disclose information exists with respect to each pending claim until the claim is cancelled or withdrawn from consideration, or the application becomes abandoned. Information material to the patentability of a claim that is cancelled or withdrawn from consideration need not be submitted if the information is not material to the patentability of any claim remaining under consideration in the application. There is no duty to submit information which is not material to the patentability of any existing claim. The duty to disclose all information known to be material to patentability is deemed to be satisfied if all information known to be material to patentability of any claim issued in a patent was cited by the Office or submitted to the Office in the manner prescribed by §§1.97(b)-(d) and 1.98. However, no patent will be granted on an application in connection with which fraud on the Office was practiced or attempted or the duty of disclosure was violated through bad faith or intentional misconduct. The Office encourages applicants to carefully examine:

(1) Prior art cited in search reports of a foreign patent office in a counterpart application, and

(2) The closest information over which individuals associated with the filing or prosecution of a patent application believe any pending claim patentably defines, to make sure that any material information contained therein is disclosed to the Office.

(b) Under this section, information is material to patentability when it is not cumulative to information already of record or being made of record in the application, and

(1) It establishes, by itself or in combination with other information, a prima facie case of unpatentability of a claim; or

(2) It refutes, or is inconsistent with, a position the applicant takes in:

(i) Opposing an argument of unpatentability relied on by the Office, or

(ii) Asserting an argument of patentability.

A prima facie case of unpatentability is established when the information compels a conclusion that a claim is unpatentable under the preponderance of evidence, burden-of-proof standard, giving each term in the claim its broadest reasonable construction consistent with the specification, and before any consideration is given to evidence which may be submitted in an attempt to establish a contrary conclusion of patentability.

(c) Individuals associated with the filing or prosecution of a patent application within the meaning of this section are:

(1) Each inventor named in the application;

이 의무를 위반하면 부정직행위(inequitable conduct)를 구성하게 된다. Inequitable conduct의 결과는 특허무효가 되지는 않고 특허 불행사(unenforceability) 처분이 내려진다.[167] 특허 불행사는 보통 특정한 조건에서 특정인에게 권리행사를 할 수 없는 것을 의미하나, 이 경우에 있어서는 모든 사람에게 권리행사를 못하게 되므로 실제로는 모든 청구항에 대해 무효의 의미가 있다.

Inequitable conduct를 입증하려면, 특허출원에 관련된 자들이 특허청을 기만 또는 오도할 목적으로, 심사에 중요한 정보를 의도적으로 감추거나, 틀린 정보를 제공하거나 또는 잘못 설명한 것을 입증하여야 한다.[168]

이 inequitable conduct로 판정 나면, 아무리 좋은 특허도 무용지물이 된다. 따라서 방어하는 입장에서는 무효자료를 찾거나 비침해를 입증할 필요도 없어지므로 더 없이 유용한 방어방법이다. 주로 발명에 집착적인 개인 발명가, 혹은 CP, CIP, 분할 출원을 반복한 특허에 대해서 요주의 관찰할 필요가 있다.

(2) 정보의 중요도(Materiality of Information)

Inequitable conduct를 입증하기 위해서는 먼저 출원인이 숨기거나 오도한 정보가 중요정보인지를 판단하여야 한다.

어떤 정보가 단독으로 혹은 다른 정보와 결합하여, 특허 요건, 즉, 신규

---

(2) Each attorney or agent who prepares or prosecutes the application; and

(3) Every other person who is substantively involved in the preparation or prosecution of the application and who is associated with the inventor, with the assignee or with anyone to whom there is an obligation to assign the application.

(d) Individuals other than the attorney, agent or inventor may comply with this section by disclosing information to the attorney, agent, or inventor.

(e) In any continuation-in-part application, the duty under this section includes the duty to disclose to the Office all information known to the person to be material to patentability, as defined in paragraph (b) of this section, which became available between the filing date of the prior application and the national or PCT international filing date of the continuation-in-part application.

167) *Kingsdown Med. Consultants, Ltd. v. Hollister Inc.*, 863 F.2d 867, 877 (Fed. Cir. 1988) (en banc).

168) *Innogenetics, N.V. v. Abbott Labs.*, 512 F.3d 1363, 1378 (Fed. Cir. 2008).

성, 진보성, 유용성 중의 하나를 부정할 경우, 중요정보로 본다. 심사관에게 특허 받아야 할 당위성을 설득하기 위해 출원인이 행한 주장, 또는 출원인이 제공한 정보와 모순되거나 혹은 부정하는 정보는 중요정보로 본다. 심사관이 이미 검토한 자료와 중복되거나 혹은 별로 도움이 되는 정보를 보태지 못할 경우, 중요정보가 아니다.

(3) 기만 혹은 오도할 의도(Intent to deceive or mislead)

정보의 중요도를 입증한 다음에는, 기만 혹은 오도할 의도를 입증하여야 하는데, 특허청을 기만하거나 오도할 의도를 직접적인 증거로 입증하는 경우는 흔하지 않다. 따라서 사실관계, 간접 증거, 또는 주변 정황에 의해 그러한 의도를 유추할 수 있도록 허용하고 있다.[169] 의도의 존재 여부를 판단함에 있어서는, 출원인이 취한 행동의 성격, 선의의 존재를 입증하거나 결여를 입증하는 여러 가지 증거를 종합적으로 판단하여야 한다.[170] 이때, 특허권자가 (자신이 청구하였든, 아니든) 재심사(reemamination)에서 청구항을 수정하였다고 해서 특허권자에게 불리한 추정이 가해지지는 않는다.[171]

(4) 중요도와 의도의 평형(Balancing of Materiality and Intent)

위에서 정보의 중요도와 기만 혹은 오도할 의도를 입증한 연후에는 inequitable conduct 판정을 위한 최종 단계로 정보의 중요도와 의도의 강도를 평형하여야 한다. 중요정보의 중요도가 높으면 높을수록, 감추거나 오도하려는 의도 역시 강해진다고 추정하고 있다.[172] 역으로 얘기하면 이 경우, 의도를 입증하는 부담이 비례적으로 약해져서 inequitable conduct 입증이 쉬워진다.

---

169) *Star Scientific, Inc. v. R.J. Reynolds Tobacco Co.,* 537 F.3d 1357, 1366 (Fed. Cir. 2008).

170) *Kingsdown Med. Consultants, Ltd. v. Hollister Inc.,* 863 F.2d 867, 876 (Fed. Cir. 1988) (en banc).

171) *Glaverbel Societe Anonyme v. Northlake Mktg. & Supply, Inc.,* 45 F.3d 1550, 1554 (Fed. Cir. 1995).

172) *Digital Control, Inc. v. Charles Mach. Works,* 437 F.3d 1309, 1313 (Fed. Cir. 2006).

(5) Inequitable conduct를 발견하는 몇 가지 방법

1) 문제 특허의 미국 심사기간 중, 해당특허의 해외출원이 선행기술에 의한 거절이유 통지를 받았는지, 혹은 PCT 출원에서 국제 선행기술조사 결과가 나왔는지를 살피고, 이 선행기술이 미국 특허청에 IDS로 제출되었는지 살핀다. 물론 제출되지 않았다고 해서 바로 inequitable conduct가 구성되는 것은 아니며, 위에서 얘기한 모든 요건을 만족시켜야만 한다. 그러나 미국 특허청의 심사메뉴얼(MPEP)에 의하면 이러한 경우는 중요 정보일 상당한 개연성을 가정하고 있다.[173] 따라서, 이러한 사실을 발견할 경우, 정밀하게 검토하여야 할 것이며, 협상시점에는 매우 강력한 압박수단이 될 수 있다. 또한 이러한 제출 누락이 거듭 발견될 경우, 드문 경우이기는 하나, 특허권자의 모든 특허들이 모두 행사불능으로 결정될 수도 있다.[174] 이를 Doctrine of Infectious Unenforceability라고도 하는데, 같은 특허 그룹 내의 한두 건의 특허에서 저질러진 부정행위는 그 그룹 전체 특허에 전염될 수 있다는 것이다.

---

173) 2001.06(a) Prior Art Cited in Related Foreign Applications [R-2]

Applicants and other individuals, as set forth in 37 CFR 1.56, have a duty to bring to the attention of the Office any material prior art or other information cited or brought to their attention in any related foreign application. The inference that such prior art or other information is material is especially strong ** where it has been used in rejecting the same or similar claims in the foreign application (or where it has been identified in some manner as particularly relevant). See Gemveto Jewelry Co. v. Lambert Bros., Inc., 542 F. Supp. 933, 216 USPQ 976 (S.D. N.Y. 1982). wherein a patent was held invalid or unenforceable because patentee's foreign counsel did not disclose to patentee's United States counsel or to the Office prior art cited by the Dutch Patent Office in connection with the patentee's corresponding Dutch application. The court stated, 542 F. Supp. at 943, 216 USPQ at 985:

Foreign patent attorneys representing applicants for U.S. patents through local correspondent firms surely must be held to the same standards of conduct which apply to their American counterparts; a double standard of accountability would allow foreign attorneys and their clients to escape responsibility for fraud or inequitable conduct merely by withholding from the local correspondent information unfavorable to patentability and claiming ignorance of United States disclosure requirements.

174) *Consolidated Aluminum Corp. v. Foseco Int'l Ltd.*, 910 F.2d 804 (Fed. Cir. 1990) 참조.

175) Ferring B.V. v. Barr Laboratories, Inc., 437 F.3d 1181, 1190 (Fed. Cir. 2006) 참조. [선

Ole K. Nilssen and GEO Foundation, Ltd. v Osram Sylvania, Inc. and Osram Sylvania Products, Inc., 504 F.3d 1223 (Fed. Cir. 2007)

본 사건에서, CAFC는 아래와 같은 부정행위를 감안할 때, 비록 일부 특허에서 저질러진 부정행위이기는 하나, Nilssen의 특허 15건 모두가 권리 불행사되어야 한다고 판시하였다. CAFC는 이 사건의 1심 판결을 지지하였는데, 1심에서는 또한 본 사건이 "예외적(exceptional)"이라고 판단하고, 변호사 비용으로 $5.5mil.을 벌금으로 부과하였다.

① Nilssen은 거절을 극복하기 위해 선서서를 제출하였는데, 그 선서자와의 개인적, 업무적 관계, 그리고 그 선서자가 본 특허에 대해 가지고 있는 이해관계를 공개하지 않았다.[175] Nilssen은 소기업 수수료를 납부하였으나 실제로는 필립스사에 라이선스를 허여하였기 때문에 (수입이 많으므로) 고액의 존속료를 내어야만 했다.
② Nilssen은 선행기술을 피하기 위하여 우선권 일자를 그릇 주장하였다.
Nilssen은 심사계류중인 출원과 관련된 특허가 소송중인 사실을 심사관에게 알리지 않았다.
③ Nilssen은 본인이 알고 있던 관련 선행기술을 밝히지 않았다.

Nilssen, et al v. Wal-Mart Stores Inc, et al, No. 1-04-cv-05363 (N.D. Il., June 30, 2009, order)

한편, Nilssen은 TCP와 라이선스 계약을 맺었는데, 이 계약에 의하면 Nilssen은 Wal Marts Stores, Inc., Costco Wholesale Corp., Lowe's Home Centers, Inc. and IKEA Illinois, LLC은 특허침해로 제소토록 되어 있었고 위 Osram 사건과 동일한 특허로 실제 소송이 제기되었다. 이에 피고들은 위 Osram 사건을 인용하여, 행사불능 특허로 소송을 남용한 데 따른 처벌과 변호사 비용을 요구하였고, 법원은 피고의 요청을 허락하였으며, 변호사 비용으로 총 $2.5mil.을 피고들에게 지급하도록 명령하였다.

2) IDS를 제출하기는 했는데, 출원인이 너무 많은 선행기술을 제출하지 않았는지를 살핀다. 이 경우, 출원인은 중요정보를 포함하여 제출은 하되, 심사관의 주의를 분산시키기 위해 많은 선행기술을 아울러 제출하는 수가 있다.[176]

3) 마찬가지로, 외국자료를 제출할 때 영문 번역이 같이 제출되었다면, 그 번역문을 정밀하게 검토한다. 경우에 따라서는 자신에게 불리한 번역을 빼먹고 유리한 번역만을 제출하는 경우가 있다.[177]

행기술에 의한 거절을 극복하기 위해 선서서를 제출함에 있어서, 선서자의 잠재적인 이해관계를 공개하지 않은 것은 중요한 부작위(material omission)에 해당한다].

176) *Semiconductor Energy Laboratory Co. v. Samsung Electronics Co.,* 204 F.3d 1368, 1374, 54 USPQ2d 1001, 1005 (Fed. Cir. 2000).

177) *Id.*

4) 본 출원에 같은 뿌리를 가지는 모출원(즉, 이 출원에 뿌리를 두고 분할, 계속 출원, 부분 계속 출원의 방법으로 본 출원을 한 경우를 말함)이 있을 경우 그 계통을 따라가며 앞 출원에서 제출된, 혹은 언급된 선행기술이 본특허 출원시 언급되었거나 제시되었는지를 살핀다. 만일 빠져 있다면, 이는 동일 출원인이 과거에 알았다는 사실과, 제출하지 않았다는 사실로부터 은폐 의도를 짐작하는 단서가 될 수 있다.[178]

5) 대응출원이 이루어진 국가에서 심사를 받던 중 미국에서 취한 입장과 배치되는 입장을 취하였으며, 이 사실을 미국 특허청에 감추었는지를 확인한다.[179]

6) 출원인, 혹은 발명자가 발표한 논문이나 기타 발표문에서 본 특허에서 누락된 선행기술 정보가 들어 있는지를 살핀다.

7) 발명자 선언서, 특허청 수수료 감면 규정을 위반한 수수료 납부 사실 등도 해당이 될 수 있다.[180]

7. 형평법에 근거한 방어(Equitable Defenses)

(1) 개　요

특허법이 아닌 형평법상의 방어이다. 따라서 판사만이 판단해야 하고, 배심원은 판단할 수 없다. 본 방어에서 침해자가 이길 경우, 특허가 무효되는 것은 아니고, 침해자에게만 특허권을 행사할 수 없게 되며, 다른 제3자에게는 여전히 권리행사를 할 수 있다. 특허가 무효되지 않기 때문에, 권리 불행사 요인이 해소되는 대로 다시 권리행사가 가능해진다.

---

178) *Id.*

179) *Therasense, Abbott Lab. V. Becton, Dickinson.*, 2008 1511, 1512, 1513, 1514, 1595 (Fed. Cir. 2010).

180) *Ole K. Nilssen and GEO Foundation, Ltd. v Osram Sylvania, Inc. and Osram Sylvania Products, Inc.*, 504 F.3d 1223 (Fed. Cir. 2007) 참조.

(2) Equitable Estoppel

특허권자는 침해자에게 권리행사를 하지 않을 것이라고 명시적, 혹은 암시적으로 오도된 행동이나 말을 하였으며, 그런 행동이나 말을 침해자가 믿고 행동한 경우에는 특허권 행사를 할 수 없다.[181] 특허권자의 침묵은 equitable estoppel을 발생시키지 않는다.

(3) Laches

Laches는 특허권자가 침해 사실을 알거나 알 수 있었던 날로부터 소송제기를 비합리적으로 늦게 했으며, 그로 인해 침해자에게 불이익이 초래된 경우에 적용된다.[182] 만일 지연기간이 6년 이상이면 비합리성과 침해자의 불이익이 추정되고, 특허권자는 그 지연 사유를 설명하여 극복할 수 있다. 지연 사유의 예로서는 침해자에게 소송의사를 알린 후, 다른 특허소송을 진행하느라 지연되었다는 이유 등이 해당된다. Laches는 소송 전 침해에 대한 손해배상을 금지하지만, 소송 후 손해배상이나 금지처분을 막지는 않는다. 그러나 laches는 형평법상의 방어이므로 침해자도 과실이 있는 경우, 즉, 침해자의 터무니없는 행위(egregious conduct), 예를 들어 고의 침해, 은밀한 침해, 허위 사실 주장 등이 있는 경우에는 laches가 적용되지 않는다.

(4) 묵시적 라이선스(Implied License) – First Sale Doctrine/Patent Exhaustion

특허권 침해는 허가 없이 특허를 실시할 때 일어나므로, 그 정의상 허가를 부여하는 라이선스가 존재한다는 것을 입증하면 침해주장에 대한 방어가 된다. 라이선스는 당사자간의 명시적인 서면 계약뿐만 아니라 묵시적으로도 생기는데, 특허품을 특허권자가 조건을 달지 않고 단순 판매할 경우(unconditional sale), 구입자가 사용하는 데 대해서 또는 재판매에 대해서 특허권자가 통

---

181) *Jensen v. Western Irrigation & Mfg.,* 650 F.2d 165, 207 U.S.P.Q. 817 (9th. Cir. 1985).

182) *Jamesbury Corp. v. Litten Industrial Products, Inc.,* 839 F.2d 1544, 5 U.S.P.Q.2d 1779 (Fed. Cir. 1988), *cert. denied,* 488 U.S. 828 (1988) 참조.

제할 권리가 소진된다[183]는 것이다. 이를 권리소진설(Exhaustion of Patent Right or First Sale Doctrine)이라고 한다. 이 권리소진설은 형평의 관점에서 비롯되었는데, 만일 특허권자가 자신의 특허품을 분명한 제한조건 없이 판매한 경우, 판매가를 전부 지불하고 특허품을 구입한 구매자에 대해 나중에 그 특허품의 사용에 따른 로열티를 요구한다면, 이는 부당하다는 것이다. 마찬가지로, 특허권자가 특허 받은 방법특허를 실시하게만 되어 있는 제품을 팔 경우, 이를 구입한 자는 그 방법특허에 대해서도 실시할 라이선스를 받은 것으로 간주된다.

한편, LG전자는 장치특허가 아닌 방법특허는 권리소진설이 적용될 수 없다고 주장하면서 대만의 Quanta사 외 다수사를 상대로 특허침해 소송을 제기하였다.[184] 이에 대해 미국 대법원은 방법특허에도 권리소진설이 적용된다고 판시하는 한편, 그렇지 않을 경우, 권리소진설을 기술적으로 회피하기 위해 모든 특허에 방법 청구항을 집어넣으려는 시도도 가능할 것이라고 지적하였다. LG 케이스에 훨씬 앞서 내려진 Univis 사건에서, Univis는 완성된 안경에 대한 특허를 가지고 있었는데, 그 특허에 대해 라이선스를 받은 도매상이 렌즈를 가공하여 렌즈 원석이라고 할 수 있는 lens blank를 만들고(청구항의 일부 실시) 이를 건네받은 소매상이 최종 가공하여 판매하는 경우, 특허 소진이 일어났다고 판시한 바도 있다.[185] 즉, 특허 청구항을 전부 실시하지 않고 부분 실시를 하더라도, lens blank의 합리적이고 의도된 유일한 용도가 특허 받은 안경을 만드는 것이라면 특허 소진설이 적용된다는 것이다.[186] 이는 LG 사건에서도 동일한 취지라고 대법원은 판시하였다.

권리소진에 따른 묵시적 라이선스가 존재하기 위해서는, (1) 특허권자가 판매한 제품은 비침해 용도가 없어야 하며,[187] (2) 판매 정황을 살펴볼 때, 묵시적인 라이선스 부여가 추정되어야 한다.[188] 판매 정황은 판매 시점을 기준으로 하는 것이며, 판매시점에서 명시적으로 라이선스 허여를 부인하면 모를

---

183) *United States v. General Electric. Co.,* 272 U.S. 476, 489-90 (1926).

184) *Quanta Computer, Inc. et al* v. LG Electronics, Inc., 553 U.S. 617 (2008).

185) *United States v. Univis Lens Co.*, 316 U.S. 241, 248-249 (1942).

186) *Id.*

187) *Bandag, Inc. v. Al Bolser's Tire Stores, Inc.,* 750 F.2d 903, 924 (Fed. Cir. 1984).

188) *Id.* at 925.

까 예를 들어 판매 이후(post sale)에 구매자에게 묵시적 라이선스의 존재를 부인 선언한다든지 하는 것은 판매 정황 판단시에 고려되지 않는다.[189)]

Met-Coil Sys. V, Korners Unlimited, Inc., 803 F.2d 684, 686 (Fed. Cir. 1986)

[사실관계]

Met-Coil은 난방 및 공조에 사용되는 금속 덕트 연결부를 제조하는 장치와 방법에 관한 미국특허 제4,466,641호를 소유하고 있다. Met-Coil은 롤(roll) 성형장치를 판매하고 있는데, 이 성형장치는 구매자들이 금속 덕트의 양단에 일체형 플랜지를 만들게 하는 특허 발명을 실시할 수 있도록 한다. 그런 다음 일체형 플랜지에 Met-Coil이 별도로 판매하는 부품(corner piece)을 끼우도록 되어있다. Korners는 이 부품을 판매하는 회사인데, Met-Coil은 유도침해를 이유로 Korners를 제소하였다.

Korners의 항변은, 롤 성형장치를 판매함으로 인해 Met-Coil은 구매자들에게 묵시적 라이선스를 허여하였으며, 그 라이선스로 인해 Met-Coil의 고객은 직접 침해를 할 수가 없고, 따라서 직접 침해가 성립되지 않기 때문에 Korners는 유도 혹은 기여침해를 할 수 없다는 것이었다.

[판 단]

법원은 Bandag 케이스에서 제시된 2단계 테스트를 적용하였다.

① 특허권자가 판매한 제품은 비침해 용도가 없어야 하는데, Met-Coil의 장치는 비침해 용도가 존재하지 않았다. ② 판매 정황을 살펴볼 때, 묵시적인 라이선스 부여가 추정되어야 한다는 점에 대해서도 법원은 동의하였다. Met-Coil은 2번째 법적 요건을 부정하기 위해 구매자들에게 Met-Coil이 발송한 통지문(자신들이 판매하는 부품을 구입하여 롤 성형장치를 사용할 경우에만 라이선스가 부여됨)을 제시하였으나, 법원은 그 통지문이 판매 이후에(즉, 이미 묵시적 라이선스가 발생한 시점 이후에) 발송된 것이므로 효력이 없다고 하였다.[190)]

판매된 제품에 대해 언제나 묵시적인 라이선스가 발생하는 것은 아니다. 특허품의 사용에 대한 합리적인 제한을 통해 묵시적 라이선스를 부인할 수도 있다. 만일 그러한 제한이 특허 권리범위에 합리적으로 속한다고 보여지면, 유효한 제한이 된다. Mallinckrodt Inc. v. Medipart Inc., 976 F.2d 700 (Fed. Cir. 1992) 사건에서, 특허권자는 특허품을 병원에 팔았는데, 1회만 사용하고 생물

---

189) *Met-Coil Sys. V, Korners Unlimited, Inc.*, 803 F.2d 684, 686 (Fed. Cir. 1986) 참조.

190) 본 통지문은 비특허 제품을 끼워파는 특허권 남용의 의혹도 있으나, 법원은 이를 인식하면서도, 금번 판단 대상이 아니라는 이유로 제외하였다. *Met-Coil Sys. V, Korners Unlimited, Inc.*, 803 F.2d 684, 687 (Fed. Cir. 1986). N.5.

학적 폐기물로 버리라는 제한 조건을 부가했다. 일부 병원은 이러한 사용 제한을 무시하고 사용한 특허품을 피고에게 보냈고, 피고는 이를 수리한 후 재판매하였다. 법원은 특허권자의 사용 제한이 특허권리 범위에 합리적으로 속한다고 보았다.[191)]

(5) 수리(Repair)와 재실시(Reconstruction)

특허받은 제품의 일부를 교체할 때, 그 사안별로 수리로 볼 때도 있고 재실시로 볼 때도 있다. 일반적으로 수리는 특허침해를 구성하지 않는 것으로 보고 있으며, 재실시는 특허침해 행위로 본다.[192)] 수리와 재실시는 종종 구분하기 어려울 때가 많고 사안별로 판단하여야 한다.[193)]

수리의 전형적인 예는, 특허 받은 제품을 구입하여 쓰다가 낡은 부품을 교체하는 경우를 들 수 있다. 법원은 이 수리권한을 적법한 구입자나 실시권자에게 사용 권한을 부여하는 묵시적인 라이선스의 연장선상에서 보고 있다.[194)] 따라서 수리권한은 오직 적법한 판매 혹은 라이선스가 전제되어야 한다. 또한 교체부분이 소모되었고(spent), 특허 받지 않은(unpatented) 것이어야 한다.[195)] 판례는 소모되지 않았더라도 개량을 위해 교체하는 것도 수리권한에 속한다고 보고 있다.[196)] 같은 맥락에서, 소모된 부품만 교체하는 것이 비현실

---

191) *Mallinckrodt Inc. v. Medipart Inc.*, 976 F.2d 700, 709 (Fed. Cir. 1992).

192) *Aro Mfg. Co. v. Convertible Top Replacement Co.,* 365 U.S. 336, 345-46 (1961).

193) *Mallinckrodt Inc. v. Medipart Inc.*, 976 F.2d 700, 709 (Fed. Cir. 1992) 참조. (비록 원칙은 명쾌하지만, 그 적용은 그렇지 못하다. 왜냐하면 그 경계선이 어디에 그어져 있는지가 항상 분명하지는 않기 때문이다: 어느 정도의 수리가 재실시로 간주되지 않을 정도로 적당한가).

194) *Standard Havens Products, Inc., v. Gencore Industries Inc.,* 953 F.2d 1360, 1375 (Fed. Cir. 1991).

195) *Aro,* at 345-46 (소모되었고 특허 받지 않은 부품의 교체를 통해 특허 받은 조합 "전체의 용도"를 유지하는 것은 재실시가 아니다).

196) *Surfco Hawaii v. Fin Control Systems Pty, Ltd.*, 264 F.3d 1062, 1066 (Fed. Cir. 2001) (서핑보드의 핀을 안전성이 증가된 핀으로 교체한 사례); 참조. *HP Co. v. Repeat-O-Type Stencil Mfg. Corp., Inc.,* 123 F.3d 1445 (Fed. Cir. 1997) (계약상의 중요성을 가지는 제한조건이 없는 경우, 소모된 부품의 재실시가 일어나지 않는 한, 구매자는 개량할 권한도

적일 경우, 인접 부품의 교체 역시 수리의 일환으로 보고 있다.[197] 또한, 설사 수리행위가 생산라인에서 이루어진다 해도, 이는 수리에 속하지 재실시가 아니라고 보고 있다.[198] 만일 교체품이 특허 받지 않은 것이더라도 그 특허에서 필수적인(essential) 요소이거나 특징적인(distinguishing) 요소일 경우는 어떨까? 판례는 수리와 재실시를 구분하는 데 있어서 그러한 사항은 고려되지 않는다고 하고 있다.[199] 더 나아가 만일 교체품이 그 특허에 있어서 기여침해(contributory infringement)를 구성하는 것이라면 어떻게 될까? 이 경우, 특허 받은 전체 제품을 구입한 구매자는 구매에 의해 생겨난 묵시적 라이선스에 의거, 침해를 구성하지 않을 것이다.[200] 또한, 그러한 교체품을 제3자가 공급하는 경우, 원칙적으로는 간접침해의 책임을 물어야 할 것이나, 직접 침해자가 묵시적인 라이선스를 가진 이상, 직접침해가 부인되므로, 따라서 직접침해를 전제로 하는 간접침해는 구성이 되지 않을 것이다. 한편, 그 교체품이 별도로 특허 받은 부품일 경우는 어떠할까? 이 경우에도, 특허 받은 전체 제품을 구입한 구매자는 묵시적 라이선스에 의거, 침해를 구성하지 않을 것이다. 그러나 특허 받은 교체품을 권원 없는 제3자가 공급하는 경우, 제3자는 직접침해의 책임이 생길 것이다.

재실시(reconstruction)는 실질적으로 새로운 물건을 만들어낼 정도로 진정한 재실시를 하는 것을 의미하며,[201] 특허 받은 조합 전부가 소모된 다음에만 일어날 수 있다고 본다.[202] 재실시 여부를 판단하기 위해서는 여러 가지 요소를 살펴야 한다. 예를 들어, 침해 행위의 성격, 제품의 성격, 그 부분은 전체에 비해 짧은 수명을 가지도록 설계되었는지, 그 부분에 대한 수리나 제조 시장이 존재하는지, 객관적으로 표출된 특허권자의 의도 등이다.[203]

가진다).

197) *Everpure, Inc. c. Cuno, Inc.,* 875 F.2d 300 (Fed. Cir. 1989).

198) *Dana Corp. v. American Precision Co., Inc.,* 827 F.2d 755, 759 (Fed. Cir. 1987).

199) *Dawson Chemical Co., v. Rohm & Haas Co.,* 448 U.S. 176, 217 (1980).

200) *Standard Havens Products, Inc., v. Gencore Industries Inc.,* 953 F.2d 1360, 1376 (Fed. Cir. 1991) (수리 권한은 특허받지 않은 수리 부품을 구입할 권리도 포함한다).

201) *Aro,* at 345-46.

202) *HP Co. v. Repeat-O-Type Stencil Mfg. Corp., Inc.,* 123 F.3d 1445 (Fed. Cir. 1997).

203) *Bottom Line Management, Inc. v. Pan Man, Inc.,* 228 F.3d 1352 (Fed. Cir. 2000).

Sandvik Aktiebolag v. E.J. Co., 121 F.3d 669 (Fed. Cir. 1997)
[사실관계] 원고는 카바이드 드릴 팁(tip)에 대한 특허를 가지고 있었다. 원고는 특허 받은 드릴을 팔 때, 드릴 팁이 종종 날카롭게 연마되어야 한다는 것을 예상하였고, 어떻게 연마할지에 대한 설명서를 함께 제공하였다. 원고는, 드릴 팁이 더 이상 연마되지 않을 때, 그 팁의 수명이 다한 것으로 간주하고 있었다. 피고는 드릴 팁의 연마 서비스와 함께 팁 교체 서비스를 제공하였다. 그래서 팁이 더 이상 연마되지 않으면, 팁을 교체하여 주었다. [판 단] 1심에서는 이러한 피고의 행위를 수리라고 판단하였으나, CAFC는 아래 사항을 감안하여 재실시라고 판단하였다. ① 헌 팁을 새 팁으로 교체하는 것이, 새 팁 블록을 납땜한 다음 거기서 새 팁을 성형하는 등의 여러 단계를 수반한다; ② 드릴의 수명은 드릴 팁의 수명보다 실질적으로 길지 않다; ③ 드릴 팁은 교체되거나 분리되도록 설계되지 않았다; ④ 이러한 드릴의 팁교체를 위한 시장이 존재한다는 실질적인 증거가 없다; ⑤ 드릴 팁이 교체되도록 특허권자가 의도한 바가 없다. 특허권자는 팁교체 서비스를 제공하지도 않았고, 어떻게 팁교체를 행하는지 설명을 제공한 바도 없다.

8. 독점금지법 위반(Antitrust)

(1) 개 요

특허권자의 행위가 특허법에 의해 부여받은 보호범위를 벗어나게 되면 독점금지법 위반이 될 수 있다.[204] 특허법은 특허권자에게 독점권을 부여하지만, 그렇다고 해서 특허법은 독점금지법하에서 민형사적 책임을 면책시켜주지는 않는다.

미국 독점금지법 (Sherman Act) 제1조에 의하면, 거래나 상업을 제약하는 모든 계약. 묶기(tying)는 대표적인 미국 독점금지법(Sherman Act) 제1조 위반에 해당된다. 묶기는 구매자나 대여자에게 두 번째 물품을 구매하는 조건으로 첫 번째 물품을 판매하거나 대여하는 구도를 의미한다.[205] 묶기를 구성하는 것은,

---

204) *United States v. Line Material Co.*, 333 U.S. 287, 308 (1948).

205) *Breaux Bros. Farms, Inc. v. Teche Sugar Co., Inc.*, 21 F.3d 83, 85 (5th Cir. 1994).

1) 별도의 두 가지 물품 혹은 서비스가 관여될 것, 2) 물품 혹은 서비스 판매가 다른 판매의 조건으로 되어 있을 것, 3) 묶기 대상 제품시장에 있어서 판매자가 마켓 파워를 가지고 있을 것, 그리고 4) 묶기 대상제품의 미국 내 상업규모가 상당할 것이다.[206]

독점금지법 제2조는 불법적인 독점화를 금지하고 있다. 따라서 제2조 위반 혐의자에 대해 관련 시장에서 독점력을 가지고 있으며, 그 독점력을 반경쟁적인 방법으로 취득하고 유지하였음을 입증하여야 한다.[207] 독점금지법 위반이 되기 위해서는 상업행위에 대해 불법적인 제약을 가하기 위해 특허권자가 악의(bad faith)를 가지고, 소송을 제기하기 위한 부적절한 목적(improper purpose)이 입증되어야 한다.[208] 부적절한 목적이라 함은 유리한 판결을 얻는 데 목적이 있지 않고, 승소 여부를 떠나, 소송 그 자체를 통해 경쟁자를 핍박하고 타인의 경쟁력을 떨어뜨리는 데 목적이 있는 것을 말한다.[209]

특허권의 잘못된 행사는 독점금지법의 적용을 받는데, 아래의 2가지 형태가 있다. 2가지 모두, 독점금지법(Sherman act)에서 규정하는 독점 내지는 독점화 시도요건을 만족시켜야 하는 것이 전제조건이다. 따라서 모든 특허권자에게 적용되는 것이 아니며, 특허권자가 시장지배적인 사업자인 경우에 고려할 수 있는 방어방법이다.

(2) Walker Process Claim

특허가 기만적인 행동으로 획득되었음을 알면서도 특허권 행사를 시도할 경우, 독점금지법 위반이 된다. 그러나 inequitable conduct는 여기서 말하는 기만적 행동에 미치지 못한다. 기만적 행동이 되려면 inequitable conduct 입증수준보다 한층 더 높은 수준의 입증이 필요하다.

---

206) *Eastman Kodak Co. v. Image Tech. Serv., Inc.*, 504 U.S. 451, 461-62 (1992).

207) *Aspen Skiing Co. v. Aspen Highlands Skiing Corp.*, 472 U.S. 585, 596 (1985).

208) *American Tobacco Co. v. United States*, 328 U.S. 781, 809 (1946).

209) *Glaverbel Societe Anonyme v. Northlake Mktg. & Supply, Inc.*, 45 F.3d 1550, 1554 (Fed. Cir. 1995) citing *Professional Real Estate Investors, Inc. v. Columbia Pictures Industries, Inc.*, 508 U.S. 49, 60-61 (1993).

(3) Sham Litigation(허위 소송)

(특허권자의 특허침해) 제소가 객관적으로 근거가 없으며, 사실은 경쟁사의 활동을 직접 간섭하려는 의도를 감추기 위한 핑계에 불과할 경우, 독점금지법 위반이 된다.[210] 객관적으로 제소 근거가 없다는 것은, 이성적인 소송 변호사라면 승소 가능성을 현실적으로 기대하지 않는다는 관점에서 말하는 것이다.[211]

9. 특허권 남용(Patent Misuse)

특허권자가 그 특허에 부여된 권리 이상으로 특허권을 행사하는 것을 막는 방어수단이다. 독점금지법 위반이 없더라도 특허 남용이 일어날 수 있는데, 이는 특허남용이 독점금지법 위반보다 광범위한 불법행위이기 때문이다.[212] 특허 남용에 대한 기본 취지는, 특허권자가 특허를 활용하여 특허법하에서 부여된 권리 이상의 이익을 얻는 것을 방지하는 데 있다.[213] 특허 남용을 항변하기 위해서 침해자 자신이 그로 인해 피해를 입었다는 것을 입증할 필요는 없다.[214] 즉, 라이선스 협상에서 권리자가 특허 남용에 해당하는 조건을 요구하였다면, 후일 소송에서 이를 입증하면 방어가 성립될 수 있을 것이다. 특허권 남용이 성립되면 특허가 무효되지는 않으나, 권리행사가 금지된다. 상기 행위를 그만둔 시점부터 특허권자의 권리는 원상회복된다. 예를 들어 가격통제(Price fixing), 비침해품 끼워팔기(tying to unpatented products) 등이 해당될 수 있다.

한편, 35 U.S.C. §271(d)[215]는 특허 남용의 예외를 인정하고 있다. 동 조항

---

210) *Professional Real Estate Investors, Inc. v. Columbia Pictures Industries, Inc.*, 508 U.S. 49, 60-61 (1993).

211) *Id.* at 60.

212) *C.R. Bard, Inc. v. M3 Sys., Inc.*, 157 F.3d 1340, 1372 (Fed. Cir. 1998).

213) *Monsanto Co. v. McFarling,* 363 F.3d 1336, 1341 (Fed. Cir. 2004).

214) *Morton Salt Co. v. G.S. Suppiger Co.,* 52 U.S.P.Q. 30 314 U.S. 488 (1942).

215) 35 U.S.C. §271 (d) No patent owner otherwise entitled to relief for infringement or contributory infringement of a patent shall be denied relief or deemed guilty of misuse or

에 따르면, 아래의 행위는 특허권자가 하여도 특허 남용에 해당되지 않는다. (1) 특허권자의 동의 없이 남이 실시했더라면 기여침해에 해당될 부품을 판매하는 행위; (2) 특허권자의 동의 없이 남이 실시하였으면 기여침해에 해당될 행위에 대해 라이선스 혹은 기타의 방법으로 허가하는 행위; (3) 직접침해자 혹은 기여 침해자에게 권리를 행사하는 행위; (4) 라이선스를 거부하는 행위; 혹은 (5) 라이선스나 특허품의 판매 허여의 조건으로 다른 특허에 대한 라이선스나 다른 제품의 구입을 요구하는 행위. 단, 상황을 감안할 때, 라이선스나 판매 조건이 붙은 특허나 특허품에 대해 특허권자가 시장지배력을 가지고 있지 않아야 한다.

10. 실험 목적, 개인사용 예외

특허권자의 허락 없이 특허를 실시하더라도 연구나 실험 목적이면 침해가 되지 않는다.[216] 그러나 이 예외는 좁게 해석되는데, 예를 들어 자신의 비즈니스에 적용을 위한 실험은 해당되지 않는다.[217] 상세 사항은 본서 침해편의 침해로 간주하는 행위란을 참조 바란다.

---

illegal extension of the patent right by reason of his having done one or more of the following: (1) derived revenue from acts which if performed by another without his consent would constitute contributory infringement of the patent; (2) licensed or authorized another to perform acts which if performed without his consent would constitute contributory infringement of the patent; (3) sought to enforce his patent rights against infringement or contributory infringement; (4) refused to license or use any rights to the patent; or (5) conditioned the license of any rights to the patent or the sale of the patented product on the acquisition of a license to rights in another patent or purchase of a separate product, unless, in view of the circumstances, the patent owner has market power in the relevant market for the patent or patented product on which the license or sale is conditioned.

216) *Chesterfield v. United States, 159 F.Supp.* 371, 116 U.S.P.Q. 445 (Ct. Cl. 1958).

217) *Roche Products, Inc. v. Bolar Pharmaceutical Co.,* 733 F.2d 858, 221 U.S.P.Q. 937 (Fed. Cir. 1984), *cert. denied,* 469 U.S. 856, 225 U.S.P.Q. 792 (1984).

11. 표준/규격 특허 공표의무 위반

이 방어는 특허법상, 혹은 형평법상 인정되는 방어는 아니고, 비즈니스상 적용해볼 수 있는 것이다. 산업 규격을 운용하는 단체에서는 대부분 규격에 해당되는 특허를 사전에 고지할 것을 회원사에게 요구하고 있다. 그 이유는, 규격은 모두가 적용하기로 한 약속이고, 만일 규격을 커버하는 특허가 있을 경우, 그 규격을 제품에 적용하는 한, 필요적으로 특허 침해를 할 수밖에 없게 된다. 따라서 자신의 발명이 산업 규격으로 채택되기를 희망하거나 이에 동의하는 특허권자라면 사전에 이러한 특허의 존재를 공개하고, 무상 혹은 유료의 비차별적 라이선스 방침을 공시하여야 한다. 이를 Random And Non-Discriminatory 원칙, 줄여서 RAND 원칙이라고도 부른다. 이 의무를 어긴 특허권자는 이런 사실을 모르고 비즈니스 활동을 한 자에게 권리 행사를 할 수 없다는 논리가 성립되는 것이다.

제5장

특허 라이선스 계약

1. 계약서의 작성과 검토

(1) 계약서 작성 목적

계약서를 왜 작성하는가? 한 마디로 후환이 없도록 하기 위해서라고 얘기할 수 있을 것이다. 이는 결국 추후의 분쟁을 회피하기 위한 것이고, 그러기 위해서는 권리와 의무 관계가 명료하게 정리되어야 할 것이다. 이렇게 되면 소송같이 복잡하고 시간과 비용을 요하는 절차에 의존하지 않아도 되기 때문에 거래비용(transactional cost)이 절감될 수 있고, 당사자간의 신뢰도 더욱 제고될 수 있다. 결국 잘 작성된 계약서는 모두에게 도움이 되고, 거래도 촉진시킨다고 볼 수 있다.

여기서 주의하여야 할 점이 있다. 종종 의뢰인이 트러블이 일어난 계약서를 가져와서 문제해결을 의뢰하는 경우가 있다. 이때, 의뢰 받은 변호사가 맨 먼저 하는 말은 십중팔구는, “계약서에 어떻게 쓰여져 있는가요?”일 것이다. 그러나 관련된 내용이 계약서에 명시적으로 쓰여져 있는 한, 그리고 그것이 강행법규에 반하지 않는 한, 변호사도 어쩔 도리가 없다. 그런데 시장경제하에서는 개인의 행동을 규제하는 강행법규는 그리 많지 않다. 결국, 거의 대부분의 다툼이나 의문은 계약서의 내용에 근거해서 풀어 나가야 한다. 한 마디로 계약서는 당사자간의 거래 바이블인 것이다. 당사자간에 자유의사로 그렇게 하기로 약속한 이상, 지켜야 되고, 지키지 않으면 계약 위반이 된다. 이를 사적 자치의 원칙이라고 한다. 따라서 계약서에는 기본적으로 사적 자치 원칙이 적용되고, 이러한 사적 자치의 원칙은 이용하기에 따라서 얼마든지 양 당사자에게 득이 될 수 있다는 것을 이해할 필요가 있다.

(2) 계약서의 작성자

한 마디로, 작성하는 측이 유리하다. 작성하는 측은 당연히, 기초적인 계약조건을 설계할 수가 있으며, 반대측은 그 중에서 자신에게 불리한 독소조항을 제거하게 되는데, 이러한 조항이 완전히 제거하지 못하고 남은 만큼 반대측이 불리한 계약을 체결하게 된다. 보통 입장이 강하고 경험이 많은 쪽에서 계약서를 준비하게 되므로, 상대적으로 약자인 입장에서는 협상의 불리함에 더하여, 계약서 작성으로 인해 더욱 불리한 입장에 처하는 경우가 많다.

그래서 영미 판례에 의하면 작성한 사람에게 불리한 해석을 하는 핸디캡을 부여하기도 한다. 그러자 이 핸디캡을 배제하기 위해, 계약서에다 본 계약은 양자가 공동으로 작성하였다는 문구를 삽입하기도 한다.

(3) 계약서 작성시 사전 파악사항

계약관련 법규에 정통하다고 해서 계약서 검토를 잘하는 것은 아니다. 그것은 계약서의 외형만 본 것이고, 실제 핵심은 협상이랄 수 있다. 협상은 계약서 작성 이전에 굵직한 사항(material terms)에 대해 먼저 이루어지지만, 계약서 작성 단계에서도 예를 들어, 로열티 송금은 달러로 할 것인가, 유로화로 할 것인가, 로열티 보고는 분기별로 할 것인가 반기별로 할 것인가, 계약제품의 정확한 정의를 내리는 문제 등, 여전히 중요한 협상이 이루어진다. 따라서 계약서가 추구하는 거래의 내용, 거래분야의 특성, 현황, 향후 전망, 거래의 목표를 충분히 이해하여야 한다.

시쳇말로 누가 "갑"인가를 파악하여야 한다. 여기서 "갑"이란 계약에 있어서 상대적으로 힘이 센 쪽을 의미한다. 그 반대쪽을 "을"이라고 한다. 이 문제는 굉장히 중요하다. 아마도 이는 필자가 상담한다면 사실관계를 파악한 다음에 던지는 첫 번째 질문이 될 것이다. 힘이 센 쪽에 약한 쪽이 어느 정도 양보해야 하는 게 현실이다. 힘이 센 쪽에 대해 무조건 대등한 조건을 요구한다면 거래가 성사되지 않을 것이고, 반대로, 힘이 약한 쪽을 무조건 누르면 약한 쪽에서 계약을 포기할지도 모른다. 결국 이 양 극단 사이의 어디에서 절충점을 찾느냐 하는 것이 계약서 협상이고, 자신의 파워를 보다 강하게 만드는 것이 유능한 계약 협상 담당자라고 할 수 있을 것이다.

(4) 계약서 내용 숙지

굳이 설명하지 않아도 모두 중요한 사항으로 인식할 것이다. 여기서 중요한 것은 얼마나 숙지해야 하느냐이다. 필자는 그 숙지 정도를 거의 외울 정도라고 표현하고 싶다. 물론 계약서마다 항상 비슷한 나타나는 비슷한 문구, 일례로 완전 계약 조항, 불가항력 등은 특별히 달라진 사항이 있는가를 확인하는 정도로도 충분하지만 계약서 맨 앞의 정의부분부터 해당 계약에 고유한 사항은 거의 외울 정도가 되어야 한다. 그리고 복잡한 조항에 관해서는 구성 요건 별로 별도로 메모를 하거나 도표를 그리거나 하는 것도 한 가지 방법이다.

(5) 독소조항의 포착

독소조항이 무엇인가는 당사자간의 계약에 대한 파워에 따라 달라진다. 파워에 따라서 조건이 일방적으로 불리하더라도 용인하여야 하는 경우가 있다. 일례로 대기업이 수백 개의 부품 공급회사와 거래할 때 쓰이는 구매계약서는 특정 부품회사가 반대한다고 해서 바뀌지는 않는 게 현실이다. 반면, 비합리적인 조항은 수정하려는 설득이 필요하다. 요컨대 상식에 바탕을 둔 명분이 있으면 상대방의 욕심을 상당 수준으로 낮출 수 있다.

(6) 'If not?'을 항상 염두에 둘 것

필자는 아무리 길고 복잡한 계약서라고 하더라도 A4지 한 두매로 요약할 수 있다고 믿는다. 그런데, 특허 라이선스 계약서는 보통 10페이지가 넘고 때로는 20페이지 이상 되는 것도 있다. 왜 그럴까? 왜 한 두매짜리에 모든 계약 핵심사항이 담겼다면 그 맨 밑에 양 당사자가 서명하면 안 될까?

계약이행이 잘될 땐 심지어 구두계약도 상관없다. 여러 가지 이유가 있지만 안 될 때를 대비하여 계약서를 작성하는 것이다. 예상할 수 있는 "안 될 경우"를 최대한 대비토록 하여야 한다. 이를 필자만의 용어로 if not이라고 부른다.

예를 들어보자. 어떤 계약서가 있고, 거기에는 로열티를 언제까지 지불하기로 되어 있는 조항만 있다고 가정하자. 만일 그 날짜까지 내지 않으면 어떻게 해야 하는가? 계약위반으로 소송하면 된다고 하지만, 그게 쉬운 일은 아니다. 비용도 들고, 시간도 든다. 차라리 계약서에 "로열티를 완불할 때까지 매일 지정한 이자를 부담한다"고 한 줄 더 넣으면 소송을 통해 해결하는 번거로움을 피할 수 있다. 만일 로열티를 내긴 내는데 정확히 내는지 의문이 들 때는 어떻게 할까? 그래서 계약서에 "감사할 권한"을 부기하는 것이다. 감사할 권한을 인정하고 나면, 감사받는 입장에서는 감사를 빙자하여 우리회사 경영정보, 기업 비밀이 노출될 우려를 느끼게 된다. 그렇게 되면, 감사는 "외부에 있는 공인회계사를 통해 수행한다"는 조항이 부기된다. 이런 식으로 한 문장 두 문장 늘어나다가 보면 계약서가 점점 두꺼워지는 것이다. 그러나 두꺼운 계약서의 좋은 점은 보다 더 완벽한 계약서가 작성되고, 상대방과 다툴 일도 더욱 없어지게 되는 것이다.

계약서 검토자가 변호사나 계약서 전문가가 아니더라도 이 부분을 항상 명심하고 실천하면 누구든지 상당히 훌륭한 계약서를 만들 수 있다.

(7) 미심쩍거나 불명료한 사항 회피

법률의 명문 조항이 아닌 해석적 적용이 필요한 사항, 또는 계약서 중 각 조항간의 관계에서 해석적으로 도출되는 사항이라면, 나중에 분쟁이 일어나 다투느니, 차라리 계약서에서 명시적으로 표현하도록 하는 것이 좋다. 다툼이 생긴 다음에 그 조항에 대해 법률사무소에 해석을 의뢰하면 그 비용이 아마도 최초의 계약서 작성비용과 맞먹을지도 모른다.

계약서는 시나 소설 같은 문학작품이 아니다. 동일한 의미를 다양한 단어로 표현하게 되면 나중에 해석상의 다툼만 부를 뿐이다. 그냥 한번 쓴 용어는 끝까지 일관되게 사용하는 것이 바람직하다. 중복된 기재는 그다지 문제가 되지 않는다. 경우에 따라서, 아래와 같은 문구를 사용하여, 조항의 취지, 적용례, 비적용례를 명기하는 것이 깨끗하다.

의문을 피하기 위해(For avoidance of doubt)…

예를 들어(For instance) …

(8) 완벽한 계약서

완벽한 계약서를 만든다는 것은 거의 불가능한 것 같다. 때때로 계약서는 볼 때마다 내용이 달라진 것처럼 느껴지기도 한다. 마치 작성자 본인이 직접 오탈자를 검사하면 몇 번을 검사해도 찾지 못하는 오탈자가 있는 것처럼, 계약서에서도 못 보고 지나친 사항이 있을 수 있다. 그래서 여유가 된다면 관련 사업부서 담당자와 공동 검토하거나 동료로 하여금 별도로 검토하게 하는 것도 바람직하다. 또는, 작성자가 작성 후 이튿날 아침에 한 번 더 읽어보는 것도 좋은 방법이다.

(9) 깔끔한 계약서

계약서가 엉성해 보이면 회사가 엉성해 보인다. 상대방으로부터 계약서를 받아보았는데, 특허출원이라는 용어 대신에 “특허등록을 신청한다”고 비전문용어로 표현하거나, 앞에서는 계약서라고 하고 뒤에서는 각서라고 쓴다든지, 줄 간격이 안 맞고 오탈자가 많다면, 읽는 사람은 어떤 느낌이 들까? 계약서를 쓴 상대방 회사를 다소 허술하고 만만하게 볼 것이다. 덧붙여, 과연 이 상대방이 믿고 비즈니스를 할 만큼 전문성이 있는 파트너인지조차도 의문이 들 것이다. 따라서 적어도 주력 비즈니스에 관련된 계약서는 완벽한 표준 계약서를 갖추어 둘 필요가 있다.

2. 특허라이선싱의 특징

기술 이전과 비교할 때 특허 라이선싱은 상대적으로 힘든 분야이다. 그 이유는 라이선싱의 발단이 침해자의 과실(확실하든 논란의 소지가 있든)에서 비롯되는 경우가 많고, 또한 제대로 타협이 되지 않으면, 특허권자는 언제든지 소송을 제기할 수 있기 때문이다. 즉, 거의 대부분의 경우에 있어서 특허권자가 협상의 주도권을 장악하게 되는 데에 문제의 발단이 있다.

더구나, 사업이 진행 중인 가운데 침해 주장이 일어나는 경우가 많아서, 잘못될 경우 침해자는 막대한 투자손실을 입게 된다. 특허권자는 이러한 점을 유력한 무기로 사용할 수 있기 때문에 침해자가 가지는 부담은 가중된다. 상황이 이렇기 때문에 특허협상은 매우 대립적인 상황에서 진행된다. 반면, 기술 이전의 경우에도 기술을 가진 자가 어느 정도 주도권을 가지는 것이 사실이지만, 기술 이전을 받고자 하는 자도 이미 사업을 벌여 놓은 것은 아니기 때문에, 협상이 잘 안 되면 처음부터 없었던 일로 할 수가 있다. 따라서 기술을 가진 자 측에서도 상대방에게 심하게 압박을 가하기는 어렵다.

특허 라이선싱에 있어서는, 특허권자가 일방적인 요구를 하는 상황에서 침해자측은 쉽게 응하려 들지 않기 때문에, 기술이전과는 달리 매우 느린 속도로 진행이 된다. 경고장을 보내고, 서로 만나서 기술협상을 하기까지도 보통 수개월이 소요되고, 기술협상에도 수개월, 이후 라이선스 조건을 협의하는데도 수개월이 소요된다. 이렇게 되면 최종적으로 특허 라이선싱이 완료되기까지에는 1년 이상 소요되는 것이 보통이며, 중간에 냉각기를 가진다든지 해서 2년 이상 걸리는 경우도 종종 생긴다.

침해자 입장에서 가장 이상적인 경우는, 미리 문제 특허의 라이선스를 확보한 뒤, 사업을 실시하는 것이다. 그러나 이것은 현실적으로는 이루어지기가 어렵다. 설령 그렇게 성공적으로 사업을 시작했다고 쳐도, 또 다른 특허권자가 다른 특허를 가지고 침해를 경고하고 나서면, 역시 사업 진행 중에 방해를 받는 상황에 처하게 된다. 하지만 성공할 경우, 가장 큰 사업 리스크 하나가 정리된다는 관점에서 시도 자체가 나쁠 것은 없지만, 이때는 매우 조심스러운 접근이 필요하다. 특허권자는 이미 상대방이 강한 사업화 의사를 가지고 있다는 것을 알고 있기 때문에, 협상이 실패한다면 상대방의 침해여부를 지속적으로 주시할 가능성이 높다. 따라서 초기 단계에서는 실시 희망자는 자신의 신분을 감출 필요가 있고, 그러기 위해서는 변호사나 에이전트 같은 제3자를 통한 라이선싱 의사 타진이 필요하고, 라이선싱 계약이 어느 정도 무르익은 시점에서 신분을 밝히는 것이 중요하다. 물론 라이선싱 계약 진행 중에라도 실시 희망자가 신분을 밝히면 라이선스 조건이 올라가는 가능성도 있기 때문에, 그 시점은 주의하여 결정하여야 한다.

3. 특허협상 흐름도

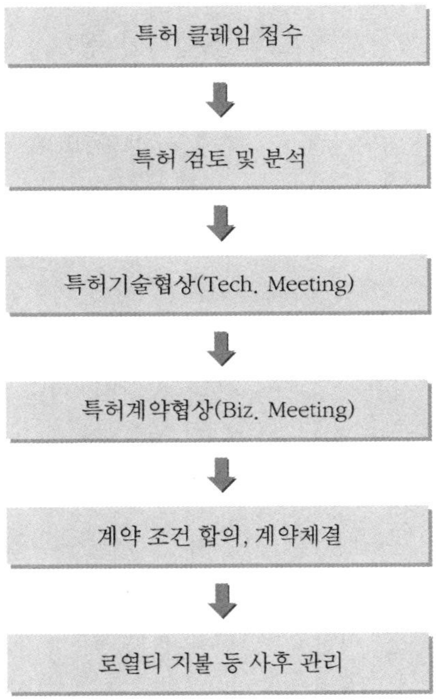

보통의 경우 특허 분쟁은 위 흐름도 대로 가는 경우가 많다. 각 단계에 대한 설명과 대응 요령은 본서 제2장을 참조 바란다.

4. 계약서 중요 구성요소(Material Terms)별 검토

아래에서 샘플 계약서에 대해 조항별로 검토해보기로 한다. 본 샘플 계약서는 특허소송에까지 이르는 다툼 끝에 화해하고 라이선스 계약을 체결한 사례에 관한 것이다. 따라서 본서의 목적에 부응하는 성격의 계약서로서 독자의 참고가 되리라 믿는다. 개략적인 내용 요약과 필요한 해설을 덧붙였다. 독자들은 영문을 상세히 검토하여 분쟁 이후의 사후처리에 대해 연구해 볼 것을 권한다. 또한 본 샘플 계약서는 실무에서 그대로 쓰거나 아니면 약간의 변형을 가하는 대체문구로서 써도 좋다.

(1) 전 문(前文)

PATENT LICENSE AND SETTLEMENT AGREEMENT	특허 계약 및 타결 합의서
THIS AGREEMENT is made and entered into by and between[1] ABC Corporation, a corporation of the State of New York, U.S.A., having its principal place of business at 주소 U.S.A. (hereinafter[2] referred to as "ABC") and XYZ Company Ltd., a Korean corporation, having its principal place of business at 주소 Korea, (hereinafter referred to as[3] "XYZ").	본 계약은 미국 뉴욕[주소지]에 주사무소를 두고 있는 뉴욕 기업인 ABC(이하에서 "ABC"라고 함)와, 한국[주소지]에 주사무소를 두고 있는 한국 기업 XYZ(이하에서 "XYZ"라고 함) 사이에서 체결되었다.
WHEREAS, ABC owns LICENSED ABC PATENTS (as defined below); and	ABC는 LICENSED ABC PATENTS (아래에서 정의됨)를 소유하고 있으며,
WHEREAS, ABC has accused XYZ of infringing one or more of the LICENSED ABC PATENTS and ABC has commenced an action in the United States 법원 이름, which was assigned Civil Action No. 사건번호 (hereafter "the U.S. Action 1") alleging that XYZ has and is infringing one or more of the LICENSED ABC PATENTS; and	ABC 는 XYZ가 하나 혹은 그 이상의 LICENSED ABC PATENTS를 침해한다고 주장하고 있으며, 동 주장에 근거하여 ABC는 United States[법원 이름]에 Civil Action No.[사건번호]인 소송(이하 "the U.S. Action 1")을 제기하였으며,
WHEREAS, XYZ has accused ABC of infringing several patents and XYZ has	XYZ는 여러 건의 특허를 ABC가 침해한다고 주장하고 있으며, 미국특허 제8,888,881호

commenced an action in the United States 법원 이름, which was assigned Civil Action No. 사건번호(hereafter "the U.S. Action 2") alleging that XYZ has and is infringing U.S.Patent No. 8,888,881; and	침해를 이유로 XYZ는 미국 [법원 이름]에 Civil Action No.[사건번호]인 소송(이하 "the U.S. Action 2")을 제기하였으며,
WHEREAS, ABC and XYZ desire to amicably resolve the U.S. Actions 1 & 2 and all of their disputes via settlement; and	ABC and XYZ는 U.S. Actions 1 & 2 및 양자간의 모든 분쟁을 타결을 통해 원만히 해결하기를 희망하고 있으며,
WHEREAS, XYZ also desires to acquire a license with respect to LICENSED PRODUCTS (as defined below) under LICENSED ABC PATENTS upon the terms and conditions hereinafter set forth[4]; and	XYZ는 또한 LICENSED ABC PATENTS 하에서 아래의 조건으로 LICENSED PRODUCTS (아래에서 정의함)에 대해 라이선스 획득을 희망하고 있으며,
WHEREAS, ABC is willing to grant such license to XYZ in settlement of the U.S. Actions 1&2 and all of their disputes;	ABC는 U.S. Actions 1 & 2 및 양자간의 다른 모든 분쟁을 타결하면서 위 라이선스를 허여할 용의가 있다.
NOW, THEREFORE, in consideration o f[5] the mutual covenants and premises contained herein, the Parties hereto agree as follows:	그래서, 아래에 담긴 상호 약속과 서약의 대가로 양 당사자들은 아래와 같이 합의한다:

1) 양 당사자간에 당사자에 의하여.

2) 'after this writing', '이 서면계약서 이후에는, 동 문서 이후에는'이라는 뜻의 미래를 표시하는 말이다. 그냥 '이하에서', '앞으로'라고 번역해도 무방하다.

3) 언급되다. 불리다.

4) 기재하다. 기술하다.

5) 여기서 대가는 약인(約因)이라고 부른다. 약인이라 함은 영미법상의 용어인데, 계약상 채무의 대가로 받게 되는 일방의 권리나 이익, 또는 상대방이 부담하게 되는 작위, 부작위, 책임, 또는 의무 등으로 이해된다. 좀 더 쉬운 예를 들면 10억 원을 받는 대가로서 다리를 건설해주겠다고 약속한다면, 약인이 존재하게 된다. 영미법에 의한 계약에서는 약인이 존재하지 않는 계약은 성립되지 않거나, 행사할 수 없는 것으로 인식된다. 특허 라이선싱 계약은 실시권과 금전적인 대가가 맞교환되는 것이므로 당연히 약인이 존재하게 되고, 위 문구에서 약인이 존재한다는 의미로 "in consideration of"라는 구문을 기재하고 있다. 그러나 이 구문을 사용한다고 해서 약인이 존재하는 것을 무조건 인정해주는 것은 아니며, 약인의 존재 여부는 계약서 전체를 두고 판단한다.

〈검토사항〉

① 명칭: 계약서의 명칭은 원칙적으로 법적인 구속력이 없다. 따라서 크게 중요하지는 않고 계약의 내용을 함축적으로 표현할 수 있으면 족하다. 그렇다고 해서 단순히 Agreement라고만 하면 무슨 계약서인지 잘 알아보기가 힘들 것이다.

② 당사자: 명칭 다음으로는 양 당사자를 표시한다. 거의 정해진 양식이다.

③ Recital: 양 당사자 표시 다음에 대문자로 WHEREAS로 시작하는 부분이 나오며 이를 Recital 부분이라고 부른다. 계약서에 따라서는 당사자 표시부와 recital 사이에 WITNESSETH라는 단어가 들어가는 경우도 많다. 이 단어는 영어의 고어체로서, 전문부의 THIS AGREEMENT를 주어라고 볼 때, WITNESSETH는 동사가 되며, "본 계약은 …의 증거가 됨"이라고 통상 해석된다.

Recital에 들어갈 정해진 내용은 없으며, 보통 계약 합의에 이르게 된 배경과 쌍방의 계약의사를 확인하는 내용이 들어간다. WHEREAS는 특별히 해석하지 않는다. 위 예문에서는 쌍방간에 법정 다툼이 있었던 사항을 기술하여 본 계약에 이르게 된 목적, 배경과 분위기를 전달하고 있다. 이 Recital은 원칙적으로 법적 구속력이 없으며, 계약서 해석에 필요한 부분이다. 물론 양 당사자가 원하면 구속력을 부여할 수도 있다. 한편, 본 recital 부분에 침해 인정문구를 넣도록 고집하는 특허권자도 있다. 특허권자의 과욕이며, 실시자로서는 당연히 거부해야 할 것이다.

④ 마지막으로 NOW, THEREFORE로 시작하는 문장이 recital을 마감지으며, 본 계약부분으로 연결시킨다.

(2) 정 의(Definitions)

Section 1. DEFINITIONS	Section 1. DEFINITIONS
As used herein,[6] each of the following terms shall have the meaning as defined: 1.1 "LICENSED ABC PATENTS" shall	여기서 사용된 바와 같이, 아래 용어들은 각각 정의된 의미를 가지고 있다: 1.1 "LICENSED ABC PATENTS"는 미국

mean one or more of the following United States Patent Nos.: 9,999,991; 9,999,992; 9,999,993; 9,999,994 and all patents resulting from reissues, continuations, continuations-in-part, divisions, renewals, reexaminations, and extensions of such patents or the applications thereof,[7] and any patents anywhere in the world including the Republic of Korea that are counterparts or correspond to such patents.	특허 제: 9,999,991; 9,999,992; 9,999,993; 9,999,994호 중 하나 혹은 그 이상의 특허와 그 특허들로부터 연유된 모든 재발행, 계속, 부분계속, 분할, 갱신, 재심사, 연장된 모든 특허 혹은 모든 출원, 그리고 그러한 특허에 대응하여, 한국을 포함하는 세계 각국에 등록된 특허를 의미한다.
1.2 "LICENSED XYZ PATENTS" shall mean one or more of the following U.S. Patent Nos.: 8,888,881; 8,888,882; 8,888,883 and all patents resulting from reissues, continuations, continuations-in-part, divisions, renewals, reexaminations, and extensions of such patents or the applications thereof, and any patents anywhere in the world including the Republic of Korea that are counterparts or correspond to such patents.	1.2 "LICENSED XYZ PATENTS"는 미국특허 제: 8,888,881; 8,888,882; 8,888,883호 중 하나 혹은 그 이상의 특허와 그 특허들로부터 연유된 모든 재발행, 계속, 부분계속, 분할, 갱신, 재심사, 연장된 모든 특허 혹은 모든 출원, 그리고 그러한 특허에 대응하여, 한국을 포함하는 세계 각국에 등록된 특허를 의미한다.
1.3 "LICENSED PRODUCTS" shall mean …..	1.3 "LICENSED PRODUCTS"는 [제품정의]를 의미한다.
1.4 "EFFECTIVE DATE" shall mean the date of the last signature executed[8] below.	1.4 "유효일"은 아래에 마지막으로 서명한 날짜를 의미한다.
1.5 "SUBSIDIARY" shall mean any corporation, company, or other entity more than fifty percent (50%) of whose outstanding shares or stock entitled to vote for the election of the directors (other than any shares or stock whose voting rights are subject to restriction) is owned or controlled by either party hereto, directly or indirectly, now or hereafter, or in the case of entities not having voting stock, equivalent ownership or control thereof, but any such entity	1.5 "관계회사"란 일방 당사자가, 직간접적으로, 현재 혹은 미래에 있어서, 이사 선임권을 행사할 수 있는 50% 이상의 유통주(투표권이 제한된 주식은 제외)를 소유하거나 조정할 수 있는 회사나 단체를 의미하며, 투표권을 행사할 주식이 없는 회사의 경우, 일방 당사자가 이와 유사한 소유권이나 통제 권한을 가지고 있는 회사를 의미하며, 오직 그러한 권한이나 통제가 존재할 때까지로 한정된다.

shall be deemed to be a SUBSIDIARY only so long as such ownership or control exists.	

〈검토사항〉

대부분의 계약서에서 정의항을 두는데, 그 목적은 특정 용어나 문구의 의미를 명확화하는 데 있고, 또한 긴 문장이나 복잡한 표현의 간소화를 통해 계약서 작성의 편의를 도모하기 위해서이다.

정의된 단어는 다른 단어와 구분시키기 위해 첫 글자를 혹은 전체 단어를 대문자로 표기한다. 마찬가지로 본 계약서를 의미하기 위해서 Agreement 혹은 AGREEMENT라고 쓴다. 한글은 대소문자 구분이 없으므로 정의된 용어를 보통 겹따옴표(“ ”)로 인용한다.

정의되는 단어는 한 가지 뜻으로 해석되도록 명확하게 해서 추후에 분쟁의 소지가 없게끔 하여야 한다.

정의를 내릴 때 용어의 의미를 넓게 혹은 좁게 하는 전략적 고려가 필요하다. 추후에 불분명함에 기인한 다툼을 예방하기 위해서는 정의에 포함되지 말아야 할 사항을 명시적으로 기재하는 것도 방법이다.

방대한 기술 혹은 특허 리스트를 정의할 경우 별지(Exhibit)를 사용하는 것이 바람직하다. 예문: “라이선스 특허는 갑이 본 계약 발효일 현재 보유하고 있는 특허로서, 별지 1에 리스트된 특허를 말한다.” 본 예문은 분쟁의 대상이 된 특정 특허를 라이선스하는 상황인데, 보통은 특정한 제품과 관련하여 상대사가 가지고 있는 특허 전부와 우리가 가지고 있는 특허 전부에 대해 실시권 허여를 하는 경우가 많다, 이럴 때는 아래와 같은 정의를 많이 활용한다.

---

6) 고어체로서 ‘in this writing’의 의미이며, ‘여기서’라고 번역하면 무방하다.

7) 고어체로서 여기서는 ‘of that patent’의 의미이며, 앞서 언급한 여러 가지 특허를 지칭함. ‘그 특허들의’라고 번역하면 됨.

8) 서명하다. 작성하다.

"ABC Licensed Patents" shall mean all classes or types of patents, utility models, design patents and applications therefor of all countries of the world, which are issued, or published, or filed prior to the date of any expiration or termination of this Agreement (but does not including copyrights, trademarks, mask work rights, or any know-how or trade secret rights):	"ABC 라이선스 특허라 함은, 모든 형태의 특허, 실용신안, 디자인 또는 그 출원으로서, 본 계약의 종료 또는 해지일 전에 전 세계적으로 출원, 공고 혹은 등록된 것을 말하며(단, 저작권, 상표권, 마스크 워크권, 노하우, 영업 비밀은 제외):
(1) which ABC owns or acquires and ABC controls during the term of this Agreement, or under which ABC has the right to grant licenses of the scope granted herein, without payment of royalties or other consideration to a third party, except for payments to employees of ABC for inventions made by said employees while employed by ABC and,	(1) 본 계약 기간 중 ABC가 소유, 획득하고 통제하며, 상기 특허에 대해 종업원의 재직 중 직무발명 보상금 지급을 제외하고는 제3자에게 로열티나 기타 대가를 지불하지 않고 본 계약에서 허여된 범위로 라이선스를 허여할 수 있고,
(2) which, but for this Agreement, would be infringed by XYZ's making, using, importing, leasing, selling or otherwise transferring a Licensed Products in the country in which such patent exists.	(2) 본 계약이 없었더라면 XYZ가 계약제품을 제조, 사용, 수입, 대여, 판매 혹은 달리 이전하는 것이 해당 특허가 등록된 국가에서 침해를 구성하는 특허를 말한다.

주의할 점은 해당 지적재산권의 범위를 계약 발효일 현재 보유한 특허로 정의할 경우, 발효일 그 다음날 등록된 특허는 계약 대상이 되지 않기 때문에 새로운 계약을 맺어야 하거나, 분쟁이 새로 일어날 수 있다. 그래서 지적재산권의 범위는 계약기간 중에 보유하게 된 특허를 포함하도록 한다. 또한, "출원하고 등록한 특허"라는 표현은 계약기간 중 상대가 매입한 특허를 제외시키기 때문에 "혹은 달리 보유/컨트롤하게 된 특허"라는 표현을 더 붙이면 좋다.

가나다순 혹은 ABC순으로 정의를 정렬하는 것이 나중에 참조하기에 편하고, 빠져 있는 용어를 찾기에 편리하다. 때로는, 연속된 여러 개의 정의를 통해 복잡도를 더해가는 경우에는 ABC 순서를 무시하고 한자리에 관련 정의를 모두 모으는 방법도 고려할 수 있다.

간단한 정의, 또는 계약서 전체에서 자주 나오지 않는 용어는 정의란을 이용하지 않고 해당 조항에서 의미 부여를 하여도 무방하다.

(3) 허여 권리(Rights Granted)

Section 2. LICENSES	Section 2. 라이선스
2.1 ABC hereby grants to XYZ for the term of this AGREEMENT, and subject to the release[9] under Section 3.1 below and the payment of the royalty under Section 4 below, a personal, worldwide, non exclusive and non-transferable license, without the right to sublicense, under the LICENSED ABC PATENTS to make, have made, use, lease, sell, offer to sell, import or otherwise dispose of the LICENSED PRODUCTS;	2.1 ABC는 XYZ에게 본 계약 기간 동안 아래의 Section 3.1에 규정된 면책 사항과 아래 Section 4에 규정된 로열티 지불을 조건으로 XYZ에게만(a personal) LICENSED ABC PATENTS 하에서 LICENSED PRODUCTS를 전세계적으로 생산, 위탁생산, 사용, 대여, 판매, 판촉, 수입 혹은 달리 처분할 수 있는, 그리고 재실시권이 없고 양도 불가능한 비독점 실시권을 허여한다.
2.2 XYZ hereby grants to ABC, for the term of this AGREEMENT, a personal, worldwide, non-exclusive and non-transferable royalty-free license, without the right to sublicense, under the XYZ LICENSED PATENTS to make, have made, use, lease, sell, offer to sell, import or otherwise dispose of any and all filters which embody any invention claimed by any of the XYZ LICENSED PATENTS.	2.2 XYZ는 본 계약 기간 동안 ABC에게만 LICENSED XYZ PATENTS 하에서 모든 센서 제품을 전세계적으로 생산, 위탁생산, 사용, 대여, 판매, 판촉, 수입 혹은 달리 처분할 수 있는, 그리고 재실시권이 없고 양도 불가능한 무상의 비독점 실시권을 허여한다.

〈검토사항〉

① 본 샘플 계약서에서는 ABC의 특허 파워가 XYZ에 비해 월등하다. 그렇다 하더라도 상호 라이선스 허여 형식으로 작성되어 있는 것에 유념할 필요가 있다. ABC로서는 만에 하나를 대비하기 위한 것이다. 물론 ABC는 월등한 특허 파워를 반영하여 무상으로 라이선스를 받고 있다.

② Right to have made: 제3자를 통해 생산할 수 있는 권리를 의미한다. 제3자의 생산설비를 이용하여 라이선스 제품을 생산하는 것이며, 따라서 생산량이 늘어날수록 경상 로열티도 증가하는 상황이므로 일반적으

---

9) 면책 조건부로.

로 수용되는 조항이다. 반면에, 정액 로열티를 지급하는 계약인 경우, 제3자 생산물량이 늘어나면 실효 로열티율이 낮아질 수 있다. 따라서 권리자가 have made 조항에 대한 제한조건을 부가하는 경우도 있다. Have made 조항은 계약서에 명시하지 않으면 인정이 안 된다. 왜냐하면, 제3자는 계약의 당사자가 아니므로 실시권한이 없다. 따라서 have made가 명시되지 않으면 기술적으로는 그 제3자의 경우, 특허 침해행위를 하고 있다고 볼 수 있다.

③ Sub-license: 실시권을 획득한 자가 다시 제3자에게 실시권 재허락을 할 권리를 의미하는데, 보통은 허락되지 않는다. 단, 실시권자의 관계사나 계열사에 대한 실시 재허락은 보통 인정된다. 계약기간 중 관계사로 사업이 이관되거나, 혹은 해당사업이 별도 회사로 분리 추진되는 경우도 있기 때문에 관계사에 대한 재실시권은 가급적 명시하는 것이 좋다.

만일 계약서가 제3자에 대한 실시권 재허락을 인정한다면, 권리자의 사전 승인조건, 재허락에 따른 로열티의 분배 조건 등이 부가되는 것이 보통이다.

④ 통상 or 비독점 실시권(Non-exclusive license): 특허 라이선스에 있어서 가장 흔한 형태이다. 공여자는 실시를 희망하는 다른 제3자에게 무제한적으로 실시권을 허여할 수 있다. 별도로 언급하지 않는 한, 본서에서 대부분의 설명은 비독점 계약을 전제로 한 것이다.

또한 특허협상이나 소송을 진행하다가 협상이 타결된 경우, 보통은 상호간에 실시권을 허용하는 소위 크로스 라이선스를 하게 된다. 이때, 어느 한쪽의 보유 특허가 없거나 있어도 큰 위협이 되지 않는다 하여도 계약기간 중 생길 수 있는 특허를 감안하여 상호 허여 형태로 계약을 맺는 것이 보통이다. 이때 유의하여야 할 것은, 이따금 특허권이 강한 쪽에서 약한 쪽의 특허를 존속기간까지 라이선스 받아버리는 불공평한 계약을 시도하는 경우가 있다. 그 이유는 그 다음 라이선스 갱신 시에 특허권이 약한 쪽에서는 이미 특허권의 존속기간 동안 실시 허여를 해버렸기 때문에 전혀 대항 무기를 가지지 못하기 때문이다. 따라서 이는 실시자 입장에서는 절대로 피해야 할 독소 조항이다.

비독점 실시권은 특허등록원부에 실시권 설정사실을 등록할 실익은 없다. 그러나 해당국가의 등록관련 법규를 체크해 볼 필요는 있다.

⑤ 전용 or 독점 실시권(Exclusive license): 흔한 형태의 계약은 아니다. 특허분쟁 끝에 타결되는 라이선스라면 더더욱 드문 형태가 될 것이다. 그러나 반면에 여러 가지로 고려해야 할 사항이 많이 있는 실시권이다.

공여자 입장에서는 특허권이 커버하는 모든 제품에 대해 특허권자로서는 대가를 받을 권리가 있다. 따라서 시장의 수요를 100이라고 가정할 때, 전용실시자가 시장 수요를 70 정도밖에 만족시킬 수 없는 상황이라면 시장은 30 정도의 공급부족을 겪어야 하고, 특허권자는 특허권자대로 역시 부족한 30에 해당되는 로열티 수입 감소를 감내하여야 한다. 따라서 실시자가 시장수요를 100% 만족시키지 못할 경우, 로열티가 그만큼 감소할 위험 때문에 특허권자는 보통 독점 실시권 허여를 꺼리게 된다.

로열티 수준은 비독점의 경우와 비교할 때, 전체 시장에서 얻을 수 있는 수입을 기본으로 하는 만큼 인상 요인이 발생하고, 다수가 아닌 단일의 실시자와 협상하는 만큼 줄어든 거래비용에 있어 인하 요인이 발생하는데, 전체적으로는 당연히 비독점 실시권보다는 높은 로열티 수준으로 협상이 이루어진다. 공여자에게 있어서 중요한 협상 지렛대는 전용 실시권을 희망하는 또 다른 희망 실시자가 존재하는 상황이다.

실시자는 경쟁우위 확보를 위해 이러한 실시권을 선호한다. 주로 특허권자가 개인 혹은 중소기업이고, 실시자가 충분한 시장 공급능력을 가지고 있는 대기업일 때, 특히 선호되는 경향이 있다. 하지만 실시자로서도 높은 로열티는 충분히 고려해야 한다.

국가나 지역별, 기간별 또는 품목별로 제한적 독점권을 부여하는 것도 가능하다.

실시자가 독점권을 가지되 특허권자도 실시 가능하도록 하는 방식도 있다.

특허권자 입장에서 볼 때, 성공적인 라이선스 여부는 전적으로 전용 실시권자의 활동에 달려 있다. 따라서 실시자의 노력을 유도하기 위해 일정 목표(수량, 매출, 혹은 로열티)를 설정하고, 일정 기간 내 달성하지 못할 경우 독점 실시권을 박탈하는 방법 (아니면 통상 실시권으로 전용하는 방법)도 종종 쓰여진다.

실시자의 노력을 유도하기 위해 경합 제품 취급을 금지할 수도 있다. 그렇지 않을 경우, 실시자가 전용실시권은 확보해두고, 정작 경합제품을 판매하여, 실질적으로 전용실시권에 의한 제품을 시장에서 사장시켜 버리는 트릭을 쓸 수도 있다.

특허권 실시의 경우, 특허청에 실시권 설정 등록을 하여야만 제3자에게 대항할 수 있다. 따라서 계약서에 설정등록을 위한 특허권자의 협조의무를 명기하는 것이 뒤탈을 예방하는 길이다.

침해자에 대해 실시자의 소송권한을 명기하도록 한다.

특허권의 존속을 위한 연차료는 누가 낼지 명기하도록 하고, 실시자의 동의 없이 특허권자가 특허권을 포기하는 일이 없도록 규정하여야 한다.

⑥ 우대조항(Most Favored Terms: MFT): 실시자 입장에서는 경쟁사들보다 먼저 계약을 체결하는 경우, 계약 체결에 따른 경제적 타당성이 검증되지 않은 가운데 계약을 해야 하는 리스크가 있다. 따라서 이 리스크를 보전하기 위해 최우대 조항(MFN: Most Favored Nation clause)을 두어, 나중에 계약하는 실시자가 더 유리한 조건의 계약을 맺지 못하게 하는 것이 바람직하다. 물론 특허권자로서는 타 실시 희망자와 협상시 구사할 수 있는 본인의 융통성 있는 입장이 사라지기 때문에 썩 달가운 조항은 아니다. 그러나 경우에 따라서는 특허권자도 이를 무기로 하여 낮은 조건의 계약조건을 희망하는 후 실시 희망자를 설득하는 방편으로 삼을 수도 있다.

아래 예문에서 첫째 단락이 MFT의 기본 개념을 기재하고 있으며, 둘째 단락은 본 계약과 달리 다른 권리가 포함되어 있는 계약인 경우에는 비교가 불가능하므로 MFT가 적용되지 않는다는 내용이 규정되어 있다.

Most Favored Terms	최우대 조항
11.00 (a) If the LICENSOR shall grant to any manufacturer or seller of LICENSED PRODUCTS other than a company in which	11.00 (a) 만일 라이센서가 직간접적으로 상당한 이해관계를 가진 회사가 아니며 라이선스 제품을 제조하거나 판매하는 다른

the licensor has a substantial interest, direct or indirect, a license which is under any United States Letters Patent licensed in this Agreement and which will permit such manufacturer or seller to manufacture or sell for any use within the scope of the license granted in this Agreement and at rates of royalty which, calculated on an equivalent basis in respect to the Letters Patent in question, are lower than those provided in this Agreement, then Licensor will	회사에, 본 계약에서 라이선스된 전체 혹은 일부 미국 특허하에서 본 계약이 허여한 범위 내에서 제조 판매할 라이선스를 허여하였고, 해당 특허와 관련하여 균등한 조건으로 계산한 로열티율이 본 계약의 로열티보다 낮은 경우, 라이센서는,
(i) Promptly notify Licensee of such license, and (ii) Extend to Licensee the lower royalty rates of the noticed license, effective as of the date on which they became effective in respect to the noticed license.	(i) 그러한 라이선스의 존재 사실을 본 계약의 라이선시에게 신속히 통지하고, (ii) 그 라이선스에 규정된 낮은 로열티를 그 라이선스의 발효일로부터 본 계약의 라이선시에게 적용한다.
11.00 (b) The provisions of Section 11.00 (a), above, shall not apply in respect to any license granted by Licensor the consideration for which consists in whole or in part of patent rights or other rights of such substantial value as, in the judgment of[10] Licensor, to warrant a reduction in royalty rates below the rates provided in this Agreement, or the acceptance of such rights in lieu of[11] royalties.	11.00 (b) 위 Section 11.00 (a) 조항은, 라이센서가 판단할 때, 다른 라이선스 계약이, 본 계약의 로열티보다 로열티를 낮추거나, 로열티 대신에 가치 있는 다른 권리를 받았음을 정당화할 만한 계약상의 약인이 특허의 전체 혹은 일부, 또는 다른 상당한 가치를 지닌 권리로 존재하는 경우, 본 계약에 적용되지 않는다.[12]

10) ~의 판단으로.

11) ~에 대신하여.

12) 11.00 (a)조가 라이선시 보호 조항이라면, 본 조항은 그 보호 범위를 제한하는 라이센서 보호조항임. 요컨대, 본 계약과 다른 특별한 여건이 다른 계약에 존재할 경우, 11.00 (a)조를 적용하지 않겠다는 것으로, 예를 들면, 제3자와의 계약 상대방이 매우 강한 특허권을 가지고 있어, 라이센서가 그 계약으로부터 상대특허 실시에 관한 상당한 이득을 받은 경우, 이는 본 계약에서 받을 수 없는 권리이므로, 두 계약 조건은 동일시 될 수 없고 따라서 같이 적용할 수 없다는 것이 됨.

(4) 면책 및 소송철회(Releases and Dismissal of Actions)

Section 3. RELEASES AND DISMISSAL OF ACTIONS	Section 3. 면책 및 소송 철회
3.1 In consideration for the license identified in Section 2.1 above, XYZ and its successors, related entities, officers, directors, persons or entities acting in concert therewith,[13] assigns, affiliates and agents agree to unconditionally and irrevocably release, acquit, discharge and dismiss ABC, its officers, directors, employees, agents, servants, partners, joint venturers, representatives, suppliers, distributors, affiliates, shareholders, attorneys, parents, divisions, subsidiaries, controlled companies, successors, assigns, direct and indirect customers and other transferees during the term of this AGREEMENT from any and all past, present, and future patent infringement claims, demands, causes of action, controversies, damages, or other liabilities whatsoever in law or in equity[14], whether or not known, well-grounded, suspected or claimed, including the U.S. Action 2 identified above which relate or arise or could later arise from ABC's manufacture, use, offer for sale, sale, importation or other transfer of any of its PRODUCTS or any of the XYZ LICENSED PATENTS.	3.1 위의 Section 2.1에서 규정된 라이선스의 대가로, XYZ 및 그 양수인, 그 관계자는 계약기간 동안 ABC가 XYZ LICENSED PATENTS를 사용하여 그 제품을 생산, 사용, 판매한 데에 기인한 U.S. Action 2를 포함한 모든 종류의 법 또는 형평법에 근거한 과거, 현재, 미래의 침해, 배상 주장, 청구 원인에 대해 ABC 및 그 관계자, 그 직간접 고객을 무조건적이고 번복되지 않게 면책한다.
3.2 In consideration for the release by XYZ above, the payments under Section 4 below and the license granted under Section 2.4 above, ABC and its successors, related entities, officers, directors, persons or entities in concert therewith, assigns, affiliates and agents agree to unconditionally and irrevocably	3.2 위에 행한 XYZ의 면책, Section 4 에서 규정된 로열티 지불, 위 Section 2.1에서 규정된 라이선스의 대가로, ABC 및 그 양수인, 그 관계자는 계약기간 동안 XYZ가 ABC LICENSED PATENTS를 사용하여 그 제품을 생산, 사용, 판매한 데에 기인한 U.S. Action 1을 포함한 모든 종류의 법 또는 형평법에 근거한 과거,

release, acquit, discharge and dismiss XYZ, its officers, directors, employees, agents, servants, partners, joint venturers, representatives, suppliers, distributors, affiliates, shareholders, attorneys, parents, divisions, subsidiaries, controlled companies, and direct and indirect customers during the term of this AGREEMENT from any and all past, present, and future patent infringement claims, demands, causes of action, controversies, damages, or other liabilities whatsoever in law or in equity, whether or not known, well-grounded, suspected or claimed, including the U.S. Action 1 identified above which relate or arise or could later arise from XYZ's manufacture, use, lease, sale, offer for sale, importation, or other transfer or disposition of any of the LICENSED PRODUCTS.	현재, 미래의 침해, 배상 주장, 청구 원인에 대해 XYZ 및 그 관계자, 그 직간접 고객을 무조건적이고 번복되지 않게 면책한다.
3.3 The parties agree to execute such additional documents as reasonably may be required to effect the dismissal of the respective U.S. Actions 1&2 without prejudice[15] to either of the parties' rights to later assert any claim, demand, or cause of action[16] against the other party relating to or arising from either of the parties' activities following the termination of this AGREEMENT under any of the terms of Section 7. The parties further agree to bear[17] their own respective attorneys' fees and costs incurred in connection with the respective U.S. Actions 1&2. The parties still further agree that the courts in the respective U.S. Actions 1&2 shall retain their respective jurisdictions over the respective parties and the respective actions to the extent necessary[18] to enforce the terms of this AGREEMENT.	3.3 Section 7에 어느 한 조항에 의거하여 본 계약이 해지될 경우, 일방 당사자의 행위에 기인하여 타방 당사자가 나중에 주장할 수 있는 권리 불이익이 없는 범위에서 양 당사자들은 U.S. Actions 1&2를 철회시키기 위해 필요할 수 있는 추가적인 서류 작업을 실시할 것에 동의한다. 또한 U.S. Actions 1&2와 관련하여 각 당사자들이 지출한 변호사 수수료 및 각종 비용을 각 당사자들이 감당하기로 추가 동의한다. 또한, 본 계약 조항을 집행하기 위해 필요한 범위 내에서 U.S. Actions 1&2의 각 소송법원은 각 당사자들과 각 소송 쟁점에 대해 관할권을 계속 유지하기로 추가 동의한다.

〈검토사항〉

양 당사자들이 화해하려면 계류 중인 소송을 정리하여야 하고, 위 조항은 이를 규정한 것이다. 따라서 내용상으로는 양 당사자에 대한 모든 민사적 책임을 면책시켜야 하며, 형식상으로는 소송을 철회시켜야 한다.

여기서, 어느 한쪽이 나중에 계약 위반할 경우에 대비하여 안전장치를 해 두는 것이 보통이다. 여기서는, 철회한 당사자에게 법적 불이익이 없는, 즉, 나중에 재청구할 여지를 두고 있고, 그때 가서 관할 다툼이 없도록 현재의 담당 법원을 관할 법원으로 지정하고 있다.

(5) 로열티(Royalty)

Section 4. COMPENSATION	**Section 4. 보 상**
In consideration for the license set forth in Section 2.1 above and the release set forth in Section 3.2 above, XYZ agrees to pay ABC the following compensation during the term of this AGREEMENT:	위에서 언급한 면책과 라이선스에 대한 대가로서, XYZ는 ABC에게 계약기간 동안 다음의 보상을 하는 것에 합의한다.
(a) a sum of One Hundred Thousand U.S. Dollars($100,000) as an initial, non-refundable payment as consideration for the release set forth in Section 3.2 above. This sum shall be paid in full[19] no later than thirty(30) days[20] following the EFFECTIVE DATE of this AGREEMENT;	(a) Section 3.2항에 규정된 위 면책의 대가로서 반환 불가능한 선급금 미화 10만 달러. 이 금원은 본 계약의 발효일로부터 30일 이내에 전액 지불되어야 한다.

13) 고어체로서, 여기서는 'with that person'의 의미이며, 앞선 인물들을 의미함. '그들과' 정도로 번역하면 무방함.

14) 법적, 형평법적으로라는 뜻이나, 우리나라에는 정확히 대응되는 용어가 없음. '법률에서 정한' 정도로 해석하면 무방함. 영미법에 의하면, 금전적 손해배상은 법적인 구제조치이며, 행위의 이행/불이행은 형평법적인 구제조치임.

15) 법률적인 불이익이 없이. 반대말: with prejudice: 법적 불이익이 있게. 본 예문의 경우에는 특정 상황 발생시 이번에 철회된 소송을 다시 제기할 수 있다는 의미가 된다.

16) 제소 원인.

17) 지불하다. 감당하다.

18) 필요한 만큼.

(b) a running royalty[21] of three percent (3%) of all NET SALES AMOUNT of all of the LICENSED PRODUCTS used, leased, sold or otherwise disposed of or transferred by XYZ on or after the EFFECTIVE DATE of this AGREEMENT;	(b) 본 계약의 발효일 이후 XYZ에 의해 사용, 대여, 판매 혹은 달리 처분되거나 이전된 모든 계약제품의 순 판매가에 대한 3%의 경상 로열티.

〈검토사항〉

① 로열티는 아래에서 보는 바와 같이 무척 다양한 형태를 지닌다. 한편 이들을 여러 가지 형태로 조합하면 더욱 다양해질 수 있다. 따라서 자신과 상대의 입장에 맞추어 얼마나 창의적으로 임하느냐가 중요하다. 명심하여야 할 것은, 다른 협상에서 조금 손해 봤다 여기더라도, 혹은 로열티율이 높다고 여기더라도, 제품별 로열티를 달리한다든지, 여러 가지 지불 조건을 잘 부여하면 얼마든지 이익을 가져올 수 있다. 필자는 로열티를 일종의 재테크에 비유하고 싶고, 아래에서 이해되겠지만 최대한 정확한 시장전망을 해서, 창의력을 발휘하도록 노력하여야 한다.

② 로열티 조건을 설정할 때는 아래의 사항을 고려할 필요가 있다

• 대상제품별 시장 규모 및 계약기간 중 전망 • 대상제품별 수익 여건 • 지불 여건 • 계약기간 중 자사의 매출전망 • 제품수명 • 대체제품의 대두 가능성 등

③ 정액(Lump Sum Royalty): 라이선스 조건으로서 로열티를 실시자의 대상 매출 규모에 관계없이 일정액으로 받는 것을 의미한다. 특허권자로서는 목돈이 생겨서 좋고, 시장이 쇠퇴해간다면 미리 수익을 확보하여 좋다. 또한 정액 지급을 완료하면 양 당사자간의 관계는 실질적으로 종료되

19) 완불된.

20) 30일 이전에.

21) 경상 로열티.

므로, 로열티 보고, 회계 감사 등 번거로운 것을 피할 수 있다. 실시자로서는 만일 시장이 앞으로 급속히 성장할 조짐을 보인다면 이 조건이 유리하다. 또한 회계 감사를 피할 수 있어, 만에 하나 있을지도 모를 영업비밀 유출을 막을 수 있다. 정액은 유효성에 대한 논란이 있는 특허를 가진 Troll이 선호하는 히트 앤드 런(hit-and-run) 방식이기도 하다. 왜냐하면 나중에 특허가 무효되더라도 이미 받은 로열티는 반환하지 않게끔 계약을 해두기 때문이다.

④ 경상(Running Royalty): 실시자의 매출 규모에 따라 비례적으로 로열티를 지불하는 것을 말한다. 시장이 급속 팽창할 조짐이 있다면 특허권자는 당연히 경상 로열티를 고집할 것이다. 반대로, 시장의 형성 여부가 불투명하거나 쇠퇴할 가능성이 있다면, 리스크 저감을 위해 실시자가 선호하는 조건이 될 것이다.

경상 로열티에는 두 가지가 있는데, 순매출액 대비 일정 퍼센트(%)를 매기는 방법과, 혹은 단위 판매량 대비 일정 금액을 로열티로 매기는 방법이다. 일장일단이 있기 때문에 어느 쪽을 택할지는 잘 고려하여야 한다. 예를 들어 부품에 대해 로열티를 부과하는 경우를 생각해보자. 부품을 완성품 업체에 납품하는 경우, 시장 경쟁 원리상 해마다 단가가 내려가는 것이 일반적이다. 이럴 경우, 로열티를 부담하는 입장에서는 내려가는 단가만큼 로열티도 낮추어 내고 싶을 것이다. 그렇다면 퍼센트 지불방식이 타당하다. 만일 해마다 제품의 복합화, 고부가가치화가 진행되는 제품이 있다면 어떠할까? 휴대폰을 예로 들어보자. 휴대폰이 나온 초기에는 통신 기능이 거의 전부였지만, 이후 디지털 기술의 눈부신 발달로 인해 카메라에서부터, 인터넷, 정보처리 기능까지 계속 복합화되고 있고, 평균 가격 또한 높아지고 있다. 이런 제품이라면, 만일 일정 퍼센트 방식의 지불방식의 경우, 특허권자는 저절로 상승된 로열티를 즐길 것이다.

⑤ Minimum Royalty: 실시자의 실시여부 혹은 실시규모와 무관하게 최소한 얼마는 로열티로 지불해야 한다는 조건이다. 즉, 라이선스를 살려두는 권리 비용이다. 이 방식은 특히 전용 실시권 계약에서 선호되는데, 전용 실시권 계약에서는 실시자의 활동 여하에 따라 특허권자의 수입

이 전적으로 좌우되기 때문이다. 실시자로서는 실시하지 않고도 로열티를 내면 억울한 일이 될 것이므로 실시를 위해 노력하도록 유도하는 효과가 있다.

⑥ Maximum Royalty: 실시자가 아무리 많이 실시하더라도 최대 얼마 이상은 받지 않겠다는 조건이다. 실시자로서는 많이 실시하면 할수록 실질 로열티율을 낮추게 되는 이익이 있으므로, 실시를 위해 노력하도록 유도하는 효과가 있다.

⑦ Sliding Scale Royalty: 로열티 조건이 매출액/판매량에 따라 변하는 조건을 말한다. 예를 들어 1만대까지는 매출액의 5%, 2만대까지는 4%, 3만대 초과시는 2%라는 조건이 있다면, 실시자로서는 많이 실시하면 할수록 실질 로열티율을 낮추게 되는 이익이 있으므로, 실시를 위해 노력하도록 유도하는 효과가 있다.

⑧ 정액/경상 혼합 로열티(Hybrid Royalty): 말 그대로 두 가지 조건이 결합되는 것이다. 미리 일정액을 지불하고, 그 다음부터는 매출/판매량 비례로 다소 낮은 경상 로열티를 지불한다든지, 아니면 일정매출/판매량 이하인 경우에는 정액을 지불하고 초과시에는 차액에 대해 경상 로열티를 지불한다든지 하는 형식이다. 특허권자가 목돈을 상대방의 지불능력 같은 경제적 여건, 높은 로열티 부담을 낮출 필요성 등을 고려하여 협상을 타결할 때 많이 쓰여진다.

⑨ Past Royalty: 양 당사자가 최초로 라이선스 관계를 맺게 될 때, 계약 발효일 이전에 특허를 실시한 매출에 대한 대가를 의미한다.

보통 특허권자는 과거분 매출액에 대해 현 라이선스 계약조건을 적용하여 과거분 로열티를 산출하고, 이를 요구하는 경우가 많다. 반면, 실시자 입장에서는 라이선스 필요성을 몰랐거나, 알았더라도 타결 시점을 알 수가 없으므로 과거분 로열티를 회계에 반영하지 않은 채 해당연도 회계결산을 끝낸 경우가 많다. 따라서 실시자 입장에서는 다 써버린 돈을 새로 만들어야 하므로 상당히 골치 아픈 대목이 된다. 라이선스 경험이 많은 회사에서는 이를 대비하여, 일정한 금액을 로열티로 상정하여 적립하는 경우도 많다.

과거분 로열티는, 반면에 상황에 따라 없던 것으로 할 수도 있고, 일시불 지급을 조건으로 대폭 삭감하는 등, 협상 여지가 가장 많은 대목이기도 하다.

(6) 로열티 지불(Payment)

Section 5. PAYMENTS	Section 5. PAYMENTS
5.1 The compensation set forth in Section 4 above shall be paid as follows:	5.1 Section 4에서 규정된 보상금은 아래와 같이 지급된다:
(a) the initial, non-refundable release fee set forth above shall be paid in full within thirty (30) days of the EFFECTIVE DATE of this AGREEMENT;	(a) 위에서 규정한 반환 불가한 선급금 10만 달러는 본 계약의 발효일 로부터 30일 이내에 전액 지불되어야 한다.
(b) the running royalty set forth above shall be calculated and paid to ABC by XYZ in United States Dollars within thirty (30) days after the end of each quarterly period ending on March 31, June 30, September 30, and December 31.	(b) 위에서 규정한 경상 로열티의 경우, 3.31, 6.30, 9.30. 12.31로 끝나는 매 분기 종료 후 30일 내에 미화로 XYZ가 ABC에게 산정하고 지불하여야 한다.
5.2 Payment is to be made in U.S. Dollars. To convert the royalty due for sales made abroad into U.S. Dollars, the closing buying rate for the appropriate foreign currency published in the Wall Street Journal for the last business day of the particular calendar quarter[22) shall be used. No deductions[23) shall be made for the costs of conversion or exchange.	5.2 로열티 지급은 미화로 이루어진다. 해외 판매에 따른 로열티를 미화로 환전하기 위해서는 매 분기 마지막 영업일자 월스트리트 저널에 게재된 해당 외화의 마감 매수 환율을 적용한다. 환전비용은 차감하지 않는다.
5.3 As to the running royalty set forth in Section 4 above, XYZ shall furnish to ABC by facsimile at the address set forth below, a report in suitable form certified by a duly authorized representative of XYZ, which shall identify for each of the LICENSED PRODUCTS: (a) each of the	5.3 위 Section 4에서 규정한 경상 로열티의 경우, XYZ의 권한 있는 대표자가 확인한 적절한 로열티 레포트를 아래의 주소로 ABC에게 팩스로 보내야 한다. 그 레포트에는 각각의 라이선스 제품에 대해: (a) 각 부품 번호; (b) 판매 총액(사용, 대여, 기타 처분 포함), 수량 그리고

part numbers; (b) gross sales (including use, lease or other dispositions), quantity and GROSS SALES AMOUNT for each of the part numbers; (c) a detailed accounting of the deductions (if any) allowed herein from the GROSS SALES AMOUNT for each of the part numbers; (d) NET SALES AMOUNT for each of the part numbers; and (e) amount of royalty for each of the part numbers. Such report on the running royalty shall be furnished with the royalty payment within thirty (30) days after the end of each quarterly period identified in Section 5.1 above. If no running royalty has accrued[24] for any one of LICENSED PRODUCTS during a given reporting period, XYZ shall so state in the report to ABC.

각 부품 번호별 총 매출액; (c) 각 부품 번호별로 총 판매액에서 허용된 공제내역; (d) 각 부품 번호별 실판매액; 그리고 (e) 각 부품 번호별 로열티를 기재하여야 한다. 로열티 레포트는 로열티와 함께 Section 5에서 규정된 각 분기의 종료일로부터 30일 이내에 제공되어야 한다. 만일 해당 기간 내에 로열티가 발생한 계약제품이 없으면, XYZ는 ABC에게 그런 취지로 보고하여야 한다.

5.4 If XYZ fails to make any payment stipulated in this AGREEMENT within the time specified herein, XYZ shall pay interest on the prorated daily basis[25] at the rate of the prevailing U.S. prime rate at that time plus two percent (2%) per year (or the maximum amount permitted by the applicable U.S. law, whichever is lower) on the unpaid balance payable from the due date until fully paid. The foregoing payment of interest shall not affect ABC's right to terminate this AGREEMENT in accordance with[26] Section 7 below.

5.4 만일 XYZ가 기한 내에 본 계약에서 규정한 로열티 지불을 못하게 될 경우, XYZ는 미지불분에 대해서는 당시 미국 우대금리에 년 2%를 가산한 금리(혹은 미국법에서 허용된 최대 금리 중 낮은 것)를 적용하고, 이를 일할 계산한 이자를 지불 예정 일자로부터 로열티 지불 완료시까지 지불하여야 한다. 상기 이자 지불은 Section 7에 규정된 ABC의 계약해지 권한에 영향을 주지 않는 것으로 한다.

5.5 Any payment from XYZ to ABC hereunder[27] shall be made by means of telegraphic transfer remittance in U.S. dollars to the following bank account of ABC:
Bank:
ABA Number:

5.5 XYZ로부터 ABC에게 본 계약 하에서 지불되는 모든 금액은 미국달러로 하기의 ABC 거래은행을 통해 전신환으로 지불되어야 한다.

은행:
ABA 번호:

Account Name: ABC Corporation Account Number: 2010106	계좌명: ABC Corporation 계좌번호:

〈검토사항〉

① 지불 기준 금액: 생산량/금액기준은 실제 판매 여부에 관계없이 로열티를 지불해야 하므로, 특허권자에게 가장 유리한 방법이다.
판매량/ 금액 기준은 실제 판매를 기준으로 하기 때문에 많이 채택하는 기준이다.
결제기준은 판매액 중 실제 결제대금이 입금된 기준이므로 실시권자로서는 가장 안전한 방법이 될 수 있다.

② 지불방법: 정액 로열티 혹은 과거 로열티의 경우는 보통 일시불, 또는 분할지급형태를 띤다.
경상 로열티의 경우에는 보통 분기(3개월) 단위를 많이 채택하나, 지불하는 입장에서는 매 분기가 자주 돌아오는 느낌이 들 정도로 성가실 때가 있다. 이때는 반기(6개월)별 지급방식도 종종 시도된다.

③ 로열티 레포트: 경상로열티 지급시 필수적으로 요구된다. 특허권자는 로열티 송금과 더불어 로열티 레포트를 요구하는 것이 보통이다. 그 목적은 로열티 산정 내역을 알아보기 위함인데, 로열티 레포트는 로열티 조건에 따라 여러 가지로 달라질 수 있지만, 전형적인 예를 들면 아래와 같을 수 있다.

---

22) 달력상의 사분기.

23) 공제, 삭감.

24) 발생하다.

25) 일할 계산한.

26) 고어체로서 'under this agreement'의 뜻이며, '본 계약에서' 정도로 번역하면 무방.

27) 여기서, 본 계약하에서.

<table>
<tr><td colspan="9">《로열티 보고서》

실시기간: 년 월 일 ~ 년 월 일</td></tr>
<tr><td></td><td>제품명</td><td>모델
번호</td><td>판매처</td><td>판매수량
(1)</td><td>판매단가
(2)</td><td>판매액
(1)x(2)=(3)</td><td>로열티율(%)
(4)</td><td>로열티
(3)x(4)=(5)</td></tr>
<tr><td rowspan="5">로열티
계산</td><td rowspan="2">제품명1</td><td></td><td></td><td></td><td></td><td></td><td></td><td></td></tr>
<tr><td></td><td></td><td></td><td></td><td></td><td></td><td></td></tr>
<tr><td rowspan="2">제품명2</td><td></td><td></td><td></td><td></td><td></td><td></td><td></td></tr>
<tr><td></td><td></td><td></td><td></td><td></td><td></td><td></td></tr>
<tr><td colspan="7">로열티 총합계 (6)</td><td></td></tr>
<tr><td rowspan="2">송금액
계산</td><td colspan="2">로열티 총합계
(6)</td><td colspan="2">원천 징수세율(%)
(7)</td><td colspan="2">원천 징수 세액
(6)x(7)=(8)</td><td colspan="2">송금 대상 금액
(6)-(8)</td></tr>
<tr><td colspan="2"></td><td colspan="2"></td><td colspan="2"></td><td colspan="2"></td></tr>
</table>

④ 기한 내 로열티 미지불: 기한 내 미지불은 계약위반에 해당되고, 그것도 중대한 계약위반 사항이다. 따라서 가급적 지켜주는 것이 바람직하고, 지키지 못할 경우에는 서면으로 사전 고지를 하는 것이 안전하다. 물론 고지한다고 해서 계약위반을 피한다는 것은 아니다. 계약위반 여부는 상대가 계약을 수정하지 않는 한, 계약서에 준해서 판단하게 된다. 경상 로열티 방식의 라이선스에서는 기한 내 미지급 로열티에 대해서는 이자와 함께, 경우에 따라서는 15~20% 정도의 페털티 수준의 이자를 추가적으로 지급하도록 보통 규정되어 있다. 반면, 환율이 급등락하여 원화 가치가 일시적이지만 절반 수준으로 떨어지는 일도 심심찮게 일어난다. 원화가치가 절반으로 떨어진다면, 결국 로열티 송금액이 2배로 늘어난다는 얘기와 마찬가지이고, 실시자 입장에서는 무척 속이 상하는 일이 된다. 이럴 때는 일부러 미지급하고, 차라리 페널티 이자라도 무는 것이 오히려 경제적으로는 이득이 될 수 있다. 그러나 로열티 미지급은 신용이나 이미지에 악영향을 주기 때문에 기본적으로 피해야 하는 상황이다. 따라서 이런 비상조치는 어쩌다 한번 정도 쓰는 것이고, 상대에게 사전에 충분히 사정을 고지하여 두는 것이 좋다.

⑤ 판매액 (Sales Price): 총매출액(GSP: Gross Sales Price)을 로열티의 근거로 삼으면 계산은 편리하지만, 제공 기술/특허와 무관한 금액이 포함되

어 특허권자가 유리하게 되는 불합리한 점이 있다. 특허권자가 총매출액 대비 얼마 하는 방식을 제안할 때 경험이 없는 실시자라면 깊은 생각 없이 덜컥 동의하는 수가 있으므로 주의가 요망된다.

이를 피하려면, 보통 아래의 공제항목을 제외한 순매출액(NSP: Net Sales Price)을 적용하도록 한다. 이 경우, 제품에 따라 다르지만 총매출액에서 15~25% 정도 줄어든 금액이 된다.

공제항목은 대체로 Sales discount, sales return, tax, custom tax, advertisement fee, commission, installation cost, packing, transportation, insurance 등이다. 순매출액은 정의된 개념이 아니므로 공제 항목을 언급하지 않고 그냥 순매출액이라고 규정하면 아무 소용이 없고, 계약서에 위 항목을 일일이 명기하여야 한다. 아래의 예문을 참조 바란다.

"NET SALES AMOUNT" shall mean the GROSS SALES AMOUNT with the following items deducted: (a) normal sales discounts actually granted, (b) insurance fees, (c) advertisement fees, (d) packing and transportation charges invoiced and included in GROSS SALES AMOUNT, (e) taxes actually incurred and included in the GROSS SALES AMOUNT, (f) sales commissions paid to independent sales representatives, (g) cost for returned parts, and (h) price reductions after shipment occurred and included in GROSS SALES AMOUNT. The amounts deducted under items (a) through (h) above shall be reasonable and consistent with the amounts customarily paid in the industry for such items.	"실판매액"이라 함은, "총판매액"에서 아래 사항을 공제한 것을 말한다: (a) 실제 부여된 정상 판매 디스카운트, (b) 보험료, (c) 광고선전비, (d) "총매출액"에 포함되고 청구된 포장, 운송비, (e) "총매출액"에 포함되고 실제 발생된 각종세금, (f) 독립 판매 대리인에게 지불된 세일즈 커미션, (g) 부품 반송비용, 및 (h) "총판매액"에 포함되고 발생된 선적 후 가격 인하. 위 (a) 에서 (h)까지 공제된 비용은 업계 관행에 일치하고 합리적이어야 한다.

특수 거래의 경우는 예를 들어 관계사간 거래 같은 것을 꼽을 수 있다. 이런 경우 시장가격보다 싸게 공급할 수도 있고 시장가격보다 비싸게 사줄 수도 있다. 이럴 경우, 정상적인 로열티 산정이 불가능해지는 문제가 발생한다. 따라서 이럴 때에는 일반거래(arms length transaction)의

공정한 시장가격(FMV: Fair Market Value)을 적용한다. 물론 시장 상황에 따라 가격도 변하고, 공정한 시장 가격이 어디에 고시되는 것도 아닌 만큼, 다소 주관적인 기준이기는 하나 그래도 특수거래 가격보다는 합리적이다. 아래의 예문처럼 규정할 수도 있다.

"GROSS SALES AMOUNT" shall mean the total of the arm's length selling price[28] paid by XYZ's distributors, dealers or customers for the LICENSED PRODUCTS. If LICENSED PRODUCTS are: (a) not sold but used, leased or otherwise transferred by XYZ; or (b) sold by XYZ not on an arm's length basis, the selling price for each such LICENSED PRODUCT used in calculating the GROSS SALES AMOUNT shall be the average of the arm's length selling prices during the past six (6) months for the same or similar LICENSED PRODUCTS sold by XYZ to third party customers or shall be determined reasonably by mutual agreement of ABC and XYZ.	"총판매액"이란 라이선스 제품에 대해 XYZ의 대리점, 딜러 혹은 고객이 지불한 제3자 판매 가격의 합계를 말한다. 만일 라이선스 제품이 (a) XYZ에 의해 판매 되지 않고 사용, 대여 등이 되거나, (b) XYZ에 의해 판매는 되었으나 제3자간의 거래 조건이 아닌 경우, 총판매액을 산출하기 위한 라이선스 제품의 판매가는, 최근 6개월간 라이선스 제품과 동일 혹은 유사품을 제3자에게 XYZ가 판매한 제3자 판매가격의 평균, 혹은 양 당사자가 합리적으로 합의한 바에 따라 결정한다.

(7) 세 금(Tax)

5.6 ABC shall bear all taxes imposed on it with respect to the payments under this AGREEMENT, provided, however, that if so required by applicable law, XYZ shall withhold[29] the amount of taxes levied on payments to be made by XYZ pursuant to[30] this AGREEMENT, and shall promptly make payment of the withheld amount to the appropriate tax authorities and shall transmit to ABC official tax receipts or other evidence issued by said appropriate tax authorities sufficient to	5.6 ABC는 본 계약에 의한 지급금액에 대한 모든 세금을 내야하며, 만일 관련법에 규정된 경우 XYZ는 지급 금액에서 세금을 원천 징수할 수 있고, XYZ는 해당 세무당국에 그 원천 징수 금액을 신속히 납부한 다음, ABC가 XYZ가 납부한 해당 세금 감면을 청구할 수 있기에 충분한 내용을 담은, 세무 당국이 발행산 공식적인 세금 납부 증명서 혹은 기타 증빙을 ABC에게 송부하여야 한다.

28) 제3자간의 판매가격.

enable ABC to support a claim for tax credit in respect to such withheld taxes so paid by XYZ.	

〈검토사항〉

① 국내 법인간 거래에서는 “부가세 별도”를 명시하는 것이 바람직하다.

② 해외는 부가세 적용이 되지 않으나, 누가 세금을 내느냐 하는 것이 쟁점으로 될 수 있다.

우리나라는 대부분의 국가와 이중과세방지협정(Double Tax Avoidance Agreement)을 체결 중이다. 이 협정의 기본 개념은 소득이 발생한 외국에서 소득세를 내고, 자국에서 다시 동일 소득에 대해 과세 받는 이중과세 부담을 줄여주기 위해, 한 번만 세금을 내도록 하자는 것이다. 어느 국가에서 세금을 내는가 하는 것은 협정에 따른다.

예를 들어 외국에 거주하는 기술 제공자가 본 계약에 의해 받는 대가는 국내 원천 소득에 해당되므로, 한국 정부에 세액을 납부하여야 한다. 기술적으로는 실시자에게 로열티 지불 전에 원천 징수할 의무가 있다.

그 후, 한국 정부에서 발행한 납세 증명서를 자국 정부에 제출하면 된다.

③ 국가별로 자세한 세율은 국세청 인터넷 사이트에서 확인 가능하다.

참고로 미국의 경우는 16.5%이며, 대부분의 국가가 비슷한 수준이다.

미국의 세금계산방식은 [법인세 제한 세율 15% + 주민세(법인세의 10%) = 16.5%]이다.

④ 조세협정이 없는 국가인 경우는 27.5%[법인세 25% + 주민세(법인세의 10%)]를 원천 징수하여야 한다.

---

29) 원천 징수하다.

30) ~에 따라.

(8) 회계 감사(Account Audit)

Section 6. ACCOUNTING AND AUDIT	Section 6. 회계 및 감사
XYZ shall, during the term of this AGREEMENT and for a period of three (3) years following the termination of this AGREEMENT, keep full, clear and accurate records and accounts for LICENSED PRODUCTS in sufficient detail necessary to allow ABC to verify XYZ's compliance with any of the terms of this AGREEMENT including, but not limited to,[31] the royalty amount actually accrued hereunder, to verify that the PRODUCTS made and sold by XYZ fall within the scope of the LICENSED PRODUCTS and to verify any of the information provided in any of the reports furnished under Section 5.3. ABC shall have the right through an independent auditor appointed by ABC to audit all such records and accounts to the extent necessary to verify any of the above information. Such auditor(s) shall report to ABC only the amount of overpayment or underpayment of the royalty, information on discrepancies between XYZ's report(s) subject to the audit and the result of the audit, and the accurate amount which should be reported to ABC in XYZ's report(s). XYZ shall promptly pay any underpayment together with interest calculated by using the formula set forth in Section 5.5 above. Such audit shall be conducted at ABC's own expense, except that, if any underpayment of ten percent (10%) or more of the royalty actually accrued is found through the audit, or if it is determined that certain of the PRODUCTS made and sold by XYZ fall outside the scope of the LICENSED PRODUCTS, the cost of the audit shall be born by XYZ.	XYZ는 계약기간 중 그리고 계약 종료 후 3년간, 계약 제품에 대한 완전하고 명확하며 정확한 회계 자료를 보관하여, ABC로 하여금 실제 발생한 로열티 액수를 포함한 XYZ의 계약 준수 여부, 그리고 XYZ가 제조 판매한 제품이 계약 제품에 속하는지 여부, 또한 Section 5.3 하에서 제공된 정보의 진위 여부를 확인할 수 있게 하여야 한다. ABC는 독립된 외부 회계사를 고용하여 위의 사항을 확인할 목적으로 필요한 회계감사를 실시할 수 있다. 그 회계사는 오직 ABC에게 로열티 지급액의 과부족, 레포트 내용과 실제 감사한 결과의 차이, 그리고 원래 레포트상에 보고되어야 할 정확한 금액만을 보고하여야 한다. XYZ는 부족액에 대해 Section 5.5에 규정된 방식으로 지연이자를 적용하여 신속히 지불하여야 한다. 감사비용은 ABC 비용으로 하나, 감사 결과 만일 지불 부족액이 10%를 넘을 경우 혹은 로열티 지불이 누락된 제품이 발견될 경우, 감사비용은 XYZ가 지불하여야 한다.

〈검토사항〉

회계 감사는 매출액과 연동되는 구조(Running royalty)에서 반드시 필요하다. 정액지불 로열티 구조에서는 성격상 감사가 필요하지 않다.

보통 분기별로 회계 보고를 하게 되고, 보통 3년간 회계자료 유지 의무가 붙는다.

위 예문에서는 빠졌지만 연 중 일정회수(1~2회) 회계 감사권을 규정하고, 그것도 실시자의 정상적인 활동을 방해하지 않는 범위 내에서 영업일 중에 실시하도록 규정하는 경우도 많다.

LICENSOR may conduct inspections of such records during reasonable business hours and on reasonable notice to LICENSEE not more than once annually.	라이센서는 라이선시에 대해 합리적인 통지와 함께 합리적인 근무 시간 중에 년 1회 그러한 기록을 검사할 수 있다.

회계사가 할 것을 명시적으로 규정하여야 한다. 특허권자가 하게 되면 실시자의 경영정보가 노출될 우려가 있다. 회계사 역시 모든 회계자료 내용을 보고토록 하는 것이 아니라, 로열티 누락액 여부, 있다면 누락액 규모만 보고토록 한다.

감사비용은 공여자 부담이나 누락액이 보통 10% 초과시 실시자 부담하며, 차액은 실시자가 이자와 함께 부담한다. 징벌적 성격이므로 보통 15~20% 정도 부여한다. 위 예문에서는 누락제품 발견시에도 감사비용을 실시자가 부담하도록 되어 있는데, 이는 다소 과한 규정으로 보인다. 어차피 누락된 제품만큼 비용도 10%를 초과할 가능성이 크기 때문이다.

한국 기업간이며, 한국법원에서 다툴 가능성이 많다면, 추후 법적 다툼에서 동 회계자료의 제출을 의무화하는 문구를 넣는 것이 바람직하다.

---

31) ~을 포함하여, 그러나 ~에 국한되지 않는.

(9) 특허 표시(Marking)

XYZ shall place in a conspicuous location[32] on any LICENSED PRODUCTS made or sold under any ABC LICENSED PATENTS, a patent notice in accordance with 35 U.S.C. §287. XYZ agrees to mark any LICENSED PRODUCTS made using a process covered by any ABC LICENSED PATENTS with the number of each such patent and, with respect to ABC LICENSED PATENTS, to respond to any request for disclosure under 35 U.S.C. §287(b)(4)(B) by only notifying ABC of the request for disclosure.	XYZ는 계약 특허 하에서 생산, 판매된 계약 제품의 눈에 띄는 위치에 35 U.S.C. §287조에서 규정된 특허표시를 행하여야 한다. XYZ는 계약특허 중 방법 특허로 생산, 판매된 계약 제품에도 특허표시를 행하기로 하며, 35 U.S.C. §287(b)(4)(B)조에서 규정된 된 바와 같이 특허 개시요구가 있을 경우 특허권자에게 그 요구사실을 알려주어야만 한다.

〈검토사항〉

특허 표시(marking)는 침해배상기간을 실제 고지일(actual notice)로부터 6년간 소급 받을 수 있게 한다. 특허권자는 실시권자의 제품에 특허표시를 하여도 그 법률적 효과를 누릴 수가 있다. 그래서 특허권자는 자신의 이익을 극대화시키기 위해 실시자의 제품에도 특허표시를 요구하는 경우가 종종 있다.

이 특허표시 요구는 라이선스 대상특허가 몇 건 안 되어 적용여부가 확연히 가려질 수 있을 경우에 유용하고, 대기업간에 수천 건, 수만 건의 특허를 패키지로 상호 라이선스 허여하는 경우, 구체적으로 적용특허를 특정하기도 어렵고, 현실적으로 그 많은 특허를 모두 표시할 수도 없으므로 비현실적인 조항이 될 수 있다.

(10) 계약기간 및 계약의 종료, 해지(Term and Termination)

Section 7. TERM AND TERMINATION	**Section 7. 기간 및 종료, 해지**
7.1 This AGREEMENT and the obligations	7.1 본 계약과 양 당사자들의 의무는 발효

32) 눈에 띄는 위치.

of ABC and XYZ hereunder shall become effective as of the EFFECTIVE DATE and shall, unless earlier terminated pursuant to any of the sections below, continue ABC for a term of five (5) years from the EFFECTIVE DATE of this AGREEMENT.	일자부터 효력을 발생하며, 아래에서 정한 사유로 일찍 해지되지 않은 한, 본 계약의 발효일자로부터 5년간 존속된다.
7.2 Each Party hereto shall have the right to terminate this AGREEMENT by giving written notice of termination to the other Party upon or after a material breach[33] of this AGREEMENT by such other Party and said breach not being corrected within thirty (30) days after written notice of such breach is received by such other Party.	7.2 일방 당사자가 본 계약상의 중대한 계약 위반을 했고, 이를 서면 고지를 받은 날로부터 30일 이내에 치유하지 못할 경우, 타방 당사자는 계약 해지를 서면으로 통지하고 계약을 해지할 수 있다.
7.3 ABC shall also have the right to terminate this AGREEMENT at any time by giving written notice of termination to XYZ following:	7.3 ABC는 아래 사항 발생시 계약 해지를 XYZ에게 서면으로 통지함과 함께 본 계약을 언제나 해지할 수 있다:
(a) the filing by XYZ of a petition in bankruptcy or insolvency;	(a) XYZ가 파산 혹은 지급불능 신청을 한 경우;
(b) any adjudication that XYZ is bankrupt or insolvent;	(b) XYZ가 파산 혹은 지급 불능이라는 판결이 있은 경우;
(c) the filing by XYZ of any legal action or document seeking reorganization, readjustment or arrangement of XYZ's business under any law relating to bankruptcy or insolvency;	(c) 파산 관련법에 의거 XYZ기업 구조조정을 위한 신청을 한 경우;
(d) the appointment of receiver or bankruptcy trustee for all or substantially all of the property of XYZ;	(d) XYZ 자산의 전부 또는 상당한 자산에 대해 파산 관재인이 임명된 경우;
(e) the making by XYZ of any assignment for the benefit of creditors;	(e) XYZ가 채권자에게 득이 되는 어떤 양도를 한 경우;
(f) the institution of any proceedings for the liquidation or winding up of XYZ's business or for the termination of its corporate charter;	(f) XYZ가 기업 청산, 정리, 해산, 정관 폐지 절차를 개시한 경우; 혹은,
(g) the acquisition (whether by stock	(g) 하나 이상의 제3자가 XYZ의 50% 이상

purchase, merger, acquisition of assets, issuance of voting stock or other similar interests, or otherwise) by one or more third parties of ownership or control of more than fifty percent (50%) of the voting stock or other similar interests of XYZ, or a majority of the assets or business of XYZ, or any other material changes in controlling ownership of XYZ.	의결권을 갖는 주식, 혹은 그에 상당하는 이해관계, 자산이나 사업의 대부분을 매입 (주식 취득, 합병, 자산 취득, 의결권 발행 등)하는 경우 혹은 XYZ의 소유권을 통제하는 데 있어서 중대한 변화가 생긴 경우.
7.5 In the event of termination of this AGREEMENT pursuant to Sections 7.2, 7.3, and 7.4 above, XYZ shall report and pay the running royalty accrued on or before the date of expiration or termination within thirty (30) days thereafter. For the LICENSED PRODUCTS in XYZ's inventory at the time of such expiration or termination, XYZ has a right to choose (i) to use, lease, or sell such LICENSED PRODUCTS upon payment of the running royalty, or (ii) to scrap such LICENSED PRODUCTS without paying the running royalty.	7.5 위 Sections 7.2, 7.3, 및 7.4에 따라 본 계약을 해지하는 경우, XYZ는 본 계약의 종료일 혹은 해지일로부터 30일 이내에 경상 로열티를 보고하고 지불하여야 한다. 종료 혹은 해지 시점에서의 계약제품 재고에 대해서는, ZYX는 (1) 경상 로열티를 지불하고 사용, 대여 혹은 판매를 하거나, (2) 경상 로열티를 지불하지 않고 파기할 수 있다.
7.6 For the purpose of calculation of the running royalty under this AGREEMENT, LICENSED PRODUCTS in XYZ's inventory at the time of such expiration or termination shall be deemed to be sold on the date of such expiration or termination, and, upon payment of the running royalty hereunder, XYZ may use, lease, or sell such LICENSED PRODUCTS after such expiration or termination.	7.6 경상 로열티 계산의 목적상, 계약제품의 재고는 계약 종료 또는 해지일자로 판매된 것으로 간주하며, 경상 로열티를 지불한 경우 종료 혹은 해지일 이후에도 사용, 대여 혹은 판매를 할 수 있다.

33) 중대한 계약 위반.

〈검토사항〉

종료/해지 조항은 매우 중요한 조항이다. 해지가 성립되는 조건을 명시하여야 한다. 해지성립조건은 파산, 매각 등 대부분 대동소이하다. 따라서 그러한 조건을 명시하면서, 추가적으로 양 당사자의 특수 사정에 기인한 종료조건(계약 당시 M&A 설이 있다든지…)이 있는지를 살펴서, 있다면 이를 반영하여야 한다. 그리고 더 중요한 것은 해지시 어떻게 관계를 청산하느냐의 문제이다. 해지시 일어날 수 있는 모든 상황을 상정해보고, 이를 반영하여야 한다. 그렇지 않으면, 다툼이 생길 경우 대부분 법원에 갈 수밖에 없으므로, 계약 시점에서 청산 대상, 절차를 깔끔하게 규정할 필요가 있다.

(11) 입장 표명(Representation)

9.1 Nothing in this AGREEMENT shall be construed as:	9.1 본 계약서는 다음의 내용으로 해석되어서는 안 된다:
(a) a warranty or representation by ABC as to the validity, enforceability or scope of any of the LICENSED ABC PATENTS; or	(a) LICENSED ABC PATENTS에 대해 유효성, 권리 행사 가능성, 및 권리 범위에 대한 ABC의 보증
(b) conferring upon[34] XYZ any license, right or privilege under any patents or with respect to any PRODUCTS or with respect to any other customers other than the specific and limited licenses, rights and privileges expressly granted hereunder; or	(b) XYZ에게 여기서 명시적으로 허여된 제한적 실시권, 권리, 특권이 아닌, 모든 특허에 대해 모든 제품, 모든 고객에 대한 실시권, 권리, 특권을 부여
(c) a warranty or representation by ABC that any acts licensed hereunder will be free from infringement of patents other than those under which licenses, rights, and privileges have been granted hereunder; or	(c) 여기서 명시적으로 허여된 실시권, 권리, 특권의 근거가 되는 특허 이외의 특허에 대해서도 침해문제가 없을 것이라는 ABC의 확인, 보장
(d) an agreement by ABC to bring or prosecute actions or suits against third parties for infringement of any of the LICENSED ABC PATENTS or conferring upon XYZ any right to	(d) LICENSED ABC PATENTS를 침해한 자에 대해 ABC가 민형사상의 소송을 제기하겠다는 계약 혹은 그러할 권리를 XYZ에게 부여한다는 계약

bring or prosecute actions or suits against third parties for infringement of any of the LICENSED ABC PATENTS; or	

〈검토사항〉

계약법을 적용할 경우 법적 작용(operation of law)에 의해 계약 당시에는 의도하지 않은 책임과 의무가 부가되는 수가 있다. 영미법은 수많은 판례로 이루어져 있기 때문에, 사전에 이 모든 가능성을 검토하기란 쉽지 않고, 계약 목적에 비해 거래비용(계약서 체결 비용)이 너무 많이 소요되는 불합리한 점이 생긴다. 따라서 본 조항은 이러한 것을 막기 위한 조항으로, 최소한의 우려 사항에 대한 책임과 의무를 명시적으로 부인하는 것이다.

(12) 계약의 양도금지(Nonassignability)

9.2 XYZ shall not, voluntarily or by operation of law[35], in whole or in part, assign or otherwise transfer this AGREEMENT or any rights or obligations hereunder ABC without prior written consent of ABC.	9.2 XYZ는 ABC의 서면 동의 없이 스스로 혹은 법률의 적용에 의해, 본 계약 혹은 권리와 의무를 전체 혹은 부분적으로, 양도할 수 없다. 그 동의는 불합리한 이유로 거부되어서는 안 된다.

〈검토사항〉

본 조항이 없을 경우에는 계약법의 원칙상 양도가 가능하게 될 수 있다. 즉, 특허권자가 라이선스를 부여하고 싶지 않은 자에게 양도를 통해 실시권이 넘어간다면 특허권자로서는 상당히 곤혹스러운 상황이 될 것이다. 따라서 본 조항은 원래 특허권자가 자신이 부여한 실시권에 대한 통제력을 유지하려는 타당한 목적으로 도입되었던 조항이다. 그러나 양도를 절대적으로 금지시킬 경우, 향후 사업 구조상의 변화(사업매각, 분사 등)에 탄력적으로 대응할 수 없기 때문에 주의를 요한다. 종종 특허 라이선스 계약 이후 사업구조 변화 시점

34) 부여하다. 주다. 수여하다.

35) 법적 작용. 명시적 법규에 의한 강제력이 아니라, 해석적, 판례적으로 적용되는 강제력을 의미.

까지의 바뀐 시장 여건에 따른 고액의 로열티 요구 또는 경쟁 배제의 목적으로 양도 금지 권한을 행사하는 경우가 많다. 얼핏 보기에는 큰 문제가 없는 조항 같으나, 나중에 큰 문제가 되는 것을 필자는 종종 경험하였다. 이를 피하기 위해서는 실시권자 입장에서는 다음과 같은 문구 중 하나를 위 예문 말미에 추가하여 두는 것도 하나의 방안이 될 것이다.

(추가문 1) Such consent shall not unreasonably be withheld.	(추가문 1) 그 동의는 불합리한 이유로 거부되어서는 안 된다.

(추가문 2) Notwithstanding the foregoing, the Licensee shall be entitled to assign this Agreement for the purposes of any corporate restructuring with prior notice to the Licensor.	(추가문 2) 전술한 규정에도 불구하고, 라이선시는 기업 구조조정의 목적으로 라이선서에게 사전 통지와 함께 본 계약을 양도할 수 있다.

(추가문 3) provided that the foregoing limitation on assignability shall not apply to an assignment or transfer of this Agreement by XYZ to any of its Affiliates, so long as the assignee agrees in writing to be bound by this Agreement and the assingor(XYZ) shall remain secondarily liable thereunder.	(추가문 3) 단, XYZ의 관계사가 본 계약 조항을 준수하겠다고 서면으로 동의하고, XYZ가 2차적으로 책임을 지는 한, 양도 가능성에 대한 위의 제한은 XYZ의 관계사에게 본 계약을 양도하거나 이전하는 것에 적용되지 않는다.

추가문 1은 상대적으로 받아들여질 수 있겠으나 양도의 조건을 명시하지 않았기 때문에 실시권자 입장에서는 가장 넓다고 볼 수 있으나, 나중에 무엇이 불합리(unreasonable)한 것인가에 대한 논란이 생길 소지가 있다.

추가문 2는 실시권자 입장에서 훨씬 더 확실한 조항이 되겠으나, 구조조정(corporate restructuring)이란 용어가 다소 광범위하기 때문에 특허권자가 거부할 소지도 있다. 이때는 구조조정의 범위를 제한하고, 양도의 대상을 제한하는 식으로 협상을 하면 좋을 것이다.

추가문 3은 관계사로 사업을 이관하거나 M&A 등의 경우에 있어서 양도를 가능하게 하는 조항이다. 양도의 대상을 관계사로 국한하였기 때문에 상대가 받아들일 가능성이 가장 높다고 볼 수 있다.

(13) 준거법, 분쟁의 해결(Governing Law, Settlement of Dispute)

This AGREEMENT and any action or claim arising therefrom[36] including, but not limited to, any action or claim relating to the validity, interpretation, or performance thereof shall be governed by the internal laws of the State of New York, without reference to conflict of laws principles[37]. All disputes arising out of or relating to[38] this AGREEMENT shall be finally settled by arbitration in New York, New York, U.S.A. in accordance with the Rules of Conciliation and Arbitration of the International Chamber of Commerce. The arbitration decision shall be final and binding upon the parties hereto and shall not be subject to appeal to any court, and may be entered into the court of competent jurisdiction for its execution forthwith.	본 계약서, 그리고 그 유효성, 해석 또는 이행과 관련된 모든 소송이나 다툼은 법률 선택 원칙에 관계없이 뉴욕주법에 지배 받는다. 본 계약과 관련하여 일어나는 모든 분쟁은 ICC의 중재규정에 따라 미합중국 뉴욕주 뉴욕에서 중재에 의해 최종 타결된다. 중재 결정은 최종적이며, 양 당사자를 구속하고, 법원에 항고 대상이 안 되며, 그 이행을 위해 관할 법원에 제출될 수 있다.

〈검토사항〉

준거법으로는 가능한 한 한국법을 채택하는 것이 한국 기업에 있어서 유리하겠으나, 상대 역시 마찬가지 이유로 자국법을 선호하게 될 것이다. 따라서 평행선을 달리게 되는데, 사실 선진국 법을 채택할 경우, 눈에 보이는 불평등은 없다고 볼 수 있기 때문에 너무 고집할 필요는 없다. 다만, 위의 예문에서는 중재절차를 규정하였지만, 소송절차와 관할지를 규정한 조항도 종종 쓰여진다. 이 경우는 소송비용이 과도하게 드는 미국은 가급적이면 피하는 것이 좋지만, 미국 당사자의 경우는 좀처럼 이에 동의하지 않을 것이므로, 다른 영미법계 국가법을 채택하는 것도 한 가지 방법이다.

---

36) 그것으로부터라는 뜻이며, 여기서는 본 계약을 가리킴.

37) 법의 저촉. 어느 주가 법적 관할권이 있는가, 어느 주의 법률이 적용되어야 하는가를 의미함.

38) ~에 관련되거나 ~으로 인해 일어나는.

중재는 소송에 비해 절차, 비용, 기간 등의 측면에서 상대적으로 저렴한 장점이 있다. 따라서 최근 들어 많이 선호되는 경향이 있고, 특허 라이선스 계약에서도 적극적으로 채택을 검토할 필요가 있다. 중재에서 내려진 결정은 우리나라는 물론 대부분의 국가에서도 법원의 확정판결과 동일한 효과를 갖는다.

(14) 보증의 부인(Disclaimer of Warranties)

9.4 Notwithstanding anything in this AGREEMENT to the contrary, under no circumstances shall ABC be liable to XYZ or any third party for special, incidental, consequential, indirect or reliance damages, or exemplary or punitive damages, arising from or related in any manner to this AGREEMENT or the LICENSED PRODUCTS of XYZ, even if XYZ has been advised of the possibility of such losses or damages. XYZ shall be solely responsible for all claims and allegations raised in any jurisdiction that relate in any manner to the manufacture, sale, offer for sale, distribution, offer to distribute, or import of the LICENSED PRODUCTS of XYZ, and ABC shall have no responsibility or liability for any such claims or allegations.	9.4 본 조에 반하는 어떤 사항에도 불구하고, 또한 어떠한 경우에라도 본 계약, 또는 XYZ의 계약 제품에 기인하여 발생한 부수적, 결과적, 혹은 특별 손해에 대해서는, XYZ가 그 손해나 피해의 가능성을 사전에 알았다 하더라도, ABC는 XYZ 또는 제3자에게 책임지지 않는다. XYZ는 XYZ의 계약제품의 생산, 판매, 판매제안, 유통, 유통 제안 혹은 수입과 관련하여 제기된 모든 클레임 혹은 주장에 대해 전적으로 책임을 지며, ABC는 그러한 모든 클레임 혹은 주장에 대해 책임이 없다.

〈검토사항〉

법적으로 제기될 가능성이 있는 손해배상을 부인하는 조항이다. 책임을 부인하는 입장에서는 명시적으로 부인하여야 한다. 그렇지 않으면 미국 통일상법전(U.C.C.: Uniform Commercial Code[39])에서 규정된 바와 같은 묵시적 보증이

39) 루이지애나주를 제외한 미국의 모든 주에서 채택하고 있는 상법이다. 특이한 것은 이 법이 주의회가 제정한 것이 아니라 법률가 협회(ABA & ALI)에서 장시일에 걸쳐 머리를 맞대고 만들어낸 것이고, 각 주에서는 그 내용의 타당성을 인정하여 자기주의 법률로서 인정한 것이다. 1952년에 최초로 만들어져 수차례의 개정을 거쳐 현재에 이르고 있다.

발생할 수 있다.[40] 본 조항이 대문자로 작성된 점에 주의를 요한다. 명시적으로 부인하기 위해서는 읽는 사람의 주의를 끌 수 있어야 한다.[41] 그래서 보통 대문자 혹은 italic, underline 등으로 표시한다.

(15) 보 증(Indemnification)

9.5 XYZ shall indemnify, defend and hold harmless[42] ABC and its successors, assigns, agents and contractors, and the directors, officers and employees of each of them, from and against any and all claims, actions, losses, damages, expenses and all other fees, including, but not limited to, costs and reasonable attorneys' fees, arising out of or resulting from the manufacture, use, import, sale, or other disposition of the LICENSED PRODUCTS. ABC shall give reasonable notice to XYZ of any such claim, loss, action, damage, expense or fee.	9.5 XYZ는 계약제품의 생산, 사용, 수입, 판매 혹은 기타 처분에 기인하거나 이와 관련하여 ABC 및 그 관계인을 상대로 한 클레임을 방어하는데 있어서, ABC의 손해가 없도록 할 것이며, 합리적인 변호사 비용을 포함하여 발생된 모든 비용, 손해배상에 대해 XYZ는 이를 보전키로 한다. ABC는 그러한 클레임이 발생할 경우 XYZ에게 합리적인 통지를 하여야 한다.

〈검토사항〉

일명 hold harmless 조항이라고도 하며, 품질, 성능, 안전, 현지 법규, 제3자와의 특허권 저촉 관계 등이 주 대상이다.

명심하여야 할 점은 보증 발생 조건, 한도 등을 명시하여야 한다는 것이다.

보통은 공여자 측의 보증사항이나, 협상 파워에 따라 본 계약 예문과 같이 실시자에게 요구하는 경우도 있다.

40) UCC는 상품의 판매에 관한 것이다. 따라서 순수한 기술 라이선싱에 대해서는 적용되지 않으나, 현재 소프트웨어 라이선스에 적용된 판례가 있고, 실무적으로는 거의 대부분의 특허 라이선스 계약에서 위와 동일, 유사한 보증 부인 조항을 사용한다.

41) U.C.C. §2-316 (2003).

42) 손해가 없게 하다.

(16) 불가항력(Force Majeour)

No party shall be deemed in default of this Agreement if prevented from meeting deadline or complying with any obligation (aside from any payments due hereunder) due to an act of God, strike or similar labor action, fire, or other military or civil disturbance, embargo, act of a government body or similar cause not within the party's reasonable control.	불가항력, 파업 또는 이와 유사한 노조 행동, 화재, 군, 또는 민간 소요사태, 수출 금지, 정부 조치, 기타 당사자들의 통제능력을 벗어난 유사사유로 인해 납기를 맞추지 못하거나 의무 이행(단 지불 의무 제외)을 못하게 될 경우, 그 당사자는 계약을 위반한 것으로 보지 않는다.

〈검토사항〉

영미법상의 Frustration에서 유래하였으며, "Acts of God"이라고도 부른다. 천재지변과 같이 계약 당사자가 통제할 수 없는 불가항력적인 상황에서, 계약 당사자들이 계약상의 의무를 수행할 수 없게 되었을 때, 이를 면책하려는 의도로 둔 조항이다. 위 예문에서는 노사분규가 포함되어있으나, 노사분규는 대부분의 국가에서 불가항력으로 보지 않고 있다. 이 점을 감안하여 노사분규를 포함시킬지 말 것인지는 각 당사자의 이해관계에 따라 결정하도록 한다.

(17) 권리 불포기(Non-Waiver)

9.6 Any failure of either Party to enforce, at any time or for any period of time, any of the provisions of this AGREEMENT shall not be construed as[43] a waiver of such provisions or of the right of such Party thereafter to enforce such provisions.	9.6 어느 일방 당사자가 어떤 시점에서 혹은 일정 기간 동안 어느 조항의 행사를 하지 않았다고 해서 그것이 그 조항의 포기 혹은 그 조항을 행사할 권한의 포기로 해석되지 않는다.

〈검토사항〉

영미법계에서는 위 조항이 없을 경우, 금반언 원칙에 의거하여 불행사를 권리의 포기로 간주하는 경우가 있기 때문에 이를 방지하기 위한 조항이다.

---

43) ~으로 해석되다.

(18) 계약서의 분리가능성(Severability)

9.7 If any term, clause or provision of this AGREEMENT shall be judged by a competent authority to be invalid, the validity of any other term, clause or provision shall not be affected; and such invalid term, clause or provision shall be deemed deleted from this AGREEMENT, provided that the Parties hereto shall, upon request of either Party hereto, discuss in good faith a reasonable provision to replace such invalid term, clause or provision.	9.7 만일 본 계약의 어느 용어 혹은 조항이 권한 있는 당국에 의해 무효로 결정될 경우, 다른 용어, 문구 혹은 조항은 이에 영향을 받지 않으며, 무효가 된 용어, 문구 혹은 조항은 본 계약에서 삭제된 것으로 간주된다. 단, 일방 당사자가 원할 경우 양 당사자는 무효가 된 용어, 문구 혹은 조항을 대체할 수 있는 합리적인 조항을 선의로 협의하여야 한다.

〈검토사항〉

본 조항은 나중에 발견된 일부 무효 조항에 의해 양 당사자의 희망과 달리 계약이 중도 해지되는 경우를 방지하기 위한 조항이다. 본 조항은 모든 조항의 적법성을 사전에 점검하기 어려운 경우를 대비하여 유용한 조항이다. 계약서에 따라서는 판사가 무효된 조항을 대체할 수 있도록 하는 경우도 있다.

(19) 통 지(Notice)

9.8 All notices permitted or required under this AGREEMENT shall be in writing and shall be by personal delivery, facsimile transmission or by certified or registered mail, and shall be deemed effective upon actual receipt or upon receipt by sender of confirmation of facsimile transmission. Notices shall be sent to the following addresses:	9.8 본 계약 하에서 허용되거나 요구되는 모든 통지는 서면으로, 사람에 의한 전달, 팩스 송신, 증명 혹은 등록 우편에 의해 행하여져야 하며, 실제 접수하거나, 송신자가 전송 확인을 한 때부터 유효하다. 통지는 다음의 주소로 보내져야 한다.
For ABC: ABC Corporation Attn: General Counsel 주소 Fax: 111-222-3333	For ABC: ABC Corporation Attn: General Counsel 주소 Fax: 111-222-3333

For XYZ: XYZ Corporation Attn: General Counsel 주소 Fax: 111-222-3333	For XYZ: XYZ Corporation Attn: General Counsel 주소 Fax: 111-222-3333

〈검토사항〉

보통 연락 주소지를 본점으로 많이 쓰나, 반드시 그러할 필요는 없고, 실무적으로 효과적인 주소지를 써도 상관없다.

(20) 완전 계약서(Entire Agreement)

9.9 This AGREEMENT sets forth the entire agreement and understanding between the Parties as to the subject matter hereof and merges and supersedes[44] all prior discussions between them, and neither of the Parties shall be bound by any conditions, definitions, warranties, under- standings or representations with respect to such subject matter other than those expressly provided herein or as duly set forth on or subsequent to the date hereof[45] in writing and signed by proper and duly authorized officers or representatives of both Parties hereto.	9.9 본 계약서는 계약 대상에 대한 양 당사자간의 모든 합의 사항과 이해 사항을 기술하고 있으며, 양 당사자간의 과거 토의 사항을 포괄 및 대체하고 있고, 양 당사자는 누구도 본 계약서에서 명시되거나, 향후 양 당사자 혹은 그 권한을 부여 받은 대리인이 서명한 계약의 대상이 아닌 사항에 관련된 조건, 정의, 보증, 이해, 입장 표명 사항에 구속되지 아니한다.

〈검토사항〉

계약서에 따라서는 Integration 혹은 merger라고도 부른다. 본 계약을 해석하고 집행하는 것은 오직 본 계약에 기재된 사항에 근거한다는 것으로, 향후 다른 증거에 의해 계약이 무효 되는 것을 막기 위한 장치이다. 본 조항에 따르면 본 계약 이전에 맺은 모든 계약은 본 계약에 흡수되므로, 과거에 맺은 모든 계약에 대한 이행의무 역시 면책된다.

---

44) 포함하고 대체하다.

45) 현재 혹은 그 이후로.

(21) 비밀유지(Confidentiality)

9.10 The Parties hereto shall have the right to disclose the existence of this AGREEMENT. The Parties, however, shall keep the terms and conditions of this AGREEMENT confidential and shall not divulge this AGREEMENT or any part thereof to any third party except: a) with the prior written consent of the other Party; or b) to any governmental body having jurisdiction to request and to read the same; or c) as otherwise may be required by law or legal process; or d) to legal counsel representing either Party.	9.10 양 당사자들은 본 계약의 존재를 알릴 수 있다. 그러나 본 계약의 조건에 대해서는 비밀로 유지하여야 하며, 아래의 경우를 제외하고는 본 계약의 일부 혹은 전체를 제3자에게 누설할 수 없다: a) 타방 당사자가 서면 동의한 경우; b) 본 계약서를 요구하고 열람할 권한을 가진 정부기관에게 공개하는 경우; c) 기타 법률 혹은 법적 절차상 요구되는 경우; 혹은, d) 당사자들의 대리인에게 공개하는 경우

〈검토사항〉

계약 체결 사실은 홍보용으로, 혹은 대 고객 영업용으로, 또는 보증용으로 알려질 필요가 있다. 이때 중요한 것은, 신빙성을 높이기 위해 본 계약서를 복사하여 공개하는 등의 행동을 해서는 안 된다.[46] 본 조항은 위반하면 상대는 매우 예민하게 반응할 것이다. 어디까지나, 본 계약 조항에 의거하여 행동하여야 한다.

(22) 체결권한(Authority)

9.11 The undersigned representative for each Party certifies that he is fully authorized by the Party who he represents to enter into and legally bind that Party to the terms of this AGREEMENT.	9.11 아래에서 서명한 양 당사자들의 대리인은 본 계약에 서명하고 본 계약의 조항에 해당 당사자를 구속할 수 있는 권한을 위임 받았음을 증명한다.

46) 어느 회사의 경우, 본 조항을 피할 목적으로 계약 명칭이 들어있는 맨 앞장과 양 당사자의 서명이 있는 맨 뒷장을 복사하여 배포한 적이 있었으나, 이 역시 계약 내용의 누설에 해당되어 계약 위반이 되었다.

(23) 말미 문언 및 서명

IN WITNESS WHEREOF, the Parties hereto through the undersigned have caused this AGREEMENT to be duly executed in duplicate on the date below written.	본 계약의 성립을 입증하기 위해서, 양 당사자들은 서명자들을 통해 아래의 날짜로 정히 서명된 2부의 계약서를 만들도록 하였다.
ABC Corporation ________________________ Name: Title: Date: __________	XYZ Company Ltd. ________________________ Name: Title: Vice President Date: __________

5. 기타 지적재산 관련 계약서

Indemnification Agreement

1) 보증 및 면책계약서라고도 하는데, 흔히 제품 혹은 서비스 납품시에 특허문제를 보증하기 위해 많이 쓰인다. 특허문제가 전무하다면 이러한 계약서를 써줄 일도 없고, 써주어도 부담이 없겠지만, 현실적으로는 누구의 특허에 언제 문제가 될지 모르는 것이 대부분이다. 따라서 거래선에서는 거래 안전장치의 하나로 보증 및 면책계약서를 많이 요구한다. 따라서 이런 요구에 잘 대응하고, 반대로 자신의 공급선에 대해서 이러한 계약서를 받아두면 나중에 특허 클레임이 생길 경우에 요긴하게 써먹을 수 있다. 아래에서 각 항목별로 샘플 조항을 들고 검토해보기로 한다. 주의하여야 하는 점은, 모든 계약은 실제로는 당사자간의 협상력에 좌우되기 때문에 본 조항을 절대적으로 고집하여 deal break시키는 것보다는 융통성 있는 적용이 필요하다는 것이다. 이 외에도 당사자간의 거래 여건에 따라 여러 가지 보충조항이 들어설 수 있다.

2) 클레임의 정의

1.1 "CLAIM" shall mean any and all claims,	1.1 클레임이란, 공급제품으로 인해 야기된,

demands or actions brought or threatened against BUYER or its customers based on any actual or alleged infringement[47] of any patent, copyright, trademark, trade secret, or any other intellectual property rights arising from or related to the PRODUCT.	특허, 저작권, 상표, 영업비밀, 기타 지적재산권에 대한 침해 주장에 기인하여, 바이어나 그 고객들에게 제기되거나 위협이 이루어진, 모든 요구, 손해배상을 의미함.

〈검토사항〉

클레임의 범위를 지적재산권 관련 사항으로 제한하여 일반 클레임(납기, 품질 등)과 구분하고 있다.

3) 보증사항

2.1 SUPPLIER shall, at its own expense,[48] indemnify and hold BUYER harmless from and against any costs, damages and fees reasonably incurred in defense of any CLAIM against BUYER or its customers, including but not limited to attorneys' fees attributable thereto, provided that: (i) BUYER shall promptly give written notice of any CLAIM to SUPPLIER and authorize SUPPLIER, through counsel of SUPPLIER's choice, to settle and defend such CLAIM; (ii) BUYER shall provide SUPPLIER information, assistance and authority, at SUPPLIER's expense, to enable SUPPLIER to settle or defend such CLAIM; and (iii) SUPPLIER shall not be responsible for any settlement or resolution of a CLAIM made by BUYER without SUPPLIER's written approval.	2.1 공급자는, 바이어나 그 고객을 상대로 한 클레임을 방어하는 데 있어서, 바이어의 손해가 없도록 할 것이며, 발생한 모든 비용, 손해배상에 대해 공급자는 이를 보전키로 한다. 단, 바이어는 (i) 클레임 발생 사실을 신속하게 서면으로 통지, 및 공급자가 타결 또는 방어할 권한을 위임하여야 하며, (ii) 공급자의 비용으로, 바이어는 타결 또는 방어에 필요한 정보, 조력, 권한을 제공하여야 하며, (iii) 공급자의 서면 동의 없이 바이어가 타결한 클레임에 대해서는 공급자가 책임지지 않는다.

〈검토사항〉

매우 원칙적이고 선언적이며 일반적인 문구이다. 클레임 처리는 신속한

47) 침해주장. 즉, 법적 판결이 나지 않은 권리자의 침해주장을 의미함.

48) 자신의 비용으로.

상황 파악과 대처가 긴요하므로 바이어의 신속 통지를 요구하고 있고, 또한 바이어가 가지고 있는 필요 정보에 대해서는 협조 의무를 부과하고 있다. 또한 바이어에게 타결 권한을 위임하면, 어차피 공급자가 타결 금액을 물어낼 것이므로 고액의 타결을 지을 수도 있다. 따라서 이를 방지하기 위해 타결 전 공급자의 동의조항을 두었다. 한편, 위 사항에 의하면 보상의 범위가 무한대이나, 후술하는 조항에 의해 그 보상의 발생 조건, 한도가 제한될 수 있다.

4) 보증대상의 제한

2.2 Notwithstanding the foregoing,[49] SUPPLIER shall have no liability with respect to any CLAIM resulting from BUYER's use of the PRODUCT with other products, devices, parts or components, provided that the use of the PRODUCT alone would not cause such CLAIM.	2.2 전항에도 불구하고, 공급 제품만을 단독으로 사용시 클레임이 걸리지 않을 경우, 바이어가 다른 제품과 같이 사용하여 제기된 클레임에 대해, 공급자는 책임이 없다.

〈검토사항〉

공급자의 책임 발생 사유를 제한하는 내용으로서, 공급자 제품 단독으로는 특허 침해 문제가 없는데, 바이어의 후속활동으로 인해 침해가 발생할 경우는 공급자의 책임을 부인한다는 내용이다. 공급자로서는 이 정도 문구를 집어넣어도 좋을 것이다. 더욱 바람직하기로는, 위의 예문에 추가하여 아래의 예문을 넣는 것이 좋다.

Buyer shall defend, indemnify, and hold Supplier harmless form any costs or expenses arising from a rightful claim of infringement by a third party, where Buyer furnishes and requires Supplier to use detailed specifications for the process of manufacturing the PRODUCTS, and such infringement claim would not have occurred but for complying with such detailed specifications.	공급자가 제품 생산 과정에서 적용하도록 상세한 규정 사항을 바이어가 제공하고, 공급자가 이를 따르도록 요구하였으며, 그 상세 규정 사항에 따르지 않았더라면 침해 클레임이 생기지 않았을 경우, 바이어는 공급자의 손해가 없도록 할 것이며, 발생한 모든 비용, 손해배상에 대해 바이어는 이를 보전키로 한다.

49) 앞서의 규정에도 불구하고.

위 조항이 적용되는 경우는 실제로 많이 일어난다. 전형적인 경우가 완성품 업체와 부품 업체가 신제품을 공동 개발하는 경우가 될 수 있다. 이 경우 완성품 업체에서는 개발 기간을 단축하기 위해 이미 업계에 널리 알려져 있는, 혹은 자신들이 이미 채택해봐서 검증된 기술을 (타인의 특허가 존재할 개연성이 높거나, 심지어 타인의 특허가 존재한다는 것을 알면서도) 채택하도록 압력을 가하는 경우가 종종 일어난다. 좀 더 노골적인 경우는, 완성품 업체 입장에서, 부품 공급선을 단일 공급선으로 할 경우, 안정적인 공급이나, 통제력을 발휘하기 어렵기 때문에 공급선의 다변화를 원하는 경우가 많은데, 이 경우 가장 쉽게는 기존 공급 부품의 복제를 희망하는 경우도 있다. 따라서 이러한 상황에서 문제가 생길 줄 알면서도 울며 겨자 먹기로 문제 제품을 공급하고 결국 그 책임을 다 덮어쓰는 사태는 피하여야 할 것이다.

위 조항에 합의해주더라도 공급자가 일정한 책임을 지도록 요구하는 경우도 있다.

Notwithstanding the foregoing, Buyer shall have no liability to Supplier hereunder, if Supplier know, or through the exercise of reasonable due diligence should have known, that the required manufacturing specification(s) infringe or potentially infringe another party's intellectual property rights.	위 사항에도 불구하고, 그 상세 규정이 제3자의 지적재산권을 침해하거나 침해할 가능성이 있다는 것을 만일 공급자가 알았거나, 혹은 합리적인 조사에 의해 알 수 있었을 경우, 바이어는 공급자에게 책임을 지지 않는다.

본 조항은 한 마디로 특허 저촉 조사 의무를 공급자에게 부과하는 조항이다. 여기서 합리적인 조사(reasonable due diligence) 범위가 어디까지냐 하는 것이 문제다. 적어도 최선의 조사 노력(best effort)을 요구하는 것은 아니므로, 예상되는 생산, 판매, 수출 국가, 주 경쟁사의 특허 정도는 조사해야 할 것으로 보인다. 문제 특허 발견시에는 당연히 철저히 분석할 필요가 있지만, 그 모든 과정이 수개월 소요되어서, 모든 수발주 계약이 특허 저촉 조사 결과를 기다려야 할 정도라면, 이는 합리적이라고 보기보다는 과잉 조사로 보아야 하지 않을까? 아무튼 이런 표현은 그 상황에서 가장 상식적이고, 현실성이 있는 정도를 요구한다는 것을 명심할 필요가 있다.

5) 공급자의 문제해결 노력

2.3 In the event that any PRODUCT is subject, or in SUPPLIER' reasonable opinion, may be subject to a CLAIM, SUPPLIER may, at its sole discretion[50], at its own expense, either: (i) obtain for BUYER and its customers the right to continue to use and sell such PRODUCT; (ii) provide replacement product that is non infringing, which replacement of product will meet the same functionality, compatibility, and performance characteristics as the PRODUCT at issue; or (iii) modify the PRODUCT so that it becomes non-infringing and maintains the same functionality, compatibility, and performance characteristics as the PRODUCT prior to modification.	2.3 공급자가 합리적으로 볼 때, 공급제품이 클레임에 걸리거나 그럴 가능성이 있는 경우, 공급자는 스스로의 판단으로, 스스로의 비용으로, (i) 바이어와 그 고객들이 그 제품을 계속 사용하고 판매할 권한을 획득, (ii) 종전 제품과 동일한 기능, 호환성 그리고 성능을 가진 비침해 물품으로 교체, (iii) 개선전 제품과 동일한 기능, 호환성 그리고 성능을 가진 비침해 제품으로 개량할 수 있다.

〈검토사항〉

손해배상을 줄이기 위한 공급자의 옵션을 기재하고 있다. 단, 이러한 노력에도 불구하고, 달성이 불가능한 경우[예를 들어 (i)에 규정된 라이선스 획득은 상대가 동의하여야만 가능]가 많으므로, 이를 공급자의 의무사항으로 규정하는 것은 바람직하지 못하다.

6) 보증 금액의 제한

3.1 Any costs, damages and fees in aggregation[51] payable to BUYER by SUPPLIER under this Agreement shall not exceed 100% of accumulated sales revenue then received by SUPPLIER from BUYER for the sale of PRODUCT.	3.1 공급자가 바이어에게 지불할 모든 경비, 손해 배상액의 총계는, 공급자가 그 시점에서 바이어로부터 받은 제품 공급가액의 100%를 넘을 수 없다.

50) 본인의 전적인 판단으로.

51) 누적하여, 합산하여.

〈검토사항〉

손해배상 한도의 제한 규정이다. 여러 가지 형태로 가능한데, 본 계약서에서 가장 중요한 부분이라고 할 수 있으며, 당사자의 협상파워에 좌우된다. 위 예문에서 제품 공급가액의 100%를 예로 들었는데, 100%는 공급자의 이윤은 물론 모든 원가가 다 포함되었기 때문에, 공급자 입장에서는 그야말로 대단하게 보상한도를 규정한 것이다. 물론 바이어 입장에서는 몇 배 혹은 몇 십배 비싼 완성품을 두고 손해배상액이 산정될 수 있으므로, 여전히 불만일 수도 있겠지만 …10%, 30%, 50% 등…아니면, 전혀 다른 내용으로도 가능하다.

7) 보증 부인 대상

3.2 IN NO EVENT SHALL SUPPLIER BE LIABLE TO BUYER FOR ANY INCIDENTAL, CONSEQUENTIAL OR SPECIAL DAMAGES, INCLUDING BUT NOT LIMITED TO ANY LOST PROFITS, LOST SAVINGS, OR OTHER INCIDENTAL DAMAGES, ARISING OUT OF THE CLAIM EVEN IF SUPPLIER HAS BEEN ADVISED OF THE POSSIBILITY OF SUCH DAMAGES. THE FOREGOING LIMITATION OF LIABILITY SHALL REMAIN IN FULL FORCE AND EFFECT REGARDLESS OF WHETHER BUYER'S REMEDIES HERE-UNDER ARE DETERMINED TO HAVE FAILED OF THEIR ESSENTIAL PURPOSE.	3.2 어떠한 경우에도, 본 클레임으로 인해 바이어가 입은 일실 이익을 포함하여, 부수적, 결과적, 혹은 특별 손해에 대해서는, 공급자가 그 가능성을 사전에 알았다 하더라도, 책임지지 않는다. 또한, 여기서 규정한 바이어의 손해 보전 내용이 그 필수 취지를 충분히 살리지 못하는가 여부에 관계 없이, 위 손해 배상 제한은 여전히 유효하다.

〈검토사항〉

손해배상 한도의 제한 규정이다. 본 조항은 결국 공급자가 앞서 언명한 물품대금으로 손해 배상이 국한되며, 본 클레임으로 말미암아 바이어가 날려버린 이익, 바이어의 고객이 본 손해 등은 책임지지 않겠다는 것이다. 비법률 전문가들이 손해보증을 할 경우, 흔히 간과하는 조항이다. 본 조항을 두지 않을 경우, 바이어의 예상되는 모든 손해를 배상할 의무가 지워지거나, 소송의 대상이 되므로 주의하여야 한다. 본 조항은 공급자를 편드는 것 같지만, 사실은 리스크 한도가 눈에 보이므로 안전한 계약을 촉진하는 효과도 있다는 것을 명심하여야 한다. 위와 같은 문제 발생 가능성과 위험성을 알고 있는 공급자라면, 만일 본 조항에 대해 바이어가 동의하지 않는다면, 아마도 상거래를 포기할지도 모른다.

8) 보증 책임의 한계

3.3 This Agreement states the entire liability and obligations of SUPPLIER and BUYER with respect to any CLAIM.	3.3 본 계약서는 클레임에 한하여, 공급자와 바이어의 모든 권리 의무 관계를 규정하고 있다.

〈검토사항〉

한 마디로, 더 이상의 손해배상은 없다는 얘기다. 본 계약서를 확대 해석하는 경우를 방지한다. 보증을 해주는 입장에서는 매우 중요한 문구가 된다.

6. 계약의 체결과정

(1) 계약 체결 단계

일반적으로 본 계약을 체결하기까지는 몇 단계가 소요된다. 보통 비밀유지계약(NDA)을 맺고, 그 다음으로 계약조건을 요약한 조건 요약서(Term Sheet)를 통해 협상을 진행하며, 계약 중간 점검용으로 그 시점까지 합의를 한 사항을 정리한 MOU를 교환한 다음, 본 계약을 체결하는 순서가 보통 쓰여진다. 그러나 이 모든 절차를 다 밟아야 하는 것이 아니며, 또한 모두 필요하다고 볼 수 없다. 특히, 특허 라이선싱의 경우에는 그 성격상 NDA는 거의 필요하지 않으며, MOU 역시 오히려 계약체결을 지연시키는 결과가 될 수 있다.

(2) NDA(Non-Disclosure Agreement)

1) 필 요 성

실사자 입장에서는 계약할 필요성을 판단하기 위해서는 해당 기술에 어느 정도 접근할 수 있어야 한다. 한편, 공여자 입장에서는 계약이 성사되지 않은 경우, 기술이 공개되어 버리는 것을 막아야 할 필요가 있다. 따라서 양자의 모순된 입장을 공히 보호하여 계약 추진의 신뢰를 확보하기 위해 비밀보호를 요지로 하여 서명하는 것이다. 대체로 매우 표준적인 내용이며, 특허 라이선싱의 경우에는 거의 필요가 없다.

2) 주요 규정사항

— 제공 기술 리스트
— 제공 용도
— 비밀유지 의무 및 예외
— 비밀유지 기간
— 비밀유지의무 위반시 제제

(3) MOU or LOI

1) MOU는 Memorandum of Understanding의 약자이며, 보통 양해각서라고 번역한다. MOU는 또 LOI라고도 불리는데, Letter of Intent의 약자이며, 보통 의향서라고 번역한다.

2) 구 속 력

주계약서 체결 이전에 반드시 체결해야 하는 것은 아니며, 원칙적으로 구속력이 없다. 반면, 그 내용이 계약서로서 실행하기에 충분할 정도로 문구가 만들어진 경우, 법원이 구속력을 인정하는 경우도 있다. 따라서 MOU라고 쓰여져 있다고 해서 구속력이 없다고 속단할 것은 아니고, 가장 확실한 방법은 구속력이 없음을 MOU에 명시하는 것이다. 예를 들어 아래와 같이 규정할 수 있을 것이다.

The purpose of this MOU is to outline commitment of the parties prior to the agreement and signing of a formal agreement.	본 MOU의 목적은 정식 계약서 서명 전에 양 당사자간의 담당 임무를 정리하려는 것이다.

3) 기재내용

특별한 형식은 없으나, 대체로 계약서 형식을 따르게 된다. 중요한 협상사항, 중간 합의사항만을 기재한다.

4) 필 요 성

양사간 그때까지의 이해, 합의사항 정리하는 것으로, 법적 구속력은 없으나, 도의적으로 합의사항의 번복을 억제하는 효과가 있다.

기술 도입이나 기타 사업 합의시에는 양 당사자간의 계약 의사 증빙(정부 인가시, 금융기관 융자시, 투자유치 등)용으로 많이 쓰여진다.

특허 라이선싱의 경우에도 때로는 MOU 작성을 요구하는 특허권자가 있다. 주로 일본 특허권자 사이에서 찾아볼 수 있는데, 응해야 할 의무는 없고, 응하면 오히려 일만 번거로워진다. 구속력도 없지만 불리하게 작성하고 싶지 않는 측에서 MOU 문구를 두고 신경전을 벌이며 시간을 쓰는 광경을 상상해보라. 그리고 어떤 특허권자는 협상이 끝나면 회의록 작성을 요구하는 경우도 있는데, 역시 응할 이유도 없고 응해주지 않는 것이 현명하다.

(4) Term Sheet

일방 당사자가 제안하는 협상용 계약조건을 상대에게 제시하는 문서를 말한다. 따라서 Outline 형식으로 주요조건만 기재하게 된다.

반드시 제시해야 할 의무는 없으나, 영어가 모국어가 아닌 한국사람들에게 있어서는 상대방에게 명확한 의사전달 효과가 크므로, 적극 활용하는 것이 바람직하다.

여기에는, 이것이 정식계약서가 아닌 점과 정식계약서 체결시까지 구속력이 없음을 명시하는 것이 안전하다. 예를 들어 아래와 같이 규정할 수 있을 것이다.

This Term Sheet is intended solely as a basis for further discussion and is not intended to be and does not constitute a legally binding obligation, until formal	본 Term Sheet은 아래 '비밀유지'조항을 제외하고는 법률적으로 구속하려는 의도도 없고, 본 Term Sheet에서 제안된 사업을 반영하는 정식 계약서가 서명되고 교환되기

agreement covering the proposed transaction in this Term Sheet is executed and delivered by the parties except as provided in the paragraphs entitled 'Confidentiality.'	까지는 그러한 의무도 구성하지 않는다.

제6장

미국 특허 소송

Ⅰ. 미국 특허 소송 일반

1. 미국 소송 제도 개요

(1) 일러두기

미국 소송은 한국 소송과 많은 차이점이 있다. 이하에서 미국 소송의 여러 가지를 다루어 나가겠지만, 본 난에서는 무엇보다 법문화에 기인한 소송 진행 과정의 차이에 대해 언급해 두고 가는 것이 미국 소송의 여러 가지 요소를 이해하는 데 도움이 될 것 같아 간략히 언급해두고자 한다.

(2) 영미법과 대륙법

미국법은 영국법과 함께 영미법계에 속하며, 우리나라는 독일, 일본 등과 함께 대륙법계에 속한다. 영미법계는 법(law)과 형평법(equity)으로 구분 운용된다. 반면 대륙법계는 그러한 구분이 없이 통합되어 있다. 형평법은 따라서 우리에겐 비교적 생소한 개념인데, 예를 들어 설명해본다. 주택가 인근의 공사장에서 소음 및 분진으로 인한 주민 피해가 생겨서 이에 대한 소송이 일어났다.

그리고 주민들의 주장이 받아들여졌다. 그 결과, 법원은 주민들에게 그간의 불편과 피해에 대한 배상금을 지급하도록 건축주에게 명령하였다. 그런데, 공사중지 명령은 어떠할까? 주민들에게 주는 피해가 돌이킬 수 없을 정도로 심각하다면 공사 중지 명령을 내리겠지만, 그 정도까지는 아닌 반면, 건축주는 이미 거액의 공사금을 투입하였고 여기서 중지할 경우 매우 심각한 경제적 손실이 예견된다고 법원이 판단한다면, 아마 다음과 같은 판결을 예상할 수 있을 것이다. 즉, ① 공사는 계속 허용하되, 주민 피해를 최소화시킬 수 있는 예방설비(예를 들어 살수 장치, 공사장 차단막 등등)를 하라. ② 그리고 공사시간은 주민의 휴식을 방해하지 않도록 오전 10시에서 오후 5시까지만 하라. ③ 주말은 공사하지 말라 등이 될 것이다.

만일 이러한 판결이 내려진다면, 배상금은 법의 영역에 속하고 그 나머지 시공사의 행위는 형평법의 영역에 속하는 판결이라고 볼 수 있다. 위의 예에서 보다시피, 형평법은 법의 지나친 엄격성을 완화하는 역할을 할 때도 있고, 때로는 법의 미진함을 보완하는 장치로서도 기능을 하며, 도덕적, 윤리적, 그리고 합리적인 상식에 따라 판결이 내려지게 된다. 특허소송에서도 형평법적인 요소가 많이 있는데, 몇 가지 예를 들면, 가처분, 금지처분, 약식판결, Fraud, unclean hand doctrine, laches 같은 후술하는 사항이 대표적인 것에 해당될 수 있고, 법적인 요소는 손해배상이다. 크게 나누어 금전적 해결은 법의 영역이고 행동을 강제하는 해결은 형평법의 영역이라고 생각하면 상당히 맞을 것이다. 여기에서 상당부분을 할애하여 형평법에 대한 설명을 한 것은, 앞으로 소송 전략 구사시, 법원의 판단을 예상하여야 하는데, 이때는 형평법적인 사고가 필요해지기 때문이다.

(3) 판사의 역할

소송과정에서 판사의 역할에 대해서도 영미법계와 대륙법계는 차이가 있다. 영미법계는 재판 체계가 당사자 대항주의(adversarial system)이라고 불리며, 대륙법계는 심문주의(inquisitorial system)이라고 불린다.

따라서 영미법계에서는 사건의 진실을 입증하기 위해서 양측의 대리인이 주로 활동을 하며, 판사는 중립적이고 피동적인 입장에 있다. 반면 대륙법계에서 판사는 당연히 중립적이지만 능동적으로 사실파악을 위한 조사관의 역할을 수행하며, 대리인은 고객에게 유리한 방향으로, 그러나 판사의 조사과정을 돕는 역할을 한다.

필자는 미국 소송을 수행하면서 미국 판사는 축구 심판과 같다는 인상을 받곤 한다. 평소에는 호루라기만 문 채로 양 당사자들이 경기를 하도록 지켜보다가 만일 마찰이 생기면 그때서야 중간에 들어와서 시시비비를 가려 주는 역할을 한다. 즉, 일단 기본 진행규칙(protective order)[1]을 정해 준 다음, 소송서류의 송달, 증거 조사 과정에서 일절 관여 하지 않고 있다가, 당사자간의 마찰(증거 조사 비협조, 약식판결 청구, 청구범위 해석을 위한 마크맨 히어링 등)이 있을 경우에만 판결을 내린다. 만일 배심재판으로 진행되는 경우라면 배심 평결이 내려질 때까지 호루라기만 물고 있다고 볼 수도 있다. 이에 반해, 우리나라에서는 판사가 양 당사자간에 이루어지는 반박, 재반박을 지켜보면서, 기록검토를 하며, 질문하면서, 판사의 의문사항이 모두 해소되었다고 판단하면 판사가 결심을 선언하고 판결작업에 들어간다. 이러한 차이를 이해하는 것도 미국 소송에 큰 도움이 된다.

(4) 판 례 법

영미법계는 판례가 대단히 중요하다. 판례법이라 함은 법원이 구체적 사건에 대한 재판에서 내린 판결로서, 재판에서의 판사를 구속하는 효력을 가진 법규범을 말한다.[2] 영미법계에서, 상급법원이 내린 판례는 법규범으로서 당해 법원은 물론 다른 동급법원과 하급법원을 구속하는 효력을 갖는바, 이를 소위 선례구속의 원칙(doctrine of precedent 혹은 stare decisis)라고 부른다.[3]

이러한 선례 구속의 원칙은 기판력(res judicata)과 구분하여야 한다.[4] 기판력은 특정사건에 대해 법원의 판결이 확정된 경우, 다른 법원에 다시 제기할 수 없다는 원칙을 말한다. 선례 구속의 원칙은 영미법계의 특유한 제도이고,

1) 사실은 이 protective order도 양 당사자간에 합의를 보면 대부분 그대로 인정해준다.

2) 이상윤, 개정판 영미법, 박영사, 2005, p.66.

3) *Id.*

4) *Id.*

대륙법계에서는 이를 인정하지 않고 있다.[5] 이에 반하여 기판력은 영미법계는 물론 대륙법계에서도 인정되는 원리이다.[6]

2. 연방관할과 주관할(Federal Jurisdiction v. State Jurisdiction)

일반적으로 연방법이 주법보다 상위에 있는 것으로 인식하기 쉬운데, 사실은 연방헌법의 해석 issue를 제외하고는 기본적으로 대등한 관계이다.

연방법은 제한관할(limited jurisdiction)이라고 하여, 연방헌법에 규정된 9개 항목에 대해서만 적용된다. 본서와 관련 지워 보면, 특허법, 상표법, 저작권법이 연방법에 포함된다.

그 이외는 모두 주법 관할인데, 영업비밀 보호법, 계약법 등이 있다. 여기서 주의하여야 할 것은 광의로 보면 특허문제이지만, 주법이 관할하는 경우가 있다. 특허 양도 위반 및 해석, 불법행위에 근거한 영업방해, 특허 소유권 문제들은 주법의 적용을 받는다. 또한, 주법원에서 로열티 때문에 일어난 라이선스 위반 소송의 경우 특허를 무효시킬 수는 없지만, 특허의 유효성도 다루어진다.

경우에 따라서는 연방 재판소가 주법을 다룰 수도 있고, 주재판소가 연방법을 다룰 수도 있다. 이러한 관계는 본서의 범위를 벗어나므로 여기서는 자세한 언급을 생략하고 사안별로 담당변호사에게 맡겨야 하지만, 일단 그런 사실을 알아두는 것도 추후 소송지 선정이나, 소송의 속도 등, 상대와의 전략수립에 도움이 될 수 있다.

3. 소송지 결정방법

미국 법원이 소송을 담당하기 위해서는 3가지 관할 요소가 맞아야 하고, 원고는 제소시 소장에서 3가지 관할 요소가 존재함을 입증하여야 한다. 그것은 각각 Subject matter jurisdiction, Personal jurisdiction, 그리고 Venue이다. 만일

---

5) *Id.*

6) *Id.*

관할 요소가 맞지 않으면 피고로서는 이 점을 지적하여 소송 각하를 요구할 수 있게 되는데, 이때 재판부는 각하시키거나 혹은 관할이 맞는 다른 법원으로 사건을 이송시킬 수 있다.

4. Patent Court System

(1) 법원 구조

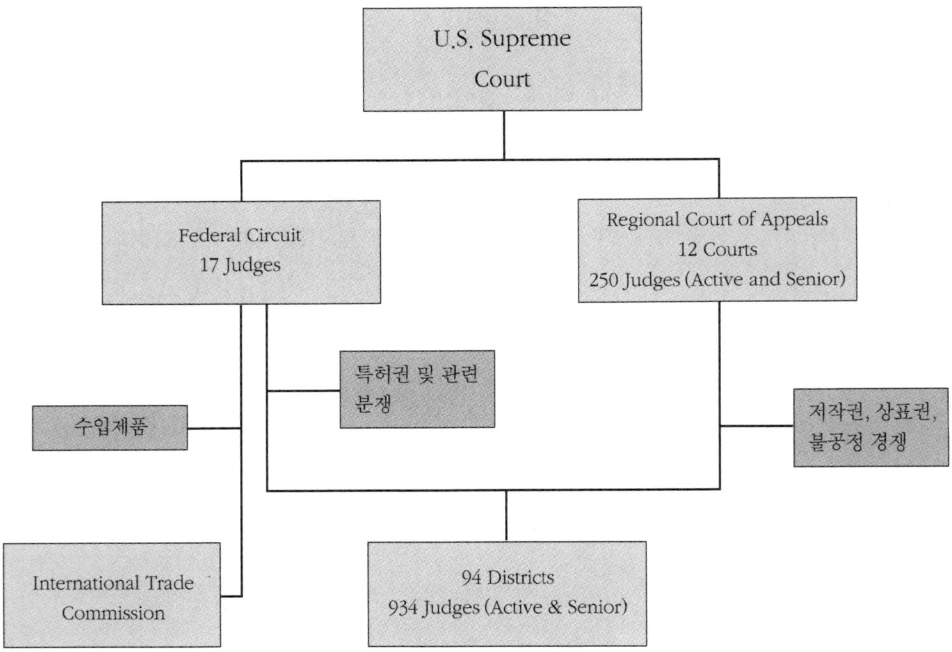

(2) 특허 침해 소송 경로

미국의 특허 침해 소송은 2가지 경로로 진행될 수 있다. 한 가지는 여느 소송과 마찬가지로 연방지법에 제소하는 것이며, 또 하나는 국제 무역위원회(ITC)에 제소하는 방법이 있는데, 연방지법을 통할 경우 과거침해에 대한 손해배상과 향후의 금지처분을 받을 수 있는 반면, ITC의 경우는 과거 침해에 대한 손해 배상은 구할 수가 없으나, 향후 수입배제명령을 받아낼 수 있는 점이 다르다. 물론 연방지법과 ITC 양쪽에 동시에 제소할 수도 있다. 상세한 사항은 본서의 다음 장 ITC 소송을 참조하기 바란다.

항고의 경우, 저작권이나 상표 침해의 경우에는 각 연방지법을 관장하고 있는 지역 항고법원으로 진행되나, 특허사건만은 ITC 케이스와 마찬가지로 연방항고법원(CAFC)에 회부된다.

(3) 대법원(Supreme Court) (www.supremecourtus.gov)

대법원은 Chief Justice 및 8인의 Associate Justices, 총 9인의 대법원 판사로 이루어져 있다. 종신직이며, 상원의 동의를 얻어 대통령이 임명한다. 상고허가제로 되어 있다.

대법원의 임기를 Term이라고 부르는데, 10월의 첫 번째 월요일에 시작하여 다음해 10월 첫 번째 월요일이 될 때까지이다. Term은 다시 구두변론을 듣고, 판결을 내리는 sitting과 판결문을 작성하거나 법원 사무를 보는 rescess로 갈라지는데, sitting과 rescess는 약 2주 간격으로 반복된다. 거의 예외 없이 각각의 당사자들은 30분간의 변론 기회가 주어진다. 한 Term동안(즉, 1년), 약 10,000건의 상고 신청(petition for writ of certiorari)이 접수되는데, 그 중 상고심의 대상으로 결정되는 사건은 1% 정도에 불과한 약 100건 수준이다.[7] 따라서 특별한 판례제정, 판례간 불일치 해소 또는 헌법해석을 둘러싼 사건 등, 의미 있는 사건이 아니면 대부분 상고 기각되므로, 지적재산권 실무상으로는 CAFC를 최종심으로 보아야 한다. 그러나 대법원은 최고의 법률해석기관으로서, 한 해 한 건 정도의 특허 관련 판결을 내리지만, 특허 실무에 엄청난 영향력을 미치고 있다. 판례에서는 U.S. 혹은 S. Ct.로 표기된다.

(4) CAFC(Court of Appeals for the Federal Circuit) (www. cafc.uscourts.gov)

미국에서 지역에 따른 관할이 아닌, 주제에 대한 관할을 가지는 유일한

---

7) http://www.supremecourtus.gov/about/justicecaseload.pdf.

법원이며, 워싱턴 D.C.에 위치하고 있다. 미국에서는 흔히 Federal Circuit이라고 불린다. 판례에 (Fed. Cir.)로 표기된다.

2006년 현재 4명의 시니어 판사를 포함, 16인의 판사로 구성되어 있으며, 1982년 미국의 Pro-patent 추세에 맞추어 설립되었다. 특허법의 단일성 유지와 지역 항고재판소(circuits)의 상이한 특허법 해석을 좇아 유리한 소송지를 선정하는 forum shopping을 방지하기 위해 설립되었다.

특허 및 ITC 사건에 대한 전국 유일의 관할권을 가지고 있으며, 따라서 실무상 최종심으로서 가지는 판례의 영향력은 막강하다.

업무량은 2009년의 경우, 연방지법으로부터 약 445건, 특허청으로부터 95건, ITC로부터 47건의 항고를 접수하였다[8].

(5) 연방 지법(Federal District Court)

전국에 94개소가 있으며, 제1심으로서 배심재판이 행해진다.

소송 비용과 노력이 가장 많이 드는 단계이며, CAFC는 일부 분야[9]를 제외하고는 대부분 법률심의 입장을 취하므로, 1심에서 내려진 사실판단을 뒤집기가 매우 어렵다. 따라서 소송 실무상으로는 1심이 가장 중요하다고 간주해야 한다.

소송 진행속도는 법원마다 상당한 차이(1~5년)를 보이고 있어, 소송 전략상 중요한 선정 point가 되고 있다.

아래 도표에서 보면 미국 평균 소송기간은 약 2년 정도로 볼 수 있는데, EDVa(버지니아 동부 법원)의 경우에는 1년도 되지 않는 기간 내에 사건을 종결하는 것을 알 수 있다. 버지니아 동부 법원은 이 같은 이유로 매우 유명하게 되었으며, 빠른 해결을 선호하는 특허권자들이 많이 찾는 법원이다. 이 법원은 빠른 소송 진행으로 인해 Rocket Docket이라고도 불린다.

---

8) http://www.cafc.uscourts.gov/pdf/CaseloadAnalysisFY09.pdf.

9) Claim construction, prosecution history estoppel, enablement, definiteness, on sale and public use, ultimate conclusion of obviousness, double patenting, 특허법 116조의 inventorship, priority, conception, reduction to practice, interpretation of interference count, 특허법 152조의 identity, reissue법에서의 error 요건.

소송지별 소송소요기간[10]

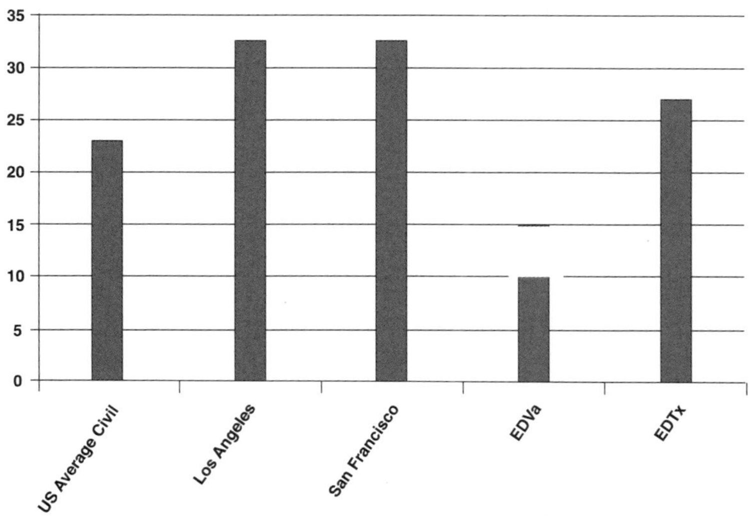

소송이 제기된 전체 특허소송 중 2.2%만이 최종재판까지 진행되는 것으로 나타났다. 이 같은 현상은 최근 들어 미국기업들이 소송을 적극적으로 제기하는 한편, 소송비용의 부담을 줄이고 있는 것으로 풀이된다. 또한, 1996년에 유명한 마크맨 판결[11]이 내려진 이래, 거의 모든 케이스에서 청구범위를 확정하는 마크맨 구두심리가 행해지고 있다. 그 결과로 청구 범위가 분명해지면, 승패 역시 어느 정도 예견되기 때문에, 최종 판결 이전에 타결하는 실리적인 자세를 보이고 있다는 추론이 가능하다.

5. Jury Trial v. Bench Trial

(1) 배심재판(Jury trial)

원고, 피고 중 어느 한쪽이 배심재판을 신청하면 된다. 배심재판을 받을

10) Judge Walter D. Kelly, Jr., United States District Court For the Eastern District of Virginia, 미국무역분쟁 소송과 특허소송 실무, 2007.5, p.11.

11) *Markman, v. Westview Instruments,* 517 U.S. 370; 38 U.S.P.Q.2D 1461.

권리는 헌법상의 권리이므로 상대방이 배심재판을 거부할 수는 없다.[12] 즉, 일단 어느 한쪽이 제기하면 무조건 배심재판을 받아야 한다. 배심재판은 과거 특허소송에서 많지 않았으나, 지금은 거의 대부분의 특허 소송에서 배심재판이 채택되고 있다. 아래 표는 그 중 배심원이 손해배상 평결을 내린 사건을 통계 낸 것이다. 2000년대에 접어들어 배심원이 손해배상 평결에 참여하는 비율이 급증하고 있음을 보여주고 있으며, 배심원들이 판사보다 승률도 높고 손해배상액 평결을 후하게 내리는 일반적인 경향[13]을 감안하면 그 비중이 더욱 높아질 것으로 보인다. 참고로, CAFC에 항고될 경우, CAFC는 1심 판결을 뒤집는 검토 기준으로서, 판사재판의 경우는 "명백한 잘못(clearly erroneous)" 기준을 적용하는 반면에, 배심재판의 경우에는 기각시키기가 한 단계 더 어려운 "상당한 증거(substantial evidence)" 기준을 적용한다.

배심재판으로 손해배상을 내린 특허소송[14]		
1980년대	1990년대	2000년대
14.4%	24.1%	51.0%

(2) 벤치재판(Bench trial)

어느 쪽에서도 신청이 없는 경우, 판사가 심리하는 것을 말한다.

배심재판과 벤치재판의 비교

권리 유효 판단 비율[15]	
배심 재판	벤치 재판
약 66%	약 56%

12) The 7th Amendment, U.S. Constitution.

13) PricewaterhouseCoopers, 2009 Patent Litigation Study (2009).

14) *Id.* at 7, 8.

15) Jerry R. Selinger, Prelitigation Considerations and Strategies, Patent Litigation Strategies Handbook, at 21. Section of Intellectual Property Law, ABA, 2004 citing J. Allison & M. Lemley, Empirical Evidence on the Validity of Litigated Patents, 26 AIPLA Q.J. 185, 211 (1998).

특허권자의 1심 승률 (1995~2008)[16]		
특허권자	배심 재판	벤치 재판
NPE	80%	51.2%
PE	79.2%	56.8%

1심 권리 유효 판단에 대한 CAFC의 기각 비율[17]	
배심 재판	벤치 재판
약 17.9%	약 6.3%

연대별 메디안 손해배상액 추이(백만 불)[18]			
재판 형태	1980년대	1990년대	2000년대
벤치 재판	0.9	3.3	0.6
배심 재판	1.1	5.5	10.1

위 표에서 눈여겨볼 점은 배심재판에서 손해배상액이 급증하고 있다는 점이다. 이에 대해 PricewaterhouseCoopers는 다음과 같은 해석을 하고 있다.[19] 먼저, 대기업들이 엄청난 수준의 매출이나 이익을 다룸에 따라 배심원들이 큰 숫자에 둔감하게 되었다는 점, 특허권자에 대한 단순한 보상차원이 아니라 침해자를 처벌하겠다는 반감의 표현, 그리고 잠재적으로 큰 손해배상을 바라는 특허권자의 배심재판 선호경향이 맞물린 결과로 보고 있다. 한편, 2000년대 들어 벤치재판의 배상액이 낮아진 점은 최근 급증한 제약회사의 ANDA 사건(이 사건은 손해배상 판결을 내리지 않음), 그리고 대형 배상액이 예상되는 사건의 특허권자들이 벤치재판을 피하고 있는 경향을 꼽았다.

---

16) PricewaterhouseCoopers, 2009 Patent Litigation Study, p.10 (2009).

17) Section of Intellectual Property Law, ABA, 2004 citing J. Allison & M. Lemley, Empirical Evidence on the Validity of Litigated Patents, 26 AIPLA Q.J. 185, 211 (1998) at 21.

18) PricewaterhouseCoopers, 2009 Patent Litigation Study, p.10 (2009).

19) *Id.*

6. Discovery

영미법에서만 있는 독특한 제도로서, 소송과 관련된 직간접 증거는 유불리를 막론하고 상대방이(혹은 법원이) 요구하면 원칙적으로 모두 제출하여야 한다.

공판시 판단에 필요한 사실관계를 수집하며, 그리하여 공판시 상대방이 어떠한 입장과 주장으로 공판에 임할 것인가를 알고, 공판시 unfair surprise를 방지하는 데 목적이 있다.

소송기간의 대부분(6월~2년 이상)을 차지한다. 비용도 마찬가지다.

7. 미국소송의 인적 구성

(1) 판 사(Judges)

연방판사[20]는 대통령이 임명하며 상원의 인준을 받는다, 헌법에 의해 종신임기가 보장된다. 사법부는 임명과 인준과정에 참여하지 않는다.

주판사는 각 주에 따라 임명, 혹은 선출직으로 구성된다. 선출직은 투표에 의해 선출되는 것이며, 역사적으로 선출해온 관례가 유지되고 있는 것이 큰 이유이다.

행정판사(ALJ: Administrative Law Judge)는 대통령이 임명하며, 행정소송을 담당하고, 헌법상의 판사는 아니나, 대부분 변호사 자격을 가지고 있으며, 해당 실무에 해박하다. 국제무역위원회(ITC: International Trade Commission)의 행정판사가 그들이다.

Magistrate Judge는 판사가 임명하는 8년 임기의 보조판사이며, 판사의 지휘아래 직접 사건을 맡기도 하나, 보통 공판 전 소송진행을 관장한다.

소송 담당 판사를 배정하는 방법에는 여러 가지가 있다.[21] 기본적인 고려사항은 공평한 사건 분배를 기하고, 판사 고르기를 피하는 것이다. 배정 방법은 각 법원의 재량에 맡겨져 있는데, 대부분 무작위 배정이다. 그 중 하나로서는 배정 가능한 판사를 순서적으로 임명하는 방법이 많이 쓰인다. 때로는 해

---

20) 아래 표는 연방지법 판사, 고참 교수, 로스쿨 학장의 평균 연봉을 발표한 것이다. 호기심 차원에서 한번 보는 것도 좋을 듯. 출처: http://www.uscourts.gov/library/annualreports/2006/2006_annualreport.pdf.

당 분야에 특별한 경험을 가진 판사가 있을 경우, 그 판사가 임명되기도 한다. 어느 경우에나 제척사항을 미리 조사한다.

(2) 변 호 사

1) 현 황

가장 큰 법률시장 중의 하나인 뉴욕주에서는 연간 7000명 정도가 배출되며, 전국적으로 총 100만 명 정도 활약 중이다. 인구 260명당 1명(한국 5000명당 1명) 정도이다.

2) 배출과정

미국 로스쿨 3년제 J.D. 과정을 마치거나, 한국에서 법학 졸업하고 미국 로스쿨의 1년제 LLM 과정을 거치면 변호사 시험에 응시할 수 있는 자격이 주

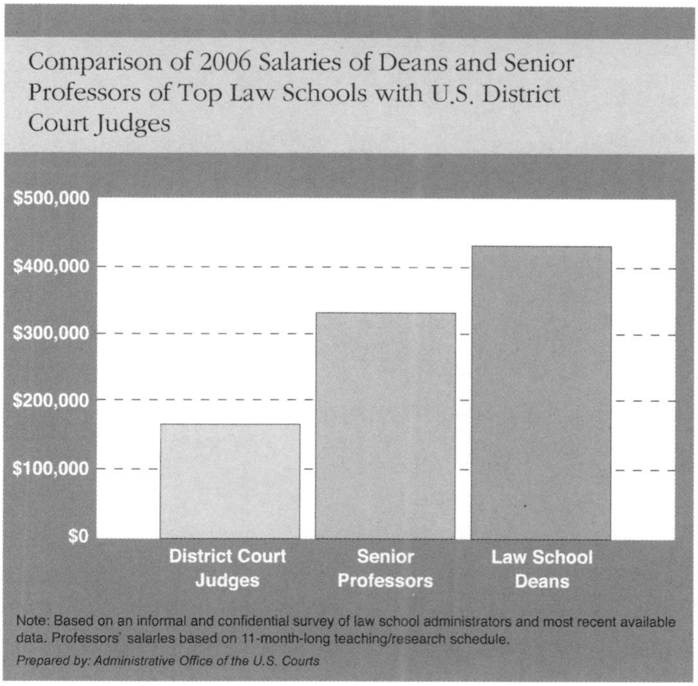

21) http://www.uscourts.gov/faq.html.

어진다. 후자에 경우에는 모든 주에서 응시할 수 있는 것은 아니고, 응시 자격을 부여하는 주가 제한되어 있다. 뉴욕주가 대표적이다. 이 외에도 각 주별로 응시 자격은 다양하여 일일이 열거하기가 쉽지 않은데, 예를 들어 뉴욕주에서는 법률사무소에서 일정기간 근무를 하면 응시자격을 주기도 한다.

3) 미국 변호사 시험

응시자는 자신이 변호사로 활동하고자 희망하는 주에 가서 응시하여야 한다. 1년 2회(2월, 7월) 시험이 실시된다.

— 1일차: 전국 공통 객관식(200문항/6시간)
— 2일차: 주관식 주법
— 3일차(시험 보는 주도 있고 아닌 주도 있음): 실무

응시자들은 본인이 원할 경우 2개 주의 시험을 1번의 응시기회에 볼 수 있다. 예를 들면, 뉴욕주에서는 주관식 시험을 1일차에 보고, 2일차에 전국 공통 객관식을 본다. 그런데 뉴저지주에서는 1일차 시험이 전국공통 객관식, 즉 뉴욕주와 동일한 날짜에 실시되고, 2일차에 주관식 시험이 실시된다. 즉, 이 두 개 주에서 변호사로 활동하고 싶은 응시생은 예를 들어 1일차에 뉴욕에서 시험보고, 2, 3일차에는 뉴저지주에서 시험을 보면 된다.

4) Patent Attorney

위 변호사 자격에 추가하여 미국 특허청에서 실시하는 Patent Agent 시험을 통과하여야 한다. 응시자격은 이공계 출신으로서 미국적자, 시민권자, 미국기업 종업원이 된다. 따라서 한국 기업의 미국 현지기업에서 특허업무를 담당한다면 응시기회를 부여 받을 수도 있다.

5) Partner

Lawfirm에 따라 다르지만, 보통 7~8년차에서 파트너 변호사가 된다. 파트너가 되면 로펌의 경영자에 속하게 되며 운영성과에 대해 이익분배를 받게 된다. 파트너도 여러 가지 이름으로 불린다. 로펌 설립파트너(Founding Partner),

회사이름에 자기이름이 들어간 파트너(Named Partner), 경영 파트너(Managing Partner), 고참 파트너(Senior Partner), 신참 파트너(Junior Partner) 등이 있다.

6) Associate

lawfirm에 입사해서 파트너가 되기 전의 변호사를 말한다. 파트너와 마찬가지로 고참 어소시에이트(Senior Associate), 신참 어소시에이트(Junior Associate) 로 구분된다.

(3) 증 인

1) 사실증인(Fact Witness)

사실을 알고 있는 사람은 누구든지 그 사실에 대해 증인이 될 수 있다.

2) 전문가 증인(Expert Witness)

특정분야의 전문가(회계사, 의사, 법의학자, 연구원, 교수, 변호사 등)가 증인으로 나서는 경우를 말하며, 사실관계에 대해 진위여부를 감정하거나, 전문지식에 바탕을 둔 추정적 의견을 제시한다. 예를 들어, 교통사고 피해자가 사고상황을 증언하면 그는 사실 증인으로 활동한 것이고, 피해자의 증언을 듣고, 의사가 치료기간과 치료비용을 자신의 경험에 비추어 증언한다면, 그 의사는 전문가 증인으로 활동하는 것이다.

미국소송에서 필수 불가결한 존재이며, 때로는 법원이 임명하기도 한다.

(4) 소송 보조 기관(Litigation Supporters)

그 외에도 미국 소송에서는 다양한 소송 보조기관들이 활동한다. 예를 들어 지역성, 사건의 성격을 감안하여 최적의 배심 구성을 조언하는 Jury Consultant, 법정에 여러 가지 설명용으로 제출할 모형, 도표, 동영상을 만들어 제공하는 Exhibition maker, 침해품 등의 분석을 위한 Test 기관, 그리고 최종 공판이 상당 기간 진행될 경우, 양측 변호인단은 법원 근처에 베이스 캠프를 마련하고, 공판 지원활동을 하는데, 이때 필요한 캠프의 제반 운영을 책임지는 Trial site supervisor 등 다양한 지원 기관이 존재한다.

Ⅱ. 소송 절차

1. 절차 도표

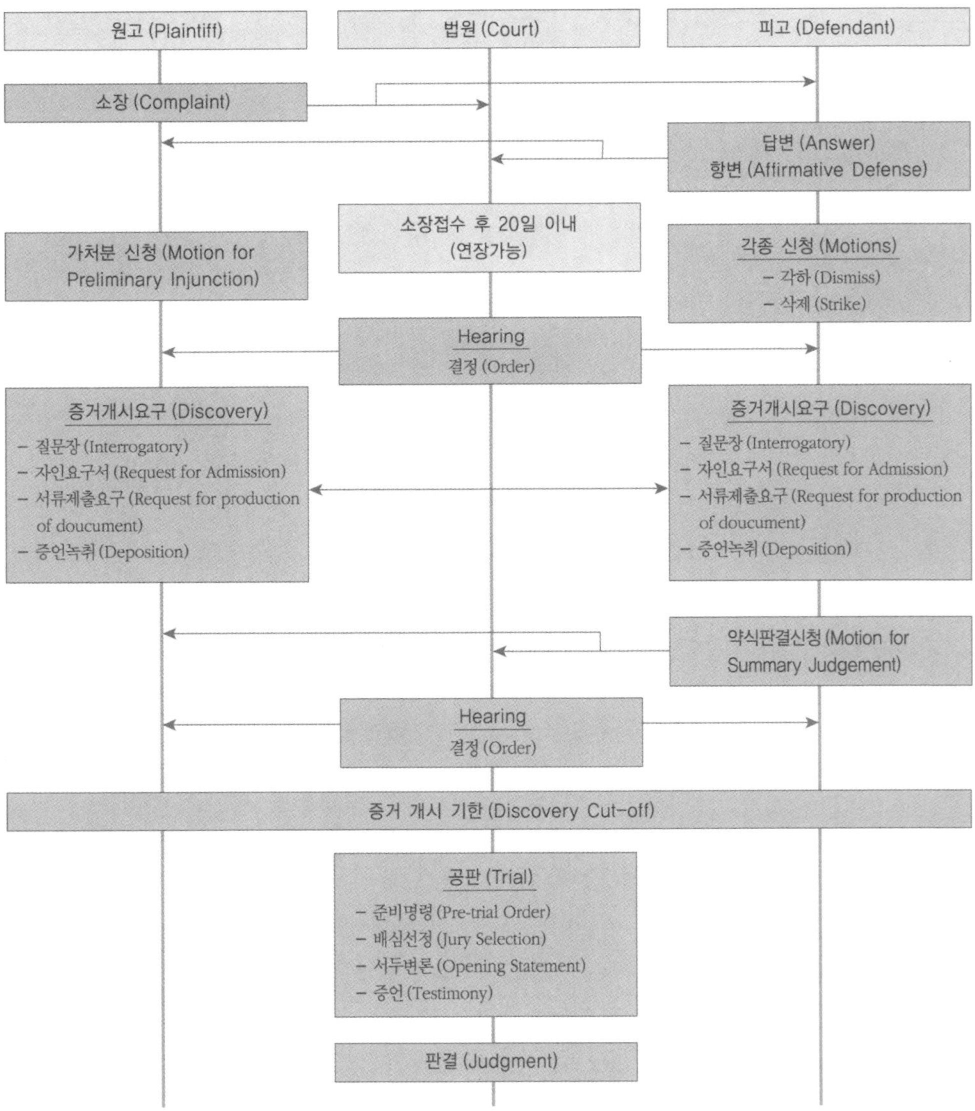
원고 (Plaintiff)
법원 (Court)
피고 (Defendant)
소장 (Complaint)
답변 (Answer)
항변 (Affirmative Defense)
소장접수 후 20일 이내
(연장가능)
가처분 신청 (Motion for Preliminary Injunction)
각종 신청 (Motions)
– 각하 (Dismiss)
– 삭제 (Strike)
Hearing
결정 (Order)
증거개시요구 (Discovery)
– 질문장 (Interrogatory)
– 자인요구서 (Request for Admission)
– 서류제출요구 (Request for production of doucument)
– 증언녹취 (Deposition)
증거개시요구 (Discovery)
– 질문장 (Interrogatory)
– 자인요구서 (Request for Admission)
– 서류제출요구 (Request for production of doucument)
– 증언녹취 (Deposition)
약식판결신청 (Motion for Summary Judgement)
Hearing
결정 (Order)
증거 개시 기한 (Discovery Cut-off)
공판 (Trial)
– 준비명령 (Pre-trial Order)
– 배심선정 (Jury Selection)
– 서두변론 (Opening Statement)
– 증언 (Testimony)
판결 (Judgment)

2. 제소 및 응소(Pleadings)

(1) 소 장(Complaint)[22]

재판관할, 원고 소개, 피고 소개, 침해된 특허 소개, 침해 제품 적시, 청구 이유, 구제 청구 내용을 기재하는 정도이며, 내용은 구체적인 침해 입증을 할 필요가 없고, 매우 간략하다.[23] 그리고 한국 소송과는 달리, 손해배상 청구액을 명시하지 않아도 무방하다. 이처럼 다소 부실(?)하게 제출할 수 있는 이유는 나중에 디스커버리를 통해 빠진 부분이 모두 채워질 것이라는 기대가 있기 때문이다. 법원 수수료는 현재 $350이다.

(2) 송 달(Service of Complaint)[24]

소장은 제소 후 120일 내에 피고측에 송달되어야 한다. 송달은 당사자간 직접 송달이 원칙이다. 주에 따라서는 특정한 기관에 전달시 송달로 간주하는 경우도 있다.

해외에 거주하는 기업과 같이 당사자간 직접 송달이 불가능할 때는 헤이그 조약[25]에 의거한 송달 절차를 밟게 된다. 그러나 피고가 국외 거주자라 할지라도, 미국 내에 대리인(agent)이 있고, 이 대리인에게 송달되었다면, 적법하게 송달된 것으로 본다.

(3) 응소 전 대응(Pre-answer Motion)

1) 원고의 소송청구에 하자가 있는 경우, 답변 대신에 법원에 기각 신청

---

22) F.R.C.P. 8(a).

23) 이와는 대조적으로 ITC 소송의 경우에는 소장에서 일단 침해 사실을 제시하고 주장하여야 한다. 입증수준은 우리나라의 권리범위 확인 심판 청구 수준으로 보면 된다. 이를 *prima facie* infringement(일응 침해)라고 하는데, 특허권자 입장에서 일단 침해가 구성되는 것을 보여주는 것이며, 이에 대해 상대방(침해자)이 반박하게 된다.

24) F.R.C.P. 4.

25) Hague Convention on the Service Abroad of Judicial and Extrajudicial Documents.

을 할 수 있다. 이를 응소 전 대응이라고 하며 F.R.C.P 12(b)에는 다음과 같은 모션들이 규정되어 있다. 만일 모션이 기각되거나, 받아들여져도 여전히 답변이 요구되는 경우에는 10일 이내에 답변서를 제출하여야 한다.

2) Motion to Dismiss for Lack of Subject Matter Jurisdiction[Rule 12(b)(1)]

제소 사건의 성격이 연방법원의 관할이 아니라는 이유의 기각 신청이나, 특허소송은 연방법에 의한 소송이므로 본 모션은 특허소송과는 무관하다.

3) Motion to Dismiss for Lack of Personal Jurisdiction[Rule 12(b)(2)]

대인관할이 잘못되었다는 이유의 기각 신청이다. 피고가 제기하지 않거나 답변에서 빠지면 포기한 것으로 본다.

4) Motion to Dismiss for Lack of Proper Venue[Rule 12(b)(3)]

소관할이 잘못되었다는 이유의 기각 신청이다. 피고의 주장이 타당하더라도 법원은 기각보다는 관할 이전을 시키는 경우가 많다. 피고가 제기하지 않거나 답변에서 빠지면 포기한 것으로 본다.

5) Motion to Dismiss for Insufficiency of Process or Service of Process[Rule 12(b)(4)-(5)]

송달 절차의 하자를 지적하는 것으로, 보통은 변호사들간의 협의로 해결하는 경우가 많다. 피고가 이 문제를 제기하지 않거나 답변에서 빠지면 포기한 것으로 본다.

6) Motion to Dismiss for Failure to State a Claim upon which Relief can be granted[Rule 12(b)(6)]

타 소송에서는 흔한 모션이나 특허소송에서는 드물다. 보통의 경우, 원고가 특허를 보유하고 있고, 피고는 침해행위를 했다고 주장하면 충분하기 때문이다. 그러나 원고가 특허권을 소유하고 있지 않거나, 통상실시권자인 경우, 본 모션을 제기하는 것이 효과적이다.

7) Motion to Dismiss for Failure to join an Indispensable Party under Rule 19[Rule 12(b)(6)]

소송에 필수 참가자가 빠졌음을 이유로 하는 모션이다. 이 경우, 법원은 소송기각 대신에 필수 참가자를 불러들이게 되는 것이 보통이다.

(4) 답변서(Answer)[26]

1) 소장 접수 후 20일 이내에 답변하여야 한다. 송달절차를 포기할 경우, 원고가 포기 요청서를 보낸 날로부터 피고가 미국 국내에 있을 경우, 60일 이내, 외국에 있을 경우 90일 이내에 답변하면 된다.[27] 통상 답변 연장 신청시 상대방도 동의해주나, 그렇지 않은 경우 법원에 연장신청을 한다. 답변 방향은 인정(admitted), 부정(denied), 부지(no knowledge)의 3가지 중의 하나로 한다. 주의 깊게 살펴서 확실한 사항에 대해서만 인정하여야 한다.

2) 소장의 모든 항목에 대해 답변한다. 피해 배상액을 제외하고는 부인하지 않으면 인정하는 것으로 간주된다.

3) 적극적 항변(Affirmative defense) 검토[28]

미국 민사소송 규칙에 따르면 위의 답변 외에도, 소장의 각 주장 항목에 대해 항변을 하도록 요구하고 있다.[29] 이 항변을 적극적 항변이라 하며, 답변서에서 주장하지 않으면, 포기한 것으로 간주되고, 이후 항변을 뒷받침할 증거가 나타나더라도 공판에서 인정되지 않는다.

적극적 항변으로서는 Fraud, License, Statute of Limitation, Laches, Estoppel, Prosecution History Estoppel, Misuse, Res Judicata, Collateral Estoppel 등이 주로 고려된다.

---

26) F.R.C.P 8(b).

27) F.R.C.P 4(d).

28) F.R.C.P. 8(c).

29) F.R.C.P. 8(c).

4) Counter claim 제기여부 검토[30)]

① 피소된 특허의 비침해 및 무효에 대한 Declaratory judgment

② Antitrust / RICO (Racketeer Influenced and Corrupt Organizations) 위반

③ 피고 특허에 대한 원고침해 주장

(5) 재판관할(Jurisdiction)

1) Subject Matter Jurisdiction

소송사건의 사안이 연방법의 영역인지 혹은 주법 영역인지를 결정하는 것이다. 전술했다시피 특허는 연방헌법의 규정에 의해 연방 관할로 되어 있다.[31)]

2) 대인관할(Personal Jurisdiction)

미국 내 어느 주에서 소송을 받을 수 있느냐 하는 것을 말한다. 미국기업의 경우 피고가 제소지(forum state)에 거주하고 정기적으로 영업을 하고 있으면 특별한 문제가 없다. 그러나 다른 경우에는 미국 헌법에 규정된 due process 요건을 만족시키기는 관할지를 결정하기 위해 약간 복잡한 검토를 진행하여야 한다. 외국인은 미국 전역에 있는 어느 법원에서도 재판 받을 수 있으므로 한국 기업의 경우는 크게 따져 봐야 할 사항이 없으나, 한국 기업의 미국 현지 법인의 경우는 미국기업으로 취급되므로, 경우에 따라서는 세밀하게 따져 봐야 할 사항이다.

3) 소관할(Venue)

각 주내에, 즉 대인 관할 내에서 지역적으로 분할된 재판지이다. 대인관할은 캘리포니아, 텍사스 등 주 단위로 되어 있는데, 이 주의 면적이 매우 방대하므로 재판의 편의상 해당 주의 크기에 따라 보통 2~4개의 소관할(venue)로 나누어진다. 이 소관할이 실제로 재판을 받는 법원이 된다. 외국인은 미국 전역에서 관할이 적용된다.[32)] (별첨: 연방지법 일람표)[33)]

---

30) F.R.C.P .13.

31) 28 U.S.C. §1338.

32) 28 U.S.C. §1391(d)

특허사건의 경우 적절한 venue[34]는 피고가 거주하는 재판 관할 혹은, 피고가 침해행위를 하였고, 일상적이고 확립된 영업장소 중의 하나가 만족되면 된다.

(6) 다관할 소송(Multidistrict Litigation: MDL)

동일한 특허권을 가지고 권리자가 여러 주에서 소송을 하거나, 혹은 당하거나 하는 수가 있다. 이럴 경우, 비슷한 소송이나 여러 법원에서 동시에 진행되어야 하는 관계로, 소송의 중복과 이에 따른 시간, 노력, 경비의 낭비가 일어나는 문제점이 생기게 된다. 미국 연방 사법 시스템에서는 이러한 경우, 모든 사건을 한 판사에게 이관(transfer)시켜 심리하도록 한다. 이를 다관할 소송(MDL)이라고 한다. MDL 여부를 결정하는 것은 연방 대법원의 주심판사가 임명한 7명의 판사로 이루어진 MDL 패널이 결정한다. 상세사항은 MDL 패널이 발행한 안내 자료[35]를 참조하기 바란다.

(7) 재판지 다툼(Forum Non Convenience)

Forum non convenience란 라틴어에서 유래한 말로서, 영어로는 inconvenient forum 혹은 inappropriate forum이란 뜻이다. 관습법(common law)상의 원칙인데, 재판관할 요건에 의해 적법하게 원고가 재판지를 선정하였다 하더라도, 증인과 증거 등을 확보하기 어려워 재판을 진행하는 데 있어 매우 큰 부담이 예상되거나, 원고가 bad faith로 재판지를 선정했다는 것을 피고가 입증할 경우, 재판지를 옮기도록, 혹은 현재 법원이 관할을 포기하도록 신청할 수 있다.

피고의 신청에 대해 법원의 재량 사항으로 그 여부를 결정한다. 결정에 있어서는 현 재판지를 고수할 때의 원고의 편리함과 피고의 희망 재판지로 소송이 옮겨질 경우에 있어 피고의 편리함, 이 양쪽의 편리함을 저울질하게 된다. 그러나 원고의 재판지 선택했다는 사실에 좀 더 무게를 두고 재어보게 된

33) http://www.uscourts.gov/understand03/content_10_1.html.

34) 28 U.S.C. §1400(b).

35) http://www.classactionlitigation.com/mdl/Panelbrochure_06_06.pdf.

다. 즉, 원고의 선택이 적법하고 합리적이라면, 법원을 확신시키는 피고의 주장은 강한 설득력이 있어야 한다는 것이다. 만일 소송지 변경이 단순히 당사자간에 불편함을 떠넘기는 정도라면, 원고의 소송지 선택을 존중해줘야 한다.

Forum non convenience 판단시 주요 고려사항[36]
• 증인의 위치 • 관련 증거의 위치 • 피고에게 부당한 어려움 • 원고에게 적절한 대체 소송지 존재 • 사법자원의 신속한 활용 • 관할 법규 • 공익성 • 제소원인이 발생한 장소 등

(8) 보호 명령(Protective order)[37]

1) 한국과는 달리 미국소송에서는 소송과 관련된 자료, 정보를 상대가 요구할 경우 원칙적으로 제출하여야 할 의무가 있다. 이때 그 정보의 내용이 소송에서 꼭 필요한 정보이기는 하나 영업비밀에 속하는 경우 제출하는 측은 딜레마에 빠지게 된다. 따라서 이러한 딜레마를 해소하기 위해 내리는 것이 보호명령이다. 일반적으로 얘기할 때, 이럴 경우 법원은 자료제출을 명령하며, 그 대신 상대방은 직접 보지 못하고, 상대방의 변호사만 소송 필요상 접근할 수 있게 한다. 이를 규정한 것이 보호명령이며, 소송을 진행하기 위한 기본 rule이라고 할 수 있고, 따라서 소송초기에 내려지는데, 당사자간의 합의를 우선 거치고, 대부분의 경우 법원은 합의된 사항을 승인하여 발효되는데, 합의 불가시 법원 결정으로 정해진다.

2) 주요내용

① Confidential information에 대한 상대방의 접근 제한규정(예: 고객정보가

36) http://en.wikipedia.org/wiki/Forum_non_conveniens.

37) F.R.C.P. 26(c).

영업비밀이기는 하나, 소송상 필요한 경우, 상대방의 변호사는 볼 수 있으나, 상대방 고객은 볼 수 없음). 쌍방간 합의에 따라서 여러 가지로 규정이 가능한데, 예를 들어 사내 변호사 2명, 사내 직원 2명만 비밀정보에 접근을 허용한다는 형식의 사람에 관한 제한, 또는 정보의 기밀성에 따라 일반적인 비밀정보(confidential)는 사내 변호사나 기술자가 접근 가능하나 소송에만 사용되는 용도로 제한하거나, highly confidential 혹은 attorneys only 정보는 사외 변호사만 볼 수 있게 하는 수도 있다.

② 과잉 등급(Over Designation): 상대에게 제공될 자료에서 필요 이상으로 confidential 지정을 하거나 혹은 confidentiality 등급을 높여서 상대의 접근을 제한하는 것을 말한다. 단시간 내에 다량의 정보를 제공해야 할 때, 제출 데드라인에 쫓기면서도 비밀정보를 보호하려는 과정에서 덩어리로 비밀 지정(block designation)하면 종종 일어날 수 있다. 상대방은 재지정을 통해 보호등급을 낮출 수 있고, 상대가 거부하면 법원에 이를 청원할 수 있다.

③ 정보 반환 규정(Claw-Back Provisions): 다량의 정보를 상대에게 제공하는 과정에서 의도하지 않게 변호사·의뢰인 특권정보나 변호사 작업물(work product)이 상대에게 건네지는 경우가 있다. 이때는 제출인측의 요청이 있을 경우, 접수측은 즉각 해당 정보를 반환, 격리, 파기하여야 하며, 이미 타인에게 공개하거나 배포한 경우에는 이를 회수하기 위한 합리적인 조처를 취해야 한다.[38] 여기서 조심하여야 할 것은 의도치 않은 공개로 인해 특권 포기로 간주되어 디스커버리의 대상이 될 가능성이 생기는 것인데, 이에 대한 판단원칙은 법원마다 다를 수 있기 때문에 protective order에 이러한 우려를 반영하는 조항을 두어 해결할 수도 있다.[39]

④ 출원 금지(Prosecution Bars): 때로는 상대의 소송 대리인이 출원 대리인의 역할을 겸하고 있는 수가 있다. 이때 생기는 문제는 제공된 상대의 기밀정보를 특허출원에 활용하여 새로운 출원을 하거나 기존 사건을

38) F.R.C.P. 26(b)(5)(B).

39) Peter S. Menell, et al., Chapter 3, p.4-8, Patent Case Management Judicial Guide, Federal Judicial Center (2009).

계속 출원, 부분 계속 출원할 가능성이 있다는 것이다. 따라서 이에 대비한 조항 역시 보호명령에 들어갈 필요가 있다. 흔히, 상대의 기밀정보를 접한 변호사는 그 소송기간 중 그리고 종료 후 1년 동안 해당 기술분야의 출원 대리를 금지하도록 하는 내용이 많이 쓰인다.[40)]

(9) 초기 정보 공개(Initial Disclosure)[41)]

제소 당시에 입수 가능한 소송관련 모든 정보(증인, 서류, 추정 피해액 및 그 피해액의 보험 가입여부)를 상호 교환하는 것을 말한다.

Discovery meeting에서 10일 이내 혹은 쌍방 합의 기간 내에 제출하여야 한다.

3. Discovery

(1) 일반 사항

공판에 제시할 증거와 증인에 대해 당사자간에 정보를 교환하는 절차로서 한국법에는 없는 절차이다. 따라서 우리말로 정확하게 대응되는 용어도 없어서 증거개시절차 혹은 증거조사절차 등으로 번역되고 있다. 본서에서는 원어를 포함, 모든 용어를 사용하기로 한다.

디스커버리는 공판 이전에 당사자들로 하여금 무슨 증거가 공판때 제시될지를 알 수 있게 해준다. 이는 공판 전에는 반대측이 무슨 증거와 증인을 제출할지 모르고, 따라서 이를 반박할 만한 증거확보를 불가능하게 하는 소위 습격공판(trial by ambush)을 막기 위한 장치이다.

디스커버리는 범위가 매우 광범위하다. 직접증거는 물론, 직접증거를 이끌어 낼 수 있는 간접증거까지 포함하여 상대방에게 증거제출을 요구할 수 있다.

---

40) Peter S. Menell, et al., Chapter 3, p.4-21, Patent Case Management Judicial Guide, Federal Judicial Center (2009).

41) F.R.C.P. 26(a)(1).

(2) 서류제출요구(Request for Production of Documents & Things)[42]

제출 대상이 되는 서류와 물품의 정의는 매우 광범위하여 실제로는 거의 모든 것을 포함한다고 볼 수 있다.

서류제출 요구는 초기에 매우 광범위하게 요구하는 것이 좋은데, 그 이유는 후일 관련 서류의 망실 우려를 줄여주고, 유용한 단서를 조기에 찾아내기가 쉽기 때문이다. 더욱이 제출하는 측으로서도 초기에 방대한 자료를 모두 검토 후 건네주기가 쉽지 않고, 제출자료의 중요성을 미처 깨닫지 못하는 가운데 제출할 가능성도 있기 때문이다. 또한, 증인심문에 사용할 문서는 사전에 충분한 검토가 이루어질 수 있도록 시간을 두고 제출을 요구한다.

제출대상 서류이나, 그 중 일부에 privilege된 사항이 있을 경우, 삭제(redaction)하여 제출한다.

Confidential한 내용은 confidential 이라고 표시를 하여 제출한다. 상대방측에서는 protective order에서 허용된 사람만이 열람할 수 있는데, 보통은 상대측 변호사 및 전문가로 국한된다.

문서의 파기, 변조는 절대 불가하며, 단, 사내 표준 문서관리 규정에 의하여 이미 처리한 경우는 무방하다. 그러나 소송이 진행 중이거나, 소송의 가능성이 예견된 상황인 경우에는 문서의 파기, 변조가 금지된다.

(3) 질문서(Interrogatories)[43]

서류나 기타 증거로 알아낼 수 없는 사실관계에 대해 상대방에게 질문서를 보내어 정보제공을 요구할 수 있다. 질문서를 받은 후 30일 이내에 답변하여야 하나, 해당 법원별 현지 규칙에 따라 신축이 있을 수 있다. Request for production of documents and things를 보완하는 제도로 널리 이용되며, 전자에 비해 직선적인 질문과 이에 따른 답변을 얻을 수 있는 장점이 있는 반면에, 생각보다 요긴한 정보를 받기는 어렵다. 그것은 우리도 마찬가지지만 상대방

42) F.R.C.P. 34.

43) F.R.C.P. 33(a).

도 온갖 조건(이의, 조건부, 부인)을 달아서 답변하기 때문이다.

그러나 다음과 같은 경우에는 여전히 중요한 역할을 수행한다. 예를 들어 증인심문은 즉각 기억할 수 있는 지식만 답할 의무가 있는 반면에, 질문서의 답변은 "답변 당사자가 입수 가능한 형태의 정보(such information as is available to the party)"로는 답변할 의무가 있다. 따라서 증인심문에서 얻기 어려운 날짜, 시간, 장소, 문서 소재지, 재무 데이터 등을 질문서로 얻을 수 있고, 심문 대상이 되는 증인을 결정하는 데 도움이 되고, 또한 디스커버리 후반부에 가서는 상대가 주장하는 소송 원인과 그 근거 제시를 요구하여 파악하는 데도 도움이 된다.

기본적으로 25개의 질문항으로 제한되어 있으나, 당사자간 합의에 의한 신청 또는 법원 명령으로 늘어나는 것이 특허사건에서는 보통이다.[44]

Discovery 방해행위에 대한 처벌

누구든지 자신에게 불리한 증거를 거리낌 없이 제출할 사람은 얼마나 될까? 불리한 증거를 감추고 싶은 마음은 인간이라면 거의 누구나 가지고 있을 것이다. 그래서 미국 소송에서는 증거 은닉, 미제출, 파기, 변조, 훼손 같은 행위가 예전부터 문제로 되어 왔다. 미국 소송의 가장 큰 특징이 디스커버리 시스템의 운용에 있는데, 이러한 디스커버리 방해 행위가 일상화될 경우, 미국 사법제도의 근간이 흔들리는 결과를 초래하게 된다. 그래서 미국 법원은 디스커버리 방해행위에 대해 매우 엄격한 처벌(sanction) 입장을 고수하고 있다.

예를 들어 Seal-Flex, Inc. v. Athletic Track & Court Constr.("AT&CC"), No. 91-CV-60494-AA (E.D. Mich. June 12, 1997)의 디스커버리 sanction을 살펴보자.

Seal-Flex의 변호사는 AT&CC측이 제출하지 않은 문서를 발견한 후, 제출을 요구했다. AT&CC는 처음에 동의하였으나 이내 거부하였고, 법원은 이에 강제제출명령을 내리고 3일 이내에 제출토록 명령하였다. 또한 법원은 이에 불응할 경우 AT&CC에 대해 소송절차에 대한 심각한 남용이 될 것이며, 처벌 대상이 될 수 있다고 경고하였다.

AT&CC가 계속 제출을 거부하였기 때문에, Seal-Flex측은 긴급 처벌을 요구했다. 이어 벌어진 Hearing에서 AT&CC 사장은 소송 관련 서류를 파기했다고 인정하였다. 법원은 이에 대해, AT&CC와 그 변호사가 고의적으로 강제제출 명령을 위반했다고 판단한 다음, AT&CC의 무효 항변 및 반소를 기각, 본 디스커버리 방해 때문에 소요된 Seal-Flex측 변호사 비용 $20,000 배상, 그리고 AT&CC가 주장 중이던 반소(Seal-Flex의 독점금지법 위반) 역시 기각시켰다.

44) F.R.C.P. 33(a)(1).

(4) 증인심문(Deposition)[45]

증인심문은 법정 밖에서 선서하에 증인이 행하는 것이다. 이 증인심문은 공판때 사용되거나 공판 준비를 위해 쓰여진다. 심문된 사항은 속기록(transcript)이나 비디오테이프 혹은 두 가지 모두의 형태로 기록된다. 법원은 시간 낭비를 막기 위해, 또 증인 보호를 위해 질문서와 마찬가지로 여러 가지 제한사항을 두고 있다. 법원의 허가 없이는 기본적으로 10명의 증인으로 심문이 제한되어 있다.[46] 또한 법원의 허가 없이는 기본적으로 1명의 증인에 대해 하루, 7시간으로 증인 심문시간이 제한되어 있다.[47] 그러나 통역을 필요로 하는 경우, 통역시간을 감안하면 실제 허용된 시간은 거의 반으로 줄어들게 된다. 이런 문제를 해결하기 위해 양측이 합의하게 되는데, 보통 통역포함 1.5~2시간을 1시간으로 환산하는 방식을 취한다. 또한 법원은 효과적인 진행을 위하여 총 심문시간을 제한하기도 한다. Patent Case Management Judicial Guide는 15명 정도의 증인에 총 100시간이면 대부분의 경우 충분하다고 보고 있다.[48]

증인심문은 디스커버리 전반부에서는 잘 이루어지지 않으며, 대부분의 증거가 입수되고, 검토된 후반부에 가서 본격적으로 이루어지는 것이 보통이나, 상대편이 방대한 조직을 가진 대기업인 경우에는 오히려 디스커버리 초기 단계에서 특정 주제를 제시하고, 상대로 하여금 거기에 가장 적합한 증언을 할 수 있는 인물[Rule 30(b)(6) 증인]을 요구하여 심문을 실시하면 핵심증인과 핵심 문서증거를 파악할 수 있는 장점이 있다. 또한 발명자를 침해자측에서 심문하는 경우에도 빨리 하는 것이 좋은데, 그것은 반대측 변호사의 거듭된 훈수에 때묻지 않은 시점에서 최선의 기억을 얻을 수 있기 때문이다. 초기 단계에서는 상대편 변호사도 모든 사실관계, 쟁점을 파악하지 못했기 때문에 충분히 준비가 되어 있지 않은 경우가 많다.

45) F.R.C.P. 30.

46) F.R.C.P. 30(a)(2)(A).

47) F.R.C.P. 30(d)(1).

48) Peter S. Menell, et al., Chapte 3, p.4~5, Patent Case Management Judicial Guide, Federal Judicial Center (2009).

증인심문은 증인을 위축시키거나 해서는 안 되며, 증인의 편의를 우선적으로 고려하여야 한다. 그래서 증인이 휴식을 원하면 원칙적으로 허용하여야 한다. 같은 이유로 증인심문도 원칙적으로는 상대방 증인의 소재지의 법률사무소, 호텔 등에서 행하여지나, 쌍방 합의하에 변경 가능하다. 증인의 사정으로 스케줄이 바뀌고, 상대의 경비부담이 커진다면(예를 들어 외국에서 증인심문이 진행되어야 하는 등), 스케줄 변경을 요청한 측에서 경비를 부담하는 경우가 많다.

증인 심문장소에는 증인, 증인측 변호인, 증인을 심문할 상대방 변호사, 법정 통역사, 법정 속기사,[49] 법정 비디오 기사가 참석한다. 양측 관계자들도 참관이 보통 허용된다. 그러나 증언이 보호명령에 규정된 비밀사항에 해당되면 그 증언이 끝날 동안 상대측 관계자들은 퇴장을 요구 받기도 한다. 상대방측에서 자신들의 비용으로 별도의 통역사를 고용하는 경우가 많다.

다른 증거조사절차와 마찬가지로, 증인 심문 역시 쌍방간에 상당한 폭으로 합의를 볼 수 있다. 그래서 증인심문 횟수와, 증인 선정, 및 심문할 주제도 타협이 가능하다.

증인심문을 요구하는 측에서는 증인제출을 요구할 때 두 가지 방법으로 행한다. 만일 필요한 정보에 대해 정통한 특정인을 알고 있다면 그 특정인을 증인으로 지명할 수도 있고,[50] 아니면 특정업무 담당자로 요구하면, 반대측에서 판단하여 이 요구에 맞는 최적의 증인을 제출하도록 할 수 있다.[51]

증언은 원칙적으로 본인의 이해관계와는 별개로 진실만을 증언할 것을 요구 받기 때문에 증인의 심적 부담이 상당히 크다. 그리고 위증에 대한 선서까지 하기 때문에 그 부담은 가중된다. 그래서 보통 사전에 증인에 대한 교육을 실시하게 된다.

필요 최소한으로 간단히 답변한다. 부정직한 답변이나, 추측성 답변은 금물이다. 모르쇠로 일관하면 다른 사람을 추가로 선정해야만 할 경우도 있음을

---

49) 속기사들은 어떻게 모든 발언을 실시간으로 기록할 수 있을까? 그 비밀은 기록시 단어를 치지 않고 소리 나는 대로 기록하는 데 있다. 그래서 이론적으로는 이 세상 어떤 언어라도 기록이 가능하다. 또한, 일반인의 경우 빠르다고 해도 1분에 60단어 정도인데, 이들은 1분에 280단어 정도를 기록할 수 있다. 보통 2년 반 정도의 훈련을 거쳐야 하며, 중간 중간에 보수교육을 따로 받아야 한다.

50) F.R.C.P. 30(b)(1).

51) F.R.C.P .30(b)(6).

주의하여야 한다.

비디오 녹화가 동시에 진행되는 경우가 대부분이므로, 복장과 태도, 어투에 주의하여야 하며, 중요 증인의 경우 심지어 화장하는 경우도 있다.

당사자가 아닌 제3자에 대해 discovery가 필요한 경우는 subpoena를 발송, discovery를 진행한다.[52)]

(5) 자인 요구(Request for Admissions)[53)]

쌍방간에 다툼이 없는 사실관계를 확정, 이후 공판시 되풀이하는 부담을 없애고, 상대방의 position을 고정시켜, 번복할 수 없게 하는 역할을 한다. 특허 사건에서는 침해품이나 선행기술에 문제 특허의 청구요소가 존재하는지를 인정받는 데 상당히 효과적이다. 보통 증거나 어느 정도 제출이 완료된 디스커버리 후반부에 실시하는데, 이때는 각 청구요소 별로 존재확인을 받고, 부인된 부분에 대해서만 나중에 마크맨 히어링이나, 공판에서 다투면 된다. 그리고 이때는 부인의 근거를 묻는 질문서를 아울러 보내는 것도 유효하다.[54)]

(6) 현장 검증 요구(Request for Inspection)[55)]

제출하기에 방대한 문서, 혹은 현재 업무상 사용 중인 문서에 대해서는 상대방의 현장 검증(request for inspection)을 허용할 수도 있다.

(7) 전자 디스커버리(E-Discovery)

1) E-Discovery란

우리는 워드프로세서나 엑셀을 사용한 문서를 일상적으로 접하고 있다.

---

52) F.R.C.P. 30(g).

53) F.R.C.P. 36.

54) Gary M. Hoffman, Formulating a Discovery Plan, Patent Litigation Strategies Handbook, Section of Intellectual Property Law, ABA, 2004.

55) F.R.C.P. 34.

많은 사람들에게 있어서, 인터넷 검색은 주요한 일상사 중의 하나가 되었다. 또한, 하루에도 수많은 이메일(E-mail)을 받고 보내곤 한다. 메신저(Messenger), 유튜브(You tube), 블로그(Blog)도 널리 쓰이고 있다. 이러한 정보전달 수단은 과거 종이형태로 만들어지고 유통되던 때의 소송과는 전혀 다른 소송환경을 제공하고 있다. 같은 파일을 여러 사람이 보유할 수도 있고, 다른 포맷으로 변환되며, 다른 사람이 수정할 수도 있고, 때로는 삭제도 간단하게 이루어진다. 한편, 삭제된 문서가 복구 가능할 수도 있다. 따라서 이러한 전자 저장정보(Electronically Stored Information: ESI)의 특징을 감안한 디스커버리를 전문적으로 다룰 필요가 생겼는데, 이를 E-discovery라고 부르게 되었다.

2) 전자 저장 정보(ESI)

ESI란 컴퓨터 하드디스크, 광학 디스크(DVD, CD 등), 플래시 메모리(USB 등)에 저장된 이메일, 웹 페이지, 워드프로세서, 엑셀, 데이터베이스 등을 총칭하는 용어이다. 2006. 12. 1부로 발효된 미국 연방 민사 소송절차 규정(Federal Rules of Civil Procedure: FRCP) 제26조, 제34조는 종전에 data compilation이라고 부르던 것을 ESI로 바꾸어 부르기 시작했으며, 종전에 규정한 documents and things에 추가하여 ESI도 디스커버리 대상으로 규정하였다. ESI는 여러 가지 점에서 종전의 서면 정보와 다르다. 이하에서 이를 간단히 살펴본다.

서면 정보와 비교한 ESI의 특징을 살펴보자. ESI의 양은 서면 정보에 비해 기하급수적으로 방대하다. 그리고 ESI는 또한 여러 군데에 존재할 수가 있다. 예를 들어 기안자가 있다면, 수정하는 사람이 있을 수 있고, 결재자, 열람자가 있고 각각 정보를 보유할 수가 있다. 어느 조사에 의하면, 보통의 종업원은 하루에 평균 56건 정도의 메시지를 주고받는 것으로 나타났는데, 이는 100명 규모의 회사라면 년간 120만 메시지에 달한다고 한다.[56] 따라서 디스커버리 범위에 대한 다툼이 종종 발생하며, 정보를 제공하는 측에서 주의한다고 하여도 상대에게 제출되지 말아야 할 특권(privileged information) 정보가 의도치 않게 제출되는 일도 일어날 수 있다.

---

56) Microsoft, *Survey Finds Workers Average Only Three Productive Days Per Week* (Mar. 15, 2005)<http://www.microsoft.com/presspass/press/2005/mar05/03-15ThreeProductiveDaysPr.mspx> (visited Feb. 13, 2010).

ESI는 굉장히 역동적이고 변화무쌍한 특징이 있다. 컴퓨터 시스템은 자동적으로 동작하고 메모리 영역을 재활용하며, 조작자의 명령이 없이도 스스로 정보를 바꿀 수 있다. 실제로, 파일을 열어보는 것만으로도 그 파일에 대한 정보를 변화시킨다. 따라서 종종 소송이 시작되기 전이라도 디스커버리 대상이 될 만한 정보에 대해서는 데이터 생성자가 소송용 정보 보존(litigation holds)을 실시할 필요가 있다.

또 ESI는 서면 정보에는 없는 정보를 가지고 있다. 메타데이터(meta data)가 대표적인데, 보통 일반 유저들은 볼 수가 없지만 이 메타 데이터는 예를 들어 생성일자, 작성자, 언제 누구에 의해 수정되었는지 등의 정보가 고스란히 담겨 있다. 또한 엑셀 파일의 경우를 보자. 어떤 칸은 다른 칸과 수치적인 관계를 가지고 있다. 겉으로는 숫자만 나타나지만 해당 칸에 마우스를 누르면 감춰진 수식이 드러난다. 이를 내장 정보(imbedded information)라고 한다. 만일 이러한 엑셀파일을 PDF(Portable Document Format)로 변환시킨다면 내장정보는 사라지고 만다.

서면 정보는 파쇄시킬 수도 있지만, 전자 정보는 그 메모리 영역에 재기록되어 있지 않는 한, 대부분의 경우 살려낼 수가 있다. 또한 어느 컴퓨터에서 지워진 정보가 다른 사람의 컴퓨터나 보관용 매체, 혹은 복구용 매체에 남아 있을 수 있다. 이러한 점을 아는 소송 상대방으로서는 살려내기를 요구할 것이고, 때로는 막대한 비용이 소요될 수도 있다.

3) F.R.C.P. 26(f)에 따른 디스커버리 미팅시 파악 사항[57)]

① 디스커버리 대상 ESI가 존재하는지

② 어떤 정보를 ESI로 가지고 있는지, 그리고 어디 있는지

③ 디스커버리할 정보가 삭제되었는지, 백업 테이프나 레거시 시스템(legacy system)으로만 입수 가능한지

④ 제출 예정 일정, 포맷, 그 정보를 담을 기록 미디어의 종류

⑤ 제출 난이도, 정보 제출 비용, 소요 비용의 재분배

57) Federal Judicial Center, Managing Discovery of Electronic Information: A Pocket Guide for Judges 4-5 (2007).

⑥ ESI를 보존할 각 당사자의 책임
⑦ 특권(privilege) 보호 대상 정보에 대한 협의

실무적으로는 각 소송 당사자측에서 E-디스커버리를 담당할 담당자와 담당 변호사를 선정하고 임하는 것이 효과적이다.[58] 그 담당자가 파악해야 할 것은, 일상적으로 컴퓨터를 어떻게 사용하는지, 어떤 정보가 입수 가능한지, 그 정보를 어떤 주기로 컴퓨터가 바꾸는지, 그리고 그러한 정보를 제출하는 데 수반하는 문제 등이다.[59] 이 담당자는 자신들의 컴퓨터 시스템에 대한 이해도가 높아야 하며, 법원에서 실시하는 디스커버리 미팅 때 담당자가 참석하는 것도 유용하다.[60]

4) 비용 분배

정보를 제공하는 입장에서 볼 때, ESI양이 방대하거나, ESI를 합리적으로 접근 가능한 소스로부터 입수하는 것이 어려운 경우, 정보 소재를 파악하고, 그 중에서 특권 정보를 걸러내기 위한 검토를 하거나 혹은 기타 준비작업을 하는 데 드는 비용이 종전 종이 디스커버리보다 훨씬 클 수 있다.

정보를 받는 입장에서 볼 때는 그 반대로, 정보를 복사하고 분반하는 비용이 실제적으로는 거의 들지 않으며, 정보 조사 역시 전자검색으로 이루어지기 때문에 비용이 감소될 수 있다.

따라서 이런 경우를 감안하여 정보 생성 비용을 정보 제공측으로부터 정보 입수측으로 일정한 정도 이전시키는 것이 타당할 수 있다.[61] 이 점에 대해 Zubulake 사건[62]에서 법원은 몇 가지 판단 기준을 제시하였다. 성차별 이슈를 다룬 이 사건에서 오직 백업 테이프와 다른 보존 매체에만 남아 있는 이메일

---

58) *Id.* at 5.

59) *Id.*

60) *Id.*

61) F.R.C.P. 26(b)(2) 참조(정보 제출측은 과도한 부담이나 비용을 들어 요구된 정보에 대해 합리적으로 접근이 불가함을 입증할 수 있으며, 정보제출 요구측은 정당한 사유를 들어 이를 반박할 수 있고, 이 경우, 법원은 디스커버리를 허용하되 조건을 명시할 수 있음).

62) *Zubulake v. UBS Warburg LLC*, 217 F.R.D. 309 (S.D.N.Y. 2003).

의 제출이 문제가 되었다. 법원은 일단 원고측 제출 요구를 인정하는 한편, 만일 데이터가 접근 가능한 형식으로 되어 있으면 일반적인 디스커버리 규정을 적용할 것이나, 백업 테이프라든지 하는 접근이 상대적으로 어려운 매체에 데이터가 담겨 있는 경우, 그 제출 비용의 이전이 고려될 수 있다고 하였다.

그 고려 사항으로서는 중요도 순으로 볼 때, ① 필요한 정보를 얻기 위해 정보 제출요구가 얼마나 구체적으로 특정되었는지, ② 다른 정보 소스로부터 그 정보를 얻을 수 있는지, ③ 소송가액과 비교한 총 제출비용, ④ 각 당사자들의 자금능력과 비교한 총 제출비용, ⑤ 각 당사자들이 비용을 컨트롤할 수 있는 상대적인 능력과 그에 따른 실익, ⑥ 해당 소송에서 그 이슈가 차지하는 중요성 및, ⑦ 그 정보를 획득하는 데 따른 각 당사자들의 상대적 이익을 들었다.

이에 따라 Zubulake 사건에서는, 필요하다고 지목된 77개의 백업 테이프 중 5개를 복원한 결과, 관련이 있는 것으로 보여진 메시지가 약 600건 검출되었으며, 그 비용은 약 $19,000 소요되었다. 이를 통해 총 소요비용을 알아낼 수 있었고, 법원은 위 기준에 따라 비용 이전을 검토해보면, 비용이전을 약간 반대하는 결론이 나기 때문에 피고(정보 제출측)에게 75%의 복원비용을 물도록 명령하였다.

5) 소송 비당사자에 대한 E-디스커버리

ESI에 대한 소송 비당사자라면 예를 들어 전화회사, 인터넷 서비스 공급자, 컴퓨터 네트워크 서비스 사업자, 혹은 기업에서 위탁하는 전산 관리 사업자 등을 들 수 있고, 서면 정보 디스커버리보다 비당사자에 대한 디스커버리 요구가 커지고 있다.

6) 제출 형태

ESI문서는 여러 가지 포맷으로 변형될 수 있다. 따라서 어느 포맷으로 ESI가 제공되는가 하는 것은 그 정보의 내용상 중요한 영향을 끼칠 수 있다. 예를 들어 스프레드시트 정보를 static format으로 제공한 것은, 수식, 셀 크기를 초과하는 텍스트 및 메타 데이터가 빠져버렸기 때문에 부적절하다고 판시한 사례도 있다.[63] 법원은 이 사건에서, 피고가 스프레드시트를 원래 포맷

(native format)으로 보존하고 제출하였어야 하거나 아니면 숨어 있는 데이터를 보존하고 제출할 수 있는 다른 방법을 강구하여야 했다고 적시하였다.[64)]

이러한 사항은 서면 정보 디스커버리에서는 일어날 수 없는 것이므로 이를 반영하여 F.R.C.P. 34가 개정되었다. 개정된 F.R.C.P.에 의하면, 정보 요구측에서 제출받고 싶어하는 ESI형태를 지정할 수 있고, 만일 지정이 없거나, 정보 제출측에서 반대하는 경우, 정보 제출측이 제출을 희망하는 ESI 형태를 밝히도록 하고 있다. 또한 양 당사자간의 합의나 법원 명령이 없는 경우에는, 정보 제출측에서 통상적으로 유지 관리되는 ESI형태 혹은 달리 합리적으로 활용 가능한 ESI형태로 제출하도록 규정하고 있다.

7) 특권 등의 포기

앞서 살핀 바와 같이 ESI는 정보량도 많고, 메타 데이터 등과 같은 다양한 성격을 가지고 있는 관계로 privilege나 work-product protection을 검토하기가 쉽지 않으며, 때로는 의도하지 않게 제출되는 확률이 높아지고 있으며, 이를 방지하기 위한 시간과 비용이 추가적으로 투입될 경우, 효율적인 디스커버리에 또 다른 장애가 추가될 수 있다. 이를 방지하기 위한 수단으로서 소위 quick peek 합의를 양 당사자간에 해두는 것도 고려할 수 있다. 이 quick peek 합의를 할 경우, 특권이나 비밀 보호 여부에 대한 철저한 검토를 생략한 채, 그러나 양 당사자들 간에 그렇다고 해서 그러한 특권이나 비밀보호권리를 포기한 것이 아니라는 명시적인 양해하에, 정보를 제출할 수가 있게 된다. 그 다음, 정보 요구측에서 제출이 필요한 정보를 지정하여 제출측에 보내면, 그때가서 제출측이 특권이나 비밀 여부를 그 지정된 정보에 대해 검토하여 제출 여부를 결정토록 하는 것이다.

한편 당사자들간에는 소위 claw back agreement라고 하는 형태의 합의를 할 수 있는데, 이 합의에 따르면, 비록 특권이나 비밀 보호 여부를 검토한 후 제출한 정보에 대해서도 의도치 않게 제출된 정보일 경우, 일정한 시간 내에 반환을 요구할 권리를 가지게 하는 것이다.

---

63) *Williams v. Sprint/United Management Co.*, 230 F.R.D. 640 (D. Kan. 2005).

64) *Id.*

개정 F.R.C.P. 26(f)에 의하면, 양 당사자간에 위와 같은 합의가 이루어질 경우, 법원은 사건 운영 명령(case management order)에 이를 포함할 수가 있다. 물론 합의를 강요하지는 않는다.[65] 주의할 점은, F.R.C.P. 26은 특권이나 비밀보호의 포기나, 상실 여부에 대한 규정이 아니라 단지 디스커버리 절차에 관한 사항이라는 것이다. 이 점에 대해서는 2008년 9월 19일자로 발효된 연방증거규정(F.R.E: Federal Rules of Evidence)[66]에 의하면, 특권이나 비밀정보의 의도하지 않은 공개가 그 권리 포기로 간주되는 것은 오직, 제출측이 공개를 방지하기 위한 합리적인 주의를 다하지 않았고, 그 실수를 고치기 위한 합리적이고도 신속한 조치를 취하지 않았을 때에 한한다고 되어 있다.

8) ESI의 보전

전술한 바와 같이, ESI의 변화 가능한 특징을 감안하면 ESI 보존의 필요성이 매우 중요한 일이 된다. 그러나 ESI 보전의 필요성은 당사자의 비즈니스 활동에 필수적인 일상적 컴퓨터 운영을 계속하여야 하는 것과 비교하여 밸런스할 필요가 있다.

ESI의 보전을 위하여 법원은 보통 보전 명령(preservation order)을 내리는데, 증거 보전만을 강조할 경우, 당사자들의 일상적인 컴퓨터 운영을 저해하거나, 보전 비용이 너무 많이 들게 되는 단점도 있기 때문에 가급적 명확하게 적절한 범위로 정할 것이 요구된다. 따라서 일상적으로 사용되는 데이터 관리 시스템의 종류, 소요 비용이나 기술적 타당성 등을 고려하여야 한다. 한편 보전 명령에는 보통 특정한 상황하에서 데이터 파기를 허용하는 규정을 두는 것도 필요하다.[67]

9) 정보의 훼손 및 처벌

ESI 보전의 필요성이 강조되는 만큼이나, 훼손의 우려도 크다. 훼손(spoilation)은 현재 진행 중인, 혹은 합리적으로 예견되는 소송에서 타인이 증거

---

65) Rule 26(f).

66) F.R.E 502(b).

67) Federal Judicial Center, Managing Discovery of Electronic Information: A Pocket Guide for Judges 18 (2007).

로서 사용할 재산을 보전하지 못하거나, 정보의 파괴나 중대한 변경을 가하는 것을 의미한다.[68] 이러한 훼손을 막기 위해서는 훼손의 경우, 이에 따른 처벌이 필요하게 된다.

훼손 행위의 정도에 따라 다양한 처벌이 내려질 수 있는데, 불리한 추정을 배심에게 지시하거나(adverse inference instruction), 쟁점 차단(issue preclusion), 패소 판결(judgment/dismissal) 같은 극단적인 처벌에서부터 비용부담 조건의 추가 디스커버리, 벌금 등이 있을 수 있다.

반면에, 정보 보전 규정에 따라 훼손되는 정보도 생긴다. 즉, 컴퓨터 시스템에서는 시스템의 과부하를 막기 위해 정기적으로, 그리고 계속적으로 사전에 정해진 계획에 따라 정보가 삭제되는 일이 일어날 수 있다. 이 점에 대해서 F.R.C.P. 37(f)는 특별한 상황을 제외하고, 전자적 정보 시스템(컴퓨터를 의미)의 일상적이고도 선의의 운용 결과로서 삭제된 ESI를 제출하지 못했다는 이유로 제출측을 처벌하여서는 안 된다고 규정하고 있다. 여기서 말하는 선의(good faith)란, 보전 대상이 되어 있는 정보의 훼손을 방지하도록 컴퓨터의 특정 기능을 수정하거나 정지시키는 행위를 포함할 수 있으며, 또한 이 선의에는, 디스커버리 의무를 회피하기 위해 일상적인 컴퓨터 운영을 이용하는 것이 포함되지는 않는다.[69]

(8) Attorney–Client Privilege(특권)와 Work Product Immunity(작업물 면책)

특권과 작업물 면책은 모두 변호사와 의뢰인의 자유로운 의사소통을 보장하여, 의뢰인의 권리를 최대한 보호하는 역할을 한다. 이 두 개념은 유사하면서도 서로 구분되는 개념이다. 디스커버리는 광범위한 증거조사를 보장하고 있는 반면에 특권과 작업물 면책은 증거개시를 거부할 권리를 보장하는 상반되는 장치이다. 따라서 증거 개시 범위 연방 민사소송 규정(Federal Rules of Civil Procedure, 이하 “FRCP”) 26(b)(1)은 증거 조사 대상을 특권 대상을 제외하고, 계류 중인 소송 사안과 관련이 있는 모든 사항이라고 규정하여 광범위한

68) *Silvestri v. General Motors Corp.*, 271 F.3d 583. 590 (4th Cir. 2001).

69) Federal Judicial Center, Managing Discovery of Electronic Information: A Pocket Guide for Judges 20 (2007).

증거조사를 규정하고 있다. 더욱이 공판에서 인정되는 증거를 입수하기 위한 것이라면 인정 불가능한 정보 역시 증거 조사의 대상이 된다고 규정하여 거의 제한 없는 광범위한 조사 범위를 인정하고 있다. 증거조사 범위는 그 취지상 가급적 넓게 해석[70]하는 반면에, 특권과 작업물 면책범위는 가급적 좁게 해석[71]하고 있다.

1) 특 권(Attorney - Client Privilege)

① 개 념

특권은 의뢰인이 비밀로 취급될 것을 의도하고 변호사와 나눈 대화를 보호하는 것이며, 특권이 주장된 대화는 디스커버리에서도 상대방에게 제출하지 않게 된다.

② 특권의 보호 대상

의뢰인이 변호사와 나눈 대화, 변호사의 자문 내용 혹은 법적인 답변, 이를 담은 서면이 특권 보호의 대상이 된다. 만일 어느 대화에 특권이 부여된 경우, 특권은 전체 대화에 미치며, 그 중에 비특권적인 정보가 있더라도, 그 정보 역시 공개하지 않을 수 있다.[72] 상대방은 비특권적인 정보를 다른 소스로부터 입수할 수는 있으나, 특권정보로부터 입수하는 것은 불가하다.

③ 특권 성립조건

여러 가지 성립조건들이 제시되고 있으나, 대부분 비슷한 개념이며, 가장 대표적인 조건으로서 United States v. United Shoe Machinery Corp. 판례[73]를 꼽고 있으며, 아래의 조건[74]을 모두 만족하는 것이어야 한다.

---

70) *Hickman v. Taylor*, 329 U.S. 495, 506 (1947) (discovery provisions are to be applied as broadly and liberally as possible).

71) *Id.* (the privilege limitation must be restricted to its narrowest bounds because privilege is an obstacle to the investigation of truth).

72) *Costco Wholesale Corporation v. Superior Court*, 101 Cal.3d 758 (2009).

73) 89 F. Supp. 357 (D. Mass. 1950).

74) *Id.* at 358 - 59 (The privilege applies only if (1) the asserted holder of the privilege is or sought to become a client; (2) the person to whom the communication is made (a) is a member of the bar of a court, or his subordinate and (b) in connection with the communication is acting as a lawyer; (3) the communication related to a fact of which the attorney was informed (a) by his client (b) without the presence of strangers (c) for

i) 특권을 주장할 수 있는 자　　변호사는 특권을 주장할 수 없으며, 특권은 의뢰인의 권리이며, 오직 의뢰인만이 포기 여부를 결정할 수 있다.[75] 또한 변호사와 접촉한 모든 사람이 특권을 주장할 수 있는 것이 아니라, 의뢰인이거나 의뢰인이 되려고 의도했을 것이 필요하다. 법인의 경우, 특권의 소유자는 법인이 된다. 법인은 임직원을 통하여 변호사와 대화하므로, 임직원의 대화가 특권의 대상이 된다.

ii) 대화 상대자　　의뢰인의 대화상대는 변호사이거나 반드시 변호사의 감독을 받는 조건하의 사람(비서, 변리사, 전문가, 직원 등)이어야 한다. 또한 변호사라 하더라도 변호사 입장에서 대화에 임해야 한다(예를 들어 변호사가 사외 이사로서 경영회의에 참석한 경우, 특권 주장 불가). 외부 변호사든 사내 변호사든 모두 대상이 된다.[76]

iii) 대화의 바탕이 된 사실(fact)　　일반적으로 알려진 사실, 혹은 제3자로부터 입수한 사실은 비록 대화의 대상이 되었다 하더라도 특권 보호 대상이 아니다.[77] 또한 대화를 위해 준비한 서류에도 특권이 미치나, 변호사에게 궁극적으로 전달되었어야 한다.[78]

iv) 비밀성　　대화의 비밀성이 요구된다. 따라서 공개된 장소에서 타인과 함께 나눈 대화는 특권의 대상이 될 수 없다. 또한, 의뢰인이 특권 대

---

the purpose of securing primarily either (i) an opinion on lawor (ii) or legal services or (ii) assistance in some legal proceeding, and not (d) for the purpose of committing a crime or tort; and (4) the privilege has been (a) claimed and (b) not waived by the client).

75) *Knorr-Bremse Systeme Fuer Nutzfahreuge GmbH v. Dana Corp.*, 383 F.3d 1337, at 1345 (Fed. Cir. 2004) (en banc) (The attorney-client privilege belongs to the client, who alone may waive it).

76) *Upjohn Co. v. United States*, 449 U.S. 383, 389 (1981).

77) *Hickman v. Taylor*, 329 U.S. at 508 (attorney-client privilege does not cover information attorney learns from witnesses); *Boling v. First Utility District of Knox County*, 1998 U.S. Dist. LEXIS 21157, at *11 (E.D. Tenn. Oct. 5, 1998)("correspondence from counsel to plaintiff which is based on information learned from any person outside the plaintiff's organization is not privileged").

78) *Eutectic Corp., v. Metco, Inc.* 61 F.R.D. 35, 39 (E.D.N.Y. 1973) (not only does the document eventually need to be transmitted to an attorney, the document must be transmitted to an attorney shortly after...its inception).

상 정보의 일부라도 자진 공개하는 경우, 해당 특권 사안에 대한 모든 정보에 대해 특권이 포기된다.[79] 그 이유는 특권소유자가 자기에게 유리하도록 선택적으로 정보를 공개하거나 특권을 주장하거나 하는 것을 방지하기 위함이다.

v) 대화의 목적 　대화의 목적은 법적 의견, 법적 서비스, 혹은 법적 절차 수행에 도움(이하 "legal advice－법률자문")을 받기 위한 것이어야 한다. 변호사에게 "cc"로 비즈니스 문서를 보낸 경우, 특권이 인정되지 않는다.[80] 또한 주내용이 비즈니스며, 부수적으로 법적 자문이 있는 문서의 경우에도 특권이 인정되지 않으며[81] 주된 내용이 법률자문이어야 한다.

vi) 범죄 등을 의도하지 않을 것 　Crime-fraud Exception이라 하여, 특권 불인정 상황이 된다. 특허법에서는 inequitable conduct 상황에서 종종 문제가 된다.

④ 소송에서 특권 정보의 보호 방안

i) 연방 민사 소송 규정[82] 　특권을 주장하는 당사자는 당연히 그 보호 대상인 내용을 공개할 필요는 없으나, 왜 특권으로 보호되어야 하는지 그 이유에 대해 근거를 제시하도록 정하고 있다. 이를 만족시키기 위해 특권을 주장하는 측은 대부분의 경우 특권 기록(privilege log)을 작성하고 있다.

---

79) *Detection Sys., Inc. v. Pittway Corp.*, 96 F.R.D. 152, 156 (W.D.N.Y. 1982).

80) *United States Postal Service v. Phelps Dodge Refining Corp.*, 852 F. Supp. 156, 163 (E.D.N.Y. 1994).

81) *United States v. International Business Machines Corp.*, 66 F.R.D. 206, 212-213 (S.D.N.Y. 1974).

82) Fed. R. Civ. P. 26(b)(5) "소송을 대비하여 준비된 작업물 면책이나, 특권 정보임을 주장하여, 그렇지 않았다면 본 규정하에서 증거조사 가능한 정보를 제출하지 않으려는 당사자는, 그 주장을 명시적으로 할 것이며, 보호대상인 내용은 공개할 필요는 없으나, 상대방이 특권이나 면책의 적용 가능성에 대해 평가할 수 있도록 대화나, 서류, 혹은 물건의 성격을 기재하여야 한다(When a party withholds information otherwise discoverable under these rules by claiming that it is privileged or subject to protection as trial preparation material, the party shall make the claim expressly and shall describe the nature of the documents, communications, or things not produced or disclosed in a manner that, without revealing information itself privileged or protected, will enable other parties to assess the applicability of the privilege or protection)."

전형적인 특권 기록의 기재사항[83]
• 대상 문서에 대한 요약이나 간단한 기재 • 문서 작성자 • 문서 수령자 • 문서 작성 목적 • 각 문서별로 어떻게 특권 성립요건이 만족되는지 입증

ii) 특권 기록 기재사항 위반시 처분특권이 부정되고, 해당 정보는 공개하여야 한다. 그때 가서 새롭게 특권이나 작업물 면책 지정을 하거나, 새로운 이유를 나열하는 것은 인정되지 않는다.[84]

iii) 특권 인정 여부에 대한 다툼 특권을 불인정하려는 측은 제출대상 정보가 소송과 유관(relevant)한 정보인 점, 그리고 그 정보가 특권이나 면책이 부여되지 않는다고 합리적으로 믿는 근거를 입증하여야 한다.

법원은 만일 그 불인정 주장을 수용할 경우, 공개 여부 결정에 앞서 상대방 변호사를 배제하고 판사만이 대상 정보를 검토하는 in camera review를 먼저 하는 것이 일반적이다.

⑤ 출원등록 서류의 특권 존재 여부

i) 특권이 인정되는 경우 발명서류도 특권 성립조건에만 맞으면 특권 보호를 받을 수 있다. 즉, 그 서류가 변호사에게 건네졌고, 건넨 주목적이 법적 의견, 서비스 혹은 법적 절차에서의 조력을 구하기 위한 것이면 가능하다.[85] Spalding 케이스에서 법원은 특허성에 대한 법적 의견을 구하고, 특허출원을 준비하는 법률서비스를 구하기 위하는 것을 주목적으로 마련되고 건네졌다는 이유로 Spalding의 발명 기록은 특권 대상이라고 판시하였다.[86]

ii) 특권이 불인정되는 경우 Spalding 판례에도 불구하고, 발명과 출원에 관련된 모든 대화가 무조건 특권으로 보호된다는 것은 아니다. 어디까지나 특권의 성립조건에 부합되어야 하며, 법적 자문을 구하지 않는 단순한

83) *Smith v. The Dow Chemical Co.*, 173 F.R.D. 54, 57 (W.D.N.Y. 1997).

84) *Willemijn Houdstermaatschaapij BV v. Apollo Computer*, 707 F. Supp. 1429, 1443-4 (D. Del. 1989) 참조.

85) *In re Spalding Sports Worldwide, Inc.*, 203 F.3d 800, 805 (Fed. Cir. 2000).

86) *Id.*

정보의 전달, 공개된 정보를 활용하거나 하는 경우에는 특권이 인정되지 않는다. 다음은 불인정 사례의 예를 든 것이다.

— 대화의 바탕이 된 사실이 비밀 소스가 아니라 공개되거나 제3자가 제공한 정보에 바탕을 둔 경우[87)]

— 변호사 의견서이기는 하나, 비밀이 아닌 정보에 바탕을 두고 있으며, 의뢰인과의 비밀스러운 대화 내용이 기재되어 있지 않는 경우[88)]

— 단순한 거절 이유 통지, 단순한 팩스 커버지 같이 법률자문이 포함되지 않은 단순한 업무 연락[89)]

⑥ 미국 patent agent와 특권

미국 patent agent와의 대화내용이 특권으로 보호받는가에 대해서는 현재 판례가 엇갈린 상태이다. 따라서 의뢰인 입장에서는 보수적인 접근이 필요하다.

부정하는 입장에서의 이유는 변호사라는 용어를 좁게 해석한 다음, patent agent는 변호사가 아니기 때문에 patent agent와 나눈 대화는 특권 보호 대상이 아니라는 것이다.[90)]

긍정하는 입장에서의 이유는, patent agent 역시 법을 다루고 있으며, 특허성에 대한 자문을 제공한다는 것이다.[91)] 그러나 긍정하는 입장에서도 특권이 부여되는 범위를 patent agent에게 허용된 업무, 즉, 특허청에 대한 특허 출원

---

87) *Boling v. First Utility District of Knox County*, 1998 U.S. Dist. LEXIS 21157, at *11 (E.D. Tenn. Oct. 5, 1998)("correspondence from counsel to plaintiff which is based on information learned from any person outside the plaintiff's organization is not privileged"); *Allen v. West Point-Pepperell Inc.*, 848 F. Supp. 423, 427 - 28 (S.D.N.Y. 1994)("the privilege does not protect facts which an attorney obtains from independent sources and then conveys to his client").

88) *American Standard Inc. v. Pfizer*, 828 F.2d 734, 745-46 (Fed. Cir. 1987).

89) *Softview Computer Products Corp. v. Haworth, Inc.*, 2000 U.S. Dist. LEXIS 4254, *29 (S.D.N.Y. March 31, 2000) (transmittal letters, cover sheets, and other documents relating to patent prosecution not privileged).

90) *Santrade, Ltd. v. General Electric Co.*, 150 F.R.D. 539, 546 (E.D.N.C. 1993) ("Generally, communications with patent agents, American or foreign, are not subject to privilege in the United States.").

91) *Sperry v. Florida*, 373 U.S. 379, 383 (1963) ("the preparation and prosecution of patent applications for others constitutes the practice of law.").

준비 및 진행으로 국한시켜 허용한다.[92)]

미국 변호사의 지휘 감독 아래 patent agent가 의뢰인과 나눈 대화는 당연히 특권으로 보호된다.

⑦ 외국 대리인과 특권

외국 변호사와의 대화내용이 특권으로 보호받는가에 대해서는 미국 patent agent 경우와 마찬가지로 현재 판례가 엇갈린 상태이다. 미국 patent agent 경우보다 더 부정적인 입장이 강한 것 같다. 따라서 의뢰인 입장에서는 보수적인 접근이 필요하다.

2) Work Product Immunity(작업물 면책)

① 개 념

작업물 면책 원칙은 공판 혹은 소송에 대비하여 준비된 작업물을 증거 조사에서 제출하지 않도록 막아주는 장치이다. 이는 고객을 대리하는 변호사의 준비활동을 활성화할 필요성과 사회 전체로 보았을 때 분쟁해결을 위해 모든 진실을 밝힐 필요성, 그 양자의 조화를 기하는 취지가 있다.[93)]

② 보호 대상 작업물

보호 대상은 파일, 인터뷰, 메모, 서신 등에 반영되어 있는 변호사의 심적 느낌, 개인적인 믿음 기타 여러 가지 형태의 정보가 될 수 있다.[94)]

③ 작업물 면책 성립조건

i) 문서, 혹은 유형물일 것

ii) 공판 혹은 소송에 대비하여 준비될 것 　　면책이 성립되기 위해서 소송이 반드시 실제 일어날 필요는 없고, 문서가 만들어진 시점에서 소송에 대한 실질적인 가능성이 있었다는 것으로 충분하다.[95)] 그러나 향후 소송에 대한 막연한 가능성만으로는 불충분하다.[96)] 또한, 일상적으로 행해지는 경쟁사

---

92) *John Labatt Ltd. v. Molson Breweries*, 898 F.Supp. 471, 475 (E.D. Mich. 1995).

93) *In re Martin Marietta Corp.*, 856 F.2d 619, 624 (4th Cir. 1988).

94) *In re: Pfohl Brothers Landfill Lit.*, 175 F.R.D. 13, 26 (W.D.N.Y. 1997), quoting *Hickman v. Taylor*, 329 U.S. 495, 510-511 (1947).

95) *Weil Ceramics & Glass, Inc. v. Work*, 110 F.R.D. 500, 505 (E.D.N.Y. 1986).

96) *Detection Systems, Inc. v. Pittway Corp.*, 96 F.R.D. 152, 155 (W.D.N.Y. 1982).

제품 분석은, 그 자체만으로는 작업물 면책의 대상이 되지 않는다.[97]

iii) 법적 자문용일 것　　당연히 비즈니스 문서는 해당이 되지 않는다. 또한, 비즈니스 자문에 부수적으로 일부 법적 자문이 있더라도 면책 대상이 되기 어렵다.[98]

iv) 의뢰인이나 의뢰인을 위해, 의뢰인이나 대리인이 만들 것　　일반적으로 알려진 사실, 혹은 제3자로부터 입수한 사실은 비록 대화의 대상이 되었다 하더라도 특권 보호 대상이 아니다.[99] 또한 대화를 위해 준비한 서류에도 특권이 미치나, 변호사에게 궁극적으로 전달되었어야 한다.[100]

④ 특허 출원 관련 서류의 면책 대상 여부

현재 면책 대상 여부에 대해 판례는 대부분 부정적이다.

부정하는 입장은, 출원 관련 서류가 (1) 일반적으로 소송을 예상하고 준비된 문서가 아니라는 점,[101] (2) 작업물 면책 원칙이 당사자계 다툼(adversarial system)에서 보호 작용을 하는 데 반해, 특허 출원 행위는 일방계(ex parte system)라는 것[102]을 주된 이유로 들고 있다.

그러나 긍정하는 입장은 부정 입장의 타당성을 인정하면서도 만일 소송을 예상하고 준비된 문서라면 작업물 면책을 인정한다고 밝히고 있다.[103]

---

97) *American Ins. Co. v. Elgot Sales Corp.*, 1998 U.S. Dist. LEXIS 14822, at *7 (S.D.N.Y. Sept. 18, 1998) ("Even after litigation is justifiably anticipated, routine or ordinary investigations or reports are not work product and may be obtained as normal discovery without a special showing of need.")(citations omitted).

98) *United States v. International Business Machines Corp.*, 66 F.R.D. 212-213 (S.D.N.Y. 1974).

99) *Hickman v. Taylor*, 329 U.S. at 508 (attorney-client privilege does not cover information attorney learns from witnesses); *Boling v. First Utility District of Knox County*, 1998 U.S. Dist. LEXIS 21157, at *11 (E.D. Tenn. Oct. 5, 1998)("correspondence from counsel to plaintiff which is based on information learned from any person outside the plaintiff's organization is not privileged").

100) *Eutectic Corp.*, v. Metco, Inc. 61 F.R.D. 35, 39 (E.D.N.Y. 1973) (not only does the document eventually need to be transmitted to an attorney, the document must be transmitted to an attorney shortly after...its inception.).

101) *Bristol-Myers Squibb Co. v. Rhone-Poulenc Rorer, Inc.*, 1998 U.S. Dist. LEXIS 12, at * 13-14 (S.D.N.Y. Jan. 6, 1998) (holding that patent prosecution is not work product),

102) *Hickman v. Taylor*, 329 U.S. 495 (1947).

그러나 특허청 관련 업무 중 저촉심사(interference), 재심사(reexamination) 및 기타 당사자계 행위와 관련하여 준비한 문서에 대해서는 작업물 면책을 인정하고 있다.[104]

⑤ 작업물 면책의 예외

절대적인 보호가 부여되는 특권과 달리, 작업물 면책은 조건부이며, 제출의 대상이 될 수 있다.[105] 면책 작업물에 대해 제출을 요구하는 측은 그 작업물이 자신의 사건 준비에 필요한 이유, 그리고 비상한 노력이 없이는 달리 그 작업물 내지는 그 균등물을 입수할 수 없다는 것을 입증하여야 한다.[106] 위 입증이 성공하더라도, 사실관계 작업물(factual work product)은 상대방으로부터 입수 가능하나, 정신적 작업물(mental work product), 예를 들어 계획, 전략, 느낌 등은 거의 절대적으로 제출받을 가능성이 없다.[107]

3) 특권/작업물 면책의 포기행위

① 자발적 포기

특권은 비밀 대화에만 적용된다. 따라서 대화의 비밀성이 파괴될 경우, 대부분의 경우 특권도 박탈된다. 따라서 한두 가지 특권 정보가 공개되더라도, 그 주제와 관련된 모든 특권 정보가 공개의 대상이 되어 버린다.[108] 그 이유는, 자기가 유리한 대로 일부 정보는 공개하고 나머지는 감추는 행위를 방지하기 위함이다. 특권이 박탈된다고 해서 모든 특권이 사라지는 것이 아니라, 박탈의 대상이 된 정보 전체에 국한하여 박탈된다.

② 비자발적 포기

비자발적 포기는 전형적인 경우는 (1) 정보에 대한 기밀유지에 부주의한

---

103) *In re Minebea Corp.*, 143 F.R.D. 494, 500 (S.D.N.Y. 1992).

104) *McCook Metals*, 192 F.R.D. at 260 ("documents produced in preparation for a patent reexamination proceeding when related litigation was subsequently initiated in the federal courts have been held to be made in anticipation of litigation, and thus protected by the work product doctrine.").

105) F.R.C.P. 26(b)(3).

106) *Id.*

107) *In re* Seagate Technology, LLC, 497 F.3d 1360, (Fed. Cir. 2007).

108) *The Duplan Corp. v. Deering Milliken*, 397 F. Supp. 1146, 1161 (D.S.C. 1974).

경우, (2) 증거 조사 과정에서 부주의하게 특권 정보를 상대방에게 제출할 때 일어난다.

현재 이러한 경우에 대해 법원의 태도는 갈려져 있다. 즉, 때로는 특권이 포기되지 않았다고 보는가 하면, 법원에 따라서는 언제나 포기로 보는 경우도 있고, 비자발적 포기를 방지하기 위한 조처를 취했는가 여부에 따라 포기여부를 결정하는 법원도 있다.

따라서 가장 안전한 방법은 소송에서 보호명령(protective order) 작성시, 비자발적 공개에 대해서는 특권이나 면책의 포기로 간주되지 않는 점, 그리고 정보 반환규정을 상호 합의하여 두는 것이다.[109] 그러나, 부주의한 정보 공개에 대한 시정조치를 신속히 취하지 않으면, 법원은 특권 포기로 간주할 가능성이 있다.[110]

③ **변호사 조언 방어**(advice of counsel defense)

전형적인 경우가, 고의 침해(willful infringement)[111]를 피하기 위해 변호사 의견서를 제출하며 행하는 소위 변호사 조언 방어이다. 이 경우, 자발적 정보 공개로서, 특권은 포기가 된다. 그러나 법원은 특허사건의 경우 포기의 범위를 매우 좁게 지정하는 것이 보통이다.[112] 보통, 공개 대상 정보(무효 의견서 또는 비침해 의견서 등)를 포기범위로 결정하는 경우가 대부분이다.[113]

④ **공동 방어**(Joint Defense)

i) 개　념　　공동 피고 혹은 공동 원고로서 움직이는 경우, 각각의 공동체 사이에서의 비밀 대화를 특권 혹은 작업물 면책으로 보호할 수가 있다. 보호 대상은 공동체 관계에서 발생한 대화여야 하며, 그 공동체 관계를 심화시키기 위한 것이어야 한다.[114]

---

109) *VLT Corp. v. Unitrode Corp.*, 194 F.R.D. 8 (D. Mass. 2000) 참조.

110) *Transonic Systems, Inc. v. Non-Invasive Medical Tech.*, 192 F.R.D. 710, 715 (D. Ut. 2000) 참조.

111) 종전에는 고의침해의 판단기준이 주의의무(duty of due care) 기준이었으나, In re Seagate 사건 이후, 객관적 무모성(objective recklessness) 기준으로 바뀌었고, 이에 따라 변호사 의견을 구할 의무는 이제 사라졌다.

112) *Katz v. A.T.&T.*, 191 F.R.D. 433, 440 (E.D. Pa. 2000).

113) *Saint-Gobain/Norton Industrial Ceramics Corp. v. General Electric Co.*, 884 F. Supp. 31, 33 (D. Mass. 1995) 참조.

114) *United States v. Schwimmer*, 892 F.2d 237, 243 (2d Cir. 1989).

ii) 성립조건 그러나, 특권 보호를 받기 위해서는 이해공유(community of interest)가 존재하여야 한다. 독립된 단체 사이에서 이해공유가 존재하기 위해서는 그 이해관계의 성격이 유사함을 넘어 동일하여야 하며, 법률적이어야 하고 전적으로 상업적이지 않아야 한다.[115] 이해관계의 차이(disparity of interest)가 발생한 경우, 특권은 더 이상 존재하지 않게 된다.[116]

iii) 공동방어 성립사례

— 특허권자와 독점 실시권자 관계[117]

— 공동으로 특허를 개발하는 관계[118]

4. 공판 전 회의(Pretrial Conference)[119]

디스커버리가 종료된 후, 향후 진행방안(배심 회부 사항, 증거 및 증인 검토, 일정, 타결 방안 등)에 대해 합의를 보는 절차이다. 양 당사자간에 준비되고, 판사 혹은 운영판사(magistrate judge)에 의해 확정된다. 각 법원에 따라 다양하게 운영되며, 명칭 또한 다양한바, pretrial hearing 혹은 trial management conference로 불리기도 한다.

공판에 최종적으로 제출된 issue 정리, 일정 수립, 화해 가능성을 모색한다. 보다 상세하게는 이하의 사항이 결정된다.

① 쟁점을 도출하여 사건을 단순화

② 지엽 말단적인 주장이나 방어를 배제

③ 불필요한 입증을 피하기 위해 사실 인정이나 필요한 증거를 확보

④ 공판에 제출될 증인이나 서증을 결정

⑤ Pretrial brief 및 제출서류 일정을 결정

⑥ 공판 전 회의 개최 이전에 제출된 각종 motion에 대해 판결

⑦ 추후 회의 일자를 결정

---

115) *United States v. A.T.&T.*, 86 F.R.D. 603, 618 (D.D.C. 1980) (citation omitted).

116) *Reed v. Ron Champion*, 134 F.3d 383, 357-58 (10th Cir. 1998).

117) *In re Regents of the University of California*, 101 F.3d 1386 (Fed. Cir. 1996).

118) *SCM Corp. v. Xerox Corp.*, 70 F.R.D. 508, 514 (D. Conn. 1976).

119) F.R.C.P. 16.

⑧ 타결 가능성을 검토
⑨ 방대하거나 복잡한 사건인 경우 병합여부를 검토

공판 전 회의는 다음과 같은 효과가 있다.
① 쟁점 정리를 통해 해당사건에 대한 판사의 장악력을 제고
② 양 당사자간의 불필요한 공판 전 행동을 억제,
③ 철저한 준비를 통한 공판의 질적 제고
④ 타결을 촉진

5. Markman hearing

1996년 소위 Markman 판결[120] 이후, 일반화된 청구범위 해석절차이다. 이 판결에 의하면, 특허청구범위의 해석을 포함한 특허의 해석은 배심의 판단대상이 아닌 판사의 판단대상에 속한다. 청구범위가 확정되면, 침해 및 무효 판단 단계로 진행되며, 청구범위가 확정되면, 그 자체로서 침해 여부가 짐작되는 경우가 많기 때문에 대단히 중요하다. 그리고 그 결과에 따라 summary judgment motion으로서 무효 유무효 및 침해/비침해 결론이 따르는 경우가 많다. 따라서 마크맨 히어링은 중요한 협상 타이밍으로 작용할 때가 많다.

마크맨 히어링이 언제 열리는가 하는 것은, 법원마다 조금씩 다른 practice를 가지고 있기 때문에 상당히 다양한 형태를 지닌다. 보통 trial 이전, 즉 디스커버리가 이루어진 후 혹은 디스커버리 종료 후에 실시하는 것이 일반적이다. 그러나 법원에 따라서는 즉, 캘리포니아 북부지원(Northern District of California) 같은 곳에서는 디스커버리 이전에 마크맨 히어링을 실시하도록 local rule로 규정하고 있다. 초기 히어링을 선호하는 이유는 빨리 쟁점사항을 단순화할 경우 소송진행에 도움이 된다고 생각해서이나, 반론도 만만치 않다. 예를 들어, 히어링이 끝난 후, 디스커버리 과정에서 새로운 증거가 나올 경우 다시 청구범위 해석을 해야 한다는 문제가 있다. 따라서 이런 법원에서는 청구범위 해석을 하더라도 "잠정적"이라는 전제를 다는 경우가 많다. 한편, 가처분, 혹

120) *Markman, v. Westview Instruments, Inc.*, 517 U.S. 370; 38 U.S.P.Q. 2d 1461 (1996).

은 침해판단을 요구하는 약식판결의 경우에는 청구범위 해석이 선결되어야 하므로 필연적으로 마크맨 히어링을 수반하게 된다.

가처분의 경우에는 디스커버리가 진행되기 전에 진행되는 것이 보통이므로, 십중팔구는 디스커버리 진행 후에 다시금 청구범위 해석을 해야 할 필요가 생기게 된다.

마크맨 히어링에서, 청구범위 해석과 해석에 필요한 증거 등 상세한 사항은 본서 청구범위 해석 편을 참조하기 바란다.

마크맨 히어링에 있어서 한 가지 문제는, §112에 규정한 명세서 기재요건 문제이다. 청구범위는 가급적 그 특허의 유효성이 유지되도록 해석되어야 한다.[121] 그렇다면 마크맨 히어링에서 청구범위를 해석하기 위해서 모든 기재요건을 미리 살펴야 하는가, 즉 기재요건 위반에 의한 무효까지를 아울러 다루어야 하는가 하는 문제가 생긴다. CAFC는 이 양자가 별개라고 금을 그었으며,[122] 이후 하급법원은 작성요건 위반 여부를 고려하지 않고 청구범위를 해석하고 있다. 만일 나중에 기재요건 위반으로 인한 무효사유가 생기면, 그때에 청구범위를 재해석한다.

6. 약식판결(Summary Judgment Motion)[123]

특정 청구 이유에 대해, 핵심적인 사실관계에 대해 더 이상 다툴 이슈가 없으면(no genuine issues of material fact), 그 부분에 대해서 공판까지 갈 필요 없이 판사가 법률적 판결(judgment as a matter of law)을 내리도록 요구할 수 있다. 약식 판결이 내려진 사항은 공판의 대상에서 제외되며, 약식판결이 거부된 사안은 공판에서 다시 시시비비가 가려진다. 물론, 증거자료를 보강하여 다시 약식 판결을 청구할 수도 있다.

무효 결정, 비침해 등의 사안을 조기 결정할 때 활용하면 효율적이다.

상대방의 전형적인 방어는 아직 사실관계에 다툼이 있어 좀 더 discovery 할 필요가 있다는 주장과 반증을 제출하는 것이 일반적이다. 따라서 공격측에

---

121) *Harris Corp. v. IXYS Corp.,* 114 F.3d 1149, 1153, (Fed. Cir. 1997).

122) *Markman, v. Westview Instruments, Inc.,* 52 F.3d 967, 986 (Fed. Cir. 1995).

123) F.R.C.P. 56.

서는 (권리자든 침해자든) 상대방의 입장을 파악하고, 미진한 디스커버리 이슈가 있는지를 파악하기 위해 전략적으로 제기하는 수도 있다. 소위 응수타진으로 볼 수 있겠다.

약식 판결에서 불리한 판결을 받은 상대방은 약식 판결의 대상이 된 사안에 대해서는 배심에 의한 재판을 받을 헌법상의 권리를 박탈당하게 되므로, 재판부는 심리시 무척 신중한 입장을 취한다. 그래서 재판부는 약식판결 청구가 있을 경우, 반대편(non-movant)의 입장에서 사안을 해석하고, 합리적으로 가능한 모든 추정은 반대편에 유리하게 행한다(benefit of doubt).[124)]

약식 판결의 대상 사안에 따라서는 제1심 소송이 실질적으로 종결될 수도 있다. 예를 들어 소송에 연루된 특허가 무효라는 약식 판결이 내려질 경우, 더 이상 침해여부를 따지는 것은 무의미할 것이므로, 제1심 소송은 종결처리가 될 것이다. 이 경우, 특허권자는 항고심인 CAFC에 가서 다투어야 할 것이다. 반대로 특허가 침해라는 약식 판결이 내려졌다 하여도 소송이 종결되지는 않는다. 아직 최종 공판에서 특허 유효성을 최종적으로 다투어야 하기 때문이다. 아래와 같은 사례를 보면 좀 더 명확해질 것이다.

행위자	내 용
원 고	특허 침해 소송 제기
피 고	비침해, 무효(신규성 부재, 진보성 부재, 기재요건 위반)
피 고	약식판결 제기(비침해, 신규성&진보성 부재에 의한 무효)
원 고	약식판결 맞제기(침해, 신규성&진보성 존재에 의한 유효)
법 원	원고 주장 인정(침해임, 신규성&진보성 있음)
결 과	약식 판결이 내려진 침해 및 신규성&진보성 부재에 의한 무효쟁점은 공판에서 더 이상 다루어지지 않게 된다. 그러나 소송은 종료되지 않는다. 왜냐하면 피고가 제기한 기재요건 위반에 의한 무효쟁점이 남아 있기 때문이다.

124) *Applied Med. Res. Corp. v. U.S. Surgical Corp.*, 448 F.3d 1324, 1331 (Fed. Cir. 2006). "The summary judgment evidence is assessed to determine whether a reasonable jury could return a verdict for the non-movant…. In assessing the evidence, all reasonable inferences are drawn in favor of the non-movant." 참조.

7. Trial 준비

1) 모의재판(Mock Trial)

때로는 공판시에 추구할 소인(cause of action)과 케이스 시나리오를 사전에 점검해보는 것이 필요할 때도 있다. 이 경우, 가상의 공판을 시도해보는 경우가 있는데, 이를 모의재판이라고 한다. 모의 배심원들은 예측성을 높이기 위해, 배심원풀(jury pool)이 구성되는 소송지에서 모집한 일반인들이 되는 경우가 많다.

보통은 배심 전문가(jury consultant)라는 사람이 있어, 이들에게 운영을 맡기게 되고, 배심 전문가들은 모의 배심원을 모집하고, 장소, 진행을 담당하는 한편, 나중에 소인별 배심원의 반응, 전체적인 배심원의 반응, 성분별(직업, 나이, 학력, 성별, 인종별) 개별 배심원들의 반응을 종합적으로 보고한다.

변호사들이 중요하다고 생각하는 쟁점과 일반인들이 중요하다고 받아들이는 쟁점은 종종 다른 경우가 있다. 따라서 이 보고서를 토대로 하여 전략의 수정을 기한다.

모의재판의 효용성에 대해서는 변호사별로도 의견이 엇갈리는 편이다. 효용성을 믿는 경우에는 심지어, 제소 전에 사전 검토절차로서 모의재판을 진행한 후, 여기서 쟁점을 추려내기도 한다. 반면 불필요하다고 여기는 변호사들도 많다. 결국, 채택하고 안 하고는 비용 부담 능력, 사건의 복잡도, 해당 소송지 배심원풀에 대한 이해도 등의 요인을 감안하여 결정한다.

8. 배심선정[Jury Selection(Voir dire)][125)]

연방 법원인 경우, 6명 이상으로 구성된다.

배심의 임무는 사실관계(matter of fact)를 판단하는 것이다. 이에 대해, 법률관계(matter of law)는 판사의 전적인 권한에 속한다. 특허사건에서 배심은 특허의 유무효, 침해여부, 이에 따른 손해 배상액의 결정, inequitable conduct여부, 고의침해 여부를 판단한다.[126)]

---

125) F.R.C.P. 47(a), F.R.C.P. 48.

126) 청구범위의 해석은 판사의 전적인 권한에 속하며, 보통 마크맨 청문회를 통해 실시한다.

배심은 법원에서 준비한 리스트에서 선정되는데, 이 리스트를 jury pool 또는 venire라고 한다. Jury pool은 보통 해당 관할 지역의 유권자 명부 혹은 운전면허 리스트에서 만들어진다. 때로는 이 리스트가 변경될 수도 있는데, 그 작업은 담당 판사가 임명한 jury commissioner가 담당한다.

선정 절차는, 보통 예비 배심원을 12명 정도씩 호명하여 배심석에 앉힌 후, 판사가 간단하게 사건 성격을 설명한다. 그리고 배심업무를 수행할 수 없는 사유가 있는지를 묻게 된다. 이후, 판사나 양쪽 변호사들은 여러 가지 질문을 하게 되는데, 주된 것으로는 본 사건에 대해 알고 있는지 여부, 그리고 본 사건에 대해 편견을 가지거나 부당하게 판단할 만한 특별한 경험이 있는지를 묻는데, 이 과정을 voir dire라고 하며 어원은 진실을 말하는 것(to speak the truth)이라는 의미의 라틴어에서 유래한다.

배심원들은 그 사회를 평균적으로 대변할 수 있도록 선정되어야 하며, 경제・사회・인종・종교・정치・지역적인 측면에서 의도적으로 선정하면 안 된다. 단, 배심을 맡을 수 없는 사람들이 있는데, 현역 군인, 소방/경찰 공무원, 연방/주/지자체 공무원들이다. 배심원들은 하루 $40의 일당을 받게 되며, 교통비나 주차비도 정산된다.

양측에서 배심 후보군에 대해 이유를 가지고(for cause) 배심원단에서 배제할 수 있다. 예를 들어 배심원 후보가 어느 일방 당사자나 변호사와 관련이 있거나, 원고, 피고 중 어느 일방과 관련된 회사에서 근무할 경우 등이다.

한편 양쪽의 변호사는 어느 배심원 후보가 자신들의 고객의 이해관계에 도움이 되지 않겠다는 느낌이 드는 경우 이유를 말할 필요 없이 일정 수의 후보를 배심원단에서 배제할 수 있다. 이를 peremptory challenge라고 하며, 배제시킬 수 있는 숫자는 사건의 성격에 따라 정해진다.

공판 과정에서 배심원들은 양심적으로 증거를 청취하여야 하며, 증거 입증과정에서 사전에 결론을 내려서는 안 된다. 평결 작업 전에는 배심원끼리 혹은 배심원 외의 사람들과 해당 사건에 대해 협의하여서는 안 된다. 질문은 보통 허용되지 않는데, 법원에 따라서는 판사와 변호사의 승인하에 서면 질문을 허용하는 경우도 드물게 있다.

배심원들이 건강상 혹은 불가피한 사유로 한창 공판이 진행되는 중에 배심업무를 수행하지 못하게 되는 경우가 생길 수 있고, 그러한 경우, 배심원단이 성원되지 못하게 되므로 mistrial이 선언되고, 다시 배심선정부터 되풀이하여야 하는 문제가 있다. 따라서 이러한 사태를 방지하기 위해 1명 정도의 예비후보(alternate juror)를 선정하여 공판시 같이 참여케 함. 물론 배심원단에 결원이 생기지 않는 한 평결과정에 참여하지는 못한다.

9. 공 판(Trial)

1) 모두 발언(Opening statement)

배심원들이 사건을 청취하기 전에 양측 변호사가 각각 사건에 대해 언급하는 것을 말한다. 발언순서는 입증책임이 있는 측에서 먼저 진행한다. 따라서 원고측에서 먼저 발언하게 된다. 언급할 내용은 증거에 의해 입증될 사실관계에 국한하여야 하며, 일방적인 주장이 들어가서는 안 된다.

2) 원고의 입증(Presentation of Evidence by Plaintiff)

공판에서는 제일 먼저 원고측이 배심원들에게 자신의 주장을 입증하게 되는데, 보통 증인을 부르게 된다. 제일 먼저 질문하는 것을 직접심문(direct examination)이라고 한다. 이후 상대방 변호사가 동일한 증인에게 질문할 때, 이를 반대심문(cross examination)이라고 한다.

직접심문에서는 직접증거 (direct evidence)나 정황증거 (circumstantial evidence)를 이끌어 낼 수 있다. 증인들은 사실관계에 대해서 증언할 수 있으며, 때로는 의견을 제공할 수도 있다. 증인들은 또한 서류나 사진 같이 증거로 제출된 물품을 확인을 요구받을 수도 있다.

일반적으로 사실증인(fact witness)들은 오직 사실만 증언할 뿐, 의견이나 결론을 증언하는 것이 허용되지 않는다. 전문 증인(expert witness)들은 특정분야에 대해 전문경력을 지니고 있는 사람으로서, 제출된 증거에 근거하여 의견과 그 이유를 말할 수 있다.

변호사들은 유도질문(leading question)을 할 수 없다. 유도질문을 할 경우, 상대방 변호사는 이의제기(objection)를 할 수 있다. 유도질문의 경우뿐만 아니라, 다양한 이유로 상대방 변호사는 이의제기를 할 수 있는데, 가장 많이 이의제기를 받는 질문은 증인에게 의견이나 결론을 묻거나, 또는 증인에게 전문증거(hearsay)에 근거한 답변을 요구할 때, 또는 변호사 고객 면책특권에 의해 보호받는 사항에 대해 답변을 요구받을 때이다. 상대방 변호사가 이의제기를 할 때는 그 근거를 아울러 밝혀야 한다.

이의제기가 있는 경우, 판사는 즉각 그 수용여부를 밝히게 된다. 이의제기 내용이 타당하다면 판사는 수용(sustain)하게 되고, 질문한 변호사는 질문을 다른 형태로 바꾸어서 질문하거나 다른 질문으로 넘어가야 한다. 만일 이의제기가 기각(overrule)되면, 증인은 앞서 받은 질문에 답을 하여야 한다. 만일 판사의 기각결정에 이의가 있으면 공판 종료 후에 항고할 수 있다.

3) 반대심문(Cross Examination)

직접심문이 끝나면 반대측 변호사가 그 증인에 대해 심문할 수가 있고, 이를 반대심문이라고 한다. 반대심문은 원칙적으로 직접심문에서 제기된 사항에 관해서만 할 수 있다. 또한 반대심문의 목적이 직접심문 과정에서 행한 증언의 신뢰성 확인에 있기 때문에, 직접심문과는 달리 유도질문도 허용된다.

증언이 가지는 증거력은 적합한 증인이 정확한 사실관계를 증언할 때 가장 강력하게 된다. 따라서 증언이 불리할 경우 이를 부정하는 방법은 사실관계의 오류를 증언에서 도출하는 방법 이외에도, 증인의 증인능력을 탄핵(impeach)하여 증언 전체의 신빙도를 의심스럽게 만드는 방법도 상용적으로 사용된다. 탄핵하는 방법으로는 기억력이 없음을 증명하거나, 증인의 도덕적 문제점, 전과, 위증사실 등을 입증하거나, 또는 전문 증인의 경우 해당 분야에 대한 부적절한 지식, 경험, 혹은 논문 등에서 전부터 취해온 기술적 입장과는 모순되는 태도, 위증사실 등을 입증하려고 시도한다.

4) 지시평결 신청(Motion for Directed Verdict)

공판에서 원고의 입증이 끝나면, 원고측 변호사는 입증완료(rest)를 선언한다. 이후 배심원들이 법정을 빠져나가면, 피고측 변호사는 재판부에 대해, 원고가 preponderance of evidence 수준으로 자신의 주장을 입증하지 못하였기 때문에 피고에게 승소결정을 내려달라는 취지(directed verdict)의 motion of directed verdict를 신청할 수가 있다. 이 모션은 피고측의 선택사항으로서, 신청할 수도 있고 안 할 수도 있다. 이에 대해 재판부가 받아들이면 그로써 재판은 종료하게 되는데, 거부되는 것이 보통이다. 만일 거부되면 피고의 반증단계로 공판이 옮겨간다.

5) 피고의 입증(Presentation of Evidence by Defendant)

원고의 입증절차와 마찬가지로 진행이 된다. 피고측 직접심문이 끝나면 원고측에서 반대심문을 할 수 있고, 재직접심문(Re-direct examination) 및 재반대심문(re-cross examination)도 허용된다.

6) 반 박(Rebuttal)

피고의 입증이 끝나면, 원고측은 반박증거나 증인을 내세울 수 있다. 이때 제출되는 증거는 최초 공판에서 제시되지 않는 증거로만 국한되고, 피고측 증인의 증언과 반대되는 새로운 증인으로 국한된다.

7) 최종 지시평결 요구(Final Motions)

양측의 모든 증거가 제시 완료되고, 배심원들이 법정을 빠져나가면, 양측은 서로에게 유리한 평결(directed verdict)을 내려줄 것을 신청할 수 있다. 재판부가 어느 쪽의 신청을 들어줄 경우 재판은 종료하나, 그렇지 않은 경우 배심원단의 평결과정으로 넘어간다.

8) 최종 발언(closing statement)

배심원들의 평결에 앞서, 공판을 요약하여 발표하는 과정이다. 이때 양측의 변호인은 제출된 증거와 이로부터 적법하게 도출된 법률적 추론(inference)에 대해 발표한다. 최종발언에서는 사건 외의 이슈나 제시되지 않은 증거에 대해 언급하는 것은 금지되어 있다.

보통 최종발언 절차 전에 재판부는 각각의 입장에서 배심훈령을 생각해둘 것을 요구하는 경우가 많다. 이때는 최종발언에서 자신들의 배심훈령 내용에 대해 증거와 연관시켜 언급할 수 있다.

발표순서는 원고측이 먼저 시작하는 것이 보통이다. 원고측 변호사는 자신들에게 가장 유리한 방향에서 증거를 요약하여 전달하면서 해당 재판에서 자신들이 충분히 입증하였음을 보여주게 된다.

이어 피고측 변호사도 자신들의 입장에서 최종 발언에 나서는데, 보통 원고측 입증의 허점이나 부족한 사항을 지적하고, 자신들에게 유리한 방향으로 증거를 요약하여 전달한다.

원고측은 입증책임이 있기 때문에, 피고측 최종발언이 끝나면 반박발언(rebuttal) 기회가 부여된다. 때때로 피고측이 최종발언을 포기하는 경우도 있는데, 이때는 원고측의 반박발언 기회도 없어진다.

9) 배심훈령(Jury instruction)

보통 양측은 자신들에게 유리한 배심훈령 초안을 판사에게 제출한다. 이를 참조하여 판사는 자신의 배심훈령을 배심원들에게 전달하게 된다. 이 전달과정을 charge라고 보통 부른다.

Charge 단계에서 판사는

① 해당사건의 쟁점을 정리하고,

② 배심원들이 익숙하지 않은 용어에 대해 정의를 내린다.

③ 또한 민사소송에서는 원고에게 preponderance of evidence 수준의 증거 입증 책임이 있다는 것을 주지시킨다.

④ 배심원들은 사실관계와 증인의 신뢰성에 대한 유일한 판단자임을 알린다.

⑤ 배심원들은 공판에서 제시된 증거에 입각하여서만 결론을 내릴 수 있다는 점을 주지시킨다.

⑥ 변호인들의 모두발언과 최종발언은 증거가 될 수 없다는 점을 주지시킨다.

⑦ 또한 해당 법규를 제공하고, 그 범위 내에서 배심들이 평결을 내려야 함을 주지시킨다.

10) Mistrial

공판이 성공적으로 완료되지 않은 경우를 말한다. Mistrial이 선언되면 그 공판은 무효가 되고, 공판을 새로 시작하여야 한다.

Mistrial이 생기는 이유로는

① 배심원 혹은 변호인 사망시

② 공판 중에 배심선정이 부적절하게 이루어진 사실이 밝혀진 경우

③ 피고에게 불리한 근본적인 오류가 있고 배심훈령으로도 치유될 수 없을 정도인 경우

④ 배심원의 부적절한 행동(일방 당사자와 접촉, 공판에서 제시되지 않은 증거를 고려, 독자적으로 쟁점에 대해 조사하는 등)

⑤ 평결과정이 교착된 경우가 대표적이다.

11) 배심심의(Deliberation)

배심원들의 심의과정을 일컫는다. 보통은 제일 먼저 배심원 중의 한 명을 반장으로 뽑는데, 이 배심원은 foreperson 혹은 presiding juror라고 한다. Foreperson의 역할은 심의과정과 투표를 주재하며,[127] 때로는 평결 발표역할을 맡는다.

보통 법원은 배심원들이 내릴 수 있는 평결의 종류에 따라 모든 예상평결을 서면으로 준비하여 두고, 배심들은 자신들의 심의 결론에 맞는 평결을 그 중에서 뽑아 들면 되도록 되어 있다.

배심원들은 보통 출퇴근이 허용되나, 신문이나 방송 등으로부터 해당사건에 대한 보도나 분석을 보고 듣지 말 것을 요구받는다. 또한 배심원실을 떠나면 사건에 대해 토의하지도, 생각하지도 말 것을 요구받는다. 만일 예정일까지 평결에 도달하지 못하면 배심원들은 호텔 등지로 격리되고, 외부와의 접촉이 차단될 수 있다.

배심들이 평결에 도달하지 못하면 hung jury가 선언되고 곧 mistrial이 되어 버린다. 이 경우 추후에 새로운 배심원단을 구성하여 공판이 새로 시작하거나, 경우에 따라서는 원고가 사건을 포기하는 수도 있다.

12) 평 결(Verdict)[128]

연방 법원인 경우 전원 일치이다. Equitable claim(예: 금지처분)은 jury의 평결 대상이 아니며, 판사의 재량사항이다. 그러나 침해, 유무효, 고의 침해, 배상액은 평결대상이다. 배심원들은 기본적으로 사실의 판단자(fact finder)이기 때

---

127) 특허와 같은 연방 사건은 만장일치제를 선택하고 있다.

128) F.R.C.P. 49.

문에 사실관계(matter of fact)에 대한 판단을 내리게 되나, 법률문제(matter of law)에 대해서도 평결을 요구받는 일이 많다. 법률문제의 대표적인 것이 비자명성(nonobviousness) 판단이다. 비자명성 여부는 사실관계(Grahm factors 등)를 우선 판단한 다음 이를 바탕으로 법률적인 결론을 내리도록 되어 있는 법률문제에 속한다. 법원은 배심원들이 법률문제에 대해 평결할 수 있는 이유로서, 역사적으로는 제7차 헌법개정에 따라 모든 문제(사실문제, 법률문제)를 배심원들이 평결하여 왔다는 점, 따라서 특허문제에 대해서도 굳이 예외를 만들 필요가 없다는 점, 그리고 연방 소송규칙[129]이 보완적으로 작동하는 장치가 되고 있다는 점을 지적하였고, 그리고, 법원이 관련 판단 기준에 대해 충분한 훈령을 배심원들에게 제공할 것[130]을 요구하였다.[131]

13) 판 결(Judgment)

배심원의 평결은 판사의 판결이 있기 전에는 효력이 발생되지 않는다. 즉, 판사가 공공문서에 기록할 것을 명령하여야 한다. 판사는 판결을 내리기 전에 손해배상액수를 줄이거나 늘리는 재량권이 있다.

10. 항　고(Appeal to the CAFC)

미국의 CAFC는 계속심의 입장을 취하고 있는 우리 고등법원과는 달리, 법률심의 입장을 취하고 있다. 따라서 1심인 지방법원의 결정에 대해 처음부터 다시 사실관계를 살펴서 판단하는 일은 없다. 다만, 약식판결에 대한 항고나 청구항 용어해석에 대해서는 독자적으로 사실관계를 판단하는데, 이를 de novo("처음부터 다시"의 의미) review라고 한다. 지방법원 때와는 달리 디스커버리 등 증거조사가 없으므로 절차는 매우 간략하다. 당사자들은 상세한 항고이유서를 내고, 구두 변론의 기회를 가진 다음 결정에 이르게 되는 것이 보통이다. 이 구두 변론은 각 당사자들에게 30분 정도밖에 주어지지 않고, 또한 판사들은 사건에 대해 깊이 이해한 상태에서 구두변론에 임하므로, 짧은 시간

129) F.R.C.P. 49(a), 49(b), 50(a), 50(b), 51, 52, 59(a) 등.

130) F.R.C.P. 51.

131) *Connell v. Sears Roebuck & Co.*, 722 F.2d 1542 (1983).

동안 핵심사항을 정확히 전달할 것이 요구된다.

다음의 사건은 CAFC에 항고할 수 있는 대상사건이 된다.

① 각 연방지법의 특허침해사건의 최종 결정.

② 각 연방지법의 특허침해사건의 summary judgment 결정으로서, 해당 사건을 공판 없이 처분할 수 있는 결정(interlocutory appeal)

③ ITC에 제기된 특허사건,[132] 단 최종결정(final determination)이 대상이며, 권고의견(advisory opinion)은 항고의 대상이 아니다.

④ 미국 특허청 Board of Patent Appeals의 결정

11. 상 고(Appeal to the Supreme Court)

미국 대법원은 최고심으로서 우리나라 대법원과 마찬가지로 그 결정은 최종적인 것이 된다. 처음에는 누구나 상고할 수 있었고(matter of right), 상고된 사건에 대해 대법원이 반드시 심리하도록 되어 있었다. 그러나 이에 따라 사건의 적체가 심화되었기 때문에 1925년 법 개정을 통해 상고허가제를 도입하였다. 상고허가제하에서 상고하려는 자는 먼저 대법원에 petition for writ of certiorari(상고허가 신청)을 하여야 하고, 만일 대법원이 이 신청을 허락하면, 그 때부터 상고서면 제출 및 구두변론 스케쥴이 짜여지게 된다. 상고허가를 받기 위해서는 9명의 대법원 판사 중 최소한 4명이 동의하여야 한다.

---

132) 28 U.S.C. §1295(a)(6).

제7장 ITC Practice

1. ITC 소송 개요

이 장에서는 소위 ITC 소송에 대해서 다룬다. 나중에 상술하겠지만, 먼저 여기서 대략적인 큰 그림을 제시하여, 독자들의 이해를 돕고자 한다.

ITC 소송은 행정부에서 이루어지며 행정 절차법이 적용된다는 점에서 사법부에서 이루어지는 소송과 차이가 있다.

그러나 ITC의 조사절차는 행정판사(Administrative Law Judge: ALJ)가 발령하는 가결정(Initial Determination: ID)까지는 일반 사법절차와 거의 동일하다. 이 가결정은 법원의 공판 후 판결 단계에 해당하며, 일반 사법절차에 비해 가결정 이후 ITC Commission 판단 및 대통령 검토 단계만 추가된다.

행정부에서 행해지는 ITC 조사절차와 사법부에서 행해지는 소송이 거의 동일한 절차라고는 하나, 명칭은 상이하게 쓰기 때문에 이 점만 유의하면 된다. 본서에서는 편의상, 사법절차에 대응하는 용어는 독자들이 혼동되지 않도록 사법용어를 그대로 쓰도록 한다. 즉, ITC Investigation도 정확히 번역하면 ITC 조사라고 해야 할 것이나, 이 과정 중의 일부인 증거조사(discovery)와 혼동될 우려가 있고, 이미 ITC 소송으로 통용되고 있으므로, 본서에서도 소송이라는 용어를 그대로 쓰기로 한다. 다음 표에 기재된 사항은 ITC 소송과 사법 소송절차의 주요용어를 대비한 것이다.

Us Court	ITC
Complaint	Complaint
Answer	Response
Plaintiff	Complainant
Defendant	Respondent
Summary Judgment	Summary Determination
Preliminary Injunction	Temporary Exclusion Order
Trial	Hearing

전국에 법원이 산재하여 있는 사법부와 달리 ITC는 단일 기관의 이점을 살려 제소 사실을 포함한 모든 소송 진행, 관련 정보를 상세하게 전산화해두고 있다. 따라서 독자들은 본서의 범위를 뛰어넘는 의문 사항이나, 혹은 개별 관심 사건의 진행추적이 필요한 경우, ITC 홈 페이지를 접속하면 많은 도움이 될 것이다. 홈페이지는 www.usitc.gov이다.

2. International Trade Commission(ITC)

1916년 설립된 관세위원회(Tariff Commission)이 전신이며, 1974년 통상법에 의해 현재의 명칭과 보다 확장된 권한을 지니게 되었다.

ITC는 행정부 소속이므로 ITC 소송은 자연히 행정소송이 되나, 실제 절차나 판단기준은 법원소송과 거의 유사하다. 2007년 현재 4명의 ALJ가 가결정(initial decision)을, 6명의 Commissioner가 최종 결정(final decision)을 담당하고 있다.

1988년 관세법 337조를 개정, 법규에 명시된 지적재산권 침해에 대해서는 국내 산업의 피해 입증이 불필요하도록 되어, 제소가 급격히 늘어났다.

3. ITC 조사 대상 지적재산권

1) 법규에 명시된 지적재산권

특허 (방법 특허 포함), 등록 상표, 저작권, 반도체 마스크워크, 보트 선체 디자인이며, 수입사실, 침해, 국내산업의 존재를 입증하여야 한다.

2) 법규에 명시되지 않은 지적재산권

관습법상의 상표침해, passing off, 영업비밀 침해, 원산지 허위표시, 디지털 밀레니엄 저작권 침해 등을 들 수 있는데, 수입사실, 침해, 국내산업 존재 입증에 추가하여, 다음과 같은 구체적인 피해 입증이 필요하다. 즉, 위의 불공정 행위가 국내 산업을 파괴 또는 실질적인 피해를 가하거나 그러할 우려를 자아내고, 따라서 국내 산업의 성립을 막거나, 미국 내 통상을 제한 또는 독점화할 가능성을 입증하여야 한다.

4. 원 고(Complainant)

특허권자 또는 전용실시권자가 되며, 반드시 미국 국적자일 필요는 없다. 실제 외국 기업도 빈번히 원고로서 제소하고 있다. 아래는 해외기업의 ITC 제소 연도별 추이[1]를 나타낸 것인데, 2006년의 경우, 해외기업에 의한 ITC 제소가 30%나 되었다.

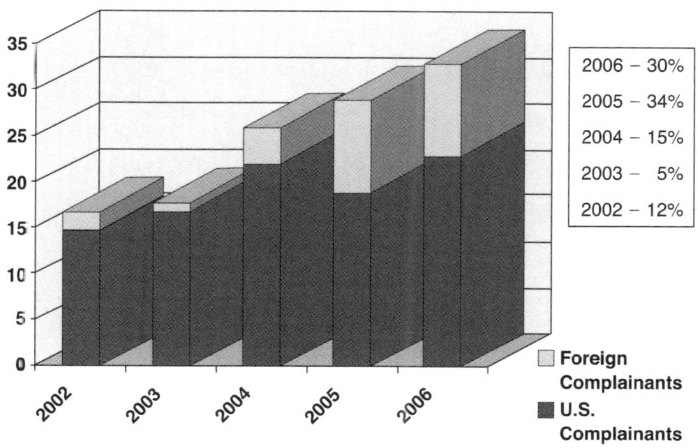

1) Tom M. Schaumberg, "Advantages of ITC Practice", AIPLA 2007 Annual Meeting.

5. 피 고(Respondent)

① 미국에 수입될 물품의 제조자 (미국 수입여부를 제조자가 알 필요는 없음)
② 미국 내 수입업자
③ 수입품에 대한 미국 내 대리점, 소매점

6. Staff Attorney

ITC 소송에서만 볼 수 있는 고유한 제도이며, 사법절차에는 대응되는 기능이 없다. Office of Unfair Import Investigation (OUII)에 소속된 변호사로서, IA(Investigative Attorney)라고도 불린다. ITC 소송 단계별로 아래와 같이 다양한 역할을 맡는다.

제소 전에는 원고와 제소사항에 대해 협의를 진행하며, 제소시에는 제소장의 요건이 만족되었는지는 Commission에 보고하고, 제소 후에는 공익을 대표하는 독립기관으로서 소송에 참여한다.

소송 중에는

① 공익(public interest)을 대표하기 때문에 공익에 따라 사안별로 원고 혹은 피고를 번갈아가며 지지할 수 있다.
② 각종 motion을 포함한 디스커버리 과정에 참여한다.
③ 타결 명령, 동의명령 제안에 대해 공익에 부합되는지 코멘트할 수 있다.
④ 타결 협상에 참여할 수 있다.
⑤ 각 당사자와 소송의 절차적, 실체적 쟁점에 대해 협의할 수 있다.
⑥ Commission이나 ALJ와 단독으로 접촉할 수 없다.

7. 절　　차

(1) ITC 절차도

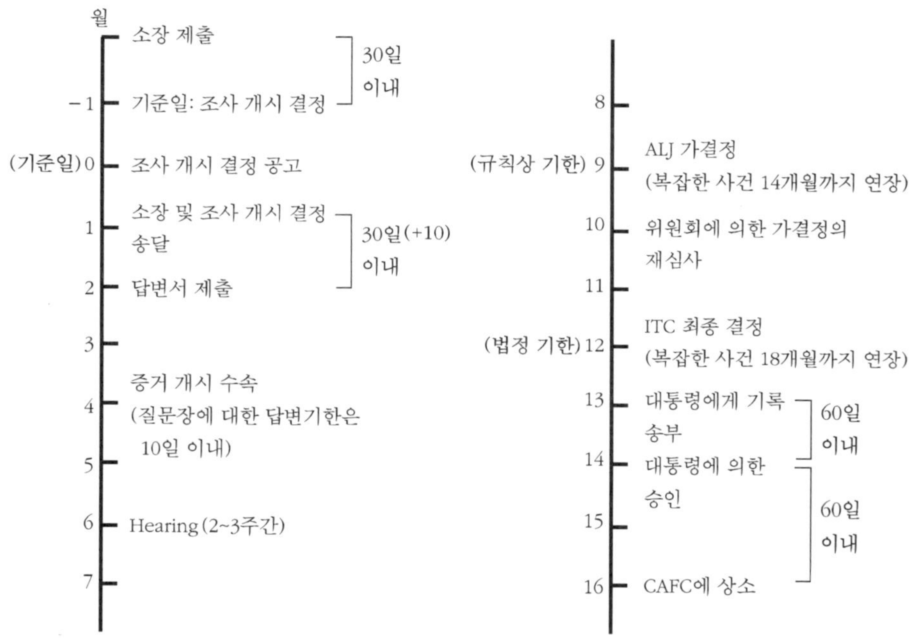

(2) 조사일정(Deadlines)

앞서도 언급하였지만, ITC 일정은 매우 타이트하다. 따라서 연방지법 소송보다 소송일정에 대해 주의를 기울여야 한다. 소송일정에 대해 주의를 기울임으로써 소송 대응을 최대한 치밀하게 할 수 있고, 또한 협상 타이밍 등 전략적 판단을 내리는 데 도움이 된다. 아래는 조사기간이 12개월인 경우와 15개월인 경우의 각 단계별 기한을 보여주는 것이다. 주의할 점은 각 사건별로 세부 일정은 달라질 수 있다는 것이나, 크게 차이는 나지 않을 것이므로 참고가 될 것이다.

대표적 ITC 조사일정표[2)]

	12개월		15개월	
	일 자	경과일수	일 자	경과일수
제소	2008.1.1.	0	2008.1.1.	0
Notice of Institution (조사 개시)	2008.1.31.	30	2008.1.31.	30
답변	2008.2.24.	54	2008.2.24.	54
Preliminary Conference	2008.3.2.	60	2008.3.2.	60
조사 기한 설정	2008.3.17.	75	2008.3.17.	75
디스커버리 종료	2008.7.1.	181	2008.9.8.	250
Summary of Witness Testimony/Exhibits Exchange	2008.7.10.	190	2008.9.22.	264
Pre-Hearing (Trial) Memorandum	2008.7.15.	195	2008.9.29.	271
Hearing (공판) 개시	2008.7.25.	205	2008.10.20.	292
Hearing (공판) 종료	2008.8.8.	219	2008.11.3.	306
Post-Hearing Briefs	2008.8.22.	233	2008.11.17.	320
Post-Hearing Reply Briefs	2008.9.1.	243	2008.11.27.	330
Initial Determination	2008.10.28.	300	2009.2.5.	400
Review Briefs	2008.11.7.	310	2009.2.15.	410
Final Determination / Exclusion Order	2009.1.31.	395	2009.4.26.	480
Presidential Review 종료	2009.4.1.	455	2009.6.25.	540

(3) 사전 상담(Pre-filing Consultation with ITC)

제소자(Complainant)는 제소 전에 초안을 가지고 ITC의 Office of Unfair Import Investigation(OUII)과 협의를 하는 것이 보통이다. 비공식 절차로서 의무 절차는 아닌데, 이 단계에서 OUII의 업무 관행에 맞게 소장을 고치고, 내용도 보강하게 된다.

이 과정은 외부에 공개되지 않는다. ITC 입장으로서도 기각하고 재청구하는 시행착오를 방지할 수 있어 이익이다.

---

2) John F. Rabena, Sughrue Mion, PLLC, 2006 AIPLA Annual Conference, October 20, 2006.

(4) 제소장의 내용(Filing of Complaint)[3)]

1) 당사자 관계

2) 부정경쟁과 부정행위를 적시하는 내용

ITC는 매우 광범위한 해석을 적용하여, 수입(importation) 행위의 경우 샘플 하나 혹은 향후 수입계약도 수입으로 간주된다.

3) 본 건과 관련하여 타 법원에 사건 계류 여부

4) 관련 국내 산업의 입증

특허권자는 관련 특허의 국내산업 존재여부를 입증하여야 하는데, 이 입증의 정도도 상당히 낮아서 만족시키기 용이한 편이다. 그러나 단순한 영업 및 판매는 국내산업 요건을 만족시키지 못한다.

입증의 예로서는,

국내 산업의 입증 사실
• 특허 실시권자의 미국 내 비지니스 활동 • 상당한 공장 및 설비투자 • 상당한 자본 투여 및 고용 • 지적 재산권, 연구개발, 라이선싱을 위한 실질적인 투자

5) 본건이 원고의 비즈니스와 이해관계에 미치는 영향

6) 특허 침해내용

7) 구제 요청사항

(5) 조사개시 결정(Notice of Investigation)

제소일로부터 30일 이내에 내려진다. 그 동안 제소자는 내용을 수정, 보완할 수 있으며, 또한 사전에 OUII와 상담을 거쳤기 때문에 거의 모든 건이 조사결정으로 연결되는 편이다. 피소자(Respondent)는 본 과정에 참여하지 못하며, 실제로 조사개시결정이 나서야 제소장을 받아 보는 것이 대부분의 경우이다.

---

3) 19 C.F.R. §210.12 (Prima facie showing required).

(6) 소장 송달

조사개시 결정은 관보(Federal Register)에 고시되는 한편, 당사자에게 사본이 송부되며, 해외 피고의 경우 해당 대사관으로 통지된다.

(7) 답 장(Response)

접수일로부터 20일 이내. 통상 연장 가능하다(해외 피고의 경우 10일간 연장된다).

(8) 규 칙(Rules)

ITC 절차 룰은 19 CFR Part 210에 게재되어 있으며, 앞서 말한 바와 같이 연방 민사소송규칙(FRCP)과 유사하다. 또한 ALJ마다 그만의 기본 규칙(Ground Rules)을 가지고 있으며, ALJ마다 discovery, motion, hearing 사항에 대해 조금씩 상이하며, Discovery에 대한 시한을 설정한다.

(9) 보호명령(Protective Order)

거의 표준규정이다. 당사자간 합의가 없으면 영업비밀 사항은 대리 변호사와 전문가 증인에게만 접근이 허락되고, 사내 변호사의 접근이 금지된다. 위반시에는 상당한 벌칙이 부과된다.

(10) 조사일정 설정(Target Date)

조사개시일로부터 45일 이내에 발령된다. 종전에는 ITC 소송기간이 보통 12개월, ALJ가 복잡한 사건 (more complicated case)으로 선언한 경우 18개월이었으나, 지금은 그러한 기간제한은 없어졌고, 현실적으로 빠른 날짜에 조사를 끝내면 된다. 그러나 대부분의 경우 아직 위의 기간 범위 내에서 기간이 설정되고 있다. 또한 민사소송과는 달리 기간 연장이 이루어진 예가 거의 없다.

(11) Discovery

법원 소송의 discovery와 거의 유사하다. 상세사항은 '미국법원소송'편을 참조 바란다.

(12) 가처분(Temporary Relief)

법원의 preliminary injunction과 마찬가지 판단기준으로 조사 종료시까지 수입배제 명령이 발동된다. 그 여부는 보통 제소일로부터 90일 이내에 결정되어야 하며, "복잡한 case"인 경우 150일 이내에 결정되어야 한다.

(13) 약식결정(Summary Determination)

법원의 Summary judgment motion에 해당한다. Summary judgment motion과 동일한 판단기준을 적용하기 때문에 쉽게 내려지지는 않는다. 특히 공판 30일 전쯤에 약식결정 신청을 무더기로 하는 것은 소송전략상 도움이 안 된다.

(14) 공 판(Hearing)

법원의 trial에 해당한다. 다만 배심원이 없고 staff attorney가 참석하는 것이 다르다.

(15) 가결정(Initial Determination)

1) 행정판사(ALJ)가 내리는 결정으로, 그대로 최종결정으로 확정되는 경우가 많아 실무적으로 가장 중요한 결정이다. 15개월 미만의 조사기간인 경우, 조사 종료일로부터 3개월 전에, 그 이상인 경우 4개월 전에 내려야 한다.

2) 가결정에는 ALJ의 사건 처분방향에 대한 권고안(Recommended Determination)이 첨부된다.

① 두 가지 종류의 처분(General or Limited Exclusion Order / Cease and Desist

Order)이 있다.

② 수입배제명령

제한적 수입배제명령(Limited Exclusion Order)은 피고의 특정제품만을 수입 배제시키며, 일반적 수입배제명령(General Exclusion Order)은 피고에 국한되지 않고 불특정 제3자가 생산하는 침해제품 전부를 수입 배제시킬 수 있다.

General Exclusion Order는, 1) 피고가 수입배제 명령을 우회적으로 회피할 가능성이 있을 때, 2) 침해 양태상 침해자를 특정하기 곤란할 경우에만 발동된다. Downstream product, 즉 침해품이 다른 제품에 부착된 형태로 수입될 경우, 그 다른 제품 또한 수입배제 대상이 될 가능성이 있음에 주의할 필요가 있다. 소송 당사자 이외에도 결정의 효과가 미치기 때문에 자주 내려지는 결정은 아니다.

③ Cease and Desist Order는 피고(및 그 agent)만을 상대로 내려지며, 이미 수입된 침해품의 판매, 유통을 막는 조처이다. 수입배제 명령과 병행하여 내려지는 경우가 많다. 본 명령의 금지대상은 수입, 판매, 영업, 배송, 침해품의 광고에 이르기까지 광범위하게 발동되나, 실제로는 불리한 ITC결정이 나오기 전에 미리 다량으로 수입한 침해품의 재고를 단속하려는 의도로 많이 활용된다. 이 명령은 미국 내에서만 적용된다. 만일 이 명령을 위반할 경우, 민사상의 벌금이 부과될 수 있다.

④ Bond는 대통령 검토기간(60일) 동안 침해품의 수입을 계속하고자 할 경우, 예탁하여야 하는 금액이며, ITC가 정한다. 그 규모는 침해자의 상대적 이익을 상쇄시키기에 충분한 액수로 잡고 있으며 보통 물품가격의 수%에서 수백%까지 광범위하여 사전에 예상하기가 쉽지 않다.

(16) 최종 결정(Final Determination)

ALJ의 가결정에 불복할 경우 10일 이내에 Commission에 검토요구(petition for review)를 하여야 하며, 그렇지 않으면 향후 불복할 기회가 상실된다. 이에 대해 Commission의 결정으로서, 최종결정을 내리는데, 가결정일로부터 45일 이내, 단 가처분의 경우 보통은 20일, 복잡 사건인 경우 30일 이내에 재조사 여부를 결정 재조사 결정이 없을 경우 가결정이 확정된다.

Commission에서 불공정 무역행위(즉, 지적재산권과 관련하여서는 특허침해)를 인정하더라도, 그 구제조치가 공익에 미치는 영향을 아래와 같이 검토하여야 한다. 그러나 수입배제명령이 본 요건에 따라 거부된 경우는 600건 이상 제소된 현재 오직 3건에 불과하며, 그 것도 가장 최신 사건이 1984년에 내려진 것이다.4)

ITC 커미션의 공익사항 검토 항목
• 공공 복리후생 (public health and welfare) • 미국 내에서의 경쟁상황 여부 • 미국 내에서의 경쟁품 생산여부, 그리고, • 미국 소비자 입장.

대부분의 경우 가결정 내용대로 최종 결정되나, 항고심인 CAFC를 의식, 약간 고치는 수가 있다.

최종 결정에 앞서, ITC는 유관기관과 협의 내지는 조언을 받아야 하며, 최종조처가 공익(public interest)에 부합하는지를 명확히 하여야 한다.

(17) 대통령 검토(Presidential Review)

최종결정 접수일로부터 60일 이내에 내려져야 한다. 그러나 최종 결정 내용을 바꿀 수는 없으며, 오직 정책적인 이유로만 veto권을 행사할 수 있다. 따라서 비토권을 행사할 때는 그 이유를 달지 않는다. 현재까지 단 5건만이 거부되었으며, 가장 최근 거부결정이 1987년에 내려진 것이다5). 따라서 피고가 그리 기대할 만한 부활 절차는 아니다.

(18) 불복항고

대통령 검토를 거쳐 확정된 최종결정에 불복할 경우, 60일 이내에 연방항

---

4) ITC 사건번호: 337-TA-182/188; 337-TA-67; 337-TA-60.

5) See ITC 사건번호: 337-TA-242; 337-TA-165; 337-TA-99; 337-TA-82; 337-TA-29.

고법원(CAFC)에 항고하여야 한다. 이때 당사자는 불복자와 ITC로 되며, 승자는 재판 참여를 할 수 있다.

(19) 배제명령 집행

ITC Commission의 최종 결정(Final Determination)이 내려지면, 세관에서 서면으로 고지한 이후에 일어나는 수입행위는 모두 배제되며 압류대상이 된다. 그러나 최종 결정 이후 대통령 검토기간 중에도 수입은 계속될 수 있는데, 이때는 ITC가 사전에 결정한 공탁금(bond)을 지불하여야 한다. 만일 수입배제명령이 확정된 후에도 침해품이 수입된다는 정보가 있으면, 특허권자는 최종결정 이행절차를 개시하도록 ITC에 요청할 수 있다. 만일 침해품이 아니라고 믿을 경우, 수입자는 세관이나 ITC에 유권해석(Advisory Opinion)을 요청할 수 있는데, ITC 의견을 요청하는 것이 바람직하다. 왜냐하면 세관의 유권해석은 ITC결정을 번복시킬 수 없기 때문이다.

8. ITC 소송의 특징

1) 빠른 소송진행

종래와 같은 정해진 조사일정은 없어졌으나, 여전히 현실적으로 가장 빠른 시일 내에 조사를 마치도록 규정하고 있으며, ITC는 이를 충실히 따르고 있다. 따라서 규정이 달라졌다고는 해도 실제 조사기간은 종전과 큰 차이 없이 12~15개월이 소요된다. 이는 보통 2~5년이 걸리는 지방법원 소송과 비교할 수 없을 정도로 빠른 속도이며, 소송진행이 빨라서 로켓소송(rocket docket)이라고 불리는 버지니아 동부 법원 혹은 텍사스 서부 법원보다도 빠르다.

이 조사를 더욱 빠르게 하는 방법으로서는 잠정적 배제명령(Temporary Exclusion Order: TEO)을 제소와 동시에 신청할 수도 있다. 이 신청이 있으면, ITC는 90일 이내에 TEO 결론을 내어야 하며, 복잡한 사안인 경우 60일간 연장할 수 있으나, ITC는 이를 관보에 연장 이유와 함께 공고하여야 한다. 현재까지 TEO는 자주 활용되지 않고 있다.

2) 앞서 열거한 국내산업 요건을 만족시키는 특허로 제소하여야 한다.

3) 후술하는 무효 주장 등 방어는 가능하나, 맞제소(Counter claim)는 불가하다.

4) 특허법 §272(g) 조항의 단서조항이 적용되지 않는 점에 주의하여야 한다.

2004년 3월 25일, CAFC는 §271(g)조의 예외조항에 의한 침해자의 방어는 ITC 소송에서 적용되지 않는다고 판시하였다.[6] 여기서 예외조항이란, 미국에서 특허 받은 방법을 이용하여 미국 외에서 제조하여 들여온 침해 제품이라 하더라도 ① 그것이 후속 공정에 의해 크게 변화된 경우, 혹은 ② 그것이 다른 제품의 사소하고 비필수 요소가 되어버린 경우에는 침해를 인정하지 않는다는 것이다[7]. Minnesota Mining and Manufacturing Company와 Ultimate Abrasive Systems, L.L.C.("3M")이 Kinik을 상대로 제소한 케이스에서, CAFC는 비침해 결정을 통해 ITC 결정을 뒤집는 한편, ITC의 주장을 아래와 같이 인정하였다. 첫째, PPAA 입안시 상원의 입법 기록(legislative history)을 살펴보면, "이러한 제한 사항으로 말미암아 방법 특허권자가 ITC로부터 구제받는 것을 제한할 의도가 없다"고 기재되어 있으며, 여기서 얘기하는 제한사항(limitation)은 Section 271(g)하에서의 방어를 뜻한다고 해석된다. 둘째로, 또한 법령 자체의 문구를 그대로 해석하여보아도 Section 271(g)하에서의 방어는 본 법(this title)하에서만 이루어져야 하며, 여기서 말하는 본 법이란 특허법(Title 35 of the United States Code)을 의미하는데, ITC를 규정하는 하는 법은 Title 19이다. 따라서 이런 명시적인 제한 때문에 법 조항이 의미하는 바는 명확하다고 볼 수 있다. 마지막으로, ITC는 해당 행정을 담당하는 기관으로서, 그 결정을 존중하여야 한다.

이 판결은 결과적으로 동일한 법령이 법원과 ITC에서 달리 적용되는 모순점을 낳아서 상당한 비판을 받고 있다. 또한 법 개정을 통해 동일하게 적용시키려는 움직임도 있으나, 현재까지는 Kinik 판결이 법으로서 적용되고 있으므로, ITC에서는 침해자가 각별히 유의해야 할 사항이다.

5) 처분사항(Dispositions)에서, 과거 소급 배상은 없고 미래 금지조치만 있으며 세관을 통해 집행된다. 과거 소급배상을 받으려는 원고는 연방법원에 제

---

6) *Kinik Co. v. Int'l Trade Comm'n*, 362 F.3d 1359 (Fed. Cir. 2004).

7) 35 U.S.C. §271 (g).

소하여야 한다.

6) 방 어(Defences)

① 무효 및 비침해, 기타 unenforceability 주장가능

② 국내산업 요건 미충족 입증

③ 설계 변경(design around)

7) **설계 변경**(design around)

현재 제품에 대해서는 수입배제 명령이 내려지더라도, 설계를 변경한 특허회피 제품으로 계속 수입이 가능해지므로 실질적으로 ITC 결정을 회피할 수 있다. 회피 설계가 받아들여질 경우, 원고로서는 ITC의 수입배제명령이 무위로 돌아가게 되기 때문에, 회피 설계는 화해를 촉진하는 유력한 효과가 있다. 물론 현재 제품에 대해서는, 원고가 법원에 제소하여 과거 피해보상을 청구할 수 있다.

그러나 이러한 우회수단이 성립되려면, ITC 결정문에 회피 설계물에 대한 판단사항이 반영되어 있어야 한다. 즉, 회피 설계물을 ITC 조사과정에 포함시켜야 하는 것이 중요하다. 원고는 당연히, 조사범위 밖이라고 반대할 것이 예상되나, 행정판사는 회피 설계물에 대한 또 다른 ITC 소송을 방지하는 차원, 즉, 사법경제 차원에서 받아들여주는 경향이 강하다. 아래의 사건이 몇 가지 시사점을 제공하여 줄 것이다.

Plastic Encapsulated Integrated Circuits, Inv. No. 337-TA-315, (1990)
[사실관계] 원고 TI는 방법특허 침해를 주장하며 반도체 칩 메이커를 제소하였다. ALJ는 빠른 시일 내에 각 피고들이 반도체 칩에서 실시하고 있는 제조 방법에 관한 모든 자료를 제출할 것과 TI에게는 새롭게 밝혀진 제조 방법에 대해 보충 클레임 차트를 제출할 것을 명령하였다. 몇몇 메이커들은 ITC 소송의 대상인 bottom-gated 회로를 채용하고 있었으나, 적어도 두 메이커들은 소송이 시작된 직후부터 top-gated 회로를 채택하기 시작하였다. TI가 top-gated 회로에 대해 보충 클레임 차트를 제출하지 못하자 피고들은 강제 제출 명령을 신청하였다. TI는, top-gated 회로는 조사 범위 밖에 있고, 조사 개시일 이후에 제조되어 시기적으로 부적절하며, 상업적으로 판매되는 제품이 아니며, 피고들은 허용될 수 없는 참고 의견(advisory opinion)을 ITC로부터 구하고 있다고 항변하였다.

[ITC 판단]

ALJ는 TI 주장을 기각하였다. ALJ는, 조사범위는 공판 전 디스커버리 기간 동안 실시되고 있는 모든 침해 가능한 방법에도 미친다고 판시하였다. 그 이유로서, 추후에 새로운 방법에 대한 또 다른 ITC 소송을 막을 수 있는 사법경제를 들었다.

또한, 설계 회피품이 상업적인 판매품이 아니므로 판단의 대상이 되지 못한다는 주장에 대해서도 ALJ는, "문제의 핵심은 제시된 회로가 상업적인 제품이냐에 있지 않고, 그 회로가 각 피고에 의해 제조된 대표적인 회로인가, 그리고 그것이 피소 제품에 대한 채택 가능한 증거를 이끌어 낼 수 있는 것인가에 있다"고 판시하였다.

마지막으로, 이미 TI는 각 피고들에게 top-gated 회로는 조사 범위 밖에 있다고 알려주었기 때문에 피고의 요구에 답할 의무가 없다는 주장에 대해서도, 원고가 조사범위를 일방적으로 좁힐 수 없다고 기각 하였다.

Safety Eyewear and Components Thereof, Inv. No. 337-TA-433, (2000)

[사실관계]

원고 Uvex는 피고 Crews에 대해 안전 안경제품의 수입 배제를 요구하는 ITC 소송을 제기하였다. 디스커버리 기간 동안 피고는 원고에게 회피 설계된 제품이 특허 침해인가를 묻는 질문서를 보냈다. 비록 제시된 제품은 시제품이었지만, 피고가 실제로 실시할 것처럼 판단되었다. 원고는 답변을 거부하였으며, 피고는 추가소송을 피하기 위해서라는 이유로 강제 답변을 요구하였다.

피고의 주장은, 첫째, 회피 설계물이 또 다른 ITC소송을 유발할 수 있기 때문에 현 소송에서 이를 판단하는 것이 양 당사자에게도 공평하며, 둘째, 피고는 특허 침해를 하지 않는 제품을 만들려고 하기 때문에, 다른 소송이 제기되어 침해여부를 알 때까지 기다리는 것은 손실이 크고, 마지막으로, 지금 회피 설계물에 대해 판단을 내릴 경우, 후속 참고 의견, 집행 행위, 후속 소송을 회피할 수 있기 때문에 사법경제를 도모할 수 있다고 주장하였다.

Commission staff 역시 피고 입장을 지지하였다. 그 이유로서, ITC 조사 범위는 소장에 특별히 언급되지 않은 제품도 커버할 정도로 충분히 넓으며, 또한 회피 설계물이 디스커버리 기간 중에 미국에 수입될 가능성이 있고, 그럴 경우 조사범위에 포함될 것이라는 의견을 내었다.

[ITC 판단]

ALJ는 피고의 신청에 대해 디스커버리 대상이라는 이유로 인정하였으며, 추가적으로, 공정성과 사법 경제를 그 이유로 들었다.

Laminated Floor Panels, Inv. No. 337-TA-545, (2006)
[사실관계1] 원고 Unilin은 피고 Yekalon 및 PSV에 대해 접착제가 필요 없이 요철 결합할 수 있는 바닥 패널에 관한 특허 침해를 이유로 ITC 소송을 제기하였다. 공판 시작을 한 달여 남겨두고, 또한 디스커버리 요청 시한이 약 1주일 지나간 시점에서 Yekalon은 engagement product라고 부르는 회피 설계물에 대해 전문가 증인의 보충의견서 제출을 허용해달라는 신청을 하였다. Yekalon은 그 신청의 이유로, 그 회피 설계물이 불과 지난 수주일 동안 개발되었지만, 본 신청은 원고에게 불이익이 없다고 주장하였다. 그 이유로서 첫째, 디스커버리 종료 2개월 이전에, 그리고 회피 설계물이 개발되자마자 원고에게 회피 설계물의 존재를 알렸으며 둘째, 회피 설계물에 대한 시작 도면이 그 당시 원고측 변호사에게 전달되었으며, 셋째, Yekalon측 전문가가 회피 설계물에 대해 비침해를 증언한 반박보고서가 해당 일정 내에 제출되었고, 넷째, Yekalon측 전문가는 회피 설계물의 샘플을 입수하자 즉시 보충 보고서를 제출하였으며, 다섯째, Yekalon은 원고측 변호인에게 샘플을 즉각 전달하였으며, 마지막으로, 회피 설계가 적용된 판매용 제품이 수입되어 판매 준비 중이라는 것이었다. 행정판사는 원고와 staff attorney의 반대에도 불구하고 Yekalon측 주장을 받아들였으며, 회피 설계물에 대한 증언을 공판 때 허용하였고, 가결정에서 회피 설계물에 대해서는 비침해라고 결정하였다. [사실관계2] 또 다른 피고인 PSV도 소위 "Lock 7"이라고 불리는 회피 설계물을 조사기간 중에 개발하였고, 공판이 한 달도 남지 않은 시점에서 가결정에 반영할 것을 신청하였다. 행정판사는 마찬가지로 이를 받아들이고, 회피 설계물에 대한 추가적인 디스커버리를 지시하였으며, 가결정에서 비침해 결정을 내렸다. 다만, 이 회피 설계물에 대해서는 커미션이 침해라는 반대 결정을 내렸다.

8) Compliance with GATT

ITC는 미래에 대한 수입배제만 시킬 뿐, 과거 침해에 대한 금액적 배상을 명령할 권한이 없다. 오직 법원만이 과거 배상을 가능케 하므로, 종종 특허권자는 ITC 소송과 아울러 지방법원 소송까지도 동시에 제기하고는 한다.

일명 GATT 준수법이 제정된 계기는, 종전까지는 미국 특허권자들이 해외업체를 상대로 ITC와 District court에 동시에 특허침해 사건을 제기하여 압박을 가하는 사례가 빈번하였는데, 이는 곧 내외국인 평등을 규정한 GATT 정신에 어긋나기 때문에 각국의 항의의 대상이 되어왔고, 이를 시정키 위한 것이다.

ITC와 District court에 동시에 특허침해 사건이 계류되어있을 때, ① 연방지법에 제기된 소송이유와 ITC에 제소된 이유가 동일하고, ② 연방지법에서의 피고와 ITC에서의 피고가 동일한 경우, ITC의 피고는 연방지법에 법원사건의 진행정지(Stay)를 요구할 수 있다.[8] 이 요구가 있을 경우, 연방지법은 반드시 진행정지 명령을 내려야 한다. 진행정지명령은 ITC 소송이 종료될 때까지 유효하다.[9]

9) 기판력(Res Judicata)

상표사건의 경우, ITC 쪽에서 유리한 판결이 기대되고, 이 결정은 연방지법에 대해 기판력을 가질 수 있으므로, 이 정지명령은 전략적인 장점이 크다.

반면에 특허사건의 경우, ITC 결정은 기판력이 작용하지 않는다. 즉, 연방지법은 ITC 결정과 다른 결정을 독자적으로 내릴 권한이 있다. 따라서 ITC 결정이 내려진 유/무효 결정, 침해/비침해 결정은 연방지법에서 달리 내려질 수 있다. 그러나 연방지법은 ITC의 소송자료를 참조하여 보통은 ITC 결정을 존중하는 방향으로 결정을 내리는 경향이 있다.

10) ITC 소송의 법원 소송 대비 장점[10]

ITC	District Court
"현실적으로 가장 빠른 시간(earliest practicable time)"에 결정함.	Discovery 지연이 자주 발생
사물관할(In Rem Jurisdiction) — 미국 영토 내에 있는 모든 수입제품에 관할효력 — Cease and Desist Order를 받지 않는 한 대인 관할 적용이 안 됨.	대인관할(In Personam Jurisdiction) — 미국 내 피고가 다수일 때 곤란, 경우에 따라서는 관할요건을 만족시키기 위해 각각 다른 법원에 제소하여야 함. — 해외 피고에 대해 관할권 확보가 곤란
광범위한 discovery — 사물관할인 관계로, 해외 피고의 경우, 헤이그 조약에 따를 필요 없이 즉시 조	

8) 28 U.S.C. §1659 (2007).

9) *In re* Princo, 478 F.3d 1345, 1355 (Fed. Cir. 2007) 참조.

10) Tom M. Schaumberg, "Advantages of ITC Practice", AIPLA 2007 Annual Meeting.

사개시 가능. — 전국적인 증인 소환 효력	
지적재산권 문제만 다루는 경험 많은 ALJs	
자동적인 보호명령	
효과적인 구제수단	신속한 구제를 얻기가 어려움.
eBay 케이스와 같이 영구금지명령이 거부될 우려가 없음.	
35U.S.C. 271(g)의 방법특허 침해 조항에서 예외조항 불인정	

11) ITC 사건 종결 현황 도표[11)]

전체적으로 볼 때, ITC는 피고에게 유리한 소송이 아니라고 할 수 있다. 최근 7년간 현황을 살펴보면, 침해자에게 유리한 결과라고 보여지는 소송철회 및 비침해 건의 비중이 30% 정도이다. 그러나 화해는 대부분의 경우 원고에게 유리하게 이루어지는 점을 감안하면, 전체 사건에 대해 70% 정도가 원고에게 화해든 판결이든 유리하게 결말지어지는 것을 알 수 있다.

ITC 사건 결정 상황 (1999 - 2006)

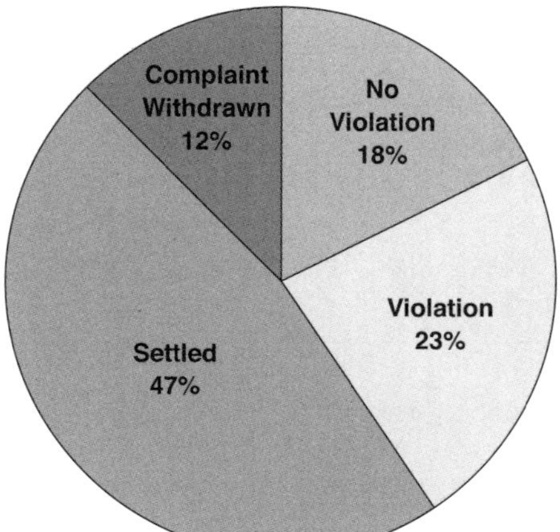

11) Tom M. Schaumberg, "Advantages of ITC Practice", AIPLA 2007 Annual Meeting.

제8장

손해배상 및 금지 처분

I. 손해배상[1)]

1. 손해배상 입증 절차

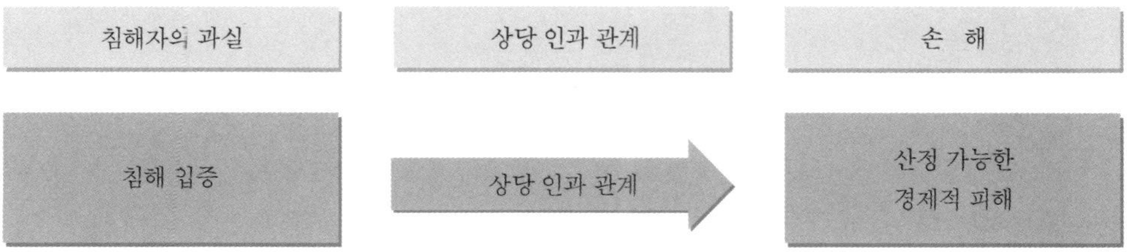

1) 본 분야는 특허적인 지식보다는 오히려 재무 회계적인 지식, 당 산업분야의 발전 전망, 경쟁상황, 원고/피고간의 경영 실태를 종합 판단하여 결정하기 때문에, 소송실무에 있어서는 expert witness(전문가 증인)를 선임하는 것이 상례이다. 또한 상대방의 경영현황은 protective order에 의해 반대편 client는 내용을 알 수가 없다. Expert witness로서는 회계법인, 라이선싱 전문가를 공동 선임하는 것이 보통이다. 특허 침해, 유무효가 확정된 연후에 피해배상을 다투는 순서이기는 하나, 가급적 expert witness를 빨리 선임하여 조기에 득실판단을 내려, 타결을 포함한 전략적인 소송운영을 기하는 것이 바람직하다.

손해배상의 입증 요소

손해 배상은 먼저 침해자의 과실을 입증하여야 한다. 특허 침해사건에서는 침해가 입증되면 침해자의 과실이 존재하는 것으로 본다. 하지만 그렇다고 해서 바로 손해배상을 청구할 수는 없으므로, 그 다음으로, 침해자의 과실이 특허권자의 손해를 초래한 원인이 되었다는 상당한 인과관계를 입증하여야 한다. 즉, 예를 들어, 매출의 감소라든지, 판매 가격의 저하가 일어났고, 그것이 침해품의 존재에 기인한 것이라는 형식의 상당 인과관계의 입증이 뒤따라야 한다. 그런 다음에야 비로소 손해액을 청구할 수 있는데, 만일 산정할 수 없는 손해라면 법원도 판결을 내리기 곤란할 것이다. 그래서 산정 가능하도록 경제적 피해를 입증하여야 하며, 이 과정에서 복잡한 증거수집 및 전문가를 동원하게 된다.

따라서 위 도표[2]를 보게 되면 3가지의 손해배상 입증단계에서 앞의 2단계를 성공적으로 방어할 수 있다면, 손해배상은 없어지게 되고, 3번째 단계를 성공적으로 방어한다면 법원은 합리적인 로열티로 손해배상액을 결정할 것이다.

2. 기본 Rule[3]

미국 특허법 35 U.S.C. §284조에 따르면, "청구인(특허권자) 승소 결정시, 법원은 청구인이 받은 침해를 적절히 보상할 수 있는 손해배상을 법원에서 결정한 이자와 비용을 포함하여 내려야 한다. 그러나 어떠한 경우에도 손해배상은 침해자가 발명을 사용하는 데 따른 합리적인 로열티(reasonable royalty)보다 적어서는 안 된다"고 규정하고 있다.

위 조항은 다른 민사상 불법행위에 따른 손해배상조항과는 다른 점이 있

---

2) Daniel Johnson, 미국특허소송에서의 손해배상 계산, CNU Patent Academy IV, Cheju (2007).

3) 35 U.S.C. §284. "Upon finding for the claimant the court shall award the claimant damages adequate to compensate for the infringement, but in no event less than a reasonable royalty for the use made of the invention by the infringer, together with interest and costs as fixed by the court."

는데, 그것은, 아무리 손해배상액이 적더라도, 합리적인 로열티 이하가 될 수 없다고 그 최저점을 설정한 것이다.

위 조항에 근거하여, 특허 침해소송에서 승소한 권리자는 일실이익(lost profits)을 배상받을 수 있고, 설령 입증의 문제로 일실이익을 배상받지 못하더라도 최소한 합리적 로열티(reasonable royalty)보다 높은 금액으로 배상받을 수 있다.[4)]

따라서 실무상으로는 일실이익이 입증되는 부분에 대해서는 일실 이익을, 그 나머지에 대해서는 합리적인 로열티라는 혼합적인 형태가 가능해진다. 예를 들어 일실이익이 입증되는 손해가 전체의 70%라면, 그 70%에 대해서는 일실이익이, 나머지 30%에 대해서는 합리적인 로열티를 적용하게 된다. 물론 동일한 피해부분에 대해 두 가지 배상이론으로 중복 배상을 받을 수는 없다.

실무 통계를 보게 되면, 손해배상 판결 중 57.7%에서 합리적인 로열티를 적용하였으며, 36.5%에서 일실이익을, 5.8%는 가격 침식(price erosion)을 적용하였다.[5)] 여기서 알 수 있는 바와 같이 합리적 로열티를 근거로 손해배상을 정하는 것이 대세를 이루고 있고, 일실이익 방식은 상대적으로 적은데, 그 이유는 일단 입증이 어렵다는 점이다. 특히 미국 시장의 경우 경쟁자가 많고, 또한 침해를 피하는 대안품이 존재할 가능성이 높기 때문이다. 또한, 일실이익을 입증하기 위한 분석 방법이 더 복잡하고, 비용이 더 소요되는 점에도 기인한다.[6)]

3. 일실이익(Lost Profits)

(1) 의 미

침해자로 인해 특허권자가 입은 손해를 말한다. 기본 개념은 소위 "but

---

4) 또, 한 가지 손해배상 방법은 침해에 기인한 침해자의 이익, 즉 부당이득을 손해액으로 청구하는 것인데, 미국에서는 1946년 법 개정을 통해 삭제되었으며, 디자인 특허의 경우에만 계속 적용되고 있다. 그러나 우리나라에서는 특허침해 소송에서 침해자의 부당이득을 청구할 수 있는 길이 아직 남아 있다. 한국특허법 제128조 참조.

5) PricewaterhouseCoopers, 2009 Patent Litigation Study, p.611. n.13. (2009).

6) *Id.* at 11, 12.

for” test로서 침해가 없었더라면(but for), 얼마만한 이익을 올릴 수 있었으므로 그 금액이 피해보상액이 되어야 한다는 것이다.[7)]

(2) 상당 인과관계(Causation)의 입증

1) Panduit test

일실이익 배상을 위한 상당 인과관계를 입증하기 위해서는 Panduit 판례[8)]에서 나온 아래의 3가지 항목을 입증할 필요가 있다. 즉,

A	**시장수요**(demand)	• 침해 받은 특허가 고유의 시장가치를 창조했으며, 침해품을 구입키로 한 소비자의 결정은 특허 받은 특징에 기인한 것이다. • 입증자료의 예: — 경쟁, 시장 점유율, 시장분할에 대한 보고서 — 판촉 자료 — 해당 산업단체, 간행물, 잡지에 나타난 제품 품평 — 상품 포장 및 판매 형태 — 소비자 조사 — 소비자 이메일, 서신 — 관련 증언
B	**수용 가능한 비침해 대안품** (acceptable non-infringing alternative)**의 부존재**	• 수용 가능한 비침해 대안품은 소비자가 중요하다고 생각한 특허의 특징을 가지고 있어야 한다. • 단순히 경쟁품이 존재한다는 것은 대안품이라고 할 수 없다. 소비자의 수요가 대안품 여부를 결정한다.
C	**생산 및 판매 능력** (manufacturing & marketing capacity)	• 생산능력 — 침해자의 판매를 대체할 만한 실제 생산능력(창고, 기계, 노동력 등) — 생산 확대 가능성 • 판매 능력 — 유통망

7) *State Indus., Inc. v. Mor-Flo Indus., Inc.,* 883 F.2d 1573, 1577 (Fed.Cir.1989), cert. denied, 493 U.S. 1022 (1990).

8) *Panduit Corp. v. Stahlin Bros. Fibre Works, Inc.,* 575 F.2d 1152, (6th Cir. 1978).

	— 영업범위 — 객층 • 입증자료의 예 — 생산 계획/실적서 — 재고 — 거래선과의 공급 계약서(재료, 부품, 노동력 등) — 투자/지출 실적 — 영업망, 범위 — 고객 리스트 — 영업관련 계약

2) 시장점유율 방식

Panduit test가 일실이익 입증을 위한 유일한 방법은 아니다. 만일 위 Panduit test 중 두 번째(B)에 해당하는 수용 가능한 비침해 대안품의 부존재를 입증하기 불가능하다면, 특허권자는 시장 점유율 방식으로 일실이익을 입증할 수도 있다. 물론 수용 가능한 비침해 대안품의 부존재를 입증할 수 있다 하더라도, 시장점유율 방식이 유리하다면 특허권자는 이 방식으로 손해를 입증할 수 있다. 이 방식은 침해품의 가격이 낮고, 고객이 많으며, 특허권자의 시장점유율이 큰 상황인 경우에 유리해진다. 이 방식에 의하면, 특허권자를 포함한 시장경쟁자 별로 시장점유율을 계산한 다음, 법원에 대해서, 만일 침해가 없었다면 각 점유율에 해당하는 만큼의 침해품을 특허권자가 팔 수 있었다고 주장하는 것이다. 물론 이에 더하여 특허권자는 Panduit test의 A 및 C 조건을 만족시켜야 한다.

2 공급자 시장(two supplier market)은 시장에 침해자와 특허권자만이 존재하는 상황으로서, 법원은 침해자의 매출을 특허권자가 대신할 수 있다고 가정하기 때문에, 특허권자로서는 입증이 가장 유리한 상황이다. 여기에다 특허권자가 Panduit test의 A 및 C 조건을 입증한다면, 그 가정은 거의 결론으로 굳어지게 되는 경우가 보통이다.[9]

3 공급자 시장도, 만일 세 번째 공급자의 시장점유율이 미미할 경우, 2공급자 시장과 마찬가지 결론이 도출될 수 있다.[10]

---

9) *Kaufman Co. v. Lantech, Inc.,* 926 F.2d 1136, 1142-43 (Fed. Cir. 1991).

▶ 시장점유율 방식에 의한 손해배상 산정 방식의 예:

[상 황]

특허권자:	40,000 대
침해자:	20,000 대
경쟁사1:	25,000 대
경쟁사2:	15,000 대
총 시장수요:	100,000 대

[일실이익 계산]
특허권자의 시장점유율 = 40,000/(40,000+25,000+15,000) × 100 = 50%
(침해자를 제외한 시장점유율임)

특허권자가 팔 수 있었던 침해자의 매출: 20,000 × 50% = 10,000 대

[합리적 로열티 계산]
침해자 총 매출 − 일실이익분 = 20,000 − 10,000 = 10,000 대

[총 손해배상]
일실이익 10,000 대분
합리적 로열티 10,000 대분

(3) 일실이익액 산정

일실이익액을 막연한 추측치로 제시할 수는 없다. 그렇다고 해서 절대적인 정확성을 요구하는 것은 아니며, 입증의 곤란성을 감안하여 정당하고 합리적인 추정(just and reasonable inference)치로 제시하면 족하다. 침해자가 관련 자료를 정확하게 제공하지 못해서 생기는 의혹, 오류, 혼동은 특허권자에게 유리하게 해석하여야 한다.[11]

앞서 얘기한 실제 판매손실에 의한 손해 이외에도 일실이익은 아래와 같이 여러 가지로 산출될 수 있다.

---

10) *Andrew Corp. v. Gabriel Elecs. Inc.,* 785 F.Supp. 1041, 1043-44 (D.Me. 1992) (*citing Micro Motion Inc. v. Kane Steel Co.,* 894 F.2d 1318, 1322 (Fed. Cir. 1990).

11) *Sensonics, Inc. v. Aerosonic Corp.*, 81 F.3d 1566, 1572-73 (Fed. Cir. 1996); *Lam, Inc. v. Johns-Manville Corp.,* 718 F.2d 1056, 1065 (Fed. Cir. 1983).

전망 판매 손실(projected lost sales)을 입증한다면 특허권자와 침해자의 판매분을 초과하는 매출에 대해서도 손해를 주장할 수 있다. 즉, ① 침해 이전 시점에서 특허권자의 매출이 증가하고 있었고, ② 따라서 이러한 성장세가 침해 기간 중에도 계속되리라는 합리적인 전망이 가능하며, ③ 그 전망에 따르면 침해자와 특허권자의 실제 판매치를 합한 수치보다 전망 판매치가 더 크다는 점을 입증하면 된다.[12)]

가격 침식(price erosion)은 자주 주장되는 항목이다. 이 논거는, 침해품의 존재로 인해, 특허권자가 원하는 가격을 받지 못했다는 기회 손실을 청구하는 것이다.[13)]

가격 침식이 생기는 경우
• 침해품이 없었다면 가격을 올릴 수 있었음. • 침해품이 없었다면 물가 상승률만큼 가격을 올릴 수 있었음. • 침해품의 가격이 특허품의 가격보다 더 높음. • 침해품의 존재로 인해 가격을 내려야 했음.

전체 시장가치 룰(Entire Market Value Rule)[14)]도 종종 적용된다. 그 논거는, 특허 받은 기능(부품)이 전체 제품의 일부이기는 하나, 그 기능(부품)으로 말미암아 소비자가 제품을 구입하게 되었다면, 침해배상액은 그 기능(부품)을 채용한 제품 전체를 대상으로 하여야 한다는 것이다.[15)] 따라서 배상액이 수백%에 달할 수 있다. 특허권자는 두 가지를 입증하여야 한다. 즉, ① 기능단위 테스트(functional unit test)로서, 특허부품과 비특허부품 양자가 온전한 장치에 들어가는 단일 조립체를 함께 구성하여야 하거나, 아니면 양자가 합쳐서 단일의 기능단위를 구성하여야 하며, 또한 ② 소비자 수요 테스트(customer demand test)로서, 특허부품의 기능으로 인해 소비자가 구입을 하게 되었다는 점을 입증하여

---

12) *Lam, Inc. v. Johns-Manville Corp.,* 718 F.2d 1056, 1067-68 (Fed. Cir. 1983).

13) *TWM Mfg. Co. v. Dura Corp.,* 789 F.2d 895, 902 (Fed. Cir.) *cert. denied,* 479 U.S. 852 (1986) 참조.

14) *Slimfold Mfg. Co. v. Kinkead Indus. Inc.,* 18 USPQ2d 1842 (Fed. Cir. 1991).

15) *Rite-Hite Corp. v. Kelley Co.,* 56 F.3d 1538, 1549 (Fed. Cir.) *cert. denied,* 516 U.S. 867 (1995).

야 한다.

단축된 시장재진입(accelerated reentry) 손실 역시 주장 가능하다. 그 논거는, 문제의 특허가 종료된 후, 침해자가 시장에 재진입할 때, 과거 침해품을 만들어 보았던 만큼 시장진입이 가속화될 것이라는 주장이다.[16)]

비용증가(increased cost) 역시 주장 가능한 손실이다. 그 논거는 침해자로 인해 광고 선전비가 증가했다든지, 소송비용의 지출로 말미암아 판매 신장률이 저하되었다는 것이다.[17)]

일체판매(convoyed sales) 주장도 가능하다. 여기서 일체판매라 함은 기본 품목과 동시에 이루어지는 판매를 말하며, 이때 일체로 판매되는 품목은 특허받은 품목과 기능적 연관성이 있어야 한다. 이 주장의 논거는 침해로 말미암아 일체판매가 이루어지지 못했다는 것이다.[18)] 단순한 편의나 비즈니스상의 장점 때문에 이루어지는 판매는 일체판매로 보지 않는다.

부수판매(collateral sales) 주장도 성립된다. 여기서 부수판매라 함은 특허 품목의 판매에 수반하여, 서비스 계약, 비특허품 악세서리, 스페어 부품 등과 같이 특허와 관련은 있으나, 별도로 이루어지는 판매를 말한다. 이 주장의 논거는 침해로 말미암아 부수판매가 이루어지지 못했다는 것이다.[19)] 마찬가지로 단순한 편의나 비즈니스상의 장점 때문에 이루어지는 판매는 부수판매로 보지 않는다.

---

16) *BIC Leisure Prods. Inc. v. Windsurfing Int'l. Inc.,* 687 F. Supp. 134, 138 (S.D.N.Y. 1988) rev'd in part, 1 F.3d 1214 (Fed. Cir. 1993).

17) *Lam, Inc. v. Johns-Manville Corp.*, 718 F.2d 1056, 1065 (Fed. Cir. 1983).

18) *Carborundum Co. v. Molten Equip. Innovations, Inc.,* 72 F.3d 872, 881 n.8 (Fed. Cir. 1995).

19) *Id.* at 881.

4. 손해배상 청구 방법의 선택[20]

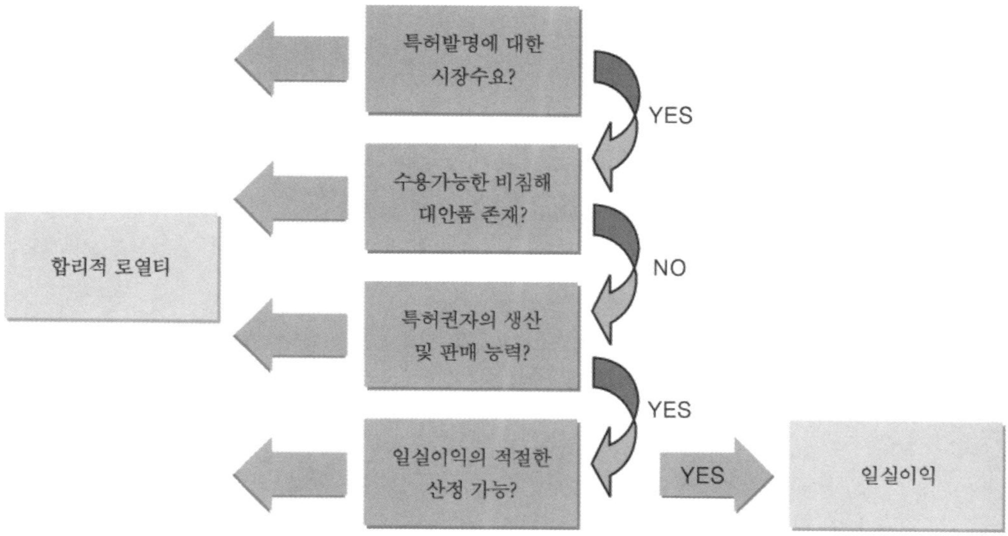

5. 합리적 로열티(Reasonable Royalty)

1) 일실이익과 함께 특허권 침해에 따른 손해배상을 산정하는 방법이다. 기본 개념은, 실시권 허여를 희망하는 특허권자(willing licensor)와 실시권 획득을 희망하는 비권리자(willing licensee)간에 침해가 시작된 시점에서 가상의 교섭(hypothetical negotiation)을 통해 도출되는 금액을 의미한다.[21] 이 가상의 교섭에서, 침해자가 특허발명을 사용하는 데 따른 기대이익(anticipated profit)을 고려하여야 한다. 기대 이익의 입증 증거로서 실제 이익(actual profit)이 채택될 수도 있다. 법원이나 배심원은 양 당사자가 제시한 로열티 중에서 하나를 골라야 할 의무는 없고, 적절하다고 판단되는 로열티를 제시할 수 있다.[22]

---

20) Daniel Johnson, 미국특허소송에서의 손해배상 계산, CNU Patent Academy IV, Cheju (2007).

21) *State Indus. Inc. v. Mor-Flo Indus. Inc.*, 883 F.2d 1573, 1580 (Fed. Cir. 1991) 참조.

22) *Smithkline Diagnostics, Inc. v. Helena Lab. Corp.*, 926 F.2d 1161, 1167 (Fed. Cir. 1991) 참조.

2) 업계에서 확립된 로열티(established royalty)가 있을 경우, 채택될 가능성이 매우 높다. 그러나 확립된 로열티 개념은 상당히 엄격하기 때문에 쉽게 채택된 사례가 드물다. 라이선스가 1건만 된 경우, 확립된 로열티로 볼 수 없다. 만일 확립된 로열티가 없을 경우, 동업계에서 비슷한 특허에 대해 타인이 지불한 사실을 고려할 수도 있다.

확립된 로열티 성립조건
• 침해가 시작되기 전에 로열티가 지불되거나 확보되어있을 것. • 충분한 다수의 실시권자로부터 지불이 이루어져서, 그 로열티율의 합리성을 시사할 수 있을 것. • 금액에 일관성이 있을 것. • 소송 위협하에 혹은 소송 중 타결과정에서 지불된 로열티가 아닐 것, 그리고, • 동일 특허하에서 비슷한 권리를 허여할 것.

3) Georgia Pacific factors

만일 확립된 로열티를 입증할 수 없다면, 합리적 로열티를 산정하기 위해 가장 많이 활용하는 것이 소위 Georgia Pacific Factor Test[23]이다.

License/ Scope
(1) Established Royalty: 확립된 로열티임을 검증할 수 있는, Georgia-Pacific이 소송 특허에 대한 실시권을 설정해서 받은 로열티(The royalties received by Georgia-Pacific for licensing the patent, proving or tending to prove an established royalty.)
(2) Comparable Royalty: 비슷한 다른 특허에 대해 실시권자가 지불한 로열티율(The rates paid by the licensee for the use of other similar patents.)
(3) Existing License Terms: 라이선스의 성격과 범위, 예를 들어 라이선스 조건이 배타적인가, 비독점인가, 지역과 고객에 대한 제한이 있는가(The nature and scope of the license, such as whether it is exclusive or nonexclusive, restricted or nonrestricted in terms of territory or customers.)
(4) Licensing Policy: 독점을 유지하기 위해 필요한 특별한 조건하에서만 라이선싱을 함으로써 특허권의 독점을 유지하는 Georgia-Pacific의 정책(Georgia-Pacific's policy of maintaining its patent monopoly by licensing the use of the invention only under

23) *Georgia-Pacific Corp.* v. *United States Plywood Corp.*, 318 F. Supp 1116, 6 USPQ 235 (SD NY 1970).

special conditions designed to preserve the monopoly.)

(7) Remaining Term of Patent: 특허권 존속 기간[24] 및 라이선스 계약기간(The duration of the patent and the term of the license.)

Profitability/ Business
(5) Competition between Licensor & Licensee: 특허권자와 실시권자가 같은 사업분야의 상업적 경쟁관계인지 아니면 발명자와 프로모터 관계인지(The commercial relationship between Georgia-Pacific and licensees, such as whether they are competitors in the same territory in the same line of business or whether they are inventor and promoter.)
(6) Collateral Effect: 특허품의 판매가 Georgia-Pacific의 타제품의 판매촉진에 미치는 영향; Georgia-Pacific에게 비특허품 판매 주체로서의 Georgia-Pacific 입장에서 특허가 가지는 현존가치; 그리고 그 파생 내지는 일체 판매의 정도(The effect of selling the patented specialty in promoting sales of other Georgia-Pacific products; the existing value of the invention to Georgia-Pacific as a generator of sales of nonpatented items; and the extent of such derivative or "convoyed" sales.)
(8) Commercial Success: 대상 특허제품의 보장된 수익성, 상업적 성공여부 및 특허의 인지도 정도(The established profitability of the patented product, its commercial success and its current popularity.)
(12) Customary Profit Margin 당해 혹은 유사분야에서 일반적인 이익 비중 및 판가(The portion of the profit or selling price that is customary in the particular business or in comparable businesses.)
(13) Profits Owing to Particular Feature 특허 받지 못한 요소, 생산공정, 비즈니스 위험도, 혹은 침해자가 부가한 개선 사항이나 중요한 특징을 제외하고 발명에 기인하는 이익 비중(The portion of the realizable profit that should be credited to the invention as distinguished from any nonpatented elements, manufacturing process, business risks or significant features or improvements added by the infringer.)

24) 35 U.S.C. §154. 1995년 6월 8일 이전에 등록된 특허는 그 존속기간이 특허 등록일로부터 17년 또는 출원일로부터 20년 중 긴 기간이 존속기간이 된다.

Technical/ Benefits
(9) Advantages over Prior Art: 과거부터 사용되어오던 제품과 비교할 때 본 특허가 가지는 유용성과 장점(The utility and advantages of the patent property over any old modes or devices that had been used.)
(10) Nature of Invention: 특허권자에 의해 상업적으로 실시된 제품에서 나타나는 특허의 성격, 특징 및 이 제품의 사용자에게 주는 이득(The nature of the patented invention, its character in the commercial embodiment owned and produced by the licensor, and the benefits to those who used it.)
(11) Nature of Infringement: 침해자의 실시 정도, 그 실시의 가치를 입증하는 증거(The extent to which the infringer used the invention and any evidence probative of the value of that use.)

Overall
(14) Expert Testimony: 자격 있는 전문가의 증언(The opinion testimony of qualified experts)
(15) Hypothetical Royalty: Georgia-Pacific과 어떤 실시자가 합리적이고 자발적으로 실시계약을 맺으려고 노력한다면 침해가 개시된 시점에서 그들이 합의하였을 금액(The amount that Georgia-Pacific and a licensee would have agreed upon at the time the infringement began if they had reasonably and voluntarily tried to reach an agreement.)

4) Georgia-Pacific factor가 합리적인 로열티를 산출하기 위한 유일한 방법은 아니며, 상황에 맞추어 아래와 같이 다양한 방식을 강구할 수 있다.

기타 합리적 로열티 산정 방법
Cost Savings
Profit Sharing
Analytical Method
Return on Assets
Discounted Cash-Flow Method

6. 로열티 베이스(Royalty Base)

전술한 내용에 따라 힘들게 로열티율을 추출하고 나면, 그 다음 단계로는 그 로열티율을 어디에 적용해서 손해배상액을 결정하느냐 하는 것이다. 이때 로열티를 적용하는 대상을 로열티 베이스(royalty base)라고 한다. 로열티 베이스를 적절히 선정하는 것은 최종 금액에 엄청난 영향을 주기 때문에 각자 자신의 입장을 관철할 수 있는 최선의 근거를 준비하여야 한다. 로열티 베이스에는 아래의 3가지가 널리 쓰인다.

특허품의 판매가
특허 받은 부품이 장착된 장치의 판매가
특허 받은 장치로 제조한 물품의 판매가

손해배상 산정 사례

아래는 미국 공인회계사회에서 설명하는 손해배상 산정례이다. 다양한 손해배상이론들이 적용되는 과정을 살펴보기를 권한다.

Innovator v. Copycat

1995년 1월, Innovator사가 의약품을 개발하고 방법특허를 획득하였다. 또한, FDA의 승인을 받는 대로 1997년 중에 시판할 계획이었다. 1996년 1월, Copycat은 경쟁품을 출시하였고, Innovator는 특허침해를 이유로 Copycat을 상대로 소송을 제기하였다. 1997년에, Innovator는 한 알에 $1 가격으로 출시하였다. 이 가격은 Copycat의 가격과는 비슷하였지만 원래 예정했던 $1.2에 비해서는 17% 정도 낮은 가격이었다.

	Copycat 실제 매출	Innovator 실제 매출
1996	$10 million	0
1997	$20 million	$ 5 million
1998	$30 million	$10 million
1999	$30 million	$15 million

Innovator의 incremental profit margin은 80%이고, net profit margin은 20%였다. 또 다른 제3의 경쟁자가 비침해인 경쟁 약품을 출시하였고, 이 제3의 경쟁자의 매출은 1997년에서 1999년까지 Innovator의 매출과 동일하였다. 따라서 Copycat만 없다면 Innovator

의 시장점유율은 50%였을 것이다.

손해배상액

일실이익. 1996년은 Innovator의 매출이 없었으므로 "but for" test의 대상이 안 되고, 일실이익 산출에서 제외한다. 그러면,

수입손실(Copycat 매출 1997 - 1999):	
$80 million x 50% market share	= $40 million
지출 안 된 Incremental costs (1997 - 1999): 20%	− 8 million
매출 순손실 계	$32 million

가격침식. 침해 때문에 일어난 가격 손실률이 20%이므로,

침식액= 가격 손실율 × (Copycat 1997-1999매출의 50% + Innovator 매출)
= 20% X ($40 mil.+ $30 mil.)
= $14 Mil.

합리적 로열티. $5위 계산에서 빠진 Copycat의 1997-1999매출 중 일실이익을 계산하고 남은 나머지 50% 및 일실이익 계산에서 제외된 1996년 매출이다. 이 침해액에 대해서는 합리적 로열티가 적용된다. 만일 전문가의 설득력 있는 증언으로 10%의 로열티율이 적용되었다고 보면,

합리적 로열티 = 로열티 율 × (Copycat의 1997-1999 매출 중 일실이익을 계산하고 남은 나머지 50% + 일실이익 계산에서 제외된 1996년 매출)

= 10% × ($40 mil. + $10 mil)

= $5 Mil.

총 손해배상액. $51 million (32 + 14 + 5).

Source: http://www.aicpa.org/pubs/jofa/nov2004/newman.htm

10 Largest Patent-Damages Awards[25)]

- Polaroid Corp v. Eastman Kodak $873.2 million
- IGEN International, Inc. v. Roche Diagnostics, GmbH $505 million

25) *Intellectual Property Today,* March 2003.

• City of Hope National Medical Center v. Genentech, Inc.	$500.1 million
• Haworth, Inc. v. Steelcase, Inc.	$211.5 million
• Hughes Tool Company v. Smith International, Inc.	$204.8 million
• Procter & Gamble Co. v. Paragon Trade Brands, Inc.	$178.4 million
• Exxon Corp. v. Mobil Oil Corp.	$171 million
• Advanced Cardiovascular Systems, Inc. v. Medtronic AVE	$166.7 million
• Viskase Corp. v. American National Can Co.	$164.9 million
• Hughes Aircraft Corp. v. United States	$154 million

7. 배상기간의 기산점

마킹을 하지 않은 경우, 침해사실을 실제로 통지(actual notice)받은 날 이후의 침해분부터 손해배상의 대상이 된다.[26] Actual notice는 특허권자로부터 침해자가 실제로 침해특허의 존재사실과 침해사실을 통지받는 것을 말하며, 가장 대표적인 방법이 경고장을 보내는 방법, 소송을 제기하는 방법 등이 있다. 침해자가 해당 특허를 알고 있었거나, 혹은 독자적인 경로로 침해를 알고 있었다 하더라도 그것(actual knowledge)은 actual notice가 되지 않는다.[27] Actual notice는 특허권자의 의무이다. 경고장을 보내는 경우, actual notice가 성립되기 위해서는, 특허 번호, 침해라고 믿고 있는 물품의 적시, 침해 금지 요구 혹은 라이선스 허여의 의사가 서신에 기재되어 있어야 한다.[28]

한편, 특허공보에 게재되는 경우에도 특허의 존재를 조사해보면 알 수 있는데, 이를 constructive notice(의제 통지)라고 한다. 마킹 역시 constructive notice가 되는데, actual notice가 없는 constructive notice 그 자체로는 손해배상의 기

---

26) 35 U.S.C. §287(a) (… In the event of failure so to mark, no damages shall be recovered by the patentee in any action for infringement, except on proof that the infringer was notified of the infringement and continued to infringe thereafter, in which event damages may be recovered only for infringement occurring after such notice…).

27) 침해자가 특허나 침해여부에 대해 실제로 알고 있었다면 이는 actual knowledge가 되며, actual notice와는 무관하지만, 고의침해(willful infringement)의 존재여부를 판단하는 중요한 증거가 된다. 참조. *Nike, Inc. v. Wal-Mart Stores, Inc.*, 138 F.3d 1437 (Fed. Cir. 1998) (… the issue of willfulness turns on the actual knowledge of the infringer, and is unrelated to the adequacy of constructive notice by the patentee.).

28) *Douglas John Bucklin, Ph.D, http://library.findlaw.com/2002/Dec/19/132442.html.* 참조, *Amsted v. Buckeye Steel Casting Company,* 30 USPQ 2d 1462 (Fed. Cir. 1994).

산점이 될 수 없다.

그러나 patent marking[29]제도를 활용하면 손해배상의 기산점을 actual notice 날짜로부터 6년을 소급할 수 있다.

8. 특허 표시(Marking)

특허받은 제품은 그 사실을 제품에 표기(marking)하여야 한다. 만일 마킹을 하지 않으면, 침해자가 침해라는 actual notice를 받고 침해행위를 계속할 때에만, 특허권자가 손해배상을 받을 수 있다.[30] 당연히, 마킹이 없을 경우, 침해사실을 실제로 통지받은 날 이후의 침해분부터 손해배상의 대상이 된다.

마킹의 목적은, 선의의 특허 침해를 피하고, 특허권자로 하여금 특허받은 사실을 공중에게 알리도록 권장하며, 공중으로 하여금 어느 제품이 특허받은 것이라는 사실을 알 수 있게 하는 데 있다.[31]

처음에 마킹을 하지 않거나, 부실한 마킹으로 인해 마킹 효력을 인정받지 못하더라도, 나중에 치유가 되면, 치유된 시점부터 마킹의 효력을 누릴 수 있다.[32]

마킹은 특허받은 모든 물품에 각각 표기하여야 하며, 만일 그 물품이 너무 작거나 해서 직접표기가 어려운 경우, 포장수단에 마킹할 수 있다.[33] 물품

---

29) 35 U.S.C. §287(a) (Patentees, and persons making, offering for sale, or selling within the United States any patented article for or under them, or importing any patented article into the United States, may give notice to the public that the same is patented, either by fixing thereon the word "patent" or the abbreviation "pat.", together with the number of the patent, or when, from the character of the article, this cannot be done, by fixing to it, or to the package wherein one or more of them is contained, a label containing a like notice. In the event of failure so to mark, no damages shall be recovered by the patentee in any action for infringement, except on proof that the infringer was notified of the infringement and continued to infringe thereafter, in which event damages may be recovered only for infringement occurring after such notice. Filing of an action for infringement shall constitute such notice.)

30) 35 U.S.C. 287(a)

31) *Nike, Inc. v. Wal-Mart Stores, Inc.*, 138 F.3d 1437 (Fed. Cir. 1998).

32) *American Medical Sys. v. Medical Eng'g Corp.*, 6 F.3d 1523, 1537 (Fed. Cir. 1993) *Cert. denied*, 511 U.S. 1070.

33) 35 U.S.C. §287(a) (…, or when, from the character of the article, this cannot be done,

이나 포장수단이 아니고 달리 마킹하는 것(예를 들어 사용자 매뉴얼 등)은 마킹 효력을 인정받을 수 없는 것으로 보여진다.[34)]

특허가 방법 혹은 공정에 관한 것인 경우, 마킹할 수가 없으므로 마킹은 요구되지 않는다.[35)] 그러나 actual notice 이전의 피해에 대해서 보상을 받을 수 있다. 특허가 방법과 물건을 동시에 청구하고 있는 경우, 그 중 방법특허에 대한 침해만을 주장하고 있다면 마킹 요건은 적용받지 않아도 된다.[36)] 그러나 형체가 있는 물품(tangible item)이 있다면, 손해배상을 받기 위해서는 반드시 마킹하여야 한다.[37)] 한 가지 흥미로운 판례는, 특허받은 시스템을 인터넷으로 판매하는 경우, 인터넷에 나타난 화면은 유형물로 보아야 하고, 따라서 그 웹 페이지에 마킹을 하여야 한다는 것이다.[38)] 비즈니스 모델 특허는 그 전형적인 경우에 해당될 것이다. 결국 방법과 물건을 동시에 청구하고 있고, 유형물이 산출되는 특허의 경우, 가장 안전한 방법은 마킹을 하는 것이다. 그렇지 않으면 나중에 침해주장을 하더라도 방법특허에 대해서만 침해주장이 가능해질 수 있다.

마킹 표시예 —"Patent" 혹은 줄여서 "PAT."라고 쓴 후 특허번호를 기재한다.[39)] 예를 들면 "Patent 1,234,567" 혹은 "PAT. 1,234,567"하는 식이다. "Patent Applied For" 혹은 "Patent Pending"이라고 기재하는 것은 마킹의 효력이 인정되지 않으며, 오직 그러한 사실이 있다는 정보전달에 불과하다.

---

by fixing to it, or to the package wherein one or more of them is contained, a label containing a like notice. …).

34) *Calmar, Inc. v. Emson Research, Inc.*, 850 F. Supp. 861, 868 (C.D. Cal 1994) 참조.

35) *Bandag, Inc. v. Gerrard Tire Co., Inc.*, 704 F.2d 1578, 1581 (Fed. Cir. 1983).

36) *Medicine, Inc. v. Boehl*, 822 F.2d 1062, 1066 (Fed. Cir. 1993).

37) *American Med. Sys., Inc.*, 6 F.3d at 1538.

38) *IMX, Inc. v. Lendingtree, LLC*, Slip Copy 2005 WL 3465555 (D. Del. 2005). 여기에서, 특허권자는 시스템 특허에 대한 링크를 걸어두었기 때문에 마킹으로 인정받아야 한다는 주장을 하였으나, 그것은 마킹 방법이 아니라는 이유로 받아들여지지 않았다.

39) 35 U.S.C. §287(a) (…, either by fixing thereon the word "patent" or the abbreviation "pat.", together with the number of the patent, …).

9. 배상 기간의 제한(Statute of Limitations)

제소 전 6년 이전에 일어난 침해행위는 배상대상이 되지 않는다.[40)]

10. 고의침해(Willful Infringement)와 3배 배상(Treble Damage)[41)]

(1) 고의침해

고의침해 및 이에 따른 징벌적 손해배상액 부과는 우리와 달리 미국특허법에서 존재하는 독특한 규정이다. 종래는 "잠재적인 침해자가 타인의 특허권 존재에 대한 고지를 받았다면, 그 침해자는 자신이 침해하는지 여부에 대해 판단하여야 할 적극적 주의 의무(affirmative duty of care)를 지닌다. 그러한 적극적 주의 의무는 잠재적인 침해행위를 개시하기 전에 적절한 변호사로부터 법적 자문을 구할 의무를 포함한다"[42)]는 소위 주의의무 기준(due care standard)을 적용하여 왔다.

이 주의의무 기준이 적용된 배경을 보면 CAFC 설립 당시 미국에서는 "특허권 경시풍조가 국가적인 창의력 발휘 동기를 감퇴시키고 있었을 때였다."[43)] 주의의무 기준하에서 고의침해 주장에 대한 피고의 전형적인 방어논리는 소위 변호사 의견 방어(advice of counsel defense)라고 불리는 것인데, 침해자로 지목된 측은 변호사의 의견을 구하고, 그 의견에 대해 합리적으로 의존하였기 때문에 선의로 침해행위가 이루어졌다는 것이었다. 그러나 이 주의의무 기준은 Attorney-Client Privilege나 Attorney Work Product 원칙과 관련하여 여러 가지 모순되는 문제점을 드러내었다. 한마디로 말해 고의침해 책임에서 벗어나려면 변호사 의견방어를 구사해야 하는데, 이 경우, 비침해나 무효 의견을 낸 변호사와 고

---

40) 35 U.S.C. §286.

41) 35 U.S.C. §284, second para.

42) *Underwater Devices, Inc. v. Morrison-Knudsen*, 717 F.2d 1380, 1389-90 (Fed. Cir. 1983).

43) *In re Seagate Technology*, LLC, 497 F.3d 1360 at 1369 (Fed. Cir. 2007) (citing *Knorr-Bremse Systeme FuerNutzfahrzeuge GmbH v. Dana Corp.*, 383 F.3d 1337, 1343 (Fed. Cir. 2004).

객간의 특권은 포기된 것으로 간주되어 소송시 디스커버리 대상이 되어버리고, 이 특권을 보호하자니, 침해 판단이 나는 경우 자칫하면 고의침해 책임까지 져야하는, 이러지도 저러지도 못하는 딜레마가 생기는 경우가 허다하였다.

이런 문제점을 감안하여, CAFC는 동 법원 설립 이래 지난 24년간 실무를 지배하여 온, 주의의무 기준을 명시적으로 철폐하고 새로운 판단 기준을 판시하였다.[44]

Seagate 사건에서 CAFC는 고의침해를 판단하기 위해 적용해온 종전의 적극적 주의의무 기준에 대해, 그것은 다른 민사분야에서 고의성(willfulness)을 판단하기 위해 사용되는 정의[45]와 부합되지 않고, 주의의무 태만(negligence) 기준에 가까운, 낮은 기준이라고 비판하였다.[46] 그 대신 고의침해를 판단하기 위한 새로운 기준으로서 객관적 무모성 기준(objective recklessness standard)을 제시하였다.[47]

객관적 무모성 기준은 2단계의 판단을 거친다. 제일 먼저 특허권자가 입증하여야 할 사항은, 침해자의 행동이 유효한 특허에 대한 침해행위가 될 개연성이 객관적으로 높음에도 불구하고 침해자가 그렇게 행동하였다는 것을 입증하여야 한다.[48] 따라서 이 기준에 의하면, 침해가 고의침해인지 여부가 침해자의 심적 상태를 어떻게 보느냐에 달려 있었던 종전과는 달리 침해자의 심적 상태는 판단할 필요가 없어졌다.[49] 그 다음으로 특허권자는(침해 소송 과정에서 수집된 증거에 의해 입증되는) 객관적으로 정의된 위험을 침해자가 알았거나 너무나 자명하여 알 수밖에 없었다는 것을 입증[50]하면 고의침해가 성립된다.

---

44) *In re Seagate Technology, LLC*, 497 F.3d 1360, 83 U.S.P.Q.2d 1865 (Fed. Cir. 2007).

45) *Id.* at 1371. (citing *Richland Shoe Co.*, 486 U.S. at 133, 108 S.Ct. 1677) ("고의라는 것은…단순히 태만은 아닌 행위를 가리키는 것으로 일반적으로 이해된다.") 참조.

46) *Id.* at 1371 참조.

47) *Id.* at 1371 참조.

48) *Id.* at 1371 (Accordingly, to establish willful infringement, a patentee must show by clear and convincing evidence that the infringer acted despite an objectively high likelihood that its actions constituted infringement of a valid patent.) 참조.

49) *Id.* at 1371 참조.

50) *Id.* at 1371. ([T]he patentee must also demonstrate that this objectively-defined risk(determined by the record developed in the infringement proceeding) was either known or so obvious that it should have been known to the accused infringer) 참조.

또한 법원은, 적극적 주의의무 기준을 철폐하였기 때문에, 변호사 의견을 구할 적극적 의무 또한 존재하지 않는다고 그 폐지를 명시적으로 선언하였다.[51]

(2) Seagate 판례 이후의 후속 하급심 판례의 태도[52]

Cohesive Technologies 사건에서는 피고가 선의로 변호사 의견을 구하였으며, 원고제품을 베끼지 않았기 때문에 고의침해는 없다고 판단하였다. 이 사건에서 법원은, 비록 피고가 외부 변호사와 상의하지는 않았지만, 자신들의 제품이 침해할지에 대한 판단을 하는 과정에서 충분히 선의의 조사 및 검토(due diligence)를 하였다고 보았다.[53] 문제가 된 특허 청구항을 회피하려는 성의 있는 시도 (bona fide attempt)가 있은 경우 고의침해는 부정되었다.[54] 상대에게 제기된 비침해 및 무효주장이 상당한 이유가 있고, 합리적이며, 또한 무모한 침해자가 흔히 기대고, 쉽게 배척되는 정도의 주장이 아닌 경우, 고의침해가 부인되었다.[55] 피고의 침해품이 출시 개시시점에서 원고측 특허 출원이 계류 중인 사실을 알고 있었으며, 특허가 등록된 사실을 안 시점에서 피고가 침해품 판매를 중지하고 회피설계를 시작한 경우의 사건에서 법원은 고의침해를 인정하지 않았다.[56] Informatica 사건에서, 배심원들은 Segate 이전 법에 따라 고의침해를 인정하였다. 그리고 피고도 "우리는 분명히 이 특허를 침해하고 있다; 이 업계의 어느 누구와도 마찬가지로…"라고 인정한 바가 있었다. 그러나 Seagate 사건이 나온 이후로, 연방지법 판사는 피해배상의 증액을 거부했는데 그 이유로서, 문제의 특허청구항은 너무 넓고, 피고는 무효성에 대해 나름대로 합리적인 주장을 가지고 있기 때문에 피고의 인정사항만으로는 고의침해를 판

51) *Id.* at 1371 참조.

52) http://www.ipfrontline.com/depts/article.asp?id=21885&deptid=7 참조.

53) *Cohesive Technologies, Inc. v. Waters Corporation,* 2007 WL 2746805 (D. Mass.).

54) *Rhino Associates, L.P. v. Berg Manufacturing and Sales Corporation and Censor Plastic, Inc.,* 1:04-CV1611 (M.D.Pa. Nov. 14, 2007).

55) *ResQNet.com Inc. v. Lansa Inc.,* 533 F.Supp.2d 397 (S.D.N.Y. 2008).

56) *Trading Technologies International Inc. v. eSpeed Inc., eSpeed International Ltd., and Ecco Ware, Ltd,* 2008 WL 63233 (N.D. Ill.).

단하기에 불충분하다고 설시하였다.[57] 법원은 피고가 비침해 의견만을 변호사로부터 구하고, 무효성에 대한 의견을 구하지 않은 경우에도 고의침해는 없다고 판단하였다. 이 사건에서 법원은 Seagate 사건이, 반드시 변호사 의견을 구하여야 할 의무조차도 지우고 있지 않는 점을 지적하였다.[58]

(3) 증액수준의 결정

고의 침해의 정도에 따라 법원은 최대한 3배까지 징벌적으로 피해배상을 증액할 수 있다. 따라서 우리가 3배 배상(treble damage)이라고 흔히 얘기하지만, 고의침해의 정도에 따라 법원의 재량으로 2배, 혹은 2.5배, 이런 식으로 사정을 감안한 증액이 가능하다.

(4) 고의침해를 막기 위한 전문가의 의견서

앞서 설명한 바와 같이 Seagate 사건에서 법원은 전문가의 의견을 구할 적극적 의무가 없다고 설시하였다. 따라서 예전과 같이 변호사 의견 확보가 필수 사항은 아니게 되었다. 그러나 분명한 것은, 문제 특허에 대한 전문가의 감정의견을 받아두는 것이 가장 안전하다는 것이다. 의견서는 무효 및 비침해 어느 쪽 하나만 있어도 좋다. 가장 바람직하기로는 무효 및 비침해 의견이 공히 확보되는 경우, 그 다음으로는 비침해 의견이 확보되는 경우, 그 다음으로는 무효 의견 확보이다.

이 의견은 일단 변호사 고객 특권에 의해 디스커버리에서 제출할 필요 없이 보호받으나, 고의침해를 피하기 위해 전문가 의견에 의존한 점을 방어로서 내세울 경우, 사안에 따라서는 전문가 의견의 내용을 알기 위해 discovery의 대상이 될 수 있다. 물론 최근 판례는 이러한 의견서가 디스커버리의 대상이 될 우려를 많이 줄여주고 있다. 즉, “변호사 고객 특권이 주장되면서도 공개하지 않은 법률조언은 그 내용이 불리하기 때문이라고 추정을 하는 것은 부적절하

---

57) *Informatica Corp. v. Business Objects Data Integration Inc.* 2007 WL 4287506 (N.D. Cal.).

58) *Finisar Corp. v. DirectTV Group Inc.* 86 USPQ 2d 1609 (Fed. Cir. 2008).

다. … 또한 변호사에게 의견을 구하지 않았다고 해서 위와 같은 추정을 하는 것 역시 부적절하다"고 판시하고 있다.[59]

그러나 만에 하나 일단 디스커버리의 대상이 되면 의견서의 제출은 물론, 의견서를 제공한 담당변호사에 대한 증인심문이 가능해진다. 특히 의견서를 작성한 변호사가 소송까지를 담당하고 있을 경우, 소송에 관한 변호사-고객 특권마저도 포기되어 버리는 결과가 일어날 수 있다. 이렇게 되면 도저히 소송진행이 불가능해지므로 처음부터 소송의 가능성을 예상하고, 소송을 담당할 변호사가 아닌 제3의 변호사에게 맡기는 것이 안전하다.[60]

앞서 얘기한 바대로, 이 의견서는 만에 하나 상황에 따라 상대방에게 소송시 제출해야 할 가능성이 있으므로, 별로 바람직한 결론이 나오지 않을 때는 서면으로 받지 말고 구두로 설명을 듣는 것이 안전하다.

의견서는 고객이 의사결정을 할 때 합리적인 의존(reasonable reliance)이 가능하도록 믿을 수 있고, 적합하여야 한다. 따라서 당연히 들어가야 할 검토사항이 빠져 있는 의견서는 적합하다고 볼 수 없으며, 이에 의존한 고객은 고의침해를 피할 수 없다. 일반적으로 의견서에 들어가는 사항은 다음과 같다.

---

59) *Knorr-Bremse Systeme Fuer Nutzfahrzeuge GmbH v. Dana Corp.*, 383 F.3d 1337, 1347 (Fed. Cir. 2004) (en banc).

60) 제3의 변호사가 소송담당을 하고 있는 상황에서, 침해자가 고의침해 주장에 대한 방어로서 변호사 의견서를 내세우고, 그 의견서를 상대방에 제공하는 한편, 의견서 담당 변호사를 증인심문에 제공하였다. 이에 특허권자는 더 나아가, 침해자가 특권을 포기하였으므로, 본 이슈와 관련하여 소송담당 변호사와 행한 일체의 communication에 대해서도 공개되어야 한다고 주장하였다. CAFC는 고의침해는 침해자의 소송 제기 전 행위에서 판단하여야 하고, 소송 담당 변호사의 행위는 소송 후의 일이므로, 원칙적으로(사안별 예외를 인정하면서) 디스커버리 대상이 될 수 없다고 판시하였고, 이는 attorney work product에 대해서도 적용된다고 하였다. *In re Seagate Technology, LLC*, Misc. Dkt. No. 830 (Fed. Cir. Aug. 20, 2007).

비침해 의견서 목차
Ⅰ. 귀사 질의의 요지 Ⅱ. 의견 요약 Ⅲ. 의견 제공의 근거 Ⅳ. 특허의 분석 1. 특허 개요 2. 발명의 상세한 설명 3. 특허청구범위 4. 권리 양도사항 5. 연차료 납부 사항 6. 심사포대 분석 Ⅴ. 침해판단 관련 법률 1. 청구범위 해석원칙 2. 문언침해 3. 균등론에 의한 침해 4. 균등론의 적용제한 Ⅵ. 귀사 대상 제품 Ⅶ. 본 기술분야에서의 당업자 수준 Ⅷ. 특허에 대한 비침해 검토 Ⅸ. 결론 Ⅹ. 단서조건

의견서를 작성하는 변호사는 독립적이며, 해당 기술분야와 해당 법률에 적합하여야 한다. 따라서 의견서를 작성하는 변호사는 해당 기술분야에 대한 이해도가 있고, 특허법에 대해 정통하고 경험 있는 변호사여야 한다. 또한 소송 담당을 하게 되면 독립성을 의심받을 수도 있다. 예를 들어 일본이나 한국 변호사가 미국특허에 대해 미국법을 적용하여 비침해 의견서를 작성하였다면, 그것은 적합한 변호사에 의해 쓰여진 것이 아니므로 적합한 의견서라고 볼 수 없다.

(5) 판단에 영향을 주는 요소

고의 침해 여부를 판단하는 기준이 아래에 있으며, 이 기준들을 전체적으로 판단하여 최종 결정을 내린다.

- 특허의 유효성, 침해성, 고의성에 근접한 정도
- 소송기간 중 침해자의 행동
- 자신이 비침해라고 주장하는 침해자의 선의의 믿음 여부
- 특허를 회피하려는 시도의 존재여부
- 침해자의 의도적 특허 복제 여부
- 침해자가 침해사실을 발견한 후 치유하려는 시도를 했는지 여부
- 침해 이전에 특허가 등록되었는지 여부
- 침해자의 침해사실 은폐 여부
- 특허 클레임의 범위에 대한 침해자의 조사 여부
- 라이선스 협상이 있었다면 당시의 상황
- 침해자의 경제적 규모 및 경제적 사정

11. 변호사 비용 부담

미국의 경우 원칙적으로 소송비용은 각자가 부담하도록 되어 있다. 영국 및 독일은 법원에서 정한 비용에 대해 패소자가 부담한다. 그러나 미국에서도 "예외적인 사건(exceptional case)"이라고 판사가 선언하면 변호사비용을 상대에게 청구할 수 있다.[61] 변호사비용에는 말 그대로 변호사 비용뿐만 아니라 소송시 일상적으로 지출되는 경비 역시 포함될 수 있다.

예외적인 사건에 해당될 수 있는 것은, 악의적 소송(bad faith litigation), 고의침해(willful infringement), 부정행위(inequitable conduct), 소송 중 불미스러운 행위(misconduct during litigation), 남소(vexatious or unjustified litigation), 근거 없는 소송(frivolous suits) 등이 해당될 수 있다. 특히 고의 침해의 경우는 예외적인 사건으로 분류하기에 충분한 사유가 되며, 법원에서 고의침해를 판단하고도 침해자에게 변호사 비용 부담을 지우지 않는다면, 법원은 왜 이 사건이 예외적이지 않은지를 오히려 설명하여야 한다.[62]

그러나 법원은 예외적인 사건이라 하더라도, 재량권을 발휘하여 변호사비용 부담을 지우지 않을 수도 있다.

---

61) 35 U.S.C. §285.

62) *Modine Mfg. Co. v. Allen Group, Inc.*, 917 F.2d 538, 543 (Fed. Cir. 1990).

12. 판결 전 이자(Pre-Judgment Interest)와 판결 후 이자(Post-Judgment Interest)

(1) 판결 전 이자(Pre-Judgment Interest)

특허권자로서는 만일 합리적인 라이선스 계약이 이루어졌더라면, 실시(침해)시점에서 당연히 받았어야 할 손해배상을 소송이 끝날 때까지 기다려야 되기 때문에 그 기간에 대해서 이자를 청구할 수 있다. 따라서 거의 대부분의 경우 판결 전 이자를 지급받는다.[63] 그러나 판결 전 이자는 판사의 재량에 좌우되기 때문에 언제나 지급 받는다고는 할 수 없고, 조정되기도 하며, 드물게는 특허권자가 소송을 납득할 수 없을 정도로 늦게 제기하는 경우, 지급이 통째로 거부될 수도 있다.[64] 또한 대부분의 경우, 단리(simple interest)를 적용하나, 경우에 따라서는 법원의 재량으로 복리(compound interest)를 적용하는 경우도 있다.

그러면 고의 침해로 징벌적 배상이 명령되었다면 판결 전 이자를 어떻게 부과할까? 법원은 실제 손해액에 대해서는 판결 전 이자 부과가 정당하나, 손해배상액 중 실제 손해액을 제외한 증가분에 대해서는 판결 전 이자를 부과할 수 없다고 판시하였다.[65] 왜냐하면, 판결 전 이자는 손해배상액의 지급이 지연된 데 대한 보상이지 침해자를 처벌하려는 취지가 아니기 때문에, 실제 침해액과 무관한 징벌적 증가분에 대해 판결 전 이자를 부과할 수 없다는 것이었다.[66]

---

63) *General Motors Corp. v. Devex Corp.*, 461 U.S. 648 (1983).

64) *Group One Ltd. v. Hallmark Cards, Inc.*, 407 F.3d 1297 (Fed. Cir. 2003) citing *General Motors Corp. v. Devex Corp.*, 461 U.S. 648, 656-57(1983). CAFC는 본 사건에서 다음과 같이 판시하였다. 본 사건에서 해당 특허(USP 5,711,527)는 등록 후 년차료 미납에 따른 기간 도과로 종료가 되었다. 이후 특허권자는 배심의 승소 판결이 나온 날로부터 10일 뒤에, 특허 재존속 청구를 하였는데, 특허 종료기간 중에는 소송제기가 불가하므로 이 기간에 대해서 판결 전 이자를 거부하는 1심의 판단은 인정할 수 있으나, 기간도과 전 특허유효기간에 대해서까지 판결 전 이자를 거부하는 것은 잘못이라고 판시하였다.

65) *Underwater Devices, Inc. v. Morrison-Knudsen Co.*, 717 F.2d 1380 (Fed. Cir. 1983).

66) *Id.*

한편, 법원은 inequitable conduct에 따른 변호사비용 청구 주장에 대해, 악의나 기타 예외적인 상황이 존재할 경우, 변호사비용에 대해서도 판결 전 이자를 부과할 수 있다고 판단하였다.[67]

(2) 판결 후 이자(Post-Judgment Interest)

연방법원의 경우, 법률에 의해 판결이 발효(entry)한 날로부터 판결 후 이자가 손해배상액에 가산된다.[68] 판결 후 이자율은 미국 연방준비위원회(Board of Governors of the Federal Reserve System)에서 매주 발표하는 1년 만기 국채(1-year constant maturity Treasury yield)의 주간 수익율로 정해져 있는데, 판결 직전 주의 이자율을 적용한다.[69] 이자율은 인터넷으로도 항상 찾아볼 수 있는데, http://www.utd.uscourts.gov/documents/int2010.html을 참조하기 바란다.

II. 금지처분(Injunctions)

1. 가처분(Preliminary Injunction)

소송 중임에 불구하고, 소송이 종결될 때까지 한시적으로 침해자의 침해행위를 금지하여, 특허권자가 소송 종결시까지 회복 불능한 손해를 입는 것을

67) *Mathis v. Spears*, 857 F.2d 749 (Fed. Cir. 1988).

68) 28 U.S.C. 1961 (Interest shall be allowed on any money judgment in a civil case recovered in a district court. Execution therefor may be levied by the marshal, in any case where, by the law of the State in which such court is held, execution may be levied for interest on judgments recovered in the courts of the State. Such interest shall be calculated from the date of the entry of the judgment, at a rate equal to the weekly average 1-year constant maturity Treasury yield, as published by the Board of Governors of the Federal Reserve System, for the calendar week preceding the date of the judgment. The Director of the Administrative Office of the United States Courts shall distribute notice of that rate and any changes in it to all Federal judges.).

69) *Id.*

방지하는 제도이다. 여기에서 짐작할 수 있는 것은, 만일 최종적으로 비침해 판결이 내려진다면, 가처분 결정을 통해 소송기간 동안 손발이 묶였던 침해자로서는 억울하기 그지없을 것이다. 따라서 쉽게 가처분 결정이 내려지지도 않겠지만, 내려진다 하여도 권리자의 승소 가능성이 매우 높고, 최종 판결시까지 침해행위를 방치해둘 경우 권리자의 손해가 돌이키기 어려울 때가 될 것이다.

가처분에 대한 미국 법원의 태도는 종종 변화되어 왔다. 그래서 특허소송에서는 가처분이 거의 받아들여지기 어려운 것으로 생각되었으나, 쉽게 허용되는 경향을 띠다가 다시 지금은 신중한 결정을 요구하는 경향이 나타나고 있다. 소송에서 가처분은 엄청난 파워를 발휘할 수가 있고, 이 때문에 원고든 피고든 법원이 가처분 청구를 받아들일 가능성을 상당한 정확도로 예측할 필요성이 있다. 이하에서 가처분에 대한 법원의 태도를 살펴보는 것은 이런 의미에서 도움이 될 것이다.

1982년에 CAFC가 설립되기 전까지 특허소송에서 가처분은 거의 허용되지 않았다. 당시 법원은 보통 가처분 여부 결정 전에 특허 유효성에 대한 법적 판단을 요구하였고, 손해배상에 대해서는 침해 결정이 내려진 이후에 그 침해를 보상하기에 적절한 수준으로 손해배상 규모를 결정하였다.[70)]

그러나 CAFC는 설립초기에 이러한 경향을 크게 바꾸는 판례를 내리게 된다. CAFC는 "특허권의 본성은 타인을 배제할 수 있는 권리에 있다. … 특허권자가 자신의 권리를 명확히 확립하였다면, 법원은 자신이 가진 형평법적인 권한을 사용하는 데 주저함이 있어서는 안 된다"[71)]고 설시하였다. 이어, 특허의 유효성과 침해가 계속되고 있는 상황이 명백한 경우 … 즉각적이고도 회복 불가능한 피해가 추정된다고 선언하였다.[72)]

그러나 CAFC 초기의 이러한 친특허권자적인 행보는 이후 일련의 판례를 통해 신중한 자세로 다시 돌아서게 된다. 법원은 가처분에 대한 전통적 판단기준에 더욱 무게를 두면서, 극단적이며 비정상적인 구제수단은 함부로 허여될 것이 아니다 라고 판시하였다.[73)] 대법원은 eBay 사건에서, 여느 가처분 사

70) Peter S. Menell, et al., Chapter 3, p.3, Patent Case Management Judicial Guide, Federal Judicial Center (2009).

71) *Id.* at p.3, [citing *Smith Int'l v. Hughes Tool Co.,* 718 F.2d 1573, 1581 (Fed. Cir. 1983].

72) *Id.*

건에서와 같이 특허사건에서도 전통적인 판단 요소를 모두 형평법적인 원칙(principles of equity)하에서 살필 것을 주문하였다.[74]

가처분에 관한 현재의 법원의 태도는 다시 매우 신중한 입장으로 회귀되었다고 보아야 하겠지만, 그렇다고 해서 완전히 CAFC 설립 이전의 입장으로 돌아섰다고는 말할 수 없을 것 같고 여전히 가처분은 유효한 전략적 선택으로 보여진다. Seagate 사건에서 CAFC는 "침해자의 행동을 막는 이러한 시도(가처분을 의미: 필자주)를 하지 않은 특허권자는 오직 침해자의 소송일 이후 행동에 기인한 증액된 손해배상(고의침해 배상을 의미: 필자주)을 받을 수 없을 것이다"[75]라고 하여, 소송일 이후에 벌어진 침해행위에 대한 고의침해를 주장하려면 먼저 가처분 청구가 선행하여야 된다는 취지로 판시하고 있다. 반면, 가처분 청구를 하였다 하더라도, 실패할 경우의 위험도 설시하고 있는데, "만일 특허권자가 가처분 청구를 하였으나 실패한 경우, 침해 행위는 무모함의 수준에 도달하지 않았을 가능성이 있다"[76]고 하여 가처분이 내려지지 않을 정도라면 고의침해는 발견될 수 없다는 취지를 밝혔다. 그러나 가처분을 판단하는 4가지 요건 중, 승산을 입증하였음에도 다른 요건에 의해 가처분이 거부당한 경우에는 여전히 고의침해가 성립될 수 있고 이는 case-by-case로 판단하여야 한다고 하였다.[77]

기본 요건

1) 4가지 기본 요건

가처분을 결정함에 있어서 전통적으로 법원이 판단하는 4가지 기본 요건이 있는데, 이들은 각각 ① 최종적인 승산 가능성(유효 및 침해)(Reasonable likelihood of success on the merit patent validity and infringement), ② 회복 불가능한 원고의 피해가 있고, 그 피해는 금전적으로 보상하는 것이 부적절할 것

---

73) *Intel Corp. v. ULSI Sys. Tech., Inc.*, 995 F.2d 1566, 1568 (Fed. Cir. 1993).

74) *eBay, Inc. v. MercExchange, L.L.C.*, 547 U.S. 388, 391-92 (2006).

75) *In re Seagate Technology, L.L.C*, 497 F.3d 1360, 1374 (Fed. Cir. 2007).

76) *Id.*

77) *Id.*

(Irreparable harm), ③ 원고 및 피고 양자 입장별로 불이익을 비교할 때, 형평법상의 구제가 필요한가(Balance of injury), ④ 가처분으로 인해 공익에 손해가 있지 않을 것(Public interest)이다.[78]

2) 기본 요건 적용 원칙

가처분을 허가함에 있어서는 위에서 언급한 4가지 기본 요건을 법원이 모두 고려하여야 한다.[79] 그러나, 가처분 결정을 거절할 때는 위 4가지 요건을 모두 검토할 필요는 없고, 어느 하나, 특히 첫 2가지 즉, 승산(특허 유효성과 침해성에 관한 입증) 및 회복 불가한 피해에 대한 입증이 이루어지지 않았다는 점만 지적하여도 된다.[80] 실제로 많은 사건에서 연방지방법원은 위 2가지에 대한 입증이 되지 않았다는 이유만으로 다른 요건에 대해서 언급을 생략한 채로 가처분을 거절하였다. 그러나 CAFC는 그럼에도 불구하고, 4가지 요건을 모두 언급하여주는 것이 후일 상급심 검토에 크게 도움이 되고, 결과적으로 소송경제를 이룩하는 사려 깊은 태도라고 권장하고 있다.[81]

각 기본 요건들은 각각으로서는 결정적이지 못하며, 연방지법은 개별 요건에 대해, 다른 요건 및 원고가 청구한 구제방법의 규모와 형식을 감안하여 비중을 부여하고, 검토하여야 한다.[82] 그러나, 모든 요건들이 모두 동일한 비중을 가지는 것은 아니고, 첫 2가지(특허 유효성/침해성에 관한 입증 및 회복 불가한 피해에 대한 입증)는 다른 요건들을 검토하기 전에 반드시 만족시켜야 하는 요건들이다.[83] 게다가, 첫 2가지 요건에 대한 입증 강도는 나머지 2가지 요건(양측 불이익의 비교 및 공익 부합성)에 대해 영향을 미친다. 즉, 첫 2가지 요건이 약하게 만족된다면, 나머지 2가지 요건도 약하게 만들기 때문에 전체적으로 볼 때 가처분 성공 가능성을 떨어뜨린다는 논리가 된다.[84]

---

78) *Jeneric/Pentron, Inc. v. Dillon Co.,* 205 F.3d 1377, 1380 (Fed.Cir.2000); *Nutrition 21 v. United States,* 930 F.2d 867, 869 (Fed.Cir.1991).

79) *Reebok Int'l Ltd. v. J. Baker, Inc.*, 32 F.3d 1552, 1556 (Fed. Cir. 1994).

80) *Guttman, Inc. v. Kopykake Enters.*, 302 F.3d 1352, 1356 (Fed. Cir. 2002).

81) *Polymer Techs. v. Bridwell*, 103 F.3d 970, 973, 977 (Fed. Cir. 1996).

82) *Hybritech, Inc. v. Abbott Labs.*, 849 F.2d 1446, 1451 (Fed. Cir. 1988).

83) *See Amazon.com, Inc. v. Barnesandnoble.com, Inc.*, 239 F.3d 1343, 1350 (Fed. Cir. 2001).

3) 최종적인 승산(유효 및 침해)

가처분을 구하는 권리자는 먼저 소송이 공판까지 가면 자신이 이길 가능성이 매우 높다는 것을 입증하여야 한다. 즉, 특허가 유효하며, 침해되고 있다는 것을 입증하여야 한다. 특허의 유효성은 단순한 유효성의 추정원칙만으로는 확립이 되지 않는다. 과거에는 "의심할 여지가 없는(beyond doubt)" 수준의 입증을 요구하였으나,[85] 지금은 저작권, 상표권 침해에 대한 가처분 판단 수준인 "명백한 입증(clear showing)"을 요구하도록 다소 완화되었다.[86] 이와는 반대로, 유효성을 공격하는 피고의 입장에서는 위 원고의 입증 기준보다 훨씬 낮은, 특허 유효성에 대한 상당한 의문(substantial question)을 제기할 수 있게 되면 승산 요건을 성공적으로 부정할 수 있게 된다.[87] 또한 특허권자는 특허권의 소유도 명백히 입증하여야 한다. 이전에 일어난 다른 소송에서 유효성을 인정받은 사실, 라이선싱 사실은 최종 승산에 대한 개연성을 입증하는 증거가 될 수 있다. 또한, 가처분 신청에서 청구범위의 해석이 거의 필수적으로 선행하는데 이 경우에는, 특허청구범위의 최종적인 해석 수준으로 요구하지는 않는다. 즉, 그 이후에라도 마크맨 히어링을 통해 청구범위 해석이 달라질 수도 있다.

4) 회복 불가능한 원고의 피해

가처분을 구하는 권리자는 침해자가 침해행위를 계속하게 내버려 둘 경우, 회복 불가능한 원고의 피해가 있고, 그 피해는 금전적으로 보상하는 것이 부적절하다는 것을 입증하여야 한다. 만일 유효성과 침해 사실이 분명하다면, 회복 불가능한 피해가 있는 것으로 추정된다.[88] 그러나, 일부 학자들에 의하면 이 추정원칙은 eBay 사건으로 인해 사라진 것이 아닌가 하는 견해도 있으나, 아직 CAFC가 이 문제를 직접 다룬 적은 없기 때문에 지켜볼 필요가 있다.[89]

---

84) Peter S. Menell, et al., Chapter3, p3-8, Patent Case Management Judicial Guide, Federal Judicial Center (2009).

85) *Rosenberg v. Groov-Pin Corp.*, 81 F.2d 46 (2d. Cir. 1936) 참조.

86) *H.H. Robertson, Co. v. United Steel Deck, Inc.*, 820 F.2d 384 (Fed. Cir. 1987).

87) *Erico Int'l Corp. v. Vutec Corp.*, 516 F.3d 1350, 1354 (Fed. Cir. 2008).

88) *Smith Int'l v. Hughes Tool Co.*, 718 F.2d 1573, 1581 (Fed. Cir. 1983).

89) Peter S. Menell, et al., Chapter 3, p.3-10, Patent Case Management Judicial Guide, Federal Judicial Center (2009).

또한 이 추정은 반박될 수 있다. 회복 불가능한 피해를 입증하는 데 실패한 사례에서 원고는, ① 특허를 직접 실시하지 않았고, ② 침해자에게 라이선스를 제안했으며, ③ 피고가 금전적인 손해배상을 할 능력이 없다는 주장을 하지 않았으며, ④ 특허 재심사증을 받은 후 17개월이나 지난 뒤에 소송을 제기한 바가 있었다.[90] 또한, 향후 침해 가능성이 없어 보이거나 혹은 특허 라이선스를 다른 사람에게 허여한 경우에도 회복 불가능한 피해가 부정된 사례가 있었다.[91]

반면에, 법원은 아래의 경우에는 회복 불가능한 원고의 피해를 인정할 가능성이 높다. ① 특허권자가 시장점유율을 잃어버리거나, 시장에서의 독점권을 유지하는 데 따른 무형의 이익을 잃어버리는 경우, 잠재적인 가격침식(price erosion), 조업인력 축소, 현재 진행 중인 연구개발에 장애가 초래된 경우 혹은 ② 피고가 최종 판결에서 패소할 경우 금전적 손해배상을 할 만한 재정능력이 없을 때를 들 수 있다.

5) 불이익의 밸런스

원고 및 피고 양자 입장별로 불이익을 비교하는 것은 매우 중요한데 이는 가처분 자체가 매우 극단적인 구제수단이기 때문이다. 침해자 입장에서는 모든 제품을 시장으로부터 철수시켜야 하는데, 만일 침해자가 본안 소송에서 이겼을 경우, 이는 회복 불가능한 손해가 되어버린다. 반대로 권리자 입장에서는 특허 존속기간이라는 한정된 기간 동안만 독점권을 행사할 수 있는데, 침해자로 말미암아 그러한 제한된 혜택을 채 누리지 못한다면 이 역시 회복 불가능한 손해가 되어버린다. 결국 어느 입장도 다른 입장에 비해 우위에 서지 못하며, 법원은 본안 소송에서 어떤 결과가 나올까 하는 예상 아래 최종적인 승산 요건을 감안하여 서로간의 불이익을 비교하는 수밖에 없으나, 법원은 최종승산이 어떠하든 간에 형평의 원칙상 필요하다면 언제나 가처분을 거부할 권한을 가지고 있다.[92] 만일 특허품이나 침해품이 당사자들의 유일 혹은 주요 비

---

90) *High Tech Medical Instrumentation, Inc. v. New Image Industries, Inc.*, 49 F.3d 1551, 33 USPQ 2d 2005 (Fed. Cir. 1995).

91) *See Novo Nordisk A/S v. Sanofi-Aventis U.S. LLC*, 2008 U.S. Dist. LEXIS 12342, 21-22 (D.N.J. Feb. 19, 2008).

92) *Ill. Tool Works, Inc. v. Grip-Pak, Inc.*, 906 F.2d 679, 683 (Fed. Cir. 1990).

즈니스이며, 가처분을 인정하거나 거부할 경우 그 당사자의 경제적 생존을 위협할 때는, 특허권자이든 침해자이든 그 쪽으로 균형이 기울 가능성이 높다.

6) 공공이익

가처분이 적절하지 않는 경우로는, 만일 가처분을 인정할 경우 국민의 건강이나 안전을 위해 필요한 제품을 공중으로부터 빼앗아 버리게 된다든지, 혹은 타회사의 제품 제조에 필요한 부품입수를 불가능하게 만들어 버리는 것과 같이 상업활동을 해치는 경우를 들 수 있다. 공공의 이익에는 발명이나 개발을 촉진한다는 특허제도의 취지도 포함되기 때문에, 단순히 경쟁을 유지해야 한다거나, 소비자들에게 침해자의 저가제품 공급을 가능하게 해야 한다는 식의 공익논리는 통하지 않는다.

가처분의 법적 요건
• 최종적인 승산 가능성 (유효 및 침해) (Reasonable likelihood of success on the merit patent validity and infringement) • 회복 불가능한 원고의 피해가 있고, 그 피해는 금전적으로 보상하는 것이 부적절할 것 (Irreparable harm) • 원고 및 피고 양자 입장별로 불이익을 비교할 때, 형평법상의 구제가 필요한가 (Balance of injury) • 가처분으로 인해 공익에 손해가 있지 않을 것 (Public interest)

2. Temporary Restraining Order(TRO)

미국 연방 소송규정 (FRCP) 65조에 의거, 가처분 hearing 이전에라도 회복 불가능한 피해가 예상되는 경우에는 TRO를 신청할 수 있다.[93] TRO는 일단 내려지면 가처분의 효력을 갖는데, 법원이 상대방의 주장을 듣지 않고 일방 당사자의 주장에만 근거하여 내리는 결정이므로, 내려지기가 극히 어렵다. 특히 특허사건에서는 특허의 유효성과 침해성을 따지는 복잡한 과정 때문에 더욱 그러한데, 어느 학자는 예를 들어 이전의 법적 절차에서 검증된 유효한 특

93) *Fairchild Semiconductor Corp. v. Third Dimension (3D) Semiconductor, Inc.*, 564 F. Supp. 2d 63, 66 (D. Me. 2008).

허를 누군가가 완전히 베꼈다면 아마도 TRO가 내려질 수 있을 것이다 라고 하고 있다.[94] 기본 요건은 preliminary injunction과 동일하다. 차이점은, TRO의 경우 Notice와 hearing 없이 법원의 허가만으로 가능하다는 것이다. 그러나 이후에 반드시 notice와 hearing 절차를 밟아야 한다. 10일간 유효하며 단 1회(10일간) 연장될 수 있다. 최대 20일 정도밖에 효과가 없기 때문에, 그 다음 단계로 Preliminary injunction을 신청하는 것이 보통이다.

3. 본 드(Bond)

어떠한 금지처분이나 가처분도 그로 인하여 부당히 금지당한 측이 입은 피해를 배상하기 위해 법원이 적절하다고 인정한 보증금을 청구인이 지불하여야만 허가될 수 있다.[95] 본드 액수는 절차적인 문제로서, 특허사건에서만 고유한 것이 아니므로, 해당 연방지법을 관장하는 항소심의 법률을 따른다. 또한, 본드 액수는 해당 연방지법의 재량사항에 속한다. 적정하다고 생각되는 본드 액수에 대해서 법원은 양측의 의견을 들을 수 있다.

4. 영구금지처분(Permanent Injunction)

침해자는 패소시 영구금지 처분을 받을 수 있게 된다. 그 조건은 위 가처분과 비슷한데, 그 법적 요건은 다음과 같다.

영구 금지처분의 법적 요건
• 회복 불가한 원고의 피해가 있고, 그 피해는 금전적으로 보상하는 것이 부적절할 것 (Irreparable harm) • 원고 및 피고 양자 입장별로 불이익을 비교할 때, 형평법상의 구제가 필요한가 (Balance of injury) • 영구 금지명령으로 인해 공익에 손해가 있지 않을 것 (Public interest)

94) Peter S. Menell, et al., Chapter 3, p.3-18, Patent Case Management Judicial Guide, Federal Judicial Center (2009).

95) Fed. R. Civ. P. 65(c).

과거에는 예외적인 상황(exceptional circumstances)만 없다면 거의 자동적으로 영구 금지처분을 받았으나, 최근 eBay 사건에서, 미국 대법원은 이를 부정하고, 선별적으로 전통적인 판단요소를 살펴 처분을 내리도록 하였다.[96)]

위 eBay 판례에 따르면, 아래와 같은 경우에는 영구금지처분이 부인될 가능성이 커 보인다.

영구금지처분이 부인될 가능성이 큰 경우
• 피해가 원고에게 가기보다는 제3자에게 갈 때, 즉 원고의 피해가 거의 없을 때 • 당사자간에 직접적인 경쟁관계가 없을 때 • 특허받은 발명이 침해제품의 작은 일부에 불과할 때. • 특허권자가 자유롭게 특허 실시권을 허여하거나 허여하려고 시도할 수 있을 때 • 영구금지 처분이 불합리한 독점을 초래할 경우

항고할 경우 금지처분이 유예(stay)될 수 있으나, 판사의 재량 사항이며, 보통 보증금(bond)을 예치하여야 한다. 한편, 종전과 같이 영구금지처분을 자동으로 얻기 어려워지고, 따라서 침해자에게 큰 위험요소로 작용하지 못하게 됨에 따라, 그 대안으로서 ITC 소송이 증가할 것이라는 예측도 있다.

eBay, Inc. v. MercExchange, LLC, 126 S. Ct. 1837 (2006) 사건 개요

[배 경]

- MercExchange는 전자 상거래 특허를 가지고 있으며,
- eBay와 협상하였으나, 결렬, E.D.VA법원에 제소
- 배심결정: 특허 유효 및 침해
- 그러나 1심 법원은 영구 금지명령 신청을 기각함.
- CAFC는 침해가 있는 이상 영구금지명령이 내려져야 한다고 다시 뒤집음.
- 대법원은 1심, 2심 모두 법리 적용의 오해가 있으므로 원점에서 재검토를 지시.

[1심의 기각 사유]

- 원고의 라이선스 부여 의사가 있었음.
- 특허실시에 있어서 원고의 상업활동이 없음.
- 따라서, 원고에게 회복 불가한 피해는 없다고 보여짐.

96) *eBay, Inc. v. MercExchange, LLC,* 126 S. Ct. 1837 (2006).

[대법원의 1심 비판]

- 그렇다면 자기가 실시하기보다는 특허 라이선스 부여를 희망하는 대학이나 개인발명가들은 금지명령을 못 받아야 하는가?
- 따라서, 그러한 획일적인 접근은 잘못임.
- 형평법상의 원리를 너무 확장해서 적용하였음.

[CAFC의 번복 사유]

- 특허분쟁에 특유한 일반원칙은, 특허가 유효하고 침해일 경우 영구금지명령이 내려져야 한다는 것임.
- 금지명령이 부인되는 경우는 오직 (1) 예외적인 상황에 있는 비범한 사건, 및 (2) 극히 드문 경우에 공익상의 사유가 있는 경우임.

[대법원의 비판]

- CAFC는 반대방향으로 획일적인 접근을 하였음.

[대법원의 파기환송사유]

- 특허법은 저작권법과 마찬가지로 형평법상의 원칙하에 영구금지 명령을 내리도록 되어있음.
- Section 283: "The several courts having jurisdiction of cases under this title may grant injunctions in accordance with the principles of equity to prevent the violation of any right secured by patent, on such terms as the court deems reasonable."
- 따라서 case-by-case로 결정하여야 함.

부 록

부록1 | 미국 법원별 특허소송 제소 건수

법 원	2001	2002	2003	2004	2005	2006	2006 순위
CA/C	254	217	359	332	267	281	1
TX/E	27	35	50	103	139	216	2
CA/N	150	198	197	187	202	161	3
NJ	101	115	125	136	98	142	4
DE	141	135	135	174	128	139	5
IL/N	151	163	170	155	161	138	6
NY/S	154	131	112	175	137	135	7
MA	66	70	69	78	74	80	8
GA/N	48	48	45	61	63	76	9
FL/S	52	53	72	55	67	68	10
MN	76	79	80	87	86	67	11
PA/E	52	61	70	117	56	65	12
MI/E	55	76	74	60	58	60	13
TX/N	52	44	54	56	56	58	14

FL/M	39	59	40	68	56	51	15
CO	46	47	45	53	40	51	16
CA/S	57	91	65	59	59	50	17
UT	32	53	47	45	42	49	18
OH/N	38	41	35	38	37	42	19
CT	44	34	41	31	27	41	20
OR	36	28	21	30	34	40	21
MO/E	30	38	39	43	26	40	22
WI/E	41	29	23	36	25	40	23
NY/E	34	58	55	38	50	37	24
NV	15	23	21	26	28	37	25
AZ	42	40	38	35	27	37	26
VA/E	42	45	27	49	49	36	27
WA/W	48	43	38	59	47	35	28
TX/S	53	47	50	50	58	32	29
NC/W	11	20	15	21	10	32	30
OH/S	25	27	22	38	28	29	31
WI/W	15	19	22	27	29	27	32
MD	28	21	45	42	26	26	33
TX/W	30	12	24	40	43	22	34
PA/W	20	38	23	23	22	22	35
NC/M	12	18	25	27	25	21	36
NY/W	30	21	26	19	18	19	37
IN/S	28	32	34	35	25	16	38
IN/N	7	19	12	20	7	16	39
MO/W	15	5	16	10	13	15	40
DC	22	14	27	24	18	14	41
SC	7	18	25	19	18	14	42

CA/E	18	16	15	19	15	12	43
NH	4	12	13	8	3	12	44
MI/W	24	31	16	24	20	11	45
NY/N	14	17	11	11	13	11	46
TS/W	10	15	5	3	9	11	47
NE	8	9	6	3	7	11	48
TN/M	6	7	10	12	9	9	49
KS	7	11	9	16	7	9	50
PA/M	7	7	9	7	3	9	51
OK/W	9	10	8	3	3	9	52
IA/S	15	11	5	16	10	8	53
VA/W	5	2	2	5	5	8	54
IL/C	10	5	6	5	5	8	55
LA/W	5	6	7	7	5	6	56
TN/E	4	4	10	11	4	6	57
HI	1		5	10	3	6	58
RI	7	11	9	6	5	5	59
AL/S	1		3			5	60
LA/E	10	20	13	13	11	4	61
ND		1	6	2	5	4	62
NC/E	11	13	7	5	4	4	63
AR/E	2	12	3	2	4	4	64
ME	10	2	2	3	3	4	65
IL/S	1	1	4	3	3	4	66
FL/N	5	7	3	3	3	4	67
SD	2		1	4	1	4	68
GA/M	3	5	4	1	1	4	69
IA/N	5	4	2	3	6	3	70

OK/N	6	2	3	3	6	3	71
AR/W		4	3	2	6	3	72
KY/W	6	9	6	6	4	3	73
MT	2	7	1	1	3	3	74
WV/N	4	4	6	7	1	3	75
GA/S	1	1		1	1	3	76
AL/N	6	5	7	7	8	2	77
NM	2	1	4	3	3	2	78
VT	5	7	3	1	3	2	79
WY	2		2		3	2	80
LA/M	5	3	1	2	2	2	81
KY/E	4	6	3	9	8	1	82
WA/E	7	13	10	12	3	1	83
MS/S	2	3	1	1	3	1	84
ID	4	5	6	13		1	85
GUAM						1	86
VI					2		87
PR	3	2	1	1	1		88
WV/S	3	2	2				89
MS/N	3		2				90
AK							91
NMI							92
OK/E							93
AL/M	1	2					94

Source: U.S. District Courts Civil Cases Commenced, By Nature of Suit and District, Judicial Business of the United States Courts, Table C.3, Special (Does not include United States Cases.)

부록2 |

(2009 ed.)

SECTION 337 INVESTIGATIONS AT THE U.S. INTERNATIONAL TRADE COMMISSION:

ANSWERS TO FREQUENTLY ASKED QUESTIONS

This pamphlet contains a brief background discussion of Section 337 investigations at the United States International Trade Commission ("Commission") followed by answers to various frequently asked questions about Commission practice and procedure. Although this pamphlet is intended to clarify Commission procedures, it is for background purposes only, and is not intended to supersede, modify, or limit the Commission's Rules of Practice and Procedure or any Ground Rule, Order, or governing precedent issued by the Commission or its Administrative Law Judges. For more complete information about Commission practice and procedure in Section 337 investigations, please refer to the governing statute, 19 U.S.C. §1337, the governing regulations, 19 C.F.R. Parts 201 and 210, and the Ground Rules and Orders in effect in a particular investigation. Links to the statute and other information pertaining to Section 337 proceedings can be found on the Section 337 Resources web page, http://www.usitc.gov/intellectual_property. Also, additional information regarding filing requirements and procedures may be found on the Docket Services web page at http://www.usitc.gov/docket_services.

Questions can also be addressed to the following staff offices that work on Section 337 investigations:

(1) Docket Services at 202-205-1802 (for matters concerning the filing and service of documents);
(2) Office of Unfair Import Investigations at 202-205-2560 (for matters concerning the contents of a complaint, the institution of an investigation, or the status of an investigation);
(3) Office of Administrative Law Judges at 202-205-2694 (for procedural matters when an investigation is before an Administrative Law Judge, questions may be directed to the assigned Judge's attorney-advisor);
(4) Office of the General Counsel at 202-205-3061 (for procedural matters when an investigation is before the Commission or on appeal); and
(5) Trade Remedy Assistance Office at 800-343-9822 or 202-205-2200 (for assistance to small businesses regarding preparation of Section 337 complaints).

The Commission welcomes feedback and suggestions from you on ways that the Commission can improve this pamphlet or otherwise clarify its procedures. Comments can be directed to 337_email@usitc.gov via e-mail or, using the printed comment form at the end of this pamphlet, via U.S. mail to the Office of Unfair Import Investigations, U.S. International Trade Commission, 500 E Street, S.W., Washington, D. C. 20436.

CONTENTS

BACKGROUND ON SECTION 337

Under Section 337 of the Tariff Act of 1930 (19 U.S.C. §1337), the Commission conducts investigations into allegations of certain unfair practices in import trade. Section 337 declares the infringement of certain statutory intellectual property rights and other forms of unfair competition in import trade to be unlawful practices. Most Section 337 investigations involve allegations of patent or registered trademark infringement.1) Other forms of unfair competition, such as misappropriation of trade secrets, trade dress infringement, passing off, false advertising, and violations of the antitrust laws, may also be asserted.2)

Section 337 investigations are initiated by the Commission following the receipt of a properly filed complaint that complies with the Commission's Rules.3) A Commission notice announcing the institution of an investigation is published in the Federal Register whenever the Commission votes to institute a Section 337 investigation.

When an investigation is instituted, the Chief Administrative Law Judge at the Commission assigns an Administrative Law Judge to preside over the proceedings and to render an initial decision (referred to as an "Initial Determination") as to whether Section 337 has been violated. The Commission also assigns an investigative attorney from the Commission's Office of Unfair

---

1) Section 337 specifically declares the infringement of the following statutory rights to be unlawful import practices: a U.S. patent or a U.S. copyright registered under Title 17, a registered trademark, a mask work registered under chapter 9 of Title 17, or a boat hull design protected under chapter 13 of Title 17. 19 U.S.C. §1337(a)(1)(B)-(E). In cases involving infringement of these intellectual property rights, there is no injury requirement.

2) In addition to unfair practices based upon infringement of certain specified statutory intellectual property rights, Section 337 also declares unlawful unfair methods of competition and unfair acts in the importation and sale of products in the United States, *the threat or effect of which* is to destroy or substantially injure a domestic industry, prevent the establishment of such an industry, or restrain or monopolize trade and commerce in the United States. Thus, in these types of investigations, threatened or actual injury must be shown.

3) Requirements for the form and content of Section 337 complaints are set forth in 19 C.F.R. §§ 210.4, 210.8, and 210.12. See also 73 Fed. Reg. 38316 (Aug. 6, 2008).

Import Investigations ("OUII"), who functions as an independent litigant representing the public interest in the investigation. The investigative attorney is a full party to the investigation. In the notice announcing initiation of an investigation, the Commission identifies the entities that may participate in the investigation as parties, namely, the complainant or complainants that allege a violation of Section 337, the respondent or respondents that are alleged to have violated Section 337, and the OUII staff attorney, who is formally known as the Commission Investigative Attorney.

Section 337 investigations are conducted in accordance with procedural rules that are similar in many respects to the Federal Rules of Civil Procedure. These Commission procedural rules (found in 19 C.F.R. Part 210) are typically supplemented by a set of Ground Rules issued by the presiding Administrative Law Judge. The procedural rules and Administrative Law Judge's Ground Rules provide important instructions and details regarding such matters as the taking of discovery and the handling of motions.

A formal evidentiary hearing on the merits of a Section 337 case is conducted by the presiding Administrative Law Judge in conformity with the adjudicative provisions of the Administrative Procedure Act (5 U.S.C. §§551 *et seq.*). Hence, parties have the right of adequate notice, cross-examination, presentation of evidence, objection, motion, argument, and other rights essential to a fair hearing.

Following a hearing on the merits of the case, the presiding Administrative Law Judge issues an Initial Determination ("ID") that is certified to the Commission along with the evidentiary record. The Commission may review and adopt, modify, or reverse the ID or it may decide not to review the ID. If the Commission declines to review an ID, the ID becomes the final determination of the Commission.

In the event that the Commission determines that Section 337 has been violated, the Commission may issue an exclusion order barring the products at issue from entry into the United States, as well as a "cease and desist" order directing the violating parties to cease certain actions. The Commission's exclusion orders are enforced by U.S. Customs and Border Protection. Commission orders become effective within 60 days of issuance unless disapproved by the President for policy reasons.[4] Appeals of Commission orders entered in Section 337 investigations are heard by the U.S. Court of Appeals for the Federal Circuit.

ANSWERS TO FREQUENTLY ASKED QUESTIONS

• Information for prospective complainants

1. Where do I get information about filing a Section 337 complaint?

A copy of the governing statute and the Commission's Rules, including the rules that identify the requirements for a properly filed complaint, are among the reference materials available on the Commission's website at www.usitc.gov/index.htm, which includes a Section 337 Resources web page that can be accessed directly at http://www.usitc.gov/intellectual_property.[5)]

Information regarding the requirements for Section 337 complainants is also available at http://www.usitc.gov/docket_services/documents/337_complaint_ guidance_ version_II_2008-10.pdf. Persons or companies interested in filing a Section 337 complaint may obtain additional information from the Commission's Office of Unfair Import Investigations ("OUII"), which can be reached by telephone at 202-205-2560 or by facsimile at 202-205-2158. See Question and Answer No. 3 for information regarding specific requirements for filing a Section 337 complaint.

The Commission also has a Trade Remedy Assistance Office (TRAO) that provides information to small businesses concerning the remedies and benefits available under U.S. trade laws and provides technical and legal assistance and advice to eligible small businesses to assist them in preparing and filing Section 337 complaints. TRAO can be reached by telephone at 800-343-9822 or 202-205-2200, or by facsimile at 202-205-2139.

Once a complaint has been filed, the public version of the complaint and any other public document filed in the matter can be accessed via the Commission's Electronic Document Information System ("EDIS") at http://edis.usitc.gov. Information regarding new complaints is also posted on the Docket

---

4) In 2005, the President delegated the authority to veto Commission exclusion orders to the U.S. Trade Representative. 70 Fed. Reg. 43251 (July 26, 2005).

5) Summary information about past and present Section 337 investigations can be found by accessing the Section 337 Investigational History through http://www.usitc.gov/intellectual_property.

Services page of the Commission's website at http://www.usitc.gov/docket_services.

• Filing and Service of Documents

2. Where, when, and how are documents to be filed with the Commission?

Documents to be submitted to the Commission must be filed with Docket Services at 500 E Street, S.W., Room 112-A, Washington, D.C. 20436. As discussed below, certain public documents may be filed electronically.[6)]

Documents, whether filed in person, by mail, or electronically, will be accepted for filing by the Commission only during its regular business hours: 8:45 a.m. to 5:15 p.m. Eastern Time. In the rare event that the Commission is closed, for example, as a result of inclement weather, a document due to the Commission on that day will be accepted for filing on the next business day that the Commission is open.

Documents may be hand delivered or mailed to Docket Services for filing, and will be deemed to be filed on the date of receipt by that office. Additionally, the Commission has undertaken a multi-phase implementation of electronic filing procedures consistent with the Government Paperwork Elimination Act which allows for electronic filing of certain public documents.[7)] Anyone wishing to file a document electronically should go to http://edis.usitc.gov and follow the instructions for submitting a document electronically to EDIS, including those pertaining to completion of the cover sheet. The instructions include the applicable hardware and software requirements for electronic filing. Under these procedures, documents eligible for electronic filing must be transmitted in portable document format ("PDF") in accordance with the directions posted on the Commission's website. Such documents will be deemed "signed" through the use of a password-protected registration protocol. The signatory must be a registered user and such document shall be deemed "signed"

---

6) The Commission will not accept filings by facsimile.

7) An Electronic Filing Procedures Handbook (March 2006) can be accessed through the Commission's Electronic Document Information System website at http://www.usitc.gov/docket_services/documents/handbook_on_electronic_filing.pdf.

when either the document is physically signed by the signatory and scanned in optical format or is signed by the use of an "e- signature."

Ordinarily, a filing in paper form requires the submission of an original and six (6) copies of a document when a case is before an Administrative Law Judge. See C.F.R. §210.4(f)(2)(i). When a case is before the Commission, a filing in paper form ordinarily requires an original and twelve (12) copies. See 19 C.F.R. §210.4(f)(2)(ii). Documents will not be accepted for filing if an insufficient number of copies are submitted. Also note that when filing in paper form, the original signed copy of the document, as well as one additional copy, should not be stapled, bound, or hole-punched, although the document may be held together by means of a clip. The additional copies required, if filing in paper form, should be individually stapled or bound.

All documents submitted for filing must be accompanied by an EDIS cover sheet, which must be filled out online on the EDIS web page http://edis.usitc.gov[8] The cover sheet contains certain information about the document, including the date of submission, the name of the signatory, and whether the document contains confidential business information. This information is used to index the documents in EDIS. Also, in our continuing effort to improve the accuracy and usability of EDIS, a Coding Manual was created to assist users with coding documents for EDIS.

The Coding Manual is available in PDF format and may be downloaded at http://www.usitc.gov/docket_services/documents/edis_coding_manual.pdf.

Documents presented for filing must conform to the Commission's Rules on document specifications. Commission Rules 210.4 and 201.8, 19 C.F.R. §§210.4 and 201.8, set forth specifications for documents such as the requirement that each document be captioned with information about the pertinent proceeding, that each document have a certain standard typeand that each document be accompanied by a certificate of service. These rules also set forth a signature requirement similar to that of Rule 11 of the Federal Rules of Civil Procedure, whereby a signature on a document is deemed to constitute a certification as to the propriety of filing the document and the veracity of the contents of the

8) See 19 C.F.R. §201.8(g). The Electronic Document Information System is an electronic repository of the official record of documents filed at the Commission. Further information regarding this system is set forth below in Question and Answer No. 8.

document. See Rule 210.4(b)-(d), 19 C.F.R. §210.4(b)-(d).

Persons filing a document in paper form can usually obtain a date-stamped copy of the document provided that they bring an extra copy of the document with them at the time of filing. In this regard, couriers should be advised that they may not themselves use the Commission date-stamp, but should request assistance from a Docket Services staff member at the time of filing. Persons filing by mail can also obtain a date-stamped copy of a document if they provide an extra copy of the document, a letter requesting a date-stamped copy, and an addressed return envelope with the postage prepaid. Persons electronically filing a document will receive both a printable notice of electronic receipt and a notice of electronic filing via e-mail. The notice of electronic filing will verify the effective filing date and time.

3. Are there any special rules that apply to the filing of a complaint?

The requirements for the contents of a Section 337 complaint are set forth at 19 C.F.R. §§210.4, 210.8, and 210.12. Prospective complainants are encouraged to contact the Office of Unfair Import Investigations at 202-205-2560 to discuss procedural requirements in advance of filing a complaint. Information and instructions regarding the number of copies to be filed and other requirements for Section 337 complaints can also be accessed at http://www.usitc.gov/docket_services/documents/337_complaint_guidance_version_II_2008-10.pdf.[9] There are substantial additional requirements for complaints that include a request for temporary relief. See 19 C.F.R. §§210.8(a)(2), and 210.52-210.56. Information regarding the requirements for these complaints can be accessed at http://www.usitc.gov/docket_services/documents/337_complaint_and_motion_for_temp_relief_ guidance_version_II_2008-08.pdf.

When a complaint is based upon the alleged infringement of certain

---

9) As noted in these instructions, any complainant who requests confidentialtreatment for the contents of a complaint must also file the requisite number of copies of a public version of the complaint for use by the proposed respondents and the Commission. The government of a foreign proposed respondent will receive only the public version of the complaint. To avoid unnecessary copying costs, complainants are encouraged to prepare, where possible, a single public version of the complaint and place all confidential information in the accompanying exhibits rather than in the text of the complaint.

intellectual property rights, the Commission's Rules require that the complaint be accompanied by specified background materials relating to the rights asserted. See Rule 210.12(c)-(g), 19 C.F.R. §210.12(c)-(g). For example, in patent-based cases, the Rules require that the complaint be accompanied by a certified prosecution history for each asserted patent, and copies of the technical references cited in the prosecution histories of each asserted patent.[10)]

Additionally, the complainant must submit copies of license agreements if the complaint relies on license agreements to establish standing, or the complaint relies on license agreements to support contentions that a domestic injury as defined in Section 337(a)(3) exists, or is in the process of being established as the result of domestic activities of one or more licensees. See Rule 210.12(a)(9)(iv), 19 C.F.R. § 210.12(a)(9)(iv). After institution of an investigation, the complainant has the obligation to serve each Respondent represented by counsel with materials covered in 19 C.F.R. §210.12(c)-(h), such as the prosecution history for each asserted patent, that were not included as exhibits to the complaint but were filed with the complaint, within five (5) days of service of notice of appearance and an agreement to be bound by the protective order.

Specified background materials must also be filed with complaints that assert registered trademarks, copyrights, mask works, or vessel hull designs. SeeRule 210.12(d)-(h). Claim charts purporting to show infringement of each asserted independent claim of the patents at issue are also required. 19 C.F.R. § 210.12(a)(9)(vii).

4. How can I protect confidential business information in a filing with the Commission?

Confidential business information is protected in Section 337 investigations by a Protective Order issued by the Administrative Law Judge shortly after the commencement of an investigation.[11)] These Protective Orders typically describe in

10) 19 C.F.R. §210.12(c).

11) As noted earlier, the Commission has undertaken a multi-phase implementation of electronic filing procedures, which began in 2003. Documents containing confidential business information currently are not eligible for electronic filing. It is anticipated that the Commission will permit the electronic filing of confidential information in the future. In the meantime, confidential documents must be filed in paper form over-the-counter at

detail how documents containing confidential information are to be marked and how and by whom they are to be handled. Although these orders permit a party's outside counsel to have access to confidential business information produced during an investigation, the orders typically do not permit a party's in-house counsel to have access to such confidential business information.

Protective Orders not only contain provisions to protect the confidential business information of the parties to the investigation, these Orders also contain provisions to protect the confidential business information of non-party entities that supply confidential information pursuant to a Commission subpoena. In this regard, if a party seeks confidential business information from a non-party, the party requesting the information should provide a copy of the Protective Order to the non-party supplier of information. In the event that the non-party does not receive a copy of the Protective Order when served with a Commission subpoena, the non-party should request a copy from the party that served the subpoena.

Prior to the issuance of a Protective Order, documents submitted to the Commission may be treated as confidential if they are designated as confidential, accompanied by a request for confidential treatment, and deemed by the Secretary to the Commission to indeed contain confidential business information as described in the rules governing the submission and definition of confidential business information, Rules 210.5 and 201.6, 19 C.F.R. §§210.5 and 201.6. All documents containing or attaching confidential business information should be clearly markedon their face as containing or attaching confidential business information.

5. What documents should be filed? What documents should not be filed?

All pleadings, motions, responses to motions, briefs, and petitions for review of an Initial Determination and responses thereto should be filedwith Docket Services. Discovery documents, however, should not be filed with Docket Services, except when the discovery documents are attached as an exhibit to a motion or other pleading. Discovery documents that should not be filed include deposition notices, requests for the production of documents, and interrogatories.

Practitioners are further advised to review the Administrative Law Judge's

---

Docket Services with an EDIS cover sheet as noted above.

Ground Rules in a particular investigation to determine whether other categories of documents should or should not be filed. For example, a Ground Rule may specify that documents such as proposed procedural schedules or copies of evidentiary exhibits should not be filed with Docket Services, but rather, should be presented directly to the Administrative Law Judge. The Ground Rules also typically provide that applications for subpoenas, discussed below in Question and Answer No. 12, should be presented only to the Administrative Law Judge rather than filed with Docket Services.

6. What are the requirements for service of documents in a Section 337 investigation?

The general rule on service is that all documents filed with the Commission must be served on all other parties to the investigation.[12] However, a complaint should not be served on any other entity unless the complaint is accompanied by a motion for temporary relief. If the Commission determines to institute an investigation, the Commission itself serves the complaint and notice of investigation on the entities that it names as respondents to the investigation, as well as the embassy of each foreign proposed respondent. In the case of a complaint accompanied by a motion for temporary relief, the Commission not only serves the complaint and motion on the respondents when it institutes the investigation, but it also requires the entity filing the complaint and motion to serve an advance copy of these items by messenger, courier, express mail, or other equivalent means on the entities that are proposed as respondents in the complaint, and on the embassy in Washington, D.C. of the country in which the foreign respondents are located.[13]

With regard to service of documents other than complaints, the practitioner is advised to consult the Ground Rules in effect in a particular investigation. The

12) The Commission Rules require that eachparty designate a single attorney or representative for service of process for the service list maintained by the Office of the Secretary in each investigation. 19 C.F.R. §210.7(b).

13) The general Rules on service are located at 19 C.F.R. §§210.7 and 201.16. The Rules concerning service of a complaint that is accompanied by a motion for temporary relief are located at 19 C.F.R. §§210.54 and 210.55; *see also* 19 C.F.R. §210.56 regarding the notice that must accompany service copies of a complaint and motion for temporary relief.

Ground Rules usually require that the parties serve on the presiding Administrative Law Judge two copies of each document filed at the Commission. The Ground Rules also typically specify the mode of service between the parties (e.g., overnight courier) and typically include instructions not to serve the Administrative Law Judge by facsimile in the absence of prior permission to do so.

• Information about the status of investigations; researching Commission precedent

7. How can I obtain information about the status of an investigation?

Interested persons can view certain information about newly filed complaints at the Docket Services page of the Commission's website at http://info.usitc.gov/sec/dockets.nsf/3377OpenView. This website, which contains information identifying the name of the party filing the complaint and the subject matter of the complaint, is usually updated within 30 minutes of the filing of a new complaint.

Commission notices concerning matters such as initiation and termination of an investigation are published in the Federal Register. These notices, as well as Commission press releases, are also posted on the Commission's website, usually within a few days after issuance, and can be accessed at http://www.usitc.gov/secretary/fed_reg_notices.

All documents filed in an investigation, except for those containing confidential information, can be accessed on the Commission's website at http://edis.usitc.gov. These documents are also available for inspection during official business hours (8:45 a.m. to 5:15 p.m. Eastern Time) in the Commission's Docket Services office at 500 E Street, S.W., Room 112-A, Washington, D.C. 20436, telephone 202-205-1802. Hearing-impaired individuals are advised that information about documents filed with the Office of the Secretary can be obtained by contacting the Commission's TDD terminal at 202-205-1810.

Other questions about the status of an investigation can be addressed to the

Commission Investigative Attorney assigned to the case from the Office of Unfair Import Investigations, whose name and telephone number are listed in the notice of investigation. Journalists and market analysts should direct inquiries to the Commission's Office of External Relations at 202

8. How can I research Commission precedent?

All orders and decisions issued by the Administrative Law Judges and the Commission, except those containing confidential business information, are available for inspection at the Commission's Docket Services office at 500 E Street, S.W., Room 112-A. Public orders and decisions of the Administrative Law Judges and the Commission in investigations instituted after January 1, 1996, as well as other documents in the Commission's public docket file, may also be searched and retrieved using EDIS at http://edis.usitc.gov. Researchers can browse an electronic file room or conduct full-text, keyword searches for documents. Please contact the EDIS help desk at (202) 205-EDIS (3347) or send an email request to EDIS3Help@usitc.gov for assistance with using EDIS. To schedule individual or group EDIS training, contact Docket Services at 202-205-1802.

The EDIS system includes search capabilities and procedures to facilitate downloading of Commission documents. Updates to the EDIS system will be implemented in the near future to improve searching capabilities and other functions to facilitate user-friendly access for internal and external parties. Persons interested in obtaining copies of orders, decisions, or other documents that are available on EDIS may print the documents from the Internet. In addition, Commission publications containing decisions in many Section 337 investigations can be downloaded from the Commission's website at http://www.usitc.gov/intellectual_property/int_prop_publications.htm. Orders and decisions in.

Section 337 investigations can also be researched on Westlaw™ and LEXIS™.[14] (Materials from the Commission are available in the FINT-ITC database on Westlaw™ and the ITC file of the ITRADE library on LEXIS™.) Some decisions are also published in the United States Patent Quarterly.

Summary information concerning pending and completed investigations can be found on the 337 Investigational History page which is accessible from the

14) However, not all Section 337 orders and decisions are published by Westlaw™ and LEXIS™.

Commission’s website at http://www.usitc.gov/intellectual_property/inv_his.htm. Interested persons can search or browse theInvestigational History page for information such as the names of the parties involved, the presiding Administrative Law Judge, the types of unfair acts at issue, the identity of the intellectual property rights asserted, and scheduling information, including the target date for completion of the investigation.

• Institution of a Section 337 Investigation

9. How is an investigation instituted?

After a complaint is filed with the Commission, OUII examines the complaint for sufficiency and compliance with the applicable rules, and makes a recommendation to the Commission regarding institution of the requested investigation. OUII’s examination of the complaint may result in a request for supplementation or amendment of the complaint prior to the Commission's determination regarding whether to institute an investigation.[15)]

The Commission will normally determine whether to institute a Section 337 investigation within 30 calendar days after the filing of a complaint. If a complaint is accompanied by a motion for temporary relief, the Commission will normally make its determination regarding institution of an investigation and provisional acceptance of the motion for temporary relief within 35 calendar days after the filing of the complaint and motion.

In the event that the Commission determines to institute a Section 337 investigation, a notice of investigation defining the scope of the investigation is published in the *Federal Register*. These notices typically appear in the Federal Registerthe week following the last day of the 30- or 35-day period for determining whether to institute an investigation. In addition to publishing a notice in the Federal Register, the Commission serves a copy of the complaint and notice of investigation on all of the respondents named in the investigation as well as on the U.S. embassy for the country in which they are located.

---

15) *See* Question and Answer 6 for further information about the service of complaints and notices of investigation by the Commission.

In the event that the Commission determines not to institute an investigation based upon a complaint, the complainant and all the entities named as proposed respondents in the complaint will receive written notice of the Commission's action. Decisions not to institute an investigation are rare.

• Investigation Procedures

10. How are investigations conducted?

Section 337 investigations are conducted in conformity with the Administrative Procedure Act, 5 U.S.C. §§551 etseq.,and pursuant to Commission Rules published at 19 C.F.R. Part 210, which are similar in many respects to the Federal Rules of Civil Procedure. In addition to these rules, the presiding Administrative Law Judge typically issues a set of Ground Rules for the conduct of the investigation. These Ground Rules provide detailed instructions on matters such as the time for responding to motions, the method for asserting privilege, the number of copies required of evidentiary exhibits, the use of translators, and the procedure for arranging a telephone conference between the parties and the Administrative Law Judge.

11. Can an investigation be settled by agreement or consent order?

Yes. The Commission Rules provide that a party may move to terminate an investigation as to one or more of the respondents on the basis of a licensing or other settlement agreement, including an agreement to present the matter for arbitration. See Commission Rule 210.21(a)(2), (b), and (d), 19 C.F.R. §210. 21(a)(2), (b), and (d). Thus, for example, a complainant in a patent-based investigation may enter into a license agreement with one of the respondents and file a motion toterminate the investigation as to that respondent. Assuming the judge and ultimately the Commission conclude that the agreement is not contrary to the public interest, the investigation may be terminated, in whole or in part, on the basis of such a motion.

The Commission Rules also provide that an investigation may be terminated as to one or more respondents on the basis of a Consent Order. See Commission Rule 210.21(c). Consent Orders are typically entered upon the joint request of the complainant and a respondent in the form of a motion which contains the parties' joint proposed Consent Order, but such proposed orders can be proffered by a respondent alone.

Additionally, the Commission has approved the initiation of a voluntary pilot mediation program for Section 337 investigations. This program is aimed at facilitating the settlement of disputes and to evaluate the possible implementation of a permanent mediation program. All Section 337 investigations are eligible for participation in the program. An Administrative Law Judge may nominate a particular 337 investigation for inclusion in the program or a party may individually or jointly request to participate as well. The administrative management of the program is coordinated by the Supervisory Attorney in Docket Services, supervised by the Office of the Chairman. Further information about the program may be found on the Commission's website at http://www.usitc.gov/intellectual_property/pilot_mediation.htm.

12. How do I obtain a subpoena?

During the time that an investigation is before an Administrative Law Judge, the Judge can issue a subpoena. The procedures involved in the issuance of subpoenas at the Commission differ from the current practice of most courts. The Commission Rule concerning subpoenas, including motions to quash, is found at Rule 210.32, 19 C.F.R. §210.32. Note that an application for issuance of a subpoena, as well as the requested subpoena itself, must be submitted to the Administrative Law Judge.

Additional instructions concerning subpoenas may be given by the presiding Administrative Law Judge in a particular investigation (*e.g.*, in the Ground Rules issued in a particular investigation). Subpoenas are enforced, if necessary, by the Commission in federal court.

13. Can I intervene in a Section 337 investigation?

Commission Rule 210.19, 19 C.F.R. §210.19, provides that any person desiring to intervene may request leave to intervene by filing a written motion. Such persons may be allowed to intervene as interveners or respondents at the Commissio's discretion. Persons seeking to intervene are urged to consult the Administrative Law Judge's Ground Rules on matters such as service and filing of motions.

14. Can I participate in an investigation other than by intervention?

Commission Rule 210.50, 19 C.F.R. §210.50, provides for the Commission to receive submissions from the public on issues concerning the effect of any remedial order(s) on the public interest, namely, the effect of such an order on the public health and welfare, competitive conditions in the United States economy, the production of like or directly competitive products, and United States consumers. See 19 U.S.C. §1337(d)-(g). For details on the deadlines for submitting comments on such matters, *see* Rule 210.50(a), 19 C.F.R. §210.50(a), and notices issued in particular investigations.

15. Where and when are hearings held, and are they open to the public?

Evidentiary hearings are held by the Administrative Law Judges in hearing rooms located in the Commission's building in Washington, D.C. The dates of such hearings are usually set forth in a procedural schedule issued by the Judge early in the investigation, and if a hearing is rescheduled, the Judge will normally issue an order with the new dates. While the length and timing of hearings varies from case to case, in an investigation scheduled to be completed in twelve months, for example, the evidentiary hearing would likely occur about five or six months after institution of the investigation.

Hearings are generally open to the public, except for those portions which involve confidential business information as defined in the Commission's Rules. During those portions of a hearing, members of the general public and others who are not allowed access to confidential information must step outside the hearing room while such information is presented or discussed. The amount of confidential information varies from investigation to investigation.

A verbatim transcript of all hearings is taken. Copies of the public portions of these transcripts are available for inspection in the Office of the Secretary of the Commission, and are available for purchase from the official reporter.

16. When is the Judge's Initial Determination on the merits of a case issued?

Within 45 days after publication of a notice of investigation, the presiding Administrative Law Judge sets a target date for completion of the investigation.[16)] The Judge issues a decision on the merits of the case, called an "Initial Determination," no later than four months prior to the target date.[17)] Journalists and other non-parties to an investigation should note that the Administrative Law Judges' decisions typically contain confidential business information, and thus are not available for public inspection on the date filed. Public versions of these decisions (with the confidential information redacted) are available for inspection at Docket Services and via the Commission's website shortly after the date that the original confidential version is filed.

The Administrative Law Judge's Initial Determination is subject to review by the Commission, as discussed below in Question and Answer No. 19.

17. Is preliminary relief available?

Yes. A complainant may request at the time it files a complaint that the Commission conduct expedited temporary relief proceedings and issue a temporary exclusion order and/or a temporary cease and desist order during the course of the investigation.[18)] See19 C.F.R. Subpart H. However, as indicated below, there are substantial additional pleading and proof requirements when expedited temporary relief is requested. In determining whether to grant a request for temporary relief, the Commission applies the standard employed by the U.S.

---

16) Target dates of 16 months or less are set by the Judge's order. If the Judge seeks to establish a longer target date, the Judge must issue an Initial Determination that is subject to review by the Commission.

17) Initial Determinations regarding violation of Section 337 typically contain an opinion, findings of fact, and conclusions of law.

18) General information about exclusion orders and cease and desist orders is discussed below in Question and Answer No. 19.

Court of Appeals for the Federal Circuit in reviewing lower court decisions granting preliminary injunctions.[19] This determination will be made by the Commission no later than the 90th day after the date on which an investigation involving a temporary relief request is instituted, or, if the case is deemed to be complex, no later than the 150th day after institution of the investigation. See 19 U.S.C. §1337(e).

The Commission Rules require that requests for temporary relief must be made in a motion that is accompanied by a memorandum supporting the request. Significantly, the motion must also be accompanied by affidavits that support the factual assertions madein the motion, as well as by all evidence in the complainant's possession at the time of filing that the complainant intends to rely upon in support of the motion. Information concerning the form of a temporary relief motion, required supporting materials, and special service rules relating to such motions may be obtained from the Office of Unfair Import Investigations at 202-205-2560. Also, information regarding requirements for complaints that include temporary relief requests can be found at http://www.usitc.gov/docket_services/documents/337_complaint_and_motion_for_temp_relief_ guidance_version_II_2008-08.pdf.

Following the receipt of a motion for temporary relief, the Commission will determine whether to institute "temporary exclusion order" proceedings (informally referred to as "TEO" proceedings) to adjudicate the motion. In the event the Commission institutes TEO proceedings, the motion for temporary relief will be forwarded to an Administrative Law Judge for adjudication. In a typical TEO proceeding, the parties conduct a few weeks of discovery on the issues presented by the motion, and thereafter the Administrative Law Judge holds an evidentiary hearing on the merits of the motion, receives briefs from the parties on the evidence and the law, and issues a determination on the merits of the temporary relief motion by the 70th day of the investigation (or by the 120th day in a complex case). If the Administrative Law Judge determines to grant the motion, the Judge will issue an Initial Determination that is subject to review by the Commission. By the 90th day after institution of an investigation (or the 150th

19) In general, this standard involves a consideration of complainant's likelihood of success on the merits of the case, harm to the domestic industry in the absence of temporary relief, harm to respondents, and the public interest.

day in more complex cases), the Commission will determine whether to accept the Administrative Law Judge's Initial Determination and whether to grant temporary relief.

18. How long do Section 337 investigations last?

By statute, Section 337 investigations must be completed "at the earliest practicable time." Accordingly, the Commission places great emphasis on the expeditious adjudication of Section 337 investigations. Historically, the Commission has strived to complete most investigations in less than 15 months. However, factors such as the complexity of the subject matter and number of unfair acts at issue, as well as the workloads of the Judges during particular periods, have resulted in longer target dates in a substantial number of investigations in recent years.

• Final Determinations, Remedies, and Appeals

19. Is an Administrative Law Judge's Initial Determination on the merits subject to review by the Commission?

Under the Commission's Rules, parties may petition for Commission review of an Administrative Law Judge's Initial Determination (ID) if they believe that it (i) contains a clearly erroneous finding of material fact, (ii) contains an erroneous legal conclusion, or (iii) affects Commission policy. Parties may file responses to any petition for review. Within 60 calendar days after service of the ID on the parties, the Commission decides, either on the basis of a petition for review or on its own initiative, whether to review some or the entire ID. Those portions of the ID that are not reviewed by the Commission become the Commission's determination. If the Commission decides to review some or all of an ID, it may affirm, set aside, or modify the portions of the ID under review. *See generally*, Rules 210.43-210.45, 19 C.F.R. §§ 210.43-210.45.

20. If the Commission finds a violation of Section 337, what remedies are

available?

The Commission is authorized under Section 337 to issue two types of remedial orders -- exclusion orders and cease and desist orders. Both types of orders may be issued in the same case. An award of money damages is not available as a remedy for violation of Section 337.

An exclusion order directs the U.S. Customs and Border Protection to exclude articles from entry into the United States. There are two types of exclusion orders -- general exclusion orders and limited exclusion orders. A general exclusion order directs the U.S. Customs and Border Protection to exclude all infringing articles, without regard to source. In contrast, a limited exclusion order directs U.S. Customs and Border Protection to exclude infringing articles that originate from a specified firm that was a respondent in the Commission investigation. If an entity has previously attempted to import an excluded article into the United States and the article was previously denied entry by the U.S. Customs and Border Protection, the Commission may order the seizure and forfeiture of subsequent shipments of the article. *See* 19 U.S.C. §1337(i).[20)]

A cease and desist order directs a respondent in the Commission investigation tocease its unfair acts, including selling infringing imported articles out of U.S. inventory. Unlike exclusion orders, cease and desist orders are enforced by the Commission, not by U.S. Customs and Border Protection.[21)] *See* 19 U.S.C. §1337(f)(2) (which provides for civil penalties for violation of cease and desist orders).

21. When do Commission remedial orders become effective?

Upon issuance, Commission remedial orders are sent to the President who

---

20) U.S. Customs and Border Protection procedures for implementing Commission exclusion orders and Commission seizure orders are set forth at 19 C.F.R. §12.39.

21) Questions about the administration of exclusion orders should be addressed to the Intellectual Property Rights and Restricted Merchandise Branch of the U.S. Customs and Border Protection at 202-325-0020. Although Customs administers exclusion orders, the Commission's Assistant General Counsel for Section 337 Investigations, who can be reached at 202-205-3061, may also be able to respond to questions regarding exclusion orders, as well as to questions regarding Commission cease and desist orders.

may then, within 60 days, disapprove them for policy reasons.[22] Such disapprovals are rare. During this period, called the "Presidential review period," infringing articles may enter the United States provided the importer posts a bond with U.S. Customs and Border Protection in an amount determined by the Commission. Similarly, activities prohibited by a Commission cease and desist order may continue during the Presidential review period provided the respondent posts a bond with the Commission. If the President does not disapprove the Commission's remedial orders within the 60 day review period, at the conclusion of that period, infringing imports may no longer be imported and the complainant may seek to have previously posted bonds forfeited to it.

22. Are Commission decisions in Section 337 investigations appealable to a court?

Yes. Any person adversely affected by a Commission decision under Section 337 may appeal the decision to the U.S. Court of Appeals for the Federal Circuit. Any such appeal must be filed within 60 calendar days of the date that the Commission decision became final. A party that prevailed at the Commission may intervene in the appeal in defense of the Commission decision. Commission decisions that find no violation of Section 337 are final when issued. Commission decisions that find a violation of Section 337 and result in the issuance of remedial orders become final at the conclusion of the Presidential review period.

---

22) As noted earlier, in 2005, the President delegated the authority to veto Commission exclusion orders to the U.S. Trade Representative. 70 Fed. Reg. 43251 (July 26, 2005).

FAQS COMMENT FORM

If you have found this pamphlet to be helpful or if you have suggestions for ways to improve this pamphlet, please let us know by filling out this form.

1. Do you have any suggestions regarding ways to improve this pamphlet?

2. (For statistical purposes) Describe your previous degree of experience with Section 337.
   _____ No Experience _____ Some Experience _____ Considerable Experience

3. (For statistical purposes) Have you ever been a party to, or represented a party in, a Section 337 investigation? ___ Yes ___ No

4. (For statistical purposes) Describe your interest in information about Section 337 by checking the box or boxes that apply to you.

______	Outside counsel for complainant (or prospective complainant)	______	In-house counsel for complainant (or prospective complainant)
______	Outside counsel for respondent	______	In-house counsel for respondent
______	In-house representative of a complainant	______	In-house representative of a respondent
______	Outside counsel for a subpoenaed company	______	In-house counsel for a subpoenaed company
______	Counsel for a small company	______	Journalist
______	Academician or student	______	Other (____________________)

Please return this Comment Form to:

Lynn I. Levine, Director
Office of Unfair Import Investigations
U.S. International Trade Commission

name (optional)

500 E Street, S.W., Suite 401
Washington, D C. 20436 company/firm (optional)
Facsimile: 202-205-2158

Alternatively, you may cut and paste this form and e-mail your response to 337_email@usitc.gov.

부록3 |

AIPLA's Model Patent Jury Instructions

© 2008, American Intellectual Property Law Association

Disclaimer

The Model Jury Instructions are provided as general assistance for the litigation of patent issues. While efforts have been and will be made to ensure that the Model Jury Instructions accurately reflect existing law, this work is not intended to replace the independent research necessary for formulating jury instructions that are best suited to particular facts and legal issues. AIPLA does not represent that the information contained in the Model Jury Instructions is accurate, complete, or current. The work could contain typographical errors or technical inaccuracies, and AIPLA reserves the right to add, change, or delete its contents or any part thereof without notice.

Table of Contents

Claim Construction

2.0 Claim Construction — Generally
2.1 Claim Construction for the Case
2.2 Construction of Means-Plus-Function Claims for the Case Infringement
3.0 Infringement — Generally
3.1 Direct Infringement — Knowledge of Patent or Intent to Infringe is Immaterial
3.2 Direct Infringement — Literal Infringement
3.3 Inducing Patent Infringement
3.4 Contributory Infringement
3.5 Infringement of Means-Plus-Function Claims
3.6 Infringement of Dependent Claims
3.7 Infringement of Open Ended or "Comprising" Claims
3.8 Infringement by supply of all or a substantial portion of the components of a patented invention to another country [271(f)(1)]
3.9 Infringement by supply of components especially made or adopted for use in the patented invention to another country [271(f)(2)]
3.10 Infringement by Import, Sale, Offer for Sale or Use of Product Made Outside United States by Patented Process [infringement under 271(g)]
3.11 Direct Infringement — Infringement Under The Doctrine Of Equivalents
3.12 Limitations on the Doctrine of Equivalents — Prior Art
3.13 Limitations on the Doctrine of Equivalents — Prosecution History Estoppel
3.14 Limitations on the Doctrine of Equivalents — Subject Matter Dedicated to the Public

4. Summary of Invalidity Defense
5. Prior Art Defined

Anticipation

6.0 Anticipation
6.1 Prior Public Knowledge
6.2 Prior Public Use
6.3 On Sale Bar
6.4 Experimental Use
6.5 Printed Publication
6.6 Prior Invention

6.7 Prior Patent
6.8 Prior U.S. Application
Obviousness
7.0 Obviousness
7.1 Scope and Content of the Prior Art
7.2 Differences Between the Claimed Invention and the Prior Art
7.3 Level of Ordinary Skill
7.4 Factors Indicating Nonobviousness
8. Enablement
9. Written Description Requirement
10. Best Mode
Unenforceability (Inequitable Conduct)
11.0 Inequitable Conduct — Generally
11.1 Materiality
11.2 Intent to Deceive or Mislead
11.3 Balancing of Materiality and Intent
Damages
12.0 Damages — Generally
12.1 Date Damages Begin
Alternate A [When the date of the notice of infringement is stipulated]
Alternate B [When the date of the notice of infringement is disputed]
Alternate C [When the date damages begin is the date the lawsuit was filed]
12.2 Two Types of Damages — Lost Profits and Reasonable Royalty
12.3 Lost Profits — "But-For" Test
12.4 Lost Profits — Panduit Factors
12.5 Lost Profits — Panduit Factors — Demand
12.6 Lost Profits — Panduit Factors — Acceptable Non-Infringing Substitutes
12.7 Lost Profits — Panduit Factors — Capacity
12.8 Lost Profits — Panduit Factors — Amount of Profit Incremental Income Approach
12.9 Lost Profits — Market Share
12.10 Lost Profits — Price Erosion
12.11 Lost Profits — Cost Escalation
12.12 Lost Profits — Collateral Sales

Introduction

1. The 2007 Version

In the Winter of 2007, the Patent Litigation Committee of the American Intellectual Property Law Association undertook the task of updating the AIPLA Model Patent Jury Instructions ("Instructions") to take into account changes to the law since the previous version of the Instructions were published. The Instructions were originally created in 1997 and were updated previously in 2005. A Subcommittee was formed to review recent case law and make any necessary changes to the Instructions. These changes included not only revising the Instructions to take into account recent case law, but to also revise the Instructions to make them simpler and more easily understandable to jurors. The current revision includes case law through December 31, 2007.

One of the fundamental goals of the Instructions is to provide a model set of jury instructions that would not be biased in favor of either the patent owner or the accused infringer. The Instructions are not meant to address every conceivable issue that might arise in patent litigation, however. Instead, Instructions are provided on those issues that most typically arise in patent litigation and that have clear precedental support. Even so, it is incumbent upon the litigants to tailor these Instructions to the particular case and to simplify the tasks for the jury by not providing superfluous Instructions. Of course, it is also intended that these Instructions will be used in conjunction with other instructions dealing with non-patent issues such as credibility and that the trial court will further the jury's understanding of these Instructions by relating the legal principles in the Instructions to the particular factual contentions of the parties.

To further these goals and to enhance the litigants' ability to customize the Instructions to a particular case, the revised Instructions continue the use of bracketed terminology for certain consistent terms. This mechanism permits the litigants to use the find and replace feature of a word processing program to insert case specific facts. Examples of the consistent terms are:

[subject matter]
[the patentee]
[the Plaintiff]
[the Defendant]
[full patent number]
[abbreviated patent number]
[claims in dispute]
[allegedly infringing product]
[invention date]
[U.S. filing date]
[critical date]
[anticipating patent]
[alleged analogous art]
[alleged prior publication]
[alleged device on sale]
[infringement notice date]
[lawsuit filing date]
[beginning infringement date]
[collateral products]
[the Plaintiff's product]

In addition to these "find and replace" terms, brackets were also used to indicate where various terminology could be used to customize the Instructions to a particular case. For example, to take into account the differences between utility and method patents, there will be instructions that include "[[product] [method]]" and the like. Other examples include "[[product] [system]]," "[importing] [selling] [offering for sale] [using]" and "[method] [process]]."

The subcommittee at large substantially completed the revisions to the 2005 instructions in October 2007. Additional research was later done to update the case law through December 31, 2007 and the AIPLA Board of Directors approved the Instructions for publication in March 2008.

March 2008

Scott J. Pivnick

John Schneider

Chairpersons, Model Jury Instructions Subcommittee

Patent Litigation Committee

American Intellectual Property Law Association

Preliminary Jury Instructions

Members of the jury:

Now that you have been sworn, I have the following preliminary instructions for your guidance on the nature of the case and your role as jurors.

Ⅰ. The Nature of the Action and the Parties

This is a patent case. The patents involved in this case relate to [subject matter] technology. [BRIEFLY DESCRIBE TECHNOLOGY INVOLVED].

During the trial, the parties will offer testimony to familiarize you with this technology. For your convenience, the parties have also prepared a glossary of some of the technical terms to which they may refer during the trial, which will be distributed to you.

[The Plaintiff] is the owner of a patent, which is identified by the Patent Office number: [full patent number] (which may be called "the [abbreviated patent number] patent"); [IDENTIFY ADDITIONAL PATENTS]. This patent may also be referred to as "[the Plaintiff]'s patent." [The Defendant] is the other party here.

A. United States Patents

Patents are granted by the United States Patent and Trademark Office (sometimes called the "PTO"). A patent gives the owner the right to exclude others from making, using, offering to sell, or selling [[the patented invention] [a product made by the patented process]] within the United States or importing it into the United States. During the trial, the parties may offer testimony to familiarize you with how one obtains a patent from the PTO, but I will give you a general background here.

To obtain a patent, an application for a patent must be filed with the PTO. The application includes a specification, which must have a written description of the invention telling what the invention is, how it works, and how to make and use it so as to enable others skilled in the art to do so. The specification must also describe what the inventor believed at the time of filing to be the best way of making his or her invention. The specification concludes with one or more numbered sentences. These numbered sentences are called the claims of the patent. The purpose of the claims is to particularly point out what the applicant regards as the invention and to define the scope of the patent owner's exclusive rights.

An application for a patent is reviewed by a trained PTO examiner. The examiner reviews (or examines) the patent application to determine whether the claims are patentable and whether the specification adequately describes the invention claimed. In examining a patent application, the patent examiner searches records available to the PTO for what is referred to as "prior art," and he or she also reviews prior art submitted by the applicant. When the parties are done presenting evidence, I will give you specific instructions as to what constitutes prior art in this case. But generally it is technical information and knowledge that was known to the public either before the invention by the applicant or more than a year before the filing date of the patent application. The patent examiner considers, among other things, whether each claim defines an invention that is new, useful, and not obvious in view of this prior art.

Following the prior art search and examination of the application, the patent examiner advises the applicant in writing what the patent examiner has found and whether any claim is patentable (in other words, "allowed"). This writing from the patent examiner is called an "office action." More often than not, the initial office action by the patent examiner rejects the claims. The applicant then responds to the office action and sometimes changes the claims or submits new claims. This process may go back and forth between the patent examiner and the applicant for several months or even years until the patent examiner is satisfied that the application and claims are patentable.

The collection of papers generated by the patent examiner and the applicant during this time of corresponding back and forth is called the "prosecution history." You may also hear the "prosecution history" referred to as the "file history" or the "file wrapper."

B. Patent Litigation

Someone is said to be infringing on claims of a patent when they, without permission from the patent owner, import, make, use, offer to sell, or sell [[the patented invention] [a product made by the patented process]], as defined by the claims, within the United States before the term of the patent expires. A patent owner who believes someone is infringing on the exclusive rights of the patent may bring a lawsuit like this to stop the alleged infringing acts and recover damages, which generally is money paid by the infringer to the patent owner to compensate for the harm caused by the infringement. The patent owner must prove infringement of the claims of the patent. The patent owner must also prove the need for damages.

A granted patent is presumed to be valid. But that presumption of validity can be overcome if clear and convincing evidence is presented that proves the patent is invalid. One example of a way in which the presumption may be overcome is if the PTO has not considered, for whatever reason, invalidating prior art that is presented to you. A person sued for allegedly infringing a patent can deny infringement and also can defend by proving the asserted claims of the patent are invalid [and/or unenforceable, if the patent owner unfairly procured the patent in some way. This will be discussed further below]. The accused infringer must prove invalidity [or unenforceability] by clear and convincing evidence. I will discuss more of this topic later.

I will now briefly explain the parties' basic contentions in more detail.

II. Contentions of the Parties

[The Plaintiff] contends that [the Defendant] makes, uses, offers to sell, or sells a [[product] [method]] that infringes [claim(s) in dispute] of the [abbreviated patent number] patent. [The Plaintiff] must prove that [the Defendant] infringes the [abbreviated patent number] patent by a preponderance of the evidence. That means that [the Plaintiff] must show that it is more likely that [the Defendant]'s [allegedly infringing product] infringes than it does not infringe.

There are two ways in which a patent claim can be directly infringed.1) First, a claim can be literally infringed. Second, a claim can be infringed under what is called the "doctrine of equivalents." To determine literal infringement, you must compare the accused [[product] [method]] with each claim that [the Plaintiff] asserts is infringed. It will be my job to tell you what the language of the patent claims mean. You must follow my instructions as to the meaning of the patent claims.

A patent claim is literally infringed only if [the Defendant]'s [[product] [method]] includes each and every [[element] [method step]] in that patent claim. If [the Defendant]'s [[product] [method]] does not contain one or more [[elements] [method steps]] in that claim, [the Defendant] does not literally infringe that claim. You must determine literal infringement with respect to each patent claim individually.

Under the doctrine of equivalents, you may find that [the Defendant]'s [[product] [method]] infringes a claim of the [abbreviated patent number] patent even if not every [[element] [step]] of that claim is present in [the Defendant]'s [[product] [method]]. However, to do so, you must find that there is an equivalent [[component] [part] [method step]] in [the Defendant]'s [[product] [method]] for each [[element] [method step]] of the patent claim that is not literally present in [the Defendant]'s [[product] [method]]. [The Plaintiff] must prove by a preponderance of the evidence that [the Defendant]'s [[product] [method]] contains the equivalent of each element of the claimed invention that

1) This section and below should be modified in accordance with the patent owner's infringement contentions, e.g., where the doctrine of equivalents is not at issue.

is not literally present in the [allegedly infringing product].

[The Defendant] denies that it is infringing the [abbreviated patent number] patent. [The Defendant] also contends that the [abbreviated patent number] patent is invalid [and/or unenforceable]. [INSERT BRIEF DESCRIPTION OF THE PARTICULAR INVALIDITY AND UNENFORCEABILITY DEFENSES BEING ASSERTED].

Invalidity is a defense to infringement. Therefore, even though the PTO examiner has allowed the claims of the [abbreviated patent number] patent, you, the jury, have the ultimate responsibility for deciding whether the claims of the [abbreviated patent number] patent are valid. [The Defendant] must prove invalidity by clear and convincing evidence. This is a higher standard than a preponderance of the evidence, but it does not require proof beyond a reasonable doubt. Clear and convincing evidence is evidence that shows it is highly probable that the claims are invalid.

Ⅲ. Trial Procedure

We are about to commence the opening statements in the case. Before we do that, I want to explain the procedures that we will be following during the trial and the format of the trial. This trial, like all jury trials, comes in six phases. We have completed the first phase, which was to select you as jurors. We are now about to begin the second phase, the opening statements. The opening statements of the lawyers are statements about what each side expects the evidence to show. The opening statements are not evidence for you to consider in your deliberations.

The evidence comes in the third phase, when the witnesses will take the witness stand and the documents will be offered and admitted into evidence. In the third phase, [the Plaintiff] goes first in calling witnesses to the witness stand. These witnesses will be questioned by [the Plaintiff]'s counsel in what is called direct examination. After the direct examination of a witness is completed, the opposing side has an opportunity to cross-examine the witness. After [the Plaintiff] has presented its witnesses, [the Defendant] will call its witnesses, who will also be examined and cross-examined. The parties may present the testimony of a witness by reading from their deposition transcript or playing a videotape of the witness's deposition testimony. A deposition is the sworn testimony of a witness taken before trial and is entitled to the same consideration as if the witness had testified at trial.

The evidence often is introduced piecemeal, so you need to keep an open mind as the evidence comes in. You are to wait until all the evidence comes in before you make any decisions. In other words, keep an open mind throughout the entire trial.

After we conclude the third phase, the lawyers again have an opportunity to talk to you in what is called "closing argument," which is the fourth phase. Again, what the lawyers say is not evidence. The closing arguments are not evidence for you to consider in your deliberations.

The fifth phase of the trial is when I read you the jury instructions. In that phase, I will instruct you on the law. I have already explained to you a little bit about the law. But in the fifth phase of the trial, I will explain the law in much more detail.

Finally, in the sixth phase of the trial it will be time for you to deliberate. You can then evaluate the evidence, discuss the evidence among yourselves and make a decision in the case. You are the judges of the facts, and I decide questions of law. I will explain the rules of law that apply to this case, and I will also explain the meaning of the patent claim language. You must follow my explanation of the law and the patent claim language even if you do not agree with me. Nothing I say or do during the course of the trial is intended to indicate what your verdict should be.

Glossary of Patent Terms

Application — The initial papers filed by the applicant in the United States Patent and Trademark Office (also called the Patent Office or PTO).

Claims — The numbered sentences appearing at the end of the patent that define the invention. The words of the claims define the scope of the patent owner's exclusive rights during the life of the patent.

File wrapper — See "prosecution history" below.

License — Permission to use the patented invention(s), which may be granted by a patent owner (or a prior licensee) in exchange for a fee called a "royalty" or other compensation.

Office action — Communication from the patent examiner regarding the specification (see definition below) and/or the claims in the patent application.

Ordinary skill in the art — The level of experience, education, and/or training generally possessed by those individuals who work in the area of the invention at the time of the invention.

Patent Examiners — Personnel employed by the PTO in a specific technical area who review (examine) the patent application to determine (1) whether the claims of a patent application are patentable over the prior art considered by the examiner, and (2) whether the specification/application describes the invention with the required specificity.

Prior art — Knowledge that is available to the public either prior to the invention by the applicant or more than one year prior to the filing date of the application. [Insert additional types of prior art if applicable, e.g., nonpublic art.]

Prosecution history — The written record of proceedings between the applicant and the PTO, including the original patent application and later communications between the PTO and applicant. The prosecution history may also be referred to as the "file history" or "file wrapper" of the patent during the course of this trial.

References — Any item of prior art used to determine patentability.

Specification — The information that appears in the patent and concludes with one or more claims. The specification includes the written text, the claims, and the drawings. In the specification, the inventor describes the invention, how it works, and how to make and use it. The specification must describe the invention in sufficient detail to enable others skilled in the art to practice the invention and must describe what the inventor believed at the time of filing to be the best way of making his or her invention.

[Others to be agreed upon between the parties]

Glossary of Technical Terms

[To be agreed upon between the parties]

Post Trial Instructions[2)]

1. Summary of Patent Issues

I will now summarize the issues that you must decide and for which I will provide instructions to guide your deliberations. You must decide the following [three] main issues:

1. Whether [the Plaintiff] has proved that [the Defendant] infringed Claim[s] [claims in dispute] of the [abbreviated patent number] patent.
2. Whether [the Defendant] has proved that Claim[s] [claims in dispute] of the [abbreviated patent number] patent are invalid.
3. What amount of damages, if any, [the Plaintiff] has proved.

[LIST ANY OTHER PATENT ISSUES]

Claim Construction

2.0 Claim Construction — Generally

Before you decide whether [the Defendant] has infringed the claims of [the Plaintiff's] patent or whether [the Plaintiff's] patent is invalid, you will have to understand the patent claims. The patent claims are numbered sentences at the end of the patent. The patent claims involved here are [claims in dispute], beginning at column ___, line ___ of the patent, which is exhibit ___ in evidence. The claims are intended to define, in words, the boundaries of the invention. Only the claims of the patent can be infringed. Neither the written description, nor the drawings of a patent can be infringed. Each of the claims must be considered individually. You must use the same claim meaning for both your decision on infringement and your decision on invalidity.

35 U.S.C. §112; *Phillips v. AWH Corp.*, 415 F.3d 1303 (Fed. Cir. 2005) (en banc); *Catalina Lighting, Inc. v. Lamps Plus, Inc.*, 295 F.3d 1277, 1286 (Fed. Cir. 2002);

---

2) AIPLA drafted the model instructions assuming the litigated issues included in the instructions will be submitted to the jury. AIPLA is not suggesting that the parties have a right to a jury trial on all issues included in the instructions. The instructions used in your case should be tailored to the specific issues being litigated.

Markman v. Westview Instruments, Inc., 52 F.3d 967 (Fed. Cir. 1995) (en banc), *aff'd*, 517 U.S. 370 (1996); *SmithKline Diagnostics, Inc. v. Helena Labs. Corp.*, 859 F.2d 878, 882 (Fed. Cir. 1988).

2.1 Claim Construction for the Case

It is my job as judge to provide to you the meaning of any claim language that must be interpreted. You must accept the meanings I give you and use them when you decide whether any claim of the patent has been infringed and whether any claim is invalid. I will now tell you the meanings of the following words and groups of words from the patent claims.

[READ STIPULATIONS AND COURT'S CLAIM CONSTRUCTIONS]

You should give the rest of the words in the claims their ordinary meaning in the context of the patent specification and prosecution history.

Phillips v. AWH Corp., 415 F.3d 1303 (Fed. Cir. 2005) (en banc); *Markman v. Westview Instruments, Inc.*, 52 F.3d 967 (Fed. Cir. 1995) (en banc) *aff'd*, 517 U.S. 370 (1996)

2.2 Construction of Means-Plus-Function Claims for the Case

The following clause used in claim(s) _____ of the [abbreviated patent number] patent is in a special form called a [["means-plus-function"] ["step-plus-function"]] clause: "________________". This clause requires a special interpretation. Those words do not cover all [[means] [steps]] that perform the recited function of "____________", but cover only the [[structure] [step]] described in the patent specification and drawings that performs the function of "_____" or an equivalent of that [[structure] [step]]. The court has found that the [[structure] [step]] in the patent specification that performs that function is: "___________." You must use my interpretation of the means-plus-function [[element] [step]] in your deliberations regarding infringement and validity.

35 U.S.C. §112; *Utah Med. Prods., Inc. v. Graphic Controls Corp.*, 350 F.3d 1376, 1381 (Fed. Cir. 2003); *Carroll Touch, Inc. v. Electro Mech. Sys., Inc.*, 15 F.3d

1573, 1578 (Fed. Cir. 1993); *Valmont Indus., Inc. v. Reinke Mfg. Co., Inc.,* 983 F.2d 1039, 1042 (Fed. Cir. 1993).

Infringement

3.0 Infringement — Generally

Questions _____ through _____ of the Verdict Form read as follows: [READ TEXT OF INFRINGEMENT VERDICT QUESTIONS].

I will now instruct you as to the rules you must follow when deciding whether [the Plaintiff] has proven that [the Defendant] infringed any of the claims of the [abbreviated patent number] patent.

Patent law gives the owner of a valid patent the right to exclude others from importing, making, using, offering to sell, or selling [[the patented invention] [a product made by a patented method]] within the United States during the term of the patent. Any person or business entity that has engaged in any of those acts without the patent owner's permission infringes the patent. Here, [the Plaintiff] alleges that [the Defendant]'s [allegedly infringing product] infringes claim[s] [claims in dispute] of [the Plaintiff]'s [abbreviated patent number] patent.

You have heard evidence about both [the Plaintiff]'s commercial [[product] [method]] and [the Defendant]'s accused [[product] [method]]. However, in deciding the issue of infringement you may not compare [the Defendant]'s accused [[product] [method]] to [the Plaintiff]'s commercial [[product] [method]]. Rather, you must compare the [Defendant]'s accused [[product] [method]] to the claims of the [abbreviated patent number] patent when making your decision regarding infringement.

A patent may be infringed directly or indirectly. Direct infringement results if the accused [[product] [method]] is covered by at least one claim of the patent. Indirect infringement results if the defendant induces another to infringe a patent or contributes to the infringement of a patent by another.

35 U.S.C. §271; *Seal-Flex, Inc. v. Athletic Track & Court Constr.,* 172 F.3d 836, 842 (Fed. Cir. 1999). *Cybor Corp. v. FAS Techs., Inc.,* 138 F.3d 1448, 1454 (Fed.Cir.1998) (en banc); *Markman v. Westview Instruments, Inc.*, 52 F.3d 967, 976 (Fed.Cir.1995) (en banc), *aff'd*, 517 U.S. 370 (1996).

3.1 Direct Infringement — Knowledge of Patent or Intent to Infringe is Immaterial

In this case, [the Plaintiff] asserts that [the Defendant] has directly infringed the patent. [The Defendant] would be liable for directly infringing [the Plaintiff]'s patent if you find that [the Plaintiff] has proven that it is more likely than not that [the Defendant] has made, used, offered to sell, or sold the invention defined in at least one claim of [the Plaintiff]'s patent.

Someone can directly infringe a patent without knowing that what they are doing is an infringement of the patent. They also may directly infringe a patent even though they believe in good faith that what they are doing is not an infringement of any patent.

35 U.S.C. §271(a); *BMC Resources v. Paymentech, L.P.*, 498 F.3d 1373, 1381 (Fed. Cir. 2007); *DeMarini Sports, Inc. v. Worth, Inc.*, 239 F.3d 1314, 1330 (Fed. Cir. 2001); *Seal-Flex, Inc. v. Athletic Track & Court Constr.*, 172 F.3d 836, 842 (Fed. Cir. 1999); *SmithKline Diagnostics, Inc. v. Helena Labs. Corp.*, 859 F.2d 878, 889 (Fed. Cir. 1988).

3.2 Direct Infringement — Literal Infringement

To determine literal infringement, you must compare the accused [[product] [method]] with each claim that [the Plaintiff] asserts is infringed, using my instructions as to the meaning of the patent claims.

A patent claim is literally infringed only if [the Defendant]'s [[product] [method]] includes each and every [[element] [method step]] in that patent claim. If [the Defendant]'s [[product] [method]] does not contain one or more [[elements] [method steps]] recited in a claim, [the Defendant] does not literally infringe that claim. If [the Plaintiff] alleges infringement of a method claim, and there are others apart from [the Defendant] that performed one or more method steps of the claim, there can be no infringement unless [the Plaintiff] has proven that [the Defendant] controlled or directed the activity of the others who performed the method steps.

You must determine literal infringement with respect to each patent claim individually.

The accused [[product] [method]] should be compared to the invention described in each patent claim it is alleged to infringe, not to the [the Plaintiff]'s preferred or commercial embodiment of the claimed invention. The same [[element] [method step]] of the accused [product] [method] may satisfy more than one element of a claim.

BMC Resources v. Paymentech, L.P., 498 F.3d 1373, 1381-82 (Fed. Cir. 2007); *DeMarini Sports, Inc. v. Worth, Inc.*, 239 F.3d 1314, 1330-31 (Fed. Cir. 2001); *Gen. Mills, Inc. v. Hunt-Wesson, Inc.*, 103 F.3d 978, 981 (Fed. Cir. 1997); *Martin v. Barber*, 755 F.2d 1564, 1567 (Fed. Cir. 1985); *Amstar Corp. v. Envirotech Corp.*, 730 F.2d 1476, 1481-82 (Fed. Cir. 1984).

3.3 Inducing Patent Infringement

[The Plaintiff] asserts that [the Defendant] has actively induced another to infringe the patent. To show induced infringement, [the Plaintiff] must prove that it is more likely than not that someone has directly infringed the [abbreviated patent number] patent and that [the Defendant] has actively and knowingly aided and abetted that direct infringement. [The Plaintiff] must show that [the Defendant] actually intended to cause the acts that constitute direct infringement, that [the Defendant] knew of the patent, and that [the Defendant] knew or should have known that its actions would lead to actual infringement. Intent to cause the acts that constitute direct infringement may be demonstrated by evidence of active steps taken to encourage direct infringement, such as advertising an infringing use or instructing how to engage in an infringing use. It is not necessary to show that [the Defendant] has directly infringed as long as you find that someone has directly infringed. If there is no direct infringement by anyone, there can be no induced infringement.

35 U.S.C. §271(b); *DSU Medical Corp. v. JMS Co.*, 471 F.3d 1293, 1304-05 (Fed. Cir. 2006) (en banc) (quoting *Metro-Goldwyn-Mayer Studios Inc. v. Grokster, Ltd.*, 545 U.S. 913, 936 (2005)); *Metabolite Labs., Inc. v. Lab. Corp. of Am. Holdings*, 370 F.3d 1354, 1365 (Fed. Cir. 2004); *Ferguson Beauregard/Logic Controls, Div. of Dover Res., Inc. v. Mega Sys., LLC*, 350 F.3d 1327, 1342 (Fed. Cir. 2003); *Manville Sales Corp. v. Paramount Sys., Inc.*, 917 F.2d 544, 553 (Fed.

Cir. 1990); *Hewlett-Packard Co. v. Bausch & Lomb, Inc.*, 909 F.2d 1464, 1468-69 (Fed. Cir. 1990).

3.4 Contributory Infringement

[The Plaintiff] asserts that [the Defendant] has contributed to another's infringement. To show contributory infringement, [the Plaintiff] must prove that it is more likely than not that there was contributory infringement.

It is not necessary to show that [the Defendant] has directly infringed as long as you find that someone has directly infringed. If there is no direct infringement by anyone, [the Defendant] cannot have contributed to the infringement of the patent. If you find someone has directly infringed the [abbreviated patent number] patent, then contributory infringement exists if:

(1) [the Defendant] sold, offered for sale, or imported;

(2) a material component of the patented invention that is not a staple article of commerce capable of substantial non-infringing use;

(3) with knowledge that the component was especially made or adapted for use in an infringing [[product] [method]].

A "staple article of commerce capable of substantial non-infringing use" is something that has uses [[other than as a part or component of the patented product] [other than in the patented method]], and those other uses are not occasional, farfetched, impractical, experimental, or hypothetical.

35 U.S.C. §271(c); *PharmaStem Therapeutics, Inc. v. ViaCell, Inc. et al.*, 491 F.3d 1342, 1356-58 (Fed. Cir. 2007); *Mentor H/S, Inc. v. Med. Device Alliance, Inc.*, 244 F.3d 1365, 1379 (Fed. Cir. 2001); *Hewlett-Packard Co. v. Bausch & Lomb, Inc.*, 909 F.2d 1464, 1469 (Fed. Cir. 1990); *Preemption Devices, Inc. v. Minn. Mining & Mfg. Co.*, 803 F.2d 1170, 1174 (Fed. Cir. 1986).

3.5 Infringement of Means-Plus-Function Claims

The court has instructed you that claims _____ through _____of the [abbreviated patent number] patent contain [[means-plus-function] [step-plus-function]] clauses. To show infringement, [the Plaintiff] must prove that it is more likely than not that the [[part of the Defendant's product] [step in the

Defendant's method]] that performs the function of "_____" is identical to, or equivalent to, the [[structure] [step]] described in the specification for performing the identical function.

In deciding whether [the Plaintiff] has proven that [the Defendant]'s [[product] [method]] includes structure covered by a [[means-plus-function] [step-plus-function]] requirement, you must first decide whether the [[product] [method]] has any [[structure] [step]] that performs the function I just described to you. If not, the claim containing that means-plus-function requirement is not infringed.

If you find that [the Defendant]'s accused [[product] [method]] performs the claimed function, you must next identify the [[structure] [step]] in [the Defendant]'s [accused product] that perform[s] this function. After identifying that [[structure] [step]], you must then determine whether [the Plaintiff] has shown that that [[structure] [step]] is either identical to, or equivalent to, any [[structure] [step]] disclosed in the patent specification for performing the function of "_______." If they are the same or equivalent, the [[means-plus-function] [step-plus-function]] requirement is satisfied by that [[structure] [step]] of the [accused product]. If all the other requirements of the claim are satisfied by structures found in the [accused product], the [accused product] infringes the claim.

Whether the [[structure] [step]] of the accused product is equivalent to a [[structure] [step]] described in the patent specification is decided from the perspective of a person of ordinary skill in the art. If a person of ordinary skill in the art would consider the differences between the [[structure] [step]] found in [the Defendant]'s product and a [[structure] [step]] described in the patent specification to be insubstantial, the [[structures] [steps]] are equivalent.

35 U.S.C. §112; *Cardiac Pacemakers, Inc. v. St. Jude Med., Inc.*, 296 F.3d 1106, 1113-14 (Fed. Cir. 2002); *Asyst Tech, Inc. v. Empak, Inc.*, 268 F.3d 1364, 1369-70 (Fed. Cir. 2001); *Ishida Co. v. Taylor*, 221 F.3d 1310, 1316-17 (Fed. Cir. 2000); *Odetics, Inc. v. Storage Tech. Corp.*, 185 F.3d 1259, 1266-68 (Fed. Cir. 1999); *Al-Site Corp. v. VSI Int'l, Inc.,* 174 F.3d 1308, 1320 (Fed. Cir. 1999); *Seal-Flex, Inc. v. Athletic Track & Court Const.*, 172 F.3d 836, 843-44 (Fed. Cir. 1999); *Chiuminatta Concrete Concepts, Inc. v. Cardinal Indus., Inc.*, 145 F.3d 1303, 1307-09 (Fed. Cir. 1998); *Carroll Touch, Inc. v. Electro Mech. Sys., Inc.*, 15 F.3d

1573, 1578 (Fed. Cir. 1993); *Rite-Hite Corp. v. Kelley Co.*, 819 F.2d 1120, 1123-25 (Fed. Cir. 1987); *Texas Instruments, Inc. v. U.S. Int'l Trade Comm'n*, 805 F.2d 1558, 1562 (Fed. Cir. 1986).

3.6 Infringement of Dependent Claims

There are two different types of claims in the patent. One type of claim is called an independent claim. The other type of claim is called a dependent claim.

An independent claim is a claim that does not refer to any other claim of the patent. An independent claim must be read separately from the other claims to determine the scope of the claim.

A dependent claim is a claim that refers to at least one other claim in the patent. A dependent claim incorporates all of the elements of the claim to which the dependent claim refers, as well as the elements recited in the dependent claim itself.

For example, [Independent Claim] is an independent claim and recites several elements. [Dependent Claim] is a dependent claim that refers to [Independent Claim] and includes an additional element. [IDENTIFY THE DIFFERENCES BETWEEN [Independent Claim] AND [Dependent Claim]. [Dependent Claim] requires each of the elements of [Independent Claim], as well as the additional elements identified in [Dependent Claim] itself.

To establish literal infringement of [Dependent Claim], [the Plaintiff] must show that it is more likely than not that the [the Defendant]'s [[product] [method]] includes each and every element of [Dependent Claim].

If you find that the [Independent Claim] from which [Dependent Claim] depends is not literally infringed, then you cannot find that [Dependent Claim] is literally infringed.

Wolverine World Wide v. Nike Inc., 38 F.3d 1192, 1196-99 (Fed. Cir. 1994) (*citing Johnston v. IVAC Corp.*, 885 F.2d 1574, 1577-89 (Fed. Cir. 1989)); *Wilson Sporting Goods v. David Geoffrey & Assocs.*, 904 F.2d 677, 685-86 (Fed. Cir. 1990); *Wahpeton Canvas Co., Inc. v. Frontier, Inc.*, 870 F.2d 1546, 1552-53 nn.9&10 (Fed. Cir. 1989); *Shatterproof Glass Corp. v. Libbey-Owens Ford Co.*, 758 F.2d 613, 626 (Fed. Cir. 1985).

3.7 Infringement of Open Ended or "Comprising" Claims

The preamble to claim _____ uses the phrase [RECITE THE PREAMBLE "_________ comprising"]. The word "comprising" means "including the following but not excluding others."

If you find that [the Defendant]'s [[product] [method]] includes all of the elements in claim _____, the fact that [the Defendant]'s [[product] [method]] might include additional [[components] [method steps]] would not avoid literal infringement of a claim that uses "comprising" language.

Invitrogen Corp. v. Biocrest Mfg. LP, 327 F.3d 1364, 1368 (Fed. Cir. 2003); *AFG Indus. v. Cardinal IG Co.*, 239 F.3d 1239, 1244-45 (Fed. Cir. 2001); *Moleculon Research Corp. v. CBS, Inc.*, 793 F.2d 1261, 1271 (Fed. Cir. 1986); *AB Dick Co. v. Burroughs Corp.*, 713 F.2d 700, 703 (Fed. Cir. 1983).

3.8 Infringement by Supply of all or a Substantial Portion of the Components of a Patented Invention to Another Country [271(f)(1)]

[Plaintiff] asserts that [Defendant] infringed the [abbreviated patent number] patent by supplying [or causing to be supplied] all or a substantial portion of the components of the patented [product] [method] from the United States to another country and actively inducing [the assembly of those components into a product] [use of the components in a method] that would infringe the [abbreviated patent number] patent if they had been [assembled][used] in the United States.

To show infringement under Section 271(f)(1), [the Plaintiff] must prove that it is more likely than not that (1) the [product] [method], as it was intended to be [assembled] [used] outside the United States, [included] [would have included] all limitations of at least one of claims ____ of the [abbreviated patent number] patent, (2) [Defendant] supplied [or caused to be supplied] components from the United States that made up all or a substantial portion of the invention of any one of claims _____ of the [abbreviated patent number] patent, and (3) [Defendant] specifically intended to induce [the combination of the components into a product] [use of the components in a way] that would infringe the [abbreviated patent number] patent if the components had been combined in the

United States.

35 U.S.C. §271(f)(1); *Microsoft Corp. v. AT&T Corp.*, 127 S.Ct. 1746, 1757-58 (2007); *Minn. Mining & Mfg. Co. v. Chemque, Inc.*, 303 F.3d 1294, 1304-05 (Fed. Cir. 2002).

3.9 Infringement by Supply of Components Especially Made or Adapted for Use in the Patented Invention to Another Country [271(f)(2)]

[Plaintiff] asserts that [Defendant] infringed the [abbreviated patent number] patent by supplying [or causing to be supplied] [a component][components] of an invention covered by at least one claim of the [abbreviated patent number] patent from the United States to a foreign country, where the exported component[s] [was][were] especially made or especially adapted for use in an invention covered by the [abbreviated patent number] patent and [has][have] no substantial non-infringing use, and where [Defendant] knew the component[s] [was][were] especially made or adapted for use in the patented invention and intended for the component[s] to be combined in a way that would have infringed the [abbreviated patent number] patent if the combination had occurred in the United States.

To show infringement under Section 271(f)(2), [the Plaintiff] must prove that it is more likely than not that the (1) [Defendant] actually supplied the components from the United States to a foreign country or caused them to be supplied from the United States to a foreign country, (2) [Defendant] knew or should have known that the components were especially made or adapted for use in a [product] [method] that infringes the [abbreviated patent number] patent, (3) those components have no substantial non-infringing use, and (4) [Defendant] intended for the components to be combined into that [product] [method]. It is not necessary for you to find that the components actually were combined into an infringing [product] [method], as long as you find that [Defendant] intended the components to be combined into a [product][method] that would have infringed the [abbreviated patent number] patent if they had been combined in the United States.

35 U.S.C. §271(f)(2); *Microsoft Corp. v. AT&T Corp.*, 127 S.Ct. 1746 (2007);

Waymark Corp. v. Porta Systems Corp., 245 F.3d 1364, 1367-69 (Fed. Cir. 2001); *Rotec Indus., Inc. v. Mitsubishi Corp.,* 215 F.3d 1246, 1257-58 (Fed. Cir. 2000).

3.10 Infringement by Import, Sale, Offer for Sale or Use of Product Made Outside United States by Patented Process [271(g)]

[Plaintiff] asserts that [Defendant] infringed the [abbreviated patent number] patent by [importing] [selling] [offering for sale] [using] a product that was made outside the United States by a process covered by one or more claims of the [abbreviated patent number] patent.

To show infringement under Section 271(g), [the Plaintiff] must prove that it is more likely than not that the (1) [Defendant] [imported][sold][offered for sale][used] a product that was made outside the United States by a process that includes all steps of at least one claim of the [abbreviated patent number] patent, (2) the product was made between [issue date of patent] and [expiration date of patent][date of trial], (3) [Defendant] [imported][sold][offered for sale][used] the product between [issue date of patent] and [expiration date of patent][date of trial].

It is up to you to use your own judgment, based on the evidence presented at trial, to decide whether the product was "made by" the patented process. However, I am instructing you that you should find that the product was not "made by" by the patented process if you find that either (a) the product was materially changed by later processes, or (b) the product is only a trivial or non-essential part of another product.3

35 U.S.C. §271(g); *Mycogen Plant Sci., Inc. v. Monsanto Co.*, 252 F.3d 1306 (Fed. Cir. 2001); *Biotec Biologische Naturvenpackungen GmbH v. BioCorp., Inc.*, 249 F.3d 1341 (Fed. Cir. 2001); *Eli Lilly & Co. v. American Cyanamid Co.*, 82 F.3d 1568 (Fed. Cir. 1996); *Bio-Technology Gen. Corp. v. Genentech, Inc.*, 80 F.3d 1553 (Fed. Cir. 1996).

3.11 Direct Infringement — Infringement Under the Doctrine of Equivalents

If you decide that [the Defendant]'s [[product] [method]] does not literally infringe an asserted patent claim, you must then decide whether that [[product] [method]] infringes the asserted claim under what is called the "doctrine of equivalents." Under the doctrine of equivalents, the [[product] [method]] can infringe an asserted patent claim if it includes [[parts] [steps]] that are identical or equivalent to the requirements of the claim. If the [[product] [method]] is missing an identical or equivalent [[part] [step]] to even one [[part] [step]] of the asserted patent claim, the [[product] [method]] cannot infringe the claim under the doctrine of equivalents. Thus, in making your decision under the doctrine of equivalents, you must look at each individual requirement of the asserted patent claim and decide whether the [[product] [method]] has an identical or equivalent [[part] [step]] to that individual claim requirement.

A [[part] [step]] of a [[product] [method]] is equivalent to a requirement of an asserted claim if a person of ordinary skill in the field would think that the differences between the [[part] [step]] and the requirement were not substantial as of the time of the alleged infringement. One way to decide whether any difference between a requirement of an asserted claim and a [[part] [step]] of the [[product] [method]] is not substantial is to consider whether, as of the time of the alleged infringement, the [[part] [step]] of the [[product] [method]] performed substantially the same function, in substantially the same way, to achieve substantially the same result as the requirement in the patent claim.

In deciding whether any difference between a claim requirement and the [[product] [method]] is not substantial, you may consider whether, at the time of the alleged infringement, persons of ordinary skill in the field would have known of the interchangeability of the [[part] [step]] with the claimed requirement. The known interchangeability between the claim requirement and the [[part] [step]] of the [[product] [method]] is not necessary to find infringement under the doctrine of equivalents. The same [[element] [method step]] of the accused [[product] [method]] may satisfy more than one element of a claim.

Warner-Jenkinson Co., Inc. v. Hilton Davis Chem. Co., 520 U.S. 17 (1997); *Graver Tank & Mfg. Co, v. Linde Air Prods. Co.*, 339 U.S. 605, 609 (1950); *Johnson & Johnston Assoc. v. R.E. Service Co.*, 285 F.3d 1046, 1053-54 (Fed. Cir. 2002) (en banc); *Multiform Desiccants, Inc. v. Medzam, Ltd.*, 133 F.3d 1473, 1480 (Fed. Cir. 1998); *Dolly, Inc. v. Spalding & Evenflo Cos.*, 16 F.3d 394, 397 (Fed. Cir. 1994).

3.12 Limitations on the Doctrine of Equivalents — Prior Art

You may not find that a component in [the Defendant]'s [[product] [method]] is equivalent to an element of the patent claim if by doing so the patent claim would cover [[products] [methods]] that were already in the prior art.

Conroy v. Reebok Int'l, Ltd., 14 F.3d 1570, 1576-77 (Fed. Cir. 1994); *Wilson Sporting Goods Co. v. David Geoffrey & Assocs.*, 904 F.2d 677 (Fed. Cir. 1990).

3.13 Limitations on the Doctrine of Equivalents — Prosecution History Estoppel

You are instructed that the doctrine of equivalents is limited by what is called "prosecution history estoppel." As you have already heard, during prosecution of the patent, the patent applicant often makes arguments and amendments in an attempt to convince the PTO examiner to grant the patent. The party seeking to obtain a patent may amend his patent claims or submit arguments in order to define or narrow the meaning of the claims to obtain the patent. Once it has done so, it is not entitled to patent coverage under the doctrine of equivalents that would be so broad that it would cover the same feature that was used to distinguish the invention during the prosecution of the patent.

In this case, you are instructed that prosecution history estoppel applies and the doctrine of equivalents analysis cannot be applied to the following elements of the asserted claims:

[list ELEments on a claim by claim basis]

Unless each of these elements is literally present within [the Defendant's] [[product] [method]], there can be no infringement of the claim.

[THE ABOVE INSTRUCTION ASSUMES PROSECUTION HISTORY ESTOPPEL APPLIES, THAT THE AMENDMENT WAS MADE FOR REASONS RELATED TO PATENTABILITY, AND THAT THE COURT HAS DETERMINED THAT THE PRESUMPTION OF SURRENDER OF EQUIVALENTS HAS NOT BEEN REBUTTED].

Festo Corp. v. Shoketsu Kinzoku Kogyo Kabushiki Co., 535 U.S. 722 (2002); *Warner-Jenkinson Co. v. Hilton Davis Chem. Co.*, 520 U.S. 17, 30-34 (1997); *Festo Corp. v. Shoketsu Kinzoku Kogyo Kabushiki Co.*, 344 F.3d 1359, 1366-67 (Fed. Cir. 2003) (en banc).

3.14 Limitations on the Doctrine of Equivalents — Subject Matter Dedicated to the Public

When a patent discloses subject matter but does not claim it, the patentee has dedicated that unclaimed subject matter to the public. If you find that [the patent] discloses, but does not claim, subject matter alleged to be equivalent to an element of the patent claim, then you cannot find that the [[component] [step]] alleged to be equivalent in [the Defendant's] [[product] [method]] is equivalent to that element of the patent claim. This is true even if the failure to claim the subject matter was wholly unintentional.

Pfizer, Inc. v. Teva Pharms., USA, Inc., 429 F.3d 1364, 1378-79 (Fed. Cir. 2005); *Toro Co. v. White Consol. Indus., Inc.*, 383 F.3d 1326 (Fed. Cir. 2004); *Johnson & Johnston Assocs. Inc. v. R.E. Serv. Co.*, 285 F.3d 1046, 1054-55 (Fed. Cir. 2002) (en banc).

4. Summary of Invalidity Defense

[The Defendant] contends that the asserted claim[s] of the patent[s]-in-suit are invalid. [The Defendant] must prove by clear and convincing evidence that each claim is invalid.

Claims of an issued patent may be found to be invalid. Thus, you must determine whether each of [the Plaintiff's] claims is invalid.

[The Defendant] contends that all of the asserted patent claims are invalid for the following reasons:

[Insert invalidity contentions]

I will now instruct you in more detail why [the Defendant] alleges that the asserted claim[s] of the [abbreviated patent numbers] is/are invalid.

5. Prior Art Defined

Prior art includes any of the following items received into evidence during trial:

1. any [product] [method] that was publicly known or used by others in the United States before the patented invention was made;
2. patents that issued more than one year before the filing date of the patent, or before the invention was made;
3. publications having a date more than one year before the filing date of the patent, or before the invention was made;
4. any [product] [method] that was in public use or on sale in the United States more than one year before the patent was filed;
5. any [product] [method] that was made by anyone before the named inventors created the patented [product] [method] where the [product] [method] was not abandoned, suppressed, or concealed.

[ADD ANY ADDITIONAL TYPES OF PRIOR ART]

In this case, [the Defendant] contends that the following items are prior art: [identify prior art by name]

35 U.S.C. §102.

Anticipation

6.0 Anticipation

A person cannot obtain a patent if someone else already has made an identical invention. Simply put, the invention must be new. An invention that is not new or novel is said to be "anticipated by the prior art." Under the U.S. patent laws, an invention that is "anticipated" is not entitled to patent protection. To prove anticipation, [the Defendant] must prove with clear and convincing evidence that the claimed invention is not new.

In this case, [the Defendant] contends that the claims of the [abbreviated patent number] patent are anticipated. [DESCRIBE BRIEFLY EACH BASIS FOR THE DEFENDANT'S INVALIDITY DEFENSE, FOR EXAMPLE: "First, [the Defendant] contends that the invention of claims 1, 2, and 3 of the ____ patent was described in the July, 1983 article published by Jones in THE JOURNAL OF ENDOCRINOLOGY."]

To anticipate a claim, each and every element in the claim must be present in a single item of prior art. You may not combine two or more items of prior art to prove anticipation. In determining whether every one of the elements of the claimed invention is found in the prior [[publication] [patent] [etc.]], you should take into account what a person of ordinary skill in the art would have understood from his or her examination of the particular [[publication] [patent] [etc.]].

In determining whether the single item of prior art anticipates a patent claim, you should take into consideration not only what is expressly disclosed in the particular item of prior [[publication] [invention] [etc.]], but also what inherently resulted from its practice. This is called "inherency." A party claiming inherency must prove it by clear and convincing evidence. To establish inherency, the evidence must make clear that the prior art either necessarily resulted in the missing descriptive matter and that it would be so recognized by a person of ordinary skill in the art at the time the patent application was filed It is not required, however, that the person of ordinary skill would have recognized the inherent disclosure. Thus, the prior use of the patented invention that was unrecognized and unappreciated can still be an invalidating anticipation.

You must keep these requirements in mind and apply them to each kind of anticipation you consider in this case. There are additional requirements that apply to the particular categories of anticipation that [the Defendant] contends apply in this case. I will now instruct you about those.

Toro Co. v. Deere & Co., 355 F.3d 1313, 1320-1321 (Fed. Cir. 2004); *Schering Corp. v. Geneva Pharms., Inc.*, 339 F.3d 1373, 1377-1378 (Fed. Cir.

2003); *In re Robertson*, 169 F.3d 743, 745 (Fed. Cir. 1999); *Atlas Powder Co. v. IRECO Inc.*, 190 F.3d 1342, 1346-1347 (Fed. Cir. 1999); *Glaverbel Societe Anonyme v. Northlake Mktg. & Supply, Inc.*, 45 F.3d 1550, 1554 (Fed. Cir. 1995); *Minn. Mining & Mfg. Co. v. Johnson & Johnson Orthopaedics, Inc.*, 976 F.2d 1559, 1565 (Fed. Cir. 1992); *Cont'l Can Co. USA v. Monsanto Co.*, 948 F.2d 1264, 1267-1269 (Fed. Cir. 1991); *Buildex, Inc. v. Kason Indus., Inc.*, 849 F.2d 1461, 1463 (Fed. Cir. 1988).

6.1 Prior Public Knowledge

[The Defendant] contends that claim __________ of the [abbreviated patent number] patent was anticipated because the invention defined in that claim was publicly known by others in the United States before it was invented by the inventor(s).

[IF THERE IS A FACTUAL ISSUE TO BE RESOLVED BY THE JURY AS TO THE DATE OF INVENTION OF THE PATENT CLAIMS IN SUIT, THE JURY SHOULD BE INSTRUCTED HERE AS TO HOW THEY SHOULD DETERMINE THAT DATE OF INVENTION. OTHERWISE, THE COURT SHOULD INSTRUCT THE JURY AS FOLLOWS: "You are instructed that the invention defined by claim ____ of the [abbreviated patent number] patent was invented on [invention date]."]

A patent claim is invalid if the invention defined in that claim was publicly known by others in the United States before it was invented by [the patentee].

35 U.S.C. §102(a); *Ecolochem, Inc. v. Southern Cal. Edison Co.*, 227 F.3d 1361, 1369 (Fed. Cir. 2000); *Woodland Trust v. Flowertree Nursery*, 148 F.3d 1368, 1370 (Fed. Cir. 1998).

6.2 Prior Public Use

[The Defendant] contends that claim __________ of the [abbreviated patent number] patent was anticipated because the invention defined in that claim [was publicly used by others in the United States before it was invented by [the patentee]] [was publicly used in the United States more than one year before [the patentee] filed his patent application on [effective filing date]].

[IF THERE IS A FACTUAL ISSUE TO BE RESOLVED BY THE JURY AS TO THE DATE OF INVENTION OF THE PATENT CLAIMS IN SUIT, THE JURY SHOULD BE INSTRUCTED HERE AS TO HOW THEY SHOULD DETERMINE THAT DATE OF INVENTION. OTHERWISE, THE COURT SHOULD INSTRUCT THE JURY AS FOLLOWS: "You are instructed that the invention defined by claim ____ of the [abbreviated patent number] patent was invented on [invention date]."]

A patent claim is invalid if the invention defined in that claim [was publicly used by a person other than [the patentee] in the United States before it was invented by [the patentee]] [was publicly used by anyone in the United States more than one year before the effective filing date of [the patentee's] patent application]. An invention is publicly used if it is used by the inventor or by a person who is not under any limitation, restriction, or obligation of secrecy to the inventor. The absence of affirmative steps to conceal is evidence of a public use. However, secret use by a third party is not public. If the public use was an experimental use performed in order to bring the invention to perfection or to determine if the invention was capable of performing its intended purpose then such a use does not invalidate the claim.

35 U.S.C. §102(a), (b); *SmithKline Beecham Corp. v. Apotex Corp.*, 365 F.3d 1306, 1316-20 (Fed. Cir. 2004); *Netscape Commc'ns Corp. v. Konrad*, 295 F.3d 1315, 1320-23 (Fed. Cir. 2002); *Grain Processing Corp. v. Am. Maize-Prods. Co.*, 840 F.2d 902, 906 (Fed. Cir. 1988); *Moleculon Research Corp. v. CBS, Inc.*, 793 F.2d 1261, 1265-67 (Fed. Cir. 1986); *Kinzenbaw v. Deere & Co.*, 741 F.2d 383, 390-91 (Fed. Cir. 1984); *TP Lab., Inc. v. Prof'l Positioners, Inc.*, 724 F.2d 965, 970-72 (Fed. Cir. 1984); *WL Gore & Assocs., Inc. v. Garlock, Inc.*, 721 F.2d 1540, 1549-50 (Fed. Cir. 1983); *In re Smith*, 714 F.2d 1127, 1134-37 (Fed. Cir. 1983).

6.3 On Sale Bar

[The Defendant] contends that claim __________ of the [abbreviated patent number] patent was anticipated because the invention defined in that claim was on sale in the United States more than one year before [the patentee] filed his U.S. patent application on [U.S. filing date].

A patent claim is invalid if an embodiment of the claimed invention was both (1) subject to commercial offer for sale in the United States; and (2) ready for patenting more than one year before the patent application date.

An invention was "on sale" if the claimed invention was embodied in the thing sold or commercially offered for sale. It is not required that a sale was actually made. The essential question is whether or not there was an attempt to obtain commercial benefit from the invention.

In order to be on sale, the invention must have been ready for patenting at the time of the alleged offer for sale is made. An invention is ready for patenting either when it is reduced to practice or when the inventor has prepared drawings or other descriptions of the invention sufficient to allow a person of ordinary skill in the art to make or use the invention. The claimed invention is ready for patenting when there is reason to believe it would work for its intended purpose.

35 U.S.C. §102; *Pfaff v. Wells Elecs.*, 525 U.S. 55, 67-68 (1998); *Allen Eng'g Corp. v. Bartell Indus., Inc.*, 299 F.3d 1336, 1352-55 (Fed. Cir. 2002); *Linear Tech. Corp. v. Micrel, Inc.*, 275 F.3d 1040, 1047-54 (Fed. Cir. 2001); *Group One, Ltd. v. Hallmark Cards, Inc.*, 254 F.3d 1041, 1045-49 (Fed. Cir. 2001).

6.4 Experimental Use

[The Plaintiff] contends that ____________________ should not be considered [[a prior public use of the invention] [placing the invention on sale]] because that [[use] [sale]] was experimental. The law recognizes that the inventor must be given the opportunity to develop the invention through experimentation. Certain activities are experimental if they are a legitimate effort to perfect the invention or to determine if the invention will work for its intended purpose. So long as the primary purpose is experimentation, it does not matter that the public used the invention or that the inventor incidentally derived profit from it. If you find that [the Defendant] has shown a [[prior public use] [prior sale]] by clear and convincing evidence, then the burden is on [the Plaintiff] to come forward with evidence showing that the purpose of [the prior public use] [prior sale]] was experimental.

Only experimentation by or under the control of the inventor of the patent [or his assignee] qualifies for this exception. Experimentation by [third party], for its own purposes, does not. The experimentation must relate to the features of the claimed invention, and it must be for the purpose of technological improvement, not commercial exploitation. If any commercial exploitation does occur, it must be merely incidental to the primary purpose of experimentation. A test done primarily for marketing, and only incidentally for technological improvement, is not an experimental use, but a public use.

City of Elizabeth v. Am. Nicholson Pavement Co., 97 U.S. 126, 134-35 (1877); *Allen Eng'g Corp. v. Bartell Indus., Inc.*, 299 F.3d 1336, 1353-55 (Fed. Cir. 2002); *LaBounty Mfg., Inc. v. U.S. Int'l Trade Comm'n*, 958 F.2d 1066, 1071-72 (Fed. Cir. 1992); *Manville Sales Corp. v. Paramount Sys., Inc.*, 917 F.2d 544, 549-51 (Fed. Cir. 1990); *U.S. Envtl. Prods. Inc. v. Westall*, 911 F.2d 713, 716 (Fed. Cir. 1990); *In re Hamilton*, 882 F.2d 1576, 1580-83 (Fed. Cir. 1989); *Grain Processing Corp. v. Am. Maize-Prods. Co.*, 840 F.2d 902, 906 (Fed. Cir. 1988); *Hycor Corp. v. Schlueter Co.*, 740 F.2d 1529, 1535-37 (Fed. Cir. 1984); *Pennwalt Corp. v. Akzona Inc.*, 740 F.2d 1573, 1580-81 (Fed. Cir. 1984); *TP Labs., Inc. v. Prof'l Positioners, Inc.*, 724 F.2d 965, 972-73 (Fed. Cir.), *cert. denied*, 469 U.S. 826 (1984); *DL Auld Co. v. Chroma Graphics Corp.*, 714 F.2d 1144, 1149-50 (Fed. Cir. 1983); *In re Smith*, 714 F.2d 1127, 1134-37 (Fed. Cir. 1983); *In re Theis*, 610 F.2d 786, 792-93 (C.C.P.A. 1979).]

6.5 Printed Publication

[The Defendant] contends that claim__________ of the [abbreviated patent number] patent was anticipated because the invention defined in that claim was described in a printed publication [more than one year before [[[the patentee] filed the U.S. patent application on [U.S. filing date]] [[the patentee] invented the invention]].

A patent claim is invalid if the invention defined by that claim was described in a printed publication [[before it was invented by [the patentee]] [more than one year prior to the filing date of the U.S. application]].

A printed publication must be reasonably accessible to those members of the public who would be interested in its contents. It is not necessary that the printed publication be available to every member of the public. The information must, however, have been maintained in some form, such as [[printed pages] [typewritten pages] [magnetic tape] [microfilm] [photographs] [photocopies]]. An issued patent is a printed publication. A published patent application is a printed publication as of its publication date.

For a printed publication to anticipate a patent claim, it must, when read by a person of ordinary skill in the art, expressly or inherently disclose each element of the claimed invention to the reader. The disclosure must be complete enough to enable one of ordinary skill in the art to practice the invention without undue experimentation. In determining whether the disclosure is enabling, you should take into account what would have been within the knowledge of a person of ordinary skill in the art [[one year before the application for the [abbreviated patent number] patent was filed] [at the time the invention of the [abbreviated patent number] patent was made]], and you may consider evidence that sheds light on the knowledge such a person would have had.

35 U.S.C. §102; *In re Carol F. Klopfenstein*, 380 F.3d 1345, 1352 (Fed. Cir. 2004); *Glaverbel Societe Anonyme v. Northlake Mktg. & Supply, Inc.*, 45 F.3d 1550, 1554-55 (Fed. Cir. 1995); *Scripps Clinic & Research Found. v. Genentech, Inc.*, 927 F.2d 1565, 1576 (Fed. Cir. 1991); *Constant v. Advanced Micro-Devices, Inc.*, 848 F.2d 1560, 1568-69 (Fed. Cir. 1988); *Akzo N.V. v. U.S. Int'l Trade Comm'n*, 808 F.2d 1471, 1479 (Fed. Cir. 1986); *In re Hall*, 781 F.2d 897, 898-899 (Fed. Cir. 1986); *In re Donohue*, 766 F.2d 531, 533-34 (Fed. Cir. 1985); *Studiengesellschaft Kohle mbH v. Dart Indus., Inc.*, 726 F.2d 724, 727 (Fed. Cir. 1984); *In re Wyer*, 655 F.2d 221, 227 (C.C.P.A. 1981); *In re Donohue*, 632 F.2d 123, 125-126 (C.C.P.A. 1980); *In re Samour*, 571 F.2d 559, 562 (C.C.P.A. 1978); *In re Coker*, 463 F.2d 1344, 1348 (C.C.P.A. 1972); *Deep Welding, Inc. v. Sciaky Bros., Inc.*, 417 F.2d 1227, 1235 (7th Cir. 1969); *In re Foster*, 343 F.2d 980, 984-985 (C.C.P.A. 1965).

6.6 Prior Invention[3)]

[The Defendant] contends that claim __________ of the [abbreviated patent

3) In cases where priority of invention is an issue to be submitted to the jury, further instructions will be required. For example, the jury will need to consider not only the

number] patent was anticipated because the invention defined in that claim was invented by another person, [third party], before [the patentee] invented his invention.

A patent claim is invalid if the invention defined by that claim was invented by another person in the United States before it was invented by the patentee[, and that other person did not abandon, suppress, or conceal the invention].

[The Defendant] must show by clear and convincing evidence either that before [the patentee] invented his invention, [third party] reduced to practice a [[product] [method]] that included all of the elements of claim ___ of the [abbreviated patent number] patent or that [third party] was first to conceive the invention and that he exercised reasonable diligence in later reducing the invention to practice. In addition, [the Defendant] must show that [third party]'s device was sufficiently developed that one skilled in the art would have recognized that it would work for its intended purpose.

[If the prior invention was abandoned, suppressed, or concealed, it does not anticipate the [abbreviated patent number] patent. However, it is not necessary that [the patentee] had knowledge of that prior invention.[4]

Generally, an invention was not abandoned, suppressed, or concealed if the invention was made public, sold, or offered for sale, or otherwise used for a commercial purpose. A period of delay does not constitute abandonment, suppression, or concealment if the prior inventor was engaged in reasonable efforts to bring the invention to market.]

35 U.S.C. §102; *Rosco, Inc. v. Mirror Lite Co.*, 304 F.3d 1373, 1381 (Fed. Cir. 2002); *Monsanto Co. v. Mycogen Plant Sci., Inc.*, 261 F.3d 1356, 1361-63

---

dates when the respective inventions were conceived, but also when the inventions were reduced to practice. An inventor who claims to be the first to conceive of a prior invention but was the last to reduce to practice must also show reasonable diligence from a time just before the other party entered the field until his own reduction to practice in order for the "prior invention" to anticipate the claimed invention in suit.

4) If abandonment, suppression or concealment are at issue in the case, these terms should be defined for the jury. See Checkpoint Sys., Inc. v. United States Int'l Trade Comm'n, 54 F.3d 756, 761-62 (Fed. Cir. 1995); Dow Chem. Co. v. Astro-Valcour Inc., 267 F.3d 1334, 1342 (Fed. Cir. 2001).

(Fed. Cir. 2001); *Apotex USA, Inc. v. Merck & Co.*, 254 F.3d 1031, 1035-40 (Fed. Cir. 2001); *E.I. du Pont de Nemours & Co. v. Phillips Petroleum Co.*, 849 F.2d 1430, 1436-37 (Fed. Cir.1988); *Kimberly-Clark Corp. v. Johnson & Johnson*, 745 F.2d 1437, 1444-46 (Fed. Cir. 1984).

6.7 Prior Patent

[The Defendant] contends that claim __________ of the [abbreviated patent number] patent was anticipated because the invention defined in that claim was patented by [third party] [[before it was invented by [the patentee]] [more than one year before [the patentee] filed his United States patent application on [U.S. filing date]]].

A patent claim is invalid if the invention defined by that claim was patented in the United States or a foreign country [[before it was invented by [the patentee]] [more than one year before [the patentee] filed his United States patent application]].

To show anticipation of the patented invention, [the Defendant] must show by clear and convincing evidence that before [critical date], [third party] patented an invention that included all of the elements of claim __________ of the [abbreviated patent number] patent.

35 U.S.C. §102; *In re Monks*, 588 F.2d 308, 309 (C.C.P.A. 1978); *In re Fuge*, 272 F.2d 954, 956 (C.C.P.A. 1959); *In re Ekenstam*, 256 F.2d 321, 323-24 (C.C.P.A. 1958); *Bendix Corp. v. Balax, Inc.*, 421 F.2d 809, 811-12 (7th Cir. 1970).

6.8 Prior U.S. Application

[The Defendant] contends that claim __________ of the [abbreviated patent number] patent was anticipated because the invention defined in that claim was described in United States patent [anticipating patent number], and because the application for the [anticipating patent] was filed before [the patentee] made his invention.

A claim of the [abbreviated patent number] patent would be invalid if the invention defined by that claim was described in a United States patent issued on a patent application filed by another person before the invention was made by [the patentee].

To show anticipation of the patented invention, [the Defendant] must show by clear and convincing evidence that the application for the [anticipating patent number] patent described each and every element of claim ________ of the [abbreviated patent number] patent and that the specification, claims, and/or drawings of the application for the [anticipating patent number] patent was filed before the date of invention of the [abbreviated patent number] patent.

35 U.S.C. §102(e); *Sun Studs, Inc. v. ATA Equip. Leasing, Inc.*, 872 F.2d 978, 983-84 (Fed. Cir. 1989); *In re Wertheim*, 646 F.2d 527, 536-37 (C.C.P.A. 1981).

Obviousness

7.0 Obviousness

[The Defendant] contends that claim(s) [numbers] of the [abbreviated patent number] patent are invalid because the claimed invention(s) is "obvious."

A claimed invention is invalid as "obvious" if it would have been obvious to a person of ordinary skill in the art of the claimed invention at the time the invention was made. Unlike anticipation, which allows consideration of only one item of prior art, obviousness may be shown by considering more than one item of prior art.

The following factors must be evaluated to determine whether [the Defendant] has established that the claimed inventions are obvious:

1. the scope and content of the prior art relied upon by [the Defendant];
2. the difference or differences, if any, between each claim of the [abbreviated patent number] patent that [the Defendant] contends is obvious and the prior art;
3. the level of ordinary skill in the art at the time the invention of the [abbreviated patent number] patent was made; and
4. additional considerations, if any, that indicate that the invention was obvious or not obvious.

Each of these factors must be evaluated, although they may be analyzed in any order, and you must perform a separate analysis for each of the claims.

[The Defendant] must prove obviousness by clear and convincing evidence.

I will now explain each of the four factors in more detail.

KSR Int'l Co. v. Teleflex Inc., 127 S.Ct. 1727, 1740-41 (2007); *Graham v. John Deere Co.*, 383 U.S. 1, 17-18 (1966); *Leapfrog Enters., Inc. v. Fisher-Price, Inc.*, 485 F.3d 1157, 1161-62 (Fed. Cir. 2007); *Ruiz v. A.B. Chance Co.*, 234 F.3d 654, 662-63 (Fed. Cir. 2000); *Arkies Lures, Inc. v. Gene Larew Tackle, Inc.*, 119 F.3d 953, 955 (Fed. Cir. 1997); *Ryko Mfg. Co. v. Nu-Star, Inc.*, 950 F.2d 714, 716 (Fed. Cir. 1991); *Nutrition 21 v. U.S.*, 930 F.2d 867, 871 n.2 (Fed. Cir. 1991); *Newell Cos. v. Kenney Mfg. Co.*, 864 F.2d 757, 764 (Fed. Cir. 1988); *Structural Rubber Prods. Co. v. Park Rubber Co.*, 749 F.2d 707, 718-19 (Fed. Cir. 1984); *Orthopedic Equip. Co. v. All Orthopedic Appliances, Inc.*, 707 F.2d 1376, 1382-83 (Fed. Cir. 1983); *Stratoflex, Inc. v. Aeroquip Corp.*, 713 F.2d 1530, 1538-40 (Fed. Cir. 1983).

7.1 Scope and Content of the Prior Art

The prior art that you considered previously for anticipation purposes is also prior art for obviousness purposes. The prior art includes the following items received into evidence during the trial:

[LIST PRIOR ART STIPULATED TO BY THE PARTIES].

[IF PARTIES DISPUTE THE PRIOR ART, USE THE FOLLOWING]. You must determine what is the prior art that may be considered in determining whether the [abbreviated patent number] patent is obvious. A prior art reference may be considered if it discloses information designed to solve the same problem(s) faced by the inventor(s) or if the reference discloses information that has obvious uses beyond its main purpose that a person of ordinary skill in the art would reasonably examine to solve the same problem(s) faced by the inventor(s).

KSR Int'l Co. v. Teleflex Inc., 127 S.Ct. 1727, 1742 (2007); *Ruiz v. A.B. Chance Co.*, 234 F.3d 654, 664-65 (Fed. Cir. 2000); *Wang Labs., Inc. v. Toshiba Corp.*, 993 F.2d 858, 864 (Fed. Cir. 1993); *In re Clay*, 966 F.2d 656, 658-59 (Fed. Cir. 1992); *In re Wood*, 599 F.2d 1032, 1036-37 (C.C.P.A. 1979).

[ADD INSTRUCTIONS ON PRIOR ART CONTENTIONS, E.G., PUBLICATION AND ON-SALE BAR]

7.2 Differences Between the Claimed Invention and the Prior Art

You should analyze whether there are any relevant differences between the prior art and the claimed invention from the view of a person of ordinary skill in the art at the time of the invention. Your analysis must determine the impact, if any, of such differences on the obviousness or nonobviousness of the invention as a whole, and not merely some portion of it.

In analyzing the relevance of the differences between the claimed invention and the prior art, you do not need to look for precise teaching in the prior art directed to the subject matter of the claimed invention. You may take into account the inferences and creative steps that a person of ordinary skill in the art would have employed in reviewing the prior art at the time of the invention. For example, if the claimed invention combined elements known in the prior art and the combination yielded results that were predictable to a person of ordinary skill in the art at the time of the invention, then this evidence would make it more likely that the claim was obvious. On the other hand, if the combination of known elements yielded unexpected or unpredictable results, or if the prior art teaches away from combining the known elements, then this evidence would make it more likely that the claim that successfully combined those elements was not obvious.

Importantly, a claim is not proved obvious merely by demonstrating that each of the elements was independently known in the prior art. Most, if not all, inventions rely on building blocks long since uncovered, and claimed discoveries almost of necessity will likely be combinations of what is already known. Therefore, you should consider whether a reason existed at the time of the invention that would have prompted a person of ordinary skill in the art in the relevant field to combine the known elements in the way the claimed invention does. The reason could come from the prior art, the background knowledge of one of ordinary skill in the art, the nature of the problem to be solved, market demand, or common sense.

If you find that a reason existed at the time of the invention to combine the elements of the prior art to arrive at the claimed invention, this evidence would make it more likely that the claimed invention was obvious.

Again, you must undertake this analysis separately for each claim that [the Defendant] contends is obvious.

KSR Int'l Co. v. Teleflex Inc., 127 S.Ct. 1727, 1742-43 (2007); *Graham v. John Deere Co.*, 383 U.S. 1, 17-18 (1966); *Stratoflex, Inc. v. Aeroquip Corp.*, 713 F.2d 1530, 1536-37 (Fed. Cir. 1983); *Medtronic, Inc., v. Cardiac Pacemakers, Inc.*, 721 F.2d 1563, 1567-68 (Fed. Cir. 1983).

7.3 Level of Ordinary Skill

The determination of whether a claimed invention is obvious is based on the perspective of a person of ordinary skill in the [pertinent art field]. The person of ordinary skill is presumed to know all prior art that you have determined to be reasonably relevant. The person of ordinary skill is also a person of ordinary creativity that can use common sense to solve problems.

[IF THE PARTIES HAVE AGREED TO THE LEVEL OF ORDINARY SKILL IN THE ART, THEN THE INSTRUCTION SHOULD INCLUDE: "[The Plaintiff] and [the Defendant] contend that the level of ordinary skill in the art is [insert proposal]."

[IF THE PARTIES HAVE NOT AGREED TO THE LEVEL OF ORDINARY SKILL IN THE ART, THEN THE INSTRUCTION SHOULD CONTINUE AS FOLLOWS].

When determining the level of ordinary skill in the art, you should consider all the evidence submitted by the parties, including evidence of:

1. the level of education and experience of persons actively working in the field at the time of the invention, including the inventor;
2. the types of problems encountered in the art at the time of the invention; and

3. the sophistication of the technology in the art at the time of the invention, including the rapidity with which innovations were made in the art at the time of the invention.

KSR Int'l Co. v. Teleflex Inc., 127 S.Ct. 1727, 1742-43 (2007); *Graham v. John Deere Co.*, 383 U.S. 1, 17-18 (1966); *Ruiz v. A.B. Chance Co.*, 234 F.3d 654, 666-67 (Fed. Cir. 2000); *Envtl Designs, Ltd. v. Union Oil Co.*, 713 F.2d 693, 696-97 (Fed. Cir. 1983).

7.4 Factors Indicating Nonobviousness

Before deciding the issue of obviousness, you must also consider certain factors, which, if established, may indicate that the invention would not have been obvious. No factor alone is dispositive, and you must consider the obviousness or nonobviousness of the invention as a whole.

[USE ONLY THOSE INSTRUCTIONS THAT ARE APPROPRIATE.]

1. Were products covered by the claim commercially successful due to the merits of the claimed invention rather than due to advertising, promotion, salesmanship, or features of the product other than those found in the claim?
2. Was there long felt need for a solution to the problem facing the inventors, which was satisfied by the claimed invention?
3. Did others try, but fail, to solve the problem solved by the claimed invention?
4. Did others copy the claimed invention?
5. Did the claimed invention achieve unexpectedly superior results over the closest prior art?
6. Did others in the field, or [the Defendant] praise the claimed invention or express surprise at the making of the claimed invention?
7. Did others accept licenses under [abbreviated patent number] patent because of the merits of the claimed invention?

Answering any, or all, of these questions "yes" may suggest that the claim was not obvious.

Graham v. John Deere Co., 383 U.S. 1, 17-18 (1966); *United States v. Adams*, 383 U.S. 39, 52 (1966); *Perkin-Elmer Corp. v. Computervision Corp.*, 732 F.2d 888, 894-95 (Fed. Cir. 1984); *Envtl. Designs, Ltd. v. Union Oil Co.*, 713 F.2d 693, 697 (Fed. Cir. 1983); *WL Gore & Assocs., Inc. v. Garlock, Inc.*, 721 F.2d 1540, 1555-56 (Fed. Cir. 1983); *Stratoflex, Inc., v. Aeroquip Corp.*, 713 F.2d 1530, 1538-39 (Fed. Cir. 1983).

8. Enablement

The written description set forth in a patent must disclose sufficient information to enable or teach one skilled in the field of the invention to make and use the full scope of the claimed invention. This requirement is known as the enablement requirement. If a patent claim is not enabled, it is invalid.

A patent is enabling if its disclosure is sufficient to enable a person of ordinary skill in the art to make and use the claimed invention without undue experimentation. In considering whether the written description of a patent satisfies the enablement requirement, you must keep in mind that patents are written for persons of skill in the field of the invention. Thus, a patent need not expressly state information that skilled persons would be likely to know or could obtain. [The defendant] bears the burden of establishing lack of enablement by clear and convincing evidence.

[The defendant] contends that claim[s] ____ of the [abbreviated patent number] patent [is][are] invalid for lack of enablement. The fact that some experimentation may be required for a skilled person to practice the claimed invention does not mean that a patent's written description does not meet the enablement requirement. Factors that you may consider in determining whether the written description would require undue experimentation include: (1) the quantity of experimentation necessary; (2) the amount of direction or guidance disclosed in the patent; (3) the presence or absence of working examples in the patent; (4) the nature of the invention; (5) the state of the prior art; (6) the relative skill of those in the art; (7) the predictability of the art and (8) the breadth of the claims.

Liebel-Flarsheim Co. v. Medrad, Inc., 481 F.3d 1371, 1380 (Fed. Cir. 2007); *AK Steel Corp. v. Sollac & Ugine*, 344 F.3d 1234, 1244 (Fed. Cir. 2003); *Durel Corp. v. Osram Sylvania Inc.*, 256 F.3d 1298, 1306 (Fed. Cir. 2001); *Union Pac. Resources Co. v. Chesapeake Energy Corp.*, 236 F.3d 684, 690-92 (Fed. Cir. 2001); *Ajinomoto Co. v. Archer Daniels-Midland Co.*, 228 F.3d 1338, 1345-46 (Fed. Cir. 2000); *Nat'l Recovery Techs., Inc. v. Magnetic Separation Sys., Inc.*, 166 F.3d 1190, 1195-98 (Fed. Cir. 1999); *Enzo Biochem, Inc. v. Calgene, Inc.*, 188 F.3d 1362, 1371 (Fed. Cir. 1999); *In re Wands*, 858 F.2d 731, 737 (Fed. Cir. 1988); *Spectra Physics, Inc. v. Coherent, Inc.*, 827 F.2d 1524, 1533 (Fed. Cir.), *cert. denied*, 484 U.S. 954 (1987); *Hybritech Inc. v. Monolonal Antibodies, Inc.*, 802 F.2d 1367, 1384 (Fed. Cir. 1986), *cert. denied*, 480 U.S. 947 (1987); *Ralston Purina Co. v. FarMar Co.*, 772 F.2d 1570, 1573-74 (Fed. Cir. 1985); *Lindmann Maschinenfabrik GMBH v. American Hoist & Derrick Co.*, 730 F.2d 1452, 1463 (Fed. Cir. 1984); *White Consolidated Indus., Inc. v. Vega Servo Control, Inc.*, 713 F.2d 788, 791 (Fed. Cir. 1983).

9. Written Description Requirement

A patent must contain a written description of the [product or process] claimed in the patent. The written description requirement helps to ensure that the patent applicant actually invented the claimed subject matter. To satisfy the written description requirement, the patent must describe each and every limitation of a patent claim, in sufficient detail, although the exact words found in the claim need not be used. The written description requirement is satisfied if a person of ordinary skill in the field reading the patent application as originally filed would recognize that the patent application described the invention as finally claimed in the patent. It is unnecessary to spell out every detail of the invention in the specification; only enough must be included to convince a person of skill in the art that the inventor possessed the full scope of the invention.

The [Defendant] contends that the claim[s] of the [abbreviated patent number] patent [is] [are] invalid for failure to satisfy the written description requirement. [The defendant] bears the burden of establishing lack of written description by clear and convincing evidence.

If you find that [the defendant] has proved that it is highly probable that the [abbreviated patent number] patent does not contain a written description of the invention covered by any of these claims, then you must find that the claim is invalid.

35 U.S.C. §112; *Falko-Gunter Faulkner v. Inglis*, 448 F.3d 1357, 1366 (Fed. Cir. 2006); *Kao Corp. v. Unilever U.S., Inc.*, 441 F.3d 963, 968 (Fed. Cir. 2006); *Monsanto Co. v. Scruggs*, 459 F.3d 1328, 1336 (Fed. Cir. 2006); *Univ. of Rochester v. G.D. Searle & Co., Inc.*, 358 F.3d 916, 922-928 (Fed. Cir. 2004); *Enzo Biochem, Inc. v. Gen-Probe Inc.*, 323 F.3d 956, 964 (Fed. Cir. 2002) (en banc); *Turbocare Div. of Demag Delaval Turbomachinery Corp., v. General Elect. Co.*, 264 F.3d 1111, 1118 (Fed. Cir. 2001); *Purdue Pharma L.P. v. Faulding Inc.,* 230 F.3d 1320, 1323-24 (Fed. Cir. 2000); *Reiffin v. Microsoft Corp.*, 214 F.3d 1342, 1345-46 (Fed. Cir. 2000); *Union Oil Co. of Cal. v. Atl. Richfield Co.*, 208 F.3d 989, 996-1001 (Fed. Cir. 2000); *Gentry Gallery, Inc. v. Berkline Corp.*, 134 F.3d 1473, 1478-80 (Fed. Cir. 1998); *Regents of the University of California v. Eli Lilly and Co.*, 119 F.3d 1559, 1566-67 (Fed. Cir. 1997); *Vas-Cath., Inc. v. Mahurkar*, 935 F.2d 1555, 1565-66 (Fed. Cir. 1991); *In re Ruschig*, 379 F. 2d 990, 995 (C.C.P.A. 1967).

10. Best Mode

The purpose of the best mode requirement is to ensure that the public obtains a full disclosure on how to practice the invention claimed in the patent. The inventor must disclose the best mode he or she knew at the time of filing for carrying out the invention as described in the claims. If an inventor knows of a best way or mode of making and using the claimed invention at the time the patent application was filed, then the written description must contain a description of that mode.

[The Defendant] has asserted that [the Plaintiff]'s patent is invalid for failure to satisfy the best mode requirement. [The Defendant] bears the burden of establishing failure to satisfy the best mode requirement by clear and convincing evidence.

To determine whether the inventor complied with the best mode requirements, two questions must be answered:

1. At the time the patent application was filed, did [the patentee] consider a particular mode for practicing his invention superior to all other modes?

2. If so, did [the patentee] adequately disclose the superior mode in the [abbreviated patent number] patent?

The first prong of the best mode inquiry focuses on the state of mind of the particular inventor and the knowledge he possessed at the time the application was filed. The first question is subjective.

For instance, a selection made for commercial expediency (such as the availability of certain materials, prior relationships with certain suppliers, and other routine manufacturing choices) may be the "best" decision in a manufacturing circumstance but may have been chosen by someone other than the inventor or may not be considered by the inventor to be the best mode of carrying out the invention. If the inventor contemplated a best mode before he filed the patent application and left it out of the application, an amendment after the filing will not cure an original omission of the best mode disclosure.

The one exception to the best mode requirement is that an inventor need not set forth "routine details" that would be apparent to one skilled in the art.

If the answer to the first question is "yes," the second question of the analysis should be addressed. The second question, an objective inquiry, focuses on the scope of the patented invention and the level of skill in the field of the invention. The disclosure in the specification must be adequate to allow one of ordinary skill in the art to make and use the best mode of the invention. Those skilled in the field of the invention should not have to look to the commercial embodiment in order to practice the best mode.

35 U.S.C. §112, ¶1; *Liquid Dynamics Corp. v. Vaughan Co., Inc.*, 449 F.3d 1209, 1223 (Fed. Cir. 2006); *Bayer AG v. Schein Pharms., Inc.*, 301 F.3d 1306, 1314-1319 (Fed. Cir. 2002); *Mentor H/S, Inc., v. Med. Device Alliance, Inc.*, 244 F.3d 1365, 1375 (Fed. Cir. 2001); *Eli Lilly and Co. v. Barr Labs., Inc.*, 251 F.3d 955, 963 (Fed. Cir. 2001); *N. Telecom Ltd. v. Samsung Elecs. Co., Ltd.*, 215 F.3d 1281, 1286 (Fed. Cir. 2000); *Applied Materials, Inc. v. Advanced Semiconductor Materials Am., Inc.*, 98 F.3d 1563, 1581 (Fed. Cir. 1996); *U.S. Gypsum Co. v. Nat'l Gypsum Co.*, 74 F.3d 1209, 1212 (Fed. Cir. 1996); *Transco Prods. Inc. v. Performance Contracting, Inc.*, 38 F.3d 551, 558 (Fed. Cir. 1994); *Shearing v. Iolab Corp.*, 975 F.2d 1541, 1545-46 (Fed. Cir. 1992); *Wahl Instruments, Inc. v. Acvious, Inc.*, 950 F.2d 1575, 1581 (Fed. Cir. 1991); *Amgen, Inc. v. Chugai Pharm. Co., Ltd.*, 927 F.2d 1200, 1209-10 (Fed. Cir. 1991); *Chemcast Corp. v. Arco Indus.*

Corp., 913 F.2d 923, 927-28 (Fed. Cir. 1990); *Spectra-Physics, Inc. v. Coherent, Inc.*, 827 F.2d 1524, 1535-36 (Fed. Cir. 1987); *DeGeorge v. Bernier*, 768 F.2d 1318, 1324-25 (Fed. Cir. 1985); *Application of Gay*, 309 F.2d 769, 772 (C.C.P.A. 1962).

[THIS INSTRUCTION WILL NEED TO BE MODIFIED IF A DIVISIONAL OR CONTINUATION-IN-PART APPLICATION IS INVOLVED TO EXPLAIN THAT THE BEST MODE MUST BE DESCRIBED IN A DIVISIONAL OR CONTINUATION-IN-PART APPLICATION].

Glaxo Inc. v. Novopharm Ltd., 52 F.3d 1043, 1049 (Fed. Cir. 1995); *Transco Prods. Inc. v. Performance Contracting, Inc.*, 38 F.3d 551, 558 (Fed. Cir. 1994); *Engel Indus., Inc. v. Lockformer Co.*, 946 F.2d 1528, 1531-32 (Fed. Cir.1991); *Dana Corp. v. IPC Ltd. Partnership*, 860 F.2d 415, 418-19 (Fed. Cir. 1988); *In re Bundy*, 642 F.2d 430, 435 (C.C.P.A. 1981); *In re Sherwood*, 613 F.2d 809 (C.C.P.A. 1980); *In re Hay*, 534 F.2d 917 (C.C.P.A. 1976).

Unenforceability (Inequitable Conduct)

[INTRODUCTORY NOTE: "Inequitable conduct is an equitable issue committed to the discretion of the trial court and reviewed by [the Federal Circuit] under an abuse of discretion standard." Flex-Rest, LLC v. Steelcase, Inc., 455 F.3d 1351, 1357 (Fed. Cir. 2006). That discretion includes the determination to seek an advisory determination on the factual predicates underlying inequitable conduct or on the issue as a whole. The court should consider whether to charge the jury in detail, to charge the jury solely on materiality, or to retain the issue solely for itself, and should consider using a verdict form that breaks out materiality, intent, and/or balancing.]

11.0 Inequitable Conduct — Generally

[The Defendant] contends that [the Plaintiff] may not enforce the [abbreviated patent number] patent against [the Defendant] because [the Plaintiff] engaged in inequitable conduct before the Patent and Trademark Office during prosecution of the [abbreviated patent number] patent.

Applicants for a patent have a duty to prosecute patent applications in the Patent and Trademark Office with candor, good faith, and honesty. This duty of candor and good faith extends to all inventors named on a patent application, all patent attorneys and patent agents involved in preparing and prosecuting the application, and every other person involved in a substantial way with the prosecution of the patent application. An intentional failure to meet this duty of candor and good faith is referred to as "inequitable conduct."

[In this case, [the Defendant] asserts that [DESCRIBE BRIEFLY EACH BASIS FOR [THE DEFENDANT]'S UNENFORCEABILITY DEFENSE].]

[The Defendant] must prove inequitable conduct by clear and convincing evidence. To determine whether the [abbreviated patent number] patent was obtained through inequitable conduct, you must determine whether a person having this duty of candor and good faith withheld or misrepresented information, or submitted false information, that was material to the examination of the patent application, and that this individual or individuals acted with an intent to deceive or mislead the PTO.

Cargill, Inc. v. Canbra Foods, Ltd., 476 F.3d 1359, 1363-64 (Fed. Cir. 2007); *eSpeed, Inc. v. BrokerTec USA*, L.L.C., 480 F.3d 1129, 1135 (Fed. Cir. 2007); *Digital Control, Inc. v. Charles Mach. Works*, 437 F.3d 1309, 1313 (Fed. Cir. 2006); *Purdue Pharma L.P. v. Endo Pharm., Inc.*, 438 F.3d 1123, 1128 (Fed. Cir. 2006); *Bristol-Myers Squibb Co. v. Rhone-Poulenc Rorer, Inc.*, 326 F.3d 1226, 1233 (Fed. Cir. 2003); *GFI, Inc. v. Franklin Corp.*, 265 F.3d 1268, 1273 (Fed. Cir. 2001); *Critikon, Inc. v. Becton Dickinson Vascular Access, Inc.*, 120 F.3d 1253, 1256 (Fed. Cir. 1997).

11.1 Materiality

[Defendant] contends that ______________________ was information known to a person with this duty of good faith and candor that was [withheld from] [or] [misrepresented to]] [or] [falsely submitted to] the Patent and Trademark Office during the prosecution of the [abbreviated patent number] patent. If you find that a person with this duty of good faith and candor [[withheld] [or] [misrepresented]] [or] [submitted false] information when applying for the [abbreviated patent number] patent, you must determine whether that information was material information.

Information is material if it establishes, either alone or in combination with other information that a claim of the patent application would more likely than not meet one of the requirements for a patent.[5] Information is also material if it refutes or is inconsistent with the information provided to the Patent and Trademark Office or arguments made by the applicant to persuade the Patent and Trademark Office that the invention is entitled to patent protection. Information that is "cumulative" of, or adds little to, other information the examiner already had is not material.

37 C.F.R. §1.56(b); *Cargill Inc. v. Canbra Foods, Ltd.*, 476 F.3d 1359, 1364 (Fed. Cir. 2007); *Purdue Pharma L.P. v. Endo Pharmaceuticals Inc.*, 438 F.3d 1123, 1129 n. 6 (Fed. Cir. 2006); *Digital Control Inc. v. Charles Machine Works*, 437 F.3d 1309, 1314-16 (Fed. Cir. 2006); *Dayco Prods., Inc. v. Total Containment, Inc.*, 329 F.3d 1358, 1364 (Fed. Cir. 2003); *PerSeptive Biosystems, Inc. v. Pharmacia Biotech, Inc.*, 225 F.3d 1315, 1320 (Fed. Cir. 2000); *Baxter Int'l, Inc. v. McGaw, Inc.*, 149 F.3d 1321, 1327 n.3 (Fed. Cir. 1998); *Critikon, Inc. v. Becton Dickinson Vascular Access, Inc.*, 120 F.3d 1253, 1257 (Fed. Cir. 1997).

11.2 Intent to Deceive or Mislead

If you determine that material information was [withheld from] [or] [misrepresented to] [or] [falsely submitted to] the Patent and Trademark Office, you must next determine whether this was done with an intent to deceive or mislead the Patent and Trademark Office. Intent to deceive the Patent and Trademark Office may be found from direct evidence. Such direct evidence is rare, however, and as a result, the law allows deceptive intent to be inferred from the facts and surrounding circumstances.

[When a patentee has knowingly misrepresented a material fact or submitted false material information, and when the natural consequence of those intentional

---

5) The standard for determining materiality as articulated by the PTO rules changed on January 17, 1992 (effective March 16, 1992). Under the pre 1992 standard, information is material if there is a substantial likelihood that a reasonable patent examiner would consider it important in deciding whether or not to allow the application to issue as a patent. The Federal Circuit has held that information may be considered "material" under both the 1992 version of 37 CFR 1.56 as well as the pre-1992 standard. See, e.g., Digital Control, Inc. v. Charles Mach. Works, 437 F.3d 1309, 1314-16 (Fed. Cir. 2006).

acts would be that to deceive the Patent and Trademark Office, an inference that the patentee intended to deceive may be appropriate.] [Simple negligence is insufficient for a holding of inequitable conduct.]

In determining whether or not there was intent to deceive or mislead the Patent and Trademark Office, you should consider the totality of the circumstances, including the nature of the conduct and evidence of the absence or presence of good faith.

Cargill, Inc. v. Canbra Foods, Ltd., 476 F. 3d 1359, 1364 (Fed. Cir. 2007); *eSpeed, Inc. v. BrokerTec USA, L.L.C.*, 480 F.3d 1129, 1137-38 (Fed. Cir. 2007); *Purdue Pharma L.P. v. Endo Pharm. Inc.*, 438 F. 3d 1123, 1133-34 (Fed. Cir. 2006); *Bristol-Myers Squibb Co. v. Rhone-Poulenc Rorer, Inc.*, 326 F.3d 1226, 1239-40 (Fed. Cir. 2003); *GFI, Inc. v. Franklin Corp.*, 265 F.3d 1268, 1274-75 (Fed. Cir. 2001); *PerSeptive Biosystems, Inc. v. Pharmacia Biotech, Inc.*, 225 F.3d 1315, 1319-20 (Fed. Cir. 2000); *Semiconductor Energy Laboratory Co., Ltd. v. Samsung Electronics Co., Ltd.*, 204 F.3d 1368, 1374-76 (Fed. Cir. 2000); *Critikon, Inc. v. Becton Dickinson Vascular Access, Inc.*, 120 F.3d 1253, 1256-57 (Fed. Cir. 1997); *Molins PLC v. Textron, Inc.*, 48 F.3d 1172, 1180-82 (Fed. Cir. 1995); *LaBounty Mfg., Inc. v. United States Int'l Trade Comm'n*, 958 F.2d 1066, 1076 (Fed. Cir. 1992).

11.3 Balancing of Materiality and Intent

If [the Defendant] has proven by clear and convincing evidence that information was [withheld] [or] [misrepresented] [or] [falsely submitted] by a person with the duty of good faith and candor, you must then balance the degree of materiality and the degree of intent to deceive or mislead the Patent and Trademark Office to determine whether or not the evidence is sufficient to establish clearly and convincingly that there was inequitable conduct committed in the prosecution of the [abbreviated patent number] patent. Where the materiality of the [withheld] [or] [misrepresented] [or] [false] information is high, the showing of intent needed to establish inequitable conduct is proportionally less. Likewise, when the showing of intent is high, the showing of materiality may be proportionally less.

eSpeed, Inc. v. BrokerTec USA, L.L.C., 480 F.3d 1129, 1135 (Fed. Cir. 2007); *Cargill Inc. v. Canbra Foods, Ltd.*, 476 F. 3d 1359, 1364 (Fed. Cir. 2007); *Purdue Pharma L.P. v. Endo Pharm. Inc.*, 438 F. 3d 1123, 1133-35 (Fed. Cir. 2006); *Bristol Myers Squibb Co. v. Rhone-Poulenc Rorer, Inc.*, 326 F.3d 1226, 1239-41 (Fed. Cir. 2003); *GFI, Inc. v. Franklin Corp.*, 265 F.3d 1268, 1274-75 (Fed. Cir. 2001); *PerSeptive Biosystems, Inc. v. Pharmacia Biotech, Inc.*, 225 F.3d 1315, 1319 (Fed. Cir. 2000); *Baxter Int'l, Inc. v. McGaw, Inc.*, 149 F.3d 1321, 1330 (Fed. Cir. 1998); *Critikon, Inc. v. Becton Dickinson Vascular Access, Inc.*, 120 F.3d 1253, 1257 (Fed. Cir. 1997); *Molins PLC v. Textron, Inc.*, 48 F.3d 1172, 1178 (Fed. Cir. 1995).

Damages

12.0 Damages — Generally

If you find that the accused [[device] [method]] infringes any of the claims of the [abbreviated patent number] patent, and that those claims are not invalid, you must determine the amount of damages to be awarded [the Plaintiff] for the infringement. On the other hand, if you find that each of the asserted patent claims is either invalid or is not infringed, then you need not address damages in your deliberations.

If you need to determine damages, the amount of those damages must be adequate to compensate [the Plaintiff] for the infringement. Your damage award should put [the Plaintiff] in approximately the financial position it would have been in had the infringement not occurred; but, in no event may the damage award be less than a reasonable royalty. You may not add anything to the amount of damages to punish the accused infringer or to set an example.

[The Plaintiff] must prove each element of its damages by a preponderance of the evidence.

The fact that I am instructing you as to the proper measure of damages should not be construed as intimating any view of the Court as to which party is entitled to prevail in this case. Instructions as to the measure of damages are given for your guidance in the event you find the evidence in favor of [the Plaintiff].

35 U.S.C. §284 (2004); *Aro Mfg. Co. v. Convertible Top Replacement Co.*, 377 U.S. 476, 507 (1964); *Dow Chem. Co. v. Mee Indus., Inc.*, 341 F. 3d 1370,

1381-82 (Fed. Cir. 2003); *Vulcan Eng'g Co. v. FATA Aluminum, Inc.*, 278 F.3d 1366, 1376 (Fed. Cir. 2002); *Grain Processing Corp. v. Am. Maize-Prods. Co.*, 185 F.3d 1341, 1349 (Fed. Cir. 1999); *Maxwell v. J. Baker, Inc.*, 86 F.3d 1098, 1108-1109 (Fed. Cir. 1996); *Hebert v. Lisle Corp.*, 99 F.3d 1109, 1119 (Fed. Cir. 1996); *Rite-Hite Corp. v. Kelley Co.*, 56 F.3d 1538, 1544-45 (Fed. Cir. 1995); *Wang Labs., Inc. v. Toshiba Corp.*, 993 F.2d 858, 870 (Fed. Cir. 1993); *Fromson v. W. Litho Plate & Supply Co.*, 853 F.2d 1568, 1574 (Fed. Cir. 1988), *overruled on other grounds by Knorr-Bremse Systeme Fuer Nutzfahrzeuge v. Dana Corp.*, 383 F.3d 1337, 1342 (Fed. Cir 2004); *Del Mar Avionics, Inc. v. Quinton Instrument Co.*, 836 F.2d 1320, 1326 (Fed. Cir. 1987).

12.1 Date Damages Begin

(Alternate A)

[WHEN THE DATE OF THE NOTICE OF INFRINGEMENT IS STIPULATED]:

The date that [the Plaintiff] first gave notice to [the Defendant] of its claim of patent infringement is the date at which patent damages begin to be calculated. That date has been agreed to by the parties to be [infringement notice date].

(Alternate B)

[WHEN THE DATE OF THE NOTICE OF INFRINGEMENT IS DISPUTED - Product claims]:

The date that [the Plaintiff] first gave notice to [the Defendant] of its claim of patent infringement is the date at which patent damages begin to be calculated. That date is in dispute here, and it is up to you to determine what that date is. [The Plaintiff] must prove by a preponderance of the evidence the date it gave notice.

[The Plaintiff] can give notice in two ways. The first way is to give notice to the public in general. [The Plaintiff] can do this by placing the word "patent" or the abbreviation "PAT" with the number of the patent on substantially all the products it sold that included the patent invention. [Licensees of the [abbreviated patent number] patent who use the patented invention must also mark substantially all of their products that include the patented invention with the patent number.] This type of notice is effective from the date [the Plaintiff] [and its licensees] began to mark substantially all of their products that use the patented invention with the patent number. If [the Plaintiff] [and its licensees] did not mark substantially all of their products that use the patented invention with the patent number, then [the Plaintiff] did not provide notice in this way.

A second way [the Plaintiff] can provide notice of its patent[s] is to communicate to [the Defendant] a specific charge that the [allegedly infringing product] infringed the [abbreviated patent number] patent. This type of notice is effective from the time it is given. If you find that [the Plaintiff], before filing this lawsuit, did not properly mark its products and did not notify [the Defendant] by communicating a specific charge that the [allegedly infringing product] infringed, then [the Plaintiff] can only recover damages for infringement that occurred after it sued [the Defendant] on [lawsuit filing date].

[IF THERE IS AN ISSUE OF FACT AS TO THE ADEQUACY OF THE PATENTEE'S MARKING, ADDITIONAL INSTRUCTIONS WILL BE REQUIRED].

(Alternate C)

[WHEN THE DATE DAMAGES BEGIN IS THE DATE THE LAWSUIT WAS FILED]:

The date that damages begin to be calculated in this case is the date this lawsuit was filed, which is [date complaint was filed].

35 U.S.C. §287(a); *Gart v. Logitech, Inc.*, 254 F.3d 1334, 1345 (Fed. Cir. 2001); *Lans v. Digital Equip. Corp.*, 252 F.3d 1320, 1327-28 (Fed. Cir. 2001); *Crystal Semiconductor Corp. v. TriTech Microelecs. Int'l, Inc.*, 246 F.3d 1336, 1353 (Fed. Cir. 2001); *Amsted Indus., Inc. v. Buckeye Steel Castings Co.*, 24 F.3d 178, 184-87 (Fed. Cir. 1994); *Devices for Med., Inc. v. Boehl*, 822 F.2d 1062, 1066 (Fed. Cir. 1987).

12.2 Two Types of Damages — Lost Profits and Reasonable Royalty

There are two types of damages for patent infringement. The first type of patent damages is lost profits. Briefly, lost profits damages compensate the patent owner for the additional profits that it would have made if the accused infringer had not infringed. You may hear this referred to as the "but for" test. The second type of patent damages is called reasonable royalty. Generally, the patent laws define a reasonable royalty as the reasonable amount that someone wanting to use the patented invention should expect to pay to the patent owner and the owner should expect to receive. A reasonable royalty is the minimum amount of damages that a patent owner may recover for infringement.

12.3 Lost Profits — "But-For" Test

[The Plaintiff] is seeking its lost profits as its patent damages.

[The Plaintiff] must prove the amount of its lost profits. To recover lost profits for some or all of the infringing sales, [the Plaintiff] must show by a preponderance of evidence that, but for the infringement, [the Plaintiff] would have made profits. The lost profits may be profits that would have resulted from Plaintiff's sales or a portion of them that [the Defendant] made of [allegedly infringing product]. Thus, part of your job is to determine what the customers who purchased the [allegedly infringing product] [from the Defendant] would have done if the [alleged] infringement had not occurred. The profits I have been referring to are the profits allegedly lost by [the Plaintiff], not the profits, if any, made by [the Defendant].

Aro Mfg. Co. v. Convertible Top Replacement Co., 377 U.S. 476, 507 (1964); *Micro Chem. v. Lextron, Inc.*, 318 F.3d 1119, 1122-1125 (Fed. Cir. 2003); *Ferguson Beauregard/Logic Controls v. Mega Sys., L.L.C.*, 350 F.3d 1327, 1345-46 (Fed. Cir. 2003); *Ericsson, Inc. v. Harris Corp.*, 352 F.3d 1369, 1377 (Fed. Cir. 2003); *Tate Access Floors, Inc. v. Maxcess Techs., Inc.*, 222 F.3d 958, 971 (Fed. Cir. 2000); *Grain Processing Corp. v. Am. Maize-Prods. Co.*, 185 F.3d 1341, 1349 (Fed. Cir. 1999); *King Instruments Corp. v. Perego*, 65 F.3d 941, 952 (Fed. Cir. 1995); *Ryco, Inc. v. Ag-Bag Corp.*, 857 F.2d 1418, 1428 (Fed. Cir. 1988); *King Instrument Corp. v. Otari Corp.*, 767 F.2d 853, 863-64 (Fed. Cir. 1985); *Paper Converting Mach. Co. v. Magna Graphics Corp.* 745 F.2d 11, 21 (Fed. Cir. 1984); *Am. Hoist & Derrick Co. v. Sowa & Sons, Inc.*, 725 F.2d 1350, 1365 (Fed. Cir. 1984); *Central Soya Co. v. Geo A Hormel & Co.*, 723 F.2d 1573, 1578-79 (Fed. Cir. 1983).

12.4 Lost Profits — Panduit Factors

You may infer that [the Plaintiff] has proven its lost profits if you find that [the Plaintiff] has proven each of the following factors by a preponderance of the evidence:

1. the demand for the patented [[product] [method]],
2. absence of acceptable non-infringing substitutes,
3. that [the Plaintiff] had the manufacturing and marketing capacity to make the infringing sales [or a portion thereof] actually made by [the Defendant], and
4. the amount of profit that [the Plaintiff] would have made but for [the Defendant]'s sales.

I will now explain each of these factors.

Tate Access Floors, Inc. v. Maxcess Techs., Inc., 222 F.3d 958, 971 (Fed. Cir. 2000); *Gargoyles, Inc. v. United States*, 113 F.3d 1572, 1577-79 (Fed. Cir. 1997); *Stryker Corp. v. Intermedics Orthopedics, Inc.*, 96 F.3d 1409, 1417-18 (Fed. Cir. 1996); *Rite-Hite Corp. v. Kelley Co.*, 56 F.3d 1538, 1545 (Fed. Cir. 1995); *State Indus., Inc. v. Mor-Flo Indus., Inc.*, 883 F.2d 1573, 1577 (Fed. Cir. 1989); *Yarway Corp. v. Eur-Control USA, Inc.*, 775 F.2d 268, 275 (Fed. Cir. 1985); *Panduit Corp. v. Stahlin Bros. Fibre Works, Inc.*, 575 F.2d 1152, 1156 (6th Cir. 1978).

12.5 Lost Profits — Panduit Factors — Demand

Demand for the patented product can be proven by significant sales of [the Plaintiff]'s patented product. Demand for the patented product can also be proven by significant sales of [the Defendant's] product containing the patented features. However, if you find that [the Defendant] generated new or different markets by sales or marketing efforts because of features other than those claimed by [the Plaintiff], the sales of [the Defendant's] product cannot establish a demand for the patented product.

BIC Leisure Prods., Inc. v. Windsurfing Int'l, Inc., 1 F.3d 1214, 1218-19 (Fed. Cir. 1993); *SmithKline Diagnostics, Inc. v. Helena Labs. Corp.*, 926 F.2d 1161, 1165 n.3 (Fed. Cir. 1991); *Gyromat Corp. v. Champion Spark Plug Co.*, 735 F.2d 549,

552 (Fed. Cir. 1984).

12.6 Lost Profits — Panduit Factors — Acceptable Non-Infringing Substitutes

In order to be an acceptable substitute, the product must have one or more of the advantages of the patented invention that were important to customers. If, however, the realities of the marketplace are that competitors other than [the Plaintiff] would likely have captured some or all of the sales made by the infringer, even despite a difference in the products, then [the Plaintiff] is not entitled to lost profits on those sales. An acceptable non-infringing substitute must be a product that does not infringe the patent. A product does not infringe a patent when it either (a) is sold based on a license under that patent or (b) does not include all the features required by the patent. An acceptable non infringing substitute is available if, during the damages period, a competitor or [the Defendant] had all the necessary equipment, materials, know-how, and experience to design and manufacture the substitute and sell such substitute instead of its infringing sales at the time those infringing sales were made. If you determine that [the Defendant]'s customers would just as likely have purchased a non-infringing acceptable product, then [the Plaintiff] has not shown it lost that sale but for [Defendant]'s sales

In order to assess whether there is an absence of acceptable non-infringing substitutes, you must consider whether non-infringing substitutes existed that were acceptable to the specific purchasers of the infringing products, not "purchasers" generally. The test is whether purchasers of [the Defendant]'s product were motivated to make their purchase by features of [the Defendant]'s product that were attributable to the claimed invention. If so, non-infringing products without those features would not be "acceptable non-infringing substitutes," even if they otherwise competed in the marketplace with the patented and [the Defendant]'s products.

Grain Processing Corp. v. Am. Maize-Prods. Co., 185 F.3d 1341, 1349 (Fed. Cir. 1999); *Gargoyles, Inc. v. United States*, 113 F.3d 1572, 1577-1578 (Fed. Cir. 1997); *Uniroyal, Inc. v. Rudkin-Wiley Corp.*, 939 F.2d 1540, 1545-46 (Fed. Cir. 1991); *Standard Havens Prods., Inc. v. Gencor Indus.*, 953 F.2d 1360, 1373 (Fed.

Cir. 1991); *Kaufman Co. v. Lantech, Inc.*, 926 F.2d 1136, 1142-43, 1143 n.17 (Fed. Cir. 1991); *SmithKline Diagnostics, Inc. v. Helena Lab. Corp.*, 926 F.2d 1161, 1166 (Fed. Cir. 1991); *TWM Mfg. Co. v. Dura Corp.*, 789 F.2d 895, 901-902 (Fed. Cir. 1986).

12.7 Lost Profits — Panduit Factors — Capacity

[The Plaintiff] is only entitled to lost profits for sales it could have actually made. You should consider whether [the Plaintiff] has proven that it had the manufacturing capacity and the marketing capability to make the sales it says it lost. [The Plaintiff] must prove that it was more probable than not that it could have made, or could have had someone else make for it, the additional products it says it could have sold but for the infringement. [The Plaintiff] also must prove that it had the capability to market and sell the additional patented products.

Gargoyles, Inc. v. United States, 113 F.3d 1572, 1577-1578 (Fed. Cir. 1997); *Fonar Corp. v. Gen. Elec. Co*, 107 F.3d 1543, 1553 (Fed. Cir. 1997); *Kearns v. Chrysler Corp.*, 32 F.3d 1541, 1551 (Fed. Cir. 1994); *Datascope Corp. v. SMEC, Inc.*, 879 F.2d 820, 825 (Fed. Cir. 1989); *Gyromat Corp. v. Champion Spark Plug Co.*, 735 F.2d 549, 554 (Fed. Cir. 1984).

12.8 Lost Profits — Panduit Factors — Amount of Profit Incremental Income Approach

[The Plaintiff] may calculate its lost profits on lost sales by computing the lost revenue for its patented product and subtracting from that figure the amount of additional costs or expenses that it would have incurred in making those lost sales, including but not limited to cost of goods, sales costs, packaging, shipping, etc. Certain fixed costs such as taxes, insurance, rent and administrative overhead may not vary with increases in production or scale. These are called fixed costs. Any costs, which do not vary with increased production or scale, should not be subtracted from the lost revenue when determining damages. Thus, in determining [the Plaintiff's] lost profits, you are not to subtract from its lost revenue the amount of any fixed costs. The amount of lost profits cannot be speculative but it need not be proved with unerring certainty.

Sensonics, Inc. v. Aerosonic Corp., 81 F.3d 1566, 1572 (Fed. Cir. 1996); *Oiness v. Walgreen Co.*, 88 F.3d 1025, 1030 (Fed. Cir. 1996); *Beatrice Foods Co. v. New England Printing & Lithographing Co.*, 923 F.2d 1576, 1579 (Fed. Cir. 1991); Kalman v. Berlyn Corp., 914 F.2d 1473, 1482-1483 (Fed. Cir. 1990); *State Indus., Inc. v. Mor-Flo Indus., Inc.*, 883 F.2d 1573, 1579-1580 (Fed. Cir. 1989); *Ryco, Inc. v. Ag-Bag Corp.*, 857 F.2d 1418, 1428 (Fed. Cir. 1988); *Del Mar Avionics, Inc. v. Quinton Instrument Co.*, 836 F.2d 1320, 1327 (Fed. Cir. 1987); *King Instrument Corp. v. Otari*, 767 F.2d 853, 863-864 (Fed. Cir. 1985); *Gyromat Corp. v. Champion Spark Plug Co.*, 735 F.2d 549, 554-555 (Fed. Cir. 1984); *Paper Converting Mach. Co. v. Magna-Graphics Corp.*, 745 F.2d 11, 22 (Fed. Cir. 1984); *Bio Rad Labs., Inc. v. Nicolet Inst. Corp.*, 739 F.2d 604 (Fed. Cir. 1984); *Lam, Inc. v. Johns-Manville Corp.*, 718 F.2d 1056, 1065 (Fed. Cir. 1983).

12.9 Lost Profits — Market Share

It is not necessary for [the Plaintiff] to prove that [the Plaintiff] and [the Defendant] were the only two suppliers in the market for [the Plaintiff] to demonstrate entitlement to lost profits. If the realities of the marketplace are such that "acceptable non-infringing substitutes" were available from suppliers who would have made only some, but not all, of the sales that were made by [the Defendant], then [the Plaintiff] may be entitled to lost profits on a portion of the infringing sales. The burden is on [the Plaintiff], however, to show to a reasonable probability that it would have sold that portion if [the Defendant]'s product had never existed. By the same token, even if you find that [the Plaintiff] and [the Defendant] were the only two suppliers of products having the advantages of the patented product, it does not necessarily mean that [the Plaintiff] would have made all [the Defendant]'s sales. The burden is on [the Plaintiff] to show that its product competed in the same market with the [the Defendant]'s product and that it would have made those sales if the infringement had not occurred.

Crystal Semiconductor Corp. v. Tritech Microelecs. Int'l, Inc., 246 F.3d 1336, 1353-1357 (Fed. Cir. 2001); *BIC Leisure Prods., Inc. v. Windsurfing Int'l, Inc.*, 1

F.3d 1214 (Fed. Cir. 1993); *State Indus., Inc. v. Mor-Flo Indus., Inc.*, 883 F.2d 1573, 1577-78 (Fed. Cir. 1989).

12.10 Lost Profits — Price Erosion

[The Plaintiff] is entitled to recover additional damages if it can show to a reasonable probability that, if there had been no infringement, [the Plaintiff] [[would have been able to charge higher prices for its patented products] [would not have had to lower its prices]]. In that case, you may also award as additional damages the amount represented by the difference between the amount of profits that [the Plaintiff] would have made by selling its product at the higher price and the amount of profits [the Plaintiff] actually made by selling its product at the lower price that [the Plaintiff] actually charged for its patented product. This type of damage is referred to as price erosion damage. If you find that [the Plaintiff] suffered price erosion damages, you may also use the higher price in determining [the Plaintiff]'s lost profits from sales lost because of the infringement. In calculating [the Plaintiff]'s total losses from price erosion, you must take into account any decrease in sales that might have occurred if [the Plaintiff] charged a higher price than it did. This is called price elasticity. In order to award lost profits based on price erosion, it is not required that [the Plaintiff] knew that the competing product infringed the patent, if [the Plaintiff] reduced its price to meet [the Defendant]'s competition.

Ericsson, Inc. v. Harris Corp., 352 F.3d 1369, 1378-1379 (Fed. Cir. 2003); *Vulcan Eng'g Co. v. FATA Aluminum, Inc.*, 278 F.3d 1366, 1377 (Fed. Cir. 2002); *Minn. Mining & Mfg. Co. v. Johnson & Johnson Orthopaedics, Inc.*, 976 F.2d 1559, 1578-1579 (Fed. Cir. 1992); *Amstar Corp. v. Envirotech Corp.*, 823 F.2d 1538, 1543 (Fed. Cir. 1987); *Lam, Inc. v. Johns-Manville Corp.*, 718 F.2d 1056, 1065 (Fed. Cir. 1983).

12.11 Lost Profits — Cost Escalation

[The Plaintiff] can recover additional damages if it can show that it also lost profits because its costs - such as additional marketing costs - went up as a result of [the Defendant]'s actions. [The Plaintiff] must prove that it was more probable than not that its costs went up because of [the Defendant]'s actions, and not for some other reason.

Fiskars, Inc. v. Hunt Mfg. Co., 221 F.3d 1318, 1324-1325 (Fed. Cir. 2000); *Minco, Inc. v. Combustion Eng'g, Inc.*, 95 F.3d 1109, 1120 (Fed. Cir. 1996); *Roton Barrier, Inc. v. Stanley Works*, 79 F.3d 1112, 1120 (Fed. Cir. 1996).

12.12 Lost Profits — Collateral Sales

In this case, [the Plaintiff] contends that the patented product is ordinarily sold along with [collateral products]. To recover lost profits on sales of such collateral products, [the Plaintiff] must prove two things. First, that it is more likely than not that [the Plaintiff] would have sold the collateral products but for the infringement. Second, a collateral product and the patented product together must be analogous to components of a single assembly or parts of a complete machine, or they must constitute a functional unit. Damages for lost profits on lost collateral sales, if any, are calculated in the same manner as I just described for calculating lost profits on the patented product.

Aro Mfg. Co. v. Convertible Top Replacement Co., 377 U.S. 476, 507 (1964); *Rite-Hite Corp. v. Kelley Co.*, 56 F.3d 1538, 1549-51 (Fed. Cir. 1995); *State Indus., Inc. v. Mor-Flo Indus., Inc.*, 883 F.2d 1573, 1580 (Fed. Cir. 1989); *Kori Corp. v. Wilco Marsh Buggies & Draglines, Inc.*, 761 F.2d 649, 656 (Fed. Cir. 1985); *Paper Converting Mach. Co. v. Magna Graphics Corp.*, 745 F.2d 11, 22-23 (Fed. Cir. 1984).

12.13 Lost Profits — Doubts Resolved Against Infringer

All doubts resulting from [the Defendant]'s failure to keep proper records are to be resolved in favor of [the Plaintiff]. Any incorrectness or confusion in [the Defendant]'s records should be held against [the Defendant], not [the Plaintiff].

Sensonics, Inc. v. Aerosonic Corp., 81 F.3d 1566, 1572-73 (Fed. Cir. 1996); *Lam, Inc. v. Johns-Manville Corp.*, 718 F.2d 1056, 1065 (Fed. Cir. 1983).

12.14 Reasonable Royalty — Generally

If you find that [the Plaintiff] has not proven its claim for lost profits, or if you find that [the Plaintiff] has proven its claim for lost profits for only a portion of the infringing sales, you must then determine what a reasonable royalty would be for that portion of [the Plaintiff]'s sales for which you have not awarded lost profit damages. The patent law specifically provides that the amount of damages that [the Defendant] must pay [the Plaintiff] for infringing [the Plaintiff]'s patent may not be less than a reasonable royalty for the use that [the Defendant] made of [the Plaintiff]'s invention. A reasonable royalty is not necessarily the actual measure of damages, but is merely the floor below which damages should not fall. [The Plaintiff] is entitled to a reasonable royalty for all infringing sales for which it is not entitled to lost profits damages.

35 U.S.C. §284; *Crystal Semiconductor Corp. v. Tritech Microelecs. Int'l, Inc.*, 246 F.3d 1336, 1354 (Fed. Cir. 2001); *Fromson v. W. Litho Plate & Supply Co.*, 853 F.2d 1568, 1574 (Fed. Cir. 1998) *overruled on other grounds by Knorr Bremse Systeme Fuer Nutzfahrzeuge v. Dana Corp.*, 383 F.3d 1337, 1342 (Fed. Cir 2004); *Minco, Inc. v. Combustion Eng'g, Inc.*, 95 F.3d 1109, 1119 (Fed. Cir. 1996); *Mahurkar v. C.R. Bard, Inc.*, 79 F.3d 1572, 1579 (Fed. Cir. 1996); *Rite-Hite Corp. v. Kelley Co.*, 56 F.3d 1538, 1554 (Fed. Cir. 1995) (en banc); *State Indus., Inc. v. Mor Flo Indus., Inc.*, 883 F.2d 1573, 1579 (Fed. Cir. 1989).

12.15 Reasonable Royalty — Definition

A royalty is a payment made to the owner of a patent by a non-owner in exchange for rights to make, use, or sell the claimed invention. A reasonable royalty is the royalty that would have resulted from a hypothetical negotiation between the patent owner and a [[person] [company]] in the position of [the Defendant] taking place just before the infringement began. You should also assume that both parties to that negotiation understood the patent to be valid and infringed and were willing to enter into a license.

Mahurkar v. C.R. Bard, Inc., 79 F.3d 1572, 1579-81 (Fed. Cir. 1996); *Maxwell v. J. Baker, Inc.*, 86 F.3d 1098, 1108-10 (Fed. Cir. 1996); *Rite-Hite Corp.*

v. Kelley Co., 56 F.3d 1538, 1554 (Fed. Cir. 1995) (en banc); *State Indus., Inc. v. Mor-Flo Indus., Inc.*, 883 F.2d 1573, 1580 (Fed. Cir. 1989); *Georgia Pacific Corp. v. United States Plywood Corp.*, 318 F. Supp. 1116, 1121 (S.D.N.Y. 1970), *modified and aff'd sub nom.*, *Georgia Pacific Corp. v. United States Plywood Champion Papers, Inc.*, 446 F.2d 295 (2d Cir. 1971).

12.16 Reasonable Royalty — Relevant Factors

In determining the value of a reasonable royalty, you may consider evidence on any of the following factors:

1. Any royalties received by the licensor for the licensing of the patent-in-suit, proving or tending to prove an established royalty.
2. The rates paid by [the Defendant] to license other patents comparable to the [abbreviated patent number] patent.
3. The nature and scope of the license, as exclusive or non-exclusive, or as restricted or non-restricted in terms of its territory or with respect to whom the manufactured product may be sold.
4. The licensor's established policy and marketing program to maintain its right to exclude others from using the patented invention by not licensing others to use the invention, or by granting licenses under special conditions designed to preserve that exclusivity.
5. The commercial relationship between the licensor and the licensee, such as whether or not they are competitors in the same territory in the same line of business.
6. The effect of selling the patented product in promoting sales of other products of the licensee; the existing value of the invention to the licensor as a generator of sales of its non-patented items; and the extent of such collateral sales.
7. The duration of the [abbreviated patent number] patent and the term of the license.
8. The established profitability of the product made under the [abbreviated patent number] patent; its commercial success; and its current popularity.
9. The utility and advantages of the patented invention over the old modes or devices, if any that had been used for achieving similar results.
10. The nature of the patented invention; the character of the commercial

embodiment of it as owned and produced by the licensor; and the benefits to those who have used the invention.

11. The extent to which [the Defendant] has made use of the invention; and any evidence that shows the value of that use.
12. The portion of the profit or of the selling price that may be customary in the particular business or in comparable businesses to allow for the use of the invention or analogous inventions.
13. The portion of the profit that arises from the patented invention itself as opposed to profit arising from unpatented features, such as the manufacturing process, business risks, or significant features or improvements added by the accused infringer.
14. The opinion testimony of qualified experts.
15. The amount that a licensor and a licensee (such as [the Defendant]) would have agreed upon (at the time the infringement began) if both sides had been reasonably and voluntarily trying to reach an agreement; that is, the amount which a prudent licensee—who desired, as a business proposition, to obtain a license to manufacture and sell a particular article embodying the patented invention—would have been willing to pay as a royalty and yet be able to make a reasonable profit and which amount would have been acceptable by a patentee who was willing to grant a license.
16. Any other economic factor that a normally prudent business person would, under similar circumstances, take into consideration in negotiating the hypothetical license.

Monsanto Co. v. McFarling, 488 F.3d 973 (Fed. Cir. 2007); *Tec Air, Inc. v. Denso Mfg. Mich., Inc.*, 192 F.3d 1353, 1362 (Fed. Cir. 1999); *Fonar Corp. v. Gen. Elec. Co.*, 107 F.3d 1543, 1552-53 (Fed. Cir. 1997); *Mahurkar v. C.R. Bard, Inc.*, 79 F.3d 1572, 1579-81 (Fed. Cir. 1996); *Maxwell v. J. Baker, Inc.*, 86 F.3d 1098, 1108-10 (Fed. Cir. 1996); *Rite-Hite Corp. v. Kelley Co.*, 56 F.3d 1538, 1554 (Fed. Cir. 1995) (en banc); *State Indus., Inc. v. Mor Flo Indus., Inc.*, 883 F.2d 1573, 1580 (Fed. Cir. 1989); *TWM Mfg. Co. v. Dura Corp.*, 789 F.2d 895, 898-900 (Fed. Cir. 1986); *Hanson v. Alpine Valley Ski Area, Inc.*, 718 F.2d 1075, 1079 (Fed. Cir. 1983); *Georgia-Pacific Corp. v. United States Plywood Corp.*, 318 F. Supp. 1116 (S.D.N.Y. 1970), *modified and aff'd sub nom.*, *Georgia Pacific Corp. v.*

United States Plywood Champion Papers, Inc., 446 F.2d 295 (2d Cir. 1971).

12.17 Reasonable Royalty — Timing

Although the relevant date for the hypothetical reasonable royalty negotiation is just before the infringement began, you may consider in your determination of reasonable royalty damages any actual profits by [the Defendant] after that time and any commercial success of the patented invention in the form of sales of the patented or infringing products after that time. You may only consider this information, however, if it was foreseeable at the time that the infringement began.

Trell v. Marlee Elecs. Corp., 912 F.2d 1443, 1446-48 (Fed. Cir. 1990); *State Indus., Inc. v. Mor-Flo Indus., Inc.*, 883 F.2d 1573, 1581 (Fed. Cir. 1989); *Fromson v. W. Litho Plate & Supply Co.*, 853 F.2d 1568, 1575-76 (Fed. Cir. 1988), *overruled on other grounds by Knorr-Bremse Systeme Fuer Nutzfahrzeuge v. Dana Corp.*, 383 F.3d 1337, 1342 (Fed. Cir 2004); *Studiengesellschaft Kohle, mbH v. Dart Indus., Inc.*, 862 F.2d 1564, 1571-72 (Fed. Cir. 1988).

13. Willful Infringement

[The following instruction should be given only if the patent owner contends willful infringement]

If you find by a preponderance of the evidence that [the Defendant] infringed [the Plaintiff]'s patent, either literally or under the doctrine of equivalents, then you must further determine if this infringement was willful. Willfulness must be proven by clear and convincing evidence showing that:

1. [The Defendant] was aware of [the Plaintiff]'s patent,
2. [The Defendant] acted despite an objectively high likelihood that its actions infringed a valid patent, and
3. This objectively high likelihood of infringement was either known or so obvious that it should have been known to [the Defendant].

In making the determination as to willfulness, you must consider the totality of the circumstances. The totality of the circumstances comprises a number of factors, which include, but are not limited to whether [the Defendant] intentionally copied the claimed invention or a product covered by [the Plaintiff]'s patent, [whether [the Defendant] relied on competent legal advice[6],] and whether [the Defendant] presented a substantial defense to infringement, including the defense that the patent is invalid [or unenforceable].

In re Seagate Technology, LLC, 497 F.3d 1360 (Fed. Cir. 2007) (en banc); *Knorr Bremse Systeme Fuer Nutzfahrzeuge GmbH v. Dana Corp.*, 383 F.3d 1337, 1347 (Fed. Cir. 2004) (en banc).

6) This factor, "whether the Defendant relied on competent legal advice," should only be included if the alleged infringer relies on a legal opinion as a defense to an allegation of willful infringement. "[I]t is inappropriate to draw an adverse inference that undisclosed legal advice for which attorney-client privilege is claimed was unfavorable … [and] it is [also] inappropriate to draw a similar adverse inference from failure to consult counsel." Knorr-Bremse Systeme Fuer Nutzfahrzeuge GmbH v. Dana Corp., 383 F.3d 1337, 1347 (Fed. Cir. 2004) (en banc).

Acknowledgments

The contributions of the following attorneys to the drafting and commenting on of these model jury instructions are gratefully acknowledged.

The 1997 Version

Mark Abate
Ken R. Adams
Joseph Z. Allen
Robert L. Baechtold
Russell J. Barron
Christopher R. Benson
David J. Brezner
Henry L. Brinks
Jeffrey N. Costakos
John F. Delaney
Bradford J. Duft
Donald R. Dunner
Richard D. Fladung
Floyd A. Gibson
Eileen M. Herlihy
Roy E. Hofer
Michael K. Kirschner
Steven S. Korniczky
William E. Lahey
Bradley G. Lane
Robert C. Laurenson
Gary H. Levin
Jeffrey I.D. Lewis
Brent P. Lorimer
Don W. Martens
Alice O. Martin
Clifton E. McCann
Gaynell C. Methvin
Frederick G. Michaud, Jr.
Jeffrey D. Mills
John B. Pegram
Michael F. Petock
Peter H. Priest
Jerrold B. Reilly
Daniel M. Riess
William C. Rooklidge
Alan J. Ross
John M. Skenyon
Allan Sternstein
Lawrence M. Sung
Jennifer A. Tegfeldt
David C. Wright

The 2005 Version

Kley Achterhof
Stephanie Barbosa
Kelli Deasy
Denise DeFranco
Barbara Fiacco
Katherine Fick
Mareesa Frederick
Stephanie Harris
Wendell Harris
Andrew Lagatta
Christy Lea
Kalun Lee
Rashida MacMurray
Steven Maslowski
William McGeveran
George Medlock
Mary Beth Noonan
Matthew Pearson
Mark Schuman
Steve Sheldon
Sean Seymour
John Skenyon
Stephen Timmins
Hema Viswanathan
Aaron Weiss
Elizabeth Wright
Jeremy Younkin

The 2007 Version

Aaron Barlow
Dave Bennett
Elaine Hermann Blais
Walter Bookhardt
Scott Breedlove
Patrick Coyne
John Crossan
Elizabeth Day
Conor Farley
John Hintz
Scott Howard
Kirby Lee
Gregory Lyons
Joshua Masur
Clifton McCann
Tim Meece
Heather Mewes
Joe Miller
Kenneth Mitchell
John Moran
Jeff Nichols
Scott Pivnick
Mirriam Quinn
Amber Rovner
Michael Sacksteder
John Scheibeler
John Schneider
Mark Schuman
Jeff Sheldon
John Skenyon
Steve Swinton
Tim Teter
Kurt Van Thomme
David Todd
Michael Valek
Alastair Warr
Adam Wichman
Daniel Winston
Steven Zeller

부록4 | 미국 소송서류 샘플

SAMPLE PLEADINGS[1)]

IN THE UNIRED STATES DISTRICT COURT FOR
THE NORTHERN DISTRICT OF CALIFORNIA

	)	
BUBBA FOODS, INC.,	)	
	)	
Plaintiff,	)	Civil Action No. 99
	)	
v.	)	(Demand For Jury Included)
	)	
RAINBOW LUNCH CO., INC.,	)	
	)	
	)	
Defendant.	)	
	)	

<u>COMPLAINT FOR PATENT INFRINGEMENT</u>

Plaintiff, Bubba Foods, Inc., by its attorneys, sues Defendant, Rainbow Lunch Co., Inc. for infringing U.S. Patent No. 6,000,873 ("the '873 patent") and alleges as follows:

1) Patent Litigation Strategy, Moore, Michel, Lupo. West Group. 2008.

PARTIES

1. Plaintiff Bubba Foods, Inc., ("Bubba Foods") is a corporation organized under the laws of the State of Illinois and has a principal place of business at 47 Ahab Lane, Naperville, Illinois.
2. Defendant Rainbow Lunch Co., Inc. ("Rainbow") is a corporation organized under the laws of the State of California, and upon information and belief has a principal place of business at 11 North Beach Drive, Mountain View, CA.

JURISDICTION AND VENUE

3. This is an action for pecuniary and injunctive relief from patent infringement arising under the Patent Laws of the United States, Title 35 of the United States Code.
4. This Court has jurisdiction over the subject matter of this action as provided for in 28 U.S.C § 1331 and § 1338. Venue is proper in this District pursuant to 28 U.S.C. § 1391 and § 1400.
5. This Court has jurisdiction over Rainbow because Rainbow because Rainbow is a citizen of the Northern District of California by virtue of being incorporated in California, and because Rainbow has committed acts of patent infringement during the course of its business in this District.

THE PATENTS IN SUIT

6. On January 1, 2500, the '873 patent, entitled "Food Package Having a Compartmentalized Rigid Base Tray" was duly and legally issued to Attila Huddlebrook, who has assigned his rights in the '873 patent to Bubba Foods. Bubba Foods has been and is still the owner of the entire right, title, and interest in and to the '873 patent. A copy of the '873 patent is attached as Exhibit A.
7. Bubba Foods has fully complied with the requirements of 35 U.S.C. § 287(a) by affixing the word "patent" or the abbreviation "pat", together with the number of

the patent (6,000,873), on all apparatuses manufactured or sold by Bubba Foods which embody the patented invention.

INFRINGEMENT OF THE '873 PATENT

8. Rainbow has infringed and continues to infringe; has induced and continues to induce others to infringe; and/or has committed and continues to commit acts of contributory infringement of, one or more of the claims of the '873 patent. Rainbow's infringing activities in the United State and this District include development, manufacture, use, sale, and/or offer for sale of certain compartmentalized food packages with rigid bases. Such infringing activities violate 35 U.S.C. §271. Upon information and belief, such infringement has been, and continues to be, willful.
9. As a consequence of the infringing activities of Rainbow regarding the '873 patent as complained of herein, Bubba Foods has suffered monetary damaged damages in an amount not yet determined, and Bubba Foods will continue to suffer such damages in the future unless and until Rainbow's infringing activities are enjoined by this Court.

REQUESTED RELIFERELIEF

WHEREFORE, Bubba Foods prays for judgment against Rainbow as follows:

A. That Rainbow be declared to have infringed, induced others to infringe, and/or committed acts of contributory infringement with respect to the claims of the '873 patent;

B. That Rainbow, its officers, agents, servants, employees, attorneys, parents, subsidiaries, affiliates, successors, and all others in active concert or participation with them or acting on their behalf be permanently enjoined from further infringement of the '873 patent;

C. That Rainbow be ordered to account for and pay to Bubba Foods all damages caused to Bubba Foods by reason of Rainbow's infringement of the' 835 patent pursuant to 35 U.S.C. §284, including any enhanced damages;

D. That Bubba Foods be granted pre-judgment and post-judgment interest on the damages caused to it by reason of Rainbow's infringement of the '835 patent;

E. That this be declared an "exceptional case" pursuant to 35 U.S.C. §285 and that Rainbow be ordered to pay Bubba Foods' attorney fees and cost; and

F. That Bubba Foods be granted such other and further relief as the case may require and the Court may deem just and proper.

JURY DEMAND

Bubba Foods demands a jury trial on all issues trial to a jury in this matter.

Dated: ______________________ ______________________

SAMPLE PLEADINGS

IN THE UNIRED STATE DISTRICT COURT FOE

THE NORTHERN DISTRICT OF CALIFORNIA

	)	
BUBBA FOODS, INC.,	)	
	)	
Plaintiff,	)	Civil Action No. 99
	)	
v.	)	(Demand For Jury Included)
	)	
RAINBOW LUNCH CO., INC.,	)	
	)	
Defendant.	)	
	)	

ANSWER AND COUNTERCLAIM OF

RAINBOW LUNCH CO., INC.

Defendant, Rainbow Lunch co., Inc. ("Rainbow"), answers the Complaint filed by Bubba Foods, Inc. ("Bubba Food") as follows:

1. Defendant is without knowledge or information sufficient to form a belief as to the truth of the allegations in paragraph 1 of the Complaint.
2. Defendant admits the allegations in paragraph 2 of the Complaint.
3. Defendant admits the allegations in paragraph 3 of the Complaint.
4. Defendant admits the allegations in paragraph 4 of the Complaint.
5. Defendant admits the allegations in paragraph 5 of the Complaint to the extent that there is jurisdiction but denies that it has committed acts of infringement during the course of its business in the District.
6. Defendant admits that U.S. Patent No. 6,000,873 ("the '873 patent') bears an

issue date of January 1, 2005, and further admits that Exhibit A attached to the Complaint is a true and correct copy of the '873 Patent. Defendant is without knowledge or information sufficient to form a belief as to the truth of the remaining allegations in paragraph 6 of the Complaint.

7. Defendant is without knowledge or information sufficient to form a belief as to the truth of the allegations in paragraph 7 of the Complaint.
8. Defendant denies the allegations in paragraph 8 of the Complaint.
9. Defendant denies the allegations in paragraph 9 of the Complaint.

AFFIRMATIVE DEFENSES

First Affirmative Defense

10. The '873 Patent, and each claim thereof, is invalid for failing to comply with the requirements of the patent laws of the United States, specifically 35 U.S.C. §§ 102, 103, 112 and/or 132.

Second Affirmative Defense

11. Defendant has not directly infringed, has not contributorily infringed, and has not induced infringement of, any claim of the '873 Patent, and is not liable for any acts of infringement of the '873 Patent.

Third Affirmative Defense

12. Plaintiff's claim is barred by equitable estoppels.

Fourth Affirmative Defense

13. Plaintiff's claim is barred by Plaintiff's laches.

Fifth Affirmative Defense

14. The '873 Patent is unenforceable because Defendant has misused that patent by attempting to enforce a knowingly invalid and unenforceable patent.

Sixth Affirmative Defense

15. Defendant has not willfully infringed the '873 Patent.

Seventh Affirmative Defense

16. The Complaint fails to state a claim upon which relief can be granted.

COUNTERCLAIM FOR DECLARATORY JUDGMENT OF PATENT INVALIDITY, UNENFORCEABILITY, AND NONINFRINGEMENT

17. Defendant brings this counterclaim pursuant to the Declaratory Judgment Act, 28 U.S.C. §§2201 and 2202. This counterclaim arises under the patent laws of the United States. 35 U.S.C. §1, et seq.
18. This Court has subject matter jurisdiction pursuant to 28 U.S.C. §§1331 and 1338.
19. Plaintiff has charged Defendant inter alia with infringement, contributory infringement, and inducing infringement of the '873 Patent. Defendant has denied that it has committed any of the alleged acts of infringement, willful infringement, contributory infringement, or inducing infringement, and Defendant has further asserted that the '873 Patent is invalid and unenforceable.
20. There is an actual controversy between Plaintiff and Defendant with respect to the validity and enforceability of the '873 Patent, and with respect to alleged infringement of the '873 Patent by Defendant,

21. Defendant has not infringed, willfully infringed, contributorily infringed, or induced others to infringe, any claim of the '873 Patent.
22. The '873 Patent is invalid for failing to comply with the patent laws of the United States, specifically 35 U.S.C. §§102, 103, 112, and/or 132.
23. The '873 Patent is unenforceable because of Plaintiff's misuse of that patent in knowingly attempting to enforce an invalid and unenforceable patent.

CLAIMS FOR RELIFERELIEF

WHEREFORE, Defendant Rainbow requests the following relief:

A. The Court enter judgment in Defendant's favor and against Plaintiff Bubba Foods on the claim for patent infringement alleged in the Complaint;

B. The Court declare that the '873 Patent, and each claim thereof, is invalid;

C. The Court declare that Defendant has not infringed any claim of the '873 Patent, and declare that Defendant is not liable for any acts of infringement, contributory infringement, or inducing infringement of the '873 Patent;

D. The Court declare that '873 Patent is unenforceable;

E. The Court find this case to be exceptional and award Defendant its costs, expenses, and attorneys' fees; in accordance with 35 U.S.C. §285; and

F. The Court grant Defendant such other and further relief as may be deemed appropriate and just.

Date: ______ Respectfully submitted,

____

Head Charger

Moore, Michel & Holbrook

1650 Dead Patent Road

Coal Dust Township, CA

SAMPLE DOCUMENT REQUEST

IN THE UNITED STATE DISTRICT COURT FOR
THE NORTHERN DISTRICT OF CALIFORNIA

	)	
BUBBA FOODS, INC.,	)	
	)	
Plaintiff,	)	Civil Action No. 99
	)	
v.	)	
	)	
RAINBOW LUNCH CO., INC.,	)	
	)	
Defendant.	)	
	)	

RAINBOW LUNCH CO., INC.'S FIRST SET OF REQUESTS FOR PRODUCTION OF DOCUMENTS TO BUBBA FOODS, INC.

Pursuant to Rule 34 of the Federal Rules of Civil Procedure, defendant Rainbow Lunch Co., Inc. ("Rainbow") requests that plaintiff, Bubba Foods, Inc. ("Bubba Foods"), produce and make available the following documents and things for inspection and copying at the offices of Moore Michel & Holbrook, within thirty (30) days after service hereof.

Ⅰ. DEFINITIONS

Unless the context indicates otherwise, the following words and phrases are defined and used herein as follows:

1. The term "document" means all written or graphic matter, however produced or reproduced, in your actual or constructive possession, custody, care or control, including, but not limited to, originals (or copies where originals are unavailable) of correspondence, E-mail, computer storage media, computer software needed to produce in human-readable frorm data from said computer storage media, instructions for using said computer software, telegrams, notes or sound recordings of any type of personal or telephone conversations, or of meetings or conferences, minutes of directors or committee meetings, memoranda, inter-office communications, studies, analysis, reports, engineering drawings, results of investigations, catalogs, licenses, agreements, working papers, statistical records, ledgers, books of account, vouchers, invoices, charge slips, freight bills, time sheets or logs, stenographers' notebooks, diaries, or papers similar to any of the foregoing, however, denominated. "Document" shall also mean (1) any copy which is not identical to the original or to anp any other copy, and (2) any tangible things that is called for by called for by or identified in response to an interrogatory.
2. The term "you" or "your" means plaintiff, Bubba Foods, Inc. and each of its subsidiaries, parents, subsidiaries of subsidiaries, divisions, affiliates in which it own a majority or a controlling interest, and other organizational or operating units, each of their respective predecessors and successors, and each of their respective employees, officers, directors, attorneys, agents, representatives, and all persons acting or purporting to act on their behalf.
3. The term "Rainbow" means defendant Rainbow Lunch Co., Inc., and its employees, officers, attorneys, agents or representatives, and all persons acting or purporting to act on their behalf.
4. The term "person" means any individual, individuals, business entity, or entities, including, but not limited to, corporations, partnerships, associations, or business trusts, any federal, state, or local government or governmental agency, and any foreign government or foreign government agency.
5. The term "respecting" means comprising, constituting, reflecting, relating to,

concerning, referring to, stating, describing, recording, noting, embodying, containing, mentioning, studying, analyzing, discussing or evaluating.

6. The terms " '873 Patent" or the "Patent-In-Suit" mean U.S. Patent No. 6,000,873, entitled "Food Package Having a Compartmentalized Rigid Base Tray," including any continuations, continuation-in-part, reissues, or reexaminations of the '873 Patent, and any applications which led to the issuance of the '873 Patent.

7. The term "Foreign Equivalent Patent" means any patent application filed in, or any patent issued by, any country other than the United States that is based in whole or in part upon the invention claimed in the '873 Patent or any application thereto (including any continuations, continuations-in-part, reissues, or reexaminations thereof.)

8. The term "date" means the exact day, month, and year, if ascertainable, or if not, the best approximation thereof.

9. The term "Complaint" means the complaint filed by Bubba Foods, Inc. against Rainbow Lunch Co., Inc. against Rainbow Lunch Co., Inc. in this case.

II. GENERAL INSTRUCTIONS

1. Unless otherwise stated herein, the time period covered by these document requests is January 1, 1990 to the date of production of documents in response thereto. Documents originating before the specified time period but relating to or referring thereto should be included in such production. Documents respecting conception, reduction to practice, prior art, prior public use, prior invention, and any other documents relating to the validity or enforceability of the '873 Patent are unrestricted as to date.

2. There shall be a continuing duty on you to furnish additional documents in response to this document request in accordance with Rule 26(e) of the Federal Rules of Civil Procedure.

3. As used herein, the singular form of a noun or pronoun shall be to include within its meaning the plural form of a noun or pronoun so used, and vice versa; the use of the masculine form of a pronoun shall be considered to include also within its

meaning the feminine form of the pronoun so used, and vice versa; the use of any tense of any verb shall be considered to include within its meaning all other tenses of the verb so used; and the use of the word "and" shall also include within its meaning the word "or," and vice versa.

4. All documents must be produced in a form that renders them susceptible to copying. Each document should be segregated and identified by the request to which it is primarily responsive.

5. If you are unable to comply fully with any request herein, comply to the extent possible and provide a detailed explanation as to why full compliance is not possible.

6. All requests herein are directed to those documents within your possession, custody, or control, or within the possession, custody or control of your agents, servant and employees, and your attorneys. They also are directed to those firms, corporations, partnerships, or trusts that you control, and to documents in the possession, custody, or control of employees, agents and representatives of such entitles.

7. If any document called for is not available or accessible, is no longer in existence, or is withheld under a claim, privilege, or protection against discovery, give the following information for that document:

a. the name and title of the authors(s);
b. the name and title of each person to whom the document was addressed;
c. the name and title of each person to whom a copy of the document was sent, directed or distributed;
d. the date of the document;
e. the number of pages;
f. a brief description of the nature and subject matter of the document;
g. the paragraph(s) of the request to which the document is responsive;
h. the name of each person now in possession of the document or any identical or non-identical copy;
i. the basis of the claim, privilege or protection against discovery (if applicable);
j. the reasons why the document is not available or accessible (if applicable); and
k. the reasons why the document is no loinger in existence. (if applicable).

III. DOCUMENT REQUESTS

REQUEST NO. 1

All documents respecting compartmentalized food packages sent to, received from, or that refer or relate to, Rainbow, or any other person.

REQUEST NO. 2

All documents respecting the earliest date on which you first notified Rainbow of your rights in the alleged invention claimed in the '873 Patent (including any notification to Rainbow of your efforts to obtain patent protection on any alleged invention claimed in the '873 Patent prior to the date on which that patent was issued).

REQUEST NO. 3

All documents respecting any ownership, title, license, assignment, or transfer of the '873 Patent or the alleged invention claimed therein.

REQUEST NO. 4

Bubba Foods' financial statements from April 1, 1995 to the present date, including all monthly financial statements, balance sheets, cash flow statements and accounting notes, whether audited or unaudited, and all supporting schedules thereto.

REQUEST NO. 5

All reports respecting summaries of your sales of any products which you believe or contend are covered by any of the claims of the '873 Patent, including all monthly, quarterly, and yearly sales summaries of such products, and any documents analyzing such sales.

REQUEST NO. 6

All documents respecting royalty rates and loyalty royalty bases which you contend should apply to any sales products found to infringe the '873 Patent, including any license agreements , royalty reports, negotiations, offers or proposals of licenses, licensing policies, agreements, or settlements respecting trolling motor devices.

REQUEST NO. 7

All documents respecting any lost profits or lost sales that you contend have resulted, or which you believe will result, from Rainbow's alleged infringement of the '873 Patent.

REQUEST NO. 8

All documents respecting the identity of customers of any device that usesd, embodies, or incorporates the alleged invention claimed in the Patent, and all documents respecting amounts those respective customers have spent in purchasing products covered by the '873 Patent.

REQUEST NO. 9

All documents respecting advertising, promotional literature, or any other efforts by you to promote the use or sales of any product that uses, embodies, or incorporates the alleged invention claimed in the '873 Patent.

REQUEST NO. 10

All documents respecting the design of any product that you believe or contend infringes any claim of the '873 Patent (including Rainbow's products, as well as any products made, used, or sold by any third party).

REQUEST NO. 11

All documents respecting the validity or infringement of the '873 Patent, including but not limited to, all prior art, prior art searches, search results, official actions, opinion, patents, public uses, sales or offers for sale, and any other matter that constitutes "prior art" to the alleged invention claimed in the '873 Patent.

REQUEST NO. 12

All documents provided to or received from any expert witness respecting any of your claims or contentions alleged in this lawsuit.

REQUEST NO. 13

All documents respecting your first knowledge or belief that Rainbow committed each of the respective acts of infringement, induced infringement, and contributory infringement of the '873 Patent.

REQUEST NO. 14

All documents respecting communications or correspondence between you and other person or entity (including, but not limited to, customers, prospective customers, and government agencies) relating to the '873 Patent, Rainbow, the accused infringing product, or your belief that Rainbow has infringed, contributorily infringed, or induced infringement of the '873 Patent.

REQUEST NO. 15

All documents respecting the conception and reduction to practice of the invention claimed in the '873 Patent.

REQUEST NO. 16

All documents respecting each of the following: the first sale, first offer for sale, first public use, and first manufacture of any device or apparatus that embodies, incorporates, or practices the invention claimed in the '873 Patent.

REQUEST NO. 17

All documents respecting the first description in a printed publication of the invention claimed in the '873 Patent.

<u>REQUEST NO. 18</u>

All documents respecting any description of the invention claimed in the '873 Patent, including, but not limited to, all invention disclosures, invention records, inventors' notebooks, and specifications.

<u>REQUEST NO. 19</u>

All documents respecting the design, development, manufacture, and production of any product that you believe, allege, or contend embodies or incorporates the invention claimed in the '873 Patent.

<u>REQUEST NO. 20</u>

All documents respecting your allegations in paragraphs 8 of the Complaint that Rainbow has infringed, willfully infringed, induced others to infringe, and contributed to the infringement of, the '873 Patent.

<u>REQUEST NO. 21</u>

All documents respecting your allegation that Bubba Foods has been harmed by any action of Rainbow, as alleged in paragraph 9 of the Complaint.

<u>REQUEST NO. 22</u>

All documents respecting any of the secondary considerations of nonobviousness of the '873 Patent, including, but not limited to, all documents (if any) respecting commercial success, long felt need, attempts by others, failures by others, commercial acquiescence, licensing, professional approval, copying, or laudatory statements by others regarding the invention claimed in the '873 Patent.

<u>REQUEST NO. 23</u>

All documents respecting the scope and content of the prior art to the '873 Patent, the level of ordinary skill in the art, and any differences between the prior art and the invention claimed in the '873 Patent.

REQUEST NO. 24

All documents sufficient to identify your officers, directors, managers, and any employees with personal knowledge of the design, manufacture, marketing and/or sales of compartmentalized food packages.

REQUEST NO. 25

All documents respecting efforts to obtain patent protection on the invention claimed in the '873 Patent in the United State and anywhere else in the world, including patent applications, draft patent applications, amendments, remarks, claims, correspondence, and complete copies of all U.S. and foreign file histories.

REQUEST NO. 26

All documents identified in your responses to Rainbow's First Set of Interrogatories to Bubba Foods, served concurrently herewith.

DATE

____

SAMPLE INTERROGATORIES

IN THE UNITED STATES DISTRICT COURT FOR
THE NORTHERN DISTRICT OF CALIFONIA

	)	
BUBBA FOODS, INC.,	)	
	)	
Plaintiff,	)	Civil Action No. 99
	)	
v.	)	
	)	
RAINBOW LUNCH CO., INC.,	)	
	)	
Defendant.	)	
	)	

RAINBOW LUNCH CO., INC.'S FIRST SET OF INTERROGATORIES TO BUBBA FOODS, INC.

Defendant, Rainbow Lunch Co., Inc., ("Rainbow"), by its undersigned attorneys, pursuant to Rule 33 of the Federal Rules of Civil Procedure, requests that plaintiff Bubba Foods, Inc. ("Bubba Foods") answer the following interrogatories under oath and in writing within 30 days of service hereof.

DEFINITIONS

Unless the context indicates otherwise, the following words and phrases are defined and herein as follows:

1. The term "document" means all written or graphic matter, however produced or reproduced, in your actual or constructive possession, custody, care or control, including, but not limited to, originals (or copies where originals are unavailable of correspondence, E-mail, computer storage media, computer software needed to produce in human-readable form data from said computer storage media, instructions for using said computer software, telegrams, notes or sound recordings of any type of personal or telephone conversations, or of meetings or conference, minutes of directors or committee meetings, memoranda, inter-office communications, studies analyses, reports, engineering drawings, results of investigations, catalogs, contracts, licenses, agreements, working papers, statistical records, ledgers, books of account, vouchers, invoices, charge slips, freight bills, time sheets or logs, stenographers' notebooks, diaries, or papers similar to any of the foregoing, however, denominated. "Document" shall also mean (1) any copy which is not identical to the original or to any other copy, and (2) any tangible thing that is called for by or identified in response to an interrogatory.
2. The term "you" or "your" means plaintiff Bubba Foods, Inc. and each of its subsidiaries, parents, subsidiaries, of subsidiaries, divisions, affiliates in which it owns a majority or a controlling interest, and other organizational or operating units, each of their respective predecessors and successors, and each of their respective employees, officers, directors, attorneys, agents, representatives, and all persons acting or purporting to act on their behalf.
3. The term "Rainbow" means defendant Rainbow Lunch Co., Inc., and its employees, officers, attorneys, agents or representatives, and all persons acting or purporting to act on its behalf for any purpose whatsoever.
4. The term "person" means any individual, individuals, business entity, or entities, including, but not limited to, corporations, partnerships, associations, or business trusts.
5. The term "respecting" means comprising, constituting, reflecting, relating to, concerning, reflecting to, concerning, referring to, stating, describing, recording,

noting, embodying, containing, mentioning, studying, analyzing, discussing or evaluating.

6. The terms"873 Patent" or the Patent-In-Suit" means U.S. Patent No. 6,000,873, entitled "Trolling Motor," including any continuation, continuation-in-part, reissues, or reexaminations.
7. The term "Foreign Equivalent Patent" means any patent application filed in, or any patent issued by, any country other than the United States that is based in whole or in part upon the invention claimed in the '873 Patent (including any continuations, continuations-in-part, reissues, or reexaminations thereof).
8. The term "date" means the exact day, month, and year, if ascertainable, or if not, the best approximation thereof.
9. The term "Complaint" means the complaint filed by Bubba Foods, Inc. against Rainbow Lunch Co., in this case.

II. GENERAL INSTRUCTIONS

1. There shall be a continuing duty in you to furnish supplemental responses to these interrogatories in accordance with Rule 26(e) of the Federal Rules of Civil Procedure.
2. As used herein, the singular form of a noun or pronoun shall be considered to include within its meaning the plural form of a noun or pronoun so used, and vice versa; the use of the masculine form of a pronoun shall be considered to include also within its meaning the feminine form of the pronoun so used, and vice versa; the use of any tense of any verb shall be considered to include within its meaning all other tenses of the verb so used; and the use of the word "and" shall also include within its meaning the word "or," and vice versa.
3. Whenever there is a request in these interrogatories to identify a document, please state as to each such document the following information:
   a. the date;
   b. its title and/or all identifying numbers or other identifying categorizing designations and/or a brief description thereof (such as letter, memorandum,

manuscript notes, etc.);

c. the name, title and address of each author, signatory or person preparing the document;

d. the name, titles and address of addressee and of each other person receiving a copy thereof;

e. its present location and the name and address of its present custodian;

f. if the document is not an original, the name and address of the original custodian; and

g. any other designation necessary to sufficiently identify the document so that a copy thereof may be ordered or obtained from the custodian thereof.

4. Whenever there is a request in these interrogatories to identify a person or, please as to each person or party the following information:

a. name;

b. present or last known residence address;

c. present or last known business address and telephone number; and

d. the relationships between any such person or party and Bubba Foods, including any employer-employee relationship, principal-agent relationship, or licenser-licensee relationship, and dates any such relationship existed.

5. Whenever there is a request in these interrogatories to identify a communications, if such a communications was written, please provide all the information requested in subparagraphs (a) through (g) of paragraph 4 of these General Instructions; if such communications were oral, provide the following information;

a. the date of such communication;

b. the name, titles and address of each party to such communication;

c. the name, title and address of each person hearing such communication or having personal knowledge thereof;

d. whether such communication occurred by telephone or by direct personal confrontation; and

e. the place where such communication took place.

6. Whenever there is a request in these interrogatories to "describe" or "state" facts,

provide the following information:

a. describe or state fully the underlying facts rather than any ultimate facts or conclusions of fact or law;

b. particularize as to time, place, manner, identity of persons involved and amounts; and

c. where documents are involved, describe the subject matter or contents thereof.

7. If you assert either the attorney-client privilege or work product immunity, or both, as to any document for which identification is requested by any of the interrogatories, provide the following information:

a. the nature of the document;

b. the author, sender, recipient of the original and each recipient of a copy;

c. the date of the document;

d. the names appearing on any circulation list associated with such document;

e. a summary of the subject matter of such document in sufficient detail to permit the Court to reach a determination in the event of a motion under Rule 37 of the Federal Rules of Civil Procedure; and

f. if. an indication of the basis for assertion of privilege or work product immunity.

8. If you assert either the attorney-client privilege or work product immunity, or both, as to any non-documentary information called for by these interrogatories, provide the following.

a. A summary statement of such information in sufficient detail to permit the Court to reach a determination in the event of a motion under Rule 37 of the Federal Rules of Civil Procedure; and

b. an indication of the basis for assertion of privilege or work product immunity.

9. If a particular interrogatory or part assertion cannot be answered:

a. Answer to the extent possible and specify the reasons for your inability to answer the remainder thereof;

b. identify any documents which might contain material relevant to the answer sought; and

c. identify the person who might have knowledge of material relevant to the answer sought.

10. If you cannot state the finality of your response to an interrogatory until after service of your responses to this set of interrogatories, please so indicate and respond to such interrogatory to the best of your ability in view of the present state of your discovery.

III. INTERROGATORIES

INTERROGATORY NO.1

Describe fully the circumstances surrounding your first notification to Rainbow that you had applied for, or that you had already received, patent protection on the alleged invention disclosed and claimed in the '873 Patent. Identify all documents respecting your first such notification to Rainbow.

INTERROGATORY NO.2

Identify each claim of the '873 Patent which you assert is infringed by Rainbow and with respect to each such claim: (a) identify each accused trolling motor which is asserted by you to be an infringement of the '873 Patent; and (b) describe fully how each limitation of each such claim is met by each of Rainbow's accused devices, including in your response a detailed claim chart showing an element-by-element analysis of each allegedly infringed claim, and the corresponding elements that you contend exist in any of Rainbow's accused products or processes.

INTERROGATORY NO.3

Identify all witnesses whom you believe are knowledgeable about the substance of, or the factual basis for, your allegations regarding each of the following: (a) infringement of the '873 Patent; (b) conception and reduction to practice of the alleged invention of the '873 Patent; (c) prior art to the invention claimed in the '873 Patent; (d) damages for any of the alleged acts of infringement; and (e) Rainbow's alleged willful infringement of the '873 Patent.

INTERROGATORY NO.4

With respect to the subject matter of the '873 Patent:

(a) For each claim of the '873 Patent, identify the date on which the inventor first conceived of the alleged invention claimed in the '873 Patent, and describe in detail the events and chronology leading to the conception.

(b) Identify the earliest date that the alleged invention claimed in the '873 Patent was reduced to practice in the form of a prototype, drawings, detailed description, or otherwise, and describe in detail the events and chronology leading to said reduction to practice.

(c) Identify each and every prototype, model, drawing and written description of the apparatus and method claimed in the '873 Patent, and the date that each such prototype, model, drawing, and written description was completed.

(d) Identify each and every instance of actual use of the alleged invention claimed in the '873 Patent prior to the filing of the application for the '873 Patent, including the identity of all witnesses to such actual use.

INTERROGATORY NO.5

Identify each patent application which has been filed by you or on your behalf on the alleged invention claimed in the '873 Patent anywhere on the world.

INTERROGATORY NO.6

Identify all persons who have made, used, or sold products, or licensed or offered for sale products, which you believe are covered by or practice the alleged invention claimed in the '873 Patent.

INTERROGATORY NO.7

Identify the earliest publication (including the date and title of that publication) discussing compartmentalized food packages as claimed in the '873 Patent, and identify all persons with knowledge of the facts that support your answer.

INTERROGATORY NO.8

Identify all documents, sales, offers for sale, publications, public uses, or anything else that constitutes "prior art" to the alleged invention claimed in the '873 Patent, including in your response the results of all prior art searches and all known prior art (regardless of whether such prior art was included in any Information Disclosure Statement filed during the course of the prosecution of the '873 Patent).

INTERROGATORY NO.9

Describe fully the history of the development of the Lunch Mate including a detailed chronology of its design, development, manufacturing, testing, and sales of the system. Identify all persons who are knowledgeable as to these facts, and identify all documents (including but not limited to engineering or design drawings, detailed descriptions, software code, and operating manuals) that describe the design, manufacture, and/or use of the Lunch Mate.

INTERROGATORY NO.10

Identify the date and circumstances surrounding each attempt by you to sell, offer for sale, license, or otherwise grant any rights in the alleged invention of the '873 Patent.

INTERROGATORY NO.11

Explain your contention as to the proper measure of damages caused by Rainbow alleged infringement of the '873 Patent in the following manner:

(a) If you contend that you are entitled to an award of lost profits, describe in detail the factual bases on which you predicate that contention, including without limitation, any reasons why you should not be limited to a reasonable royalty.

(b) If you contend that you are entitled to an award of reasonable royalty damages, describe in detail what you believe to be a reasonable royalty to be paid by Rainbow under 35 U.S.C. §284, including the detailed factual bases on which you predicate your calculation of a reasonable royalty.

(c) If you contend that you are entitled to an award of increased damages, describe in detail the factual bases on which you predicate that contention, including without limitation any reasons why Rainbow infringement should be deemed willful, or this case deemed extraordinary.

INTERROGATORY NO.12

Identify all persons, not already identified in your answer to the foregoing interrogatories, having knowledge or information pertinent to the allegations, facts, legal theories, and contentions set forth in your Complaint.

DATE:

SAMPLE EXPERT REPORT

IN THE UNITED STATES DISTRICT COURT FOR THE NORTHERN DISTRICT OF CALIFORNIA

	)	
BUBBA FOODS, INC.,	)	
	)	
Plaintiff,	)	Civil Action No. 99
	)	
v.	)	
	)	
RAINBOW LUNCH CO., INC.,	)	
	)	
Defendant.	)	
	)	

EXPERT REPORT OF NAMON BUFFET

The following information is provided pursuant to Rule 26(a)(2)(B) and the Pretrial Order entered in this action.

1. A complete statement of all opinions to be expressed by me at trial and the basis and reasons for all such opinions is attached hereto as **Attachment** 1. The opinions contained herein are based on the analysis done to date. I reserve the right to supplement this report, as appropriate, after reviewing the reports of Mark's Boats expert witnesses and their supporting material.
2. The information considered by me in forming the opinions noted in paragraph one above in identified in **Attachment** 1.

3. My background, experience, publications, and other credentials are set forth in my curriculum vitae, which is attached hereto as **Attachment** 2. This curriculum vitae contains a list of all the publications which I have authored. I have not testified as an expert at trial or by deposition in the preceding four years.
4. Counsel for Rainbow Lunch Co. has asked that I render expert testimony in the above-captioned action. My fee for the time I spend preparing any studies in this matter, as well as testifying (either by deposition or by trial) is $300 per hour.

Dated this 10th day of June 2007.

____

Namon Buffet

Attachment 1

Namon Buffet

If called to testify in this case, I will express the following opinions at the trial, the basis and reasons for which are set forth below and detailed in documentation identified below. I will testify so as to instruct jury in the basic material and mechanical concepts necessary to understand food packaging like the one disclosed on the '873 patent. I will explain the meaning of the terms used in the claims of the '873 patent as those term are understood by one of ordinary skill in the art.

Claim 1 of the '873 patent reads:

1. A foods package comprising:
   (a) a rectangular rigid base tray having four sides, a top and bottom, the base tray containing flanges which define at least two compartments within the base tray;
   (b) a film affixed to the flanges to form an airtight seal, said film having a design which permits viewing of the compartments of the tray;
   (c) a back panel means comprising a stiff planar sheet which is adhered to the bottom of at least one compartment; and
   (d) a means for conveying labeling information onto the film.

Specifically, I will testify:

CLAIM CONSTRUCTION

1. The term "rectangular" as used in the patent is the only shape that the base tray can take, which excludes squares. This construction is supported by the specification at Col. 4, lines 18-30, where the specification distinguishes between square and rectangular base trays. The claim is limited to "rectangular" base trays. The specification demonstrates that the applicant considered "square" and "rectangular" trays to be different, and the claim therefore is limited to rectangular trays.
2. The term "back panel means" is defined as "structure applied to the bottom of the tray." Col. 5, lines 11-16. It enhances the structural integrity of the tray and permits it to be displayed upright. Id. This claim is not governed by 35 U.S.C. §112, ¶6.
3. The term "at least two compartments" should be given its ordinary meaning of requiring two or more compartments. The patent specification only discloses food trays with a plurality of compartments and none with only one.

INFRINGEMENT

4. Lunch Mates does not infringe infringes the '873 patent literally or under the doctrine of equivalents.
5. Lunch Mates is square in shape and not rectangular.
6. Lunch Mates have a panel that does not attach to the bottom of the tray.
7. Lunch Mates has only one compartment.
8. Any infringement under the doctrine of equivalents is specifically excluded by the prosecution history or the claim language itself.

Basis for the Opinion

The basis and reasoning of this is my education, training, and experience as an electrical engineer, my education, training, and experience in the fishing boat and motor industry, and my review and analysis of:

1. The '873 patent including its claims, written description and drawings. (Exhibit A)
2. File History of the Application for the '873 patent. (Exhibit B)
3. Lunch Mates production documents. (Exhibit C)
4. Lunch Mates.

SAMPLE SPECIAL VERDICT FORMS

IN THE UNITED STATES DISTRICT COURT FOR THE WESTERN DISTRICT OF PENNSYLVANIA

____

PPG INDUSTRIES, INC.,)
)
Plaintiff,)
)
v.) Civil Action No. 94-1112
)
)
GUARDIAN INDUSTRIES CORP.,)
)
Defendant)
______________________________)

VERDICT

1. Has PPG proved by a preponderance of the evidence of the evidence that Guardian infringed claim 4 of PPG's 886's patent?

YES ______ NO ______

(for PPG) (for Guardian)

If NO, go no further and advise Mr. Palus that you have reached a verdict.

If YES, go to question #2.

2. Has PPG proved by clear and convincing evidence that Guardian willfully infringed PPG's '886 patent?

YES ______ (for PPG) NO ______ (for Guardian)

Go to question #3

3. Has Guardian proved by clear and convincing evidence that claim 4 pf of PPG's '886 patent is invalid for obviousness?

YES ______ (for PPG) NO ______ (for Guardian)

If YES, go no further and advise Mr. Palus that you have reached a verdict.
If NO, to question #4.

4. How much damages do you award PPG for Guardian's infringement?

$ ______

Date:__________

____
Foreperson

IN THE UNITED STATES DISTRICT COURT

FOR THE DISTRICT OF DELARE

	)	
ALLIEDSIGNAL INC.,	)	
Plaintiff,	)	
	)	
v.	)	Civil Action No. 96-540 (RRM)
	)	
COOPER AUTOMOTIVE, INC.,	)	
Defendant	)	
	)	

SPECIAL VERDICT FORM

We, the jury, unanimously find as follows:

A. INFRINGEMENT

Doctrine of Equivalents

1. For each step of claim 1, do you find that AlliedSignal proved by a preponderance of the evidence that Cooper's process for manufacturing spark plug electrodes includes a step which is equivalent? (A "Yes" answer to this question is a find for AlliedSignal. A "No" answer is a finding for Cooper.)

Claim 1

Steps for Claim 1	Allied Signal Proved That Cooper has an Equivalent Step	
1. A Method of Manufacturing Electrodes for a Spark Plug Comprising the Steps Of	**Yes**	**No**
(1) cutting a first piece of inconel wire from a source to define a cylindrical blank having a first end and second end;	X	
(2) placing said cylindrical blank in a first die forming an extruded tip on said first end;	X	
(3) placing said cylindrical blank in second die, said second die forming an extruded cup in said cylindrical blank that extends from said second end toward said first end;		X
(4) inserting a cooper core in said cup;	X	
(5) placing said cylindrical blank and copper core in a die to extrude to predetermined length between said first and second end for a resulting center wire;	X	
(6) locating the axial center of said tip:	X	
(7) placing a first sphere of platinum from a source in a fixture;	X	
(8) positing the axial center on said first sphere of platinum;	X	
(9) applying a compressive force to said center wire while applying electrical current to the center wire and first sphere of platinum, said electrical current causing thermal energy to be created at the junction of the axial center and first sphere, said thermal energy causing the inconel in the tip at the junction to melt and flow around said first sphere;	X	
(10) terminating the electrical current and compressive force when approximately fifty percent of said first sphere is convered with inconel; and	X	
(11) transporting said center wire to a die where said first sphere of platinum is flattened into a first disc having a dome which is metallurgically bonded to the tip of said center electrode.	X	

B. INVALIDITY

Obviousness to a Person of Ordinary Skill in the Art

1. Do you find that Cooper proved by clear and convincing evidence That claim 1 of the '220 patent is invalid because the subject matter would have been obvious to one of ordinary skill in the art at the time of the invention? (A "Yes" answer to this question is finding for Cooper. A "No" answer to this question is finding for AlliedSignal.)

Claim 1 Invalid Yes ___ No X

If you answer no, skip page 4. If you answer yes, a list of the items Cooper contends are prior art to consider is provided on page 3. Check the box of the items your find are prior art and you relied upon to reach this conclusion.

Items Cooper Intends Are Prior Art

Items Cooper Contends are Prior Art	Relied Upon
1. The disclosure by National Machinery to Mr. Moore of using a sphere of platinum in a process for marking precious metal tipped spark plug electrodes	Yes __ No __
2. The disclosure of Taylor-Winfield to Mr. Moore of welding a ball directly to a flat surface of the electrode by projection welding in a process for making precious metal tipped spark plug electrodes	Yes __ No __
3. Process developed by Taylor-Winfield for attaching a sphere of platinum to a spark plug electrode	Yes __ No __
4. The AlliedSignal stake and weld technique using platinum slugs	Yes __ No __
5. Japanese Kokai Patent Application No. Sho 59 (1984)-119692 (Yoshio)	Yes __ No __
6. U.S. Patent 4,725,254 entitled "Method for Manufacturing a Center Electrode for a Spark Plug" issued to David J. Moore and William A. Barrett	Yes __ No __
7. U.S. Patent 4,803,395 entitled "Process for the Manufacture of a Platinum-Tipped Bimetallic Central Electrode for an Ignition Plug	Yes __ No __

and the Electrode Produced According to this Process" issued to Michael Matesco	
8. U.S. Patent 3,548,472 entitled "Ignition Plug and Method for Manufacturing a Center Electrode for the Same" issued to Hisashi Urushiwara, et al.	Yes __ No __
9. U.S. Patent 4,705,486 entitled "Method for Manufacturing a Center Electrode for a Spark Plug" issued to Martin G. Myers and William A. Barrett.	Yes __ No __
10. U.S. Patent 4,893,051 entitled "Spark Plug and the Method of Manufacturing the Same" issued to Ryoji Kondo.	Yes __ No __
11. U.S. Patent 3,488,841 entitled "Method for Manufacturing Electrical Contact Elements" issued to Theodore L. Stern.	Yes __ No __
12. U.S. Patent 3,194,940 entitled "Ball Assembly Apparatus" issued to Arthur James Thomson, et al.	Yes __ No __
13. U.S. Patent 4,699,600 entitled "Spark Plug and Method of Manufacturing the Same" issued to Ryoji Kondo.	Yes __ No __
14. Other Patents, Publications (Specify) ______ ______ ______	Yes __ No __
15. Other disclosures o the named inventor (specify) ______ ______ ______	Yes __ No __

Inventorship

2. Do you find that claim 1 of the '220 patent is invalid is because Cooper proved by clear and convincing evidence that in addition to Mr. Moore, other individuals were co-inventors of processes recited in the claim? (A "Yes" answer to this question is finding for Cooper. A "No" answer is a finding AlliedSignal.)

Yes ___ No _X_

Best Mode

3. Do you find that claim 1 of the '220 patent is invalid because Cooper proved by clear and convincing evidence that Mr. Moore, AlliedSignal or its attorneys did not disclose in the '220 parent specifications the best mode of carrying out the invention known to Mr. Moore at the time he filed his patent application? (A "Yes" answer to this question if is a finding for Cooper. A "No" answer is a finding for AlliedSignal.)

Yes ___ No X

Enablement

4. Do you find that claim of the '220 patent is invalid because Cooper proved by clear and convincing evidence that the '220 patent specification does not provide a written description of the invention in full, clear, concise, and exact terms as to enable a person skilled in the art to which it pertains, or with it is mostly nearly connected, to use the invention as claimed? (A "Yes" to this question is a finding for Cooper. A "No" answer is a finding for AlliedSignal.)

Yes ___ No X

5. Do you find that claim 1 of the '220 patent is invalid because Cooper proved by clear and convincing evidence that the '220 patent claims do not particularly point out and distinctly claim the subject matter which Mr. Moore regarded as his invention? (A "Yes" to this question is a finding for Cooper. A "No" answer is a finding for AlliedSignal.)

Yes ___ No X

If you find that claim 1 is infringed and valid, proceed to the questions in section C and D below. If you find that claim 1 is not infringed or is not valid, then you should skip the remaining question and sign date this verdict.

C. DAMAGES

Verdict as to Damages

We, the jury, unanimously find as follows:

1. The total past damages caused to plaintiff, AlliedSignal, by infringement of the '220 patent by Cooper from 1994 to the present is $39,210,409.

Interrogatories as To Damages

a. In computing the total past damages (Verdict Question C1), did you determine a reasonable royalty for all of Cooper's sales?

Yes ___

No _X_

b. If you answer to the interrogatory above was "YES", then insert "0" in response to question I and ii below. If your answer to the interrogatory above was "NO", then answer question i and ii below.

i. AlliedSignal's Reasonable Royalty on a portion of Cooper's Sales $1,561.086.

ii. AlliedSignal's Lost Profits on a portion of Cooper's sales $29,131,780.

c. Of the amount of total damages awarded in part 1 above, how much, if any, is a result of Price Erosion on AlliedSignal's sales to Ford as a result of Cooper's proposals to Ford $8,517,543.

D. WILLFUL INFRINGEMENT

1. If you find that claim 1 is valid and is infringed, do you also find that AlliedSignal has by clear and convincing evidence that Cooper has willfully infringed claim 1? (A "Yes" answer to this question is a finding for AlliedSignal. A "No" answer is a finding for Cooper.)

Yes X   No ___

You each must sign this Verdict Form:

Dated: 6-11-98

(Foreperson)

판례색인

저자약력

New York주 변호사
특허법인 가산 (현재)
카이스트 겸직교수
삼성전자 지적재산팀
미국 Patent Resource Group 주관 전략특허과정 수료
Franklin Pierce 법과대학원 졸업 (JD/MIP)
미국 특허청 세미나 Phase II 과정 수료
독일 Khunen, Wacker 주관 유럽지적재산권과정 수료
경북대학교 공과대학 졸업 (전자공학)

저서: 국제특허분쟁 용어사전, 2006, 특허청
번역: 特許の考え方,活かし方 (松原 治), 1991, 삼성전자
美國特許請求範圍の作成方法 (關 香苗), 1992, 삼성전자
감수: IT 특허분쟁 가이드라인북, 2005.10, 한국정보산업연합회
E-mail: sbchung@kspat.com

제2판 해외특허분쟁 가이드북

2008년 8 월 5일 초 판 발행
2010년 11 월 10일 개정판 발행

저 자 정 승 복
발행인 이 방 원
발행처 세창출판사
서울 서대문구 냉천동 182 냉천빌딩 4층
전화 723 - 8660 팩스 720 - 4579
E-mail: sc1992@empal.com
Homepage: www.sechangpub.co.kr
신고번호 제300-1990-63호

정가 38,000 원

ISBN 978-89-8411-321-3 93360